Alfred Renz

Geschichte und Stätten des

ISLAM

von Spanien bis Indien

Alfred Renz

Geschichte und Stätten des

ISLAM

von Spanien bis Indien

Prestel-Verlag München

Gestaltung des Bilderteils
Walter Romstoeck

© 1977 Prestel-Verlag München

Offsetfilme Brend' amour, Simhart & Co, München
Farbklischees EKG Elektron Klischees GmbH, Stuttgart
Druck Passavia Druckerei GmbH Passau

ISBN 3 7913 0360 0

INHALT

10 Mamlukenkunst in Ägypten (1171-1517)

11 Mongolenzeit (Der Osten vom 13. bis zum Ende des 15. Jahrhunderts)

Anhang

Heute ist uns die Welt des Islam nahegerückt. Ihre politischen Probleme berühren auch uns. Eine Reise in ein islamisches Land ist kein monatelanges gefährliches Karl-May-Abenteuer mehr. Kaum eine Reiseagentur, die in ihren Programmen nicht mit dem ›Zauber des Orients‹ lockt. Immer mehr Reisende können den Reiz der fremden Ferne erleben, viele wollen bewußt der Kunst dieser Welt begegnen. Aber es ist nicht so leicht, mit ihr vertraut zu werden.

Wer öfter Gelegenheit hatte, europäische Touristen beim Besuch islamischer Baudenkmäler zu beobachten, der hat bemerkt, wie schnell die meisten Reisenden – nicht nur, weil Programm oder Reiseleiter sie unbarmherzig weiterdrängen, – mit der ›Besichtigung‹ fertig sind. Die Gesichter auch der neugierig Aufgeschlossenen spiegeln Befangenheit in einer seltsam-fremden Umgebung, Ratlosigkeit, was mit den Eindrücken anzufangen sei, oder gar Enttäuschung darüber, daß es ›nichts zu sehen‹ gibt.

Freilich, auch in den großen Bauwerken des christlichen Europa stehen viele moderne Reisende ohne ›Führer‹, an dessen Wort sie sich klammern können, oft hilflos da. Aber doch finden sie Hilfen: Altäre und Gestühl, Reliefs und Standbilder, Malerei an Wänden und Decken, auf Altartafeln oder im bunten Glas der Fenster erzählen vertraute Geschichten, interessieren durch bekannte Namen und Motive. Nichts davon im Orient. Fremd die Sprache, die Schrift, die Sitten, die Geschichte, die Religion.

Dazu: der Reisende zu europäischen Kunststätten ist doch vertraut mit dem Sinn der Bauten, ist ein wenig im Bild über die Geschichtsepoche, in der die Bauwerke entstanden, er kennt die charakteristischen Kennzeichen der verschiedenen Zeitstile, kennt Ähnliches und Vergleichbares, ist in der Lage, das Gesehene irgendwie einzuordnen, es sich damit bis zu einem gewissen Maße zu eigen zu machen. Wer zum ersten Mal ein islamisches Land besucht, auch wer auf gele-

gentlichen Urlaubsreisen wiederholt mit der Welt islamischer Kunst in Berührung kommt, dem fehlen doch meist die
Vergleichsmöglichkeiten. Nur aber im Vergleichen, dem
Feststellen von Ähnlichkeiten und Unterschieden, kann
man bewußt sehen, kann man ein Ordnungs- und Bezugssy-
stem aufbauen, sich das Fremde vertrauter machen, die
fremde Kunstwelt verstehen und begreifen: auch hier geht
es schließlich um das Rätselwesen Mensch mit seiner Schöpferkraft und seiner Unruhe, die Ruhe sucht in Gott.

Dem Reisenden dabei zu helfen, ist schlichter Zweck
dieses Buches. Daß es sich nicht mehr zum Ziel setzt, möge
vieles entschuldigen. Es erhebt nicht den Anspruch, einen
Beitrag zur Kunstwissenschaft zu leisten. Es will nur wichtigste Epochen und Bereiche skizzieren, will dem reisenden
Kunstfreund ein Ordnungssystem geben und versucht, die
auf den ersten Blick so wenig differenzierte islamische Baukunst in ihrer ganzen Vielgestaltigkeit darzustellen und zugleich das charakteristisch Islamische der Bauwerke zu erfassen.

Das Buch will keinen Reiseführer ersetzen, ihn höchstens
ergänzen. Es fehlen also alle praktischen Hinweise auf Devi-
sen- und Einreisebestimmungen, auf Hoteladressen usw. Es
will aber auch kein Handbuch islamischer Kunst sein, sondern versucht nur, für die islamische Baukunst Verständnis
zu wecken. Die ganze reiche Welt der islamischen ›Kleinkunst‹ bleibt ausgeschlossen: die Möbel und Metallgeräte,
die so bedeutende Gefäßkeramik mit ihrer Bilderwelt, die
Buchmalerei und Buchbindekunst, die Kalligraphie, die
kleinen Kostbarkeiten aus Ton und Holz, Elfenbein, Glas,
Kristall, die Textilien und die bei uns so geschätzte Teppichkunst. Allein die zu den Bauten gehörenden Werke von
Plastik und Malerei werden besprochen und nur gelegentlich wird auf Meisterwerke des ›Kunsthandwerks‹ hingewiesen. Der Anhang enthält einige Hinweise auf jene Museen,
in denen der Reisende beachtenswerte Werke islamischer
Kunst findet, kann aber natürlich keine vollständige Liste
alles Sehenswerten geben.

Ein Mehr hätte das Buch so anschwellen lassen, daß es auf
Reisen eher eine Last als ein Begleiter wäre. Es will ja nicht
nur zu Hause gelesen werden. Dementsprechend ist der
weitgespannte Stoff disponiert. Die Kapitel folgen im ganzen dem chronologischen Ablauf, versuchen aber zugleich
dort, wo es ohne Gewaltsamkeit möglich war, eine Zusam-

menfassung nach Ländern oder oft gewählten Reiserouten, ohne allerdings die Auswirkung sich verändernder politischer Verhältnisse zu berücksichtigen. Aus solchen praktischen Gründen wurden einige Brüche, Überschneidungen oder Wiederholungen in Kauf genommen. Verweise im Text sollen wie das Register Orientierung und Vergleiche erleichtern.

Noch ein Wort zur Schreibung der fremden Namen, die jeden Fach-Orientalisten ärgern muß. Streng wissenschaftliche Akribie in der Transskription (auch sie ist ja nur ein Kompromiß!) würde Hindernisse dort aufbauen, wo das Buch gerade Wege ebnen möchte. Wem wäre geholfen, wenn statt der bei uns fest eingebürgerten Schreibung Chadidscha oder Dschingis Khan – Ḫadīǧa oder Čingiz-Hān stünde? Da eine Hilfe bei der Orientierung geboten werden soll, übernehmen wir die vereinfachte Umschreibung, die in Ländern arabischer Schrift die Wegweiser, Landkarten, Prospekte und Reiseführer wählen, englischen oder französischen Schreib- und Aussprachegewohnheiten folgend. Allerdings nicht immer ganz konsequent, denn oft wird das Schriftbild deutschem Gebrauch angenähert. So wird in der Regel engl. sh oder franz. ch durch sch ersetzt, also Schia, Scharia, Scheik geschrieben, statt Shia/Chia, Sharia, Sheikh/Cheik, steht dsch statt engl.-franz. j oder dj (Dschebel, Dscham usw. statt Djebel, Jam).

Um mit möglichst wenigen zusätzlichen Zeichen auszukommen, wurde in der Regel auf Längenangaben bei Vokalen, auf die Kennzeichnung der ›emphatischen‹ Konsonanten, des Kehlpreßlautes (ʿ) und des Stimmeinsatzes (ʾ) verzichtet. Das velare k wird durch ein einfaches q angedeutet, sofern sich bei uns nicht bereits eine andere Schreibung (wie im Wort Koran usw.) eingebürgert hat.

Die Schreibung der Namen im Kapitel 14 (Indien) schließt sich an die dort übliche englische Schreibung an. In den Kapiteln, die die heutige Türkei betreffen (9 und 12), wo seit 1922 die lateinischen Schriftzeichen verwendet werden, scheint es vorteilhaft, die dort offizielle Orthographie zu verwenden. Das i entspricht dabei dem dt. i, während ı ein dumpfes e bezeichnet, ähnlich wie am Ende von Woll*e*, hab*e*. ş dt. sch (wie in *sch*einen), ç dt. tsch (wie in Pei*tsch*e), c dt. stimmhaftes dsch (wie engl. John, ital. giorno), y gleich j (wie dt. jung), ğ ein kaum hörbarer Reibelaut zwischen g und h (in Istanbuler Aussprache ähnlich wie das dt. Dehnungs-h), v gleich w, s wie stimmloses s, z wie stimmhaftes s. Als Faustregel für die Betonung hier wie überall: Nachdruck auf der letzten Silbe.

Mich teilnehmenden treuen Freunden für selbstlose Hilfe verpflichtet zu bekennen, ist mir herzliche Freude, selbst wenn ich den schuldigen Dank hier nur pauschal und ohne Namensnennung abstatten kann. Er gilt nicht zuletzt auch dem Verlag für Unterstützung und freundliches Entgegenkommen.

1 Der Prophet und seine Botschaft

»Es gibt keinen Gott außer Allah, und Mohammed ist sein Prophet«, so lautet das Credo all jener (es sind heute etwa 300 bis 400 Millionen), welche auf die von Mohammed verkündete Botschaft Allahs, des Allmächtigen, Allgerechten und Allbarmherzigen, hören. Pflicht des Menschengeschöpfes ist es, sich dem Willen dieses einzigen Gottes zu unterwerfen: das ist ›Islam‹. Seine Bekenner sind die ›Gläubigen‹, oder besser »die sich Unterwerfenden«, die ›Moslems‹ (Moslemim).

Wer versuchen will, die Bauwerke betrachtend zu verstehen, die sie im Lauf von zwölf Jahrhunderten im Dienst und für die Bedürfnisse ihres Glaubens errichtet haben, wird von dieser Religion wenigstens das Nötigste wissen müssen. Auch etwas von ihrem Stifter und den Voraussetzungen ihres Werdens.

Der größte Teil Arabiens befand sich im 6. nachchristlichen Jahrhundert in einer Art von geschichtslosem Zustand. Verwischt nur klang noch die Sage von den früheren Staatenbildungen auf der Halbinsel nach, nur deren Randgebiete bildeten Übergangszonen zwischen der höheren Kultur der beiden Weltmächte Ostrom (Byzanz) und Persien und dem Nomadentum der Wüste, das allein gebunden war an die Verbände von Familie, Sippe und Stamm. In dieser zerrissenen Welt harter Kämpfe ums Dasein gab es nur wenige feste Siedlungen an den Karawanenwegen vom südarabischen Weihrauchland nach Syrien und zum Mittelmeer. Ihre Bewohner lebten vom Handel und vom Karawanengeleit. Die bedeutendste Stadt war Mekka. Hier hatte der Stamm der Koraisch den einträglichen Handel in der Hand seiner Mitglieder konzentriert. Diese ›aristokratische Handelsrepublik‹ war gleichzeitig auch das bedeutendste religiöse Zentrum für die Beduinen mit ihren animistischen Glaubensformen, einem recht vagen Pantheon von z.T. astralen Gottheiten, von Geistern und Dämonen und der

Verehrung von steinernen Fetischen, blanken Steinen und rohen Steinbildern. Im Hofe des ganz primitiven mekkanischen Heiligtums um die Kaaba standen sie zuhauf. Aber in den Karawanenstädten gab es auch Judengemeinden und an den Rändern Arabiens nestorianische und monophysitische Christen. In derartigen Kreisen eines biblischen Monotheismus mögen die etwas vagen Legenden um das mekkanische Heiligtum entstanden sein: um den Patriarchen Abraham als dessen Gründer und um seinen von der verstoßenen Hagar geborenen Sohn Ismail, den Stammvater der Araber. Die Koraisch betrachteten die Verwaltung des heiligen Ortes als ihr Monopol. Sie brachte ihnen hohes Ansehen, und aus der jährlichen Wallfahrt der heidnischen Beduinen, die mit einem stark besuchten Jahrmarkt verbunden war, zogen sie zusätzlich große Gewinne.

In Mekka wurde um 570 Mohammed als Sproß eines verarmten Zweiges der Koraisch geboren. (Siehe Seite 15) Um die dokumentierten Fakten seines Lebens haben sich schon bald Legenden gerankt, deren geschichtsbildende Kraft ebenso groß und oft noch größer war als die der Tatsachen. Der früh Verwaiste avancierte vom Hirtenjungen zum Karawanenführer und Gatten der verwitweten Handelsherrin Chadidscha, er war tüchtig und erfolgreich. Die Ehe mit der älteren Frau war glücklich und harmonisch, wenn auch seine Söhne im Kindesalter starben und von den vier Töchtern allein Fatima ihm später männliche Enkel geboren hat. Doch der Erfolgreiche wurde von religiöser Unruhe ergriffen, so daß er sich zu asketischem Leben in eine Höhle des Berges Hira zurückzog. Im Schlaf erschien ihm ein Bote des Himmels und befahl dem Widerstrebenden zu lesen:

> Lies im Namen deines Herren, der alles erschaffen hat,
> Der den Menschen aus geronnenem Blut erschuf.
> Lies, bei deinem Herrn, dem glorreichen,
> Der den Gebrauch der Feder lehrte
> Und den Menschen lehrt, was er nicht gewußt! (xcvi)

Erwacht, dünkt ihm, es sei ein Buch in sein Herz herabgestiegen. Als er aus der Höhle tritt, begrüßt ihn eine Stimme als den Gesandten Allahs. Am Horizont erblickt er eine riesige Gestalt. Er wendet sich ab, aber wohin er sich auch wendet: von allen Seiten blickt ihn der Engel an. Er glaubt sich vom Wahnsinn genarrt, sucht und findet bei Chadidscha

Zuspruch und Vertrauen. Der ›gesegneten Nacht‹, der ›Nacht des Schicksals‹ folgte das Dunkel scheinbarer Gottverlassenheit, dann ein neuer, tröstender Anruf. Der Kern dieser Botschaft:»Bedrücke nicht die Waise und verscheuche nicht den Bettler, sondern verbreite die gnädige Wohltat deines Herren.« (XCIII, 12.)

Zunächst blieb die Berufung ein Geheimnis unter den engsten Angehörigen und Vertrauten. Aber nach dreimal zwölf Monaten erging die Weisung zur öffentlichen Verkündigung, und damit begann die Zeit der Verfolgungen. Seine Prophezeiung einer Auferstehung des Fleisches am nahen Jüngsten Tage brachte ihm nur Hohn und Spott ein. Die Lehre von dem Einen und Einzigen Gott, der Angriff auf den Götzenkult, die Verdammung des rücksichtslosen Strebens nach Besitz gefährdeten die Geschäftsinteressen der mekkanischen Handelsherren und riefen ihren Haß hervor, für sie war er ein sozialrevolutionärer Aufrührer. Mohammed ging es um den Glauben an den richtenden Schöpfergott, aber auch um die praktischen Konsequenzen dieses Glaubens: Gerechtigkeit, Mildtätigkeit, Menschenliebe. Immer wieder bedurfte der Erwählte der Stärkung durch den Engel der Offenbarungen. Sein Trost war, daß auch die Propheten vor ihm, wie z. B. Abraham, Lot, Moses, Johannes und Jesus verkannt und verfolgt wurden. Der tiefe Ernst von Mohammeds Offenbarungen, ihre lautere Ehrlichkeit und die poetische Glut seiner Sprache zündeten bei einer Handvoll Empfänglicher. Die Zahl der Moslems blieb zunächst klein, und vor allem die Armen und Sklaven unter ihnen waren bösartigen Schikanen und Qualen ausgesetzt. Die Suche nach einem Asyl für die Gemeinde schien vergeblich. Der Tod der verständnisvollen Gattin bezeichnet das schwärzeste Jahr der Prüfungen, das ›Jahr der Trauer‹. Aber immer wieder kam die Tröstung von oben, am triumphalsten in jener ›Nachtreise‹ auf dem Himmelsroß Buraq, die, im Koran (XVII, 1) nur angedeutet, von der späteren mystischen Literatur zu einer Art Divina Commedia ausgestaltet wurde.

Die Wende brach an, als die Anhänger der neuen Lehre Zuflucht in Yathrib-Medina fanden. Die Mekkaner sahen einen feindlichen Stützpunkt an der Karawanenstraße entstehen und bedrohten nun auch Mohammed selbst, der als Angehöriger der Oberschicht bisher nicht gefährdet gewesen war. Heimlich begab er sich im Jahre 622 nach Yathrib. Diese ›Hedschra‹, besser nicht wie meist üblich als ›Flucht‹,

sondern als ›Emigration‹, das heißt als Bruch mit der eigenen
Sippe zu verstehen, bildet das Epochenjahr für die Zeitrech-
nung des Islam, ausgehend vom 1. Moharram A.H. 1, dem
auf den Tag der Ankunft Mohammeds in Medina folgenden
Neumond, nach dem Julianischen Kalender der 16. Juli 622[1].

Für die Geschichte der islamischen Baukunst ist dabei
wichtig, daß Mohammed sofort bei seinem Empfang vor den
Mauern von Medina eine Gebetsstätte anzulegen befahl,
und daß diese noch am Freitag der gleichen Woche für das
Gemeinschaftsgebet benutzt werden konnte. Es kann sich
nur um einen von Dornen und Steinbrocken gereinigten,
vielleicht nicht einmal durch einen Palmblätterzaun oder ein
Lehmmäuerchen begrenzten Bezirk gehandelt haben, jedenfalls nicht um ein Gebäude, sondern nur um eine vierek-
kige Fläche, deren eine Seite ungefähr in die Richtung Jerusalems wies. Diese für Juden und Christen heilige Stadt
sollte auch für die Moslems den Mittelpunkt der Welt bilden. Mohammed verstand sich als Fortsetzer und Vollender
der Botschaft, die Gott den Menschen durch die Propheten
seit Abraham kundgetan hatte. Die Judengemeinden Medi-
nas fanden diesen Anspruch nur lächerlich. Da bezeichnete
eine weitere Mohammed zuteilgewordene Offenbarung die
Kaaba als die Qibla, das heißt als die Richtung, nach der sich
Antlitz und Herz der Beter zu wenden hätten. Damit vollzog
sich eine Wendung um 180 Grad zurück ins traditionell
Arabische. Zugleich wurde aus der ›Fortsetzung‹ die Neu-
verkündung des durch Juden und Christen entstellten Gotteswortes. Die Gewinnung Mekkas, des von Gott erwählten
Heiligtums, wurde nun das Ziel der Moslems. Ihr geistlicher
Führer wurde fortan zum kriegerischen Anführer im Kampf
um dieses Ziel und zum Politiker. Nach Jahren des Kampfes
gestatteten die Mekkaner dem Propheten und seinen Anhängern 629, Allah in ihrem Heiligtum zu verehren. Im
darauffolgenden Jahr ergab sich die Heimatstadt dem Exi-
lierten, die Hüter der Stätte sahen ihre Interessen nicht mehr
durch den neuen Glauben gefährdet. Ganz Arabien anerkannte Mohammed nunmehr als geistliches und weltliches
Haupt. Zehn Jahre nach der Hedschra (632) leitete er selbst
die große Pilgerfahrt (Haddsch) und legte zugleich kanonisch die Riten der Wallfahrt fest. Wenige Wochen später
starb er in seinem Haus in Medina und wurde unter seinem
Wohnraum begraben.

1 *Mekka, Gläubige umschreiten nach altem Ritus siebenmal die Kaaba*

Der neue Glaube fußte auf jüdischem und christlichem Überlieferungsgut. Aber Mohammed, der als Kaufmann wohl lesen, vielleicht auch schreiben konnte, hat die heiligen Bücher der Juden und Christen nie im Original kennengelernt. Er wußte vom Inhalt des Pentateuch und apokrypher Evangelien nur aus den mündlichen Erzählungen Ungelehrter. Die Widersprüche zwischen den Berichten, die ihm als Offenbarungen zukamen, und den Schriften der Juden und Christen erklärte er daraus, daß diese ihre heiligen Bücher verfälscht hätten und er eben darum berufen wurde, die reine Lehre wieder herzustellen. Dazu traten die arabischen Formen und Gebräuche, die für ihn in seiner Jugend fraglose Gültigkeit besessen hatten. Kein Mensch kann Jugendeindrücke völlig tilgen, noch im Widerspruch bekundet er seine Bindung an sie.

Der Inhalt der Botschaft ist der unbedingte Glaube an den einen, allerbarmenden, allmächtigen und allwissenden Schöpfergott, der nicht seinesgleichen hat, nicht Sohn – und hier liegt der Gegensatz zum Christentum – noch Töchter – wie sie die altarabische Religion kannte, der Glaube an einen Gott, der den Propheten und als dem letzten von ihnen Mohammed sein Wort geoffenbart hat, dem sich der Mensch völlig unterwerfen muß, um durch die Befolgung seiner Gebote beim Endgericht Gnade und den Weg ins Paradies mit seinen Wonnen zu finden. Glaube, Gehorsam, Gerechtigkeit und Hilfsbereitschaft gegen Schwache und Arme sind der Weg. Der Glaube verlangt nicht die Akrobatik eines credo quia absurdum; aber die Befolgung der Gebote und rituellen Vorschriften ist alles andere als bequem.

Die Tradition hat fünf ›Säulen des Islam‹ herausgearbeitet:

1. Das Glaubensbekenntnis: »Neben Allah gibt es keinen Gott, und Mohammed ist sein Verkünder«.

2. Das bis in Einzelheiten festgelegte Gebet, fünfmal am Tage und nach vorangehender Waschung, deren Einzelheiten gleichfalls festliegen.

3. Das rigorose Fasten während der Tage des Ramadan-Monats. Von Sonnenauf- bis -untergang darf der Fromme nichts zu sich nehmen, nicht einmal Rauch.

4. Die durch das Gesetz festgelegte Abgabe für die Armen (zakat), eine Art Gemeindesteuer, die durch freiwillige Almosen und Bußabgaben ergänzt wird.

5. Die entbehrungsreiche, nach genauen Vorschriften zu

vollziehende Haddsch, die große Wallfahrt nach Mekka. Von ihr, wie von den anderen Ritualpflichten sind Alte, Schwache oder sonst Unfähige fallweise entbunden. Wer diese Wallfahrt vollzogen hatte, pflegte später seinem Namen den Titel ›Hadschi‹ hinzuzufügen.

Manchmal wird auch der Krieg im Namen des Glaubens (Dschihad) zu den Grundpflichten des Moslems gerechnet. Er bedeutet keineswegs Verfolgung der Nicht-Moslems, sondern nur Ausbreitung des Gebiets, in dem Islam als Norm gilt.

Der Begriff ›Kismet‹ wird in volkstümlichen Darstellungen oft als Ursache des ›orientalischen Fatalismus‹ strapaziert. Gewiß gehört zum Islam das Gefühl völliger Abhängigkeit von der göttlichen Allmacht. Wenn aber das Menschenlos von Anfang an festgelegt wäre, wären alle Aufforderungen des Koran, durch bestimmtes Verhalten die Gnade des Allerbarmers zu gewinnen, sinnlos. Die islamische Theologie hat das Problem von Willensfreiheit und Determination daher genauso durchdiskutiert wie die christliche.

Mohammed hat selbst schon die meisten der Riten festgelegt als eine Formenwelt von Gebräuchen, durch die sich der Moslem von den anderen ›Schriftbesitzern‹ wie den Juden und Christen unterscheidet. Sie sind nicht äußerliches und unwesentliches Beiwerk, sondern sichtbare Bekundung des Glaubens an Allah.

Glaubensurkunde und Heilige Schrift des Islam ist der Koran. Das Wort wird oft als »das Zusammengebundene, die Sammlung« übersetzt, bedeutet aber eher »Wiedergabe des Gehörten, Rezitation«. Im Koran selbst hat es nur den Sinn von ›Offenbarung‹. Das Buch enthält in rhythmisierter Reimprosa, arabisch und daher ›jedermann verständlich‹, was Gott Mohammed offenbarte. Er selbst scheint der Ansicht gewesen zu sein, daß ihm nur Teile dessen mitgeteilt wurden, was als Wort und Wille Gottes in der Überwelt in einer Buchrolle aufgezeichnet steht. Die Offenbarungen erfolgten in verschiedener Länge, und die einzelnen Teile wurden nicht in der Anordnung mitgeteilt, wie sie heute im Koran vorliegt. Zu Mohammeds Zeiten bestand noch keinerlei vollständige Sammlung alles dessen, was er durch den Mund des Engels vernommen hatte. Erwachte er aus den Entrückungszuständen, in denen er das Wort hörte, so verkündete er das Gehörte, und die Hörer merkten sich die

Worte. Wir dürfen mit dem trainierten Gedächtnis einer weitgehend ohne Schriftliches auskommenden Zeit rechnen. Aber angesichts der Wichtigkeit der Verkündigungen wurden sie doch bald aufgezeichnet, auf Knochen, Tonscherben, Palmblätter – wie es sich gerade ergab. Vermutlich wurde auch schon versucht, die kostbaren Verse zu sammeln und als Ganzes auswendig zu lernen. Aber zu Lebzeiten des Propheten waren diese Sammlungen nie vollständig, die Quelle der Verkündigungen floß ja noch und versiegte erst mit seinem Tode. Wie der Koran zu diesem Zeitpunkt aussah, wird sich nie feststellen lassen, es hat wohl schon zur Zeit der ersten Kalifen verschiedene Sammlungen gegeben. Verschiedene Versionen der Offenbarung aber mußten der Einheitlichkeit des Glaubens gefährlich werden. Die Überlieferung schreibt Othman, dem dritten Kalifen, das Verdienst zu, als Leiter einer Kommission für einen vollständigen und gültigen Text gesorgt zu haben. Eine Abschrift soll in Medina hinterlegt, drei weitere sollen als verbindliche Texte nach Kufa, Basra und Damaskus gesandt worden sein. Danach habe Othman alle anderen Sammlungen und Fragmente vernichten lassen. Da aber die arabische Schrift damals die Aussprache erst unvollständig wiedergeben konnte (Doppeldeutigkeit mancher Zeichen, Fehlen von Vokalbezeichnungen usw.), war damit noch keine kanonisch verläßliche Ausgabe geschaffen, und die Lesungen und damit die Auslegungen konnten recht unterschiedlich ausfallen. Erst mit der Einführung unterscheidender Aussprachezeichen entstanden eindeutige, aber eben voneinander abweichende Ausgaben. Es war eine wichtige Arbeit der Theologie-Philologen, einen allgemein verbindlichen Text zu schaffen. Noch heute aber gelten zwei, nur geringfügig voneinander abweichende Lesarten als kanonisch.

Der Koran enthält nach orthodoxer Auffassung zwischen seinen beiden Buchdeckeln das Wort Gottes. Aber die Verkündigungen an Mohammed – es mögen sich auch manche erklärend-kommentierende Zeilen in den ursprünglichen Text eingeschlichen haben – sind weder nach der Reihenfolge, in der sie mitgeteilt wurden, noch nach inhaltlichen Gesichtspunkten, also etwa nach Erzählungen, Glaubens-, Kult-, Moral-, Rechts- und Prozeßvorschriften geordnet, sondern in 114 ›Suren‹ (Sing. *Sura*) eingeteilt, die uns oft zusammenhanglos und buntscheckig erscheinen. Nach der kurzen Einleitungssura *(al-Fatiha)* sind die Suren etwa nach ihrem Umfang aneinandergereiht. *Sura* II umfaßt 287 Verse *(ayāt)*, die letzten Suren haben nur vier bis sechs, wobei die kürzeren im allgemeinen das ältere Offenbarungsgut aus der Zeit vor der Hedschra enthalten.

Der Moslem ist verpflichtet, das Wort Gottes zu lesen und herzusagen so wie es herabkam, das heißt in arabischer Sprache. Damit fiel dieser Sprache in der gesamten Welt des Islam eine Rolle zu, wie sie etwa das Lateinische im mittelalterlichen Europa spielte. Übersetzungen des Koran sind strenggenommen, als menschliche Veränderung des ewigen Gotteswortes, unstatthaft. Wer als Europäer eine zur Hand nimmt, wird Goethes Erfahrung bestätigt finden: »Nähere Bestimmung des Gebotenen und Verbotenen, fabelhafte Geschichten jüdischer und christlicher Religion, Amplifikationen aller Art, grenzenlose Tautologien und Wiederholungen, bilden den Körper dieses heiligen Buches, das uns, so oft wir auch daran gehen, immer von neuem anwidert, dann aber anzieht, in Erstaunen setzt und am Ende Verehrung abnötigt.«

Wie die Bibel, so umgibt auch den Koran eine ganze Aura von wissenschaftlichen Fragen und Problemen, nicht nur textkritischer Art. Das um so mehr, als er ja nicht nur Erzählung und Predigt, also Glaubensquelle ist, sondern zugleich und damit verbunden in seinen Kult- und Rechtsvorschriften wichtiges Gesetzbuch selbst für das tägliche Leben. Das Wort Gottes ist die Grundlage islamischen Daseins in seiner ganzen Breite, seine Vorschriften sind die Richtschnur für den Gläubigen. Aber das Buch enthält nicht für jeden Fall genaue und klare Anweisungen. Man mußte also aus dem Gegebenen durch Interpretation so allgemeine Regeln abzuleiten versuchen, daß möglichst weite Bereiche nach seinen Vorschriften gestaltet werden konnten. Aus dieser Notwendigkeit entstanden die vier im orthodox-sunnitischen Islam noch heute lebendigen Schulen (*madhahib,* Sing. *madhab*) des ›Fiq‹, der Rechtswissenschaft (Hanafiten, Schafiiten, Malekiten und Hanbaliten).

Daneben gibt es eine große Zahl von Sekten mit eigenen Rechtsauffassungen. Die Schia hat vor allem im Eherecht und für den Umgang mit Ungläubigen ihre eigenen strengen Vorschriften entwickelt. In dieser Hinsicht trifft sie sich mit Malekiten und Hanbaliten. Darum ist dort, wo diese Richtungen herrschen (Maghrib, Westafrika, arabische Halbinsel), der Fremde in den Moscheen ungern gesehen, wenn ihm der Zugang nicht überhaupt strikt verwehrt wird. Den Besuch Mekkas verbietet ihm der Koran selbst (IX, 17f., 28).

Wenn man der ›Sunna‹ (Herkommen) folgen wollte, müßte man die Mitteilungen des Heiligen Buches ergänzen durch die Hadith (Erzählung), die mündliche Tradition über Verhalten und Aussprüche des Propheten oder seiner Begleiter bei einer bestimmten Gelegenheit. Ein Hadith mußte verläßlich beglaubigt sein, Quelle und Überlieferer angeben. Es beginnt daher immer mit Angaben wie: »A sagt, daß B von C gehört hat, der Prophet habe . . .« Natürlich können die Erzählungen mit der kürzesten Überlieferungskette als die verläßlicheren gelten, aber zweckgebundenen Unterschiebungen waren Tür und Tor geöffnet. Schon um die Mitte des 9. Jahrhunderts kannte al-Buchari (gest. 870) nicht weniger als 600000 Hadith, von denen er allerdings nur knapp 7000 für beachtenswert hielt.[2] Arbeit der Theologen sollte es fortab sein, die Hadith zu sieben und zu sichten. Eine verbindlich-allgemeine Sammlung existiert heute noch nicht.

Gerade Hadith sind für die Geschichte des Islam und seiner Kunst sehr bedeutsam geworden. Zwei vor allem werden immer wieder angeführt: »Der Engel wird kein Haus betreten, in dem sich eine Glocke, ein Bild oder ein Hund befindet«. Glocken aber waren in Mohammeds Zeit und Umwelt unbekannt! Und: »Am Tag des Gerichts wird die Höllenstrafe den Maler erwarten. Er wird aufgefordert werden, den Gestalten, die er gebildet hat, Lebensatem einzuhauchen, aber er wird es nicht vermögen.« Auf solche Überlieferungen stützt sich das immer wieder angeführte ›Bilderverbot‹ des Islam. Im Koran selbst findet es keine Grundlage. Wo Mohammed (Sura V, 91) ›Bilder‹ erwähnt, sind eindeutig Idole und ihre Verehrung gemeint. Eine Überlieferung will sogar wissen, der Prophet habe, als er das Heiligtum in Mekka von dort verehrten Bildwerken reinigte, eine Darstellung Mariens mit dem Jesusknaben bewußt verschont. Zweifellos war Mohammed, Erbe jüdischer und christlicher Überlieferungen, kein Freund von Bildern, aber er hat sie nie ausdrücklich verboten und verdammt.

Für die seit dem 8. Jahrhundert immer deutlicher werdende Ablehnung von Bildern – in erster Linie im sakralen Bereich – macht Creswell dreierlei verantwortlich: Erstens die den Semiten eingewurzelte Abneigung gegen bildliche Darstellungen, zweitens die Wirkung einflußreicher jüdischer Konvertiten auf die Hadithbildung und drittens primitive Furcht vor magischem Mißbrauch des Abbilds. Diese lebt noch heute in der Fotoscheu des einfachen Orientalen weiter. Durch die Hadith-Überlieferungen war die abbildende Kunst zumindest aus dem sakralen Bereich verbannt und konnte daher in der islamischen Welt niemals jene Bedeutung erlangen, die sie – nach heftigen Auseinandersetzungen allerdings – in der christlichen gewinnen sollte. Der islamische Künstler war auf die ›Abstraktion‹ verwiesen, nicht auf die ›Einfühlung‹ (Worringer), wenn er im Dienst des Glaubens arbeitete. Aber jeder Besuch eines Museums islamischer Kunst belehrt auf den ersten Augenblick, daß die Behauptung, die islamische Kunst kenne überhaupt keine Bilder, einfach falsch ist. Im profanen Bereich der schmückenden Kleinkunst, auf tönernen Schalen und Krügen, auf Metallarbeiten, Schnitzereien und Textilien, vor allem aber in den Miniaturen der Handschriften tummeln sich Tier- und Menschenwesen in Hülle und Fülle. In ihnen lebt sich der bildende Drang des Menschen aus. Nur durfte er nie in den Dienst der Religion treten und von ihr die Weihen der ›großen‹ Kunst empfangen. Wie weit aber selbst solche bloß schmückenden Darstellungen als ›erlaubt‹ angesehen wurden, hing von der jeweils herrschenden Interpretationsrichtung ab, wechselte daher von Zeit zu Zeit und von Ort zu Ort.

Der Koran kennt auch keinen Toten- und Gräberkult, strenggenommen verbietet er ihn. Aber ein Hadith berichtet, daß der Prophet selbst an Gräbern von toten Gefährten zu rasten und zu beten liebte. Damit ließ sich ein Verbot abmildernd interpretieren; Grabmalsbauten wurden möglich. Es ist ja nur menschlich, durch ein Denkmal sich selbst oder einem geliebten Toten das Gedenken sichern zu wollen oder die Stätte eines guten Menschen mit verehrender Liebe zu umgeben und zu schmücken.

Keinem der großen Religionsstifter, keinem der Heiligen und Propheten ging es je um Kunst oder Architektur. Ihnen war das alles, wenn nicht ein Ärgernis, so doch eine Torheit vor Gott. Ein Hadith sagt: »Das Nutzloseste, was den Reichtum eines Gläubigen aufzehrt, ist das Bauen.« Eine klare Stellungnahme. Aber gerade der Islam, in dem das Gebet eine so wichtige Rolle spielt und dessen Gebetsritual festgelegt war, bedurfte der Stätten für dieses Ritual. Sehr viel Menschliches kam hinzu, nicht nur praktische Bedürfnisse wie Schutz vor der Sonne, sondern auch Freude an Bequemlichkeit, Luxus und Schönheit, der Genuß am Bauen und Gestalten, eitle Lust an Repräsentation und Selbstdarstellung. Aber all das trat doch in den Dienst der Religion, empfing dienend von ihr Adel und Weihe.

2 Die islamische Welt
seit dem Tod des Propheten

Der Tod Mohammeds stellte die verwaiste Gemeinde vor
das Problem, den unersetzlichen religiösen und politischen
Führer zu ersetzen. Zumindest ein weltlicher Leiter der
Gemeinschaft der Gläubigen mußte gefunden werden, und
nach Lage der Dinge mußte ihm auch die religiöse Autorität
zufallen. Zwei Männer waren hierzu vor allem qualifiziert:
Ali, Mohammeds Vetter, Gatte seiner Lieblingstochter und
Vater seiner einzigen männlichen Enkel, und Abu Bakr,
Freund des Propheten und Vater seiner Witwe. Dem altara-
bischen Prinzip der Anführerwahl folgend, erklärten die
alten Gefährten *Abu Bakr* (632-34) zum ersten Kalifen, das
heißt Stellvertreter des Gesandten Gottes.

Unter dem zweiten Kalifen, *Omar* (634-44), setzte mit
Macht jener Siegeszug ein, der innerhalb weniger Jahre die
armseligen Beduinen zu Herren eines Weltreiches machte.
Er ist eines der kaum erklärlichen Naturereignisse der Geschichte. Klimatische Gründe, langsames Austrocknen der
arabischen Halbinsel und ein damit verbundener völker-
wanderungsartiger Aufbruch in bessere Gegenden, ein
schon vor Mohammed erwachtes Selbstbewußtsein der Nomaden, beduinische Gier nach Raub und Beute erklären für
sich allein genausowenig wie der Umstand, daß die beiden
Großmächte Byzanz und Persien in einem zwanzigjährigen
mörderischen Duell ihre Kräfte erschöpft hatten, als sie der
Stoß der zusammengefaßten Energien Arabiens traf. Die
Erklärung liegt in erster Linie in der Tatsache, daß alle
Energien sich nun im Einsatz für einen Glauben sammelten,
den Gott einem bisher armen und verachteten Volk geoffenbart und zu dem er es berufen hatte. So sehr allzumensch-
liche Triebe und Begierden mitgesprochen haben mögen,
nur die todbereite Hingabe an die religiöse Idee konnte
Kräfte entbinden, die jeden Widerstand zerbrachen und
jedes Hindernis überrannten.

Statt erzählender Einzelheiten hier nur eine Tabelle:

633	Eroberung des südlichen Mesopotamien und erste Vorstöße gegen Syrien
635	Einnahme von Damaskus
636	Die Schlacht am Yarmuk entscheidet die endgültige Eroberung Syriens
	Niederlage des persischen Heeres bei Qadisiya und Einnahme von Ktesiphon
638	Einnahme von Jerusalem
640-48	Vordringen nach Persien und Ägypten: 642 führt die Entscheidungsschlacht von Nihawend zur Unterwerfung Persiens, die Besetzung Alexandrias bringt Ägypten in die Hand der Araber
	In den folgenden Jahren erstes Vordringen nach Barka und nach Chorassan
649	Erste Vorstöße zum Indus
670	Gründung von Kairouan
674-78	Erste Belagerung von Konstantinopel
695	Einnahme von Karthago
710	Erster Einfall nach Spanien
711	Die Schlacht von Xeres de la Frontera macht den Weg frei für die Eroberung des westgotischen Spanien (bis 714)
	Eroberung Transoxaniens und erneuter Vorstoß zum Indus
712	Einnahme von Marakanda (Samarkand)
718	Erste Invasion in Südfrankreich
	Konstantinopel wird zum zweiten Mal vergeblich belagert. Der Schwung des Vordringens beginnt zu erlahmen
732	Niederlage bei Tours und Poitiers durch Karl Martell

Das Ergebnis: Ein Reich vom Atlantik bis zum Indus war entstanden. Das sassanidische Persien war von der Landkarte verschwunden, Byzanz hatte die Gebiete verloren, in denen das Christentum entstanden war und welche die christliche Theologie entscheidend geprägt hatten, dazu Provinzen, die einst die Kornkammer Roms gewesen waren.

Das Mittelmeer, einst Binnenmeer des Orbis Romanus, war zur Frontlinie geworden, Europa ganz auf sich selbst zurückverwiesen. Fruchtlos, darüber zu grübeln, wie die Geschichte ohne den Siegeszug der Araber verlaufen wäre.

Klar ist: ohne ihn wäre Europa gar nicht zum ›Abendland‹ geworden.

So erstaunlich wie das Ausgreifen des Islam ist die Tatsache, daß gleichzeitige blutige Fehden unter den Arabern selbst es zwar verlangsamt aber nicht aufgehalten haben. Nicht minder erstaunlich, daß das schnell zusammengeraffte Gebiet trotz aller Krisen und Spannungen weit über ein Jahrhundert als einheitliches Imperium bestand und auch nach dem politischen Zerfall nicht aufgehört hat, sich als geistig-kulturelle Einheit zu fühlen, verbunden durch den gemeinsamen Glauben, das allen Moslems gemeinsame Heiligtum als Ziel des Gebets und der Pilgerfahrt, durch arabische Schrift und Ritualsprache. Trotzdem wäre es irrig, Islam und Arabertum gleichzusetzen. Außerhalb der Halbinsel stellten die Araber nur eine Erobererschicht dar. Die unterworfenen Iberer, Westgoten, Berber, Ägypter, Griechen, Syrer, Chaldäer, Perser, Kurden u. a. wurden mit der Übernahme des Islam zwar sprachlich teilweise arabisiert, verschmolzen auch bis zu einem gewissen Grade mit der neuen Herrenschicht, verloren aber nie völlig ihre völkische Identität. Der Begriff einer vom Atlantik bis an den Persischen Golf reichenden ›arabischen Nation‹ ist eine moderne, politischer Propaganda dienende Konstruktion. Perser und Türken, die bald die führende Rolle innerhalb der islamischen Welt spielten, haben sich als Moslems, nie aber als Araber gefühlt, genausowenig wie die Moslems in Indien, China, Indonesien oder dem Sudan.

Die Ereignisse, die sich während des arabischen Siegeszuges innerhalb des Arabertums selbst abspielten, sind ein weltgeschichtliches Beispiel dafür, daß sich Geistiges innerhalb der Menschenwelt nie rein erhalten kann. Der Vermengung religiöser und sehr weltlicher Antriebe verdankt die islamische Kunst ihr Entstehen. Die Sippenfehden des 1. Jahrhunderts A. H. bilden den Hintergrund für diesen Prozeß. Sie haben den Rhythmus des Ausgreifens mitbestimmt, vor allem aber den jungen Islam bereits in Parteiungen gespalten, die bis heute ein Element politisch-religiöser Unruhe innerhalb der Moslemwelt darstellen. Diese Ereignisse können hier nur kurz umrissen werden. Zur Orientierung mag die vereinfachte Stammtafel Seite 742 dienen[3].

Mit den wachsenden Entfernungen verlangsamte sich das Tempo der Expansion, verringerte sich auch die Beute der Glaubenskrieger. *Othman* aus der Sippe der Banu Omayya,

der 3. Kalif (644-56), beharrte auf den asketischen Grund-
sätzen der frühesten Zeit. Er wurde in seinem Haus, dem des
Propheten in Medina, ermordet. Nun endlich wurde *Ali*
(656-61), Mohammeds Schwiegersohn, zum Kalifen erko-
ren. Daß er die Anstifter des Mordes nicht sofort aufspürte
und bestrafte, diente dem Statthalter Syriens, dem Omayyaden Muawiyya, als Vorwand zum Krieg. Er war der Sohn
von Mohammeds bösartigstem Gegner. Sein Ziel war das in
seiner Familie erbliche Kalifat. Daß Ali sich überhaupt auf
Verhandlungen mit ihm einließ, führte zur ersten Abspal-
tung innerhalb des Islam, der der *Charidschiten*. Sie verfoch-
ten puritanisch die rein geistlichen Anliegen. Kalif, das heißt
›Stellvertreter‹ Mohammeds, durfte ihrer Ansicht nach nur
der Strengste und Frömmste sein, ohne Rücksicht auf
Volks- oder gar Familienzugehörigkeit. Beide vorhandenen
Prätendenten schienen ihnen zu weltliche Machtinteressen
zu vertreten und sollten beseitigt werden. Dem Attentat der
Charidschiten fiel aber nur Ali zum Opfer, *Moawiyya* in
Damaskus entging ihm und wurde, wenn auch nicht unbe-
stritten, Herr der im Namen Allahs und des Propheten eroberten Welt (661-80). Medina, wo noch der Geist der ersten Jahre lebendig war, wollte jedoch weder ihn noch seinen Sohn *Yazid I.* (680-83) anerkennen.

Wenn die geistliche Führerschaft schon erblich werden
sollte, dann gebührte sie eher den Söhnen der ersten Kalifen, vor allem kam Alis Sohn *Hussein*, der Enkel des Propheten und ein Mann von untadeligem Lebenswandel, viel
mehr in Betracht als der leichtfertige Enkel von Mohammeds Hauptfeind. In Mekka, wohin er sich mit seinem Gefährten Abdullah ibn Zubair vor dem Terror geflüchtet
hatte, mit dem Yazid den Widerstand in Medina brechen
ließ, erreichte ihn der Ruf der Einwohner von Kufa am
Euphrat, sich an die Spitze des Widerstandes zu stellen. In
diese Stadt des Zweistromlandes hatte Ali 657 seine Residenz verlegt. Nach beruhigenden Berichten über die Lage
ritt Hussein mit einer kleinen Schar, darunter Frauen und
Kinder, quer durch die arabische Wüste nach Kufa. Aber
Obeidallah ibn Zayyad, ein Parteigänger Yazids, gewann
mit äußerster Brutalität Kufa für die Omayyaden. Gleichzeitig schnitt er Hussein mit seiner kleinen Karawane von
allen Wasserstellen ab. Bei Kerbela wurden die Ver-
schmachtenden dann niedergemacht, zuletzt Hussein selbst.
Das Massaker von Kerbela (680) hat den Islam bis heute

2 *Schiitischer Bannerträger während der Moharram-Feierlichkeiten in Lakhnau, Nordindien, anläßlich der Ermordung Husseins*

zerrissen. Aus der Anhängerschaft Alis und seiner Söhne wurde eine ›Partei‹ (Schia) nicht nur im politischen, sondern bald auch im religiösen Sinne. Seine Anhänger nennt man Schiiten. Hussein, dessen Leidensgeschichte noch heute am Jahrestag, dem 10. Moharram, in den schiitischen Ländern unter Klagen vorgetragen, als Passionsspiel wiederholt und durch Geißlerfahrten gefeiert wird, ist der Stammvater der sieben beziehungsweise dreizehn schiitischen Imame.

Husseins Tod traf die ganze islamische Welt. Mochte Yazid sich auch vom Geschehenen nachträglich distanzieren, nur in Syrien wurde sein unmündiger Sohn Moawiyya II. (683) als Herrscher anerkannt. Mit allgemeiner Zustimmung dagegen wurde nun in Medina *Abdallah ibn Zubair* (683-92), Husseins engster Freund, zum Kalifen gewählt. In seinem religiösen Ernst wollte dieser die Tatsache nicht wahrhaben, daß sich ein Weltreich, mochte es auch aus religiösem Antrieb entstanden sein, nicht mehr von den abgelegenen Wüstenorten Arabiens aus regieren ließ, sondern nur aus einem der großen städtischen Zentren im Schnittpunkt der Verkehrs- und Wirtschaftswege. Das Angebot, in Damaskus die Herrschaft auszuüben, lehnte er ab. Vielleicht fürchtete er auch die dort noch immer mächtige Familie der Omayyaden, die hier sofort einen Gegenkalifen, *Merwan I.* (683-85), ausriefen, der die Macht für seine Familie zurückzugewinnen suchte. Sein Sohn *Abd al-Malik* (685 bis 705) saß bald fest im Sattel, sein Enkel, *al-Walid I.* (705-15), der Bauherr der Großen Moschee von Damaskus, konnte nach dem Ende der Bruderkämpfe die Eroberungen fortsetzen. Seine vier nächsten Nachfolger waren unbedeutend. Mit neuen Problemen wurde erst *Hischam* (724-43) konfrontiert.

Im neu eroberten Transoxanien ging es um die Frage, ob die Neubekehrten die Kopfsteuer der Ungläubigen – sie bildete eine wichtige Einnahmequelle des Staates nach dem Aufhören der Eroberungen – weiterhin entrichten müßten oder den arabischen Herren gleichgestellt werden sollten. Die Chazaren von jenseits des Kaukasus mischten sich sieghaft in die entbrennenden Kämpfe ein, die Berber Nordafrikas erhoben sich unter charidschitischer Propaganda. Im Westen wie im Osten gelang es Hischam schließlich, das Reich zusammenzuhalten. Vielleicht wäre es der omayyadischen Dynastie geglückt, die an allen Enden nagende Opposition auszuschalten, die sich bei jedem Thronwechsel in Revolten bemerkbar machte, wäre nicht Kufa 740 Schauplatz einer neuen, sinnlos blutigen Tragödie eines Aliden geworden und hätte Hischam seinen eigenen Söhnen die Nachfolge sichern können. Aber Yazid II. hatte bei seinem Tod seine Getreuen auf die Nachfolge seines noch minderjährigen Sohnes *al-Walid II.* (743/44) vereidigt. Der Knabe wuchs zu einem zynischen Trunkenbold heran, der in wenigen Monaten das Ansehen der Dynastie zugrunde richtete

und ermordet wurde. Gegen seine Vettern, die das zerrütte-
te Erbe jeweils nur für ein paar Monate übernahmen, trat
ein Vetter Hischams, *Merwan II.* (744-50), auf, ein tapferer
Krieger, aber kein Politiker. Gegen Verrat, Meuterei und
Aufstände konnte er sich zur Not in Syrien, dem Hedschas
und dem Irak behaupten, die Erhebung der östlichen Provinzen aber brachte ihm und dem ganzen Geschlecht der
Omayyaden den Untergang.

Abbas, ein Onkel Mohammeds, hatte seinerzeit eine etwas zwielichtige Rolle gespielt. Sein Sohn war mit Hussein
befreundet, sein Enkel Ali dagegen lebte am Hof von Damaskus, fiel aber dort in Ungnade. Nachdem Walid I. ihn
hatte öffentlich auspeitschen lassen, zog Ali sich rachebrü-
tend in die Einsamkeit zurück. Sein Sohn Mohammed und
sein Enkel Ibrahim der ›Imam‹ wurden Häupter einer Untergrundbewegung, die auf den Sturz der Omayyaden hinar-
beitete. Ihre heimliche Propaganda wandte sich vor allem an
die Neu-Moslems des Ostens. Diese fühlten sich wegen der
fortzuzahlenden Kopfsteuer ungerecht behandelt. In ihren
Augen legitimierte einen Herrscher allein die Blutsver-
wandtschaft mit der auserwählten Familie. Nach der Thron-
besteigung Walids II. entsandte Ibrahim Imam seinen getreuen Abu Muslim als Organisator und Führer der Opposition in den unruhigen Osten. Zwei Jahre später (749) ließ
dieser die schwarzen Banner der ›Familie des Propheten‹
offen erheben. Daß es sich dabei um die Abkömmlinge von
Mohammeds Onkel Abbas, nicht aber um Mohammeds
Nachkommen aus dem Stamm Alis handelte, wurde ver-
schwiegen. Von Merw, über Nischapur, Rayy und Nihawend
stießen sie ins Zweistromland vor und nahmen Kufa ein.
Merwan II. hatte den Imam Ibrahim 749 töten lassen, dessen
Bruder *Abdallah* setzte sich jetzt – gegen Vorbehalte der
Aliden – in Kufa fest. Stadt für Stadt riß nun vor den Rebellen das weiße Banner der Omayyaden nieder, selbst Damas-
kus ergab sich. Merwan II. wurde auf der Flucht getötet, die
Omayyaden und ihr Anhang wurden ausgerottet.

Abdallah (750-54) wurde der erste Kalif aus der Koraisch-
Sippe der haschimitischen *Abbasiden.* Sein brutales Vorgehen bei Erwerb und Sicherung der Macht trug ihm bei seinen
eigenen Parteigängern den Beinamen des ›Blutvergießers‹
ein. Sein Bruder und Nachfolger *Abu Dschafar* (754-775)
saß als ›al-Mansur‹ (der Siegreiche) schon so fest im Sattel,
daß er ohne Schwierigkeiten die Herrschaft seinem Sohn

al-Mahdi (775-85) vererben konnte. Dessen älterem Sohn *al-Hadi* (785-86) folgte der jüngere, *Harun ar-Raschid* (786-809), als fünfter Kalif der abbasidischen Dynastie. Dieser wurde durch seine Gesandtschaft an den Hof Karls des Großen auch im Abendland bekannt.

Die kampfreichen ersten Jahrhunderte bilden den Hintergrund für die ersten und richtungweisenden Perioden der islamischen Baukunst. Was weiterhin an Geschichtlichem für das Verständnis der einzelnen Epochen unerläßlich ist, sei innerhalb der betreffenden Kapitel umrissen. Hier nur noch eine summarische Skizze.

Die Abbasidenzeit des späteren 8. und des 9. Jahrhunderts bildet die fruchtbarste Periode der philosophischen Auseinandersetzung des Islam mit dem Erbe der Antike und des persischen Ostens. Dem Weltreich entsprach auch eine ›Reichskunst‹, von der leider viel zu wenig erhalten blieb, das ihre sieghafte Prachtentfaltung augenfällig machen könnte (Kap. 5 und 8). Der Höhepunkt ›arabischer‹ Kultur bezeichnet zugleich den beginnenden politischen Abstieg. Mit der Machtergreifung der Abbasiden bereits begann die Auflösung des arabischen Weltreichs. Von iranischen Kräften getragen und dem omayyadischen Syrien mißtrauend, stützte sich die neue Dynastie auf das arabisierte, aber persischen Traditionen verbundene Zweistromland, kehrte dem Westen und dem Mittelmeer den Rücken. So setzte gerade im Westen zuerst die Auflösung ein. *Abd ar-Rahman,* der einzige überlebende Omayyade, errichtete in Spanien ein Emirat (Córdoba), das glanzvoll bis um die Jahrtausendwende dauerte. Die Berber Marokkos fielen um 800 unter den alidischen *Idrisiden* von den Abbasiden ab. Die aghlabidischen Gouverneure von Nordafrika sandten zwar Tribute nach Bagdad, waren aber praktisch ihre eigenen Herren und eroberten Sizilien für den Islam. Auch künstlerisch ging der Westen fortab seinen eigenen Weg (Kap. 5, 6).

Von Tunesien aus gewannen die schiitischen *Fatimiden,* Nachkommen von Mohammeds Tochter Fatima, noch im 10. Jahrhundert Ägypten, das schon vorher zeitweilig unabhängig gewesen war (Kap. 5, 7). Sie machten Kairo zu einem der großen Zentren islamischer Kultur.

Im Osten war das abbasidische Kalifat kaum glücklicher. Die Herrschaft zerbröckelte an den Grenzen, wo entschlossene Statthalter oder kühne Abenteurer sich selbständig machten. Unter ihnen wurde der Osten völlig islamisch, der

Islam zugleich aber von persischer Kulturtradition durchdrungen (Kap. 8).

Gleichzeitig gewann das türkische Element immer mehr
an Bedeutung und wurde schließlich beherrschend. Knapp
nach der Jahrtausendwende überrannten die türkischen *Seldschuken* im Verein mit anderen Türkengruppen den islamischen Osten. Sie führten ihm neues Blut, neue Ideen und
Impulse zu. Ihr Auftreten machte Epoche auch in der Baugeschichte (Kap. 9). Neuland haben sie dem Islam nur im
bisher armenisch-byzantinischen Kleinasien gewonnen.

Schon vor dieser Wendezeit hatte der Islam kulturell auf
ein noch sehr primitives Europa ausgestrahlt. Im 11. Jahrhundert ging die Christenheit – bisher in der Defensive
– zum Gegenangriff über. Er war im Westen erfolgreich,
blieb im Osten nur Episode, hat aber in jedem Falle den
christlichen Westen durch die Begegnung mit dem Osten
kulturell gewaltig vorangebracht. Dem moslemischen Spanien, das nach dem Ende der Omayyaden von Córdoba in
Kleinreiche zerfallen war, brachten die Berberdynastien der
Almoraviden und *Almohaden* nur zeitweilige Hilfe gegen
die Reconquista. Allein das kleine Reich der *Nasriden* von
Granada konnte bis ins späte 15. Jahrhundert überleben
(Kap. 6).

Die Kreuzzüge haben vorübergehend das Gleichgewicht
im Osten gestört, blieben aber ohne dauerhaften ›Erfolg‹.
Als Erbe der seldschukischen Atabegs wurde im syrischen
Bereich der Kurde Salah ed-Din mächtigster Gegenspieler
der christlichen Ritter. Er begründete die Herrschaft der
Eyyubiden über Syrien und das bisher schiitisch-fatimidi-
sche Ägypten. Dort haben schließlich türkische Militärsklaven, die *Mamluken* (Kap. 10), die Macht an sich gerissen
und, trotz hektisch-wirrer Abfolge der Regenten, die Stellung Kairos gegen Kreuzfahrer und Mongolen bewahrt.

Der Einbruch der *Mongolen* (Kap. 11) hat die islamische
Welt viel schwerer getroffen, als die Angriffe der Kreuzfah-
rer. Dschingis Khan hatte erst ihren Rand angesengt, sein
Enkel Hülägü zielte in ihr Herz. 1258 tötete er den letzten
Abbasiden im zerstörten Bagdad, drang bis nach Syrien vor.
Seine bald islamisierten Nachkommen herrschten über ein
verwüstetes Gebiet von Mesopotamien bis an die Grenzen
Indiens. Ihrer Macht erlag schließlich auch das Seldschuken-
reich von Rum.

Dessen Erbe traten – gegen eine Welt von Kleinfürsten

sich behauptend, die *Osmanen* (Kap. 12) an. Ihr Ziel war die
Eroberung der Kaiserstadt Byzanz. 1352 faßten sie erstmals
Fuß auf europäischem Boden.

Das 15. Jahrhundert sah Osten und Westen erneut im
Kampf. Aus Innerasien brachte Timur Lenk neue Verheerungen über die Länder des Ostens. Seine Hauptstadt Samarkand machte er zur gigantischen Prachtmetropole
(Kap. 11), aber sein Reich war ohne Dauer. Seine Nachfolger rieben sich auf im Bruderkrieg und in der Abwehr der
mobil gewordenen Völker Innerasiens. Einer von ihnen
wurde schließlich der Ahnherr der indischen Großmoghuln
(Kap. 14).

Die Osmanen setzten ihren Weg fort, eroberten 1453
Konstantinopel, gewannen bald auch Syrien, Arabien, das
bisher mamlukische Ägypten und die Seeherrschaft über das
Mittelmeer, erlebten unter Süleyman I. eine strahlende
Glanzzeit (Kap. 12) und bedrohten zweihundert Jahre lang
das habsburgische Herz Europas.

Am westlichen Ende der islamischen Welt hatten die spanischen Großeltern eben dieser Habsburger 1492 dem letzten Moslemreich auf europäischem Boden den Garaus gemacht und setzten die Reconquista durch erfolgreiche Aktionen gegen den Maghrib der *Meriniden, Saadier* und
Alauiten fort (Kap. 6).

Der Iran, schon im 15. Jahrhundert trotz aller Verwüstungen reife künstlerische Leistungen hervorbringend, fand unter den *Safawiden* (Kap. 13) zur Vollendung seiner selbst.

Seit dem 16. Jahrhundert kennt die islamische Welt nur
noch drei große Herren: den Osmanensultan von Istanbul,
den Schahanschah von Isfahan und den Großmoghul von
Delhi. Ihre Residenzen werden zu wahrhaften Wundern der
Welt, sind es noch heute trotz allen späteren Verfalls.[4]

Um 1700 setzte überall der Abstieg ein. Das Jahr 1683
offenbarte, wie hohl es bereits um die Osmanenherrlichkeit
stand, im frühen 18. Jahrhundert endete die Pracht der Safawiden, und wenig später verblaßte auch der Glanz des Mo-
ghulhofes. Im Zeichen von Handel und Wirtschaft, Kolonia-
lismus, nationalem Weltmachtstreben und schließlich der
modernen Industrie setzten die Mächte Europas den einst
unter dem Banner des Kreuzes begonnenen Vormarsch fort,
erweckten Fremdenhaß und Fanatismus in den Ländern, die
gezwungen wurden, auf Fremde zu hören, und sich über-
mächtiger Bundesgenossen oder Feinde zu erwehren such-

ten, indem sie Europäisches nachahmten, an Symptomen kurierten, sich damit nur neue Probleme schufen und doch immer wieder erfahren mußten, daß die Europäer ihnen überlegen waren – eine für das Selbstgefühl tödliche Erfahrung. Mehr und mehr verschwanden jene Züge, die noch an die islamischen Gemeinschaften des Mittelalters erinnerten.

Die Kunst ist ein feines Barometer für diese Vorgänge. Es ist, als habe die fremde Übermacht auch das Vertrauen in die eigene künstlerische Ausdrucksweise gebrochen.

Die Regierungen der nachkolonialen modernen Staaten nehmen sich bewußt der Zeugnisse aus den großen Zeiten an; unter doppeltem Vorzeichen: dem der Touristenwerbung und dem der Selbstbesinnung auf das ›nationale‹, ›islamische‹ oder ›arabische‹ Kulturerbe: im Grunde also aus europäischen Gedankengängen heraus.

3 Die Moschee

Ursprung, Elemente, Wesen und Stil

Die früheste und charakteristischste Bauschöpfung der Moslems ist die Moschee. Das deutsche Lehnwort stammt – auf Umwegen – vom arabischen *masdschid*, das seinerseits aus einer Wurzel abgeleitet ist, die ›sich niederwerfen‹ bedeutet, bezeichnet also einen Ort der Niederwerfung, das heißt der Anbetung.

Das Gebet als wesentliche rituelle Pflicht des Moslem bedarf eigentlich keines bestimmten Ortes, es kann überall verrichtet werden. Ein Hadith erklärt die ganze Erde als ›Masdschid‹ für den Frommen, ein anderer sagt: »Wo die Stunde des Gebets dich erreicht, sollst du das Gebet verrichten, und das ist ein Masdschid.« Voraussetzung bildet neben der rituellen, das heißt in erster Linie körperlichen Reinheit des Beters und seiner erklärten Absicht, die religiöse Pflicht zu erfüllen, auch die ›Reinheit‹ des Ortes. Ein von Dornen und Steinen gesäubertes Stückchen Boden, eine Matte, ein Stück Stoff, nach Mekka ausgerichtet, kann schon den reinen Raum für das Gebet herstellen. Ein Bauwerk ist dazu nicht nötig.

Aber Islam ist nicht nur privates Bekenntnis, sondern das einer Gemeinschaft, die sich im gemeinsamen Ritus manifestiert, er bedarf also der Stätten für das Gemeinschaftsgebet. Auch sie waren zunächst wenig mehr als von Disteln, Unrat usw. gereinigte Plätze, allenfalls irgendwie gegen die Umgebung abgegrenzt. Die Art der Begrenzung war eigentlich gleichgültig: ein Dornverhau, ein Graben, ein Mäuerchen konnte genügen. Mohammed soll, wie schon erwähnt, sofort bei seiner Ankunft in Medina einen solchen Bezirk haben anlegen lassen. Anderwärts mögen ähnliche bald gefolgt sein. So einfach-urtümliche Betstätten blieben außerhalb von Städten als *Musalla* (pers. *Namazgah*) noch lange gebräuchlich.

In Medina erbaute sich Mohammed auch ein Haus. Es bestand vermutlich aus einem geräumigen Hof *(sahn)*, um-

geben von Lehmmauern, hatte an der Südseite ein Schatten-
dach *(zulla)* aus Palmstämmen und -blättern, entlang den
Seitenwänden Wohnhütten u. a. für die Frauen und an der
Nordseite ein weiteres Schattendach für die Ärmsten der
Gemeinde als Dauergäste. Es war also nicht nur Wohnung
des Anführers der Gemeinschaft, sondern auch ihr soziales
Zentrum und selbstverständlich auch eine Stätte des Gebets.
Unter seinem Wohnraum wurde der Prophet bestattet. In
diesem einfachen Haus wohnten auch die ersten drei Kalifen. Erst Ali übersiedelte (657) nach Kufa. Die durch so viele
fromme Erinnerungen geweihte Stätte diente danach nur
noch als ›Masdschid‹ und wurde (nach Creswell noch vor
674) entsprechend umgestaltet.

Das Ausgreifen seit Omar machte die Anlage von Mas-
dschids auch im eroberten Gebiet nötig: als Orte des Gebets
zugleich und als Appellplätze für die Besatzungstruppe. Damals mag – zur Unterscheidung von Juden und Christen
– der Freitag als der Wochenfeiertag festgelegt und jedem
Gläubigen zur Pflicht gemacht worden sein, zumindest das
Mittagsgebet an diesem Tag in der Gemeinschaft zu verrichten. Durch Koranrezitation und Predigt wurde es zu einem
feierlichen Gottesdienst ausgestaltet, vielleicht, um den
Neubekehrten einen Ersatz für die gewohnte wöchentliche
Kultfeier zu bieten. Im Grunde handelte es sich dabei zunächst um einen militärischen Appell. Die Moschee war ja
gleichzeitig auch der Versammlungsplatz, an dem der jeweilige Kommandant nicht nur das Ritual leitete, sondern auch
seine Anordnungen bekanntmachte. Die freitägliche ›Be-
fehlsausgabe‹ wurde als Predigt *(khutba)* später formelhaft
ritualisiert, behielt aber immer ihren politischen Charakter
bei. Die namentliche Nennung des Führers der Gläubigen
bekräftigte die Zusammengehörigkeit von Befehlshaber
und Gemeinde. Nennung eines neuen Namens zeigte einen
Wechsel in der Führung, Veränderung der politischen Bindung, ja sogar eine Revolution an.

Auch die ersten Garnisonsmoscheen im Irak (selbstverständlich ist keine im Urzustand erhalten) waren sicher ganz
einfache Anlagen. Die Moschee von Kufa z. B. wird als ein
Viereck von einem Pfeilschuß Seitenlänge geschildert, umgeben von einer Lehmmauer und zweischiffigen, an der
Qiblaseite fünfschiffigen Portiken auf Ziegel- oder Palm-
stützen zum Schutz vor den glühenden Strahlen der Sonne.
Im Grunde war damit nach dem Vorbild des Prophetenhau-

ses von Medina ein Typus geschaffen, der ein Jahrtausend hindurch das Ur- und Vorbild einer Moschee darstellte, das Thema für alle folgenden Variationen. Wir wollen ihn einfach den ›Kufa-Typ‹ nennen.

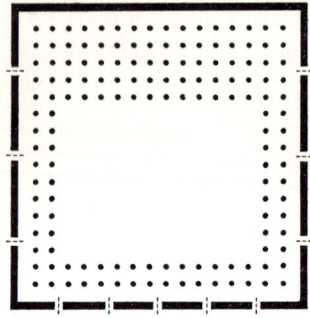

3 *Grundrißschema der Moschee in Kufa nach Kühnel*

Dem Appellplatzcharakter einer solchen Khutba-Moschee entsprechend, konnte es in jeder ›Stadt‹ einer Moslemgemeinde nur jeweils einen ›Betplatz der Versammlung‹ (Dschama-Masdschid) geben. Traditionsgebundene Rechtsauffassung (Schafiiten) wollte daran festhalten. Aber Städte wuchsen oft aus mehreren verschiedenen Gründungen zusammen, die einzelnen Viertel besaßen dann bereits ihre eigenen Moscheen, so daß mehrere ›Freitagsmoscheen‹ nebeneinander bestanden. Folglich übertrug sich seit dem 9. Jahrhundert der Name ›Dschami‹ (türk. Cami) auf jede größere Moschee, während ›Masdschid‹ nun vor allem für kleinere (private) Betstätten angewandt wurde. Die Bezeichnung blieb aber auch für besonders heilige Stätten üblich, z. B. Masdschid al-Haram für die Kaaba. In Persien heißt die Hauptmoschee einer Stadt noch heute Masdschid-i Dschuma (Juma).

Zwischen Atlantik und Indien gab es zeitweise verschiedene Benennungen, etwa so verwirrend gebraucht wie unsere Bezeichnungen Dom, Kathedrale, Münster, Basilika (Basilika nicht als Bauform, sondern als Ehrentitel) usw. Wo mehrere größere Moscheen nebeneinander bestanden, wurden sie durch zusätzliche Benennungen gekennzeichnet. Sie konnten nach dem Stifter benannt werden (Ibn Tulun, Süleyman etc.), nach einem heiligen Mann (Hadschi Piyada,

Sidi Oqba), nach besonderen Kennzeichen (drei Tore, drei Balkone für den Muezzin, vorherrschende Farbe – ›die Grüne‹ usw.), nach den Benutzern (›der Andalusier‹), nach der Nachbarschaft usw. (Gleiches gilt auch für andere islamische Bauten.)

Für ihren Versammlungsplatz beanspruchten die arabischen Eroberer in neugewonnenen Städten jeweils eine zentrale Stelle. Aber im Zentrum einer Stadt stand oft schon ein vorislamischer Kultbau. So wurde dieser manchmal mitbenutzt oder – gegen Entschädigung – enteignet. (In der Frühzeit war es keineswegs die Regel, den Andersgläubigen ihre Betstätten und Kultbauten wegzunehmen. Das kam erst in der Kreuzfahrerzeit auf. Von Omar, dem zweiten Kalifen, wird erzählt, er habe sich geweigert, in der Grabeskirche von Jerusalem sein Gebet zu verrichten – obwohl Isa [Jesus] der Sohn Mariens, den Moslems als ein großer Prophet gilt –, damit nicht später jemand einen Vorwand fände, den Christen die Kirche wegzunehmen.) Trotzdem kam es nicht selten vor, daß christliche und zoroastrische Kultbauten übernommen und dem islamischen Ritual angepaßt wurden. Von ihnen gingen wichtige Impulse für die fernere Gestaltung und Ausgestaltung islamischer Bethäuser aus. Davon wird in den folgenden Kapiteln noch zu reden sein.

Es geht hier nicht um Rekonstruktion von längst vergangenen Bauten. Sicher ist: im ersten Jahrhundert nach Mohammeds Tod wurde nicht nur der Koran redigiert, ein Weltreich erobert, der Keim zu verschiedenen ›Konfessionen‹ innerhalb des Islam gelegt und der Ansatz zu einer islamisch bestimmten Staatsform geschaffen, es wurden auch die Grundzüge des islamischen Ritualbaues entwickelt und fixiert.

Das primäre Element einer Moschee ist die einfache Fläche, die sich mit einer Seite dem mekkanischen Heiligtum zuwendet. Um sie von dem nicht immer reinlichen profanen Alltagstreiben abzusondern, wurde sie umhegt, das heißt mit einer Mauer umgeben. Klimatische Gründe, namentlich Schutz vor der Sonne, veranlaßten die Errichtung von Portiken entlang der Innenseite der Mauer, vor allem an der nach Mekka weisenden, wo der Portikus in der Regel mehrschiffig geplant wurde. Der damit entstehende ›Raum‹ ist durchaus als sekundäres Element und als Teil des Hofes aufzufassen. Die schlichten Hallen an der Qiblaseite aber wurden zum bevorzugten und eigentlichen Platz des Gebetes und gewannen damit besonderes Ansehen als ›*haram*‹, das heißt als geweihter, unverletzlicher Ort. Die oft gebrauchte Bezeichnung ›Sanktuarium‹ ist irreführend, weil sie an die Cella für ein Götterbild u. ä. denken läßt. Auf den ›haram‹, er sei hier fürderhin ›*Betsaal*‹ genannt, konzentrierten sich die Bemühungen um architektonische Formung.

Er war auch der Standplatz der Ritualmöbel. Selbstverständlich mußte der Leiter, Lehrer und Richter der Gemeinschaft einen erhöhten, allen sichtbaren Platz einnehmen. Es bedurfte kaum des Vorbilds christlicher Ambonen (Kanzeln sind in Europa erst Schöpfung des 13. Jahrhunderts), um den islamischen Predigtstuhl, den *Minber* (die Erhöhung) zu entwickeln, denn ein Podest oder einen erhöhten Stuhl dürfte es schon in der einfachsten Form der Hofmoschee gegeben haben. Das hölzerne Treppenpodest, – später z. T. mit reich dekorierten Seitenwangen, einer Tür am Fuß der Treppe und einem Baldachin über der Plattform – wandelt sich im 13. Jahrhundert von einem echten Möbel zum ortsfe-

4 *Minber und Mihrab in der Moschee des Ibn Tulun in Kairo, 1296*

5 *Minber und Mihrab in der Blauen Moschee in Istanbul, 1609-16*

sten Steingebilde. Rituell traditionalisiert, findet er auch in
kleinen Gemeindemoscheen seinen Platz rechts vom Mihrab, der in der Regel säulenflankierten leeren Nische, die in
der nach Mekka gerichteten Wand die Qibla anzeigt.

6 *Mihrab
auf der Rückseite
eines Dirham des Kalifen
Abd al-Malik (685-705)*

Der *Mihrab* (»die Stelle wo die Lanze eingestoßen wird«)
ist ein merkwürdiges und fast immer das bemerkenswerteste
Ausstattungselement. Zwar zwingen islamische Höfe und
Hallen niemanden in eine bestimmte Schreitrichtung wie die
christliche Basilika, aber notfalls hätte zur Orientierung
auch ein Stein genügt, wie er in den Häusern frommer Juden
die Richtung nach Jerusalem anzeigt. (Auch heute noch

7 *Betender Moslem im Sudan. Die Qibla hat er mit Steinen markiert.*

8-9 *Muschel-Nische einer koptischen Kirche in Dendera, spätes 5.Jh.
und Mihrab aus der al-Khasaki-Moschee des Kalifen al-Mansur(?), 8.Jh.
Bagdad, Irak-Museum*

kann man beobachten, daß Moslems beim Beten einen Stein
als Richtungsanzeiger vor sich hinlegen.) In den Anfängen
des Islam markierte die Lanze des Propheten die Gebetsrichtung. Das Aufkommen des nischenförmigen Mihrab läßt
sich vielleicht dadurch erklären, daß im von arabischen Heeren zuerst besetzten Syrien manchmal Kirchen der Christen
für das Ritual der Sieger übernommen wurden. In christlichen Gotteshäusern war es üblich geworden, daß die Apsis
sich dem Aufgang des Lichtes als dem Symbol für Christus
(ex oriente lux) zuwandte. Für die Moslems in Syrien lag die
Qibla im Süden, wich also von der Orientierung der Kirche
um etwa 90 Grad ab. So war es nicht sinnlos, die neue
Gebetsrichtung allenfalls durch eine besonders geschmückte Platte oder Nische an der Südwand zu markieren. Nischen
als Schmuck- oder Gliederungselemente der Seitenwände
waren in christlichen Kirchen bekannt und beliebt. Ein schönes Beispiel ist die aus dem 5. Jahrhundert stammende koptische Kirche im Bezirk des Hathortempels von Dendera.

Hier zeigen die Seitenschiffe noch die Reste von Wandnischen, die von Säulen flankiert und von einem Muschelge-
bilde abgeschlossen waren, das ein Rankenband umzog.
(Ähnliche Nischen sind schon seit der römischen Kaiserzeit
üblich, wie die Portiken des großen Altarhofes von Baalbek
zeigen.) Das angeführte Beispiel liegt zwar nicht in Syrien,
sondern in Oberägypten und ist charakteristisch für die
Kunst der Kopten, das heißt der christlichen Ägypter. Aber
bezeugtermaßen haben die omayyadischen Kalifen koptische Werkleute zur Verwirklichung ihrer Bauvorhaben herangezogen. Vor ihrer Zeit waren Nischenmihrabs noch unbekannt (der erste angeblich 705/06 in Medina). Wir hören
auch den Vorwurf von Zeitgenossen, die Kalifen von Damaskus bauten »in der Art von Kirchen«. Es ist wohl kein
purer Zufall, daß einer der ältesten in originaler Gestalt
erhaltenen Mihrabs, der aus der al-Khasaki-Moschee im
Bagdader Museum (er gilt als Import aus Syrien), typolo-
gisch den Nischen von Dendera entspricht: eine säulenflan-
kierte Halbrundnische mit einem als Muschel geformten
Abschluß mit umlaufendem Rankenband. Trotz des Wider-
spruchs von Rigoristen wurde schon im 8. Jahrhundert der
Mihrab zum unerläßlichen Bestandteil einer Betstätte und
kennzeichnete später jeden nicht-profanen Raum.

Obwohl kein Kultgegenstand (die manchmal auftauchende Benennung ›Altar‹ ist ganz unsinnig), erhielt der Mihrab
bald symbolische Bedeutung. Spätere Gestaltungen analog
den Toren, mit einem Abbild des mekkanischen Heiligtums
oder einer Lampe als Sinnbild des göttlichen Glanzes (nach
Sura xxiv) versehen, deuten auf den Vorstellungskreis hin,
aus dem die Sakralisierung des Mihrab entsprang. Wenn
etwas in einer Moschee ›sakralen‹ Charakter hat, dann ist es
die Gebetsnische. Kein Wunder, daß gerade sie mit ihrer
nächsten Umgebung besonders reich geschmückt wurde.
Goldmosaik, Stein, Stuck, Holz, Fayence, Farbe aller Art
und zierlichste Handwerkskunst wurden dazu aufgeboten.
Wir werden auf unserer imaginären Wanderung noch den
schönsten Beispielen begegnen, so ist hier nicht der Ort,
schon auf die verschiedenen Gestaltungen einzugehen, die
der Mihrab erfuhr. Deutlich ist: sie bewahren alle die Erinnerung an die Grundform.

Vor dieser Nische ist der Platz des Imams, des Vorbeters.
Da – zumindest in den frühen Zeiten – der Führer der
Gläubigen selbst oder der jeweilige örtliche Befehlshaber

diese Funktion wahrnahm, wurde diese Stelle durch eine Kuppel – ein Zeichen besonderer Hoheit – betont und ausgezeichnet. Aber drei der ersten vier Kalifen wurden ermordet. Es schien angebracht, das politisch-militärisch-religiöse Oberhaupt durch ein Gitter *(Maqsura)* zu schützen. Dadurch aber fast unsichtbar geworden, gab er seine Vorbeterfunktion auf, die Maqsura rückte aus der Achse, wurde später zu einer abgesonderten Loge, wenn es der Herrscher nicht sogar vorzog, am Gemeindegebet in einem abgeschlossenen Nebengelaß teilzunehmen, das er vom Palast aus direkt erreichen konnte. (In der Frühzeit lagen Herrscherwohnung und Gemeindemoschee meist Wand an Wand.)

Beinahe so kennzeichnend wie der Mihrab für das Innere erscheint heute für das Außenbild einer Moschee das Minarett *(Minar)*. Aber genausowenig wie der Glockenturm für christliche Kirchen ist das Minarett ursprünglicher und unerläßlicher Bestandteil der Moschee. Das Wort kommt übers Italienische vom arab. Manara (Turm für Feuerzeichen, Leuchtturm). Daneben besteht die Bezeichnung *Madhana* (Ort des Gebetsrufes).

Der erste Muezzin, der äthiopische Sklave Bilal, rief noch in den Straßen oder vom Dach die Gebetsstunden aus. Erst in der Omayyadenzeit entstanden die ersten Minaretts, wohl nach dem Vorbild christlich-syrischer Vierkanttürme. Im islamischen Westen sollte diese Gestalt verbindlich bleiben, im Osten wurden neue Typen entwickelt bis hin zu der osmanischen Bleistiftform. Auch auf diesen Gestaltwandel braucht an dieser Stelle nicht eingegangen zu werden, da die folgenden Kapitel die nötigen Hinweise bringen.

Außer den Wasch- und Latrinenanlagen zur Herstellung der körperlichen Reinheit der Beter ist alles, was sich sonst in einer Moschee findet (und es ist im Vergleich zu der Vielfalt des Mobiliars einer Kirche wenig), Zutat und Ergebnis späterer Entwicklungen, also nicht unbedingt nötig: Die Matten als Bedeckung des Bodens und Verkleidung der Wandsockel (vor allem im nordafrikanischen Bereich üblich), die Teppiche, die mit den Türken in die Moscheen einzogen und anfänglich als Luxus abgelehnt wurden (heute gilt die Schenkung eines Teppichs an die Moschee als gottgefälliges Werk), die kalligraphischen Medaillons mit den Namen Allahs, des Propheten und der vier ›rechtgeleiteten‹ Kalifen (natürlich nicht in schiitischen Moscheen!), die Koranpulte und -behälter, die Podien *(dikka)* in manchen grö-

ßeren Moscheen, von denen aus die Muezzins den dritten
Ruf zum Freitagsgebet sangen, die Beleuchtungskörper
(Ampeln, Reifen mit Öllampen, die Leuchter seitlich des
Mihrab), die Kalender und Uhren zur Feststellung der Ge-
betszeiten, die Regale zur Ablage des Schuhwerks.

Von ihrem Ursprung an bündelt die Moschee ungefähr
alle Funktionen einer antiken Agora und noch eine Reihe
weiterer dazu. Sie war nicht allein Stätte des Gebets und der
Gemeindeversammlung, sie war auch privater Treffpunkt,
Sitz der Verwaltung und Rechtsprechung, der Ort, wo der
Koran rezitiert und ausgelegt wurde, wo Elementarkennt-
nisse vermittelt und grammatische, philosophische, juristi-
sche Probleme diskutiert wurden. Hierher kam der Fromme,
um sich zu verweilender Meditation zurückzuziehen, hier
fand der Müde Rast, der obdachlose Fremdling und der
Verfolgte Asyl. Europäer wundern sich manchmal, wenn sie
in einer Moschee Schläfer antreffen. Aber die haben hier
Daseinsrecht wie die Beter, Koranleser und Studenten.
Noch heute ist – vor allem in größeren Moscheen – noch
immer etwas von der ganzen ursprünglichen Funktionsbrei-
te spürbar. (Die Qarawiyyn in Fez oder al-Azhar in Kairo
sind noch heute Hohe Schulen und Studentenheime, andere
Moscheen erfüllen immer noch mildtätige Aufgaben.)

Allerdings sollte von der Stätte des Gebets und der Versenkung allzu geräuschvolles Alltagstreiben ferngehalten
werden. Auch wenn ursprünglich kein ›heiliger‹ Ort, ist die
Moschee doch der Platz, an dem die Frommen außerhalb
der Gebetszeiten zu Andachten und erbaulichen Lesungen
zusammenkamen, und gewann dadurch eine gewisse Weihe.
Er durfte nicht mit Schuhen betreten werden, Frauen wurde
ein besonderer Teil zugewiesen (manchmal wurden sie auch
ganz ausgeschlossen), und nicht zuletzt wurde vielfach auch
den Nichtmoslems der Zutritt verwehrt.

Mohammed kannte nur ein einziges Heiligtum und Haus
Gottes: die *Kaaba in Mekka.* Von ihm hat er die Unbekehrten ein für allemal ausgeschlossen. Das im Koran (IX, 17f.)
verankerte Verbot bewahrt Mekka vermutlich für immer
davor, zum Tummelplatz der bloßen Erlebnisneugier von
Touristen aus aller Welt zu werden. Der Begriff der ›heiligen
Stätte‹ aber wurde im Lauf der Zeit auf alle Orte und Moscheen ausgedehnt, die durch das Andenken an heiligmäßig-
fromme Gestalten oder bedeutsame Ereignisse aus der Geschichte des Islam ausgezeichnet waren oder volkstümlicher

Überlieferung ausgezeichnet erschienen. Es war nur ein Schritt, und nicht nur solche Wallfahrtsorte, sondern jede Ritualstätte konnte als ›heilig‹ gelten. Zeit- und fallweise wurde die Bezeichnung ›Haus Gottes‹ (beit Allah) für Moscheen gebraucht, obwohl sie viel eher einer Synagoge als einem Tempel entsprechen. Überspitzt gesagt: eben dadurch daß sie kein ›Gotteshaus‹ ist, unterscheidet sich die Moschee von einem Hindutempel oder einer katholischen Kirche.

Die Frage der Heiligkeit der Moschee schlechthin wurde nie einheitlich-grundsätzlich beantwortet. Die islamischen Staaten haben, als sie Anschluß an die Neuzeit suchten und gar, als sie die Einkünfte aus dem modernen Fremdenverkehr schätzen lernten, die meisten der historisch wertvollen Bauten für Nichtmoslems geöffnet. Die Moscheen und Heiligengräber Marokkos sind jedoch dem Touristen immer noch ebenso verschlossen wie die an den heiligen Orten der Schiiten (Kerbela, Nadschaf, Meschhed, Qom usw.). In diesen Städten sollte der Fremde versuchen, möglichst wenig aufzufallen. Auch in manchen ländlich-abgelegenen Gegenden ist Zurückhaltung angebracht. In Großstädten und Touristenzentren stößt sich heute niemand mehr daran, wenn der Ungläubige eine Moschee betritt. Und sollte Sie wider Erwarten ein unfreundlicher Blick treffen, dann denken Sie daran: der Moslem ist gastfreundlich und oft sehr tolerant, ihm sind aber strenge Reinheitsgebote auferlegt, und Schweinefleischesser mit ungewaschenen Füßen an der Stätte des Gebets sind ihm etwas unappetitlich. Natürlich kann jederzeit ein politischer Kurswechsel zu größerer Toleranz oder Intoleranz führen. Die folgenden Kapitel sollen Sie nur in Bauten führen, die dem Fremden ohne weiteres zugänglich sind. Nicht gerade zur Gebetszeit womöglich, unbeschuht und in schicklicher Kleidung versteht sich. Damen vor allem sollten eher mit ihren Reizen als mit Bekleidung sparen.

Je mehr die Gemeindemoschee in den Rang eines geweihten, wenn nicht heiligen Bezirkes aufrückte, um so mehr der in ihr ursprünglich vereinigten Aufgaben entließ sie. Für derart delegierte Zwecke entstanden eigene Anlagen und wurden (manchmal unter Zuhilfenahme schon vorislamischer Muster) eigene Bautypen entwickelt. Als erstes trennte sich die Wohnung des Befehlshabers als Sitz der Verwaltung (und auch der Rechtsprechung) von ihr, blieb

ihr aber zunächst eng benachbart. Nach und nach fanden der
Elementarunterricht, der höhere Schulbetrieb, die akademische Forschung Unterkunft außerhalb des Moscheeberei-
ches, ebenso die militärische Wachsamkeit und die mönchi-
sche Meditation, die Fürsorge für Fremde, Kranke, Hun-
gernde.

Auf dem Gang durch die bedeutendsten Bauschöpfungen
der islamischen Welt werden wir nicht nur Moscheen kennenlernen. An Ort und Stelle soll dann die Rede sein von
den Schlössern und Festungen, den Grabmälern und Schulen, den Klöstern, Hospitälern, Armenküchen, Pilgerher-
bergen und Rasthäusern, Bibliotheken und Observatorien,
von Bädern, Brunnen usw. Auf all das sei hier nur hingewiesen, damit nicht der Eindruck entstehe, islamische Baumeister hätten nichts anderes geschaffen als Moscheen. Als
Zeugnisse einer in sich geschlossenen Kulturwelt, die durch
eine Religion geprägt ist, bewahren aber alle diese Bauten
(wenn sie nicht wie Brücken, Bazare, Festungsmauern, Gärten überwiegend oder gänzlich profanen Zwecken dienen)
die Erinnerung an ihre Herkunft aus dem Funktionsbereich
der Moschee. Kaum einem mit Recht, Bildung, Caritas verbundenen Bauwerk fehlt der Raum für das Gebet.

Wie sich der Bautyp der Moschee, ausgehend vom ›Kufa-
Schema‹ in Wechselwirkung mit älteren Überlieferungen
und von ihr abgelösten neuen Bautypen wandelt, davon wird
noch zu sprechen sein. Auch davon, wie sich die Moschee
wieder mit Schulen, Grabmälern usw. zu originellen Gestaltungen verbindet. Das 14. und 15. Jahrhundert haben darin
besonders Reizvolles geschaffen. Die vielfältigsten Kombinationen fand das mamlukische Ägypten, die großartigsten
Ensembles von rituellen, kulturellen, mildtätigen und ge-
meinnützigen Zwecken dienenden Bauten schufen die Osmanen im 16. Jahrhundert. Um die Moschee wurden sie zu
einer hierarchisch gestuften städtebaulichen Einheit geordnet, der Külliye, in der sich die ganze Vielfalt der ursprünglichen Funktionen entfaltet und zu einprägsamster Gestalt
zusammengeordnet wird.

Eine Schöpfung wie die Süleymaniye in Istanbul mit all
ihren dienenden Instituten und einst mit einem Personal von
vielen hundert Angestellten bedurfte ausreichender Mittel
zu deren Unterhaltung und zur Erfüllung ihrer vielfältigen
Aufgaben. Aber auch wenn man von so reichen Beispielen
absieht: Nirgendwo war es bei der Errichtung einer Moschee

(oder eines anderen gottgefälligen Bauwerks) mit der Erbauung allein getan. Es mußten Mittel bereitstehen, um das Personal zu besolden, angefangen vom Leiter der Moschee und Vorbeter *(Imam)* über den oder die Prediger für den Freitagsgottesdienst und für erbaulich-belehrende Vorträge, über einen oder mehrere Gebetsrufer, bis zu den Aufsehern, Türhütern und Dienern, denen Reinigung, Beleuchtung usw. oblagen. Auch für die bauliche Instandhaltung, die Beleuchtung usw. mußte gesorgt sein. Die Mittel flossen aus Erträgnissen von Landbesitz (ganzer Dörfer zuweilen), Mühlen, Läden, Bädern, Karawansereien usw., die der Stifter (in der Regel der Herrscher, ein hoher Würdenträger oder ein reicher Privatmann) als *waqf* der Toten Hand übereignete und damit staatlichem Eingriff entzog. Religiöse und gemeinnützige Stiftungen dieser Art hatten einst eine Reihe von Aufgaben zu erfüllen, die heute Staat oder Gemeinde übernehmen. Ihre Bedeutung für die Wirtschafts- und Sozialgeschichte der islamischen Welt ist gewaltig. (Daß es daneben auch Familienstiftungen gab, durch die ein Vermögen ungeteilt und staatlichem Eingriff entzogen dem Nießbrauch des Stifters und seiner Erben – mit beträchtlichen Einkünften als Verwalter und Aufseher – erhalten blieb, sei nur am Rande erwähnt.) Die modernen Moslem-Staaten haben das Waqf-Vermögen einer staatlich kontrollierten Instanz oder einem eigenen Staatsministerium unterstellt und einen Teil der Stiftungen (vor allem die Familienstiftungen) eingezogen.

So interessant all diese Dinge wären: mit der Baukunst haben sie eigentlich nichts zu tun. Sie erhellen nichts von der besonderen Art islamischer Bauten, – und um die vor allem geht es: um den islamischen ›Stil‹.

Nach jahrelangem bloßem Inventarisieren versucht die islamische Kunstwissenschaft, innerhalb der islamischen Kunst ›Stile‹ zu unterscheiden, ähnlich wie die europäische Kunstgeschichte Stilepochen mit besonderen Kennzeichen voneinander unterscheidet. Begriffe wie Romanik, Gotik, Barock, Klassizismus sind heute im Abendland zu bequemer Scheidemünze geworden. Jedes Schulkind kann ihre Merkmale aus Stilfibeln lernen. Aber abgesehen davon, daß sich historische Wirklichkeit nicht so schlicht in Schubfächer einordnen läßt (an den Grenzen gibt es immer Verlegenheiten für die Etikettierung), droht dem Begriff ›Stil‹ eine Inflation. Jedes Land findet seine eigenen Stilbegriffe, Trecento, Tu-

dor, Louis XV. usw., immer neue Stilepochen werden entdeckt (Manierismus) – es geht hin bis zu »Stil des Künstlers
X zu Beginn der . . .-ziger Jahre«. Es wäre zu überlegen, ob
man manchmal nicht besser von ›Mode‹, ›Handschrift‹, ›Manier‹ o. ä. spräche. In den folgenden Kapiteln wird das Wort
›Stil‹ nur ausnahms- und zitatenweise im herkömmlichen
Sinn gebraucht, meist durch andere Termini ersetzt. Der
islamische Stil ist etwas anderes als die Stile der abendländischen Kunst. Obwohl die verschiedenen Länder zu verschiedenen Zeiten durchaus verschiedene Gestalten (oft auf verschiedenen Traditionen beruhend) in verschiedenartigster
Weise verwirklichten, bleibt hinter allem Wandel das Isla-
misch-Gemeinsame greifbar: eben das, was wir als den ›islamischen Stil‹ verstehen und dem abendländisch-christlichen
in manchen Vergleichen gegenüberstellen wollen. Zweifellos hat die islamische Kunst eine ihrer Wurzeln im spätantik-
byzantinischen Erbe, aber sie entsteht aus völlig anderen
Bedingungen und folgt ihrem eigenen Gesetz. Klimatische
Notwendigkeiten,   Repräsentationswille,   ur-menschlicher
Schmucktrieb haben an ihrem Entstehen und ihrem Wandel
Anteil, ihrem Daimon aber konnte sie nicht entfliehen. Sie
war nach einem anderen Gesetz angetreten als die römisch-
christliche Architektur. Das gilt es klar zu sehen.

Von Anfang an sind Moscheen nicht Innenräume als Be-
hausung eines Götterbildes oder Schauplätze einer kultischen Mysterienfeier, sondern nur gereinigte Flächen für ein
gemeinsames Ritual. Ihre Mauern sind nur Grenzen, wollen
sich nie als kraftdurchwirkte Körper verstehen. Die Begegnung mit islamischen Bauten (so brüderlich-verwandt sie
manchmal anmuten mögen) erfordert ein Umdenken. Die
uns vertrauten christlichen Kirchenbauten entstanden aus
Innenräumen. Wichtige Ereignisse der Evangelien vollzie-
hen sich in geschlossenen Räumen – vom Stall oder der
Grotte in Bethlehem bis zum Saal des Abendmahls und des
Pfingstwunders. In geschlossenen Räumen versammelten
sich die ersten Christen – und als nach 300 Jahren die christlichen Kaiser den Gemeinden ihre Kultstätten errichteten,
waren es Innenräume, die an die Basiliken anknüpften, die
bis dahin der Rechtsprechung und profanen Zwecken gedient hatten. Vom Holzbau ausgehend (Gebälkarchitektur)
haben die Griechen ein Bauwerk als ein von organischen
Kräften bewegtes plastisches Gebilde gestaltet, in dem sich
Stehen, Heben, Tragen und Lasten exemplarisch darstellen.

Diese Tektonik offenbart sich am reinsten im dorischen Tempel. Er enthält aber nur eine Kammer für das Götterbild, keinen Raum für eine Gemeinde, diese blieb beim Gottesdienst – wie in China – außerhalb des Tempels. Wirkliche Innenräume schufen erst die Römer, und die eindrucksvollsten nicht zufällig in jener Zeit, da das Christentum sich trotz Verfolgungen immer stärker durchsetzte. Mochte das Streben nach Transzendenz im Christentum auch die Schwere römischer Mauern auflösen – immer blieb die sakrale abendländische Architektur nach außen bewegtes plastisches Gebilde, in ihrem Inneren dynamisch konzipierter, gerichteter Innenraum.

Gar nichts von alldem in einer islamischen Moschee. Von Beginn an blieb ihr Ziel, ›Gehege‹, umfriedete Freiräume für geistiges und religiöses Leben zu schaffen. Mögen islamische Mauern noch so kompakt sein, undurchdringlich und dicht, nie sind sie plastische, von körperlichen Kräften erfüllte Gebilde. Und so wenig die Grenzen aktiv bewegt sind, so wenig aktiv ist der von ihnen umschlossene Flächenraum. Wer ihn betritt, wird nicht in eine Richtung, auf ein Ziel oder Zentrum hin gelenkt. Er ist nur ›da‹, in einer Einfriedung, ohne ›Vermittler‹ in eine Richtung. Der ganze Bau deutet zwar nach Mekka, aber schreibt keinen Weg vor, ist nur Fläche für das Stehen und Knien, Sichbeugen und Sichniederwerfen im Gebetsritual, in dem der einzelne – wenn auch innerhalb der Gemeinde – sich dem allmächtigen Willen des barmherzigen Weltenlenkers unmittelbar unterwirft. Ein islamischer Raum ist also weder von sich aus noch von der Struktur seiner Grenzen her bewegt oder ›aktiv‹. Daraus ergibt sich, daß islamische Bauten weder ›lasten‹ noch ›schreiten‹, nicht ›aufschießen‹ oder sich ›emporschwingen‹, sondern ganz fraglos ›sind‹: ohne Bewegung, in völliger Ruhe. Ruhe ist ein Attribut der Ewigkeit. Ein solcher Raum steht jenseits allen Ringens um Transzendenz.

Seine Grenzen können Träger endloser Muster werden, ahnender Sinn-Bilder der Unendlichkeit des Paradieses und seiner ewig blühenden Vegetation; Flächen, auf denen das Wort Gottes selbst geschrieben steht; Liniengeflechte, die zugleich das Auge und den meditierenden Geist beschäftigen und beruhigen. Wir rühren damit an den Sinn dessen, was der Europäer meist als bloßen Schmuck ansieht, und ahnen, daß der Dekor nicht eine nur zufällige Beigabe ist, sondern ›spricht‹, denn oft sind es Worte der Schrift, Verse

des Korans, die in blühendes Ornament verwandelt werden.
Hier aber stehen wir an einer kaum überwindbaren
Schranke, denn die arabischen Worte und Sätze bleiben dem
Besucher aus dem Abendland in der Regel unlesbar. Und
die richtungslose Ruhe des Raumes wird er zunächst fast
instinktiv als fremd empfinden. Sie kann ihm aber zum be-
glückenden Erlebnis werden, wenn er nur bereit ist, sie zu
erleben. Dazu aber braucht er selbst Ruhe.

Darum hier zum ersten Mal ein Rat, den jedes Kapitel
dieses Buches wiederholen möchte: man sollte versuchen,
den Bauten mit innerer Ruhe zu begegnen, denn nur in
Augenblicken der Gelassenheit eröffnet sich etwas von ihrem Wesen und Wollen. Wer mit der Uhr am Handgelenk
eine Rekordzahl von Bauwerken ›besichtigt‹, sich von un-
entwegt redenden Fremdenführern durch eine Moschee
nach der anderen schleusen läßt, wird vor lauter Erlebnis-
hunger nichts ›erleben‹. Gewiß, bakschischlüsterne Kletten
lassen einem oft die nötige Ruhe nicht, man wird mit seiner
Zeit haushalten, und oft genügt ein kurzer Besuch, um einen
Gesamteindruck zu bekommen, ein paar Details wahrzunehmen, kunstgeschichtliche Feststellungen zu verifizieren
und nach und nach eine Vorstellung vom vielfältigen Reichtum moslemischer Kunst zu gewinnen (schließlich will dieser
Cicerone gerade dabei helfen). Es kommt aber nicht in
erster Linie darauf an, Kenntnisse zu sammeln, sondern das
Wesentliche wahrzunehmen und zu ›sehen‹.

Wie mit verschiedenen Mitteln versucht wird, den undy-
namischen Ritualraum zu verwirklichen, das ist der Inhalt
der islamischen Architekturgeschichte. Ihr Ablauf gehorcht
anderen Gesetzen als die dynamisch in Zeitstilen sich ent-
wickelnde Kunstgeschichte Europas. Im Islam werden nicht
immer neue Antworten und Gegenantworten auf die Frage
nach Gott und dem Menschenwesen gefunden, hier liegt sie
ein für alle Male fest. »Verglichen mit dem dialektischen
Entwicklungsgang der abendländischen Kunstgeschichte,
scheint die Entwicklung der gesamten Islamkunst eher der
geschlossenen Gestalt einer Fuge verwandt, wo ähnlich klingende Melodien, gesungen von verschiedenen Völkern, im
Wandel der Zeiten in den mannigfaltigsten Vertonungen,
Umkehrungen und neuen Kombinationen wiederkehren,
das Grundmotiv aber, von dem diese Melodien abgeleitet
sind, immer konstant bleibt.«[5]

4 Die Zeit der Omayyaden (661-750)

Die Denkmäler dieser Epoche liegen im Nahen Osten (Damaskus, Jerusalem, Jordangraben, Wüstensteppen jenseits des Jordan). Keines ist unversehrt oder in völlig originalem Zustand erhalten, aber überall ist die ursprüngliche Anlage noch klar erkennbar.

Das knappe Jahrhundert des omayyadischen Kalifats von Damaskus sah Ausbildung und Fixierung des rituell-praktischen Bedürfnissen dienenden Typus der Moschee (Kufaschema). Es hat aber – über alle bloß praktischen Zwecke hinausgehend – auch bewußt künstlerische Formung angestrebt. Als Helfer und Pate stand Byzanz an der Wiege einer islamischen, von den Herrschern programmatisch gewollten ›Kunst‹.

Die Omayyaden hatten den Schwerpunkt des arabischen Reiches in ein Gebiet verlegt, das zwar seit alter Zeit semitisch, aber seit Alexander d. Gr. hellenistisch geprägt war, und in dem seit dem 1. Jahrhundert v. Chr. die römische Zivilisation herrschte. In diesem Raum liegen die Wurzeln des Christentums. Hier bestanden von apostolischer Zeit an christliche Gemeinden, und Antiochia war schon früh eine Hochburg des neuen Glaubens. Nach Konstantins d. Gr. Duldungsedikt (313) spielte sich gerade in diesem Raum ein wichtiges Kapitel der Entstehungsgeschichte christlicher Kunst ab. Konstantins Mutter Helena unternahm mit einem großen Stab eine fromme Forschungsreise, um das zu finden, was von den Schauplätzen des Lebens Jesu zu finden war. Der Kaiser ließ an diesen Stätten seine großen Memorialkirchen bauen: die Basilika über der Geburtsgrotte von Bethlehem, die Kirche des Heiligen Grabes und die über der Stelle der Himmelfahrt des Herrn. Die christlichen Kaiser, die seit 330 in der Konstantinsstadt am Bosporus residierten, haben nicht aufgehört, für diese Stätten zu sorgen. Dazu entstanden im ganzen syrisch-palästinensischen Raum zahl-

reiche andere christliche Gotteshäuser aus Stein oder ab-
wechselnden Lagen von Ziegeln und Haustein.

In den ersten Jahren nach der islamischen Eroberung
(Damaskus 635, Jerusalem 638) blieb die Mehrheit der Bevölkerung christlich. Die Araber waren tolerant. Die Christen hatten als Unterworfene die Kopfsteuer zu zahlen, ansonsten blieben sie unbehelligt. Bezeichnend, daß einer der
Kirchenlehrer der Ostkirche, Johannes Chrysorrhoas von
Damaskus, als Schatzmeister und Ratgeber eine hohe Stellung am Kalifenhof Hischams (724-43) innehatte, bevor er
sich ins Saba-Kloster bei Jerusalem zurückzog.

Der Kriegszustand aber zwischen dem Kalifen und dem
Kaiser in Byzanz riß kaum jemals ab, denn Byzanz konnte
den Verlust so wichtiger Provinzen nicht verschmerzen und
die Araber gelüstete es nach dem Besitz der Kaiserstadt. Die
Wüstensöhne waren erst in Syrien in engeren Kontakt mit
der städtischen Kultur des oströmischen Reiches gekommen, und mit aufmerksamer Bewunderung, seltsam aus
Scheu und Habgier gemischt, schauten sie auf Byzanz und
seinen künstlerischen Glanz. Wenn sie ihrer neuen Macht
Ausdruck und ihrem Glauben Ansehen geben wollten,
mußten sie sich wohl oder übel der vorgefundenen Traditionen und der Geschicklichkeit einheimischer Werkleute bedienen. Gesamtanlage wie die Einzelformen ihrer Bauten
verraten das deutlich. Byzantinisch ist die Grundrißgestalt,
byzantinisch sind die Hausteintechnik und die Mauerschich-
tung aus wechselnden Lagen von Ziegel und Stein, die
Rundbögen, die Kämpferblöcke über den oft aus römischen
Ruinen stammenden Kapitellen, byzantinisch ist die Marmorverkleidung der Wandsockel, sind die Mosaiken an den
Wänden und sind die Malereien, römisch-byzantinisch ist
die Gestaltung der Kastelle und Schlösser, nach dem Vorbild syrisch-christlicher Türme gestalteten sich die Minaretts, byzantinisch erscheint auch die Verwendung von Kuppeln über Stellen besonderer Hoheit. Aber Kuppeln finden
sich auch in den Palästen des sassanidischen Persien, dessen
Eroberung 636 begonnen hatte. Auch aus diesem Gebiet,
das ohnehin mit Byzanz trotz tödlicher Feindschaft immer in
engen kulturellen Wechselbeziehungen gestanden hatte,
wurden wichtige Anregungen bezogen. So finden sich in den
Mosaiken neben hellenistisch-byzantinischen Weinranken
die altpersischen Lebensbäume und Flügelpalmetten. Wie
der Großkönig in den Darstellungen auf sassanidischen Sil-

10 *Blick auf den Haram-asch-Scharif von Jerusalem. Im vorderen südlichen Teil die al-Aqsa-Moschee, in der Mitte der Felsendom*

berschalen oder den Reliefs von Taq-i Bostan, so reitet auf
einem Bild aus einem der Wüstenschlösser der Kalif als
Jäger durch den Wildpark, begleitet von der zarten Musik
einer kleinen Damenkapelle. Die Lebensform der iranischen Reiter-Herren mußte die Söhne von Wüstennomaden
verwandter berühren als die von starrem Zeremoniell einge-
schränkte Feierlichkeit des Heiligen Palastes von Byzanz.
Aber auch dort war persisches Hofleben und war persischer
Sport, waren persische Motive der Textilkunst modisch und
heimisch geworden.

All diese Elemente bestimmen das Bild islamischer Kunst
in ihrer ersten Phase, die wir vereinfachend die ›byzantinische‹ nennen können. Der frühe Islam erweist sich damit so
deutlich, wie auch das christliche Abendland, als ein Erbe
der Antike. Die folgenden Jahrhunderte mochten manches
nur äußerlich Übernommene abstoßen, mochten neue Anregungen bringen: die Kunst des Islam beruht wesentlich auf
den Grundlagen, welche die omayyadische Zeit gelegt hat.

Im Südostteil der Altstadt von **Jerusalem**, auf dem uralt-hei-
ligen Berge Moriah, liegt der *Haram-asch-Scharif* (das vor-
nehme Heiligtum). Es umfaßt das Gelände des einstigen

jüdischen Tempels, d. h. jenes Gebiet, auf dem Salomo durch phönizische Bauleute im 10. Jahrhundert v. Chr. den ersten Tempel Gottes erbauen ließ, den Nebukadnezar von Babylon 587 v. Chr. zerstört hat. Nach dem Ende des babylonischen Exils (538 v. Chr.) unter Kyros d. Gr. von Persien wurde das Gotteshaus seit 516 wiedererrichtet. Herodes d. Gr. ließ diesen etwas bescheidenen Bau um 20 v. Chr. durch eine dritte, glanzvolle Anlage ersetzen, jenen Tempel, den Jesus von Nazareth betreten hat und der bei der Eroberung Jerusalems durch Titus im Jahr 70 ein Raub der Zerstörung wurde.

11   *Blick auf die Felsplatte im Felsendom von Jerusalem, 691-92*

Auf der höchsten Stelle des Areals erhebt sich eine rauhe Felsplatte von etwa 18 x 13 m Ausdehnung, der Legende nach die Stelle, wo der Patriarch Abraham, den die Moslems den ›Freund Gottes‹ nennen und die Araber als ihren Stammvater betrachten, auf des Höchsten Befehl seinen Sohn Isaak zu opfern bereit war. Der Fels bildete vermutlich das Fundament des Brandopferaltars im inneren Vorhof des jüdischen Tempels. Die Anhänger des Propheten verehren

12 *Der Felsendom in Jerusalem, 691-92*

ihn als den Ausgangspunkt von dessen in der 17. Sure des Koran erwähnten Himmelsreise. Über diesem Felsen wölbt sich die Kuppel des *Felsendoms*, die Qubbat as-Sakhra (zu Unrecht manchmal auch Omarmoschee genannt). Wir stehen vor dem ältesten erhaltenen Denkmal großer islamischer Architektur, auf einem allen drei monotheistischen Weltreligionen heiligen Gebiet. Der achteckige Zentralbau ist nicht eigentlich ein Raum für das Gemeindegebet (daher

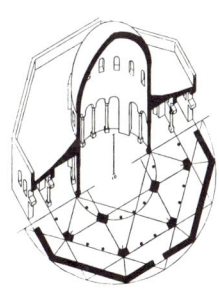

13 *Jerusalem, Felsendom,*
Grundriß und Schnitt

atypisch als Moschee), sondern ein Wallfahrtsheiligtum, und eines der heiligsten des Islam dazu. Nach Husseins Tod 680 wurde in Mekka Abdallah ibn Zubeir zum Kalifen ausgerufen. Gegen ihn behaupteten sich in Syrien Merwan I. ibn al-Hakam und dessen Sohn Abd al-Malik. Mekka, das Ziel der vorgeschriebenen Pilgerfahrt, lag im Gebiet seines Rivalen. Um seine Untertanen von der Wallfahrt ins feindliche Lager abzuhalten, erklärte der Omayyade den heiligen Felsen von Jerusalem zum rechten Ziel der Pilgerreise. Zweifellos widersprach das Mohammeds Absicht. Aber immerhin hatte auch für den Propheten zunächst Jerusalem das heilige Zentrum seines Glaubens gebildet.

In Mekka mochte es angehen, daß sich der siebenmalige Umlauf um ein (baulich recht primitives) Heiligtum im Freien abspielte, aber nicht in Jerusalem, wo seit Konstantin glanzvolle christliche Bauten standen. Hier verehrten auch die Christen einen ›heiligen Felsen‹, das Heilige Grab. Es war seit Konstantins Bautätigkeit ein aus dem umliegenden Gestein isolierter Felswürfel, der wohl ungefähr an die Kaaba in Mekka erinnert haben mag. Aber hoch über diesem Felsen schwebte eine Kuppel, getragen von den Pfeilern eines gedeckten Umgangs. Auch über der Felsplatte der Himmelfahrtsstelle erhob sich eine ähnliche Rotunde. Solche Rundbauten waren bei Grabkirchen – und um eine solche handelte es sich bei der Grabeskirche ja in besonderer Weise – im christlichen Bereich durchaus nicht ungewöhnlich. Vielleicht hilft uns die Erinnerung an Sta. Costanza in Rom, aus dem heutigen Bestand der Grabeskirche die Vorstellung von Konstantins Rotunde zurückzugewinnen.

Mit derartigen Anlagen galt es jedenfalls zu rivalisieren, sollte der neue Glaube nicht ärmlich dastehen. Daß man ihnen gleichzukommen suchte, zeigt die Tatsache, daß der Durchmesser der Kuppel über dem Fels auf Moriah bis auf wenige Zentimeter genau dem der konstantinischen Rotunden entspricht. Al-Muqaddasi (985) berichtet: »Der Kalif al-Malik bemerkte die Größe der Kirche zum Heiligen Grab und ihre Pracht, und er war besorgt, sie könne den Geist der Gläubigen beirren. Darum errichtete er die Kuppel über dem Felsen, die man heute noch sehen kann.« Noch heute. Die Substanz blieb unberührt, Teile des Dekors allerdings wurden im Laufe der Jahrhunderte verändert und sprechen im jetzigen Erscheinungsbild ein den ersten Eindruck bestimmendes Wort. Süleyman der Prächtige (1520-66) ließ den ehrwürdigen Dom mit türkischen und persischen Fayencekacheln verkleiden. Dieser Belag wurde ebenso wie die Kuppelbekleidung aus vergoldeten Bleiplatten öfters restauriert und zuletzt gänzlich erneuert. Die dringend notwendigen baulichen Sicherungsmaßnahmen wurden durch den 2. Weltkrieg unterbrochen, im Jahre 1958 wieder aufgenommen und 1964 beendet. Dabei wurden die durch die Kampfhandlungen des Jahres 1948 entstandenen Schäden beseitigt, die Türvorhallen annähernd in der originalen Form wiederhergestellt, die alten Fayencen durch neue Nachbildungen ersetzt. Die Kuppel erhielt eine Bedachung aus vergoldeten Leichtmetallplatten.

Das Kernstück des Baues bildet die Kuppel auf vier Pfeilern, zwischen die jeweils drei Säulen eingestellt sind und über denen ein hoher Tambour mit 16 Fenstern die Kuppel trägt. Die Höhe bis zum Kuppelansatz entspricht etwa dem Durchmesser von 20,40 m. An dem Bau herrschen sehr strenge geometrische Maß- und Konstruktionsverhältnisse. Der zentrale Teil ist umgeben von einem Oktogon mit 20,60 m Seitenlänge mit vier Türen in den Himmelsrichtungen. Die Außenmauern waren einst durch jeweils sieben Nischen gegliedert, von denen die äußeren blind, die fünf inneren – wie noch heute in ihrem oberen Teil – als Fenster gestaltet waren. Diese Mauer (9,50 m Höhe) besteht aus Hausteinen. Über ihr erhebt sich eine 2,60 m hohe Schirmwand, die einmal durch 13 Nischen gegliedert war. Diese Details verbergen sich hinter der heutigen Verkleidung. Ursprünglich war die Außenhaut des Oktogons mit goldgrundigen Mosaiken überzogen. Solcher Schmuck war an den Fassaden christlicher Kirchen gebräuchlich. (Bezeugt z. B. an den Fassaden von Alt-St.-Peter und St. Paul vor den Mauern Roms, erhalten z. T. an der Basilika von Poreč auf der istrischen Halbinsel.) Eine genauere Untersuchung vieler Details würde zeigen, daß der Felsendom sich besonders eng an die in Syrien ausgeprägte Form der byzantinischen Kunst anlehnt. Genug – wir sehen, daß der Bau al-Maliks[6] fast eine Kopie christlicher Kirchen darstellt. Sehr gut paßt dazu auch die Nachricht, der Kalif habe auf den Felsen einen Ziboriumsbaldachin aus vergoldetem Kupfer stellen lassen, ein Beutestück aus Baalbek. Verständlich der Vorwurf, die Omayyaden hätten »in der Art christlicher Kirchen« gebaut: Wir haben tatsächlich einen Bau vor uns, der im gan-

zen und in Einzelheiten aus christlichen, genauer: aus sy-
risch-byzantinischen Voraussetzungen zu verstehen ist.

Der Abstand zwischen dem Außenoktogon und dem In-
nenrund war so groß, daß er sich nicht einfach durch Balken
überspannen ließ. Daher wurde noch eine achteckige Stüt-
zenstellung (acht Pfeiler mit je zwei Säulen dazwischen)
eingeschoben. Es entstanden somit zwei verschieden breite
Umgänge für den rituellen Umlauf. Aus der strengen Ge-
bundenheit der Proportionen ergibt sich die wohltuende
Raumharmonie, die uns überrascht und fesselt, sobald wir
das Innere betreten.

Der rohe Fels, von hölzernen Schranken umgeben[7], steht
in sonderbarem Kontrast zur Kostbarkeit des Gehäuses.
Vieles von der Ausstattung stammt aus späterer Zeit: nicht
nur die Schrankenwände um den Felsen, auch die Dekora-
tionsmuster der Decken und des Kuppelinneren – alle durch
die letzte Restaurierung farblich stark aufgefrischt. Die großen Deckenfelder des äußeren Umganges, die mit Sternmu-
stern und Arabesken gefüllt sind, stammen aus der Zeit der
ägyptischen Mamluken, dem späten 13. und frühen 14. Jahrhundert. Unter den Mamluken entstanden auch die vergoldeten und bemalten Stuckarabesken im Inneren der Kuppel,
einer zweischaligen Konstruktion aus Holz, die nach einem
Einsturz 1022/23 und noch einmal nach einem Brand im
15. Jahrhundert (1448) in der ursprünglichen Form erneuert
wurde. Die Decken des inneren Umgangs zeigen türkische
Ornamentik des 18. Jahrhunderts.

Das alles zieht zunächst den Blick auf sich, aber bald
fesseln die bedeutenden, durch Restaurierungen kaum entstellten Teile der originalen Ausstattung die Aufmerksamkeit: die Säulen auf hohen Basen, die vergoldeten antiken
Kapitelle mit typisch byzantinischen Kämpferblöcken, darüber in der achteckigen (äußeren) Arkadenstellung die
mächtigen hölzernen Binderbalken, mit antikischen Kyma-
tien geschmückt und z. T. mit reliefierten Bronzeplatten verkleidet. Vor dunklem Grund heben sich auf ihnen vergoldete Ranken ab, umziehen als Fries auch das Haupt der Pfeiler.
Die Unterseiten dieses ›Architravs‹ zeigen eine prächtige
Variationenfolge von Palmett- und Weinranken, begleitet
von schmaleren Rankenbändern. Keine dieser Platten
gleicht der anderen, ein vitaler Erfindungsreichtum schafft
immer neue elegante Motive. Ähnlich die Türsturz-Unter-
seiten. (Besonders schön die Weinranken über der Süd- d. h.

14 *Jerusalem, Felsendom. Mosaiken des Oktogons*

der nach Mekka weisenden Tür.) Prächtig auch der vergoldete Fries (Bogenmotive, gefüllt mit Flügelpalmetten) über
der Marmorverkleidung der Wand, die an römisches Gitterwerk erinnernde Füllung der Tympana über dem West- und
dem Osttor. Das alles ist gar nicht denkbar ohne griechisch-
römische Vorlagen, genausowenig wie der Mosaikbelag an
den Bogen und den Wänden zwischen dem ›Architrav‹ und
der Decke bzw. dem Kuppelansatz über dem Tambour.

15 *Jerusalem, Felsendom. Unterseite des Türsturzes des Südeingangs*

(Nur an den Archivolten und den inneren Zwickelflächen des inneren Stützenrings wurde er (1318/19?) durch Marmorverkleidung ersetzt).

In den Archivolten laufen Weinranken und Fruchtgirlanden, in den Zwickeln der Arkadenwände stehen phantastische Gebilde: früchtetragende Ranken, die aus Akanthusknollen aufschießen, Kandelaber, die aus Vasen baumartig in die Höhe wachsen, behängt mit Kronen, Kränzen, Schmuckreifen und Perlen: Symbole für den Triumph des Islam. Aus Füllhörnern wachsen die Ranken der den Pfeilern benachbarten Felder. Die schmalen Seitenflächen an den Pfeilern sind teils mit Sieges-Kandelabern, teils mit fast naturalistischen Bäumchen gefüllt. Die Tambourzone unterhalb der Fenster ist gänzlich übersponnen von Akanthusranken, die aus edelsteinbesetzten Vasen herauswachsen. Ähnliche Motivik zeigen auch die Felder zwischen den (osmanischen) Buntglasfenstern der oberen Tambourzone. Mit ein paar dürren Worten läßt sich der ganze Formenreichtum nicht einmal andeuten. Man sollte (am besten mit fernglasbewaffnetem Auge) geduldig diese rein ornamental-dekorativen Gebilde betrachten. Man begegnet Motiven, die – wie die Akanthusknollen und -ranken – schon von antiken Reliefs, von den Mosaiken des 4. Jh. (Ravenna, Galla Placidia; Rom, Narthex des Lateransbaptisteriums) bekannt sind. Ähnlicher Dekor dürfte schon die konstantinischen Rotunden geschmückt haben.

Aus der Zeit um 700 ist aus dem römisch-byzantinischen Bereich nichts Vergleichbares erhalten. Die römischen Mosaiken des 9. Jahrhunderts erlauben den Schluß, daß im Westen die klassischen vegetabilen Ornamente schon im 8. Jahrhundert schematisch eindorrten. In Syrien müssen sie viel lebendiger geblieben sein. Im Felsendom finden sie sich in vollstem Flor, wie von einem neuen Geiste belebt[8]. Kein Zweifel, hier waren christliche Syrier am Werk und folgten vorislamischen Traditionen. Die Motive stammen überwiegend aus griechisch-römischer Überlieferung. Aber deutlich treten neben sie auch schon solche aus dem sassanidischen Persien (Lebensbaum-Kandelaber, Flügelpalmetten, einzelne Vasen- und Diademformen). Sie haben vielleicht schon zum Formenrepertoire einer der hier arbeitenden syrischen Werkstätten gehört. Zweifellos waren mehrere Werkstätten tätig, um in kurzer Zeit den islamischen Repräsentationsbau würdig auszustatten. Ganz grob läßt sich sa-

1 Jerusalem,
Felsendom
Mosaik aus den Arkadenzwickeln
des Oktogons, 691-92

Aus Perlmuttscheiben und Steinwürfeln, die mit gol-
denen und farbigen Glasflüssen überzogen sind,
schufen Kunsthandwerker einer syrischen Werkstatt,
der auch sassanidische Motive bekannt waren, das
Bild einer kostbaren Vase. Mit Diademen und Juwe-
len gezierte Ranken wachsen aus ihr empor und ver-
künden in der künstlerischen Sprache der Besiegten
den Triumph des Islam über die alten Weltmächte.

gen: eine Gruppe ganz in der klassisch-antiken ›westlichen‹
Tradition wurzelnd und eine andere, die stärker den symbo-
lisch-abstrahierenden Tendenzen des Ostens verpflichtet
war. Hellenistisch-Antikisches und Sassanidisch-Iranisches
stellen sich gemeinsam in den Dienst der neuen siegreichen
Macht.

Die typisch islamischen geometrischen und verflochtenen
Motive späterer Zeit fehlen noch völlig, aber Westliches und
Östliches treten schon nebeneinander, um Flächen so
gleichmäßig überspinnend zu füllen, wie es dem horror vacui
islamischer Ornamentik entspricht.

Die heilige Stadt Jerusalem mag für den Nicht-Moslem
bewegendere Stätten und Bauten bieten, Schöneres als den
Felsendom und seine Ausstattung gewiß nicht.

Östlich des Felsendomes erhebt sich auf 17 Säulen ein
pavillonartiger Bau, das einstige Schatzamt des Kalifen, genannt die ›*Kuppel der Kette*‹, ein zierliches Modell des großen Schwesterbaues.

Den Südrand des heiligen Bezirks nimmt die *Moschee
al-Aqsa* (die ›Entfernte‹) ein. An ihrer Stelle hatte schon der
Kalif Omar einen viereckigen Gebetsplatz angelegt, in primitiver Art umgeben von Spoliensäulen, über die rohe Balken gelegt waren. Der Omayyade al-Walid (705-15) hat hier
einen ersten anspruchsvolleren Moscheebau geschaffen.
Bezeugt ist, daß koptische, das heißt christliche Handwerker
aus Oberägypten am Bau beschäftigt waren. Erdbeben haben schon im 8. Jahrhundert Neubauten nötig gemacht. Der
Abbaside al-Mahdi (775-85) ließ um 780 einen 15-schiffigen
Bau auf Säulen mit 11 Längsarkaden errichten. Der fatimidische Kalif az-Zahir von Ägypten reduzierte (1035) die
Zahl der Schiffe auf sieben. Ihr südlicher Teil ist in spätere
Erneuerungen aus der Kreuzfahrerzeit eingegangen. Das
Mittelschiff präsentiert sich in der Verkleidung aus Carrara-
marmor, welche ihm die Restaurierung von 1938-43 gegeben
hatte. Im August 1969 erlitt der Bau Brandschäden.

Al-Walid hat 707-09 die *Moschee von* **Medina** von grie-
chisch-syrischen und koptischen Handwerkern errichten
lassen. Sie soll wie der Felsendom eine reiche Mosaik- und
Marmorverkleidung besessen haben. In ihr wurde zum ersten Mal ein nischenförmiger Mihrab angebracht. Die Idee
dazu stammt wohl aus koptischer Tradition. Trotz des Vor-
wurfs, der Kalif baue in der Art der Kirchen, hat auch die
Amr-Moschee von **Fostat (Alt-Kairo)** 710-12 eine derartige

Gebetsnische erhalten. Die drei zuletzt erwähnten Moscheen, so angesehen und geschichtlich ehrwürdig sie sind, können in ihrer heutigen Form kaum mehr etwas zu unserer Vorstellung von omayyadischer Baukunst beitragen.

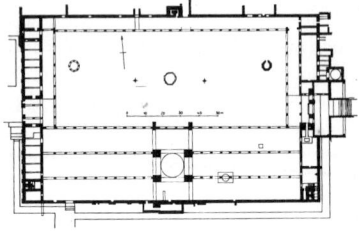

16 *Damaskus,*
Omayyadenmoschee,
Grundriß nach Creswell

Die *Omayyadenmoschee von* **Damaskus**, die erste recht gut erhaltene Große Moschee, zeigt gleichfalls die enge Bindung der werdenden islamischen an die byzantinische Kunst. Sie wurde zwischen 706 und 715 vom Kalifen al-Walid ibn Abd al-Malik errichtet, als die moslemische Bevölkerung von Damaskus so angewachsen war, daß der Bau eines eigenen großen Bethauses nötig wurde. Quellen berichten, daß der Kalif ein ›Weltwunder‹ schuf. Das Steueraufkommen ganz Syriens für sieben Jahre wurde ausschließlich für den Bau verwendet, Handwerker aus allen Teilen des Reiches und auch aus Byzanz wurden berufen, Spezialwerkzeuge und Mosaiksteinchen von dort bezogen. Wir erfahren auch ausdrücklich, daß al-Walid mit diesem Werk (ähnlich wie sein Vater bei der Errichtung des Felsendoms) die glanzvollen christlichen Kirchen Syriens übertreffen wollte, damit die Moslems sich nicht länger von der Pracht der christlichen Gotteshäuser beeindrucken ließen und sie nicht mehr bewundernd aufsuchten. Deutlich spricht aus diesen Nachrichten die enge Anlehnung an die christlich-byzantinische Kunst Syriens in der ersten Phase islamischer Kunsttätigkeit. Der heutige Bau zeigt leider nur noch wenige Spuren der einstigen Pracht, doch ist nach vielen Plünderungen, nach vier verheerenden Bränden (1069, 1400, 1479, 1893), trotz aller Zerstörungen und Erneuerungen noch so viel vom alten Bestand erhalten, daß sich die Phantasie nicht zu sehr anstrengen muß, wenn sie ein Bild des Urzustandes gewinnen will.

17 *Blick auf die Omayyadenmoschee von Damaskus von Nordwesten,*
706-715

Die Außenmauer des Moscheekomplexes stammt aus
dem Beginn des ersten nachchristlichen Jahrhunderts: ein
nicht ganz regelmäßiges Rechteck von 157 x 100 Metern, mit
Pilastern und quadratischen Ecktürmen (Turmrest an der
SW-Ecke erhalten), bildete die innere Einfriedung des Temenos (Tempelbezirk) für den alt-semitischen Wettergott
Hadad, den ›Jupiter Damascenus‹ der Römerzeit. Er wiederum war von einer äußeren Mauer umgeben (385 x 305 m
– das Bab al-Faradis im Norden ist ein Rest davon). Aus
dem Vorhof (er war wohl voll von Buden der Wechsler und
Bazaren der Händler) führte im Osten ein dreifacher Eingang über eine Freitreppe in den inneren Tempelhof. Noch
heute ist dieser Osteingang erhalten, aber der Tourist (als
›zahlender Gast‹) wird die Moschee in der Regel vom Westen her betreten müssen. (Auch an der Südseite der Mo-
scheemauer, die weitgehend von Bazarbuden verdeckt ist,
sieht man von außen etwas rechts der Mitte einen vermauerten dreifachen Eingang. In seine westlichste Tür paßt sich
der Hauptmihrab der Moschee ein.) Im inneren Hof stand,
die Fassade nach Osten gewendet, der eigentliche Tempel.

Theodosius d. Gr., der die heidnischen Heiligtümer seines
Reiches schließen ließ, hat ihn im späten 4. Jahrhundert in
eine Kirche Johannes des Täufers umgewandelt.

Alte Quellen berichten von einer ›Teilung‹ der Kirche
zwischen Christen und Moslems nach der Eroberung von
Damaskus 635. Den Christen habe der westliche, den Moslems der östliche Teil gehört. Der wahre Kern dieser Überlieferung ist wohl, daß die Christen den in eine Kirche ver-
wandelten Tempel behielten und die Moslems ihr Gebet im
Hof verrichteten. (Wenn die Christen den Temenos von
Süden her betraten, wandten sie sich nach links, das heißt
nach Westen, währen die Moslems nach rechts gingen oder
den Hof von Osten her betraten, wo sie einen Gebetsplatz
abgegrenzt hatten, dessen Südportikus nach Mekka wies.
Noch im heutigen Bau befindet sich östlich des Hauptmih-
rabs – links, wenn man in Qibla-Richtung steht – der ›Mihrab der Gefährten des Propheten‹.)

Al-Walid hat (gegen angemessene Entschädigung) die
Kirche enteignet. Was innerhalb der Umfassungsmauer des
Hofes stand, wurde abgetragen. An der Süd-, das heißt der
Qiblaseite entstand der überdeckte Betsaal (136 x 37 m) mit
drei zur Südmauer parallel laufenden Schiffen auf drei Arkadenstellungen (die nördlichste bildete die Fassade zum
Hof), die ungefähr in der Mitte quer durchschnitten wurden
von einem erhöhten, nord-südlich laufenden Schiff mit einer
auf (1083 verstärkten) Pfeilern sich erhebenden Kuppel.
Jedes Schiff trug sein eigenes Giebeldach. Als Bauglieder
wurden größtenteils antike Säulenschäfte und Kapitelle verwendet, die vom abgebrochenen Tempel stammten.

Nach dem Brand von 1893 wurden die inneren Arkadenstellungen völlig erneuert. Das geschah zwar nicht in allen
Einzelheiten (Bogenformen) sorgsam nach dem alten Vorbild, aber der alte Bau muß im großen und ganzen etwa so
ausgesehen haben wie der heutige, nur lassen dessen kahle
Wände nichts mehr von der märchenhaften Pracht des
8. Jahrhunderts ahnen. Die oberen Bogenstellungen im Süden und Norden rahmten Fenster mit ornamentalen Stuckgittern. Die ursprünglichen Arkaden entsprachen denen der
Hofportiken – nur ist dort jede dritte Stütze als Pfeiler
gebildet.

An den Hofarkaden ist zwischen Kapitell und Bogenan-
satz ein kubischer Block vermittelnd eingeschoben: ein
Kämpfer, charakteristisch byzantinisch. Auch die Schmuck-

18 *Damaskus, Omayyadenmoschee, Hofarkaden, um 715*

formen der Marmorverkleidung an den Pfeilern mit ihren
kleinen Muschelnischen sind byzantinisch. (Vergleichbares
finden wir in Ravenna oder in der Hagia Sophia in Istanbul.)
Reste der Mosaikdekoration, von der besonders große Teile
am Westportikus erhalten sind, geben eine Vorstellung von
der ursprünglichen überreichen Ausschmückung des Baues.
Ihre Überbleibsel muß man sich heute innerhalb der Moschee etwas mühsam zusammensuchen. Die Böden waren
mit weißem Marmor gepflastert, mit kostbarem Marmor war
auch die untere Zone der Wände verkleidet. Zwölf originale
Platten sind noch in der Ecke beim südlichsten Durchgang
des Osttores zu sehen. Sie sind so geschnitten und verlegt,
daß sich aus dem Spiel der Äderungen schöne Muster
ergeben. (In ähnlicher Weise wurden viel später die Wände
von S. Marco in Venedig verkleidet. Die Erinnerung an
diese Kirche kann vielleicht der Phantasie beim Versuch

einer ›Rekonstruktion‹ helfen.) Oberhalb dieses Sockels lief
ein Streifen, der durch Zwergpilaster und Gitterfenster
rhythmisiert war. Sechs dieser alten Gitterfenster sind erhalten, vier davon im Nordteil des westlichen Portikus. Ungefähr sechseinhalb Meter über dem Boden begann die Wandverkleidung aus Mosaik, ein sieben Meter hohes Band, das
die ganze Fläche bis zum Dachansatz bedeckte. Auch der
Gebetssaal war in ähnlicher Weise ausgestattet. Hier lief
über Pilasterchen- und Fensterzone der berühmte ›Weingarten Walids‹ entlang, ein breiter Fries mit einer fortlaufenden Ranke aus Akanthus- und Weinblättern und -trauben.
Das christliche Herkommen ist evident. Während der Koran
den Weingenuß verbietet – ein Verbot, an das sich die
omayyadischen Kalifen privat genausowenig gehalten haben, wie die meisten folgenden islamischen Herrscher –,
galten Weinrebe und -traube des Dionysos seit früher christlicher Zeit als Symbol für das eucharistische Geheimnis als
Verheißung ewigen Lebens. In diesem Sinn – als Paradies-
bild – darf man wohl auch diese verlorene frühislamische
Dekoration verstehen. Auch die gesamte Außenfront des
Betsaals muß Mosaikdekor gezeigt haben; noch heute finden sich am Mittelgiebel beachtliche Reste davon. Im ganzen stellte die unter al-Walid geschaffene Ausstattung die
größte Mosaikfläche dar, die es je gab. Man versteht die
Höhe der Kosten und den hohen Ruhm des Werkes.

In die Zwickelfelder der Hofarkaden sind ›naturalistische‹
Bäumchen einkomponiert, zwischen den Öffnungen des
oberen Geschosses stehen architektonische und vegetabile
Phantasien, stilisierte Lebensbäume usw. Diese Teile erinnern an die Dekorationsmotive im Felsendom von Jerusalem, sind aber stärker auf Architekturmotive ausgerichtet.
Hier war eine andere Mosaizistenschule am Werk. An den
Wänden der Portiken zieht sich – nur in Teilen glücklich
erhalten – eine ununterbrochene Darstellung von Land-
schafts- und Städtebildern hin, die stellenweise frappierend
an die so viel älteren pompejanischen Landschaftsdarstel-
lungen erinnern. Das antike Erbe ist deutlich. Ähnliches ist
auch aus Byzanz bezeugt, – aber nicht erhalten. Man hat
vermutet, es handle sich dabei um Abbreviaturen aller bedeutenden Städte des jungen arabischen Reiches, also um
eine Art Siegesdenkmal. Siegessymbolik ist sicher ein bedeutendes Motiv omayyadischer Kunst; das zeigen nicht nur
die Mosaiken im Felsendom. Aber die farbschönen Kompo-

19 *Damaskus, Omayyadenmoschee, eines der originalen Gitterfenster*

20 *Damaskus, Omayyadenmoschee, Mosaikdetail*

sitionen aus Architekturphantasien (ohne Festungsmauern
und andere kriegerische Embleme) sind in eine idyllische, in
kühlen Grüntönen schimmernde Landschaft gesetzt. Ist das
Ganze nicht eher ein Symbolbild des Paradieses?

   Die dem Hof zugewandte Fassade des Betsaals zeigt
– wenn wir uns die Türen wegdenken – noch weitgehend den
alten Zustand. Ursprünglich öffnete sich der überdeckte
Raumteil mit offenen Arkaden auf den Hof, der ja nichts
anderes war als die dachlose Fortsetzung des Betsaals – oder
umgekehrt auch: dieser die überdeckte Fortsetzung des Hofes. Zwischen beiden gab und gibt es keinen grundsätzlichen
Unterschied: der ganze Bau ist ein ›Ort der Niederwerfung‹.

21 *Damaskus, Omayyadenmoschee, Fassade des Mittelschiffs mit Mo-
saikresten an der Außenmauer, um 715, davor Reinigungsbrunnen*

Die heutige Ausstattung des Betsaals stammt aus späterer
Zeit. Den wichtigsten Farbakzent setzen die Teppiche, die
den Boden bedecken. Unsere Aufmerksamkeit wird gefesselt durch einen kleinen überkuppelten Rundbau: das Grabmal für das Haupt Johannes des Täufers. In ihm steht ein
teppichbehangener Sarkophag als Schrein der Reliquie. Es
soll uns hier nicht die Frage nach ihrer Echtheit beschäftigen, aber wir erinnern uns, daß der ›Vorläufer‹ (wie die
Ostkirche ihn nennt) auch für die Moslems ein verehrungs-
würdiger Prophet ist, wie Jesus (Isa), nach dem das Minarett
an der Südostecke der Moschee (erbaut 1430) benannt ist.
Die Legende will wissen, daß sich der vom Himmel wieder-

22 Damaskus, Omayyadenmoschee. Blick in den Betsaal mit Grabmal für das Haupt Johannes des Täufers

kehrende Jesus auf seiner Spitze niederlassen wird, wenn er kommt, um im Tal Josaphat zu richten die Lebendigen und die Toten.

In Damaskus dienten ursprünglich die vier Ecktürme der Temenosmauer als Minaretts: es sind wohl die ersten im Islam. Diese antiken Vierkanttürme sind verschwunden bis auf einen Rest an der Südwestecke, über dem Sultan Qait Bey von Ägypten 1488 ein typisch mamlukisches Minarett errichten ließ. Ungefähr in der Mitte der Hof-Nordseite steht das ›Brautminarett‹ aus der Zeit um 1100 an der Stelle eines Minaretts des 10. Jahrhunderts, das in seiner mehrge-schossigen Viereckform an die Ecktürme des alten Tempelbezirks und Türme des christlichen Syrien angeknüpft haben mag. (Ein omayyadisches Minarett werden wir in Kairouan, S. 129 kennenlernen). Innerhalb des Hofes stehen zwei kleine Kuppelpavillons. Aus der Omayyadenzeit stammt allein im Nordwesten die *Schatzkuppel.* Über acht Säulen mit korinthischen Kapitellen trägt ein ›klassisches‹ Gebälk einen achteckigen Raum, in byzantinischer Manier aus wechselnden Lagen von Ziegeln und Haustein errichtet, dessen Tür an der Nordwestseite nur über eine Leiter zu erreichen war. Zwischen den Säulen befand sich einst eine Brunnenanlage (vgl. das Brunnenhaus in frühchristlichen Atriumhöfen, z. B. beim alten St. Peter in Rom). Der Oberstock diente zur Aufbewahrung des Staatsschatzes. Die Gemeinschaft der Gläubigen war der wachsamste Schutz für den Schatz, der ja ihr gehörte. Er schien hier sicherer als im benachbarten Kalifenpalast. Von diesem, dem ›Schloß mit der grünen Kuppel‹ ist keine Spur geblieben, nur etwas summarische Beschreibungen sind überliefert[9].

Eine Art Ersatz dafür bilden die *Wüstenschlösser* der omayyadischen Kalifen. Trotz ihres heute oft recht ruinösen Zustandes bereichern sie – erste islamische Profanbauten – ganz entscheidend das bisher noch recht lückenhafte Bild.

Die Städte Arabiens, aus denen die Omayyaden stammten, waren nicht viel mehr als Ansammlungen von Häusern unter der unbarmherzigen Sonne. Das Leben in einer hellenistisch geprägten Großstadt Syriens muß die Araber zunächst verwirrt, dann fasziniert haben. Sie begannen, städtischen Komfort und Luxus zu schätzen. Derartiges lernt sich leicht. Die freie Wüste, das raumgreifende Dahinjagen auf hochgezüchteten Rossen mochten die Herrscher nicht entbehren, nicht das fürstlich freie Vergnügen der Jagd, nicht Übung und Wettkampf in ritterlicher Gewandtheit, aber sie wollten auch nicht mehr verzichten auf höfischen Prunk, auf das Behagen des Bades, auf Schmaus und Zechgelage. Strengfromme Moslems sahen scheel auf derartiges ›Lasterleben‹. Rom war durch seine byzantinischen Erben Lehrmeister für die neuen Herren eines Weltreiches, die sich jede herrscherliche Laune gönnen und zu ihrem Vergnügen Sommerschlösser und Jagdkastelle in öder Wüste anlegen lassen konnten, meilenfern von Quellen, deren Wasser oft kunstvoll herangeleitet werden mußte. Sklaven für die Arbeit daran gab es genug. Zu repräsentativen Räumen mit köstli-

Lageskizze der omayyadischen Schlösser

cher Zier und Vorrichtungen, um alle Annehmlichkeiten
städtischer Kultur auch in der Wüstensteppe zu genießen,
gehörten Gärten und meist ausgedehnte Wildgehege, wie sie
die Perserkönige so geliebt hatten.

Etwa ein Dutzend solcher Schloßanlagen ist inzwischen
bekanntgeworden. Bezeichnend für die Omayyaden-Kunst,
daß sich die Wissenschaft nicht immer einig ist, ob nicht die
eine oder andere älter, das heißt vorislamisch ist: So eng
schließen sich die frühen islamischen Bauten an das Herkommen an. Die Schlösser liegen zum Teil weit voneinander
entfernt, verstreut meist in der Einsamkeit der Wüstensteppe (heute in mehreren Staatsgebieten), und in der Regel
werden nur Spezialisten sie alle aufsuchen. Wir müssen uns
auf recht summarische Angaben beschränken; nur auf einige relativ bequem erreichbare oder für den Zusammenhang besonders wichtige Anlagen (oft an eingefahrenen
Touristenrouten) sei etwas näher eingegangen. Die beige-
fügte Lageskizze soll das Auffinden auf einer genaueren
Straßenkarte erleichtern.

Fast alle diese Schlösser benutzen den für römisch-byzan-
tinische Kastelle oder Truppenlager üblichen Grundplan
des ummauerten Vierecks, in das an den Ecken und an den
Seiten in regelmäßigen Abständen halbrunde Türme eingebunden sind.

Andjaar (Libanon) wirkt völlig wie eine römische Ausgra-
bungsstätte mit byzantinischen Bauresten. Die Ruinen liegen etwa halbwegs auf der direkten Strecke von Beirut nach
Damaskus, etwas abseits der Straße, am Ostrand der Bekaa-Ebene bei einem Dorf türkisch sprechender armenischer
Christen, die hier in den zwanziger Jahren eine neue Heimat
gefunden haben. Die Stätte – seit 1957 z.T. freigelegt und
restauriert – gewährt einen schönen Blick auf die Kette des
Libanon im Westen. Die Stadtmauer (370 x 310 m) aus sauber behauenen Steinblöcken ist durch halbrunde Türme
verstärkt. Türme flankieren auch die Tore in der Mitte jeder
Seite, die durch ein von Säulenportiken gesäumtes Straßen-
kreuz verbunden sind. An der Kreuzung stand – gut römisch
– ein Vier-Bogen-Bau (Tetrapylon). (Derartiges ist in Palmyra, der großen Handelsstadt des Ostens, noch heute gut
erhalten.) Das Ganze entsprach genau dem Schema einer
römischen Lagerstadt und war, wie man seit einigen Jahren
weiß, eine ländliche Residenz al-Walids 1.(705-15). Sie ent-

23-24 *Wüstenschloß Andjaar, 705-15 (?). Links Fundamente des Mihrabs, im Hintergrund Nordfront des Thronsaals; rechts Reste des südlichen Thronsaals.*

hielt neben dem Palast, einer Moschee und Bädern wohl auch Verwaltungsbauten, Kasernen und Wohnquartiere für die im Dienst des Kalifen stehende Bevölkerung (Handwerker, Gärtner usw.) und bot dazu Raum für reichlich bewässerte Gärten. Viele Einzelheiten zeigen, daß der Kalif nicht nur fertiges Material von römischen Bauten (Spolien) verwenden ließ, sondern einheimische (kurdische) Handwerker heranzog und wohl auch Steinmetzen aus dem christlichen, dem koptischen Ägypten, deren er sich bezeugtermaßen auch für andere seiner Bauten bedient hat. Manche sehr scharfgeschnitten-stachlige Akanthusformen mit hartem Hell-Dunkel-Kontrast finden sich ganz ähnlich an Bauten des christlichen Ägypten. Der Herrschersitz wurde wohl in den wirren Jahren, die dem Sturz der Omayyaden vorausgingen, durch ein Erdbeben beschädigt und dann aufgegeben, später für eine Mamlukengarnison hergerichtet, wobei viele figürliche Details ausgetilgt wurden.

Die eigentliche Herrscherwohnung (71 x 59,5 m) nimmt das Südostviertel ein. Der eindrucksvollste Teil davon ist der rechteckige innere Säulenhof, an dessen Nord- und Südseite sich zwei einander spiegelbildlich entsprechende Thronsäle gegenüberstehen. Der südliche ist weitgehend wiederhergestellt: Eine durch Rundbogenfenster aufgelockerte Mauer

im byzantinischen Schichtwechsel, Türbogen wie auch die
Fenster von einem fortlaufenden Simsband syrischer Art
umzogen, eine hohe Dreifenstergruppe über der Tür, die
sich in eine basilikale Halle mit Apsidenabschluß öffnet. Die
Säulenarkaden ihres Mittelschiffs sind zweigeschossig. An
die entsprechende nördliche Halle schloß sich rückwärts die
Moschee an. Sie ist nur noch im Grundriß zu erkennen: ein
querrechteckiger Säulenhof mit zwei Querschiffen parallel
zu der nach Mekka weisenden Wand. Deutlich zeichnen sich
die Fundamente der halbrunden Mihrabnische ab.

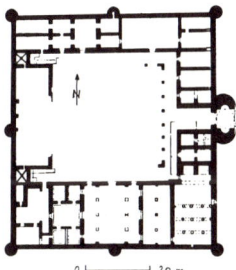

25 *Wüstenschloß Minya, Anfang 8. Jh.,
Grundriß nach Creswell*

Im Jordangraben, der Verlängerung der Bekaa-Ebene, liegen zwei weitere Schloßanlagen. Nahe dem Nordufer des
Sees Genezareth, keine 2 km westlich von Tabgha, **Minya**,
gleichfalls ein Bau al-Walids I. Ein annähernd quadratisches
Kastell mit Rundtürmen an den Ecken und in den Seitenmit-
ten. Die Mauern aus Kalkstein sind z. T. bis in beträchtlicher
Höhe (10 Blocklagen) erhalten. Einst waren sie mit Stufenzinnen bekrönt. Das einzige Tor im Osten öffnet sich zwischen zwei Vierteltürmen auf einen Vorraum mit Nischen zu
beiden Seiten. Über einem schönen Rosettengesims erhob
sich eine Pendentifkuppel. Durch einen zweiten Torbogen
führt eine Halle in den quadratischen Innenhof mit ringsum-
laufenden Säulenportiken. Der Raum in der Südostecke (er
war auch durch ein Pförtchen in der Außenmauer betretbar)
ist durch eine bescheidene Mihrabnische als Betsaal ausge-
wiesen. Der mittlere Saal der dreigeteilten Raumgruppe an
der Südseite ist selbst wieder dreischiffig. Diese der Sonne
abgewandten, also kühleren Räume waren besonders reich
dekoriert. Man fand schöne, teppichhaft-geometrische Mo-
saikböden.

Nicht weit vom Toten Meer, etwa 2 km nördlich der Stätte
des vorgeschichtlichen Jericho, liegt auf dem rechten Jor-
danufer **Khirbat al-Mafdjar**, ein Winter-, Bade- und Jagd-
palast. Man nimmt an, der Erbauer sei der Kalif Hischam
(724-43) gewesen, ein jüngerer Bruder al-Walids. Er wird als
nüchtern und fast asketisch geschildert, wir werden ihn jedoch als Bauherrn noch eines anderen prächtigen Schlosses
kennenlernen. Vielleicht hat schon al-Walid die aufwendige
Anlage bei Jericho begonnen. Sie muß längere Zeit benutzt
worden sein (Kesselsteinablagerungen in den Heißwasser-
rohren!), wurde aber nie völlig fertiggestellt. Einzelheiten
deuten auf mehrfache Planänderungen während der Erbauung. Auch reiche Dekorationen wurden zugedeckt und
neue, z. T. figürlicher Art, darübergelegt. Wohl durch das
Erdbeben von 747 schwer beschädigt, wurde der Palast
schon vor dem Ende der Omayyadenzeit aufgegeben. Im
19. Jahrhundert benutzte man die Steine zum Bau des heutigen Jericho, dadurch sind große Teile bis auf die Fundamente zerstört. Der Komplex stand wohl ursprünglich in einem
ummauerten Bezirk, wahrscheinlich einem Wildpark für die
Jagd. Das Wasser für die Bäder mußte aus drei Kilometer
Entfernung herangeleitet werden. Ein durchaus römisch an-
mutender Aquädukt ist erhalten. (Vgl. Abb. S. 82)

Der Kern dieses prachtvollsten aller Omayyadenschlösser
zeigt die gleiche römische Kastellform wie Minya[10], vergleichbare Befestigung auch mit Rundtürmen (obwohl keinerlei militärische Notwendigkeiten vorlagen). Nur der
Turm in der Mitte der Südseite ist eckig. Er bildete wohl das
Untergeschoß eines Minaretts. Auch der Torbau im Osten
ist als eckige Bastion geformt.

An der Südseite des zentralen Säulenhofes war anscheinend ein Betraum vorgesehen: die Nische im Südturm ist als
Mihrab zu deuten. Im Westen des Hofportikus fand sich ein
versenkter Baderaum (vielleicht eine Art Nymphäum oder
ein ›Serdab‹, ein unterirdischer, durch Brunnen gekühlter
Raum als Schutz vor der Sommerhitze). An der Nordseite
liegt ein zweischiffiger Querraum, eine Audienzhalle. Sie
schaut nach Süden. Offenbar hat man in diesem Schloß vor
allem im Winter die Wärme der Jordanniederung gesucht.

Vor dem Osttor wurde – vermutlich etwas später – ein
säulenumgebener Vorhof angelegt, dessen besonderen
Schmuck ein prächtiger Brunnenaufbau bildete. In einem
quadratischen Becken stand ein achteckiger Pavillon mit

11 Damaskus,
Omayyaden-Moschee
Zwickelmosaik an den Westarkaden des Hofes,
um 715

Ein naturnah gesehenes Bäumchen vor Goldgrund,
in einer reichen Skala von Grüntönen modelliert, ist
mit feinem Gefühl in den Bogenzwickel komponiert
und erinnert an den Oasenschatten des Paradieses.
Derartige, von hellenistischer Kunst inspirierte Pflan-
zen- und Architekturdarstellungen treten neben by-
zantinische und flächig abstrahierte, aus dem persi-
schen Osten stammende Ornamente. Sie machten aus
al-Walids reich geschmückter Großer Moschee ein
weit gepriesenes Wunderwerk.

einem balustradengeschmückten Umgang, überragt von einer auf vier Pfeilern und Bogen ruhenden Kuppel. Er war verschwenderisch geschmückt, genauso wie die Torhalle des Kernbaues. Die Säulengänge des Vorhofes waren zumindest an der Frontseite des inneren Kastells zweigeschossig und wiesen im Oberstock Balustraden mit reichen Stuckformen auf.

In lockerer Verbindung mit dem Kernbau steht der nördlich anschließende Hof, dessen Ostseite die Palastmoschee einnimmt. (Der überdeckte Betraum bestand wohl aus zwei quergelagerten Schiffen und hat einen Nischenmihrab.) Dieser Hof verband den Wohnbau mit dem Badetrakt, dem prächtigsten Teil der Anlage. Auch sein Haupteingang liegt gegen Osten. Durch den Torbogen (über ihm in einer Nische stand das Bild des Kalifen) gelangte man in ein kleines Vestibül, das über Pendentifs und einem hohen durchfensterten Tambour von einer Kuppel gekrönt war. Die Stuckdekoration dieses Raumes muß überwältigend gewesen sein. Von ihr wird noch die Rede sein müssen. Man betritt den großen Badesaal (30 x 30 m): sechzehn quadratische Pfeiler aus Säulenbündeln trugen die Ziegelwölbungen und eine Mittelkuppel. Die Wände zeigten jeweils drei Apsiden.

Im Osten ersetzt der Eingang die mittlere Nische, ihm gegenüber befindet sich an der Westseite eine besonders reich verzierte Apsis, offenbar der Sitzplatz des Kalifen. Vor der Südwand wurde nachträglich zwischen die Pfeiler ein Kaltwasserbecken eingezogen. Den Boden des Saales bedeckt ein riesiger Mosaikteppich mit den verschiedensten geometrischen Mustern und Motiven, das größte Bodenmosaik dieser Zeit. Im Norden schlossen sich an den Badesaal die Räumlichkeiten für Heiß- und Dampfbäder und die nötigen Heizungsanlagen. Die arabischen Herrscher haben – über byzantinische Vermittlung – römische Badesitten und römischen Badeluxus aufgenommen. Wir sehen sie also wieder einmal als ›Erben der Antike‹. Schon die Byzantiner hatten das Kalt-Schwimm-Bad immer mehr vernachlässigt. Im späteren islamischen Hammam wird Heiß- und Dampfbad allein genügen. Hier in al-Mafdjar ist ein Kaltwasserbecken durch späteren Einbau ›nachgeholt‹.

Eine Tür in der Nordwestecke führte in einen kleinen, besonders ausgestatteten Raum, bestehend aus einem Kuppelquadrat und einer halbrunden, erhöhten Alkovennische. Er war wohl das Ruhegemach des Kalifen. Sein Bodenmo-

saik ist das schönste im ganzen Palast. Es ahmt deutlich
Teppiche nach (vgl. die Fransen!) und zeigt einen fruchttra-
genden Baum, der in Zeichnung und farblicher Modellierung an die Mosaikbäumchen in der Großen Moschee von
Damaskus erinnert. Links zwei Gazellen, rechts ein Löwe,
der eine Gazelle schlägt: frappierend lebendige Tierbilder
wohl symbolischer Bedeutung. Von der einst ebenso köstlichen Stuckdekoration der Wände und Decken sind hier nur
Spuren erhalten. Immerhin fanden wir auf unserem Rundgang an vielen Stellen die Reste der einstigen überreichen
Dekoration. Die kostbarsten Teile wurden in das *Palästina-
Museum von* **Jerusalem** verbracht. Hier u. a. die Dekoration
des Bad-Vestibüls: Wandornamente, in den Zwickeln Män-
nerfiguren, die ein Akanthusband tragen, darüber ein Fries
mit satt ruhenden Schafen, und zwischen den Nischen der
geometrischen Gitterfenster (vgl. die alten Fenster der Mo-

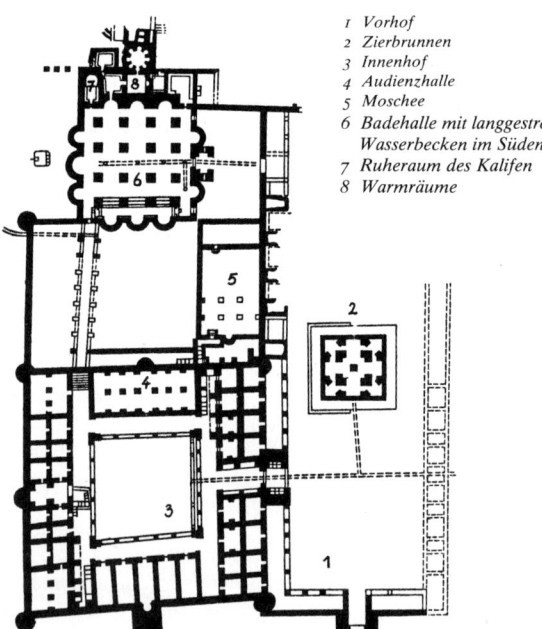

1 *Vorhof*
2 *Zierbrunnen*
3 *Innenhof*
4 *Audienzhalle*
5 *Moschee*
6 *Badehalle mit langgestrecktem*
  Wasserbecken im Süden
7 *Ruheraum des Kalifen*
8 *Warmräume*

26 *Khirbat al-Mafdjar, 1. H. 8. Jh., Grundriß nach Hamilton*

27 *Bodenmosaik aus dem Ruhegemach des Kalifen in Khirbat al-Maf-djar. Jerusalem, Palästina-Museum*

schee von Damaskus!) männliche und weibliche Gestalten
in Badekleidung. Hier finden wir auch das Bildwerk, das in
einer Nische über dem Torbogen stand: über einem ruhenden Löwenpaar ein schwerttragender Mann in langem rotem Gewand: das Standbild des Kalifen. Stellt es Hischam
dar oder den letzten Genießer des Palastes, den verhängnis-
vollen Walid II. (743/44)? Im Museum sind auch die schönsten Stuckbalustraden aus dem Vorhof und Dekorationstei-
le des intimen Ruheraums: Zwickelmedaillons mit Flügel-
pferden (ein in Persien beliebtes Motiv!) ein Fries mit vollplastischen Rebhühnern, Reste von Weinranken aus der Kuppel und schließlich die sechsblätterige Akanthusrosette aus
dem Kuppelscheitel, zwischen deren Blättern abwechselnd
Männer- und Frauenköpfe eingelassen sind. Sie tragen deutliche Spuren der Bemalung. Der ganze Stuckdekor war einst
leuchtend bunt.

28 *Khirbat al-Mafdjar. Balustrade vom Zierbrunnen, ca. 720-43(?).
Jerusalem, Palästina-Museum*

Deutlich, daß sich im Palast bei Jericho vielerlei Traditionen begegnen und gegenseitig bereichern: römische Überlieferungen (Kastellform usw.), syrische und byzantinische
Motive, koptische Handwerkskunst (die recht plump und
unbeholfen geformten weiblichen Figuren erinnern stark an
koptische Skulpturen oder Webarbeiten) und auch Persisch-
Sassanidisches. Die verschiedensten Materialien und Techniken werden zum Schmuck herangezogen: Stein, Stuck,
Mosaik. Von Malerei ist nichts überliefert, es hat sie aber
sicher gegeben. Noch etwas wird deutlich: aus all diesen
Stömungen beginnt sich so etwas wie ein eigenes Stilgefühl
zu bilden. In den Rankenornamenten der Stuckwände tauchen schon Methoden und Motive auf, die später zum stehenden Formgut islamischer Kunst gehören. Keinerlei
Scheu vor figürlicher Darstellung, nicht einmal vor der Vollplastik.

Khirbat al-Mafdjar zeugt vom Prachtaufwand omayyadischer Herrscher. Er hat Anstoß bei vielen Gläubigen erregt.
Aber die Abbasiden waren nicht ›besser‹. Auch sie liebten
Luxus und Prunk, Wein, Musik und die Bildkunst. Nur ist
aus ihrer Zeit viel weniger erhalten.

29 *Khirbat al-Mafdjar. Stuckdekor aus dem Vestibül der Badehalle*

Auch ein anderes Schloß läßt sich recht eingehend in einem
Museum studieren: Im *Nationalmuseum von* **Damaskus** ist
der zentrale Hauptsaal dem Jagdschloß **Kasr al-Heir al-
Gharbi** gewidmet. ›Heir‹ bedeutet ein ›Paradies‹; einen großen ummauerten Park mit Jagdwild jeglicher Art, wie ihn
sich die Könige Persiens mit Vorliebe anlegen ließen. Der
Name ließe sich etwa mit ›Schloß am westlichen Jagdgehege‹
wiedergeben. Der Bauherr war der schon erwähnte Kalif
Hischam. Die Ruinen – wiederum kastellförmig – liegen an
der direkten Wüstenpiste von Damaskus über Qaritein nach
Palmyra, ungefähr am Beginn des letzten Streckendrittels.

30 *Osteingang des Jagdschlosses Kasr al-Heir al-Gharbi, 2. Viertel 8. Jh.,*
Damaskus, Nationalmuseum

An der Außenseite des Museums von Damaskus ist der
14,5 m hohe turmflankierte Osteingang des Schlosses wie-
derhergetellt. Es ist überzogen mit einem Netz von Stuckornamentik und dekorativ verwendeten Baugliedern: Halbsäulen, Arkaden, Muschelnischen, Rosetten, Akanthuspal-
metten, Rauten, figuralen Motiven, Gesimsbändern mit arabeskem Weinlaub und Flächen mit teppichartiger Füllung,
auch schon Motiven, die später im äußersten Westen der
islamischen Welt große Bedeutung erlangen sollten, wie
z. B. die Rautengitter. Auch der zweigeschossige innere
Säulenhof mit der Innenfassade ist im Museum teilweise
wiederhergestellt. Wir finden eine Wanddekoration aus
Akanthusranken und Palmetten, einst reich bemalt. Die
Motive der großen, z. T. fast vollplastischen Stuckreliefs
entstammen verschiedenen Bereichen. Tierbilder und ein
Reiter spiegeln sassanidische Überlieferung, ein Thronen-

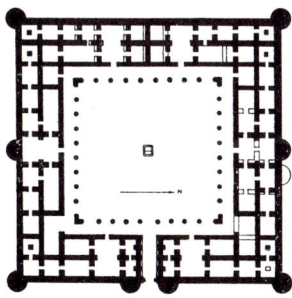

31 *Musikanten und Jagdszene. Wandmalerei aus Kasr al-Heir al-Ghar-bi. Damaskus, Nationalmuseum*

der (das Bild des Kalifen?) steht deutlich in der Tradition antiker Philosophen- und frühchristlich-byzantinischer Herrscherbilder. Fesselnd das halbe Hundert in sorgsamer Arbeit restaurierter Fenstergitter aus Stuck. Ähnliches ken-

32 *Kasr al-Heir al-Gharbi Grundriß nach Creswell*

nen wir schon aus der Großen Moschee von Damaskus und aus dem Schloß bei Jericho. Die ganze Fülle der Muster aber läßt sich erst hier so richtig auskosten. Antike geometrische Konstruktionsschemata liegen ihnen zugrunde, hellenistische und christliche, palmyrenische und sassanidisch-persische Formen aber sind mit eingeflossen, und in der verwirrenden Köstlichkeit der strengen Kompositionen waltet ein Phantasiereichtum, wie ihn selbst die geometrischen Dekorationen späterer islamischer Kunst kaum überbieten.

Auch Reste von Malereien sind zu sehen, die einstmals Fußböden geschmückt haben. Eine Fläche zeigt Fabelwesen, in einem Medaillon die Büste einer weiblichen Gottheit und zwischen Weinranken sich tummelnde Tiere. Thema und Machart zeigen, daß ein hellenistisches Werk, wohl ein Bodenmosaik, das Vorbild war. Ein zweites Bild stellt u. a. den jagenden Kalifen und zwei Musikantinnen dar. Parallelen dazu bietet reichlich die Kunst des sassanidischen Persien auf Silberschalen oder den Reliefs der großen Grotte von Taq-i Bostan bei Kermanshah. Dort haben wir auch Abbilder eines Jagdgeheges, sehen die Jagd sich abspielen zur Musikbegleitung von Damenkapellen.

Deutlich wird an Hischams Schlössern der Einstrom persischer Traditionen. Beide, die christlich-byzantinische und die iranische Überlieferung stehen nicht mehr nur in gespannter Wechselbeziehung, sondern treffen zusammen im Dienst der arabischen Kalifen. Noch sind sie nicht wirklich verschmolzen, aber sie stehen bereit, sich zu einem Neuen zu vereinigen[11].

Ungefähr 90 km nordöstlich von Palmyra (schlechte Wüstenstrecke) finden sich die noch immer eindrucksvollen Ruinen von **Kasr al-Heir asch-Scharqi**, dem ›Schloß am östlichen Wildpark‹. Reste einer Stadtanlage mit zwei verschieden großen, viereckigen Kastellen und einem Vierkantturm (Minarett?).

Nur ungefähr 60 km entfernt, aber ohne befahrbare Wegverbindung, liegt **Rusafa** (Resafe) bei dem christlichen Wallfahrtsort und Bischofssitz Sergiopolis (Ruinen der Stadt und der byzantinischen Sergiosbasilika). Ob die dortigen Schloßanlagen von Hischam stammen, ist noch umstritten, aber wahrscheinlich. Die Grabungen ergaben reiche Funde von Stuckornamenten mit Motiven verschiedenster Herkunft. Rusafa ist etwa 40 km von Raqqa am mittleren Euphrat entfernt und von dort aus zu erreichen.

Von Amman aus kann man weitere bezeichnende Bauten besuchen. Nordöstlich der jordanischen Hauptstadt liegt **al-Hallabat** mit Ruinen eines römisch-byzantinischen Forts (aus den Zeiten Caracallas und Justinians), Beispiel für jene Anlagen, an deren Vorbild sich die Omayyadenschlösser hielten. Das Gebäude vor der Südostecke ist der Rest einer kleinen Moschee, möglicherweise aus der späten Omayya-denzeit.

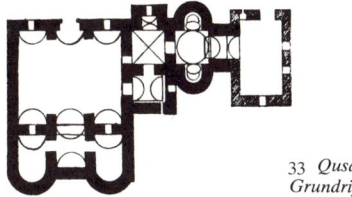

33 *Qusair al-Amra,*
Grundriß nach Creswell

Etwa 8 km südöstlich davon das kleine Jagd- und Bade-schlößchen **Hammam as-Sarakh**. Der Bau ist schlecht erhal-ten. In seinen Grundzügen ähnelt er dem reizenden und wohlerhaltenen **Qusair al-Amra**, dem ›roten Schlößchen‹, ungefähr 75 km östlich von Amman. Vom Plan her gliedert sich dieses kleine Bauwerk in zwei Gruppen: Die tonnenge-wölbte Eingangshalle ist als Thronsaal gestaltet mit einer rechteckigen erhöhten Estrade, die von zwei Apsidialni-schen flankiert wird, an dem der Tür gegenüberliegenden Ende. Es ist eine Dreiraumgruppe, wie sie der Presbyteri-

34 *Qusair al-Amra, um 715.*

umsgestaltung byzantinischer Kirchen entspricht. Seitlich angeschlossen ist der eigentliche Badetrakt mit Garderobenraum, Warm- und Heißluftbad und den Heizungen. Tonne, Kreuzgewölbe und Kuppel werden hier als Wölbeformen verwendet.

Seinen besonderen Wert erhält der Bau durch die Wandmalereien, die allerdings schon fast gänzlich zerstört sind. Sie gehören nach Thema und Stil zu den wichtigsten Zeugnissen frühislamischer Figuralkunst. Ein heute kaum mehr erkennbares Bild in der Thronnische zeigte den unter einem Baldachin thronenden Herrscher über Land und Meer, umwimmelt von Vögeln der Lüfte, flankiert von Leibwächtern: ein Triumphbild großköniglicher Tradition, dem ein anderes, kaum besser erhaltenes Bild entspricht. Sechs Könige sind dort dargestellt, vier von ihnen durch Inschriften bezeichnet als der Kaiser von Byzanz, der Perserschah Chosrau, der Westgotenkönig Roderich und der Negus von Abessinien. Die beiden anderen dürften die Beherrscher Chinas, Indiens oder der türkischen Steppen darstellen. Es sind alles Nachbarn und Feinde des Kalifen (so riesig war ja das junge arabische Reich!), die hier durch ihre Anwesenheit seiner Macht huldigen. Daß gerade der Perserkönig Chosrau erscheint, ein schon längst toter Herrscher über ein bereits unterworfenes Gebiet, legt die Vermutung nahe, daß hier eine ursprünglich persische Bildidee übernommen und verändert wurde. Die anderen Reste der Thronsaal-Malereien spiegeln das profane Leben am Kalifenhof: Jagd, Musik, Tanz, Sport, Spiel und das Badeleben mit nackten Gestalten. Sie sind beinahe einzigartig in dem der Nacktheit immer feindlichen semitisch-arabischen Bereich, und es ist deutlich, daß sie von späthellenistisch-syrischen Vorbildern übernommen wurden. Der Stil und die Farben, soweit sie sich noch erkennen lassen, verraten Verwandtschaft mit jener Malerei, wie sie z. B. aus Dura-Europos überliefert ist (vgl. Museum von Damaskus). Wieder finden sich die beiden Überlieferungsströme, der hellenistisch-römische und der aus dem Iran zusammen. Die Deckenmalereien im Badeteil zeigen in einem Rautenmuster, das an Bodenmosaiken erinnert, Musikanten, Tänzerinnen und eine oft lebendig bewegte und humorvoll gesehene Tierwelt. Die Kuppel gibt ein Abbild des Himmelsgewölbes mit Tierkreiszeichen und Planetenkonstellationen: das erste ›Planetarium‹ der islamischen Kunst.

35 *Qusair al-Amra,*
Weibliche Figur aus den Wandgemälden

36 *Wüstenschloß al-Kharanak, Anfang 8. Jh.*

Knapp 20 km südwestlich liegt **al-Kharanak**, eine quadratische Festung des uns schon wohlbekannten Typs. Die zu
beträchtlicher Höhe erhaltenen Umfassungsmauern und
auch der Tortrakt erinnern stark an Minya. Und doch kann
es gut sein, daß der Bau schon vor 711 (dem einzigen dort
erhaltenen Datum) entstand, d. h. aus vorislamischer Zeit
stammt. Daß man sich darüber streiten kann, zeigt, wie
bruchlos sich die Omayyadenschlösser in den Strom des
Herkommens stellen.

Etwa 70 km südlich liegt **Kasr at-Tuba**, das südlich-abge-
legenste der Schlösser in Jordanien. Die erhaltenen Reste
der Nordmauer zeigen, daß es sich um eine Doppelanlage
aus zwei aneinandergestellten, etwa quadratischen Kastellen (140 x 73 m) gehandelt hat.

Ungefähr 50 km westlich von Kharanak, in Richtung auf
Amman zu, findet man die etwas kümmerlichen Reste von
al-Muwakkar aus den zwanziger Jahren des 8. Jahrhunderts.
(Bauglieder im Museum von Amman.)

15 km südwestlich davon, d. h. etwa 25 km südlich von
Amman und von dort aus zu erreichen, das letzte der Schlösser, das hier erwähnt werden soll: **al-Mschatta** (›Winterla-
ger‹), ein bedeutendes Werk, das allein schon durch seine
Ausdehnung (144 x 144 m) aus dem üblichen Rahmen her-
ausfällt. Wieder haben wir ein ›Castrum‹ vor uns, mit fünf
halbrunden Türmen zwischen den Ecktürmen an jeder
Seite. Die Anlage ist nie vollendet worden, doch läßt sich ein
konsequentes System der Dreiteilung klar erkennen, das
von der Aufgliederung des Inneren in einen offiziellen mittleren Teil und zwei für praktische Bedürfnisse vorgesehene

seitliche Trakte bis in die Einzelheiten der Raumdisposition reicht. Der Mittelteil selbst untergliedert sich nach der Dreizahl in einen Eingangstrakt (mit dem Rest einer Moschee in dem links von der dreischiffigen Torhalle liegenden Raumdrittel), einen Innenhof und den Herrschertrakt, der in seinem mittleren Drittel zwischen den nach dem Dreierschema eingeteilten Wohnraumfolgen den Audienzsaal enthält: eine dreischiffige Halle, die in einen Kuppelraum mit drei kleeblattförmigen Apsiden führt (vgl. dazu den justinianischen Ostteil der Geburtsbasilika von Bethlehem!). Hier wurden Teile steinerner Skulpturen gefunden. Besonders bemerkenswert aber ist al-Mschatta wegen der Skulpturen seiner steinernen Torfassade. Diese befindet sich als Geschenk des Sultans an Kaiser Wilhelm II. in Berlin und bildet – nach Bombenschaden im letzten Krieg sorgsam restauriert – Grundstock und Prunkstück des Islamischen Museums in Ostberlin.

Wie die gesamte Palastanlage, so ist auch die Torfassade von Mschatta unvollendet, stammt demnach aus der Spätzeit der Omayyadenherrschaft, wohl aus der Zeit Walids II. Zwischen zwei profilierten Gesimsen zieht sich ein kräftiger Zickzacksims. In der Mitte der so entstehenden Dreiecke sitzen Rosetten. Manche erinnern an die Kuppelrosette von Khirbat al-Mafdjar, nur daß hier die Köpfe fehlen. Um sie herum ist der Grund aufgelöst in ein überreiches Füllwerk aus mannigfachen feingemeißelten Motiven. Deutlich ist der Unterschied zwischen den beiden Teilen links und rechts der Toröffnung: links Weinstöcke und kreisrunde, meist aus

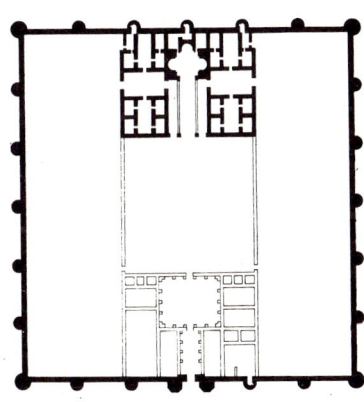

37 *Schloß al-Mschatta,*
Grundriß nach Creswell

Vasen aufsteigende Ranken, durchsetzt mit einem Gewimmel von Tieren: Vögel, Löwen, Fabelwesen wie Flügelgreife, sassanidische Pfauendrachen und Kentauren, teilweise heraldisch paarweise einander gegenübergestellt als Hüter der Lebensbaumranke. Es ist ein üppiges Wuchern und Wimmeln. Rechts des Einganges (hinter diesem Mauerstück lag die Moschee!) rein vegetabiles Ornament: Ranken, die

38 *Schloß al-Mschatta, 2. Viertel 8. Jh. Fassadendekor. Berlin, Staatliche Museen, Islamisches Museum*

in dichter Fülle die Fläche überspinnen und einen flimmern-
den Hell-Dunkel-Effekt erzeugen. Sie lösen sich von dem
Naturvorbild, werden richtungslos-unbestimmtes ›reines‹
Pflanzenornament: die Geburt der Arabeske vollzieht sich.
Sie wird ein für die islamische Kunst besonders kennzeichnendes Element bilden. Wir halten an einem entscheidenden Punkt. Byzantinisches und Iranisches stehen nicht mehr
nur locker verbunden nebeneinander. Aus ihrer Verschmelzung entsteht etwas Neues: die eigengesetzliche islamische
Kunst.

5 Die frühe Abbasidenzeit

Von 750 bis zum Ende des 9. Jahrhunderts

Entsprechend dem starken Anteil des persischen Ostens an
der Erhebung der Abbasiden verlegten die Kalifen aus dieser Familie ihre Residenz aus dem byzantinisch geprägten
Syrien der Omayyaden nach Osten, in das inzwischen stark
arabisierte Zweistromland, das einst zum Herrschaftsbereich der Perserkönige gehört hatte. Unweit der alten Sassa-
nidenhauptstadt   Ktesiphon   gründete   762   al-Mansur
(754-75), der zweite Kalif aus der neuen Dynastie, die neue
Residenzstadt Bagdad. Zum Islam bekehrte Perser spielten
bald eine wichtige Rolle unter den neuen Herren, aber im
allgemeinen wurden die Neubekehrten, trotz gegenteiliger
Propagandaversprechungen, nicht von der Kopfsteuer der
Ungläubigen befreit, denn diese bildete die wichtigste Einnahmequelle der Kalifen. Nur mit ihren Erträgnissen konnten die arabischen Garnisonen, da nach dem Ende der Eroberungen keine Beute mehr zu machen war, besoldet werden. Schwierigkeiten gab es bald. Die persischen Neu-Moslems wurden unzufrieden, daher unzuverlässig, die arabischen Krieger setzten teilweise ihre ins Neuland übernom-
menen alten Stammesfehden fort und waren sich einig nur in
der Verteidigung ihrer Eroberervorrechte gegen jede
Schmälerung. Um sich eine verläßliche Leibgarde als Stütze
ihrer Herrschaft zu verschaffen, kauften die abbasidischen
Kalifen türkische Sklaven aus Innerasien und bildeten aus
ihnen eine Eliteeinheit: Steppenreiter, deren unzivilisierte
Gewohnheiten jedoch bald zu Reibereien mit der Stadtbevölkerung Bagdads führten. Die Situation wurde mit der
Zeit so gespannt, daß al-Mutasim (833-62) im Jahre 836 eine
neue Residenz gründete: Samarra, etwa 140 km nordöstlich
von Bagdad, eine weitläufige Stadtanlage, geschaffen für ein
Reiterdasein und reiterliches Vergnügen. Hier aber waren
die Kalifen so völlig in der Hand ihrer Prätorianer, daß die
neue Stadt, kaum 60 Jahre nach ihrer Gründung, wieder

aufgegeben wurde und 892 al-Mutadid (892-902) die Residenz nach Bagdad zurückverlegte. Das Kalifat verlor politisch und militärisch immer mehr an Boden. Die von der
Zentrale entfernteren Gebiete wurden immer unabhängiger
unter Gouverneuren, die höchstens noch dem Namen nach
die Oberhoheit der Kalifen von Bagdad anerkannten. Im
Iran erkämpften sich Kleindynasten selbständige Herrschaftsgebiete. Immerhin blieb die Einheit des Kalifenreiches im Osten wenigstens nominell noch gewahrt, während
sich im Westen Gegenkalifate gewaltige Gebiete aus dem
arabischen Weltreich herausschnitten: Seit dem Anfang des
10. Jahrhunderts bestand das schiitische Kalifat der Fatimiden in Ifriqiyya (Tunesien), das sein Herrschaftszentrum 973
nach Ägypten verlegte; 929 nahmen auch die omayyadischen Emire von Córdoba den Kalifentitel an.

Der Verlagerung des Schwerpunkts nach Osten entsprechend schloß sich auch die künstlerische Tätigkeit in der
Abbasidenzeit viel stärker an die Traditionen des Sassanidenreiches an als unter der vorangegangenen Dynastie. Zu
eindeutig christlich-byzantinisches Formengut wurde ausgeschieden oder östlichem Empfinden entsprechend verändert. Dazu kam mit den Militärsklaven erstmals ein neues
Element ins Spiel, das in der Folgezeit immer neue und
immer entscheidendere Anregungen geben sollte: die Turkvölker Zentralasiens. Die aus antik-byzantinischen und persischen Formtraditionen erwachsene Sprache der islamischen Kunst wird durch sie zunächst nur um Einzelmotive
und Techniken bereichert; nach der Jahrtausendwende jedoch werden die Türken ganz neue Ideen beisteuern, und
seit dem späteren Mittelalter ist fast der ganze Bereich des
Islam von türkischen Dynastien beherrscht: Ägypten von
den Mamluken, Persien und Kleinasien von den Seldschuken, später dann Kleinasien, der Balkan, der gesamte Nahe
Osten einschließlich Ägyptens und Arabiens von den Osmanen, während die turkstämmigen Safawiden Persien und die
Nachkommen des Türken Timur Indien in seiner Blütezeit
beherrschten. Sie alle fühlten sich nicht als ›türkische‹, sondern als moslemische Herrscher, aber die türkische Tonart
der islamischen Kunst klingt damals am reinsten.

Die islamische Grundmelodie wird in abbasidischer Zeit
zum ersten Male unüberhörbar. Nach 750 entstand auf den
omayyadischen Grundlagen eine für den gesamten Bereich
islamischer Herrschaft verbindliche ›Reichskunst‹, in der

sich die Erinnerung an Byzantinisch-Omayyadisches unauf-
löslich mit persisch-iranischen Traditionen verbunden hat
und auch schon die Stimme der innerasiatischen Steppen-
völker vernehmlich mitspricht.

Die Denkmäler im Irak

Bagdad, die Gründung al-Mansurs, war kreisrund angelegt,
umgeben von einem doppelten Mauergürtel, hatte vier Tore
und radial angeordnete Straßen. In der Mitte – Wand an
Wand – standen die Moschee (Kufa-Typus) und der Kalifenpalast mit einem überkuppelten Thronsaal, auf den
kreuzförmig vier gewölbte Hallen zuliefen. Die Rundstadt
war ein symbolisches Abbild der Welt. Die Idee war in
Mesopotamien zu Hause. Die Assyrer pflegten ihre Militärlager kreisrund zu gestalten, die Parther haben diese Idee
aufgegriffen (vgl. Hatra und Ghor-Firuzabad, die erste Residenz der Sassaniden). Erhalten ist von al-Mansurs Stadt
– der ersten bewußt geplanten Stadtanlage der Moslems
– nichts. Das ganze Gelände ist modern überbaut.

Das heutige Bagdad ist doppelt enttäuschend für den, der
von 1001 Nacht träumt. Gar nichts von märchenhaftem
Glanz. 1258 haben die Mongolen Hülägüs die Stadt zerstört,
1400 die Scharen Timurs und 1683 noch einmal die Truppen
Murads IV. Bis 1918 war sie ein unbedeutender Provinzort.
Die meisten Moscheen entstanden erst im 19. und 20. Jahrhundert, sie sind uninteressant. Die wenigen über das Stadtgebiet verstreuten Denkmäler aus dem Mittelalter werden
Seite 316 kurz erwähnt. Nicht weil sie bedeutend sind, sondern weil jeder Irak-Reisende wohl in Bagdad Quartier
machen und Zeit finden wird, sich ein wenig umzusehen.

Wenn es ihm um die alte Kultur Mesopotamiens geht,
wird er wohl mehr als ein einziges Mal das *Irak-Museum*
besuchen. Unter den großen Sammlungen altorientalischer
Kunst an erster Stelle zu nennen, noch vor dem Britischen
Museum, dem Louvre und den Berliner Museen, ist es für
sich allein eine Reise in den Irak wert. Neben dem Reichtum
aus Sumer und Akkad, Babylon und Assyrien usw. sollte
man doch nicht die Säle mit den Zeugnissen aus islamischer
Zeit (Erdgeschoß) übersehen: Wichtige Funde aus Samarra,
z. B. Stucktafeln von Wandverkleidungen; ein Gipsmihrab;
ausgezeichnete Beispiele der Keramik, z. T. deutliche Nachbildungen chinesischen Porzellans, die zeigen, wie weit nach
Osten das Abbasidenreich blickte; Barbotinekrüge mit auf-

gesetztem figürlichem Dekor. Dazu Stücke aus dem 12. und
13. Jahrhundert, d. h. der Seldschukenzeit: aus Mosul u. a.
Marmormihrab und Stuckdekor der Nuri-Moschee. Auch
die Safawidenzeit ist mit schönen Werken vertreten. Im
ersten Islam-Saal steht ein kleiner Steinmihrab. Seine Formen (Weinranken und Muschelkonche) entstammen der
omayyadischen Tradition. Möglicherweise ist er aus Syrien
importiert und das einzige Zeugnis aus der frühesten Zeit
Bagdads.

Bauwerke aus der *Abbasidenzeit* findet man erst in **Samarra**.
Vor seinem Tod hatte Harun ar-Raschid (786-809) seinen
jüngeren Sohn al-Amin (809-13) zum Thronerben bestimmt, doch der ältere, al-Mamun (813-33), Sohn einer
persischen Sklavin und Gouverneur des Ostens, fühlte sich
zurückgesetzt, eroberte Bagdad, ließ den Bruder hinrichten
und bemächtigte sich des Kalifats. Ihm folgte sein jüngerer
Bruder al-Mutasim (833-62). Yaqubi, ein zeitgenössischer
Autor, berichtet: »Djafar erzählte mir folgendes: unter der
Regierung al-Mamuns pflegte mich al-Mutasim nach Samarkand zu schicken, um Türken zu kaufen, und ich brachte
ihm jährlich eine solche Anzahl, daß er schon unter al-Mamun über 3000 Jünglinge gesammelt hatte. Als er im Kalifat
folgte, setzte er seine Werbungen fort. Wenn diese fremd-
ländischen Türken ausritten, sprengten sie so schnell, daß sie
mit den Leuten rechts und links zusammenstießen.« Solche
und andere Unzukömmlichkeiten veranlaßten, wie schon
erwähnt, al-Mutasim, seinen Aufenthalt aus Bagdad fortzu-
verlegen. Er gründete 836 Samarra an der Stelle einer schon
vorgeschichtlichen Siedlung. Diese neue, buchstäblich aus
dem Boden gestampfte Stadt war allerdings nur bis 892 Sitz
des Kalifats. Die Anlage war riesig. Ihre Reste erstrecken
sich in einer Länge von 30 km am linken Tigrisufer. Nur ein
kleiner Teil dieses Areals war – zwangsweise – mit handel-
und gewerbetreibenden Bürgern besiedelt.

Die heutige Stadt gruppiert sich um ein schiitisches Heiligtum, ein nach Anlage und Gestalt persisches Bauwerk
und für Nichtmoslems streng verboten. Eine der Kuppeln ist
vergoldet und leuchtet weithin, die andere ist mit bunten
Fayencen verkleidet. Im Norden der heutigen Stadt liegt die
Große Moschee des al-Mutawakkil (847-61). Ihr Wahrzeichen das höchst originelle Minarett, die ›Malwiyya‹: um
einen massiven Kern läuft fünfmal spiralig gegen den Uhr-

39-40 *Samarra, Große Moschee des al-Mutawakkil (847-61)*

zeigersinn eine etwas über zwei Meter breite Rampe bis zur
Spitze, auf der sich einst ein kleiner Pavillon befand (Höhe
etwa 50 m). Wie erklärt sich diese sonderbare Form? Sie
erinnert von fern an den Turm von Babel, wie ihn die Künstler der frühen Neuzeit dargestellt haben, z. B. Brueghels
›Turmbau zu Babel‹ in Wien. Diese Vorstellung mag durch
europäische Reisende des späten Mittelalters vermittelt
worden sein, die in Samarra das alte Babylon gefunden zu
haben meinten. Nach älteren Nachrichten soll der Stufen-
turm (Ziggurat) von Chorsabad, der im 8. Jahrhundert noch
aufrecht stand, einen spiralig aufsteigenden Rampengang
gehabt haben, allerdings um einen viereckigen Kern, und
könnte ein Vorbild für das Spiralminarett geworden sein.
Von dessen Spitze aus bietet sich ein weiter Rundblick auf
das Ruinenfeld im Norden, auf den Tigris und auf die neue
Stadt mit ihrer goldenen Kuppel, vor allem aber ein instruk-
tiver Blick über die Reste der Moschee selbst. Sie ist vom
Minarett getrennt.

Nur noch die mit halbrunden Türmen versehene Umfassungsmauer aus Ziegeln (Höhe etwa 10 m, Dicke 2,60 m) ist erhalten, von den Pfeilern der Hofportiken und des Betsaals sieht man allein die Fundamentreste. Diese zeichnen sich so deutlich ab, daß sich der Plan ohne große Mühe rekonstruieren läßt. Die Anlage – einst im Osten, Norden und Westen noch von einem Außenhof mit Blendarkadenmauer von 376 x 444 m Ausdehnung (auch die Moschee von Damaskus stand innerhalb eines solchen, gegen den Straßenlärm abschirmenden äußeren Temenos) – war damals mit einer Länge von 240 und einer Breite von 156 Metern die größte Moschee des Islam und bot Platz für Tausende von Betern. Deutlich wird der bewußte Rückgriff auf die Lagermoscheen vom einfachen ›Kufa-Typus‹, denn der Bau bestand nur aus einem von drei- bzw. vierschiffigen Hallen umgebenen Hof und einem ›endlosen‹ Betsaal von 25 Schiffen zu neun Jochen. Das Mittelschiff, das auf den Mihrab zulief, war geringfügig verbreitert. Der Betsaal hatte Fenster, die nach außen als schmale Scharten, nach innen aber als Fünfpaßbogen gebildet sind. Wir begegnen dieser Bogenform hier zum ersten Mal auf unserer imaginären Reise. Sie kommt tatsächlich in der Abbasidenzeit zum ersten Mal vor und wird wie das Glockenkapitell einen Siegeszug antreten. Vor allem im westislamischen Gebiet wird sie, unerhört bereichert, ein wichtiges Bau- und Dekorationselement werden (s. S. 118).

Die Pfeiler trugen ein flaches Dach. Sie müssen etwa 10 m hoch gewesen sein und bestanden wie die Umfassungsmauern aus Ziegelwerk. In dem an Steinen armen Mesopotamien war dieses Material schon seit Vorzeiten landesüblich. Die Pfeiler waren viereckig, doch waren in ihre Ecken von

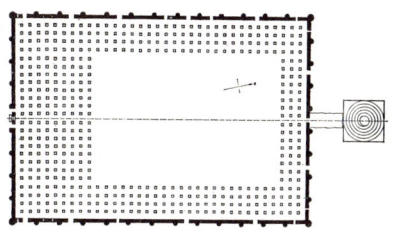

41 *Samarra, Große Moschee, Grundriß nach Creswell*

weitum hergeholte steinerne Säulenschäfte eingefügt, die glockenförmige Kapitelle trugen. Diese Kapitellbildung, die erstmals in Bauten der Sassanidenzeit auftaucht, sollte zu einer für die Abbasidenkunst typischen Form werden und findet sich auch später in vielfältiger Variation wieder. Der Mihrab ist gänzlich eine moderne Rekonstruktion. Die Ausgräber haben an der Stelle der ehemaligen Gebetsnische Mosaiksteinchen gefunden, ein Beweis, daß zumindest an dieser Stelle Mosaikdekor vorhanden war. Wie er ausgesehen hat, läßt sich natürlich nicht mehr sagen, aber man kann annehmen, daß er omayyadische Vorbilder weiterführte, ist doch aus alten Beschreibungen überliefert, daß der Verputz der Pfeiler mit einer Marmorimitation bemalt war und somit die Inkrustationen in der Moschee von Damaskus nachahmte. Auch der obere Teil der Außenmauern zwischen den schmucklosen Türmen muß innerhalb der viereckigen Rahmungen bunten Schmuck getragen haben, vermutlich farbige Fayenceschüsseln. Fayencedekor wurde in Samarra sicher verwendet: man hat kleine quadratische Fliesen mit Bleiglasur gefunden. Von all dem sehen wir nichts mehr. Doch so wenig wir von der Großen Moschee noch besitzen: sie ist nicht nur eines der größten, sondern auch kunstgeschichtlich eines der bedeutendsten Denkmäler des 9. Jahrhunderts: in ihr verbinden sich Formen des frühesten Islam (flache Breitenausdehnung der Kufa-Moschee) mit den jungen Traditionen von Damaskus, und neben altmesopotamische Erinnerungen treten in der islamischen Kunst neue, z. T. aus Persien stammende Formen. Ein Spiegelbild der Moschee von Samarra ist erhalten: die Große Moschee des Ahmed Ibn Tulun in Kairo (s. S. 115).

Von der Großen Moschee etwa 20 km entfernt und nur auf einer Fahrspur quer durchs Gelände zu erreichen, liegt die *Moschee Abu Dulaf*. Sie ist etwas kleiner (213 x 135 m) als die Große Moschee, wurde um 860 gleichfalls durch al-Mutawakkil erbaut und ihr Erhaltungszustand ist dem der Großen Moschee geradezu entgegengesetzt: nur noch die Innenstützen stehen, während die Außenmauern verschwunden sind. Auch sie besitzt ein (kleineres) Spiralminarett. In ihrer Umgebung wurden durch die Ausgrabungen Herzfelds (1912-14) zahlreiche Häuser freigelegt. Noch weiter nördlich liegen die Reste des *Palastes al-Djafari.*

Dicht bewohnt war auch das nördlich an die Große Moschee anschließende Viertel, das sich bis zum *Kalifenpalast*

42 *Samarra, Stuck Stil A.*

(Beit al-Khalifa oder Dschausaq al-Khaqani) erstreckt. In dem weiten Gelände von Samarra errichteten die dort residierenden Kalifen mehrere Paläste von ungeheuerlicher Ausdehnung. Es ist zwar nicht allzu schwierig, die wichtigsten von ihnen zu erreichen, aber die spärlichen Ruinen (unförmige Stücke der Mauern aus sonnengetrockneten Lehmziegeln) sind weitgehend schon wieder vom Sand begraben und der Besuch lohnt nicht ganz die Mühe. Die Schlösser interessieren in erster Linie wegen ihrer Plangestaltung und ihrer Ausstattung, und die Grundrisse lassen

sich besser an den von den Ausgräbern erstellten Plänen
ablesen als im Gelände selbst. Die wichtigsten Stücke der
Dekoration sind in die Museen von Bagdad und Berlin (Ost)
gelangt. Es handelt sich vor allen Dingen um Stuckbeklei-
dungen der Wandsockel. Man hat drei – zeitlich wohl auf-
einanderfolgende – Stile des Dekors unterschieden. In dem
als ›Stil A‹ bezeichneten finden sich Weinlaubranken, zwar
stilisiert, aber doch noch ›natürlich‹, in der klassischen Tradition stehend, mit tiefen Augenpunkten. Die einzelnen
Felder sind durch schmale Ornamentbänder zu Streifen,
Vierecken oder Mehreckformen zusammengeschlossen.
Die Formen sind aus der Stuckmasse herausgeschnitten.

43 *Samarra, Stuck Stil B. Berlin, Staatliche Museen, Islamisches
Museum*

Das Auftreten vasenförmiger Kelchblüten bezeichnet den
Übergang zum ›Stil B‹. Auch er zeigt noch dem Naturvorbild nachempfundene Formen wie Stil A, aber sie sind stärker stilisiert. Die vasenförmigen Kelchblüten erhalten volu-
tenartige Ausschwingungen, sie treten auch als selbständige
Gebilde auf, gestaffelt oder in Wirbeln und entwickeln sich
zu fischblasenförmigen Mustern mit wabenartiger Punktie-
rung. Auch diese Formen sind mit dem Messer geschnitten,
wenn auch in flacherem Relief. Immer noch vernehmlich:
der Nachhall omayyadischer Weinranken. Deutlich erkennbar, wie sich das Naturvorbild zur ›Arabeske‹ wandelt. Der
›Stil C‹ bezeichnet eine Revolution: die Weinblätter sind als

44 *Samarra, Stuck Stil C. Berlin, Staatliche Museen, Islamisches Museum*

solche kaum mehr erkennbar, Kelchblüten und Palmetten (oft mit vogelkopfartigen Enden) stehen in einem unendlichen Rapport, der an Stoffmuster erinnert. Die gemusterten Flächen werden häufig durch Knopfleisten mit tiefen Augenpunkten eingefaßt. Das Relief ist flach und aus Holzmodeln gepreßt. Damit ließ sich zügiger arbeiten, und in kurzer Zeit konnten große Flächen dekoriert werden. Die Model aber waren in einem flachen Schrägschnittstil angefertigt. Dieser tritt zum ersten Mal an Goldschmiedearbeiten der Skythen (6.-4. Jh. v. Chr. – vgl. Fundstücke in der Eremitage Leningrad) auf und gehört auch zum Formenschatz der Turkvölker Zentralasiens. Wenn wir an die türkischen Garden denken, kann uns kaum verwundern, in Samarra alttürkischen Steppentraditionen zu begegnen, vermittelt durch die türkischen Sklaven.

In der ›Südstadt‹, etwa 7 km vom heutigen Ort entfernt, liegen die Reste des *Balkuwara-Palastes.* Die Anlage – ein ummauertes Quadrat von 1250 m Seitenlänge – wurde zwischen 854 und 859 für al-Mutawakkils Sohn al-Mutazz erbaut. Der eigentliche Palast (460 x 575 m) erinnert in seiner Dreiteilung an das Schloß von Mschatta (s. S. 93), nur ist hier alles viel ausgedehnter. Von Nordwesten her führte ein hoher, auch für Lanzenreiter passierbarer Torbau in einen

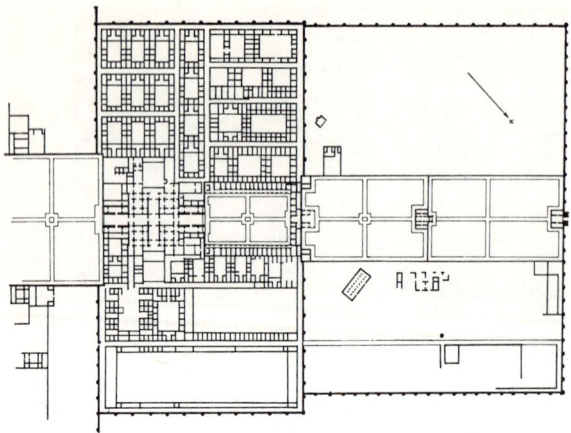

45 *Samarra, Schloß Balkuwara, 854–59, Grundriß nach E. Herzfeld*

ersten Hof. Mauern trennten ihn von den Seitenarmen für
Wohngelasse des Gefolges im südlichen und Vorratsräume
im nördlichen Drittel. Ein zweites Tor führte in einen zweiten Hof, von dort ein drittes in einen dritten, den eigentlichen Ehrenhof des Palastes. Von ihm wies eine Iwanhalle
zum überkuppelten quadratischen Thronsaal, von dem vier
basilikale Hallen ausgingen. Eine iwanartige Torhalle führte
in das gegen den Tigris zu gelegene Gartenparterre. Persische Formen (Iwane) verbinden sich hier mit syrisch-byzan-
tinischen (vier von einem Zentrum ausstrahlende Basiliken
– vgl. die Simeonskirche von Qalat Seman in Syrien). Der
Fund von bunten Steinchen bezeugt auch für den Palast
Mosaikdekoration. Außerdem treten Kleeblatt- und Viel-
paßnischen als Schmuck der Wand auf (ein zukunfträchti-
ges Motiv!) und Stuckdekorationen an den unteren Wand-
zonen.

Ähnliche Schmuckformen finden sich auch in den durch
jüngste Restaurierungen recht imposant wirkenden Ruinen
des *Kasr al-Aschiq* (Das Schloß des Liebenden) am rechten
Tigrisufer. Es ist in einer fast barock raumgreifenden Art
axial ausgerichtet auf das am linken Ufer gelegene Große
Kalifenschloß *Beit al-Khalifa*. Dieses umfaßt eine Fläche
von 175 Hektar, seine Mittelachse war 1400 Meter lang. Es
stand in Verbindung mit noch ausgedehnteren Wildparks

46 *Samarra, Schloß Balkuwara, 854-59, Stuckverkleidung*

und Rennbahnen. Die Anlage ähnelt in vielen, besonders
den zentralen Teilen der des Balkuwara-Palastes. Am
Tigrisufer stand vielleicht ein Pavillon in einem Garten mit
Wasserbecken. Von ihm führte eine 60 Meter breite Freitreppe zum ›Tor der öffentlichen Audienzen‹ (Bab
al-Amma). Es ist der einzige noch eindrucksvoll erhaltene
Rest des Palastes. Die Fassade ist ungefähr 12 m hoch und
weist drei große Bogenöffnungen zu drei Iwanhallen auf.
Die seitlichen Hallen sind ›verkümmert‹: sie sind nur vier
Meter tief; Trompen vermitteln den Übergang von der Bo-
genwölbung zur Rückwand. Die mittlere dagegen ist 17,5 m
tief und 8 m breit. Eine Tür an der Rückseite führte in sechs
Querhallen-Vorzimmer. Von dort gelangte man in einen
Viereckhof und durch einen weiteren Vorsaal in einen ge-
schlossenen Ehrenhof, von dem aus drei Türen in den
Thronsaal führten. Dieser entsprach mit seinen vier Basili-
kalräumen um ein Mittelquadrat völlig dem Audienzraum

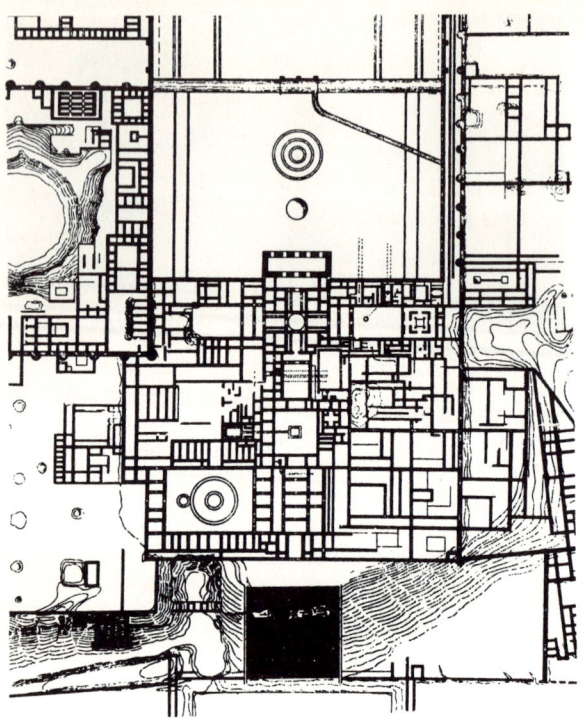

47 *Samarra, Schloß Beit al-Khalifa, Grundriß nach Herzfeld*

des Balkuwara-Palastes. Nach Osten zu schlossen sich in der
Längsachse Torhallen zu einer großen Gartenesplanade mit
Brunnen und Wasserkanälen an, dann ein kleiner Serdab
(ein zwischen zwei Höfen versenkter, mit Brunnennischen
versehener Raum, der in der Sommerhitze Kühlung gewähren sollte – eine ähnliche Anlage fand sich auch an der
Nordseite des Brunnenhofes) und ein weiterer Hof mit einer
Loge, die einen umfassenden Blick über den Poloplatz, darüber hinaus auf die Rennbahn und das riesige Wildgehege
(heir) gestattete.

   Im Vergleich zu den festungsartigen Omayyadenschlössern wirken die abbasidischen Anlagen riesig und locker, sie
bestanden auch aus vergänglicherem Material. Doch finden
sich auch manche Gemeinsamkeiten: die mit halbrunden

48 *Samarra, Qubbat as-Sulaibiya, 2. H. 9. Jh.*

Türmen versehenen Mauern und die Verwendung von Mosaikdekor z. B., dessen Aussehen uns allerdings gänzlich
unbekannt ist. Auch Reste von Wandmalerei wurden in
Samarra gefunden. Sie scheinen das Überwiegen östlicher
Traditionen zu verraten: Gesichtstypen und Tracht des
neuen ›türkischen‹ Elements spiegeln sich in den Figuren.

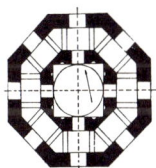

49 *Samarra, Qubbat as-Sulaibiya,*
Grundriß nach Creswell

Noch ein interessanter Baurest steht in Samarra: am rechten Tigrisufer, ungefähr 1500 Meter südlich von Kasr al-
Aschiq, jenseits der Bahnlinie auf einem Hügel die *Qubbat
as-Sulaibiya,* die Ruine eines Oktogonalbaues. Aus einem
achteckigen tonnengewölbten Umgang führen vier Türen in
den außen achteckigen, innen quadratischen Baukern. Die
Ausgräber fanden darin drei Gräber islamischer Zeit. Bisher
waren Grabbauten verpönt (die ersten Kalifen wurden wie
der Prophet unter ihrem Haus bestattet), doch gelang es der
griechischen Mutter des ermordeten Kalifen al-Mustansir
(861/62), für ihren Sohn ein Mausoleum zu erwirken, in dem
nach schriftlichen Zeugnissen auch al-Mutazz (866-69) und
al-Muhtadi (869-70) beigesetzt wurden. Stil- und Material-

gründe sprechen dafür, daß die Qubbat eben dieses Mausoleum ist und damit der älteste Grabbau der islamischen
Architektur. Seine Bauform läßt sich von frühchristlich-by-
zantinischen Mausoleen herleiten. Die Grabmalskunst erlebt im schiitischen und türkischen Bereich seit dem
11. Jahrhundert eine hohe Blüte, knüpft aber nicht an den
Grabbau von Samarra an. Nur in Indien finden sich Parallelen.

Das **Schloß al-Okheidir**, eine sehr bedeutende Anlage aus
der frühen Abbasidenzeit, liegt etwa 50 km südwestlich von
Kerbela. Bei Kerbela fand Hussein, der Enkel des Propheten, mit seinen Gefährten den Tod, in der heiligen Grabmoschee ist er bestattet – einem Wallfahrtsheiligtum safawidischer Anlage mit den charakteristischen goldenen Kuppeln
(vgl. Kadhimein und Samarra). Selbstverständlich ist auch
hier dem Ungläubigen das Betreten strengstens verwehrt,
und es empfiehlt sich, die Stadt ihrer teilweise sehr fanati-
schen Einwohner wegen möglichst schnell und unauffällig zu
passieren. In den ersten Tagen des Moharram, der ›Karwo-
che‹ der Schiiten, sollte man auf einen Besuch überhaupt
verzichten[12]. Die Stadt ist dann Ziel von Wallfahrern aus
dem ganzen schiitischen Osten, schon vor dem 10. Mohar-

50 *Schloß al-Okheidir, 8. Jh. Luftaufnahme gegen Norden*

51 *Schloß al-Okheidir, Nordwand des Ehrenhofes, Rekonstruktion nach Reuther*

ram, dem Todestag des Märtyrers, durchziehen Geißlerprozessionen die Stadt. Am eigentlichen ›Karfreitag‹ (dem Tag der Ermordung) sorgt heute ein Militäraufgebot dafür, daß die Klagezüge keine Todesopfer mehr fordern, aber reichlich fließt das Blut aus den Geißelstriemen und den Messerschnitten, die sich die Pilger im ekstatischen Klagerausch beibringen.

Fachleute waren lange Zeit geneigt, Okheidir für sassanidisch zu halten, aber man fand einen Saal mit Mihrabnische (also einen Betsaal), dazu wiesen genauere stilistische Analysen auf das 8. Jahrhundert, und schriftliche Quellen erlauben die Annahme, daß das Wüstenschloß auf Isa ibn Musa zurückgeht, den Neffen der ersten beiden Abbasidenkalifen, der durch Intrigen gezwungen wurde, auf seine Thronanwartschaft zugunsten seines Neffen al-Mahdi (Vater Harun ar-Raschids) zu verzichten. Isa lebte seit 788 in stolzer Zurückgezogenheit in der weiteren Umgebung von Kufa (Creswell).

An die omayyadische Tradition erinnern die Verwendung von Steinplatten als Baumaterial und die Gestaltung der Umfassungsmauer als ein Rechteck von 175 x 169 m mit turmflankierten Toren, Ecktürmen und Turmbastionen im Abstand von 13 Metern. Auf der Höhe der Mauer, durch Treppen in den Ecktürmen erreichbar, lief hinter (heute verschwundenen) Zinnen ein vorkragender Wehrgang. Er wies nach außen zu Nischen auf, von denen jede fünfte sich in einen der Halbrundtürme öffnete. Die dazwischenliegenden sind mit Schießscharten und einem Bodenschlitz versehen, durch den die Verteidiger Pech u. ä. auf Angreifer hinunterschütten konnten. Wir sehen hier einen fast lückenlosen Kranz solcher ›Pechnasen‹ *(Maschikulis)*, etwas, was die Festungsarchitektur Europas nicht vor dem 13. Jahrhundert kennt.

Der Haupteingang im Norden führt zwischen später angefügten Bastionstürmen in einen tonnengewölbten Vorraum mit Wächterlogen. Ein Pechnasenschlitz und ein Fallgitter hinderten einen Feind am Vordringen in den inneren Durchgang mit einem überkuppelten Raum, von dem aus gangartige Pferdeställe zu dem Lagergelände östlich und westlich des Haupttrakts führten. Dieser erinnert in seiner Dreiteilung in Eingangsbau, Ehrenhof und Thronsaal an die ähnliche Gliederung von Mschatta (s. S. 93). Der Ehrenhof ist mit Blendarkaden geschmückt. Auf ihn öffnet sich im Süden ein gewölbter Iwan, dessen Front (wie die des Eingangs) die anderen Teile des Hofes an Höhe überragt haben mag. Der Hof und sein architektonischer Schmuck nehmen sassanidische Anlagen zum Vorbild. Der mittlere Kuppelsaal ist umgeben von Hallen. Das ›offizielle‹ Geviert von Ehrenhof und Throntrakt umzieht ein Korridor, der sich auf Wohnanlagen persischer Art öffnet: kleine Höfe mit einer Säulenstellung an einer Seite und hinter einer Arkadenwand sich nach Norden und Süden öffnenden Iwanen (für Sommer bzw. Winter), die von Nebenräumen flankiert werden. Westlich des Eingangsbaues, zugänglich durch den westlichen Stallgang, befindet sich ein an drei Seiten von Säulenarkaden umgebener Hof mit einer rechteckigen Nische an der nach Mekka gerichteten Wand: der Betsaal des Schlosses.

Auf halbem Weg von Okheidir nach Kufa liegt die vergleichbare kleinere Schloßanlage von **Atschan**, aus der gleichen Zeit und vermutlich vom gleichen Bauherrn.

Nur wenige Reisende werden das etwas abgelegene **Raqqa** (Syrien, am mittleren Euphrat) besuchen; also nur ein kurzer Hinweis auf die hufeisenförmige Stadtanlage mit einer Stadtmauer aus Ziegeln, die mit halbrunden Türmen versehen ist. Gründer war – wie in Bagdad – wohl al-Mansur (754-75). Harun ar-Raschid (786-809) hat hier residiert. Bis zu einer Höhe von elf Metern erhalten ist das Bagdadtor, ein Backsteinbau, dessen rechtes Viertel leider zerstört ist. Eine spitzbogige Toröffnung war flankiert von gleichfalls spitzbogigen Nischen mit reichem Ziegelornament; ein Band von

Nischen zwischen Säulchen, bekrönt von Kleeblattbogen in einem kielbogigen Rahmen bildete den oberen Abschluß. Im alten Stadtgebiet von Raqqa finden sich außerdem die Reste (Ziegel-Pfeilerarkaden der Betsaalnordwand und Minar) einer Moschee vom Kufa-Typus und eines Palastes aus dem 12. Jahrhundert. In jüngerer Zeit wurden auch Grundmauern von drei abbasidischen Palastanlagen gefunden.

Im Osten (Iran, Chorassan), der so viel zur Kunst der Abbasidenzeit beigetragen hat, sind aus dem 9. Jahrhundert kaum Denkmäler erhalten. Das ganze Gebiet, bis zur Mitte des 11. Jahrhunderts, wird später (S. 256) geschlossen vorgestellt. Unsere Betrachtung wendet sich zunächst in westlicher Richtung.

Kairo: Die Moschee des Ibn Tulun

In Reisehandbüchern und Touristenprogrammen kommen die Denkmäler aus dem islamischen Jahrtausend Ägyptens im Vergleich zu denen der pharaonischen Vergangenheit meist etwas zu kurz. Sie konzentrieren sich in Kairo. Über die dortige Baukunst seit dem 10. Jahrhundert s. Kap. 7 und 10 (dazu auch die Lageskizze auf S. 379). Die Ibn-Tulun-Moschee repräsentiert am Nil die Reichskunst von Samarra und bildet zugleich den Ansatzpunkt für die weitere Entwicklung in Ägypten.

Kairo liegt dort, wo sich das Niltal zur Deltaebene verbreitert, also an der Stelle, an der sich die ›beiden Länder‹ vereinigen, etwa halbwegs zwischen der alten Sonnenstadt On-Heliopolis an der ›Spitze‹ des Deltas (ihr Gebiet ist heute Flughafengegend) und der uralten Reichshauptstadt Memphis, der ›Waage der Länder‹. Die Steine ihrer Tempel sind in das mittelalterliche Kairo verbaut. Am Ostufer des Nils, gegenüber der Insel Roda[13], der südlicheren der beiden großen Nilinseln innerhalb des Stadtgebietes, legten die Römer ein Kastell an und gaben ihm den Namen ›Babylon‹ – eine griechische Verballhornung des altägyptischen Namens der Insel selbst. Diese Festung bildete den Kern des heutigen Alt-Kairo. Hier befinden sich frühe christliche Kirchen und das Koptische Museum; in ihnen wird etwas von der Wechselwirkung zwischen der Kunst des christlichen und des islamischen Ägypten noch deutlich erkennbar. Im Jahr 641 begann der arabische Feldherr Amr ibn al-Az im

Auftrag des Kalifen Omar mit der Eroberung Ägyptens. Aus seinem Feldlager nördlich von ›Babylon‹ entwickelte sich eine neue Stadt, Fostat. Ihr Zentrum war die Lagermoschee des Eroberers, die *Amr-Moschee* (642), die älteste des heutigen Kairo. Sie ist mit der ganzen neuen Stadt, anläßlich der abbasidischen Erhebung, einer Feuersbrunst zum Opfer gefallen und wurde in der Folgezeit so oft erneuert und umgestaltet und nach Verfall wieder erneuert, daß sie nur noch ein entstelltes Bild bietet und keineswegs als authentisches Zeugnis für frühe islamische Architektur gelten kann. (Wiederaufbau im 8. Jahrhundert, 827 auf den doppelten Umfang vergrößert, 1016 neue Säulenhallen angefügt, im 13. Jahrhundert Neubau des Westteiles, Ende des 14. Jahrhunderts Ruine, z. T. niedergerissen und neu gebaut, am Anfang des 18. Jhs. wieder verfallen, durchgreifend erneuert 1798 und 1843.) Immerhin besitzt sie noch den ganzen Reiz einer ausgedehnten arabischen Moschee mit Hof und Portikus vor dem vielschiffigen Betsaal auf Säulen (einst waren es 378) mit z. T. antiken Kapitellen. Ursprünglich verkörperte sie rein den Typ der Kufa-Moschee und besaß weder Minarett noch Mihrab. Ein solcher wurde erst im 8. Jahrhundert eingebaut.

Die *Abbasiden* legten nördlich von Amrs Fostat einen neuen Stadtteil an, al-Askar. Im Jahre 863 entsandte der in Samarra residierende Kalif al-Mustasim (862-66) hierher als Statthalter Ahmed ibn Tulun, Sohn eines türkischen Militärsklaven, der seine Jugend in Samarra verbracht hatte. Es gelang ihm, sich von der Reichszentrale im Irak unabhängig zu machen – ein frühes Beispiel für die von Mamluken getragenen Auflösungstendenzen innerhalb des Abbasidenreiches. Er gründete wieder ein Stück weiter nördlich als Zeichen seiner Selbständigkeit eine neue Stadt, al-Qatai, in deren Mitte sein Palast stand. Dieser war wie die Schlösser Samarras mit einem Poloplatz verbunden. Nichts mehr ist von ihm erhalten, aber man weiß, daß von ihm eine gerade Straße ausging zur *Großen Moschee des Ibn Tulun* (876-79). In ihr begegnen wir einem Ableger der Kunst von Samarra – keine Überraschung angesichts der Herkunft des Bauherren.

Auch sie ist im Lauf der Jahrhunderte wiederholt verfallen und hat Teile ihrer Ausstattung verloren. Zuletzt wurde sie in diesem Jahrhundert sorgfältig restauriert, sie wirkt heute fast museal gepflegt, doch blieb trotz aller Wechselfäl-

52 *Kairo, Moschee des Ibn Tulun, 876-79. Ansicht von Norden*

le ihr ursprüngliches Aussehen weitgehend erhalten. Wie
bei der Großen Moschee von Samarra ist auch hier die
eigentliche Moschee von der Umwelt abgeschirmt durch
ein Mauerquadrat von 162 m Seitenlänge (in Samarra
376 x 444 m!) mit ganz einfachen Toren an den Stellen, wo
ehemals Bazarstraßen mündeten. So entsteht an drei Seiten
ein 19 m breiter Außenhof. In ihm befanden sich die für die
kultische Reinheit des Beters nötigen Waschgelegenheiten,
Latrinen usw. Halbrunde Treppen führen zu den eigentli-

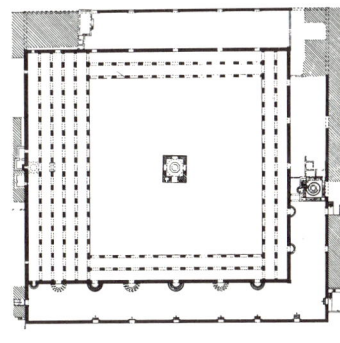

53 *Kairo, Moschee des
Ibn Tulun,
Grundriß nach Creswell*

54 *Kairo, Moschee des Ibn Tulun, Fassadendetail der Hofgalerie*

chen Moscheetüren. Ihr Türsturz war mit reliefierten Holz-
brettern im ›Schrägschnittstil‹ verkleidet (einige erhalten im
Islamischen Museum Kairos). Darüber öffnen sich 31 spitzbogige Fenster, zwischen ihnen sitzen kleine Nischen mit
Vielpaßbogen. Deren Sohle markiert die halbe Höhe zwischen den Türschwellen und dem oberen Abschluß des Zin-
nenkranzes; die Sohle der Fenster bezeichnet die halbe
Höhe bis zur oberen Kante des Mauerwerks. Das nur nebenbei als Beispiel für die überlegte Proportionierung selbst
einer so einfachen Mauer. Im Gegensatz zu Samarra zeigt
sie keine Halbrundtürme, aber ihr oberer Abschluß durch
einen Fries aus Vierecken, in denen kreisrunde Vertiefun-

55 *Kairo, Moschee des Ibn Tulun, Hofgalerie*

gen sitzen, findet dort eine Parallele. Darüber steht ein zwei
Meter hoher Kranz aus männchenähnlichen Zinnen (weitgehend restauriert). Der Eindruck des Innenhofes
(92 x 92 m) wird durch den heutigen Hofbrunnen aus dem
Ende des 13. Jahrhunderts etwas entstellt. Ursprünglich
stand hier – als reiner Schmuckbau – ein leichtes Säulenge-
bilde.

Vielerlei macht uns stutzen. Zunächst, der ganze Bau
besteht aus Ziegeln. Seit alters und auch in späterer islamischer Zeit verwenden die Kultbauten Ägyptens den Stein.
Er stand in den Wüstenbergen (und für die islamische Zeit
auch in den pharaonischen Ruinen) reichlich zur Verfügung.
Daß man auf ihn verzichtete, läßt sich wohl nur durch das
Vorbild der Ziegelmoscheen Samarras erklären. Und so
bestehen die Hallen um den Hof also auch nicht aus Säulen,
sondern aus viereckigen Ziegelpfeilern mit eingebundenen
Ecksäulen, die hier – anders als an den sehr ähnlichen Pfeilern von Samarra – gleichfalls aus eigens dafür geformten
Backsteinen hervorragender Qualität bestehen. Das Flachdach wird von spitzbogigen Arkaden getragen.

Auch das Minarett (es erhebt sich, durch eine ›Brücke‹ mit
der Moschee verbunden, im Außenhof und steht nicht genau
in der Achse) erscheint merkwürdig. Es besteht aus einem
kubischen Kern mit einer Außentreppe, die spiralig auch um
den zylindrischen Oberteil läuft und in einem Pavillon mamlukischer Form endet. Man glaubt, eine Weiterbildung der
Spiralminaretts von Samarra vor sich zu haben, obwohl die
heutige Gestalt des Turmes sicher das Ergebnis einer Restaurierung vom Ende des 13. Jahrhunderts (1296) darstellt.
Damals war die Moschee verfallen und diente nur noch als
Herberge für Mekkapilger, wurde aber dann auf Grund
eines Gelübdes renoviert. Die Erinnerung an das ursprüngliche Aussehen des Minaretts, d. h. die Spiralform, muß aber
noch lebendig gewesen sein, anders ließe sich die für die
Mamlukenzeit einmalige Form nicht erklären.

Bei einem gemächlichen Rundgang (und Sie sollten sich
dafür Zeit nehmen!) trifft man weitere Erinnerungen an
Samarra. Die in die Pfeiler eingebundenen Ecksäulchen
tragen Glockenkapitelle: eine typisch abbasidische Form.
Über ihnen, die Arkadenöffnungen umrundend, zieht sich
ein fortlaufendes Stuckband aus arabesk geformten ›Bäumchen‹, gesprengten Palmetten, Weinlaub mit Augenpunkten
usw. im ›Schrägschnittstil‹. In den Bogenlaibungen des west-

lichen Portikus ist gleichfalls Stuckdekor erhalten. Geometrisches Bandwerk bildet Gitternetze, die reich gefüllt sind. Wir begegnen einer Mischung von Formen und Techniken, die wir aus Samarra schon kennen.

Betreten wir den Betsaal, um dort zu verweilen! Befinden wir uns in einem ›Raum‹? Doch eher in einem System sich kreuzender Korridore, das mannigfache Durchblicke gestattet, aber nicht eigentlich eine Begrenzung gibt. Die Außenmauern sind eher das zufällige Ende eines Ausschnitts aus dem Endlosen. Wir glauben, hier etwas gerade für die ›arabische‹ Epoche islamischer Kunst Charakteristisches zu fassen, vergleichbar etwa dem unendlichen Rapport textiler Muster.

Über dem Quadrat genau in der Mittelachse vor dem Mihrab erhebt sich eine Kuppel. Sie stammt, ebenso wie die Dekoration des Mihrabs und der schöne Minber (1296) aus dem Ende des 13. Jahrhunderts. Die schönen byzantinischen Kapitelle und die Verwendung von Goldmosaik bewahren die Erinnerung an die omayyadischen Anfänge islamischer Kunst. Der hölzerne Fries mit der wuchtigen Kufi-Inschrift ist gleichfalls nur noch teilweise original. Aber vier Gitterfenster in der Qiblawand stammen noch aus der Erbauungszeit. Fassen wir zusammen: Der Bau ist in der abbasidischen Tradition von Samarra beheimatet; er zeigt das Kufaschema (ohne Transept), er besteht aus Backsteinen. Die Ecksäulen der Pfeiler, die Glockenkapitelle, die Stuckdekoration und nicht zuletzt die Gestaltung des Minaretts verweisen auf die Kalifenresidenz am Tigris. Aber obwohl die Anlage einst wie die dortige Große Moschee auf drei Seiten von einem Außenhof umgeben ist, ahmt sie in ihrer Plangestaltung doch keine der Moscheen von Samarra direkt nach. Der Grundriß ist quadratisch und nicht rechteckig, die Ziegelpfeiler haben rechteckigen Querschnitt, die Schiffe des Betsaals laufen parallel zur Qibla und nicht senkrecht auf sie zu. Trotzdem darf man den Bau getrost als authentisches Zeugnis frühabbasidischer Reichskunst ansehen.

Vor dem Abschied von diesem bedeutsamen Denkmal noch ein Blick auf die hofseitigen Fassaden. Über den Pfeilern mit dem umlaufenden Stuckband sitzen fensterartige Nischen mit Spitzbogen auf eingestellten Säulchen. Sie wirken wie verkleinerte Abbilder der großen Arkaden. In den Zwickeln werden sie von achtblättrigen Rosetten flankiert. Über einer Doppelleiste bildet ein Fries aus gleichartigen

Rosetten den oberen Mauerabschluß (die ›Männchenzinnen‹ sind hier durchgehend Rekonstruktion): eine Fassadengestaltung, die – in Details abgewandelt und bereichert
– Grundlage für weitere Entwicklungen in der kairiner Baukunst bildet. Bis in die Mamlukenzeit werden Hoffassaden
nach dem Vorbild von Ibn Tulun angelegt. Der Bau als
Ganzes hat größte Bedeutung für die späteren Moscheen
Kairos. Die Fatimiden, obwohl sie aus Tunesien nach Ägypten kamen, knüpfen in ihren ägyptischen Bauten deutlich an
die Ibn-Tulun-Moschee an. Sie stellt also ein wichtiges Bindeglied dar zwischen der aus östlichen Quellen gespeisten
Baukunst der frühen Abbasidenzeit und der späteren Islamkunst Ägyptens (vgl. Kap. 7 und 10).

Die Große Moschee von Kairouan und die Baukunst in Tunesien

*Die islamische Kunst Tunesiens gehört in den größeren Zusammenhang der maghrebinischen, d. h. der westislamischen Kunst
Nordafrikas, die im nächsten Kapitel behandelt werden soll.
Trotzdem wird sie im folgenden Abschnitt als eine Einheit für
sich vorgestellt, einmal, weil ihre frühen Werke eine relativ geschlossene, wenn auch nicht undifferenzierte Gruppe bilden,
zum anderen, weil Tunesiens Beitrag zur typisch ›maurischen‹
Kunst gering ist. Und schließlich geschieht dies auch aus praktischer Rücksicht auf den Reisenden, der kaum alle Länder des
Maghrib auf einer einzigen Fahrt besuchen wird. Wiederholungen und Überschneidungen werden sich allerdings bei diesem
Vorgehen kaum vermeiden lassen. (Zur Ergänzung s. Kap. 4
und 6.)*

Das berberische Element und die Distanz von den östlichen
Zentren haben im Gebiet des heutigen Tunesien den geschichtlichen Verlauf und das Gesicht der Baukunst zwar in
geringerem Maß als im äußersten Westen, aber doch recht
deutlich bestimmt. Anders als z. B. Marokko war das einst
punische *Africa* in der Kaiserzeit ein blühendes Städteland
gewesen. Davon zeugen bis heute die vielen, z. T. noch gar
nicht freigelegten antiken Städte. Durch die Vandaleninvasion (439 Eroberung Karthagos) und die byzantinische
Rückeroberung (534), die wirtschaftlichen Umschichtungen
und die räuberischen Einfälle der Berbernomaden wurde
die künstlerische Tradition der Antike unterbrochen, aber
noch lange konnte man vom Kapital des Vorhandenen zeh-

ren. Im 6. Jahrhundert entstand in höchster Eile ein Siche-
rungsgürtel aus kleinen Forts. In einer sich barbarisierenden
Welt wurden dafür viele antike Bauteile zweckentfremdet:
die byzantinischen Festungen sind z. T. aus kaiserzeitlichen
›heidnischen‹ Spolien erwachsen. Die einst so reichen Klein-
städte siechten dahin, und die arabische Eroberung hat vielen nur den letzten Gnadenstoß gegeben. Zwecklos gewordene Bauglieder, wie Säulen, Kapitelle, Gesimse usw. wurden von den neuen islamischen Herren einem neuen Zweck
zugeführt. Sie dienten zum Bau von Betstätten des neuen
Glaubens.

Wenn die arabischen Eroberer vorgefundene Bauteile
verwendeten, so darf man darin nicht nur arbeitssparende
Bequemlichkeit oder ein Zeugnis künstlerischer Unfähig-
keit erblicken. Auch das frühe Christentum hat ›Spolien‹
verwendet, und niemand würde die daraus entstandenen
Bauwerke unkünstlerisch nennen. Sicher fehlte den Eroberern (wie dem europäischen Frühmittelalter) vielfach das
rein handwerkliche Können, aber wir sollten uns vor Augen
halten, daß das In-Dienst-Nehmen vorgefundener Güter
zum Ruhme Gottes geschieht, zugleich natürlich auch zur
Repräsentation der neuen Herrschaft, wie die ›Siegessym-
bole‹ in den ersten omayyadischen Moscheen. Die antiken
und byzantinischen Spolien werden nicht einfach sinnlos
eingemauert, sondern so verwendet, daß man darin eher
bewußtes Anknüpfen an eine kulturelle Tradition sehen
kann, vergleichbar etwa dem, was Karl d. Große tat, als er
Bauglieder und Statuen aus Ravenna nach Aachen trans-
portieren ließ. Wenn die Aghlabiden-Emire antike Bauteile
wiederverwandten, geschah das aus dem gleichen Geist
weltoffener Bereitschaft, mit der islamische Fürsten und
Gelehrte sich den Errungenschaften der antiken Wissenschaft zuwandten, um sie der eigenen Kultur dienstbar zu
machen und sie damit zugleich lebendig weiterzugeben. Die
Große Moschee von Kairouan ist noch heute ein unver-
gleichliches Museum römischer und byzantinischer Kapi-
tellplastik – und doch mehr als nur das.

Unmittelbar nach Eroberung Ägyptens (642) haben die
Heerscharen des Islam ihren ersten Vorstoß nach Westen
unternommen. Doch die Eroberung des berberischen Nordafrika stieß auf viel hartnäckigeren Widerstand, als man ihn
bis dahin angetroffen hatte. Schon die Byzantiner hatten
unter Justinian die reiche, aber voller Probleme steckende

Provinz stark befestigt, um das ungebärdige Element der
Berber abzuwehren. Diese Stämme setzten jedem Eroberer
Widerstand entgegen. Nach mindestens drei Vorstößen der
Araber in den Westen unternahm Oqba ben Nafi 670 den
ersten Versuch, das Gebiet endgültig dem Islam zu gewinnen. Als Stützpunkt gründete er den ›Lagerplatz‹ Kairouan
und darin eine Moschee. Auf seinem Vorstoß bis an den
Atlantik wurde er das Opfer des berberischen Widerstandes: in Sidi Oqba (unweit von Biskra) in Algerien ist der
Märtyrer des Glaubens begraben. Die Berber besetzten in
der Folgezeit sogar Kairouan. Den Arabern gelang es zwar
um 698, die Byzantiner aus ihren letzten Küstenstellungen
zu vertreiben, aber die Berber, vor allem unter der Führung
der sagenumwobenen ›Prophetin‹ *(Kahina),* setzten sich
weiterhin zur Wehr. Erst ihre Niederlage von 702 brachte
Kairouan endgültig in die Hand des Islam und öffnete den
Weg zur Bekehrung der Berber. Sie wurden Moslems, besonders eifrige sogar, aber bewahrten doch tiefverwurzelte
Erinnerungen an ihr Heidentum und waren auch als Moslems jeder Art von Sektiererei zugeneigt, wenn diese sich
nur gegen die Zentralmacht des Kalifats richtete. Harter
Nonkonformismus hatte schon die Donatisten des christlichen ›Africa‹ gekennzeichnet, – offensichtlich eine den
Glaubenswechsel überdauernde Konstante.

Der Statthalter Musa ibn Nusair lenkte zwar die Aktivität
der Berber auf Spanien ab, aber bald erhoben sie sich im
Zeichen des Charidschitentums erneut gegen die Omayyaden. In den letzten Jahren seiner Regierung mußte Hischam
die ›Ketzer‹ in harten Kämpfen niederwerfen lassen. Nur
wenige Jahre noch, und die omayyadische Herrschaft wurde
von der abbasidischen abgelöst. Damit stürzte der Westen
vollends in ein Chaos, aus dem kleinere selbständige Einheiten hervorgingen (s. u. Kap. 6). Von Bagdad aus ernannte
Statthalter waren so gut wie machtlos. Erst um 800 gelang es
dem diplomatischen Geschick des *Ibrahim ibn al-Aghlab,* in
der Provinz Ifriqiyya (wie die Araber das alte ›Africa‹ nannten) einen Ausgleich der einander widerstreitenden Kräfte
herbeizuführen und sich selbst eine starke Stellung zu schaffen. Harun ar-Raschid hat sie durch die Verleihung der
erblichen Statthalterschaft und des Emirtitels anerkannt.
Das Kalifat von Bagdad hatte in erster Linie den Osten im
Auge, seine Herrschaft über Ifriqiyya war rein nominell und
zeigte sich allein in einem symbolischen Tribut und der

Nennung des am Tigris residierenden Kalifen in der freitäglichen Khutba.

Praktisch unabhängig herrschte die *Aghlabidendynastie* ein Jahrhundert hindurch, zwar nicht ohne Schwierigkeiten, aber mit Geschick und Glorie. Sie entfaltete eine reiche Bautätigkeit auf militärischem, vor allem aber sakralem Gebiet; dazu wurden großzügige Werke zur Verbesserung der landwirtschaftlichen Erträgnisse durch Wasserzufuhr und zur Wasserversorgung der Städte (vgl. die Bassins von Kairouan) angelegt. Die dafür benötigten Steuern waren hoch, aber das aghlabidische Jahrhundert war eine so friedliche und blühende Zeit, wie das Gebiet seit der Spätantike keine mehr erlebt hatte und auch später kaum mehr erleben sollte. Die Aghlabiden verstanden es wie die ersten Abbasiden, jeweils die richtigen Leute an die rechten Stellen zu setzen. Wie die Kalifen sammelten sie eine Leibgarde aus (in diesem Falle schwarzen) Sklaven und wurden – ohne sich in deren Hand zu geben – unabhängig von den einander widerstreitenden Fraktionen innerhalb ihres Herrschaftsbereiches. Sie blieben die absoluten Herren, vor allem nachdem sie unruhigen Elementen ein Betätigungsfeld ›in Übersee‹ eröffnet hatten: 831 begann vom treu ergebenen Sousse aus die Expedition zur Eroberung Siziliens und der anderen Mittelmeerinseln. Das Unternehmen war 902 mit der Einnahme Taorminas vollendet. Damit war nicht nur ein frommes Werk getan, überschüssiger Energie ein Ziel gewiesen und das Herrschaftsgebiet erweitert, auch die byzantinische Seeherrschaft im westlichen Mittelmeer war ihrer Basen beraubt und damit gebrochen. Die Küstenverteidigung wurde entlastet. Aber zugleich band Sizilien bedeutende Truppenkontingente der Aghlabiden. Daraus erklärt sich z. T. der rasche Zusammenbruch ihrer Macht bei der Erhebung der schiitischen Fatimiden.

Einem schiitischen Prediger, Abu Abdallah, gelang es am Ende des 9. Jahrhunderts, die Kotama-Berber der kleinen Kabylei für die Schia zu fanatisieren, die sich aus einer nur die Anrechte der Familie Alis auf das Kalifat vertretenden politischen Partei zu einer religiös-philosophischen Sonder- und Geheimlehre messianischer Erwartung entwickelt hatte. Ihr wichtigster Gedanke ist die Existenz von Imamen als der eigentlichen und rechtmäßigen sakralen Kalifen, deren Kette sich schließlich dem Blick der Welt entzieht, indem einer aus ihrer Reihe ›entrückt‹ als ›verbor-

gener Imam‹ weiterlebt, um zur gegebenen Stunde selbst
oder in einem Stellvertreter oder Nachkommen als Mahdi-
Messias wieder zu erscheinen. Auf diesem Gedankenboden
entfaltete sich ein ganzes Spektrum esoterischer Lehren, die
oft mit mehr als nur einem Bein außerhalb des Islam stehen.
Die in unserem Zusammenhang wichtigsten Richtungen
sind die *Siebener* (auch *Ismaeliten* genannt, weil sie die
Reihe der Imame mit dem siebenten, Ismail, verschwinden
lassen), und die *Zwölfer*, welche die Reihe der Imame bis zu
einem zwölften fortführen. (Die *Zwölfer-Schia* ist vor allem
in Persien herrschend geworden.)

Nur sieben Jahre brauchten die Anhänger der ismaelitischen Lehre und des Imams *Obeid Allah*, den Abd Allah
zum ›Mahdi‹ erklärt hatte, um den Aghlabiden die Herrschaft zu entreißen. 909 zog Obeid Allah al-Mahdi in Raqqada bei Kairouan ein. 910 erhob er sich zum Kalifen. Sein
und seiner Dynastie Ziel war die Ausbreitung ihrer Herrschaft, zunächst der Schritt nach Ägypten. Die orthodoxe
Opposition in Ifriqiyya aber war stark. Bei der Suche nach
einem festen Stützpunkt für seine Macht stieß der Mahdi auf
eine hügelige Landzunge, die nur durch einen schmalen
Isthmus mit dem Festland verbunden ist. Hier gründete er
916 seine Festungsstadt Mahdiya, in der er sich mit seiner
schwarzen Garde verschanzte, gesichert gegen alle Angriffe,
hier überstand die Dynastie in der Zeit al-Qasims (934-46)
eine lebensgefährliche Krise, einen Aufstand fast des gesamten Landes, unter charidschitischem Vorzeichen stehend,
den auch die Orthodoxen unterstützten (944/45). Sein Führer war Abu Yazid, ›der Mann mit dem Esel‹. Mit Mühe
gelang es, die Ordnung wieder herzustellen, und erst dann
konnten die Fatimiden es wagen, ihre Residenz wieder im
Umkreis von Kairouan aufzuschlagen: in der Rundstadt
Mansuriya, der Gründung al-Mansurs (949-53). Als nach
mehreren Anläufen 969 die Eroberung Ägyptens geglückt
war, beeilte sich al-Mansurs Sohn al-Muizz (953-75), seine
Residenz an den Nil zu verlegen. Ifriqiyya blieb der Obhut
von Statthaltern aus dem Geschlecht der *Ziriden* anvertraut.
Diese verteidigten die Provinz gegen Angriffe von Córdoba
her und gegen die algerischen Banu Hammad, taten viel, um
dem Land eine neue Blüte zu bescheren, hatten aber jährlich
hohe Abgaben nach Kairo zu entrichten und standen – als
Statthalter häretischer Herrscher – einem ständig wachsenden Druck der sunnitischen Bevölkerung malekitischer Ob-

servanz gegenüber. Der Ziride al-Muizz (1016-62) vollzog schließlich den Bruch mit dem Oberherrn in Kairo: 1048 wurden die Abgaben eingestellt, in der Khutba wurde der Kalif von Bagdad anstelle des Fatimiden genannt, Erinnerungen an die Herrschaft der Häretiker aus den Inschriften der Bauten getilgt. Die Rache des militärisch machtlosen Kalifen von Kairo war furchtbar. Er lenkte arabische Nomaden, die Banu Hillal, die ihm in Ägypten zu schaffen machten, auf die abtrünnige Provinz. »Wie ein Schwarm hungriger Heuschrecken« (so Ibn Khaldun) brachen 1052 die Beduinen in die fruchtbaren Gefilde Tunesiens ein, verheerten das flache Land und zerstörten die Grundlagen seiner Wirtschaft. Bis heute noch leidet das Land an den Nachwehen dieser Katastrophe. Politisch-militärisch zerfiel es damals in kleine Stadtemirate (z. B. die Chorassaniden in Tunis, die Sanhadschiden in Sfax etc.).

Die Qalaa der Banu Hammad (s. Kap. 6, S. 183) wurde für einige Jahrzehnte zur wichtigsten Stadt des berberischen Nordafrika. Die Normannen hatten inzwischen Sizilien dem Islam wieder entrissen und bemächtigten sich von dort aus wichtiger Stützpunkte an der afrikanischen Küste (Sousse usw.), erst das Eingreifen der Almohaden von Marokko aus (s. Kap. 6) vertrieb sie. Auch als Teil des maghrebinischen Großreiches der Almohaden fand das Land keine echte Stabilität. Erst die marokkanische Statthalter-Dynastie der Hafsiden (1230-1574) stellte mit der Eroberung Ostalgeriens den Umfang der ziridischen Herrschaft wieder her. Abu Abdallah (1249-77) bescherte Unabhängigkeit als eigenes Kalifat und eine lange Friedensperiode. Flüchtlinge aus Spanien, das damals Schritt für Schritt von den Christen zurückerobert wurde, brachten neue geistige und wirtschaftliche Impulse. Damals wurde Tunis zur wichtigsten Stadt. Aber nach schon vertrautem Muster setzte unter den Nachfolgern des bedeutendsten Hafsiden ein nur von kurzen Aufschwüngen unterbrochener Niedergang ein. Seit dem Beginn des 16. Jahrhunderts war Tunesien hilfloses Objekt in der Auseinandersetzung zwischen Osmanenreich und Spanien-Habsburg. Allenthalben erzählen die Küstenforts von diesen Kriegen. Ihr Verlauf ist für unsere Betrachtung von geringer Bedeutung. Spätestens seit 1574 (Einnahme von Tunis und La Goulette) war das Gebiet türkische Provinz, zunächst unter einem Pascha als Verwaltungs- und einem Agha als Militärbeamten, den ein Dey als Oberbefehlshaber ablöste, dann unter einem Bey, der zugleich mit dem Paschatitel erbliche Macht erhielt. Bis um 1700 herrschten die Beys aus dem Muraditengeschlecht praktisch unabhängig von der Hohen Pforte. (Das nominelle Besitzrecht des Osmanischen Reiches erlosch erst 1920.) Piraterie und Sklavenhandel bildeten wie in Algier die Haupteinnahmequelle des Staatswesens und eine Geißel für die Mittelmeerländer. Nach 1702 brachte eine Meuterei des Militärs die Husseiniten-Beys an die Macht. In immer neuen Anläufen versuchten sie, den Militär- und Seeräuberstaat in eine nach innen und außen gesicherte Monarchie zu verwandeln, dabei mehrfach gestört von den Machthabern in Algier. Politische Erfolge blieben nicht aus, die Staatseinnahmen wuchsen durch Vergabe wirtschaftlicher Konzessionen, eine bedeutende Bautätigkeit entfaltete sich (Schulen, Festungen, Kasernen, Paläste und Moscheen), deren Zeugnisse einem noch heute vor allem in und um Tunis begegnen. Aber zugleich geriet das Land in zunehmendem Maße in wirtschaftliche Abhängigkeit von Frankreich, das nach der Eroberung von Algier 1830 keinen Zweifel daran ließ, daß es auch im Bereich der Husseiniten die entscheidende Rolle zu übernehmen gedachte. Die wachsende Zerrüttung der Staatsfinanzen hatte schließlich die Etablierung des französischen Protektorats (Bardo-Vertrag 1881) zur Folge. Die Protektoratszeit bedeutete keineswegs nur Ausbeutung, sondern Erschließung der Hilfsmittel Tunesiens (Landwirtschaft, Mineralvorkommen) und seinen Anschluß an die Welt des 20. Jahrhunderts. Der Friede wurde nur unterbrochen durch das Kriegsgeschehen 1942/43. Nach dem Zweiten Weltkrieg gelang es der Neo-Destour-Partei Habib Bourguibas, das Land Schritt für Schritt in die Unabhängigkeit zu führen. Sie wurde am 20. März 1956 Wirklichkeit. Fünfzehn Monate später wurde Tunesien islamische Republik. Seit den 60er Jahren hat es sich mit Riesenschritten dem modernen Tourismus erschlossen, der heute einen bedeutenden Wirtschaftszweig darstellt. Schulen und Krankenhäuser entstehen überall im Land, dazu komfortable Devisenbringerhotels. Die Zeugnisse aus der reichen Vergangenheit werden sorgfältig instand gesetzt, nicht nur als Touristenattraktionen, sondern als Denkmäler der eigenen Kultur und in bewußter Anknüpfung an die großen Traditionen der islamischen Frühzeit, besonders des aghlabidischen Jahrhunderts.

Das eindrucksvollste künstlerische Zeugnis der Aghlabidenzeit ist die *Große Moschee des Sidi Oqba von* **Kairouan**.
Die Legende berichtet, Sidi Oqba ben Nafi habe, ehe er an
dieser von der Natur in keiner Weise begünstigten Stelle sein
Militärlager gründete, durch sein Wort alle Schlangen und
anderen gefährlichen Tiere vertrieben und auf dem so wun-
derbar gereinigten Platz den Grundriß der Moschee abge-
steckt, deren Qiblarichtung ihm im Traum durch einen Engel gewiesen wurde. (Sie weicht allerdings von der wirklichen Richtung zur Kaaba erheblich ab, um ungefähr
30 Grad, wie übrigens viele der älteren Moscheen Tunesiens.) Von der alten Gründung des Märtyrer-Generals ist
nichts mehr erhalten. Im 8. Jahrhundert erfolgten mehrere
Neubauten: 703 wurde der ursprüngliche Bau bis auf den
Mihrab niedergelegt und eine neue Moschee errichtet, die in
den ersten Jahren des Kalifen Hischam nach Norden zu
vergrößert wurde. Damals entstand das *Minarett* in der
Mitte der nördlichen Hofseite (724-28). Trotz aller Restaurierungen haben wir hier wohl das älteste erhaltene Minarett
der islamischen Kunst vor uns, ein wichtiges Denkmal der
Omayyadenzeit (s. o. Kap. 4). Deutlich spiegelt das leicht
gebößte Untergeschoß von fast 19 m Höhe die kubische
Grundform der vorislamischen Türme Syriens. Die untersten Blocklagen bestehen aus antiken Spolien, antike
Blöcke bilden die Südtür, und auch die Stufen der um einen
massiven Kern laufenden Treppe sind römisch-frühchrist-
liche, z. T. skulpierte Steine. Das aufgehende Mauerwerk
besteht aus sorgsam geschichteten Ziegeln. Auf der zinnen-
umsäumten ersten Plattform erhebt sich ein gedrungener
Viereckturm mit Blendbogenschmuck und darauf der
oberste Pavillon mit von Blendnischen flankierten offenen
Bogen an allen vier Seiten und einer gerippten Kuppel.
Dieser Teil empfing seine heutige Gestalt wohl erst im
11. Jahrhundert, gehört aber mit zum ursprünglichen Auf-
bauplan in drei Geschossen, der nun allerdings über das
syrische Vorbild hinausgeht. Man hat daran gedacht, daß
der antike Pharos von Alexandrien, eines der sieben Weltwunder, für die Idee des dreigeschossigen Aufbaues Pate
gestanden haben könnte. Tatsächlich bedeutet das Wort
manar einen Leucht- oder Wachtturm für Feuersignale und
wird auch für solche Bauten verwendet. Allerdings zeigte
der Leuchtturm von Alexandrien (er stand bis 1303 oder
1326 aufrecht) eine vom Kairouaner Minar abweichende

Gestaltung: Über einem viereckigen erhob sich ein achtek-
kiges Geschoß mit einer Rundturm-Bekrönung. Wir werden
dieser Abfolge bei den ägyptischen Minaretts der Mamlukenzeit (Kap. 10) begegnen. Ohne uns mit zu vielen Problemen zu belasten, bewundern wir die festen und ausgewogenen Proportionen des Turmes, der wie nur wenige seinesgleichen das ›Hinauf‹ mit einem wuchtigen Stehen auf der
wohlgegründeten Erde verbindet. Ein vollkommener Ausgleich ist gelungen, bei aller aufsteigenden Massigkeit ruht
der Turm in sich, ein Meister- und Musterwerk islamischen
Bauwollens. Die Verjüngung des Untergeschosses gibt ihm
seine originelle Note. Das Minarett von Sfax (s. u. S. 155)
ahmt das Vorbild von Kairouan auch darin nach. Im übrigen
haben wir hier ein Urbild fast aller Moscheetürme des westlichen Islam vor uns. Mit diesem Bau sind die Weichen
gestellt worden für die Minaretts in Nordafrika – wenn wir
von den syrisch-türkischen der Spätzeit absehen. Die bis
heute verbindliche Ausformung erfuhr der Typus allerdings
erst in der Almohadenzeit (s. u. Kap. 6). Von der Turmhöhe
eröffnet sich ein weiter Rundblick auf das weißglänzende
heilige Kairouan im Kranz seiner Mauern, mit seinen Minaretts, Kuppeln und den Kuben seiner Häuser unter der
afrikanischen Sonne. Der Blick schweift weit hinaus in die
Wüstensteppe. Zu unseren Füßen liegt die Moschee. Die
Anlage läßt sich gut überblicken.

   Im Jahre 772 wurde Yazid ibn Hatim vom abbasidischen
Kalifen zum Statthalter ernannt. Er ließ die damalige Moschee niederreißen, aber eine schwere politische Krise (der
charidschitische Berberaufstand) verhinderte einen dauerhaften Neubau. Erst unter den Aghlabiden-Emiren im
9. Jahrhundert entstand das Bauwerk in seiner heutigen Gestalt. Unter den Fachleuten herrscht noch nicht völlige
Übereinstimmung über seine genaue Baugeschichte. Für sie
wie für viele Details dürfte die Untersuchung im Zuge der in
den späteren 60er Jahren begonnenen Restaurierungsarbeiten wohl wichtige Aufschlüsse bringen. In seinen wesentlichen Zügen ist der Neubau wohl dem dritten Aghlabiden,
Ziyadat Allah (817-38) zu verdanken (Vollendung Sommer 836): ein Betsaal von 17 auf die Qiblawand zulaufenden
Schiffen, mit einem breiteren und erhöhten Mittelschiff,
einem entsprechend gestalteten Transept entlang der Qiblawand und einer Vierungskuppel vor dem Mihrab. Die Diskussion der Wissenschaft dreht sich hauptsächlich um die

56 *Minarett der Großen Moschee von Kairouan, 724-28*

Frage, ob der Betsaal zunächst nur vier oder schon wie heute sieben Joche tief war und ob der Anbau der zweijochigen Vorhalle schon um 860 oder erst ins Ende des 9. Jahrhunderts zu datieren ist. Unsicher ist auch, ob die den Hof umgebenden Arkadenhallen ursprünglich schon geplant waren. Die heutigen Hofhallen stammen aus dem Ende des 13. Jahrhunderts. Wir wollen uns von diesen Fragen nicht beunruhigen lassen, wenn wir versuchen, die Anlage zu erfassen.

Wir erkennen – was wir auf dem Plan und beim Rundgang um die Außenmauern noch deutlicher sehen werden –, daß zwei Tore direkt in den Gebetssaal führen. Das ist ein üblicher Zug; aber da es im 9. Jahrhundert auch üblich war, Seiteneingänge in Höhe der Betsaalfront anzubringen, ist die Frage berechtigt, ob nicht diese Tore und die quer durch den Betsaal laufende Arkadenreihe die ursprüngliche Tiefe des Betsaals anzeigen. Deutlich ist jedenfalls, daß der Narthex mit seiner Kuppel erst später angefügt wurde. Es wird uns beim Rundgang auffallen, daß Tore, die einst vor die Fassade führten, vermauert und durch die heutigen Eingänge ersetzt wurden. Vor allem aber wird beim Blick auf den Grundriß deutlich, daß weder Betsaal noch Hof ein genaues Rechteck bilden. Diese Unregelmäßigkeit verleiht der ganzen Anlage ein Leben ohne geometrische Starre. Das gleiche offenbare Geheimnis waltet hier, das z. B. auch dem venezianischen Markusplatz seinen unmittelbaren und festlichen Atem verleiht.

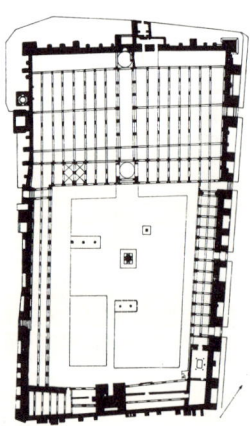

57 *Kairouan, Große Moschee,*
Grundriß nach Diez

58 *Kairouan, Große Moschee, Haupteingang der Hofseite*

Wir wollen nun im Hof ein wenig rasten. Unter ihm liegen
Zisternen. Sein Pflaster fällt nach der Mitte zu etwas ab, dort
ist eine graziös und klug ersonnene Filterplatte eingelassen.
Die Brunnenmünder zeigen tief eingeschliffene Spuren
jahrhundertelangen Ganges der Seile, an denen die Schöpf-
eimer hingen. Ein Schlendern in den seitlichen Hofhallen
eröffnet immer neue Durchblicke auf die Fassade der Vorhalle. Deren Proportionen und ihre feine und doch kraftvolle Rhythmik muß man ohne Hast genießen. Die Mitte
– deutlich hervorgehoben durch Pfeiler und mächtigere Säulenstellung und durch eine der Mihrabkuppel nachgebildete
gerippte Kuppel akzentuiert – öffnet sich weit und hoch. Die
Arkaden zu ihren Seiten sind schmäler und niedriger und
finden ihre Entsprechung in den Bögen an den äußeren
Enden. Sie sind niedriger auch als die je vier Arkaden dazwischen. Dem dergestalt die Fassade durchwaltenden Rhythmus sieht man es nicht an, daß hier eigentlich die Tugend aus
der Not erwachsen ist: ein hohes Zeugnis für die künstlerische Weisheit des unbekannten Baumeisters.

Wir haben uns den Betsaal bis jetzt aufgespart. Er ist der überwältigendste Teil des Bauwerks. Bevor wir uns Einzelheiten zuwenden, sollten wir alles Gelernte vergessen. Erst wenn wir den Säulensaal im Durchwandern und von irgendeinem Punkt des Ausrastens in Gelassenheit erlebt haben, wollen wir versuchen, hinter das Geheimnis seiner beruhigenden und geistig sammelnden Wirkung zu kommen. Es ist die gleichmäßige – aber nicht monoton-gleichförmige – Endlosigkeit des Säulenwaldes, der den Betrachter nicht in eine Richtung zwingt – Gott ist überall –, ihn höchstens mit sanfter Gewalt zur Stellung in Qiblarichtung und zur Einordnung in die lange Reihe der Beter überredet, ganz anders als der ›Schreitraum‹ einer auf den Altar als ›Ziel‹ ausgerichteten christlichen Basilika. Wie die Beter stehen die Säulen gereiht, ihre Menge ordnet sich zu einem durchschaubaren Muster.

Dann erst wollen wir uns auch darüber Rechenschaft geben, daß die Säulen und ihre Kapitelle antikes und byzantinisches Spoliengut sind. Hier gibt es viel zu sehen, obwohl die Moschee ja sonst ganz ›leer‹ ist und nur die Geistigkeit des Raumes sprechen läßt. Der Aufbau der Stützen scheint mit Schaft, Kapitell, Abakus und Kämpfer byzantinischen Gewohnheiten zu folgen, führt aber ein neues Glied ein: ein Gurtgesims, auf dem erst die Bogen abspringen. Deutlich wird wie in omayyadischer Zeit der Rückgriff auf die byzantinische Vergangenheit, aber auch schon der Mut, selbständig weiterzuarbeiten.

Vor dem Mihrab konzentrieren sich Menge, Schönheit und Kostbarkeit der Säulen. Hier gilt es wieder einmal, die Augen recht weit aufzumachen. Eine zu detaillierte Beschreibung würde nur vom Schauen ablenken, darum nur einige Hinweise. Die Mihrabnische bildet ein vertieftes Halbrund innerhalb eines leicht zugespitzten Hufeisenbogens auf Säulen mit ehemals byzantinischen Kapitellen. Die Rückwand ist verkleidet mit 28, z. T. durchbrochen gearbeiteten Marmorplatten. Ihre Motive (Ranken mit Früchten, Doppelranken, lebensbaumähnliche Gebilde mit Palmetten usw.) lassen sich von Werken der Omayyadenzeit (z. B. el-Mschatta) und von sassanidischen Vorbildern ableiten. Sechs Platten zeigen muschelige Nischen wie einige Holzkonsolen aus der Aqsa-Moschee in Jerusalem. Ob die Platten aus dem Osten importiert, ob sie in Kairouan von aus dem Osten stammenden oder gar von einheimischen, durch

59 *Kairouan, Große Moschee, Blick zum Mihrab*

den omayyadischen Stil geprägten Künstlern geschaffen
wurden, ist umstritten. Deutlich aber ist, daß der Westen im
9. Jahrhundert ›konservativ‹ beharrt, daß zwar wie im
omayyadischen Syrien jetzt auch hier der Motivschatz der
Sassanidenkunst eine wichtige Rolle spielt, aber man sich
hier nicht völlig dem ›Reichsstil‹ von Bagdad und Samarra
anschließt, sondern dessen Elemente nur benutzt, um eigene
Formen zu entwickeln. Die Wölbung der Mihrabnische ist
verkleidet mit einem Rankenwerk (Palmfaserstoff auf Holz-
unterlage), das trotz mehrfacher Übermalung immer noch
Züge bewahrt, die auch für diesen Teil der Dekoration eine
omayyadische Tradition vermuten lassen (vgl. etwa den
›Weingarten Walids‹ in der Moschee von Damaskus). Die

60   *Kairouan, Große Moschee, Detail des geschnitzten Minber*

Wandfläche um den Mihrab ist kostbar verkleidet, vor allem mit Lüsterfayencekacheln in geometrischen und florealen Mustern, die im gebrochenen Licht tiefgolden aufleuchten. Die meisten (wenn nicht alle) kamen aus Werkstätten des abbasidischen Irak. Erstmals treffen wir damit im Westen auf Beispiele der metallisch glänzenden Keramik, die spätestens seit dem 9. Jahrhundert als Ersatz für das verbotene goldene Geschirr diente.

Das Bogenfeld über dem Mihrab ist durch eine Komposition, die z. T. frühchristliche Spolien verwendet, rhythmisch

bewundernswert gefüllt. Hier finden wir eines der frühesten
Beispiele des Vielpaßbogens, der uns an den Portalen der
Moschee von Córdoba wieder begegnen wird. Dieses abbasidische Motiv wird im Westen besonders beliebt. Die nächste Zone des Aufbaues bildet den Übergang aus dem Viereck ins Kuppelrund. Es wird nach östlichem Gebrauch durch
Trompen bewerkstelligt, die hier allerdings als Muschelnischen gebildet sind. Diese Art der Gestaltung kann als typisch für die frühe (und auch für die weitere, in den Bahnen
der Tradition laufende) westislamische Baukunst gelten
(vgl. Sousse, Córdoba, Tunis). Eine Zone von 24 Blendnischen, gefüllt mit stark an den Osten erinnernden Ranken-
motiven, und von dazwischen eingestellten Säulchen, über
denen von Konsolen die Rippen abspringen, bildet die Basis
für die steinerne Kuppel. Der gesamte Bauteil von Mihrab
und Mihrabkuppel ist ein ziemlich einmalig dastehendes
Denkmal individueller Schöpferkraft, die vorgegebene Motive umformt und zu einem neuartigen Ganzen verschmilzt.

Gleich rechts vom Mihrab steht der Minber, aus dem
Jahrzehnt nach der Mitte des 9. Jahrhunderts, und damit der
älteste erhaltene. Trotz mehrfacher Restaurierungen ist er
altertümlich und eindrucksvoll. Er bewahrt in seinen aus
importiertem Teakholz mit frommer Hingabe geschnitzten
Platten (nur einige sind moderne Ergänzungen) eine wahre
Musterkarte frühislamischen Formenschatzes. Neben geometrischen Gitterkompositionen, wie wir sie schon (Kap. 4)
an den Gitterfenstern von Damaskus und Kasr al-Heir kennengelernt haben, und hellenistisch-omayyadischen Wein-
laub- und Palmettranken fallen an seiner mihrabzugewand-
ten Seite neben mehreren schönen Bogenfeld-Füllungen
Platten mit Lebensbaumgebilden mit Flügelpalmetten und
Zapfenformen auf, die eindeutig auf persisch-sassanidi-
schem Erbe beruhen.

Die ehrwürdige Kanzel lehrt uns das gleiche wie der Mihrab: Der Westen empfängt in der Aghlabidenzeit wichtige
Impulse aus dem omayyadischen Erbe Syriens und aus der
Sassanidenkunst, daneben auch aus der römisch-byzantinischen Tradition des Landes. Er verschließt sich zwar dem
Stil von Bagdad-Samarra nicht, macht aber die Integration
der verschiedenen Erbteile zu einer ›Reichskunst‹ unter östlichen Vorzeichen nicht mit, sondern filtert aus den Überlieferungen die Grundmuster einer innerhalb der islamischen Welt eigenwilligen Kunst.

Es ist fast, als sollten wir eine kunstgeschichtliche Lektion empfangen: neben dem Minber steht die *Maqsura*, der umgrenzte und damit gegen Attentate gesicherte Raum, in dem der Herrscher am allgemeinen Gebet teilnahm. Ursprünglich diente dafür der später als Bibliothek eingerichtete (meist unzugängliche) Anbau rechts vom Minber. Auch die Maqsura (aus dem ziridischen 11. Jahrhundert) ist das älteste erhaltene Beispiel einer solchen Schranke. Ihre gedrechselten Gitter wurden im 17. Jahrhundert großenteils erneuert (diese Teile sind handwerklich den älteren sichtlich unterlegen), die Rautenplatten darüber haben zweifellos stilistisch mit abbasidischen, genauer: tulunidischen Formen zu tun. Die Ziriden waren ja, wie erinnerlich, Statthalter der in Kairo residierenden Fatimiden. Das darüber umlaufende Inschriftenband ist ein ganz besonders herrliches Beispiel für verschlungenes, blühendes Kufi. Großenteils modern ergänzt sind die bekrönenden durchbrochenen Spitzzinnen fatimidischer Art.

Auch die Decken mit ihren Konsolen, Querbalken und Deckenbrettern verdienen Beachtung. Sie wurden allerdings während der letzten Restaurierung weitgehend erneuert und ergänzt. Teile der Decke des 9. Jahrhunderts befinden sich im Museum. Dort sehen Sie auch schöne Stücke aus der ziridischen Decke des 11. Jahrhunderts, die nach der Konservierung nicht wieder in den Betsaal eingefügt wurden.

Nach einem abschließenden Verweilen in der Moschee, die ohne Zweifel einen Höhepunkt islamischen Bauens darstellt, könnten wir das Museum besuchen, wollen aber zunächst die Moschee von außen betrachten. Der wehrhafte Charakter (er ist für viele alte Bauten in Ifriqiyya kennzeichnend) wird uns spätestens jetzt auffallen. Die nunmehr vom Lehmbewurf mehrerer Jahrhunderte befreite Außenmauer zeigt ihre Ziegelstruktur. Die Verwendung dieses Materials muß hier nicht unbedingt auf abbasidisches Vorbild hinweisen. Auffallend sind die unregelmäßigen und schwerfälligen abgeschrägten Stützpfeiler. Sie ergeben ein reiches Bild und unterstreichen den wehrhaften Ausdruck der Anlage, bilden auch die Seitenwangen der Torbauten und geben diesen etwas wie Vorhallencharakter. Sie entstanden wohl in der Hafsidenzeit (13. Jh.), als der Bau nach der Hillalinvasion erneuert und mit den heutigen Hofhallen versehen wurde. Aus dieser Epoche (1293/94) stammen u. a. auch die beiden

besonders reizvollen Tore, die unmittelbar in den Betsaal
führen: das Bab el-Ma im Südwesten und das Bab Lalla
Rihana, benannt nach einer in der Nähe bestatteten frommen Frau, an der Nordostseite: ein anmutiger, auf Pfeilern
mit eingestellten antiken Säulen und Kapitellen ruhender,
nach allen Seiten offener Pavillon mit einer zierlichen Blend-
arkade, einer auf Muscheltrompen aufgebauten gerippten
Kuppel und mit Stuckdekor in den seitlichen Bogenläufen.
Wir sollten auch nicht versäumen, einen Abschiedsblick auf
das Äußere der Mihrabkuppel zu werfen.

Das geheiligt-ehrwürdige Kairouan birgt innerhalb seiner
zinnenbekrönten Mauern (Mitte 11. Jh.) eine große Anzahl
bescheidener Bethäuser mit Ziegelminaretts (sie tragen oft
in ungelenkem Backstein-Kufi das Glaubensbekenntnis)
und dazu noch eine besondere Kostbarkeit: die Fassade der
866 gegründeten *Drei-Tor-Moschee*. Der wenig interessante
Raum dahinter ist jünger, ebenso das Minarett, bei dessen
Errichtung (1440) der Oberteil der Fassade irgendwie nach
rechts verschoben worden sein muß. Damals wurde auch das
untere Schriftband eingefügt. Die drei Torbögen zeigen
über Spoliensäulen und -kapitellen den gleichen Aufbau wie
die Stützen in der Großen Moschee und Bögen, die genauso
konstruiert sind wie der dortige Mihrabbogen. Die Zwickel
füllen Weinranken, deren Gestaltung die Mitte hält zwischen dem omayyadischen und dem aus Samarra (Typ A)
bekannten Stil. Zwei eindrucksvolle Schriftfriese fassen ein
Schmuckband ein, das eine Sammlung von Motiven des
9. Jahrhunderts darstellt: Blüten und Sternrosetten, Pal-
mettbänder offensichtlich östlich-iranischer Herkunft. Wie
in der Großen Moschee sehen wir hier, daß der islamische
Westen auch im 9. Jahrhundert noch nicht die bruchlose
Integration der verschiedenen Überlieferungsströme vollzogen hat, welche die Kunst des abbasidischen Reichszen-
trums kennzeichnet. Das noch offene Nebeneinander eröffnet dem Maghrib eine Chance, seine eigene Formensprache
zu entwickeln.

Außerhalb der Mauern Kairouans liegen die *Aghlabiden-
bassins*, große Wasserspeicher zweckmäßiger Konstruktion.
Neben dem seit Jahren bekannten wurde jüngst ein zweites
Bassin entdeckt – ursprünglich soll mehr als ein Dutzend
solcher Anlagen die Wasserversorgung der Stadt sicherge-
stellt haben. Es sind Beispiele für die sinnreichen Nutzbauten der Emire des 9. Jahrhunderts, entstanden zu einer Zeit,

61   *Kairouan, Drei-Tor-Moschee, beg. 866*

da sich in Europa die Erben Karls d. Gr. in den Haaren
lagen.

Von späteren Bauten Kairouans seien nur noch erwähnt
die *Zawiya*[14] *des Sidi Sahab* (Sahab Abu Djana el-Balaui),
die sog. ›Barbiermoschee‹. Ein sicherlich alter Baukern um
die Grabstätte eines Gefährten Mohammeds (er soll immer

einige Haare seines Meisters mit sich geführt haben) wurde im Lauf der Jahrhunderte so verändert, daß das malerische Ensemble heute weitgehend als Beispiel der tunesischen Architektur des 17. Jahrhunderts gelten kann. Schlicht und angenehm wirkt der Medresenhof mit seinen z. T. auf antiken, z. T. auf hafsidischen Kapitellen ruhenden Hufeisenbögen, aufwendiger sind Zugangstrakt und Hof vor dem Heiligengrab (17. Jh.), wo sich traditionell tunesische mit osmanischen und ›maurischen‹ Elementen mischen. Die Wandverkleidung des Hofes aus Fayenceplatten bildet eine Galerie von Musterstücken des etwas volkstümlichen Kacheldekors, wie ihn das Tunesien des 17. und 18. Jahrhunderts, angeregt von osmanischen Werken der nachklassischen Zeit, entwickelt hat.

Die aus dem 19. Jahrhundert stammende ›*Säbelmoschee*‹ (Zawiya des Sidi Amor Abbada) ist ein malerischer Komplex von gerippten Kuppeln über quadratischen Räumen.

Die *Große Moschee az-Zeituna*, die ›Ölbaummoschee‹ von **Tunis** wurde 732, also hundert Jahre nach Mohammeds Tod, in omayyadischer Zeit errichtet, aber unter den Aghlabiden fast völlig neu gebaut (864). Der Gebetssaal auf antiken Säulen aus dem römischen Karthago folgt einem Plan, der dem von Kairouan ähnelt: Qibla- und Mihrabschiff sind hervorgehoben, vor der Gebetsnische erhebt sich eine Vierungskuppel auf Muscheltrompen (im Dekor später stark verändert). Der Hof war zunächst ohne umlaufende Hallen, sie entstanden wie die Kuppel über dem Eingangsjoch (10. Jh.) erst in den folgenden Zeiten (Hofhallen: Mitte 13. Jh., also hafsidisch wie die von Kairouan). In der türkischen Zeit wurde die Innendekoration erneuert und im Osten außen eine Doppelgalerie vorgeblendet (1637). Sie bildet heute die Schauseite der sonst ganz von Souks umschlossenen Anlage. Das 18. Jahrhundert hat die Decken erneuert, das 19. den Turm – er steht hier in der Ecke des Hofes, nicht wie in Kairouan in der Mitte der Nordseite – aufgestockt und auf almohadisch frisiert. Trotz aller Veränderungen ist az-Zeituna die würdigste und schönste Moschee der Hauptstadt, so etwas wie eine bescheidenere Verwandte von Sidi Oqba, der sie in der – wenn auch etwas weniger freien – Raumwirkung entspricht.

Mit diesen beiden bedeutenden Schöpfungen des 9. Jahrhunderts sind die Weichen für die Moscheebaukunst in dem hier in Frage stehenden Gebiet gestellt. Der Typus der ›arabischen‹ Hofmoschee mit Transept wird für Ifriqiyya (und den ganzen Maghrib, s. Kap. 6) verbindlich bleiben, vor allem in der Gestaltung des Betsaals als eines Säulenwaldes mit Flachdecke. Als Beispiel für ähnliche Bauten späterer Zeit in Tunis mögen die wohl Anfang des 12. Jahrhunderts gegründete *Moschee el-Ksar* und die jüngst durchgreifend erneuerte *Kasbah-Moschee* aus der Hafsidenzeit (1231-35) dienen.

Gerade in Tunis hat man Gelegenheit, auch einen Überblick über die Entwicklung der Baukunst Tunesiens in der Türkenzeit, d. h. seit dem 16. Jahrhundert zu gewinnen. Recht auffallend ist, daß sich Tunesien keineswegs bereitwillig und ohne Vorbehalte dem türkischen Einfluß öffnet. Von Vorbildern aus der klassisch-osmanischen Kunst Istanbuls ist so gut wie nichts zu spüren. Nirgendwo begegnen wir den typischen Bleistiftminaretts, die zur Silhouette der türkischen Kuppelmoschee gehören, kaum einmal einer solchen Kuppelmoschee. Eine Ausnahme bildet die *Moschee des Sidi Mahrez* im Nordteil der Medina, aber sie ist ein ziemlich vereinzeltes und recht spätes Werk (1675), das im Innendekor seine Zeit nicht verleugnen kann. Und wie afrikanisch wirkt der weißgekalkte Außenbau im Vergleich zu einer der Moscheen Istanbuls! Die Minaretts des 16. Jahrhunderts und der folgenden Zeit, wenn sie nicht überhaupt der omayyadisch-almohadischen Tradition des kubischen Aufbaues treu bleiben, nehmen höchstens eine recht gedrungene achteckige Schaftform an, mit einem schirmartig überdeckten Rundbalkon auf Konsolen und einer manchmal spitzen Bekrönung. (Beispiele: das Minarett der *Sidi-Yussef-Moschee* [1616], das der *Moschee des Hammuda Pascha* [Mitte 17. Jh.] und das der ›*Färbermoschee*‹ [1716].) Sie ähneln viel mehr syrischen als osmanischen Minaretts. Auf syrische Vorbilder geht wohl auch die immer beliebter werdende Verwendung von verschiedenfarbigen Steinintarsien zurück, die schon in hafsidischer Zeit aufkommt. Schöne Beispiele dafür sind u. a. die Palastfront des *Dar-Othman* (in der Nähe der letztgenannten Moschee) und die beiden Stiftergrabmäler bei den erstgenannten Bauten. Wie manche marokkanischen Grabbauten verbergen sie ihre Kuppel unter einem Zeltdach aus grünglasierten Ziegeln. Hafsidische Details, die sich seit dem 13. Jahrhundert fest eingebürgert haben (wie z. B. die Schlingen, welche die rahmenden schmalen Bänder über dem Bogenscheitel bilden – auch noch an vielen der schönen steinernen Haustore der Altstadt zu sehen) verbinden sich mit der schwarz-weißen Inkrustierung und der Gliederung der Mauern durch Nischen seitlich des großen Bogens, der den kleineren des Portals überfängt. Diese Art der Gestaltung scheint an fatimidische Vorbilder anzuknüpfen (vgl. Vorhalle von Mahdiya).

In den Werken der Spätzeit macht sich auch schon in Einzelheiten europäischer Einfluß geltend. (Vgl. z. B. die ›toskanischen‹ Säulen an den Ecken des Hammuda-Pascha-Mausoleums!) Moscheen der jüngeren Zeit umgeben manchmal den Betsaal an drei Seiten mit Höfen (*Hammuda Pascha, Sahib at-Taba,* 1812), sie versuchen vor allem, durch Einfügung von Fenstern dem Inneren mehr Licht zuzuführen, und machen ab und zu den schüchternen Versuch, durch Vergrößerung der Mihrabkuppel den altüberlieferten Säulensaal zu ›zentralisieren‹. (Neuestes Beispiel: die Bourguiba-Moschee von Monastir.)

Noch einige bedeutende Werke der Frühzeit sind zu betrachten. Der Islam gebietet den Schutz des Glaubens und den Kampf um die Gebiete der Ungläubigen (nicht aber die Verfolgung oder gewaltsame Bekehrung der Nicht-Moslems). Nach der Eroberung Nordafrikas beherrschte Byzanz von Unteritalien-Sizilien aus noch das westliche Mittelmeer, die Küstenlinie bildete die durch christliche Flotten bedrohte Grenze des islamischen Bereichs. Sie galt es zu schützen. Zu diesem Zweck entstand seit dem 8. Jahrhundert am Meeressaum ein ›Limes‹ von Wacht- und Signaltürmen und eine Kette von Festungen mönchisch-frommer Glaubenskämpfer: die Ribats. Diese Klosterburgen – sie konnten notfalls auch als Zuflucht für die Zivilbevölkerung dienen, – waren nicht mit durch ein Gelübde gebundenen Mönchen im christlichen Sinne besetzt, sondern mit freiwilligen Glaubenskämpfern *(Ghazis)* auf Zeit, die sich neben dem Wacht- und Kampfdienst mit religiösen Übungen, Gebet und Koranlehre beschäftigten. Später wurde der Ausdruck ›Ribat‹ auch auf andere Einrichtungen frommen Gemeinschaftslebens übertragen. Im Osten bezeichnet er seit etwa dem 10. Jahrhundert eine Karawanserei. Die ›Männer des Ribat‹, die *murābitūn* (davon auch der Name der Almoraviden, s. u. Kap. 6, S. 179), wurden als vorbildlich Fromme geachtet[15], und der islamische Westen wandte später die Bezeich-

nung verallgemeinernd auf jeden ›Heiligen‹ an, der sein
Leben religiöser Übung und der Verkündigung des Glaubens gewidmet hatte, einen *Marabut*. Die Verehrung solcher Männer ist charakteristisch geworden für den Maghrib.
Ihre Grabstätten (selbst auch meist als *Marabut* bezeichnet)
bringen eine eigene Note ins Landschaftsbild des islamischen Nordafrika. Es sind in der Regel schneeweiße, bescheidene Viereckbauten mit einer Trompenkuppel. Fast
jedes Dorf hat sein ›Marabut‹.

Ribats entstanden nicht nur an der afrikanischen Mittelmeerküste, sondern an allen Grenzen der Islamwelt, am
Atlantik, wo z. B. Rabat in seinem Namen noch die Erinnerung an eine derartige Klosterburg bewahrt, auf den Inseln,
in Spanien und auch an den Fronten gegen Byzanz und
gegen die Steppen Zentralasiens. Es ist nicht von der Hand
zu weisen, daß ihr Vorbild zur Entstehung der christlichen
Ritterorden der Kreuzzugszeit beigetragen hat.

Tunesien besitzt in Monastir und Sousse zwei wohlerhaltene Beispiele solcher Wehrbauten. Das *Ribat von* **Monastir**
(gegr. 795) war möglicherweise zunächst vom Wehrkloster
von Sousse abhängig, gewann aber dann besonders hohes
Ansehen (u. a. deshalb, weil Mohammed seine Errichtung
vorausgesehen haben soll), so daß es hieß, drei Tage Dienst
im Ribat eröffneten den direkten Zugang ins Paradies.
Fromme wollten wenigstens in seiner Umgebung bestattet
sein – darum heute noch der große Friedhof in der Nachbarschaft. Der Zulauf wurde so stark, daß man in unmittelbarer
Nähe noch zwei weitere Ribats errichtete, von denen allerdings nur Reste erhalten sind, und den Bau außerdem mehrfach erweiterte, vor allem im 9. und 10. Jahrhundert. Deshalb ist von der ursprünglichen Anlage nur noch ein Flügel
erhalten, und das heute wieder sorgfältig instand gesetzte
und freigelegte Bauwerk wirkt so labyrinthisch verwirrend,
daß wir auf die ursprüngliche Anlageform eines Ribats erst
am Beispiel von Sousse eingehen wollen.

Aus dem Ende des 8. Jahrhunderts stammt in Monastir
einzig der im Vergleich zu den späteren (und noch später
aufgestockten) Teilen niedrige Trakt an der Südostseite des
Haupthofes. Sein Obergeschoß nimmt der ehemalige Bet-
saal ein, ein niedriger Breitraum von neun Schiffen zu zwei
Jochen mit schweren, stämmigen Pfeilern und flachen
Rundbogen. Heute ist hier ein kleines, aber recht hübsches
Museum islamischer Kleinkunst untergebracht. Der Raum

62 *Monastir, Ribat, 8.-10. Jh. Rechts das Minarett der Großen Moschee*

wetteifert mit dem Ribat-Betsaal von Sousse um den Ehrentitel der ältesten Moschee Nordafrikas.

Von der Terrasse steigen wir auf den hohen Wachtturm.
Die weite Rundschau gewährt einen Überblick über Lage
und Anlage des Komplexes, die Friedhöfe, die Reste der
beiden Filialribats und die *Große Moschee*, die sich neben
dem mächtigen Festungsbau recht bescheiden ausnimmt.
Sie wurde wohl erst im 9. Jahrhundert errichtet, als die im
Schutz des Ribats entstandene Stadt noch eine kleine An-
siedlung war. Aus dieser Zeit stammen die säulengetragenen
Joche auf der Mihrabseite. Der Betsaal wurde in den nächsten Jahrhunderten mehrfach erweitert (Pfeiler mit Kreuzgewölben des 10. Jahrhunderts), so daß schließlich der Hof
völlig verschwand. Nur noch eine Säulengalerie vor der
Front ist wie eine letzte Erinnerung an ihn.

Das *Ribat von* **Sousse** (etwa 796) ist zwar auch nicht ohne
spätere Veränderungen auf uns gekommen, wurde aber in
den 60er Jahren dieses Jahrhunderts von entstellenden Anbauten befreit, so daß wir an seinem Beispiel die Anlage
eines frühislamischen Wehrbaues studieren können. Auch
das ursprüngliche Bodenniveau wurde durch Abräumung
der im Lauf der Zeiten gewachsenen Schutt- und Erdschich-
ten wiedergewonnen. Wir sehen heute wieder das wuchtige
Mauerviereck vor uns, mit runden Turmbastionen an den

63 *Sousse, Ribat, Eingang mit Wehrturm, beg. um 796*

Ecken und Halbrundtürmen in der Mitte der Seiten (solche
fehlen in Monastir). Nur der Eingangsturm und der Sockel
des hohen runden Wachtturms sind viereckig. Man erinnert
sich unwillkürlich an die Außengestaltung mancher
Omayyadenschlösser. Aber nicht sie haben wohl das unmittelbare Muster abgegeben, sondern in beiden Fällen dürften

die römisch-byzantinischen Festungsanlagen an den Reichs-
grenzen (und ihrer gab es in Tunesien eine beträchtliche
Anzahl) als Vorbilder gedient haben. Immerhin sehen wir
eine Parallele zum Bauen der Omayyadenzeit. Die antike
Vergangenheit des Landes spricht aus dem Material, mit
dem der schmale Eingang einen fast festlichen Schmuck
erhält. Jedoch ist der kleine Vorraum dahinter, so einladend
er sich gibt, eine bedrohliche Menschenfalle. Beim Aufblick
sehen wir hoch oben noch die Schlitze, durch die allerlei
Tödliches auf bis hierher vorgedrungene Feinde herunterge-
schüttet oder -geworfen werden konnte. Das innere Tor war
durch ein schweres Fallgitter noch besonders gesichert
(Laufschlitz dafür hinter dem inneren Säulenpaar). Ein
kreuzgewölbtes Joch öffnet sich dann an beiden Seiten auf
Wachräume (mit Wandnischen für Bücherkästen) und führt
weiter in den Hof, den ringsum fensterlose Wohnzellen umgeben. Ein vor ihnen umlaufender Pfeilerportikus (nur die
Bögen an der Westseite stammen aus der Erbauungszeit, die
im Norden und Osten wurden 1722 erneuert) trägt eine
Terrasse, auf die sich weitere Mönchszellen öffnen. Die
Aufgänge zum Oberstock sind erst nachträglich (vermutlich
anstelle von Holztreppen oder Strickleitern, die man hoch-
ziehen konnte) eingefügt worden und nehmen den Zellen an
der Eingangsseite das Licht. Hier wurden dann Vorräte
gestapelt, Bade- und Latrinenanlagen installiert. Über ihnen
öffnet sich auf die Hofterrasse der Betsaal, nach Süden
›orientiert‹. Er stellt neben dem von Monastir einen der
frühesten erhaltenen Moscheeräume im Westen dar, sicherlich den ältesten von Sousse. Hier treffen wir auf eine Art
der Deckenbildung, wie sie für die ›Bauschule von Sousse‹

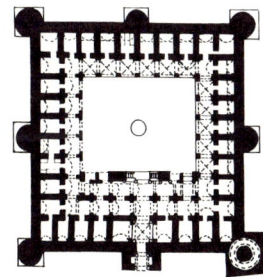

64 *Sousse, Ribat,*
Grundriß nach Lézine

65 *Sousse, Blick auf die Große Moschee (9.-10. Jh.) und den Hafen*

(A. Lézine) im 9. Jahrhundert vorbildlich geworden ist.
Niedrige Pfeiler sind durch Bogenstellungen senkrecht zur
Qibla verbunden, höher setzen Querbogen an, die das Ton-
nengewölbe unterfangen. Diese Methode, einen Raum ein-
zuwölben, tritt zum ersten Mal an der Zisterne von Ramleh
(Palästina) auf (789). Wir müssen nicht unbedingt eine Verbindung dorthin konstruieren, aber immerhin haben wir ja
auch in Kairouan, – das sonst ja auf die Wölbung verzichtet,
– Anklänge an dieses Gebiet beobachten können. Im Ribat
von Sousse ist das System noch etwas unbeholfen angewandt, schafft aber einen Raum von robuster Konzentration. Auf der obersten Terrasse erhebt sich über dem Torbau ein Kuppelpavillon, von dem aus die Verteidigungsanlagen betätigt wurden, mit einem hübschen Beispiel einer
Trompenkuppel. Der Zugangsbogen, säulenflankiert wie
ein Mihrab, konnte wohl als solcher für die auf der Terrasse
betenden Wächter dienen. Wenn wir den runden Wachtturm besteigen (über seiner Tür eine Bauinschrift von Ziyadat Allah I. (817-38), die man lange auf den ganzen Bau
bezog), gewinnen wir einen weiten Rundblick über das
Meer, die Altstadt im Kranz ihrer Mauern mit der Kasbah
auf der Höhe, und können mit einem Blick auch die Anlage
der *Großen Moschee* übersehen.

Um deren Eigenart würdigen zu können, muß man sich
vergegenwärtigen, daß im 9. Jahrhundert das Meer bis an

den Fuß der östlichen Stadtmauer reichte und das Gelände
zwischen der Mauer, dem Ribat und der Moschee von einem
inneren Hafenbecken eingenommen wurde, in das die
Schiffe durch einen hochgewölbten Torbogen einfuhren. Es
bildete den eigentlichen Kriegshafen, an ihm lag (vor dem
Ribat) das Arsenal, und die Moschee (auf vorislamischen
Grundmauern) diente mit zur Verteidigung dieses Kern-
stücks der Seestadt. Das erklärt ihre exzentrische Lage (die
Gemeindemoscheen stehen sonst meist in der Mitte der
Stadt) und ihren auffallend wehrhaft-gedrungenen Charakter. Vom Ribat-Turm aus kann man klar ihre Anlage und
sogar etwas von ihrer Baugeschichte erfassen. Wir erkennen
sofort den Hof, eine auf schlanken Säulen ruhende Vorhalle
(sie wurde 1675 eingefügt) als Fassade des Betsaals, diesen
selbst mit seinen zwei Kuppeln über dem zur Qibla laufenden erhöhten Mittelschiff. Die erste, über einem sternförmigen Tambour, zeigt die ursprüngliche Tiefe des Betsaales
an: sie erhob sich einst vor dem Mihrab. Eine etwas höhere
Dachterrasse mit einem deutlicher hervorgehobenen Mittelschiff schließt sich an. Dieses endet in einem Kubus, auf dem
ohne vermittelndes Tambourgeschoß die heutige Mihrabkuppel sitzt. Auffallen werden der – fast gänzlich rekonstru-
ierte – Zinnenkranz, die Achteckpavillons über den runden
Ecktürmen im Nordosten und Südosten und das Fehlen
eines Minaretts gewohnter Art.

Auch an dieser Moschee sind die Jahrhunderte nicht spur-
los vorübergegangen, aber jüngst wurde sie von den meisten
späteren Zufügungen befreit und in den Zustand des
11. Jahrhunderts zurückpräpariert. Der im heutigen Bestand noch völlig erhaltene Urbau wurde 851 unter dem
aghlabidischen Emir Abu el-Abbas Mohammed (841-56)
errichtet. Es war ein gedrungener Wehrbau, mit Rundtürmen wohl an allen vier Ecken, einem breitgelagerten Rechteckhof mit Portiken (Hufeisenbogen auf wuchtig-gedrunge-
nen Pfeilern mit Tonnengewölben) an drei Seiten. An der
vierten Seite öffnete sich unmittelbar der 14schiffige, drei
Joche tiefe Betsaal. Rings um den Hof lief eine monumentale Kufi-Inschrift. Auch sie ist heute restauriert und beweist,
daß die jetzige Vorhalle eine spätere Einfügung ist.

Die ersten drei Joche des Betsaals zeigen das Wölbesy-
stem von Sousse voll entwickelt und sind in ihrer schweren
Wucht und jede Schreitrichtung ausschließenden strengen
Reihung ein besonders eindrucksvolles Stück Baukunst. Am

66 *Sousse, Große Moschee, Betsaal*

Ende des etwas betonten Mittelschiffs stand der erste Mihrab. Er ist verschwunden, aber die Kuppel über dem Joch davor mit ihren Muscheltrompen ist erhalten. Über einer Inschrift in majestätischem Kufi setzen Konsolen an, auf denen ein Fenster und Trompen umfassendes Bogensystem ruht. Bogenfelder und Zwickel dieser erst vor ein paar Jahren wieder freigelegten Kuppel sind mit Arabeskenwerk geschmückt, das an der Fassade der Drei-Tor-Moschee von Kairouan unmittelbare Parallelen findet.

Unter den Ziriden, am Ende des 10. Jahrhunderts, wurde der Betsaal in Qiblarichtung um noch drei Joche erweitert und eine neue Kuppel über das Joch vor dem neuen Mihrab gesetzt. Charakteristisch für diese Zeit sind die Kreuzgratgewölbe auf schlankeren Pfeilern und neben der Außengestalt der Kuppel auch die Gliederung der (sehr stark erneuerten) Mihrabnische durch hohe und schlanke Blendarkaden. Wir werden diesen Motiven in Sfax wiederbegegnen.

Gut ein Dezennium früher als die Große Moschee entstand die kleine *Moschee Bu Fatata* (etwa 840). Der in seinen Dimensionen sehr bescheidene Bau (Betsaal knapp 8 x 8 Meter) in der Nähe des Südtors der Medina ist vielleicht ein Werk des gleichen Meisters. Er übernimmt hier geschmeidiger das Wölbesystem des Ribatsaales. Vielleicht handelt es sich um die erste Gemeindemoschee der Zivilbevölkerung im Schutz des Ribats. Bemerkenswert ist sie je denfalls als frühes Beispiel für die Einbeziehung einer Monumentalinschrift in den architektonischen Aufbau der Fassade.

Aus dem 10. und 11. Jahrhundert und auch aus späterer Zeit besitzt Sousse noch etliche bescheidene Beträume, aber wir müssen sie hier übergehen. Trotz aller Kriegszerstörungen ist die Hauptstadt des Sahel eine der malerischsten Städte Tunesiens, reich an Werken der frühen Islamkunst und umschlossen von seiner wundervollen Mauer (lt. Bauinschrift von 859), bekrönt an der hochgelegenen Südwestecke durch die *Kasbah*. In ihr ist heute das sehenswerte archäologische Museum untergebracht. Ohne auf ihre Baugeschichte einzugehen, wollen wir nur die Konstruktion des hohen Turmes, des ältesten Bestandteils in dem ganzen Komplex, flüchtig betrachten. Der Turm zeigt zwar äußerlich wenig Ähnlichkeit mit einem Minarett, aber seine Anlage mit einer Treppe innerhalb der Mauerstarke um einen nicht mehr massiven, sondern als Folge übereinandergestellter Räume gestalteten Kern (im 1. Stock ein Betraum) hat in den almohadischen Minaretts Nachfolge gefunden (vgl. Sevilla, Giralda). Der hochgelegene Festungsbau, der eine viel weitere Sicht aufs Meer hinaus ermöglichte, und die Anlage des Mauerrings haben das Ribat seiner ursprünglichen Aufgabe enthoben. Es wurde infolgedessen später als Wehrkloster aufgegeben und als Medersa, wie man im Maghrib statt Medrese sagt, verwendet.

Die baufreudigen Aghlabiden wurden von den schiitischen *Fatimiden* abgelöst. Deren Bautätigkeit konzentrierte sich unter Obeid Allah zunächst auf den Ausbau von **Mahdiya** zur uneinnehmbaren Festung. Die Mahdi-Burg entwickelte sich nach dem Wegzug der Fatimiden nach Kairo zu einer regelrechten Stadt, blieb aber weiter in erster Linie Festung und erlebte als solche wechselvolle Schicksale. Sie diente dem letzten Ziriden als Unterschlupf vor der Hillal-Invasion, war zeitweise von den Normannen besetzt und hatte auch nach deren Vertreibung (1160) christlichen Angriffen zu widerstehen. Um die Mitte des 16. Jahrhunderts gelang den Spaniern Karls v. erneut die Eroberung, doch zwang der türkische Rais Dragut sie schon 1554 wieder zur Aufgabe des festen Platzes. Vor ihrem Abzug sprengten sie sehr gründlich alle Befestigungswerke. Nur noch spärliche Reste vermitteln eine sehr blasse Vorstellung von den fatimidi-

schen Verteidigungsanlagen; vom Palast des Mahdi sind nur
ein paar Grundmauern des Eingangstrakts westlich des türkischen Forts zu sehen, und auch die in die Uferbefestigun-
gen einbezogene Moschee wurde schwer in Mitleidenschaft
gezogen. Der später (im 18. Jh.) erbaute Betsaal türkischer
Inspiration, der von drei Höfen umgeben war, wurde 1960
wegen Baufälligkeit abgetragen. Genaue archäologische
Untersuchungen hatten über die Baugeschichte und den
ursprünglichen Plan der Mahdi-Moschee soweit Klarheit
gebracht, daß man darangehen konnte, eine neue ›fatimidische‹ Moschee in der Art des 10. Jahrhunderts auf den alten
Fundamenten zu errichten. Der Mihrab wurde nach gefun-
denen Resten der Ziridenzeit rekonstruiert. Selbstverständlich wird man den Betsaal besehen und kann auch in dem
säuberlich-geschmackvollen Neubau eine Ahnung von der
Planung des 10. Jahrhunderts empfangen. Aber da hier
nichts wirklich original ist, brauchen wir uns mit ihm nicht
weiter zu befassen. Aus dem 11. Jahrhundert aber stammt
die nördliche Hofhalle mit Kreuzgewölben auf Pfeilern, vom
Gründungsbau (921) die *Torhalle* an der Nordseite. Ein
solcher Bauteil – an der Stelle, wo sich bei aghlabidischen
Bauten das Minar zu erheben pflegte, – ist uns noch bei
keiner der frühen Moscheen begegnet. Man hat sich nicht zu
Unrecht an einen römischen Triumphbogen erinnert gefühlt, obwohl sich die Torhalle des Mahdi im einzelnen einer
völlig anderen Formensprache bedient. Tatsächlich hat das
Portal eine triumphale Bedeutung. Durch dieses betrat der
messianische und fast göttliche Mahdi mit seinem Hofstaat
und seinen Garden die Moschee. Ein mächtiger, nur leicht
hufeisenförmig gestalteter Bogen wird in seinem unteren
Teil von ähnlich gebildeten Blendbogen, in der Höhe der
Bogenrundung von tiefer gehöhlten Nischen flankiert. Die
gleichen Formen beleben auch die Seitenflächen des kräftig
aus der Nordmauer vortretenden Baukörpers, Blendnischen
gliedern auch die inneren Wangen. An der Front entsteht so
eine wohlproportionierte Dreigliederung von dunklerer
Mitte und flacheren Seitenteilen, die bewußt zu einer größeren Einheit zusammengeschlossen wird, indem die vertieften Nischen auf dem durchlaufenden Simsband aufstehen,
von dem die Wölbung des Portalbogens abspringt. Ein
gleichartiges plastisches Band umzieht die oberen
Bogenrundungen, und schließlich faßt ein Fries zwischen
zwei Gesimsbändern die ganze Torhalle nach oben abschlie-

67 *Mahdiya, Torhalle des Gründungsbaues, 921*

ßend und beruhigend zusammen. Ideen aus römischem, byzantinischem und syrischem Gebrauch sind hier zu einem
Neuen zusammengebunden, das nicht eine Stütze-Last-
Tektonik im antiken Sinne verwendet, aber Gleichwertiges,
etwas im Ausgleich von Fläche und Öffnung, von vertikalem
und horizontalem Impuls in sich Ruhendes schafft: einen
Triumph-Tor-Bau aus islamischem Formgefühl.

Die hier angeschlagenen Motive werden uns in späterer
Zeit, bereichert und gewandelt, an den schon erwähnten
Mausoleumsfronten des 17. Jahrhunderts wiederbegegnen,

sie werden ihre Keimkraft auch an charakteristischen Bauten des fatimidischen Ägypten (Kap. 7) und auch späterer Zeiten und anderer Gebiete erweisen. Leider sind zu viele Zwischenglieder verlorengegangen, so daß sich die Entwicklungslinien oft nur ahnen lassen.

Die *Große Moschee von* **Sfax** besitzt eine Fassade, die ohne die von Mahdiya kaum erklärbar wäre. Die Moschee ist nach den Quellen die Gründung eines reichen, hochgelehrten und frommen aghlabidischen Beamten (849). Der erste Bau mag mit einem neunschiffigen Betsaal zu drei Jochen, einem allseits von Säulenhallen umgebenen, nahezu quadratischen Hof und dem Minarett an der dem Mihrab entgegengesetzten Seite durchaus den aghlabidischen Baugewohnheiten entsprochen haben. Aus unbekannten Gründen ist später ein Teil des ursprünglichen Terrains aufgegeben worden. Wohl am Ende des 10. Jahrhunderts entstand auf dem restlichen Gelände ein kleinerer Bau mit einem nur fünfschiffigen, dafür aber sechs Joche tiefen Betsaal mit in beiden Richtungen laufenden Bogenstellungen und Kreuzgewölben über den querrechteckigen Jochen, einem kleineren, allseits von Säulenhallen umgebenen Hof, mit Kuppeln über dem Eingangs- und über dem Mihrabjoch des Betsaals. Antike Spolien, die schon beim ersten Bau gedient hatten, wurden wiederverwendet. Der Hof erhielt eine längsrechteckige Gestalt, und das Minarett befand sich nun in seiner nordwestlichen Ecke. Im 18. Jahrhundert, einer erneuten Blütezeit der Stadt, wurde das einst aufgegebene Gelände der Moschee wieder eingegliedert (1758/59), der Betsaal wurde wieder neunschiffig, aber in einer Tiefe von sechs Jochen errichtet, mit einem neuen Mihrab ausgestattet und schließlich 1782/83 um den Nordwesttrakt erweitert. Wenn wir den Betsaal betreten, wird die Baugeschichte augenfällig: Eine dreifache Säulenstellung an der rechten Seite des heutigen Mihrabschiffes zeigt klar den Ansatz der ersten Erweiterung im 18. Jahrhundert, die Kuppel vor der Qiblawand (und die wieder freigelegte Mihrabnische des 10. Jahrhunderts) deuten das ehemalige (nicht verbreiterte) Mittelschiff an, und die Pfeilerstellung, welche die Frontwand fortsetzt, scheidet deutlich die Erweiterung aus der Mitte von der aus dem Ende des 18. Jahrhunderts. Im übrigen unterscheiden sich die späteren Teile kaum von denen aus der Zeit der ziridischen Statthalter der Fatimiden. Wir dür-

fen uns wieder einmal in einem fast richtungslosen Säulenwald arabischer Tradition ergehen.

Im sehr intimen und konzentrierten Arkadenhof wollen
wir vor allem die schöne Kuppelvorhalle in der Mitte des
Narthex betrachten. Sie hat zwar manche Details (Säulenstellung) mit der Eingangskuppel von Kairouan gemeinsam,
aber noch wesentlicher unterscheidet sie sich von ihr. Sie ist
fast als eigener Körper vor die Front gerückt, und das ge-

68 *Sfax, Große Moschee, Betsaal*

stelzte Äußere der Trompenkuppel sitzt ohne Vermittlung
von Zwischengliedern auf dem Baukubus, so wie die Mihrabkuppel von Sousse. Wir werden unwillkürlich an die
Kuppeln von S. Giovanni degli Eremiti in Palermo erinnert.

Noch deutlicher ruft das Minar die Erinnerung an Kairouan wach. Es steht wie dort in der Mitte der ursprünglichen Nordwestfassade, dem Mihrab gegenüber, und könnte
nach dem inneren (linksläufige Treppe um einen massiven
Kern) und äußeren Aufbau als ein kleinerer Bruder des
Moscheeturms von Kairouan angesehen werden, wenn nicht
die viel schlankere Proportionierung und der wohlüberlegt
angebrachte Schmuck unterhalb der Zinnenkränze es eher
als eine zierliche Tochter des Sidi-Oqba-Turms auswiesen.
Die Formen dieser Schmuckbänder sind teils schlankweg
antikisch, teils von omayyadischem und abbasidischem Herkommen geprägt: Eierstäbe, ›lombardische‹ Bänder und
schüsselartige Rundformen, einst vielleicht mit farbigen
Fayencen gefüllt; Palmetten und phantasievoll gestaltete
Zinnen, wie sie uns zum ersten Mal in Ibn Tulun begegnet
sind, und schließlich – von der Zeit arg entstellte – Schriftfriese. Ein Kompendium von Formen, die teilweise in der
Fatimidenkunst Ägyptens wiederkehren, teils als überlebt
ausgeschieden, teils in der späteren maghrebinischen Zeit
verwandelt ›aufgehoben‹ werden.

Nicht weniger überzeugend und bemerkenswert ist die
Ostfassade der sonst an allen Seiten von Ladenstraßen um-
klammerten Moschee. An ihr finden sich zwei Bauinschrif-
ten in schönen, schon schüchtern in Blüten auslaufenden
Kufibuchstaben. Die eine wurde offenbar nach der Abkehr
von der schiitischen Häresie der Fatimiden verstümmelt. Sie
verraten nicht eindeutig, ob die Fassade im späten 10. Jahrhundert oder erst etwa hundert Jahre später ihre heutige
Gestalt erhielt. Stilistische Kennzeichen sprechen für die
frühere Datierung. Die gesamte Mauerfläche ist in einem
großzügigen Rhythmus gegliedert. In gestuften Flachnischen von gleicher Höhe und Breite sitzen in gleichen Abständen Türen und kleinere Fenster. Möglicherweise sind
am rechten Fassadenteil im 11. Jahrhundert einmal Fenster
und Türe vertauscht worden. Ein durchlaufendes Simsband
mit zahnschnittähnlichen kleinen Konsolen umzieht wie an
Kirchen Syriens verbindend die Bogenfelder. Zwischen diesen sitzen halbrunde Nischen mit höherem Scheitel, ihre
Bogenstirnen umläuft ein ähnliches Band. Zwei dieser Ni-

69 *Sfax, Minarett der Großen Moschee, 10. Jh.*

schen, diejenigen seitlich der zweiten Tür von der Qiblaseite
aus gerechnet, also jener Tür, die bei ursprünglicher Dreijo-
chigkeit nach aghlabidischem Gebrauch vor die Betsaalfront
führen würde, sind besonders hervorgehoben. Sie enden
höher und sind auch innen durch schmale, kannelurartige
Nischengebilde mit Vielpaßabschluß geschmückt, erinnern

damit an ziridische Mihrabs. (Vgl. Sousse, Große Moschee;
das Motiv schon im 8. Jahrhundert in Okheidir im Irak.) Das
Dreiergruppenmotiv eines von Nischen flankierten Bogens,
das die Torhalle von Mahdiya auszeichnet, hat, wohl von der

70 *Sfax, Ostfassade der Großen Moschee, 10.Jh.*

Haupttür ausgehend, die Gestaltung der gesamten Moscheefront von Sfax bestimmt. Unter Aufnahme von Motiven verschiedenster Herkunft entstand damit eine Außendekoration von nobler Haltung und großem Atem. Wir werden ähnlich vornehmen Fassadengestaltungen im fatimidischen Ägypten begegnen (s. Kap. 7).

Die Moschee von Córdoba

Die heutige Kathedrale von Córdoba ist das schönste Zeugnis frühen islamischen Bauens auf europäischem Boden. In der Zeit der Kalifen von Bagdad von Omayyadennachkommen errichtet, verbindet sie alle Traditionen und zeigt zugleich Elemente, die für die spätere Kunst des Maghrib charakteristisch werden.

Im Jahre 711 landete der Berber Tāriq ibn Ziyād an der Spitze eines überwiegend berberischen Heeres auf europäischem Boden, gesandt vom Vizekönig der Provinz Ifriqiyya, der damit nicht nur die Herrschaft des Islam ausdehnen wollte, sondern gleichzeitig den stets unruhigen Berbern ein Ziel wies. Tāriq errichtete seinen ersten Stützpunkt auf dem Felsen von Gibraltar, dem ›Berg des Tāriq‹ (Dschebel-al-Tāriq). Im Juli 711 vernichtete er das Heer des Westgotenkönigs Roderich (Rodrigo) bei Xeres de la Frontera. Verrat war wohl mit im Spiel. Die Städte auf dem Weg nach Toledo, der Gotenhauptstadt, fielen schnell. Im nächsten Jahr führte der Statthalter selbst aus Kairouan arabische Streitkräfte heran, brach den Widerstand von Sevilla und des tapferen Mérida. Bald war die neue Provinz ›al-Andalus‹ (Vandalenland) fest in der Hand der Eroberer. Nicht-Moslems zahlten nur die Kopfsteuer, man machte keinen Versuch, sie zu ›bekehren‹. Bekehrung hätte ja nur eine Schmälerung der Steuererträge bedeutet. Doch konnte ein Moslem nicht Sklave eines ›Ungläubigen‹ sein. Da große Teile der Bevölkerung in Abhängigkeit (Leibeigenschaft oder Sklaverei) von den großen Grundherren lebten, war ihre Chance der Übertritt zur Religion der Eroberer, durch den sie die Freiheit gewannen. Auch die lange unterdrückten Juden konnten endlich aufatmen.

Nur der waldig-feuchte und den Wüstenkindern daher unheimliche Nordwesten der iberischen Halbinsel war noch nicht erobert, als der mißtrauisch gewordene Kalif die Generäle zur Berichterstattung nach Damaskus rief. Man ließ die zu Erfolgreichen Ungnade fühlen. Der Siegeszug im Westen war abgebrochen. Ein christlich-gotisches Rückzugsgebiet blieb bestehen, die Keimzelle der ›Reconquista‹, d. h. der ›Wiedereroberung‹, die das große Thema der mittelalterlichen Geschichte der iberischen Halbinsel bilden sollte. 1492 wurde sie mit der Eroberung Granadas abgeschlossen.

Der Schwung war gebremst. Nur noch gelegentliche Beutezüge führten die Krieger des Islam über die Grenzen des gewonnenen Gebietes hinaus, tief ins Frankenreich und in die Provence. Der Sieg Karl Martells 732 bei Tours und Poitiers über eine streifende Heerschar war denkwürdig. Nicht so sehr, weil er eine Eroberung verhindert und damit »Europa vor dem Islam gerettet« hat, sondern weil er – hundert Jahre nach dem Hinscheiden des Propheten – den Punkt markiert, an dem der erobernde Impetus des neuen Glaubens verebbt.

Nur wenige Jahre hatte die neue Provinz zum Reich der Omayyaden gehört, als deren Herrschaft von der abbasidischen abgelöst wurde. Schon während ihres Siegeszuges gegen die feindlichen Banu Omayya hatten die Abbasiden jeden Abkömmling dieser Sippe getötet, der in ihre Hände fiel. Der erste abbasidische Kalif, as-Saffah (der Blutvergießer), beauftragte seinen Onkel, den Statthalter von Syrien, das verhaßte Geschlecht auszurotten. Dieser entledigte sich der Aufgabe auf eine ebenso scheußliche wie hinterhältige Art, die in der Geschichte leider nicht allein dasteht. Nach Erlaß einer ›Amnestie‹ für die Omayyadenabkömmlinge lud er sie alle zur Ablegung des Treueids auf die neuen Herren zu einem Gastmahl ein, ließ, als sie versammelt waren, den Saal umstellen und alle ›Gäste‹ niedermetzeln. Dann setzte er sich zu Tisch. Nur zwei Prinzen aus der alten Dynastie waren der Einladung nicht gefolgt, nur einer von ihnen, Abd ar-Rahman, ein Enkel Hischams, konnte den nachsetzenden Schergen auf abenteuerliche Weise entkommen. Ständig in Lebensgefahr, schlug er sich in fünf Jahren durch ganz Nordafrika und landete 755 an der Küste Spaniens. Im folgenden Jahr schon herrschte er als Emir in **Córdoba**. Mit Schlauheit, Gewalt und Hinterlist sicherte und vergrößerte er seine Herrschaft. Die Geschichte Abd ar-Rahmans (756-88), des Prinzen, der als armer Flüchtiger zum Herrn eines großen Reiches aufstieg, ist einer der spannendsten Romane der Geschichte.

Auch Sohn und Enkel hatten noch kein leichtes Herrschen, aber doch bahnte sich ein Ausgleich der Gegensätze
zwischen den Berbern und den Arabern, zwischen den Alt-
Moslems und den Neubekehrten, zwischen Moslems und
Unbekehrten (den christlichen ›Mozarabern‹) an. Córdoba,
die Residenz der arabischen Emire, war schon um 800 ein
geistiges Zentrum der islamischen Welt, reich und elegant,
philosophisch und musikalisch, voll Witz, Dichtung und ge-
lehrtem Bemühen um die klassischen Autoren. Man rivali-
sierte in Lebenskultur und Luxus mit dem Bagdad der feindlichen Dynastie. Was von dort kam, war dernier cri in Córdoba, das seinerseits für das damalige Europa – neben Konstantinopel – die einzige Stadt und Stätte der Wissenschaft
und eines gehobenen Lebens war, auch wenn der Franke
lieber verschwieg, daß er bei den ›Heiden‹ gelernt hatte. Wie
die Abbasiden umgaben sich die Emire von Córdoba mit
einer Leibwache von Militärsklaven, nicht Türken, sondern
Slaven. Nach einer schweren Krise im späten 9. Jahrhundert
erlebte das Reich von Córdoba seine höchste Blüte unter
Abd ar-Rahman III. (912-61). Zwar konnte man nur die
Grenzlinie gegen die christlichen Reststaaten am Duero
sichern, aber der Emir setzte seine Autorität gegen alle
unzuverlässigen Grenzfürsten durch und nahm 929 den Kalifentitel an, in Konkurrenz zu den Fatimiden. Er war auch
nomineller Herr über Nordafrika. Unter seinem Sohn al-
Hakam II. (961-76) stieg als Günstling der ersten Dame im
Harem Abi Amir al-Mansur aus niedriger Stellung kome-
tengleich auf. Unter Hischam II. herrschte er als Vezir und
praktisch unbeschränkter Diktator. Das Reich von Córdoba
erlangte seine größte Ausdehnung. Aber das Ende folgte
schnell: Nach seinem Tod (1002) ging das Kalifat in blutigen
Thronkämpfen unter (um 1031). An seine Stelle traten
Kleinherrschaften in Málaga und Algeciras, Granada, Al-
mería und Zaragoza, in Badajoz, Toledo und Sevilla: die
›Reyes de Taifas‹ der spanischen Historiker. Damals for-
mierten sich die Kräfte der Reconquista. Den Kleinkönigen
blieb vor der christlichen Gefahr nur der Hilferuf nach
Afrika (s. Kap. 6).

Abd ar-Rahman I. begann wenige Jahre vor seinem Tode
den Moscheebau in seiner Residenzstadt (785). Es heißt,
eine westgotische Kirche des hl. Vinzenz über den Resten
eines Heidentempels sei zwischen Christen und Moslems
geteilt gewesen, bis der Emir den christlichen Teil aufge-

kauft und niedergelegt habe, um auf dem Gelände seinen Moscheebau zu erstellen. Die Geschichte ähnelt auffallend dem, was von der Omayyadenmoschee von Damaskus überliefert wird, und ist möglicherweise von dorther nach Córdoba übertragen. Jedenfalls zeugt heute nichts mehr von der westgotischen Kirche, wenn man nicht die Spolienkapitelle im Bau Abd ar-Rahmans als Beweis gelten lassen will. In der Puerta de S. Esteban das einstige Hauptportal der Kirche zu vermuten, besteht kein begründeter Anlaß. Auch für die auffallend von der Mekka-Richtung abweichende Orientierung nach Süden läßt sich die Ausrichtung der vermuteten Kirche nicht verantwortlich machen. Sie geht eher auf syrisches Herkommen zurück, wie ja der Bau im ganzen syrischer Tradition verpflichtet ist.

Abd ar-Rahmans Moschee (Abb. S. 163, A) hatte einen etwa quadratischen Grundriß. Die Nordhälfte nahm der schlicht ummauerte Hof ein, die südliche der Betsaal mit 10 Säulenreihen zu je zwölf Arkaden, die senkrecht auf die Qibla zuliefen und elf Schiffe bildeten, das mittlere um etwa einen Meter breiter als die übrigen. Sie waren gegen den Hof zu offen, an dessen Nordseite – außen neben dem Haupteingang – vermutlich Hischam I. (788-96) ein quadratisches Minarett erbauen ließ. (Sein Grundriß ist im Hof südlich des heutigen Turmes durch Steinplatten markiert.) Wohl unter al-Hakem I. (796-821) wurde der Hof nach Norden zu erweitert und mit umlaufenden Portiken versehen. Abd ar-Rahman II. (821-52) ließ dem Betsaal nach Süden zu neun Arkaden anfügen (Abb. S. 163, B) und Maqsura und Mihrab entsprechend versetzen. Das Unternehmen kam erst unter Mohammed I. (852-86) zum Abschluß. Abd ar-Rahman III. errichtete neben dem Nordtor des Hofes ein neues, etwa 54 m hohes Minar. Unter al-Hakem II. wurde der Betsaal erneut erweitert (C), Maqsura und Mihrab rückten noch einmal nach Süden. Einer weiteren Ausdehnung in dieser Richtung setzte der Guadalquivir eine Grenze. Als Bevölkerungswachstum (wenn nicht bloße Repräsentationslust) eine dritte Vergrößerung (D) notwendig machte, ließ der Befehlshaber al-Mansur der ganzen Länge des Betsaals im Osten acht weitere Schiffe zufügen und den Hof entsprechend vergrößern. Dabei nahm man in Kauf, daß Hauptportal und Mihrab ihre Stellung in der Mittelachse einbüßten. Eine gleichartige Erweiterung nach Westen war untunlich: Dort lag der Residenzpalast.

III Córdoba,
Inneres der Großen Moschee
Blick in den Erweiterungsbau al-Mansurs,
Ende 10. Jh.

*Die mehrfach erweiterte Mezquita von Córdoba ist -
obwohl durch spätere Einbauten verstümmelt - immer noch eines der eindrucksvollsten Werke frühislamischer Baukunst und das einzige auf europäischem
Boden erhaltene Beispiel einer vielschiffigen arabischen Moschee. In dem ruhevollen Säulensaal, der
sich endlos nach allen Seiten zu dehnen scheint, wandelt man wie im Palmenhain einer himmlischen Oase.
Die etwas uniformen Schiffe al-Mansurs vermitteln -
da am wenigsten durch Christenhand entstellt - diesen
Eindruck besonders rein.*

So war schließlich als Ergebnis eines zweihundertjährigen Wachstums die drittgrößte Moschee des Islam entstanden als ein nach allen Seiten endlos gereihter Säulensaal, viel bewundert als eindruckvollste Verkörperung arabischer Baugesinnung. Als Wunderwerk haben auch die christlichen Eroberer nach 1236 die Moschee betrachtet. Sie wurde zwar als Kirche adaptiert, aber nicht, wie es sonst in den rechristianisierten Gebieten geschah, durch einen Neubau ersetzt, sondern sorgsam gepflegt[16].

Den Zauber der ›Mezquita‹ von Córdoba haben unzählige Reisende gepriesen und beinahe zerredet. Dabei ist das, was wir sehen, durch einen empörenden Vandalismus entstellt: Mitten in den endlosen Säulenwald hat das Domkapitel des 16. Jahrhunderts einen modischen Kathedralchor setzen lassen (1523-1607). Überall sonst könnte er uns in seiner Mischung von Gotik und manieristischem Frühbarock interessieren oder sogar gefallen – nur hier nicht. Keine Rede davon, der Eingriff habe die Moschee ›gerettet‹: Nicht alle Spanier waren so blind wie das Domkapitel und sein unglücklicher Baumeister Hernán Ruiz. Die Stadtväter von Córdoba hatten jeden Bauarbeiter mit schwersten Strafen bedroht, der es wagen sollte, Hand an die Moschee zu legen. Das Kapitel dagegen appellierte an den König, Kaiser Karl v. Dieser genehmigte das Bauvorhaben, offenbar ohne genau zu wissen, um was es ging. Als er drei Jahre später (1526) durch Córdoba reiste, sah er, was geschehen war. Zu Bischof und Kapitel soll er gesagt haben: »Hätte ich gewußt, was das hier war, ich hätte nicht gestattet, den alten Bau anzutasten. Jetzt habt ihr, was es vielerorts gibt, und habt etwas zerstört, das in der Welt einmalig war.« Der Kaiser hatte recht, er war ein Kenner – und doch hat er selbst in Granada neben das maurische Traumschloß der Alhambra seinen römischen Palastkubus setzen lassen.

Verglichen mit der grausamen Störung von Außengestalt und Raumeindruck der Moschee durch den monströsen Einbau erscheinen alle anderen Eingriffe, die sie sich schon vorher und auch später noch gefallen lassen mußte, als harmlos.

Wer es unziemlich eilig hat, wird die Moschee sofort betreten. Wir wollen unsere begreifliche Neugier zügeln und uns Zeit nehmen, den Bau zunächst von außen anzusehen, beginnend beim Haupteingang zum Hof, der Puerta del Perdón (1), die im 14. Jahrhundert umgestaltet wurde, d. h.

also bereits unter christlicher Herrschaft, aber durch Moslems, deren handwerkliche Geschicklichkeit die Eroberer zu schätzen und zu nutzen wußten. Zeugnis für die Kunstfertigkeit dieser sog. ›Mudejares‹ (s. Kap. 6): der bronzene Beschlag der schweren Torflügel mit Lobpreisungen Gottes und des Fürsten in gotischen Lettern und arabischer Schrift (1377). Gegen den Uhrzeigersinn den Bau umwandernd, bemerken wir an der Westseite die turmartigen Streben an der Hofmauer. Sie sind deutlich spätere Zutat, das Mauerwerk selbst stammt noch aus der ersten Bauphase. Ebenso die schlichte Puerta de los Deanes (2), die unmittelbar vor die Betsaalfront führte. Die Puerta de S. Esteban (3), auch sie noch der frühesten Zeit zugehörig, wird von stark verwitterten Ornamentflächen flankiert, in denen manche Forscher Reste aus westgotischer Zeit vermuten wollten. Die Grundgedanken von Aufbau und Schmuck dieses Tores – es sollte den späteren Portalen zum Vorbild dienen – sind aber ganz den omayyadischen und frühabbasidischen Baugewohnheiten des Nahen Ostens verpflichtet.

Die später durch ein Wappen bereicherte Puerta de S. Miguel entstand unter Abdallah (888-912), um dem Herrscher und seinem engsten Gefolge (über eine längst verschwundene Brücke) direkten Zugang aus dem Palast (etwa an der Stelle des heutigen Bischofspalastes) in den ihm vorbehaltenen gesicherten Raum innerhalb der Moschee, die Maqsura, zu gestatten.

Die letzten vier Tore an dieser Seite gehören bereits dem Bau al-Hakems II. an. Das erste und das dritte sind so ausgiebig und freizügig erneuert, daß man sie mehr als fotogene Präparate denn als originale Zeugnisse spanisch-omayyadischen Baudekors werten muß. An Details darf man sich nicht klammern. Aber die rechteckig gerahmten, sich überschneidenden Hufeisen- und Vielpaßbogen, der Wechsel von Ziegeln und flimmerndem Stuck an den Keilsteinen, der rot-weiße Farbklang der mit geometrischen Mustern gefüllten Flächen beschwören doch etwas von der subtilen Prachtfreude des westlichen Kalifats. Das zweite Tor dieser Reihe – einst als Mittelstück und Haupteingang des al-Hakem-Baues besonders hervorgehoben – hat bereits die ausgehende Gotik in ihrem Sinn zur ›Puerta del Palacio‹ umgestaltet. Das vierte und letzte ist eigentlich nur eine bescheidene Pforte zu dem Gang zwischen Qiblawand und Südmauer, der vom Palast zu al-Hakems Maqsura führte.

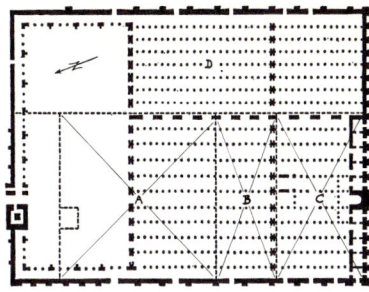

71 *Córdoba,*
Große Moschee,
Bauabschnitte s. S. 160

A Gründungsbau
Abd ar-Rahmans I.

B Erste Erweiterung
unter Abd ar-Rahman II.

C Zweite Erweiterung
unter al-Hakem II.

D Dritte Erweiterung
unter al-Mansur

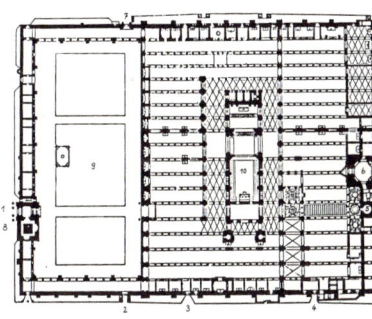

72 *Córdoba,*
Große Moschee,
Grundriß,
heutiger Zustand

1 Puerta del Perdón 2 Puerta de los Deanes 3 Puerta de S. Esteban 4 Puerta de
S. Miguel 5 Mihrab 6 Capilla del Cardenal (S. Teresa) 7 Puerta de S. Catalina
8 Glockenturm 9 Hof (Minarett) 10 Kathedrale (Coro) 11 Capilla de Vil-
laviciosa 12 Capilla Real

73 *Córdoba, Große Moschee, Luftaufnahme*

74 *Córdoba, Große Moschee, Tor des Baues von al-Hakem II., um*
961-66

Nachdem wir über die römisch-arabische Brücke das Südufer des Guadalquivir erreicht, von dort einen schönen Blick
auf Stadt und Moschee (und die Reste der ›maurischen
Mühlen‹ im Fluß) genossen haben, setzen wir den Rundgang
um die Moschee fort. Die Südfront bietet nicht viel Bemer-
kenswertes. Die ersten der massigen Stützpfeiler, die den

Schub der Arkatur von innen her aufzufangen hatten, sind
nachträglich zu einer ›römischen‹ Bogenwand zusammengefaßt worden. Risalitartig springt die Rückwand des Mihrab
(5) vor. Der kleine Zentralbau daneben (Capilla del Cardenal oder de S. Teresa) verrät sich deutlich als späterer Ein-
schub. Die östlichen Abschnitte aber blieben fast unverändert.

Die Ostseite – die Außenfront von al-Mansurs Erweiterung – weist wiederum zwischen den turmartigen Streben
eine Reihe nach dem Vorbild der al-Hakem-Tore gestalteter Portalwände auf. Ihr heutiges Aussehen verdanken sie
den Restauratoren des 19. Jahrhunderts. Nur die beiden
südlichen blieben so, wie sie uns die Zeit hinterlassen hat.
Wenn man sieht, wie wenige Anhaltspunkte für eine Ergänzung sie noch bieten, wird man etwas mißtrauisch gegenüber
jenen Portalen, die so griffig den spanisch-omayyadischen,
um frühabbasidische Motive bereicherten Dekor herzeigen.
Das erste Hoftor, die Puerta de S. Catalina (16. Jh.) gibt im
Wappenschild oben rechts ein summarisches Bild von Abd
ar-Rahmans II. Minar, eines Vierkanters mit einem Kuppelpavillon über dem Obergeschoß. An dieser Bekrönung richtete 1589 ein Unwetter so schwere Schäden an, daß Hernán
Ruiz d. J., der auch der Giralda von Sevilla ihr Renaissance-
haupt schuf, dem Minar von Córdoba einen neuen, manieri-
stisch aufgetürmten Abschluß aufsetzen mußte. Der war
– auch materiell – zu schwer. Bald zeigten sich Risse im
Mauerwerk, die beiden Treppenläufe wurden aufgefüllt und
der Turm mit einem dicken Steinkorsett ummantelt. Noch
heute steckt er darin, ein unerlöster Vorfahr vieler westisla-
mischer Minars.

Wenn wir, an der Nordseite des Hofes entlanggehend, die
Puerta del Perdón wieder erreicht haben, finden wir linker
Hand den Aufgang zum Glockenturm. Auf halber Höhe
– nach ein paar Schritten durch einen Korridor – steigt man
linksläufig um die oberen Geschosse des arabischen Minars.
Der Ausblick von oben lohnt die Mühe. Man überschaut die
Landschaft, ganz Córdoba und zu Füßen die braunroten
Dächer der nächsten Altstadtviertel. Vor allem die Moschee: den orangenbaumbestandenen Hof, einen Teil der
Grabendächer über den Schiffen des Betsaals. Man er-
schrickt vor der Taktlosigkeit und Intoleranz, mit der sich
der Kathedralchor in das arabische Gebilde hineingesetzt
hat.

Betreten wir dann den Moscheehof, den Patio de los Naranjos! (Natürlich gab es zur Zeit der Emire und Kalifen hier noch keine Orangenbäume.) Die Portiken bewahren selbst in der Erneuerung noch die Erinnerung an den damaszener Stützenwechsel. Die seitlichen Flügel – weniger zerbaut als der nördliche – beherbergen Bretter von den alten Betsaaldecken. Der überdeckte Saal öffnete sich einst dem ungehindert vom Hof her einströmenden Licht. Bis auf vier schwerfällig verglaste sind die Arkaden heute alle vermauert. (Genauere Untersuchung erwies übrigens, daß die heute sichtbare der ursprünglichen Fassade vorgeblendet wurde, als diese – ohne Stützpfeiler wie die Südseite – sich unter dem Schub von innen her bedenklich nach außen neigte (Creswell). Endlich im Betsaal angelangt, sollten wir zunächst und vor allem die Augen aufmachen und den Gesamteindruck auf uns wirken lassen, bevor sich Details aufdrängen. Wir befinden uns im Bau Abd ar-Rahmans I. (A). Zwar hat der Einbau von Kapellen entlang der Außenwände eine zu mystische Atmosphäre geschaffen, aber die alten Flachdecken sind teilweise wiederhergestellt. Schlanke römische Säulenschäfte tragen römische und westgotische Kapitelle und diese wiederum Kämpferblöcke, von denen Rundbogen aus wechselnden Stein- und Ziegelkeilen abspringen, um die Säulen in Qiblarichtung zu verbinden. Hätte man die Decke sofort über diese Bogen gelegt, unweigerlich wäre ein kryptenhaft lastender Eindruck entstanden: die Schäfte sind nur etwa 3 Meter hoch. Der unbekannte Baumeister fand (die Mehrgeschossigkeit römischer Aquädukte umdeutend?) eine geniale Lösung. Über den Kämpfern errichtete er auf auskragenden Konsolen rechteckige Pfeiler als Träger einer zweiten Bogenstellung. Erst das über ihr aufgehende Mauerwerk trägt die Querbalken der Decke: hoch genug über der Bodenfläche, daß sie nicht lastet, nicht so weit oben, daß sie entschwebt. Sie bleibt ›irdisches‹ Abbild des Himmels. Die oberen Bogen sind massiger als die unteren, ihre Ansätze verbreitern sich nach oben hin. So entstehen Gebilde, die sich wie Palmen entfalten. Jede ›römische‹ Tektonik verschleiernd, wird schlanken Stützen eine Last aufgebürdet, die nach oben zu immer schwerer zu werden scheint. Die Säulen sind zwar fest genug, sie zu tragen, aber für ein an der Antike gebildetes Auge ist das so befremdlich wie z. B. die Wasserfront des venezianischen Dogenpalastes. Aber gerade so ist etwas entstanden, das völlig dem islamischen Stilwillen entspricht. Das Stütze-Last-System ist zu einem ambivalenten, d. h. die Schwerkraft negierenden Aufbau umgedeutet, so unantikisch wie der Grundriß, der Raumteile addiert, ohne sie zu begrenzen oder auszurichten.

Diese Gestaltung der Stützen hat kein direktes Vorbild, noch findet sie außerhalb der Moschee Nachfolge. Nur Einzelheiten wurden übernommen, selbst von Baumeistern der Christenheit (z. B. der Farbwechsel der Keilsteine, die ›Hobelspankonsolen‹ usw.). Mühelos macht man sich den Umfang des Urbaues (A) klar: Die elf auf den Mihrab zulaufenden Schiffe sind fast unverstellt. Die alte Südgrenze wird etwa durch die Nordwand des ›Coro‹ angedeutet, dem leider mehr als die Hälfte des ersten Erweiterungsbaues (B) zum Opfer gefallen ist.

75 *Córdoba, Große Moschee, Konstruktionsschema der Kuppeln neben der Capilla Villaciosa nach Burckhardt*

Dem Mittelschiff folgend, gelangen wir in ein annähernd quadratisches Joch mit einer Kuppel, die, über die Deckenhöhe hinausragend, reichlich Licht einströmen läßt: die ›Capilla Villaviciosa‹. An zweien ihrer Seiten treffen wir zum ersten Mal das Motiv der verflochtenen Zackenbogen, festere Statik mit festlicher Bereicherung verbindend. A-tektonisch und beliebig fortsetzbar zu denken, formen sie die Grundfigur jener Rautenmuster (Sebka), die später in der maurischen Dekorkunst so bedeutsam werden sollten. Ohne Vorbild die Art, wie das Quadrat überkuppelt wird. Diagonale Halbkreisrippen schwingen sich von der Mitte jeder Seite zur Mitte der nächsten, schneiden sich mit den paarweisen Rippen, die sich jeweils von einer Seite zur gegenüberliegenden spannen. Ein kleines Mittelquadrat entsteht, über dem auf achteckiger Basis eine Schirmkuppel sitzt. In höchst origineller Weise wird versucht, ein Viereck zu überkuppeln und dabei ein System entwickelt, das für den maurischen Westen lange vorbildlich blieb[17].

Das östlich angrenzende Raumquadrat wurde – erster Eingriff in den alten Bestand – im 14. Jahrhundert zur ›Capilla Real‹, d. h. zur Grablege zweier kastilischer Könige umgestaltet. Eine Krypta wurde eingefügt, der darüberliegende Raum durch Mauern abgegrenzt und von Mudéjar-Künstlern in einer der Alhambrakunst entsprechenden Weise dekoriert. Die hölzerne Rippenkuppel überträgt das benachbarte Vorbild in die Tonart einer späteren Entwicklungsstufe. Die königliche Kapelle ist in der Regel verschlossen, durch die Fenster in der Ostwand der Villaviciosakapelle

76 *Córdoba, Große Moschee. Bau al-Hakems, links Eingang zum Mihrab*

aber kann man doch etwas von ihrem Dekor erblicken. Es
ist reizvoll und lehrreich, Früh- und Spätformen ›maurischen‹ Dekors nebeneinander zu sehen.

Die Villaviciosakapelle markiert die Stelle des zweiten
Mihrab, aber gehört als festlicher Auftakt bereits zum
künstlerisch vollendetsten Abschnitt der Moschee, dem Erweiterungsbau al-Hakems (C). Der Einbau eines ersten Kir-
chenschiffes im 15. Jahrhundert, dem in taktvoller Weise nur
etwa ein Dutzend der alten Säulen geopfert wurde, hat ihm
keinen zu ernstlichen Schaden getan. Al-Hakems Anlage,
beinahe eine Moschee innerhalb der Moschee, macht alles
Bisherige zum bloßen Vorspiel, ordnet sich ihm aber zugleich diszipliniert ein. Der unübertreffliche Gedanke der
zweigeschossigen Arkaden wird beibehalten, die Farbigkeit
der grünen und rosaroten Säulenschäfte aber ist bewußt
geordnet und ausgekostet, Sensibilität und Prachtfülle sind
gesteigert. Zwei Joche vor der Qiblawand (zwischen dieser
und der Außenmauer läuft der schon erwähnte direkte Zugang zur Maqsura) ist eine Querarkade eingezogen: frühes
Beispiel des seit den Fatimiden fast obligaten T-Schemas.

Höhepunkt: die drei quer dem Mihrab vorgelegten Kuppelquadrate, ausgegrenzt durch verflochtene Zackenbogen
und ähnlich überwölbt wie die Villaviciosakapelle
(Abb. S. 167).

Die mittlere Kuppel ist mit Mosaik ausgelegt. Es überzieht die Rippen, die Zwickel und deutet (die blauen Bänder
über den W-förmigen Teilen des Keramikbandes am Kup-
pelfuß!) die 16passige zu einer Achtpaßkuppel um.

77 *Córdoba, Große Moschee, Konstruktionsschema des Eingangs zum*
Mihrab nach Burckhardt

78 *Córdoba, Große Moschee, Blick in die Kuppel vor dem Mihrab, um
965*

Auf höchste Prunkentfaltung bedacht, hatte der Bauherr
seinen kaiserlichen Kollegen in Byzanz um Mosaikhandwer-
ker und -material gebeten. Nikephoros Phokas, durch gemeinsame politische Interessen mit ihm verbunden, sandte
sie bereitwilligst. Der Künstler mag in östlichen Bereichen
daheim gewesen sein, war vielleicht ein Moslem, denn außer
der Technik findet sich in seinen Mosaiken nichts Byzantinisches, sondern immer nur die Variation des persischen Lebensbaum-Motivs zur Gabelblattranke, dazu strenges Kufi.
   Mosaik bedeckt auch die Wand und den Hufeisenbogen [18]
vor dem Mihrab, dessen Wölbekeile einen Fächer bilden. Er
»besitzt dadurch eine eigentümliche Kraft, daß sein Mittelpunkt sich von unten nach oben verschiebt: Der Fächer der
Wölbekeile strahlt von einem Punkt am Bogenfuße aus, und
der innere und der äußere Rand des Bogens haben zwei
verschiedene, höher und höher liegende Mittelpunkte; der

ganze Bogen strahlt so wie eine Mond- oder Sonnenscheibe, die sich allmählich über den Horizont erhebt; er ist nicht starr; er atmet, als weite er sich aus Überfülle innerer Seligkeit, während der rechteckige Rahmen, der ihn einfaßt, seiner Bewegung die Waage hält, so daß ausstrahlende Kraft und vollkommene Ruhe ein unübertreffliches Gleichgewicht bilden.«[19] (Abb. S. 169)

Nebenbei: Schon ein erstes genaueres Hinsehen zeigt fast die ganze untere Hälfte seines Mosaikbelages mit ihren renaissancehaft-klassizistischen Motiven als jämmerliche Ergänzung. Statt der unregelmäßigen Mosaiksteinchen, die dem Linienspiel der Ranken folgen, sind quadratische Plättchen auf eine plane Unterlage geklebt. Sie funkeln nicht, sie spiegeln (auf allen Farbabbildungen treten sie als dunklere Zone hervor). Ähnliches gilt von dem Dekor um den Torbogen rechts, durch den der Kalif die Moschee betrat und hinter dem ein auf Rollen beweglicher Minber aufbewahrt wurde. Der Schmuck des Bogens links ist eine geschickte moderne Nachbildung. Hinter der vermauerten Tür lagen wohl Schreibstuben und wurden kostbare Geräte verschlossen.

Die Sockelzone ist mit herrlichen Marmorplatten belegt. Besondere Beachtung verdienen nicht allein die sehr kostbaren Säulen, sondern vor allem die Paneele seitlich vom Eingang zum Mihrab. Wieder ist der Lebensbaum zur Arabeske umgeformt. Solche und ähnliche Füllungen einer Fläche aus Medina Azzahra bilden den Ausgangspunkt für den Dekor der Almoraviden- und noch späterer Zeit.

Genauso folgenreich für den islamischen Westen war die Gestaltung von al-Hakems Mihrab nicht als bloße Nische, sondern als oktogonale Kapelle. Vermutlich sollte der Umgang entlang ihrer marmorbelegten Wand soviel gelten wie die Wallfahrt nach Mekka, das sich in der Hand der feindlichen Abbasiden befand. Die Gestalt dieses ›Allerheiligsten‹ mit marmorbelegtem Wandsockel, Vierpaßbogenfeldern über einem Schriftfries und der prachtvoll schnittigen Muschelkuppel aus Stuck ist ein klassisches Beispiel dafür, wie im Westen römisches durch omayyadisches Herkommen befruchtet, umgeprägt und neubelebt wird, um ein völlig islamisches Gebilde zu schaffen.

Der Bauabschnitt al-Mansurs (D) zeugt von einer neuen Gesinnung. Die schwereren Schäfte sind wie die Kapitelle uniform, die Bogen durchgehend aus Stein (der Farbwechsel

der Keilsteine ist nur aufgemalt). Offenbar hat der Diktator
Einheitlichkeit höher geschätzt als differenzierte Pracht.
Die billigen Barocktonnen statt der Flachdecken beziehen
die Schiffe zu stark auf eine eindeutige Richtung, der Kathedralchor drängt sich ein, Kapellen besetzen die Ostwand und
der ›Sagrario‹ im Süden beschneidet den Raum noch mehr.
(Mit gotischen Gewölben und Bemalung zeigt er, wie man
sich christlich adaptierte Moscheeräume des Mittelalters
vorstellen könnte.) Trotzdem vermittelt dieser Teil der Mezquita (vor allem auch wegen der gleichmäßigeren Belich-
tung) am deutlichsten das Gefühl endlos-labyrinthischer
Weite.

Während dieser Abschnitt entstand, waren vermutlich
alle Tore an der Ostseite zugemauert. Nach Fertigstellung
wurden in die ehemalige Ostmauer breite Bogenöffnungen
eingebrochen, um die Verbindung mit den bisherigen Teilen
herzustellen. Das geschah ohne Rücksicht auf die ehemaligen Tore. Die Reste der Ost-Tore al-Hakems sind freigelegt
worden: unvollständige, aber authentische Zeugnisse ihrer
Entstehungszeit.

Am Ende des Rundganges wollen wir alles ›Gelernte‹
wieder vergessen und uns Zeit nehmen, bloß zu ›verweilen‹.
Moscheen sind des Schauens wert, aber so wenig wie Kirchen bloße Sehenswürdigkeiten oder Museen. Ihrer Ruhe
wird nur der Ruhende teilhaftig. Aus der ständigen Wiederholung gleicher Motive ergibt sich die ›Endlosigkeit‹. Mag
jeder Schritt neue Durchblicke öffnen: Als Ganzes läßt sich
der Bau nicht ›durchschauen‹. In einem Achsensystem ohne
faßbare Grenzen nehmen wir höchstens Kulissen wahr als
Haltepunkte oder Schranken. Wie in der Endlosigkeit der
Wüste eine Hügelwelle nur den Blick auf weitere Hügelwel-
len freigibt, so auch hier. Aber dann kann es einem wider-
fahren, daß das Endlose sich als Symbol für das Unendliche
offenbart, daß man bestürzt in diesem Betraum den Immer-
Gleichen, All-Einen und Einzigen ahnt, der Ergebung in
Seinen unerforschlichen Willen fordert und zugleich Hoff-
nung auf Sein Erbarmen.

Hufeisen- und Vielpaßbogen in Rechteckrahmen, Bogen-
verflechtungen, Schrift, Arabesken aus Stein und Stuck,
Rippenkuppeln: das alles wird an den Bauten des maurischen Maghrib (Kap. 6) wiederbegegnen. Die späteren
Werke des Westens sind ohne Kairouan und Córdoba undenkbar. Die Omayyadenmoschee in Córdoba, entstanden

zur Zeit, als in Bagdad die Abbasiden herrschten, ist bereits das erste Denkmal der ›maurischen‹ Kunst.

Außer der Moschee zeugt in Córdoba nur noch bitter wenig von der Glanzzeit des arabischen Kalifats[20]. Ein Ausflug nach **Medina Azzahra** (Madinat az-Zahra, d. h. die ›Stadt der Blume‹) ist daher keine Zeitverschwendung. (Etwa 8 km westlich von Córdoba, auf einer Nebenstraße [beschriftete Abzweigung 3 km vor ›las Ruinas‹] zu erreichen. Keine öffentliche Verkehrsverbindung.)

Abd ar-Rahman III., seit 929 aus eigener Machtvollkommenheit Träger des Kalifentitels, begann etwa 936 mit dem

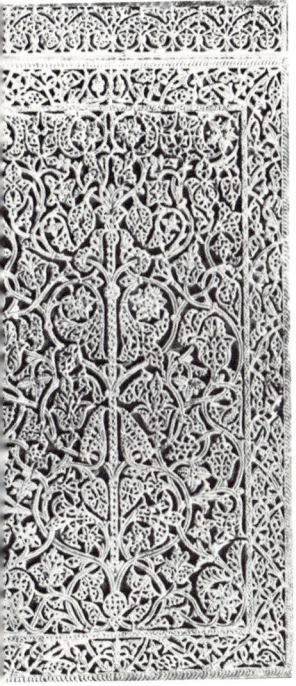

79 *Wanddetail der Mihrabfassade in der Moschee von Córdoba, 965*

80-81 *Kapitell und Säulenbasis aus Medina Azzahra, um 955*

Bau seines Versailles. Die Überlieferung will: auf Anregung
seiner Lieblingsfrau ›Blume‹.

Ein turmbewehrtes Mauerrechteck (1520 x 745 m, also im
Verhältnis 2 : 1) umfaßte die auf drei Terrassen aufsteigende
Stadt. Nur an der Nordseite mußte sich die Mauerführung
dem unregelmäßigen Gelände anpassen. Auf der untersten
Terrasse: die Gärten. Darüber die Wohnstadt der geschick-
ten Handwerker, zuoberst: die Residenz des Hofes. 1910
stach der Spaten der Ausgräber hier die ältesten Teile des
›Palastes‹ an (A 1). Der Kronprinz al-Hakem, später Bauherr der zweiten Erweiterung der Stadtmoschee, war Leiter
des Planungsbüros. Erst bei seinem Tod war die Palaststadt
›vollendet‹.

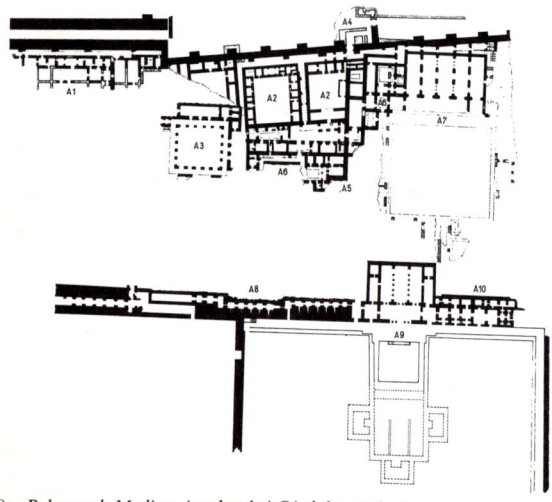

82 *Palaststadt Medina Azzahra bei Córdoba, 936-76*

Zwischen die ältesten Baureste (A 1) mit den anschließenden Wohnbauten (A 2), den tieferliegenden Hof (A 3)
und die Moschee (ein Gegenstück zum Urbau der Stadtmoschee, aber genauer nach Mekka ausgerichtet – erhalten
sind nur die Fundamente; nicht in Abb. 82 eingezeichnet)
ist ein streng rechtwinkelig-axialer Komplex eingeschoben.
Die beiden dreischiff-basilikalen, von Nebenräumen beglei-

teten Audienzhallen (A 7 und A 9), jeweils an der Nordseite
von Gartenhöfen gelegen, waren Stätten höchster Prachtentfaltung. Etwas davon zeigt der wiederaufgebaute ›Salon
Rico‹ (A 9) mit seinen Hufeisenbogen, den Wandnischen
und den Stuckzieraten, die in ihrer dicht-flimmernden Ara-
beskenpracht durchaus den Tafeln neben dem Mihrab der
Córdoba-Moschee entsprechen. Was waren gegen so etwas
die Pfalzen der damaligen Könige des christlichen Europa!
Johann von Gorze, der Gesandte Ottos d. Gr., den der Kalif
schließlich gnädig empfing, wußte sich vor Staunen nicht zu
fassen. Nach dem Tod al-Mansurs haben die berberischen
Söldner wiederholt revoltiert. Es muß ihnen eine Lust gewesen sein, die Blumenstadt kurz und klein zu schlagen. Später
wurden die Ruinen als Steinbruch ausgeschlachtet. Erst ein
Teil – und vermutlich der bedeutendste – ist freigelegt.
Selbstloser Fleiß der Archäologen ist immer noch dabei,
weitere Abschnitte der Anlage auszugraben und die Frag-
mente zu einem Schatten vergangener Pracht zusammenzu-
fügen. Man ahnt, was für ein Puzzlespiel das ist, wenn man
die oft nur handgroßen Stuckfragmente ausgebreitet sieht,
aus denen sich vielleicht das eine oder andere zusammen-
hängende größere Stück wiederherstellen läßt. Man versteht
auch, warum die Arbeit sehr langsam voranschreitet. Einzig
der ›Salon Rico‹ ist vollständig wiederaufgebaut und einge-
deckt, aber auch sein Dekor konnte nur teilweise wiedergewonnen werden. Der Bau wirkt heute wie eine Restaurie-
rungswerkstätte, und doch vermittelt er die Vorstellung einer omayyadischen Audienzhalle. Das Gesamtbild des Palastes wird sich nie rekonstruieren lassen, denn zu viel ist
unwiederbringlich zerstört, zu viele Originalteile (Kapitelle,
Stuckplatten, Brunnenschalen) sind in Museen gewandert.
(Vor allem ins Archäologische Nationalmuseum in Madrid
und das Museo Arqueologico von Córdoba, wo als besonderes Schaustück ein kleiner geweihloser Bronzehirsch aufbewahrt wird, der als Wasserspeier eines Brunnens diente [ein
ähnlicher befindet sich in Madrid].)
    Ein Gang durch die Ruinenstadt ›Córdoba Vieja‹ strengt
die Phantasie ein wenig an, zumal man – aus begreiflichen
Gründen – nicht frei durch alle Teile des Geländes streifen
darf, sondern einer Führungslinie zu folgen hat, was die
Orientierung einigermaßen erschwert. Aber man gewinnt
nicht nur einen allgemeinen Eindruck von der landschaftli-
chen Situation der ›Blumenstadt‹ und erlebt den melancholi-

schen Reiz von Ruinen, sondern sieht mit eigenen Augen: Die Omayyaden von Córdoba haben sich weder um die Palastarchitektur von Samarra noch um die ihrer Ahnen im syrisch-jordanischen Raum sehr gekümmert, sondern folgten ihren eigenen Vorstellungen. Nicht ganz frei allerdings: Die Bauten A 2 und A 3 sind kaum denkbar ohne das Vorbild des arabischen Hofhauses, die Audienzhallen (A 7 und A 9) kaum ohne das basilikaler Betsäle. Die Nachricht, über dem Eingangstor des Palastes habe bis 1120 eine Statue der ›Frau Blume‹ (– oder des Kalifen selbst?) gestanden, wird niemand verwundern, der an die Kalifenstandbilder von Khirbat al-Mafdjar oder Kasr al-Heir denkt.

Das alles ist viel weniger fragil als später die Alhambra, ist dafür kraftvoll-großzügiger. Hier sind noch keine Schemata fixiert, hier ist noch alles offen für eine Zukunft, die sich nicht unbedingt an die Reichskunst der Abbasiden und deren östliche Quellen binden wollte.

6 Maurische Baukunst

Dieses Kapitel behandelt den Westen der islamischen Welt, in erster Linie Bauwerke in Spanien (al-Andalus) und – soweit sie dem Nicht-Moslem zugänglich sind – in Marokko, dem Maghrib al-aqsa, dem ›äußersten Westen‹, berührt aber auch in diesen Kreis gehörende Denkmäler Algeriens. Zu Tunesien (Ifriqiyya), das die arabischen Geographen gleichfalls dem Maghrib zurechnen, vgl. Kap. 5.

Innerhalb der islamischen Welt nehmen die Länder des ›fernen Westens‹ deutlich eine Sonderstellung ein, bilden in ihr eine Welt für sich, nicht nur im Dialekt und in manchen Einzelheiten der Schrift. Die Gründe dafür sind vielfältig. Einmal liegen diese Länder rein geographisch weit von den östlichen Zentren islamischer Macht entfernt. Zum anderen traf hier der Islam auf ein eigenstämmiges Volkstum, das der Berber. Diese freiheitsliebenden Nomaden haben zwar bald den Islam angenommen und sich damit arabischer Sprache und Kultur geöffnet, haben aber zugleich zäh an ihrem besonderen Charakter festgehalten und stellenweise bis heute neben dem Arabischen ihre eigenen Dialekte bewahrt. Ihr völkisches Substrat setzte die Vorzeichen für die eigene Melodie des Westens innerhalb der Islamkunst. Daraus erklärt sich drittens auch etwas von dem besonderen historischen Schicksal dieses Bereiches. Als erste haben sich diese Länder aus dem Imperium der Kalifen gelöst, um ihre eigenen Wege zu gehen. Noch etwas kommt dazu, um die Eigenart der maghrebinischen Kunst zu erklären: Die arabischen Eroberer trafen hier zwar auf eine berberische ›Volkskunst‹, nicht aber auf reiche und verwurzelte Bautraditionen einer Hochkultur. Marokko war immer nur oberflächlich romanisierte Grenzprovinz des Imperium romanum gewesen; das einst ganz römische Hispanien stand vor der Eroberung durch die Heere des Islam fast 300 Jahre unter westgotischer Herrschaft, die erst Ansätze zu einer eigenen künstlerischen Ausdrucksweise entwickelt hatte. Von Anfang an fehlten im

Westen die starken byzantinischen und persischen Traditionen, die wir als so bedeutsam für die Entwicklung der Islamkunst kennengelernt haben. Deren Grundmuster prägten sich gerade heraus, als der Islam das Neuland im Westen fest in seine Hand bekam. Das geschah noch unter den Omayyaden, und die omayyadische Tradition wurde in diesen Ländern maßgebend. Unter ihrem Gesetz ist die Kunst des Maghrib angetreten. Politisch abgesondert und geographisch exponiert, lebte der Westen ohne die Schrecken, aber auch ohne Befruchtungen durch Invasionen aus Zentralasien und durch das türkische Element, das von Ägypten bis Indien der islamischen Kunst so entscheidende Impulse gegeben hat. Fremd blieben ihm alle Verbindungen zum Fernen Osten. Im Anschluß an das vorhergehende Kapitel darf daher die künstlerische Entfaltung dieser Sonderwelt hier bis zu ihrem Ende in Erstarrung verfolgt werden.

Das politische Grundthema des islamischen Westens war seit der Jahrtausendwende die Abwehr des von Nordspanien ausgehenden christlichen Gegenangriffs. Berber aus dem Atlas haben das Leben der arabischen Kultur in Spanien verlängert, es aber letztlich nicht bewahren können. 1492 fiel Granada, das letzte Bollwerk auf iberischem Boden, und bald gingen die christlichen Mächte zum Angriff auf die Länder Afrikas über und gewannen schließlich dort die Herrschaft; nicht mehr im Zeichen der Religion, sondern in dem von Machtpolitik und Wirtschaft. Mit der Aufrichtung des Kreuzes über der Alhambra endete nicht nur die traumhafte Blüte islamischer Kultur in al-Andalus, auch auf afrikanischem Boden verebbte die Kunst, lief ohne neue Antriebe traditionell-mechanisch leer. Immer noch brachte sie Schönes hervor, aber gelegentliches Schielen nach Europa hinüber führte ihr nicht neues Blut, sondern eher Fermente der Erstarrung und Zersetzung zu.

Aus dem Chaos, das der Machtübergang an die Abbasiden im – von Bagdad aus gesehen – fernen Westen entfesselt hatte, gingen im späten 8. Jahrhundert unabhängige Staaten hervor, als erster das Emirat von Córdoba. In Algerien formierte sich ein charidschitisches Imamat um Tahert, als dessen Ableger zu Anfang des 10. Jahrhunderts Sedrata (s. S. 183) gegründet wurde. Im Tafilalet, der südlichsten Oase jenseits des Atlas, errichteten die Banu Midrar eine eigene Herrschaft mit dem Handelszentrum Sidschilmassa; um das ehemals römische Volubilis (Oualila) bildete sich der Kern eines alidischen Staates unter *Idris I. ibn Abdallah* (788-92), einem Nachkommen des Propheten in der 5. Generation. Der arabische Gründer-Herrscher starb zwar 792 – angeblich vergiftet durch einen Sendboten Harun ar-Raschids, – aber die Stämme hielten seinem nachgeborenen Sohn Idris II. (803-28/29) die Treue. Er gilt als der Gründer von Fez, der ältesten der ›Königsstädte‹ Marokkos. (Möglicherweise aber lag an der Stelle des heutigen Andalusierviertels von Fez schon eine Gründung Idris' I.) In Fez ist Idris II. bestattet. Sein Vater wurde unweit von Volubilis beigesetzt, in Mulay Idris, der heiligen Stadt des nordwestlichen Afrika. Sie ist das ›Mekka des kleinen Mannes‹ in diesem Bereich.

Über die Herrschaft der Idrisiden sind die Quellen spärlich. Die folgenden Jahrhunderte sind eine ganz dunkle und chaotische Zeit. Die Omayyaden Spaniens beanspruchten zeitweilig die Oberhoheit über dieses Gebiet, aber es scheint praktisch beim Anspruch geblieben zu sein. Nach dem Ende des Kalifats von Córdoba, während an den Höfen der ›Reyes de Taifas‹ Wissenschaft und Dichtung weiterblühten, ging die politische Initiative an Marokko über. Hier kam um die Mitte des 11. Jahrhunderts eine berberische Dynastie zur Herrschaft: die Almoraviden.

Die schleiertragenden Lemtuna-Berber, Nomaden am Sahararand, waren seit dem 9. Jahrhundert Moslems, aber ihr Glaube blieb primitiv-unbelehrt. Erst ein Missionar aus dem Osten brachte ihnen genaueres Verständnis des Islam. Er gründete auch die ersten Ribats an der Grenze gegen den Senegal. Die ›Männer des Ribat‹ (al-Murabitun, in spanischer Umbildung *Almoraviden*), Ordensritter unter geistlich-militärischem Doppelkommando, griffen in das Chaos des 11. Jahrhunderts ein, unterwarfen andere Berberstämme. Einer der Berbersoldaten stieg zum Offizier und schließlich zum Oberkommandierenden auf: Yussuf ben Taschfin (gest. 1106). Schon 1070 schuf er sich einen festen Stützpunkt, strategisch und wirtschaftlich günstig gelegen im Fruchtland am Nordfuß der Atlasberge: Marrakesch. Es sollte die Hauptstadt seiner Dynastie werden. Von hier aus eroberte er das heutige Westalgerien. Gegenüber einer Gründung Idris' I. legte er die Stadt Tagrart an, das spätere Tlemcen.

Die Almoraviden begannen ihren Siegeszug in einem Augenblick, da dem wahren Glauben von allen Seiten her Gefahren drohten. 1061 begannen die Normannen die Eroberung Siziliens, die Kleinkönige Spaniens konnten dem koordinierten Angriff der Christen nicht widerstehen: 1085 eroberte König Alfons VI. Toledo zurück, die alte Westgotenhauptstadt. Auf einen Spruch der scheel auf das freisinnige Kulturtreiben blickenden Korangelehrten hin rief al-Mutamid, der Dichter-König von Sevilla, im Namen auch der anderen Kleinfürsten den Berber zu Hilfe. Yussuf setzte nach Spanien über und schlug König Alfons 1086 vernichtend vor Badajoz. Noch ein zweites Mal kam er den Glaubensbrüdern gegen die Christen zu Hife, aber nun verlangte er seinen Lohn. Dem Strengen erkannten die engherzigen Rechtslehrer die Herrschaftsrechte zu, er setzte sich in Granada und Málaga fest und schließlich auch in Sevilla. Al-Mutamid, der ihn einst gerufen hatte, verdarb als Gefangener im Kerker des Siegers. Der spanische Held des Zeitalters, der Cid (1043-99), zeigt, wie wenig fanatisch die Spanier selbst waren, diente er doch vorübergehend auch den Mauren als Heerführer. Aber von Cluny her gelenkt, gewann die militärische Auseinandersetzung auf christlicher Seite immer stärker glaubenskämpferische Züge. Fanatismus erzeugte Gegenfanatismus. Geistliche Beschränktheit ging nunmehr daran, die freie wissenschaftliche und künstlerische Tätigkeit einzuengen. Erstmals regte sich im Islam intolerante Verfolgungswut, aber über sie triumphierte doch der Freisinn des Lebens im süßen Andalusien. Ali ben-Yussuf (1106-42), der jugendliche Nachfolger des almoravidischen Eroberers, war ihm verfallen. Trotzdem konnte er nach dem Tod Alfons VI. von Kastilien Erfolge gegen die Christen erzielen. Aber noch vor seinem Tod erfolgten so viele Rückschläge, daß sich die Moslems in Spanien mit jenen puritanischen Glaubenskämpfern verbanden, die der Herrschaft der Almoraviden schon den Boden im afrikanischen Bereich entzogen hatten: den Almohaden. Durch sie fiel auch das spanische Reich der Almoraviden.

Auch nach dem Zerfall des Kalifats von Córdoba behielt Spanien die kulturelle Führung im Maghrib. Noch vor der Jahrtausendwende entstand die kleine Moschee *Bib Mardum* (heute Cristo de la Luz) in **Toledo**, angeblich an der Stelle einer westgotischen Kapelle. Die Rippenkonstruktion ihrer Kuppeln ist deutlich jener der Maqsurakuppeln von Córdoba verwandt. Der später angefügte Teil ist bereits ein charakteristisches Beispiel für die sog. ›Mudejar-Kunst‹ (s. u. S. 202). Alfons VI. von Kastilien hat 1085 die Stadt den

83 *Toledo, Bib Mardum, heute Cristo de la Luz, 980*

Moslems abgenommen. Kurz vorher mag das bedeutendste
Zeugnis aus der Zeit der ›Reyes de Taifas‹ vollendet worden
sein: das Schloß *Aljaferia von* **Zaragoza** (etwa 1040-83).
Nach 1118 haben die christlichen Herren der Stadt den
Palast mehrfach verändert und zerbaut. Er diente u. a. als
Kloster, königliche Residenz, Sitz der Inquisition, Kaserne.
Im 19. Jahrhundert wurden die meisten der noch erhaltenen
Säulen und Bogenstellungen ins Archäologische Museum
von Madrid (einige Teile auch ins lokale Museum) überführt. In Madrid kann man die flamboyante Verflechtung
von Vielpaßbogen bewundern: rein dekorative Elemente,
die jede statische Bedeutung verloren haben. An Ort und
Stelle zu sehen ist noch vor allem die kleine, auf quadratischem Grundriß zum Oktogon sich wandelnde Schloßmo-
schee. Seit Jahren sind Restaurierungsarbeiten im Gang,

84 *Arkadenbogen aus Schloß Aljaferia von Zaragoza, um 1040-83. Madrid, Museo Arqueológico Nacional*

aber sie werden das Gewesene nicht in anschauliche Wirklichkeit zurückrufen können. Das Schloß war ursprünglich etwa quadratisch, mit halbrunden Mauertürmen bewehrt, wie die Schlösser in der syrischen Wüstensteppe, im Inneren dreigeteilt wie Mschatta, in den mittleren Abschnitt eingelegt ein Hof mit Portiken an den Schmalseiten, mit Becken und Brunnen wie später die Höfe der Alhambra. Die Aljaferia stellt das ›logische Verbindungsglied‹ zwischen den Omayyadenschlössern Syriens und der Alhambra dar, anders als Medina Azzahra. Diese Palaststadt scheint eher Nachfolge in den Berberstädten Algeriens gefunden zu haben[21].

Nur etwa 15 km von der Oase Ouarghla (Algerien) entfernt, aber schwer zugänglich, liegen – vom Wüstensand schon wieder verweht – die von französischen Archäologen seit 1951 erforschten Reste der Stadt **Sedrata**. Gegründet um 909 durch charidschitische Berber aus Tahert, blühte sie im 10. und 11. Jahrhundert. Ihre Nachfolger, nicht aber ihre künstlerischen Erben, wurden die fünf ›heiligen‹ Städte des Mzab (Ghardaia, Beni Isguen, Melika, Bournoura und El Ateuf)[22]. Die Ausgrabungskampagnen haben Häuser, Stadtmauern und einen Palast erforscht. Was dabei gefunden wurde, eröffnet weite Horizonte. Im Dekor der Bauten, die sich an tunesisch-aghlabitischen Vorbildern ausrichten, verbinden sich koptisch-christliche und omayyadische Motive mit vermutlich berberisch-afrikanischen und überraschenderweise auch mit Elementen aus Chorassan und Samarra. Tahert, die Mutterstadt, galt schon im 8. Jahrhundert als das ›Balch des Westens‹ und war Handelspartner iranischer Kaufleute. Die Tochterstadt wollte offenbar darin nachfolgen, aber 1077 haben die ziridischen Banu-Hammad sie zerstört. Deren Stadt, die **Qalaa der Hammaditen,** 1007 von einem Berberfürsten etwa 100 km von an-Nasiriya, dem heutigen Bejaia (frz. Bougie) als Zuflucht vor den Fatimiden gegründet, spielte nach der Hillal-Invasion (1052) eine bedeutende Rolle in Ifriqiyya, erweckte aber durch ihren Reichtum den Neid der Nomaden. Um diesen auszuweichen, wurde 1148/49 das eben erwähnte an-Nasiriya gegründet, die Qalaa wurde von den Nomaden bald darauf (1152) erobert und zerstört.

Die Stätte ist so schwer zugänglich, daß sich in dem hier gesetzten Rahmen bestenfalls ein Hinweis vertreten läßt. Die Ruinen von mehreren nicht exakt datierbaren Komplexen liegen in zwei verschiedenen großen, mauerumgürteten Bezirken am Hang. (Also ähnlich wie in Medina Azzahra; auch hier mag die unterste Terrasse ein bewässerter Park eingenommen haben). Heute am auffallendsten: das *Minarett* aus roh behauenen Steinen über dem Eingang zur *Moschee* (64 x 54 m) in dem größeren der beiden Bezirke; im kleineren das *Qasr al-Manar* mit einem donjonartigen Wacht- und Signalturm (Manar) von 20 x 20 m Seitenlänge an der Basis. Die meisten der ausgegrabenen Baukomplexe hatten eine Vorhalle, wie die Moschee von Mahdiya. Die wichtigsten Funde aus beiden Ruinenstädten wurden ins Musée Stéphane-Gsell in Algier verbracht.

Die Entdeckungen in diesen Städten haben das bisherige Bild der westislamischen Entwicklung nicht umgestürzt, aber um viele Züge bereichert, denn von den Bauschöpfungen der Almoraviden ist recht wenig erhalten geblieben.

Zum ersten Mal sprachen Berber-Dynastien ein entscheidendes Wort auch im künstlerischen Bereich. Die auf omayyadischen Grundlagen beruhende ›maurische‹ Kunst gewinnt ihr klares Gesicht. Über alle lokalen Unterschiede hinweg ist es sehr einheitlich. Im 12. Jahrhundert werden sich die Bauwerke von Marrakesch und Sevilla genauso gegenseitig ergänzen, wie im 14. Jahrhundert die von Granada und Fez. Der Grundplan der Moscheen, den die omayyadische Epoche ausgebildet und das 9. Jahrhundert fixiert hatte, wird nicht mehr verändert. Die Hofmoschee mit einem auf den Mihrab zulaufenden, verbreiterten Mittelschiff wird durch alle folgenden Zeiten beibehalten, mögen auch die Proportionen sich wandeln. In der Regel überwiegt die Breitenausdehnung des Betsaals seine Länge. Die Schiffe laufen meist senkrecht auf die Qibla zu, seltener zu ihr parallel. Vereinzelt sind sie gar durch Bogenstellungen nach beiden Richtungen verbunden. Wie in Córdoba zeigen lange Walmdächer über den Flachdecken schon nach außen hin ihren Verlauf. Neu gegenüber der früheren Zeit, aber in den Betsälen der tunesischen Ribats und der Moschee von Sousse schon vorgebildet, ist die Form der Stützen. Statt der Säulen verwendet man jetzt gerne aus Ziegeln aufgemauerte, stämmige Viereckpfeiler mit vorgelegten Halbsäulen oder -pfeilern. Die Bögen in ausladender Hufeisenform, manchmal leicht zugespitzt, glatt oder als Zackenbogen gestaltet, setzen entsprechend tief an. Die Räume erhalten dadurch einen schweren Ernst, werden aber doch nicht lastend oder drückend, denn die Massivität der Pfeiler wird durch die Weite der Schiffe aufgewogen. In diesen Pfeiler- und Bogenformen treffen wir etwas für die maghrebinische Kunst Kennzeichnendes. Immer sind die Bogen von einem Rechteckrahmen (span. Alfiz) umgeben. Im Grunde bildet dieses Rahmenwerk das eigentliche Trägergerüst des Baues, und in der späten Phase der maurischen Kunst kann es vorkommen, daß die Bogen eigentlich nur noch eine unstatische Dekoration darstellen, als Spitzenwerk aus Stuck oder Holz in den Rahmen nur eingehängt werden, in Stalaktitformen oder als Netz herabhängen und nur den Anschein des Tragens erwecken: Die Leugnung der Materialschwere, das ge-

85 *Marrakesch, Kuppel der Qubba Barudiyyn, um 1100*

heime Ziel aller Islam-Bauten, verwirklicht sich in überzeugender Weise. Auch die Minaretts setzen im ganzen die in omayyadischer Zeit festgelegte Grundform fort, wie sie schon aus Kairouan bekannt ist. Ein Vierkantturm mit in die Flächen gesetzten Fenstern trägt einen kleinen Aufbau ähnlicher Form mit einer kuppelartigen Bekrönung. Eines der ersten Beispiele im Westen stellt das *Minar der Qarawiyyn-Moschee* in **Fez** dar. (Hier fehlt allerdings heute das Obergeschoß.) Diese Form wurde für den gesamten islamischen Westen verbindlich und konnte auch in den Jahrhunderten osmanischen Einflusses auf die Berberstaaten nie gänzlich verdrängt werden. In der Regel stehen die Minaretts (wie schon in Kairouan und Córdoba) in der Hauptachse gegenüber dem Mihrab, in einigen Fällen sind sie (in Erinnerung an die Ecktürme der Moschee von Damaskus?) in eine Hofecke verschoben. Nur ganz selten schließen die Türme an den Betsaal an. In Tinmal steht das Minar über dem Mihrab, ähnlich wie in Khirbat al-Mafdjar.

In **Marrakesch** haben die almohadischen Gegner die Bauten der Almoraviden niedergerissen, um sie durch eigene zu ersetzen. Vom Almoravidenpalast finden sich heute nur

86 *Marrakesch, Blick in die Kuppel der Qubba Barudiyyn, um 1100*

noch ein paar Mauerreste in der Gartenanlage nördlich der
Kutubiya-Moschee. Auf dem Platz vor der Ben-Yussuf-Moschee steht unterhalb des heutigen Bodenniveaus – als Teil
eines Ruinenkomplexes ein äußerlich restaurierter kleiner
Kuppelbau, die *Qubba Barudiyyn* (ca. 1100). In seinem Inneren weist er eine Stuckdekoration auf, die sich einerseits
(z. B. in den Muschelformen und den vegetabilen Ranken)
sehr deutlich an Formen von Córdoba anlehnt (ebenso wie
der Aufbau der Wölbung aus einem komplizierten Rippengerüst mit einer Schirmkuppel als oberem Abschluß), andererseits in der phantastischen Verschlingung von bereicherten Kleeblattbogenformen zu einem untektonisch-schwere-
losen Aufbau wie frühes Tasten nach archaischen Vorformen des später im Westen so besonders beliebten Stalaktit-
werkes erscheint. Noch aber fehlen die Stalaktiten.

Stärker an diese Gebilde erinnernde Formen, die aber im
Grund auch noch aus Verwendung von sich überkreuzenden
Bogen entwickelt sind, finden sich in der Mittelschiffkuppel
der leider dem Reisenden unzugänglichen *Qarawiyyn-Moschee* von **Fez**[23]. Es scheint, daß der Westen auf dem Wege
war, etwas der Stalaktitform Entsprechendes zu entwickeln,
bevor die ausgebildete und dem Stilwollen islamischer
Kunst so ideal dienende Form über Ägypten importiert
wurde.

In Marokko sind dem Fremden nur zufällige Einblicke in
Moscheen gestattet. Einen Ersatz für das, was ihm an Orna-

87 *Tlemcen, Gewölbe über dem Mitteljoch der Großen Moschee, 1136*

mentalem entgeht, bildet vielleicht der ernst-gewaltige Minber aus der Kutubiya-Moschee (aus der 1. Hälfte des 12. Jh.), heute in einem der erhaltenen Räume des saadischen Bedi-Palastes in Marrakesch. In die Felder der Seitenwangen, die aus geometrisch verschlungenen Intarsiabändern gebildet werden, sind feingeschnittene Arabesken eingelassen, die zwar von fern an die durchbrochenen Schnitzarbeiten der Maqsura von Kairouan erinnern, aber eigentlich die genaue Fortsetzung des Stils der marmornen Schmuckplatten am Mihrab von Córdoba ins ›Maurische‹ darstellen.

Vergleichbares zeigt die Ornamentik der *Großen Moschee von* **Tlemcen**. Hier sind die cordobeser Motive aus Stein und Mosaik in bemalten Stuck übersetzt. Yussuf ben Taschfin fügte der eroberten Stadt ein neues Viertel an, unter seinem Sohn wurde die Moschee 1136 vollendet. Da sie an den schon bestehenden Regierungspalast anschloß, ist ihre Gestalt fünfeckig, der quadratische Arkadenhof rückte aus der Mittelachse. Grundsätzlich folgt sie dem im Westen schon eingebürgerten Typus, sogar besonders ausdrücklich. Der Betsaal (13 Schiffe senkrecht zur Qibla) ist durch eine querlaufende Bogenstellung unterteilt. Das Mittelschiff wird durch leichte Verbreiterung, Betonung der Front und zusätzlich zu der Kuppel vor dem Mihrab durch eine weitere über dem zweiten Joch ausgezeichnet, als sei etwas, das in Kairouan, Sousse und Córdoba aus etappenweiser Erweiterung zu erklären ist, in dem auf einen Zug errichteten Bau nachgeahmt worden. Ein Zeichen dafür, daß der Westen bereits seine eigenen Denkmäler als vorbildlich betrachtet. Der Mihrab, nach dem Vorbild von Córdoba fast als eigener Raum gestaltet, weist drei durchbrochene Stuckplatten auf, die an die Platten von Kairouan erinnern. Seine Stirnwand (mit Hufeisenbogen in einem Rechteckrahmen) folgt wiederum cordobeser Vorbild. Die Rippenkonstruktion der Mihrabkuppel – zwölf sich überschneidende dünne Rippen, paarweise von zwölf Konsolen ausgehend, formen die Wölbung – geht über die cordobeser Gestaltungen hinaus. Die Felder zwischen den Rippen sind in zwei Schichten mit durchbrochenem Spitzenwerk aus Stuck gefüllt, durch die von oben das Licht rieselt. Eine so einzigartig immaterielle Kuppel war bisher noch nie geschaffen worden. Neu ist das erstmals im Westen auftretende blühende Kufi, neu vor allem, daß nicht mehr Säulen, sondern Pfeiler die Decken der Hallen und Schiffe tragen. (Das Minar ist ein Werk des 13. Jahrhunderts.) Eine ähnlich phantastische Kuppel vor dem Mihrab findet sich in der leider unzugänglichen *Großen Moschee* von **Taza.**

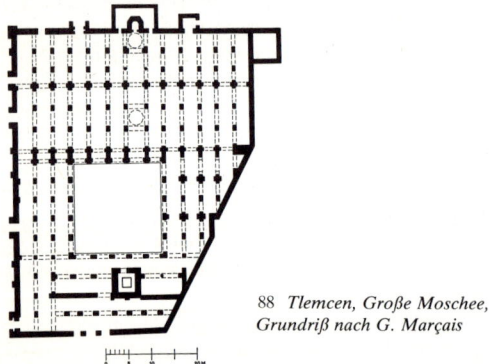

88 *Tlemcen, Große Moschee,
Grundriß nach G. Marçais*

Der Kern der *Großen Moschee von* **Algier** entstand im späten 11. Jahrhundert. Die Schiffe des Betsaals mit ihren ausladenden Hufeisenbogen (immer in Rechteckrahmen eingeschrieben) auf niedrigen Pfeilern demonstrieren die neue Stufe maghrebinischer Gestaltungsweise, die der Fremde nur an wenigen Beispielen mit eigenen Augen sehen kann. In Marokko ist nur die frühalmohadische *Moschee*

89 *Taza, Große Moschee, Blick in die Kuppel vor dem Mihrab, 1291/92*

von Tinmal (als Ruine) zugänglich. In Algerien sind das
außer Tlemcen die Moscheen von *Bou Medine* und die
Ruinen von *Mansura*. Sie setzen die Überlieferungen auf
einer neuen Stufe fort (Abb. 98 S. 201).

Eine diesmal von den Berbern des Hohen Atlas ausgehende neue ›Erweckungsbewegung‹ brachte die almoravidische Herrschaft zu Fall. Ein Verkünder eines vertieften,
aber asketisch-finster getönten ethischen Koranverständ-
nisses erstand hier in der Gestalt des gelehrten Reformators

Mohammed Ibn Tumart. Von seinen Anhängern als ›Mahdi‹
betrachtet, sammelte er unter den Masmuda-Berbern Ge-
folgsleute und führte sie zum Kampf gegen die Almoraviden. Seine Lehre betonte vor allem die Einheit (tawhid)
Gottes, seine Anhänger nannten sich al-Muwahhidun, was
soviel wie ›Verfechter der Einheit‹ heißt, in span. Umbildung ›*Almohaden*‹. Nach Ibn Tumarts Tod (um 1130) führte
sein Schüler Abd al-Mumen die Bewegung zum Sieg: 1147
gewann er Marrakesch, die almoravidische Hauptstadt. Hil-
fegesuche aus dem sich auflösenden almoravidischen Spanien veranlaßten ihn, auch dort einzugreifen. Der Kampf
zwischen der älteren und der jüngeren berberischen Sekte
wurde im wesentlichen auf spanischem Boden ausgetragen
und endete mit der Beseitigung der älteren Dynastie. Nur
auf den Balearen hielten sich noch die Anhänger der Almoraviden. Die Almohaden übernahmen den Abwehrkampf
gegen die Christen. Um die Mitte des 12. Jahrhunderts erklärte sich *Abd al-Mumen* (1130-63) zum Kalifen. König
Roger II. von Sizilien hatte nach Ifriqiyya übergegriffen und
1148 Sfax erobert, aber noch vor seinem Tod vertrieb Abd
al-Mumen die Normannen und machte diese Provinz zu
einem Teil seines Reiches, das sich schließlich als einziges
berberisch-islamisches Großreich vom Nordrand des islamischen Spanien bis an die Grenzen Ägyptens erstreckte. Es
war relativ dauerhaft, auch wenn seine Blütezeit nur ein
halbes Jahrhundert währte, unter dem Sohn (Abu Yaqūb
Yussuf, 1163-84) und dem Enkel (Yussuf Yaqūb al-Mansur,
1184-98) des Gründers. Kulturell neu erblühend, konnte es
sich, in der Epoche der christlichen Kreuzzüge in den Osten,
der Christen erwehren. Aber die puritanischen Berber waren als Herren wenig beliebt.

Der Sieg des vorher mehrfach geschlagenen Alfons VIII.
von Kastilien bei Las Navas de Tolosa (1212) leitete die
Auflösung des Almohadenreiches ein. Zugleich begann das
letzte Kapitel in der an Großtaten des Geistes glorreichen
Geschichte des maurischen Spanien. Die Könige von Kastilien und von Aragon eroberten 1236 das ehrwürdige Córdoba, 1238 Valencia, 1248 Sevilla, 1269 Murcia. In diesem Jahr
verschwand auch die afrikanische Herrschaft der Almohaden, aufgelöst in Kleinstaaten. Auf iberischem Boden hat
– nach dem Erlahmen des christlichen Kreuzzugsgedankens
– nur noch ein Kleinkönigtum als Zuflucht freien Geisteslebens und letztes Bollwerk des andalusischen Islam auf verlo-

renem Posten ein Vierteljahrtausend (1232-1492) überdauert: das Reich der Nasriden in Granada. Gerade aus dem Wissen um seine ständige Gefährdung erwuchs ihm die Kraft zu bezaubernden Spätleistungen in Poesie und Baukunst. Schließlich erlag es doch den ›katholischen Königen‹. Zu Anfang des Jahres 1492 erhob sich das Kreuz auf der Alhambra, der letzte Nasride Abu Abdallah, der ›Bobadilla‹ der spanischen Romanzen, zog trauernd ins Exil. Gegen alle Garantien und Versprechungen, die vor der Kapitulation verbrieft worden waren, stellten die christlichen Eroberer die Moslems bald vor die Wahl zwischen Taufe und Vertreibung. Über hundert Jahre später mußten auch die getauften Nachkommen der dem Glauben abtrünnig Gewordenen vor ›christlichem‹ Haß das Land ihrer Väter räumen.

In Nordafrika bildeten sich nach dem Ende der Almohaden unter lokalen Dynastien die heutigen Länder. In Marokko traten die Meriniden (1259-1375) die Herrschaft an, im westlichen Algerien die Zayyaniden (Abd al-Wadiden), in Tunesien und dem östlichen Algerien die Hafsiden (1230-1574). Das Jahr 1492 war nur ein Meilenstein auf dem sieghaften Eroberungsweg der iberischen Völker. Die Portugiesen griffen auf die marokkanische Atlantikküste über, die Spanier auf die Mittelmeerküsten Algeriens und Tunesiens. Den Arabern und Berbern blieb als Abwehrmaßnahme nur die Piraterie und der Hilferuf an die glorreich aufsteigende Osmanenmacht und die Korsaren im Dienste des türkischen Sultans. Abenteuerlich sind die Wechselfälle in den Auseinandersetzungen, aber für unsere Zwecke interessiert nur das Ergebnis: Die Mittelmeerküste geriet unter osmanischen Einfluß, auch wenn die Abhängigkeit der Deys und Beys von Algier und Tunis von der Pforte in Istanbul im Grunde nur eine staatsrechtliche Fiktion war. Die berberischen Mittelmeerstaaten standen in der Auseinandersetzung zwischen Habsburg-Spanien und den Osmanen, und deren Kunst wirkte nun als Vorbild, in Algerien stärker als in Tunesien. Nur Marokko ging in der Abwehr gegen die Portugiesen seinen eigenen, kämpfereichen Weg. Hier folgten den Meriniden u. a. die Banu Watassi, die Saadier (ca. 1551-1650) und auf sie die noch heute regierenden Alauiten.

Das almohadische Jahrhundert hat Werke hervorgebracht, die sich mit den europäischen der späten Romanik und frühen Gotik gleichrangig messen können, ihnen in

90 *Moschee von Tinmal, 1153/54*

asketischer Strenge und herber Größe fast verwandt erscheinen. Einer der ältesten Almohadenbauten – nur als
Ruine erhalten – ist die *Moschee von* **Tinmal** (1153/54).
Hier, etwa 100 km von Marrakesch, etwas abseits der Straße
nach Agadir, war vor der Eroberung Marrakeschs vorübergehend die Hauptstadt der neuen Dynastie. Die Moschee
wirkt eher bescheiden und puritanisch-schlicht. Das mittlere
der neun Pfeilerschiffe ist verbreitert und bildet mit dem
qiblaparallelen Querschiff eine T-Form, die an fatimidische
Anlagen in Kairo (al-Azhar, al-Hakim) erinnert. Ein neues
Element innerhalb des asketisch vereinfachten Schmuckre-
pertoires bilden die Lambrequinbehänge an den Bogen des
Mihrabtraktes. Ähnliches könnte man in der leider
unbetretbaren Kutubiya-Moschee von Marrakesch wieder-
finden (Abb. 99 S. 201).

  Das Minarett von Tinmal eröffnet die Serie der almohadischen *Moscheetürme*. Das ausgehende 12. Jahrhundert
setzte unter Yussuf Yaqūb al-Mansur die Reihe mit so eindrucksvollen Werken fort wie dem *Kutubiya-Minar von
Marrakesch* (1196), dem stark restaurierten *Kasbah-Minar*
derselben Stadt, dem unvollendeten *Hassan-Turm von Rabat* (um 1195) und dem Minarett der Großen Moschee von
Sevilla, der *Giralda* (1195), so benannt nach der Wetterfah-
ne auf der Spitze der Renaissance-Bekrönung. (Die Moschee selbst mußte der Kathedrale weichen, nur ein paar
Hofarkaden stehen noch.) Eine Überlieferung schreibt

arrakesch, Kutubiya-Minar, 1196

*Sevilla, Minarett der Großen Moschee (Giralda), 1195,
nd nach dem Umbau. Der 1355 bei einem Erdbeben
rte obere Teil wurde 1560/68 von Hernan Ruiz im Stil der
schen Spätrenaissance erneuert. Den ursprünglichen Zu-
zeigt ein Relief von 1499 in Villasena le Mena (Burgos).*

diese Türme alle einem andalusischen Baumeister ›Geber‹
zu. Auf algerischem Gebiet gehören in diese Reihe u. a. die
Minaretts der Großen Moschee von *Tlemcen* (Mitte 13. Jh.)
und im nahegelegenen *Mansura* (um 1300). Jeder dieser
Türme ist eine ausgeprägte Persönlichkeit und kann doch
nicht die Familienähnlichkeit verleugnen. Sie alle gehen auf

94 *Rabat, Säulenreste und Minarett der Hassan-Moschee, 1184-99*

eine Grundform zurück, die schon in der Omayyadenzeit
geschaffen wurde: ein hoher, kubischer Schaft, darauf ein
kleinerer, ähnlich gestalteter Aufbau, bekrönt von einem
kuppelartigen Abschluß, wie ihn das Kutubiya-Minar noch
besitzt. In Rabat wurde das Obergeschoß nie gebaut, in
Sevilla durch die opulente Renaissancebekrönung ersetzt
(nur ein altes Relief zeigt noch das ursprüngliche Aussehen).
Das Grundmotiv liefert das omayyadische Minarett von
Kairouan (siehe Seite 129). Wie weit daneben die Türme
berberischer Wehrburgen an der Ausbildung des Typus beteiligt sind, läßt sich nicht mit Sicherheit entscheiden. Diese
Berberburgen (Vor- oder Nachbilder früher Ribats?) aus
Stampflehm (pisé) sind zu schnell vergänglich, ihre vor- und
ungeschichtliche Vergangenheit daher zu ungreifbar. Es ist
daher auch unsicher, ob man in den volkstümlich-geometri-
schen Teppichmustern ihres Dekors eine Quelle für den
atektonischen Schmuck an den Flächen der almohadischen
Türme erblicken darf. Es ist ebensogut möglich, daß die
almohadischen Minaretts der Stadtmoscheen zu Vorbildern
für die Türme der Berberburgen geworden sind. Wie dem
auch sei, die Parallelen zwischen ›primitiver‹ und sehr bewußter Gestaltung sprechen für die kulturelle Geschlossen-

heit der maghrebinischen Welt. Die ›maurische‹, d. h.
›westislamische Kunst‹ muß – über alle Entwicklungsstufen
hinaus – manchmal als Kronzeugin für die typisch ›arabische‹ Kultur dienen, wird aber andererseits oft nur als Rand-
erscheinung im Gesamtbild islamischer Kunst hingestellt,
je nach dem Standpunkt, von dem aus man sie betrachtet.
Beide Ansichten haben etwas für sich. Die maurische Kunst
entwickelt sich, aufbauend auf ›arabischen‹ Voraussetzungen, fast volkstümlich und in sich geschlossen wie nirgends
sonst, denn sie wächst im ganzen unberührt vom türkischen
Einfluß zur Verwirklichung ihres eigenen Wesens heran,
sondert sich damit vom Gang der übrigen islamischen
Kunstgeschichte ab, in der seit der Jahrtausendwende immer stärker die Turkvölker ihre Stimme geltend machten.
Sie schert also aus dem Zug der Gesamtentwicklung aus,
bleibt viel ›arabischer‹ auf berberischem Substrat, ihre Entwicklung erklärt sich fast nur aus sich selbst, und doch bleibt
auch sie beispielhaft islamisch.

Wie folgerichtig in sich selbst sie heranwächst, das belegen
gerade die almohadischen Minaretts. Ergebnisse einer schon
eigenständigen Entwicklung, werden sie fortab Vorbilder
für so gut wie alle Minaretts des Westens, wenn man von
einigen 16., 17., 18. und 19. Jahrhundert errichteten absieht. Die almohadische Zeit hat den Typus in der offiziellen
wie in der mehr volkstümlichen Baukunst ein für alle Male
fixiert.

Was jedem der almohadischen Türme heute sein so ganz
unverwechselbares Gesicht gibt, ist einmal die verschiedene
Farbpatina. Sie reicht vom Ziegelocker der Giralda über ein
kräftiges Rotbraun bis zum violett schimmernden Steingrau
des Kutubiya-Turms, an dessen Bekrönung Bänder grün-
bläulicher Fliesen so unübertrefflich zum Blau des Himmels
überleiten, – ein Zug, den viele der späteren Minaretts übernehmen. Was sie weiter unterscheidet, ist die Gliederung
ihrer Mauerflächen: sie variiert selbst an ein und demselben
Minarett von Front zu Front.

Aber die Verschiedenheiten sind im Grunde nur untergeordnet. Sehr bald wird klar, daß mit einem streng begrenzten
Motivschatz gearbeitet wird. Nur schmale Fenster mit Hufeisenbogen als Abschluß sind schlitzartig in das Mauerwerk
eingeschnitten, treten manchmal nebeneinander zum Dop-
pelfenster (span. Ajimez) zusammen (ein später immer beliebter werdendes typisches Motiv), werden von laubsägear-

tigen Zattelbögen überfangen. Die Bogenstellungen werden nach oben hin zahlreicher, verschränken sich, ihre Schatten zeichnen reichere Muster. Ein besonders wichtiges Schmuckelement stellen die Gitterfelder (Sebka) dar, die in die Flächen eingeschnitten sind, und hinter denen sich die Mauermasse verbirgt. Sie ›entstehen‹ vor unseren Augen aus der Verflechtung von Vielpaßbögen wie im oberen Feld des Kutubiya-Schaftes. Das daraus sich ergebende, reich gezattelte Netzwerk kann nun beliebig oft nach oben zu wiederholt werden, bis ein ganzes Paneel solchermaßen in unendlichem Rapport phantasievoll variierter Rauten gefüllt ist. Hier zeigt sich beispielhaft, wie sich Motive der maurischen Kunst folgerichtig aus sich selbst entwickeln. Einander überschneidende Bogenstellungen kannte u. a. auch schon die fatimidische Kunst. Ineinander verflochtene Zackenbögen aber treten erstmals in al-Hakems Erweiterung der Moschee von Córdoba auf. Sie dienen dort nicht nur der rhythmischen Bereicherung, sondern auch der statischen Festigkeit. In der Almohadenzeit wird daraus eine Zierform, deren gleichbleibend-lebendiger Rhythmus etwas Gewichtneutrales an sich hat: Es läßt sich kaum mehr eindeutig entscheiden, ob diese Netze sich auf den dünnen Säulen der Arkaden aufbauen oder ob nicht eher diese Säulen nur wie Quasten von dem Netz herunterhängen. In der Phase der Alhambrakunst werden die Gitternetze zu einem reinen Füllornament. Als durch Arabesken oder Wappenrosetten bereichertes, durchbrochenes Spitzenwerk füllen sie die Felder zwischen Rundbogen und Rahmen. Sie wachsen nicht mehr aus dem Bogen hervor, tragen auch gar nichts, sondern hängen, auch materiell möglichst leicht gestaltet, im tragenden Rahmenwerk wie Vorhänge, in denen sich das Licht bricht. Parallel geht die Tendenz zum immer leichteren Material. Die verflochtenen Arkaden in Córdoba hatten noch Keilsteine nachgeahmt. In der Almohadenzeit scheint der Ziegel das Material zu sein, aus dem sich am mühelosesten solche Gewebe fügen ließen. Die reichsten zeigt wohl nicht zufällig der Backsteinbau der Giralda von Sevilla. Wo sie in Stein gebildet sind wie in Rabat, meint man, noch etwas von der bewußten Mühe der Umsetzung ins härtere, monumentalere Material zu spüren. Die Spätphase arbeitet mit dem leichtesten und bildbarsten, dem Stuck.

Die vielförmige und doch als Bildeinheit konzipierte Ornamentierung eines Turmkörpers scheint dem europäischen

95 *Sevilla, Goldener Turm, 1220*

Gefühl fremdartig zuwiderzulaufen. Antike, Romanik und
Renaissance schichten Geschosse bauklotzartig übereinander, sie ›bauen‹ und machen das ›Hinauf‹ genauso deutlich
wie in ihrer ausgeklügelten Weise die fontänengleich hoch-
schießenden Türme der Gotik. Aber auf einen Turm wie
z. B. den Campanile von Siena, scheint das eben Gesagte

nicht zuzutreffen (seine schwarz-weiße Außenhaut hat ja
viel Islamisches!). Doch gerade an ihm kann der grundsätzliche Unterschied deutlich werden. Man erinnere sich nur,
wie er durch die Vermehrung der Fensterzahl nach oben zu
immer leichter wird und wie er sich in horizontalen Streifen-
lagen in die Höhe schichtet! Die geometrischen Körper almohadischer Türme vermeiden jede Andeutung einer Geschoßgliederung, sie sind umsponnen von richtungslosen
Elementen, diagonal laufenden Gittern und gezattelten Bögen. Zattelbögen, arabeske Rankenreliefs in den Zwickeln
eines umgreifenden Rechteckrahmens machen auch den
Dekor almohadischer Torbauten aus. Es sind, in anderes
Material umgesetzt, die Motive der Mihrabwand von Córdoba.

Zweifellos gehören die *Stadtbefestigungen* mit ihren Türmen und Toren zur eindrucksvollsten Hinterlassenschaft der
Almohadenzeit. In *Sevilla*, der spanischen Hauptstadt der
Almohaden, steht noch ein Stück der Mauer aus dem frühen
13. Jahrhundert mit dem *Goldenen Turm*. Über seinem massigen zwölfeckigen Untergeschoß erhebt sich ein ähnlicher,
aber schlankerer Oberbau. Das Aufbauschema ist also vergleichbar dem der viereckigen Minars. In der Regel sind die
Festungstürme auch viereckig und von der gleichen kubischen Kraft wie diese: Die almohadische Zeit ist in ihren
Äußerungen von großartiger Geschlossenheit.

Die besterhaltene Almohadenfestung Spaniens besitzt
Alcala de Guadaira, trotz einiger Veränderungen nach der
christlichen Eroberung im 13. Jahrhundert. *Tlemcen, Alt-
Fez* und *Marrakesch* sind noch fast zur Gänze vom Zingel
ihrer Mauern aus dieser Zeit umschlossen. Natürlich blieben
sie als militärische Anlagen nicht unversehrt und sind nicht
unverändert auf unsere Zeit gekommen, aber von ihrer eindrucksvollen ursprünglichen wehrhaften Stärke haben sie
nichts eingebüßt. Das Bild der roten Mauer von Marrakesch
vor den Schneegipfeln des Atlas, überragt von Palmwipfeln
und dem Kutubiya-Minar wird jedem Reisenden unvergeßlich bleiben. In der nüchternen Strenge dieser reinen
Zweckbauten sitzen die *Tore* wie kostbare Juwelen. Nur auf
ein paar besonders schöne Almohadentore sei hier verwiesen. Sie stellen mit ihrem geknickten Einlaß, einem Zwi-
schenhof und oft flankierenden Türmen kleine Festungen
für sich dar. Aber nicht das Fortifikatorische an ihnen soll
uns hier beschäftigen, sondern der Schmuck ihrer Fronten.

96 *Marrakesch, Bab Agenau,*
Ende 12. Jh.

97 *Rabat, Tor der Kasbah,*
1184-99

Das unter diesem Gesichtspunkt bedeutendste ist das *Bab Agenau von Marrakesch*, erbaut Ende des 12. Jahrhunderts unter Yussuf Yaqūb al-Mansur als Zugang zum Residenzviertel. Die Öffnung wird konzentrisch von mehreren tief ansetzenden Hufeisenbogen umzogen, glatt, gezackt und im rhythmischen Wechsel verflochten. Die beiden breiten Bänder mit einem Keilsteinmuster sorgen für den abweisenden Ernst, der einem festen Tor wohl ansteht. Ein nur spärlich von Ranken belebter Fries aus schwerer Kufischrift bildet den Rechteckrahmen, dichtes Rankenwerk aus Arabesken in flachem Relief füllt die Zwickelflächen, in denen einzig zwei kleine Muschelmedaillons (vgl. die almoravidische Qubba bei der Ben-Yussuf-Moschee!) durch den dunklen Schatten ihrer tiefen Höhlungen einen Hell-Dunkel-Akzent setzen. Das fast ganz erneuerte Gesims aus hellem Stein weist verflochtene Bogen auf.

Einen ähnlichen Formenschatz zeigen in *Rabat* zwei Meisterwerke: das Bab ar-Ruah und das *Tor der Kasbah der Oudaias* aus der gleichen Zeit. Dieses beschränkt sich zur Betonung der Toröffnung auf ein großformiges Flechtband und bedient sich eines kräftigeren Reliefs, das in bewußten Gegensatz tritt zu dem zierlich-kleinteiligen Spiel des

schmalen Schriftrahmens und des eingeschobenen Streifen-
frieses. Eine Reihe von sieben phantastisch reichgezackten
Arkaden bildet heute den oberen Abschluß. Und wie ist
diese klar geschmückte Fassade zwischen die turmartig vorspringenden Mauerzungen eingebunden! Mit nobelster Be-
scheidenheit wird dem Tor Ausdruck und Würde verliehen.
Das ›Tor‹ spielt ja im orientalischen Leben von altersher
eine besondere Rolle. Das *Bab ar-Ruah* arbeitet mit etwas
manierierteren Mitteln, reicherem Liniengeranke, verdoppelten Bogenrahmen, bei dem selbst die Keilsteine in bewegtes Schwingen geraten. Der Rechteckrahmen seiner
Stadtseite zeigt ein Netzgeflecht von Fleur-de-lys-Formen
wie die Seiten des Hassan-Turmes.

Unser Eindruck von almohadischer Kunst muß ohne das
Erlebnis der Moscheehöfe und Betsäle unvollständig blei-
ben. Da der Zutritt Nichtmoslems verboten ist, verbietet es
sich hier auch, sie zu beschreiben. Nur einige grundsätzliche
Züge dürfen notiert werden. In Qiblarichtung laufende Ar-
kadenreihen begleiten das breitere Mittelschiff und treffen
auf ein parallel zur Qibla laufendes Querschiff. Über der
›Vierung‹ vor dem Mihrab erhebt sich eine Kuppel. Die vier
Seiten des Hofes werden von Bogenstellungen umzogen.
Der Torso der sog. *Hassanmoschee von* **Rabat** (beg. 1184,
Abb. S. 194) zeugt von ehrgeiziger Planung, aber nimmt mit
seinen in den Betsaal eingefügten Lichthöfen eher eine Sonderstellung ein und bleibt ohne Nachfolge. Für die almohadischen Moscheen gilt, was wir schon bei den Minaretts
festgestellt haben. Sie bewahren das Herkommen, stellen
das Grundmuster kristallisch klar heraus und tradieren den
Bautypus für die folgenden Jahrhunderte.

Im ganzen hat die Almohadenzeit die Elemente der mau-
risch-maghrebinischen Kunst rein herausgearbeitet. Dabei
wird zunächst das allzu Opulente und allenfalls noch Antiki-
sche der cordobesischen und almoravidischen Schmuckformen puritanisch vereinfacht, das zu Kleinteilig-Kostbare
wird ausgeschieden, zu natürlich-vegetabile Formen werden
geometrisch abstrahiert. So wird der Ausgangspunkt der für
die Zukunft wichtigen Motive klar formuliert. Nüchterne
Großartigkeit bannt die Gefahr ungezügelten Wucherns.
Strenge Proportionen der Baukörper treten in wohlkalkulierte und doch elementare Verbindung zu einem klassisch
verhaltenen Schmuck. In ihm vereinigen sich lineare und

98 *Algier, Betsaal der*
Großen Moschee, 1096

99 *Marrakesch, Betsaal der*
Kutubiya-Moschee, um 1150

plastisch-körperliche Motive. Aus nüchterner Strenge wird
höchste Schönheit. Es ist deutlich: die Almohadenzeit besitzt ihre eigene Größe und stellt dabei doch die Motive
bereit, aus welchen im Zeitalter der Nasriden von Granada,
der Meriniden und Saadier in Nordafrika die fragilen Blüten
der Alhambra und der Medresen von Fez erwachsen. Sie ist
so wenig nur eine ›Vorstufe‹ wie das Westportal von Chart-
res oder die Turmfassade von Notre-Dame in Paris nur
›Vorstufen‹ zur Überreife eines spätgotischen Altargespren-
ges sind. Und doch ist das Spätere schon im 12. und 13. Jahrhundert keimhaft angelegt.

Unter einer weißen Sonne, die in der Wüste Todesdürre
ausstrahlt, in den mit Lebenswasser gesegneten Gebieten
üppigste Fruchtbarkeit hervorruft, erscheint die herbe
Formdisziplin der Almohadenkunst uns heute nicht unbe-
greiflich, aber doch genauso fremd wie die Romanik Europas. Jahrhunderte trennen uns von jenen Zeiten eines ungebrochenen Glaubens. Die romanischen Bauleute Frank-
reichs und des christlichen Spanien haben das Verwandte in
den Werken der maurischen Zeitgenossen gespürt und geachtet, haben sich – nicht nur in den extravagantesten
Schöpfungen – von ihnen anregen lassen und dankbar gelernt. Es kann hier nur im Vorbeigehen darauf hingewiesen
werden, wie über die Pilgerstraßen nach Santiago islamische

Motive in die Kunst des christlichen Frankreich einsicker-
ten. Die Vermittlerrolle übernahm das christliche Spanien,
das trotz aller Feindschaft nie aufgehört hat, die maurische
Kultur zu bewundern.

Wie sehr man im Spanien der Reconquista neben französischen Vorbildern die Kunst der militärisch in die Defensive gedrängten Moslems als überlegen geachtet hat, zeigt das
Phänomen der sogenannten *Mudejarkunst.* Die *mudejares*
sind die Moslems, die auch unter der Herrschaft der christlichen Eroberer ihrem Glauben treu blieben und treu bleiben
durften und nun für christliche Auftraggeber arbeiteten. Es
handelt sich also bei ihr in strengem Sinn nicht um islamische
Kunst, auch wenn sie zum islamischen Stilbereich gehört,
sondern bereits um ein – mit der jeweiligen Eroberung
einsetzendes – Kapitel der Kunst des christlichen Spanien.
Wo Dokumente fehlen, läßt sich selten deutlich unterscheiden, ob an einem Werk Moslems oder bereits die Moslems
kopierende Christen am Werk waren. Ohne die ›maurischen‹ Elemente ist auch die spätere Kunst der iberischen
Halbinsel kaum zu verstehen. Sie finden sich so zahlreich
– auch über den einst arabischen Bereich hinaus, – daß hier
nur auf ein paar charakteristische Beispiele aus **Toledo** hingewiesen sei: die *Puerta del Sol,* ein Stadttor aus dem späten
14. Jahrhundert, die Kirche *Santiago del Arrabal* (13. Jahrhundert) und die ehemalige Synagoge und heutige Kirche
S. Maria la Blanca (um 1200, Wiederherstellung 1250), einen
fünfschiffig-basilikalen Pfeilerraum mit deutlich almohadi-
schem Stuck. Die zweite erhaltene Synagoge Toledos (*del
Transito,* 1365/66) zeugt von der dem Alhambrastil zeitglei-
chen Phase der Mudejarkunst, so wie in Sevilla der Alcazar
(siehe S. 220).

Wenn die *Alhambra von* **Granada** oben gelegentlich mit
spätgotischen Werken verglichen wurde, sollte damit nur
etwas über den feinen Reichtum der Motive gesagt sein,
über den luxuriösen Zauber und Formenreichtum, wie er
sich im Perpendicular und Flamboyant entwickelte. Das
eben macht ja gerade einen großen Teil ihrer Faszination
aus, daß sie ganz einfach ›da ist‹, voll bewußt ausgekosteter
Gegensätze, raffiniert und strahlend, verschwenderisch
schwelgend und zugleich streng und klar geordnet, verspielt
und diszipliniert, lässig und gespannt, ein Punkt, in dem alle
Gegensätze zusammenzufallen scheinen, zerbrechlich wie

100   *Toledo, ehemalige Synagoge, heute S. Maria la Blanca, 1200-50*

ein Traum und lebendig bis heute als einzig erhaltene ›arabische‹ Residenz des Mittelalters.

Daß sie überhaupt erhalten blieb, ist schon ein kleines
Wunder, sind doch Menschenwerk und Menschenwohnung,
und seien es auch die Wohnungen von Königen, in der

islamischen Welt ganz bewußt nur Herbergen für die Vergänglichkeit. Gott allein ist ewig. Gerade der Palast der
Alhambra scheint durch seine Zerbrechlichkeit ganz besonders fürs Vergehen bestimmt. Auch dadurch, daß er in die
Hände der Feinde fiel. Aber zu sehr bewunderten die Spanier, was sie gewonnen hatten. Zwar blieb der Baukomplex
nicht gänzlich unangetastet, aber immer wußten die katholischen Könige, was sie hier besaßen, und wenn auch nur zwei
von ihnen vorübergehend hier Hof hielten, so wurden doch
die köstlichsten Teile immer sorgsam gepflegt, Schadhaftes
wurde ersetzt, und selbst auf dem Tiefpunkt ihrer Geschichte als ›Alhambra der Zigeuner‹ (der Amerikaner Washington Irving hat ihr in seinen ›Tales of the Alhambra‹ ein
reizend romantisches Denkmal gesetzt) war sie nie eine
verlassene Trümmerstätte.

Sie ist für die Welt zum Inbegriff islamisch-maurischer
Baukunst geworden, ist wahrlich nicht das geringste unter
den Wundern Spaniens. So ist es zu verstehen, daß heute
Tausende von Touristen sich alljährlich durch ihre Höfe
drängen, Kameras unaufhörlich surren und klicken und
Fremdenführer die ›Sehenswürdigkeit‹ in allen Sprachen der
Welt erklären. Kein anderes islamisches Meisterwerk (aus-
genommen vielleicht den Tadj Mahal) ist so populär und so
überlaufen. Aber wer die Mittagsstunden abwartet, in denen
der Touristenstrom zum Essen in die Stadt hinunter flutet,
oder den späten Nachmittag, kann das Wasser durch die
Stille rieseln hören. Dann beginnt der Duft der Gärten wieder die Höfe und Hallen zu durchziehen[24].

Wenn wir bisher ›Alhambra‹ sagten, haben wir eigentlich
nur den Königspalast im Auge gehabt. Al-Hamra aber, ›die
Rote‹, war mehr: eine ganze Stadt als Sitz der Herrschaft,
des Königs als Richters und Vorstehers der Gemeinde der
Gläubigen, als Ort politischer Aktionen und Intrigen, der
Rechtsprechung, Schauplatz des Lebens, Begräbnisstätte
und Ort des Gebets, mit Verwaltungsbauten, Gärten, Stallungen und Wohnhäusern, vor allem aber eine so gut wie
uneinnehmbare Festung und Garnison. Als nach dem Fall
der Almohaden der Nasride Mohammed ibn Ahmar
(gest. 1273) Granada im Jahre 1238 in Besitz nahm, stand auf
dem äußersten Vorsprung des Hügels über der Stadt, einem
letzten Ausläufer der Sierra Nevada, erst eine kleine feste
Burg, eine Kasbah (Alcazaba). Der neue Herr ließ den
breiteren, bergwärts laufenden Hügelrücken bis dort, wo

eine Seitenschlucht ihn wieder verengte, mit turmbewehrten
festen Mauern umziehen und leitete Wasser aus dem Ober-
lauf des Darro an den Berghängen entlang in die Festungsstadt. Er gab ihr damit die Seele, denn ohne das lebendige
Wasser wäre die feste Akropolis nie wirklich lebensfähig
geworden und nie ein irdisches Paradies. Die maurische
Stadt der Alhambra ist vergangen (nur Hausgrundrisse zeugen noch von ihr), aber ihre schweren rötlichen Mauern
umschließen noch immer wie die harten Schalen einer Muschel die kostbare, kühl schimmernde Perle: den königli-
chen Palast.

Vielleicht sollte man Burg und Stadt erst besuchen, nachdem man den schönsten Blick auf sie genossen hat: aus dem
Albaicín-Viertel, am besten von der Terrasse vor der Kirche
San Nicolás. Von hier aus steht die Festung mit ihren massigen Türmen vor dem Hintergrund des ewigen Schnees der
Sierra. Der erste Blick zeigt, daß zugleich Verlangen nach
strategischer Sicherheit und nach dem kühlenden Bergwind
den Ort bestimmt haben. Aus dieser geheimen Spannung
lebt die Burg. Klar zeichnet sich die ältere Kasbah auf der
Westspitze des Hügels ab. Klar wird auch, welcher Schaden
dem ganzen in nachmaurischer Zeit zugefügt wurde, denn
allzu schwer lagert der römische Kubus des Palastes Karls V.
in der Mitte und beeinträchtigt die gehaltene Wucht des
Comares-Turms, und gar zu belanglos wirkt der Turm der
Kirche Sta. Maria, auch wenn die Viereckform seines Schaftes Erinnerungen an das Minarett der Burgmoschee bewahrt, an deren Stelle seit dem Ende der Maurenherrschaft
die Kirche steht. Grüner Bewuchs zieht sich malerisch vom
Talgrund aus zu den Mauern empor. Wir müsssen ihn wegdenken, er hatte an den Flanken einer so abweisenden Festung nichts zu suchen. Der Wohnpalast, die Residenz der
Nasriden-Könige, nimmt nur einen kleinen und unauffällig
gelegenen Teil des Ganzen ein, aber nur mit ihm können wir
uns beschäftigen, so köstlich es ist, den gesamten Bezirk zu
durchstreifen. (Ausdrücklich sei dazu geraten.)

Die erhaltenen Teile muten zunächst labyrinthisch an.
Beim Blick auf den Plan wird aber sehr schnell deutlich, daß
die Residenz eine Ansammlung von einzelnen Palästen bildet, die alle im Grund nichts anderes sind als besonders
stattliche Ausformungen des maghrebinischen Wohnhau-
ses. Einen viereckigen Innenhof umstehen die Gemächer
und öffnen sich auf ihn. Nach außen schließt sich ein solches

Haus ab, gibt sich bescheiden, ja dürftig, verrät nichts. Der
Zugang ist zweimal abgeknickt, verwehrt so selbst den zufäl-
ligen Einblick. Der Hof ist Mittelpunkt des Familienlebens,
ein geheiligter Bezirk *(haram)*, von dem man selbst Freunde
fernhält. Ihrem Empfang dient manchmal ein erkerartiger
Vorbau mit einem Raum im Oberstock, der durch Fenster
nach drei Seiten (aber nicht in den Hof) Ausblicke gewährt.
In der Alhambra gibt es mehrere solcher ›Miradores‹, teilweise in oder auf die Festungstürme gebaut.

1 Puerta de las Granadas
2 Puerta de la Bibarrambla
3 Torre de los Siete Suelos
4 Puerta de los Carros
5 Puerta de la Justicia
6 Puerta del Vino
7 Palast Karls V.
8 Torre de la Vela
9 Plaza de Armas
10 Plaza (Patio) de los Aljibes
11 Patio de Machuca
12 Torre de la Rauda

13 Jardines del Partal
14 Torre de las Damas
15 Torre del Mihrab
16 Torre de los Picos
17 Torre del Candil
   (Torre del Cadí)
18 Torre de la Cautiva
19 Torre de las Infantas
20 Parador (ehem. Kloster San Francisco)
21 Santa María la Real
   (oder: de la Alhambra)
22 Ladenstraße und Restaurant

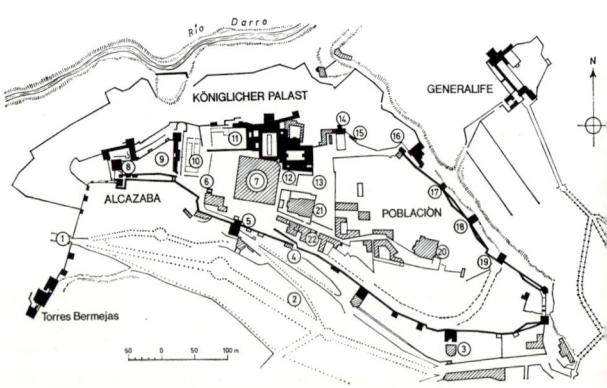

101 Granada, Alhambra, Plan der Gesamtanlage aus Lowe

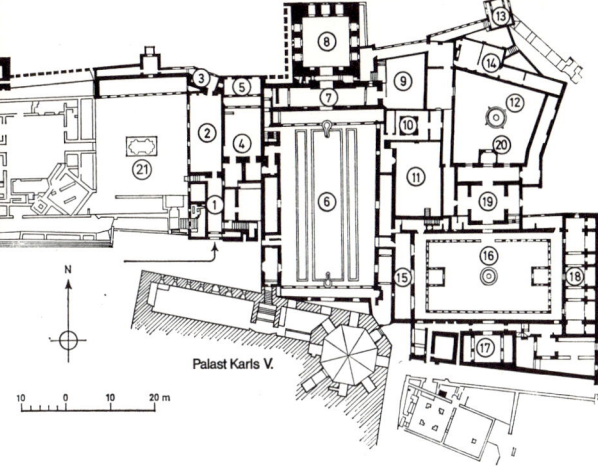

102 *Granada, Alhambra, Königlicher Palast*

1 Eingang
2 Mexuar (Gerichtshalle)
3 Oratorium (Betraum)
4 Patio del Mexuar
5 Cuarto Dorado
6 Patio de los Arrayanes
* oder Patio de la Alberca*
* (Myrtenhof)*
7 Sala de la Barca
8 Sala de los Embajadores
* (Gesandtensaal)*
9 Patio de los Cipreses
* oder Patio de la Reja*
10 Sala de Camas

11 Baños (Bäder)
12 Patio de Daraxa
* (Patio de Lindaraja)*
13 Tocador (Peinador) de la Reina
14 Departamentos de Carlos v.
15 Sala de los Mozárabes
16 Patio de los Leones
* (Löwenhof)*
17 Sala de los Abencerrajes
18 Sala de los Reyes
* (Sala de la Justicia)*
19 Sala de las Dos Hermanas
20 Mirador de Lindaraja
21 Hof des Machuca

Der Hof kann sich der Quadratform nähern, kann allseits von schmalen Räumen umgeben werden, kann peristylartig von Säulenhallen umfaßt sein oder auch längsgestreckt, mit den größeren Wohnräumen an den Schmalseiten, mit Wasserbecken, von Gartencharakter. Die Schloßanlagen Granadas bieten Beispiele für diese verschiedenen Möglichkeiten. Daß die einzelnen Teile der Alhambra im Grunde nichts anderes sind als Haushöfe, nach verschiedenen Achsen ausgerichtet und miteinander in Verbindung gesetzt, macht den

wesentlichen Unterschied zu ›europäischen‹ Fürstenresi-
denzen aus. In Granada führen keine sich steigernden
Raumfluchten vor die Stufen des Herrscherthrones in einem
axial-repräsentativen, raum-zeitlichen Schreiterlebnis (vgl.
auch die christliche Basilika als ›Schreitraum‹ mit deutlicher
Richtungstendenz!). Wie zufällig, durch winkelig geknickte
Korridore betrat man einen Hof von der Ecke aus, soweit
man überhaupt in die Sphäre des Herrschers eindrang. Der
gewöhnliche Untertan kam wohl bestenfalls bis in die Gerichtshalle des Mexuar. Die Höfe, die er bis dahin zu durch-
queren hatte, sind heute nur noch im Grundriß erhalten
(erster Hof und Hof des Machuca). An den Mexuar-Saal
schloß sich ein kleiner Betraum, kenntlich an der von den
Achsen der anderen Bauten abweichenden Ausrichtung
nach Mekka. Auf einem Umweg betritt man vom Mexuar-
Hof aus den nord-südlich orientierten Myrtenhof (Patio de
los Mirtos), einen länglichen Gartenhof, dessen Fläche zu
einem Drittel von einem Wasserbecken eingenommen wird.
An den Schmalseiten Säulenarkaden, hinter der nördlichen
eine schmale Querhalle (Sala de la Barca), aus der man
endlich den ›Gesandtensaal‹ (Sala de Embajadores) im
mächtigen Comaresturm betritt, wo der Herrscher die großen Staatsempfänge abhielt. Bezeichnend: das Wasserbek-
ken verhinderte, sich ihm auf der Längsachse des Hofes zu
nähern. Dieser Teil stammt aus dem zweiten Drittel des
14. Jahrhunderts, der Zeit Yussufs I. (1332-54).

Senkrecht auf die Achse des Myrtenhofes trifft die des
Löwenhofes (Patio de los Leones). Im Winkel zwischen den
beiden Baugruppen liegt der Badetrakt, ein um das Kalt-
schwimmbecken verkürzter Nachkomme römischer Ther-
men. Der Löwenhof entstand in der zweiten Hälfte des
14. Jahrhunderts, unter Mohammed V. (1354-58 und
1361-90). Er ist zweifellos der berühmteste der Alhambra,
überhaupt vielleicht das in aller Welt bekannteste Werk
islamischer Kunst. Nicht ohne Recht: dieser Hof und die ihn
umgebenden Gemächer entfalten die Bau- und Zierkunst
des maurischen Islam zu verzauberndster Pracht. Er bildete
wohl den eigentlichen Harem, und zur Zeit der Nasriden
werden ihn wohl nur wenige, höchstens ganz ausgewählte
Gäste betreten haben. An einer seiner Schmalseiten liegen
einerseits die Sala de los Mozárabes, andererseits die Sala de
los Reyes. In der Querachse nach Süden der Abencerragensaal, nach Norden der der ›Zwei Schwestern‹ (Sala de las dos

IV Granada,
Im Myrtenhof der Alhambra, 1332-54

In Rahmenwerk eingehängte zierlich geschnittene Stuckfelder, Bogen auf schlanken Marmorsäulen und fliesenbelegte Wandsockel spiegeln sich zitternd im Wasser, dessen Fläche kaum durch melodisch murmelnde Brunnen bewegt wird: Symbolische Vorwegnahme der Paradiesesfreuden, wie der Koran sie dem Gläubigen verheißt.

Hermanas), dahinter die Sala de los Ajimenes mit dem
Mirador, der auf den Garten der Daraxa (oder Lindaraja)
blickt, der seinerseits von den Appartements der spanischen
Könige umgeben ist. Der Hofraum wird von einer Stellung
von abwechselnd einfachen und doppelten Säulen umzogen,
aus deren Schmalseiten Baldachinpavillons vortreten. In der
Mitte der Brunnen, der dem Hof den Namen gibt. Ein
Ringkanal umgibt ihn, auf den hin aus allen vier Richtungen
Wasser rinnt. Zwölf wasserspeiende Löwen (im islamischen
Westen seltene Beispiele figuraler Vollplastik) tragen das
gewaltige Brunnenbecken. Darf man sich so etwa das stier-
getragene ›Eherne Meer‹ das salomonischen Tempels vorstellen? Die Zwölfzahl ist die geheiligte Zahl des Kosmos,
die Zahl der Tierkreisbilder, der Monate, sie ist das Ergebnis
aus drei mal vier. Sinnschwer-mystische Zahlenspiele sind
keine Erfindung des mittelalterlichen Europa. Sie sind alt-
orientalisches Erbe, wurden dem Abendland nicht zuletzt
durch islamische Wissenschaft vermittelt. Allenthalben begegnen wir in der Alhambra glückverheißenden Anspielungen auf das Geheimnis der Zahl, eingewoben als Erinnerung, nicht als beherrschendes Prinzip.

Eins ist die absolute Einheit, die mit der Zwei, der ersten
Teilbaren zusammen 3 ergibt, die vollkommene Zahl, den
magischen Schlüssel. Die Vier bezeichnet die teilbare, daher
endliche Welt: die Windrichtungen, die Elemente, die Tem-
peramentssäfte usw. Die Summe aus drei und vier ergibt die
Siebenzahl der Planeten, der Planetenhimmel, der von ihnen bestimmten Tage der Woche. Das Produkt aus dreimal
vier ist zwölf, die Zahl der Tierkreisbilder. Zwölf minus
sieben gibt fünf, fünfmal zwölf: sechzig. 60 mal sechs (d. i.
2×3) aber bringt die 360. In 360 Grade teilt man den Kreis,
das Symbol in sich ruhender Unendlichkeit. Das nur als
Andeutung. Man kann beliebig so weiterrechnen und gelangt zu immer überraschenden und sinnschweren Kombinationen. Kein Wunder, daß man nicht erst seit Pythagoras
das Geheimnis der Welt in der Zahl beschlossen sah. Wenn
es ein Zufall ist, dann ein sinnvoller, daß drei und vier
Fenster in die Saalwände über den Querachsen des Löwenhofes eingeschnitten sind, daß zwölf Säulen die Baldachine
tragen, daß je sieben Arkaden die beiden Seiten des Myrtenhofes begrenzen und sich im Schmuck um seine Seitenpfor-
ten je siebenmal die Wappendevise der Nasriden wiederholt
usw.

Es heißt keineswegs zuviel in die Dinge hineindeuten,
wenn man bei den vier Wasserläufen des Löwenhofes an die
vier Flüsse des Paradieses denkt. Nichts anderes als ein
Abbild des Paradieses sollte ja der Löwenhof – aber nicht er
allein – mit seinen kosmischen Zahlenbeziehungen sein,
seinen schattenduftenden Bäumen und kostbaren Blumen
dort, wo bis vor kurzem nur kiesbestreute Flächen waren.
Ältere Abbildungen zeigen noch den einstigen Gartencharakter. 1975 hat man begonnen, ihn wiederherzustellen. Im
Irdisch-Vergänglichen Abbilder des Paradieses zu schaffen,
wie der Koran es in immer wieder ähnlichen Bildern schildert, als einen schattigen Garten, von Wasser durchflossen,
ist ein geheimer Antrieb islamischer Kunst, aber nicht oft
gelang es so überzeugend wie hier. Alles wirkt zusammen:
der kühlende Atem der Sierra, der Bick von den Miradores
aus der Höhe in die Höfe der Stadt und auf den Albaicín und
die fruchtbare Ebene der Vega, das kristallene Wasser, das
den Pflanzenwuchs erweckt, und die Kunst der Handwerker, die den Dekor schufen. Dieser ist mehr als bloßer
›Schmuck‹, er ist Aussage. Der Formenreichtum der Alhambrakunst überwältigt zunächst das Auge dessen, der islamische Ornamente nicht zu lesen versteht, und doch will er
nicht verwirren, sondern spricht mit im Bild des Paradieses.
Ihn zu beschreiben ist unmöglich, aber seine Elemente und
ihre Bedeutung lassen sich erkennen, ihr Sinn läßt sich ent-
schlüsseln.

Eine Hauptrolle spielt in vielfältigen Formen die Arabeske, das aus pflanzlichen Elementen abgeleitete, aber vom
organischen Naturvorbild völlig abstrahierte Rankengebil-
de, in ununterbrochenem Fluß freie Flächen füllend. Die
Abstraktion entspringt nicht subjektiver Laune, sondern
befreit das Pflanzenbild nur von seinen Wachstums- d. h.
den zeitgebundenen Gesetzen und von der pflanzlichen In-
dividualität zu einem Spiegelbild dauernden Seins. Hinein-
verwoben ist das Wort: Schriftkompositionen, bandartig
oder als Medaillons, mit poetischen oder frommen Texten,
und wieder und wieder mit dem Wahlspruch der Nasriden.

Mohammed ibn al-Ahmar hatte sich, um sein Königreich
zu bewahren, dem König von Kastilien zu Lehensdienst und
Tribut verpflichtet. Er wurde dafür zwar Mitglied der Cortes
von Kastilien, aber mußte auch Heeresfolge gegen die eigenen Glaubensbrüder leisten. Als Sevilla gefallen war (1248)
und er in seine Hauptstadt zurückkehrte, begrüßte, so heißt

103 *Granada, Löwenhof der Alhambra, 2.H. 14.Jh.*

es, das Volk den gerechten und geliebten Herrscher mit dem Zuruf: »Sieger!« Müde und demütig winkte er ab: »Es gibt keinen Sieger außer Gott« (ﺍﻟﻐﺎﻟﺐ).

Der Spruch wurde zur Wappendevise der Nasriden und wiederholt sich hundertfach an den Wänden ihres Schlosses.

Zu den Arabesken treten die schon bekannten Gitternetze *(sebka)*, gegenüber der almohadischen Strenge bereichert um Wappen- und Blütenfüllungen. Über den Arkaden des Löwen- und des Myrtenhofes stehen – oder genauer: hängen – sie als durchbrochene Gewebe, mit denen das Licht spielt. Die Säulen, die in der abendländischen Kunst tragende Funktion haben, sind hier so schlank und gebrechlich zart, daß sie zum Tragen kaum fähig erscheinen und wie gewichtslos wirken. Aber sie sind aus Marmor und fest genug. Mit den Kapitellen – ihre eleganten maurischen Formen haben jede Erinnerung an die antike Herkunft des Motivs ausgelöscht – und einem Kämpfer (der gar nicht als eigener Block zur Geltung kommt) tragen sie das Rahmenwerk, in das die Rundbogen und Gitternetze tatsächlich eingehängt sind. Die Bogen, über Stalaktiten ansetzend, haben jede Festigkeit verloren, sind nur wohlig ruhige Halbrunde und oft – wie in der Sala de los Reyes – nur eine Folie, von der reiche muqarnas-Gebilde tropfsteinartig herabhängen.

Die statischen Verhältnisse werden überall bewußt verschleiert, und es bleibt völlig unentschieden, ob sich eine Arkade, den Gesetzen der Schwerkraft unterworfen, hinaufbaut oder ob sie nicht vielmehr von einer schwebenden Höhe herabgeklöppelter Behang ist. Alle unsere Begriffe von Tragen und Lasten geraten ins Gleiten, wir verlieren sozusagen den Boden unter den Füßen und beginnen, selbst etwas wie Schwerelosigkeit zu empfinden. Genau dieses Gefühl zu erwecken, scheint die Absicht der Bauherren und ihrer Künstler gewesen zu sein: Schwerelosigkeit, Befreiung von der Last des Irdisch-Materiellen, Seligkeit. Wie gänzlich verschieden die Absicht europäischer Baukunst ist, und zu welch entgegengesetzten Wirkungen sie gelangt, obwohl sie doch zumindest teilweise von den gleichen Grundlagen ausgeht, zeigt ein Blick auf den nie vollendeten Palast, den sich Karl v. unmittelbar neben und an den nasridischen stellen ließ. Hier baut sich alles empor, jedes Glied trägt, stemmt sich, selbst voll Schwere, der Schwerkraft entgegen, ein dynamisches ›Werden‹ gegenüber dem heiteren ›Sein‹ des isla-

104 *Granada, Stuckdetail aus den Arkaden des Löwenhofes*

mischen Schlosses. Augenfällig stehen sich hier das dauernde Ringen und das reine Dasein ausgeglichenen Hinhörens
gegenüber, vita activa und vita contemplativa, zwei gültige
Daseinshaltungen. Wer will sich vermessen zu entscheiden,
welche vor dem Angesicht des ewig unbewegten Bewegers
schwerer wiegt? Fallen nicht im Unendlichen Bewegung und
Ruhe in eins zusammen? In der Unruhe des Irdischen
scheint die Dynamik gesiegt zu haben, das lehrt die Geschichte, die Kunde vom bewegten Tun. Aber nicht sie ist
der Weisheit letzter Schluß.

Der Schmuck der Alhambra – im einzelnen weitgehend
erneuert – entspringt nicht luxuriöser Laune, er verkündet
eine Ansicht von der Welt. Er verhüllt die Wände, überzieht
sie teppichartig und richtungslos, die einzelnen Paneele zeigen Reihungen von Mustern, Ausschnitte aus einem Zusam-

menhang, der sich beliebig und endlos fortsetzen ließe, die
einzelnen Flächen sind nur zufällige Ausschnitte aus einem
im Grunde grenzenlosen Gewirk. Jedes Gewicht wird ne-
giert, auch dort, wo glatte Flächen stehen. Man betrachte
nur die Seitenmauern des Myrtenhofs. Eine Fläche für sich
allein ist gewichtsneutral und offenbart nichts von der
Schwere und Dicke der Mauer. Nur dort, wo Öffnungen in
sie eingeschnitten sind, kann die Mauer etwas von ihrer
Masse und damit von ihrem Gewicht zeigen. Wie machen
z. B. romanische Fenster und Arkaden die Festigkeit und
die Schwere der Mauern deutlich! Ganz anders in der Alhambra: gerade an solchen Stellen wird die Mauer entmate-
rialisiert: Stuckumrahmungen maskieren hier die Masse,
lösen sie in ein Spiel von Licht und Schatten und schwebenden Formen auf.

Die ursprüngliche – nur teilweise erhaltene oder wieder-
hergestellte – Farbigkeit muß den Eindruck von Pracht und
zugleich von Immaterialität noch erheblich gesteigert haben. Ihr Fehlen läßt heute die Wandbeläge aus bunten Fayencen zu betont hervortreten, sie bekommen zuviel Gewicht, wirken zu sehr als Sockel für die aufgehende Wand.
Im Ruheraum des Badetraktes z. B., der auch noch den
bunten Bodenbelag aufweist, zeigt sich, wie sie ursprünglich
verstanden werden wollten: nicht als deutlich abgehobener
Basisstreifen, sondern eingebunden in die den ganzen Raum
erfüllende Farbigkeit, die keinen Unterschied macht zwischen Boden, Wand und Decke. Wer hier vom Bade er-
quickt und ermattet ruhte, den umgab von allen Seiten ein
farbiges Gehäuse, vielfältig den Sinn ergötzend und aufs
Höhere hinlenkend, ohne ihn in statische Verhältnisse ein-
zuspannen.

Die Mosaikfliesen der ›Sockel‹ haben zunächst eine rein
praktische Aufgabe: Wo man im Vorübergehen an der
Wand entlangstreift, wo der Sitzende sich an sie lehnt, da
mußte die Wand schmückend durch ein widerstandsfähige-
res Material als den zerbrechlichen Stuck geschützt werden.
Es ist eine Zone irdischen Gebrauchs, das wird nicht ver-
heimlicht. Zinnenfriese bekrönen sie, und ihre Muster unterscheiden sich von denen an der Wand darüber. Sie sind
Abbilder des Irdischen in einem spezifisch islamischen Sinn.
Immer sind sie ›richtungslos‹. Oft sind es auf der Spitze
stehende dunklere und hellere Quadrate von verschiedenen
Farbtönungen, die schachbrettartig (auch mit weiß umran-

105 *Granada, Wanddetail aus der Alhambra*

deten Feldern) angeordnet werden. Das königliche Schach ist ja nichts anderes als ein Kriegsspiel, ein Abbild irdischen Geschehens auf einem wie durch höheren Ratschluß begrenzten Ausschnitt aus dem Endlosen, den 64 Feldern. Jeder Zug des Spielers ist eine Entscheidung, der ein außer ihm liegender Wille antwortet, Zug und Gegenzug engen die Entscheidungsfreiheit immer mehr ein, und wenn sich das Schicksal erfüllt hat, offenbart sich, daß schon im ersten Zug der Ausgang beschlossen lag. So ist das Schach mehr als nur ein Spiel; es ist ein Symbol des Lebens zwischen Freiheit und Vorherbestimmung. Schachbrettmuster sind also Sinn- und Abbilder des Irdischen. In der Alhambrakunst repräsentieren sie den Typus der aus vorgeformten Fliesen zusammengesetzten Dekoration und treten vor allem in den Höfen auf.

In jeder Hinsicht anspruchsvoller ist der zweite Typus: das Mosaik aus jeweils für die betreffende Stelle eigens aus dem spröden Material zurechtgeschnittenen Teilen. Dieses ›echte Mosaik‹ wird in der Alhambra vorzugsweise an den Sockelzonen der Innenräume verwendet. Es bildet Sternmuster oder Sternblüten, seltener Wirbelgebilde. Der Grundgedanke der Komposition: eine Vielzahl von Mittelpunkten, ranggleich oder von Nebenmitten umgeben, Abbild gestirnhafter Hierarchie, die zugleich ja die Erdenwelt spiegelt. Was verwirrend erscheint, ordnet sich nach strengen Gesetzen. Meist faßt ein kompliziert verschlungenes Band in geometrisch klaren und mathematisch berechenbaren Brechungen alle diese Sternenmitten und ihre Ausstrahlungen zusammen, umzieht sie trennend, gibt ihnen damit erst ihre Gestalt, scheint undurchschaubar verflochten und ist doch labyrinthisch nur ein einziges, was auf dem endlichen Ausschnitt nicht abzulesen ist, erst in der unendlichen Ausbreitung durchschaubar würde. Der flüchtige Blick sieht bloß verwirrenden Zierat. Nur der Versenkung in das Vielgestaltige, dem beschaulichen Nach-Sinnen wird erahnbar, daß in der scheinbaren Verwirrung Weisheit, Gesetzmäßigkeit und letztlich Einheit herrscht, auch wenn sie sich nie ganz ergründen und begreifen läßt. Was wie ein Rausch erscheint, ist nüchterne Mathematik – und umgekehrt. Islamische Künstler haben hier ein Bild der Welt gestaltet, in dem jede Mitte wie jedes Menschenwesen nur eine relative Mitte ist, nur eine Mitte für sich selbst, die von einem übergeordneten Prinzip gehalten und getragen wird, von einem Willen, der keine Willkür ist, nur daß seine Unendlichkeit

106 *Granada, Alhambra, Decke in der Sala de las Dos Hermanas, 2. H. 14. Jh.*

und letztliche Einheit über jede Faßbarkeit hinausgehen. Dem endlichen Auge offenbart sich nur ein Ausschnitt aus dem endlosen Plan des Unendlichen. Läßt sich eine abstraktere und zugleich realistischere Darstellung der rätselvollen Welt Gottes denken? Nur in Zeichen und Figuren wird im Endlichen das Wirken der Allmacht angedeutet, diese selbst steht jenseits aller Darstellbarkeit. Nur im Symbol, der objektiven Abstraktion, kann man sich ihr nähern.

107 *Granada, Alhambra, Decke der Sala de los Abencerrajes*

Das Göttliche denkt der Mensch sich immer oben. Das Oben eines Baues ist die Decke. Kein Wunder, daß Sternmuster und Paradiesranken die Decken islamischer Bauten schmücken. Kuppeln über irdisch-viereckigen Räumen sind nicht nur Hoheitszeichen, sie sind von alters her Symbole des Himmels. Ihr Rund bezeichnet das schlechthin Vollkommene, das sich von dem Irdischen, dem Vierseitig-Endlichen abhebt. Annäherung ist möglich, immer aber bleibt die Kluft: wenn auch winzig, so unüberbrückbar, also letztlich doch riesig. Die Zahl π ist eine nie endliche Zahl und die Quadratur des Kreises ein unlösbares Problem. Treten wir unter eine der Kuppeln des ›Königssaales‹. Licht fällt von allen Seiten ein, *muqarnas*-Gebilde bauen sich um mehrere Zentren, die alle geordnet eine Mitte umkreisen, in der alles seine Ruhe findet.

Über die Entstehungsgeschichte des ›Stalaktit-Motivs‹ ist wenig Verläßliches bekannt. Sein Ursprung dürfte im Osten zu suchen sein (siehe S. 278). Der islamische Westen schien auf dem besten Wege, aus Trompenmuscheln und sich überkreuzenden Rippen äquivalente Gebilde zu entwickeln, bevor er – wohl über Vermittlung des fatimidischen Ägypten (siehe S. 249) – die ausgebildete Form übernahm, die islamischem Bauempfinden so ideal entspricht. Muqarnas-Stalaktiten lassen immer unentschieden, ob sie hinaufsteigen oder herabhängen: Sie sind vollkommen gewichtsneutral.

Rein technisch gesehen sind die Stalaktitgebilde der Säle um den Löwenhof an der Kuppelkonstruktion aufgehängt, sie sind hier nicht Bau-, sondern Dekorationsglieder. Von kaum beschreibbarer Wirkung allerdings. In den Stufenwerken, die nur das flüchtige Auge verwirren, bricht sich das Licht, gleitet an den Formen entlang, bildet Schattennester, Licht- und Reflexwaben, in denen sich Hell und Dunkel sammeln. Der Tambour – symbolisch zu verstehen als Region der Lichtengel – ist im Abencerragensaal sternförmig gestaltet, bildet nur eine Zone in den Stufenwerken, die hinaufleiten zur ruhenden Mitte, von der alle Energien wiederum auszustrahlen scheinen.

Das Licht als Offenbarung des Göttlichen durchwaltet das gesamte Schloß, gibt ihm Leben und Atem. Auch was profane Wohnstatt ist, enthält und kündet religiösen Sinn. Daher haben die Paläste der Alhambra – so zerbrechlich sie wirken – nichts, aber auch gar nichts ›Dekadentes‹. Sie sind reiner Ausdruck der einheitlich-ungebrochenen islamischen Weltsicht, künstlerisch zugleich schlechthin Höhepunkte: Auch wenn die Könige von Granada geahnt haben müssen, daß auf den Gipfel der Abstieg folgen muß und die Tage des maurischen Andalusien gezählt waren.

Der Sommerpalast der granadinischen Herrscher, das *Generalife*, ist wie die Alhambra selbst ein Bild des Paradieses auf dem Grundriß eines langgestreckten Gartenhofes mit

108 *Granada, Garten des Generalife*

einer Gartenhalle und einem Mirador wie im Partal-Garten
der Alhambra. Es wird hier nichts Neues vorgetragen, aber
noch heute ist das, was erhalten blieb, bezaubernd. Nicht
zuletzt der Ausblicke wegen, die sich eröffnen. Auch hier ist
gut verweilen.

Man versteht den Schmerz des letzten Maurenkönigs von
Granada, Abu Abdallah, mit dem er sein irdisches Paradies
verließ; man versteht, daß Pedro der Grausame sich im
almohadischen *Alcazar* des seit 1248 christlichen **Sevilla** von
granadiner Künstlern ein Schloß errichten ließ. Es wurde
zwar durch die Renaissance verändert (vgl. die antikisierenden Kapitelle), aber noch herrscht in ihm verschwenderisch
formenreich die Kunst Granadas. Der große Saal (Sala de

Embajadores) ist mit den feierlichsten Zügen eines ›Heiligtums‹ ausgestattet: Hufeisenbogen (in der Alhambra treten
sie nur in den Beträumen auf) überfangen die Zugänge zum
Quadratraum. Stalaktitgefüllte Zwickelnischen tragen ein
Kuppelrund, aus dessen Höhe Licht durch ein Sternenge-
flecht sickert. Die Sterne schimmern in Perlmutt und Elfenbein, das Band, das alles durchzieht und zusammenbindet,
ist in sich geschlossen. Ein deutendes Himmelsabbild, so
vollkommen es sich das irdische Geschöpf zu ersinnen vermag. Noch lange nach dem Ende der maurischen Herrschaft
lebt ›Maurisches‹ weiter in den Sternenkassetten der *arteso-
nados*-Decken und bis heute in den volkstümlichen bunten
Kachelbelägen *(azulejos)*.

So populär das Schloß von Granada geworden ist, so
wenig bekannt und geschätzt sind die Medresen in den Königsstädten Marokkos, vor allem in Fez. Vielleicht, daß dort
die Buntheit des immer noch völlig orientalischen Lebens
den Reisenden so sehr gefangennimmt und er sie nur als
›Sehenswürdigkeiten‹ durchhastet, daß auch die professio-
nelle Kunstgeschichte sie allzusehr nur als Anhängsel an die
Alhambrakunst bewertet. Sie zeigen tatsächlich, wie der Stil
über Granada hinauswirkt. Die Herkunftsbezeichnungen
mancher der hier wirkenden Künstler bestätigen, daß die
Impulse von dem nasridischen Reststaat auf spanischem
Boden ausgingen.
    Freilich gehören die maghrebinischen Koranschulen ihrer
Anlage nach nicht zu den bedeutenden und zukunftsträchti-
gen Beispielen des Bautypus. Sie sind in ihrem Plan allzusehr
auf die Bedürfnisse der einen herrschenden Auslegungs-
schule reduziert und haben auch durch ihre Plangestaltung

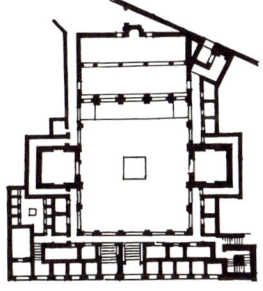

109 *Fez,
Medrese Bu-Inaniya, 1350-57,
Grundriß nach Hoag*

110 *Fez, Nedscharin-Brunnen und -Karawanserei*

in keiner Weise bereichernd auf das längst fixierte Schema
der westislamischen Moschee eingewirkt, anders als es im
Osten geschah (vgl. Kap. 9 u. 10). Die marokkanischen Medresen zeigen, daß zwar Anregungen aus dem östlichen
Islam den Westen erreicht haben, daß er sie aber seinen

111   *Fez, Hofecke der Medrese Bu-Inaniya, 1350-57*

eigenen Überlieferungen entsprechend umbildete und ihm
nicht gemäße Elemente abstieß. Das persische Vier-Iwan-
Schema wurde im Westen vereinfacht zu einem Haushof mit
Pfeilern und mit Wohnzellen in zwei Stockwerken, mit ei-
nem Betsaal und (wie in der Bu Inaniya von Fez) mit zwei
Hörsälen in der Querachse. Sie waren also in Plan und
Aufriß recht zweckmäßig und schlicht, und von außen – ein-
gefügt in das Gedränge der Stadthäuser – verraten sie wie

diese Häuser nichts von der aufwendigen Dekoration ihrer
Innenhöfe. Wenn man nicht jede einzeln vorstellen will,
dann befindet man sich mit sich selbst im Zwiespalt. Man
täte allen anderen Unrecht, wollte man behaupten, es genü-
ge, eines dieser Werke genauer zu betrachten. Dazu sind sie
doch zu vielgestaltig und individuell. Jedes hat etwas besonders Schönes zu bieten, das den Besuch verlohnt. Gemeinsam ist ihnen allen der Hof, sind die umgebenden Wohnzellen, Eingangstrakt, Lehr- und Betsaal. Einander ähnlich
sind sie auch im Material: Ziegelmauer, Stuckornamentik,
Keramikverkleidung der Sockelzone, dazu Zedernholz (das
hier auch – stärker als in der Alhambra – in die Gesamtheit
der ornamentierten Wand eingreift) im Tragewerk unter
dem Dach aus grünglasierten Ziegeln. (Das Grün des Propheten zeichnet die Dächer aller ›sakralen‹ Bauten im
Maghrib aus.)

An erster Stelle müssen die Schulen von **Fez** genannt
werden. Als älteste die *Saffarin-Medrese* (1280), dann die
Attarin-Medrese (1323-25), die *Kasbah-Medrese* (1346) aus
der Zeit des bedeutendsten Baustifters unter den Meriniden, Ali v. Abu l'Hassan (1337-51). Er ließ auch die *Medrese von Sale-Rabat* (1341) errichten, begann die *Ben-Yussuf-Medrese in Marrakesch* (sie wurde in der Saadierzeit
erneuert), die *Bu-Inaniya von Fez* und die gleichnamige
Medrese von Meknes (1336-50/58). Die beiden letztgenannten wurden unter Abu l'Hassans rebellischem Sohn
Fariz I. Abu Ainan (1348-58) vollendet, der die Herrschaft
der Meriniden vorübergehend bis nach Tunesien hinein aus-
dehnte.

So stark die Dekorationskunst aller dieser Bauwerke an
die Alhambra erinnert, so wenig lassen sich doch ihre ›afrikanischen‹ Eigenarten, d. h. die almohadischen Traditionen
übersehen. Die Behandlung der Holzteile mit ihrem alter-
tümlich-großformigen Arabeskenwerk (wenn auch fast
durchgehend wortgetreu erneuert) läßt die marokkanischen
Bauten traditionsgebundener erscheinen als die spanischen.
Wenn auch Almohadisches auf afrikanischem Boden stärker weiterwirkt als in Andalusien mit seinen Überlieferungen aus der Zeit des cordobesischen Kalifats, so setzt sich
doch die dortige Kunst als maßgeblich durch und bleibt es
auch in den folgenden Zeiten. Aber der Verlust des letzten
iberischen Bodens scheint die schöpferische Kraft gebrochen zu haben. Neues wird nicht mehr konzipiert, in den

v Meknes,
Medrese Bu-Inaniya. Dekor aus Stuck und
Keramik
Detail von einem Pfeiler des Innenhofes, 1331-58

*Die Koranschulen des merinidischen Marokko be-
dienen sich der gleichen Dekorationselemente wie die
Alhambra von Granada. Zu dem aus Modeln vorge-
preßten und dann mit freier Hand nachgeschnittenen
Stuck, in dem sich Schriftbänder und -medaillons mit
stilisierten Pflanzenbildern verschlingen, tritt geometrischer Kachelbelag aus eigens geformten oder zurechtgesägten Stücken. Das breite Schriftband besteht
aus Viereckkacheln, deren einfarbig dunkle Glasur
soweit abgeschlagen wurde, daß nur die flamboyante
Kursivschrift und die sie durchziehenden feine Blattranke stehenblieben.*

112 *Meknes, Hof der Medrese Bu-Inaniya, 1331-58*

113 *Rabat, Schella-Tor, 1339*

eingefahrenen Bahnen geht es weiter, die Tradition bleibt
›aufgehoben‹. Die Erfindungskraft erstarrt, die Formen werden kleiner, härter, schnurren zierlich ein.

Wie stark die Merinidenzeit aus der ein für alle Male
fixierten Tradition lebt, könnten die Moscheen von Fez,
Meknes, Rabat und Sale zeigen. Aber der Fremde muß sich
an die Medresen, die Stadttore von Fez, an die Brunnen und
Handelshöfe (funduqs) halten. In **Fez** zwei Beispiele: *Nedscharin-Brunnen* und *-Funduq.* In dem letzteren wird deutlich, wie stark der Typus eines solchen Handelshofes (vgl. in
Granada die ›Casa del Carbón‹) die Erscheinungsform der
Medrese im Maghrib mitgeprägt hat (Abb. S. 222).

An der Stelle des ältesten Stadtkerns von **Rabat** (vgl.
Ausgrabungen des römischen Sala) liegt die *Schellah,* die
Gräberstadt merinidischer Herrscher. Die alten Bauten sind
Ruinen, aber offenbaren doch noch innerhalb des sehr malerischen Ganzen, wie stark sich die Prägungen der Almohadenzeit als maßgeblich erhalten haben, nur sind sie ins Zier-
lichere und Reichere weitergebildet. Das *Tor* (1339) ist wie
ein später Abkömmling almohadischer Torbauten, wirkt
aber mit seinen abgeschrägten Zinnentürmen leichter, genau wie das *Minarett* der sonst fast ganz zerstörten Moschee,
das deutlich die einmal fixierte Form wahrt, und doch nicht
mehr die strenge Gewalt des 12. Jahrhunderts hat. Die erhal-

tenen Sockelmotive ähneln geschwisterlich denen der Alhambra.

Die *Attarin-Medrese von* **Fez** stammt aus der Zeit von
1323-25, ist also etwas älter als der Myrtenhof von Granada.
Der Säulenhof zeigt einen Dekor, der almohadische Motive
ins Nervös-Kleinteilige umsetzt, also vom Bodenständigen
ausgehend, fast über die Zerbrechlichkeit der Alhambramu-
ster hinauszuschießen scheint. Aber der gleiche Geist waltet
hier wie dort, und Einzelheiten lassen vermuten, daß direkte
künstlerische Beziehungen zwischen Granada und Fez bestanden haben, mag auch ein Teil des Schmuckes von späteren Restaurierungen herrühren. Erneuert sind sicherlich
z. T. die Schriftfriese, die den Sockel horizontal abgrenzen.
Eine Anmerkung wert ist die Technik des unteren – keramischen – Schriftbandes. Wie in dem Stuckfries sind die sehr
flüssigen Zeichen in ein arabeskes Rankenwerk verwoben.
Von einheitlich schwarz glasierten Fliesenflächen blieben
nur die Buchstaben und Ranken stehen, das andere wurde
weggekratzt, so daß die tonige Ziegelfarbe den neutralen
Grund abgibt, mit dem sie eindrucksvoll kontrastieren.
Ähnliches findet sich auch in anderen Medresen und bleibt
im Westen noch lange Zeit beliebt. Selbst an solchen Details
zeigt sich die maghrebinische Sonderart. Man verzichtet hier
auch darauf, zwei farblich oder durch Duktus voneinander
abgesetzte Inschriften zu verflechten oder die eine durch die
überlängten Hasten der anderen laufen zu lassen wie in der
timuridischen (Kap. 11) und safawidischen (Kap. 13) Kunst.

Der Dekor der *Ben-Yussuf-Medrese von* **Marrakesch**
(Mitte des 14. bis 2. Hälfte des 16. Jahrhunderts) stammt im
wesentlichen schon aus der Saadierzeit. Besonders schön ist
auch hier der Sockel mit sehr formreich-feinen geometrischen Fayencemosaiks. Den Hof umstehen Pfeiler, die fast
renaissancehaft deutlich ihre tragende Funktion als Baugerüst aussprechen. An den Hofseiten Laubengänge, reliefierte Zedernbalken auf reichen Konsolen als Decken, darüber
die Wohnzellen des Oberstocks. Eingangs- und Betsaal-
wand entsprechen sich spiegelbildlich wie die Schmalseiten
der Höfe in der Alhambra. Hier sind sie komponiert aus
einem Torbogen, darüber vier Fenster mit durchbrochenen
Stuckgittern. Eine hölzerne Konstruktion umfaßt sie, flankiert von je zwei flachen Rechtecknischen mit Gitterwerk
des Alhambrastils. Darüber die Holzfront des Dachgeschos-
ses. Auffallend hier die ›Füllhörner‹ im Schmuck der Holz-

114 *Rabat-Sale, Hof der Medrese Abu el-Hassan, 1341*

teile. Sie treten in Stuck auch an der Mihrabwand des Betsaales auf, eingefügt in Flächen eines nasridischen Arabesk-
musters. Das Motiv klingt an ein aghlabidisches an: auf den
hölzernen Platten des Minbers von Kairouan (Kap. 5) fand
es sich, dort aber war sein ›Sinn‹ deutlich durch die persi-

115 *Fez, Hofecke der Attarin-Medrese, 1323-25*

schen Lebensbäume gegeben, hier wirkt es einigermaßen
überraschend. Der Mihrab als tiefer Rundraum mit einem
Hufeisenbogen knüpft an den von Córdoba oder Tlemcen
an. Die Gestaltung der Mihrabwand und des Raumabschnit-
tes vor der Gebetsnische kombiniert Erinnerungen an Cór-

116 *Fez, Pilaster im Hof der Medrese Bu-Inaniya, 1350-57*

doba mit Motiven der Alhambrakunst. Das Ergebnis überzeugt, aber die Mischung historischer Baureminiszenzen signalisiert, daß man nicht mehr aus dem Vollen schafft, d.h.
daß die maurische Islamkunst ihre Energie erschöpft hat.
Der Eklektizismus ist für die Saadierzeit bezeichnend.

Das für das spätere 16. Jahrhundert repräsentativste Ensemble ist die *Nekropole der Saadier* (das sog. Saadiermausoleum) neben der *Kasbah*-Moschee von *Marrakesch*. Von
Ahmed al-Mansur (al-Debi) (1578-1603) als Familiengrab-

117 *Marrakesch, Sockeldetail aus dem Saadiermausoleum, 1578-1603*

118 *Marrakesch, Stuckdetail vom Mihrab der Ben-Yusuf-Medrese, um 1350-2. H. 16. Jh.*

stätte errichtet, wurde es vom eitlen Haß Muley Ismails zwar geschont, aber so vermauert, daß man erst 1917 den Baukomplex wiederentdeckte. Sein Dornröschenschlaf hat ihn als authentisches Denkmal der Saadierzeit unverändert erhalten. An zwei Seiten des gartenähnlichen Hofes befinden sich Grabräume[25]. Der eine ist eine Säulenhalle. Man denkt sofort an die Alhambra. So könnte dort die – verschwundene – Grabstätte der Könige ausgesehen haben. Raumform und Stuck sind gänzlich granadinisch. Von den Zattel- und Stalaktitbögen almohadischer und granadiner Herkunft aber unterscheidet sich deutlich der leicht gespitzte Hufeisenbogen um die tiefe Mihrabnische des anschließenden Betsaals. Anlage, Auswahl und Verteilung der Schmuckelemente verraten eine späte Anlehnung an das Vorbild von Córdoba, selbst in den Kapitellen der Marmorsäulen. Sie

119 *Marrakesch, Arkadendetail des Saadiermausoleums, 1578-1603*

bilden unfertige antike, d. h. spätrömisch-korinthische Kapitelle nach, aber übersetzen den Gedanken in islamisches
Empfinden. Solche Kapitelle in Verbindung mit Alhambra-
stuck finden sich auch an den Arkaden des Grabraumes an
der anderen Hofseite. Was die Saadiergrablege bei aller

Ähnlichkeit doch von der fraglos blühenden Kunst der Alhambra unterscheidet, ist neben den eklektischen Zügen
eine gewisse Trockenheit des Details.

Der riesig konzipierte *Bedi-Palast* aus der gleichen Zeit
al-Mansurs ist fast gänzlich durch den Alauiten Muley Ismail
(1672-1727) zerstört worden. Was brauchbar erschien,
wurde nach Meknes transportiert, in die neue Residenz.
Immerhin: Der große Hof läßt noch als Ruine erkennen, daß
er ein aus den Fugen der Proportionen geratenes Nachbild
des Löwenhofes von Granada war, mit Brunnen, Wasserbecken und vortretenden Pavillons an den Schmalseiten.
Solche Pavillons wurden als Brunnenhäuser damals auch in
den Hof der Qarawiyyn-Moschee von Fez eingefügt.

Das orientalische Versailles Muley Ismails in **Meknes**
schielt konkurrierend nach dem Vorbild des Sonnenkönigs,
auch wenn nie eine natürliche Tochter Ludwigs XIV. in den
Harem einzog. Die Reste bedecken ein ausgedehntes Gelände, aber lehren uns wenig über islamisches Kunstwollen
und die Baugewohnheiten der Zeit, denn das so schnell
Gebaute ist ebenso schnell wieder vergangen. Aufschlußrei-
cher sind die *Grabmoschee des Muley Ismail* und die Prunktore der Stadt. Die Reliefs am Eingang des Grabbezirks
lehnen sich an almohadische Muster an, aber deuten sie ins
Kleinteilig-Verschlungene um. Das raubt ihnen etwas von
der strengen Würde, gibt ihnen dafür prächtige, aber kurzat-
mige Bewegtheit. Befremdlich wirken die vorgezogenen
Säulen an den Seiten, die sich mit den darübergesetzten
Wandpfeilern als Träger für das vorkragende Dach aufspie-
len, obwohl es eigentlich gar nichts zu tragen gibt. Das
tektonische Element wird also nicht wie einst verhüllt, sondern Tektonik wird suggeriert selbst dort, wo sie gar keinen
Sinn hat. Ungewohnt für den Westen wirkt auch das hell-
grundige Schriftband aus Fayence, das über den Relieffran-
ken eingeschoben ist. Im Patio vor dem eigentlichen Grabraum (einem Miniatur-Moscheehof) lehrt schon der erste
Blick, daß die künstlerisch große Zeit zu Ende ist: Das
Ornament durchaus herkömmlicher Motivik wirkt kleinlich
und verstreut, verwirrend und langweilig. Mag auch die
etwas zu unharmonisch-bunte Bemalung der oberen Wand-
partien (jener Teile, die in den Medresen des 14. Jahrhunderts aus Holz bestanden) auf das Konto der Restauratoren
des 20. Jahrhunderts gehen, auch die Fayencemosaiks der
Wandsockel wirken nur noch dekorativ und dabei unein-

120 *Fez, Brunnenhaus im Hof*   121 *Meknes, Hof der Grabmoschee*
    der Qarawiyyn-Moschee   *Muley Ismails, Ende 17.Jh.*

heitlich, zerfallen in die großen, aus Rosetten gebildeten
Blütenmuster und den kleinlichen, langweilig-unruhigen
Grund. Die aus Arabeskenteilen zusammengestückelten
Buketts in den oberen Ecken der Hofwände reden nur zu
deutlich von fremden, halb barocken, halb türkischen Vor-
bildern, genauso die antikisierenden Säulenkapitelle unter
den kahlen Kämpferstücken. Man wird das Gefühl nicht los:
Nicht nur der zeitliche Abstand, der diesen Hof von den
Höfen der Alhambra trennt, ist größer als der Schritt von
ihm zu einem Gebilde wie dem maurischen Teehaus König
Ludwigs II. von Bayern im Schloßpark von Linderhof.

Wir wollen nicht vorschnell urteilen, das Muley-Ismail-
Grabmal ist in diesem Jahrhundert stark restauriert worden,
stärker zumindest als die Stadttore von Meknes. Als Beispiel
für die Torbauten des späten 17. und der ersten Hälfte des
18. Jahrhunderts diene das prächtigste von allen, das *Bab
Mansur* (1732). Es ist monumental konzipiert und scheint
gänzlich in der folgerichtigen Entwicklungslinie westislami-
scher Torbauten zu stehen. Dennoch stutzen wir. Gar zu
bewußt scheinen uns die antiken Kapitelle in den rahmend

vorspringenden Pfeilern hergezeigt (motivisch ähnlich dem
Torbau des eben erwähnten Grabbezirks), zu müde und
mechanisch überzieht der Dekor – zum Relief tritt als Flächenschmuck der im Osten längst gebräuchliche Kachelbelag – auch die zu offenen Durchgangspavillons umgedeuteten
Flankentürme. Ein reiches malerisches Etwas ist entstanden
als später Nachkomme der Almohadentore von Marrakesch
oder Rabat. Wenn man sich aber an diese erinnert, wird man
das Gefühl nicht los, daß irgend etwas nicht ›stimmt‹, daß das
Prunktor von Meknes sich zwar maghrebinisch gibt, aber
dem europäischen Empfinden zu stark entgegenkommt.
Tatsächlich hat ein kriegsgefangener Renegat den Bau entworfen. Er hat sich in die Tradition eingelebt und einordnen
wollen, aber es entstand ein zwiegesichtiges Gebilde: tradi-
tionell-eklektisch, gewollt islamisch und eben dadurch eigentlich steril.

Die etwas älteren Tore (wie *Bab el-Khemis* oder *Bab
Berdain* vom Ende des 17. Jahrhunderts) wurzeln noch si-
cherer in der Überlieferung, aber auch von ihnen führt kein
Weg mehr weiter. Was folgt, ist ein müdes und oft unsicheres

122 *Meknes, Bab Mansur, 1732*

123 *Marrakesch, Frauenhof des Bahia-Palastes, Ende 19. Jh.*

Ausmünzen des Herkommens, ein Nachtreten und Wiederholen, handwerklich hochstehende Routine, ein halbherzi-
ges oder mißverstandenes Übernehmen fremder Anregungen (vgl. z. B. den *Bahia-Palast in Marrakesch* vom Ende des
19. Jahrhunderts).

Wir stehen am Ende der westlichen Islamkunst. Sie hat
sich früh vom Osten getrennt, ist seit Kairouan und Córdoba
folgerichtig ihren eigenen Weg gegangen, berberisch eigen-
sinnig und doch offen für das, was sie ihrem eigenen Ausdruck dienstbar machen konnte. Solange die Kraft reichte,
wurde allzu Fremdes ausgeschieden. Vielleicht damit auch
Ideen, die sie vor einer zu frühen Erstarrung hätten bewahren können. Innerhalb der gesamtislamischen Kunst stellt
sie eine Welt für sich dar, die schon alterte, als Osmanen und
das safawidische Persien zu ihren Höchstleistungen ansetz-
ten. Ihre ganz ›arabische‹ Eigenart wird erst deutlich, wenn
man sie mit dem vergleicht, was gleichzeitig unter Samaniden, Seldschuken, Mamluken usw., d. h. in der türkisch bestimmten Sphäre entstand.

7 Fatimidenbauten in Ägypten (969-1171)

Einzig Kairo kann dem aufmerksamen Betrachter noch einen Eindruck von der kunstgeschichtlichen Bedeutung der Fatimidenzeit vermitteln. Die normannisch-islamischen Denkmäler Palermos – unter christlichen Herrschern entstanden – bieten ergänzendes Anschauungsmaterial.[26]

Von der Entstehung und der Frühzeit der schiitischen Fatimidenherrschaft in Nordafrika und von der Moschee der Fatimidenfestung Mahdiya war schon im Zusammenhang mit den Bauten Tunesiens die Rede (S. 149).

Ifriqiyya (Tunesien) allein war eine zu schmale und unsichere Basis für den dynastischen Glaubensehrgeiz der mit den Abbasiden rivalisierenden Schiitenkalifen. Ägypten hätte eine breitere Machtgrundlage geboten.

Nach mehreren vergeblichen Anläufen gelang es Gohar, dem Feldherrn des 4. Fatimidenkalifen al-Muizz, 969 das Zentrum Ägyptens zu erobern. Im gleichen Jahr noch gründete er etwa 1500 m nördlich der Residenzstadt Ibn Tuluns die Schiitenfestung al-Kahira, die ›Siegreiche‹, d. h. die unter dem siegenden Marsgestirn Stehende. Es war die vierte islamische Gründung im Gebiet der heutigen ägyptischen Metropole.[27] Ähnlich wie Mahdiya war der zunächst von einer Lehmziegelmauer umgebene Bezirk nicht Wohnstadt, sondern für die Zivilbevölkerung streng verschlossener Sitz von Herrschaft, Militärmacht, Verwaltung und religiöser Propaganda. Heute bildet die Stadt der einzigen schiitischen Dynastie Ägyptens den Kern der Altstadt von Kairo. Selbst im heutigen Stadtplan erkennt man: die Gründung Gohars folgte noch dem Schema des befestigten römischen Lagers (Mauerrechteck mit Achsenkreuz).

Unter den Fatimiden entwickelte sich Kairo schnell zu einem reichen und neben Bagdad und Córdoba in jeder Hinsicht führenden Zentrum islamischer Kultur. Es spielte

diese Rolle auch nach dem Ende der Fatimiden weiter. Bis
heute ist es – nicht nur politisch – ein Brennpunkt islamischen Geisteslebens, ein Sammelpunkt von Strömungen und
Traditionen aus allen Teilen der islamischen Welt und
darum auch ein Wallfahrtsort für alle Freunde islamischer
Kunst. Zum einen wirkte hier die abbasidisch-tulunidische
Tradition in Bauanlagen und -ausstattungen und in der
Kleinkunst fort. Zum anderen waren die neuen Herrscher
stark vom Berbertum bestimmt und kamen aus einem Bereich, in dem omayyadische Überlieferungen ungebrochen
und immer noch lebendig waren. Ihre Rivalität zu den Abbasiden von Bagdad bedeutete keineswegs Feindschaft gegenüber Anregungen aus Mesopotamien, bewirkte aber
eine besondere Aufgeschlossenheit für Gedanken aus dem
gleichfalls schiitisch orientierten Iran.

Die Aghlabiden hatten Sizilien erobert, aber im 10. und
11. Jahrhundert regierten die Emire Palermos als Vertreter
der fatimidischen Herren. 1071 fiel Sizilien in die Hand der
Normannen. In kulturellen und religiösen Dingen waren
diese Machtmenschen ungewöhnlich großzügig. Im Dienste
christlicher Könige konnten die islamischen Kunstformen
weiterblühen, von Sizilien aus das kulturelle Klima des gesamten Normannen- und Stauferreiches mitbestimmen.

Daneben bestanden direkte Kontakte zwischen dem
Transit- und Exporthafen Alexandrien und den frühen Seerepubliken der italischen Halbinsel. Aus dem im hohen Mittelalter herrschenden Kulturgefälle von Ost nach West (d. h.
aus der hochzivilisierten arabischen Welt ins damals noch
recht barbarische Europa) erklärt sich der Weg zahlreicher
Erzeugnisse fatimidischen Kunstfleißes in europäische Kir-
chenschätze (und von dort weiter in die Museen).

Die Fatimidenzeit war nicht allein eine Periode des Aus-
tausches, der vielfachen Verbindungen und Übernahmen,
sie war auch eine der Neuschöpfung. Der Stein wird als
Baumaterial erneut angewandt; aus dem persischen Osten
kommend, bürgert sich der Kielbogen ein; um 1100 treten in
Ägypten die ersten Beispiele des Stalaktitwerks auf. Es dient
in geradezu idealer Weise dazu, den in sich ruhenden, atektonischen Bauwillen der Moslems auszusprechen. Aus dem
abbasidischen Osten strömt ein reicher Schatz von Bildmoti-
ven in die Schnitz- und Malkunst der neuen Metropole.
Gleichzeitig wird das linear-geometrische Ornament in
unendlichem Rapport als Schmuck großer Flächen an Bau-

124 *Kairo, Bab Zuwayla, 1092*

ten wie an Möbeln zu kompliziertester Schönheit entwik-
kelt: neben die Freude am Abbilden tritt rigorose Stilisierung von Naturformen. Die antik-realistische Muschel wird
zur islamisch-abstrakten Strahlrippennische, einem Motiv,
das die späteren Bauten Ägyptens ebenso übernehmen werden wie die Idee, nackte Mauerflächen durch das kühle
Relief schmaler hoher Flachnischen eindrucksvoll zu beleben. Die monumentalen Wände werden sparsam durch
Schriftfriese von großem Ernst geschmückt. Zugleich aber
beginnen die würdevoll schreitenden Buchstaben des strengen Kufi zierliche Blüten zu entsenden.

Die Zeit der Fatimidenherrschaft in Ägypten entspricht
zeitlich etwa der ottonischen Frühromanik in der abendländischen Kunstgeschichte. In ihrer Bedeutung darf man sie
durchaus der Zeit zwischen Karl d.Gr. und den Saliern
(also: von Aachen bis Speyer und Cluny III) vergleichen.

Daß nur wenige Denkmäler – und keines unversehrt – bis
ins 20.Jahrhundert überlebt haben, ist verständlich. Immerhin: in **Kairo** ist die Fatimidenzeit noch ›gegenwärtig‹. Immer noch grenzen Teile der *Stadtmauer* des 11.Jahrhunderts
die Altstadt nach Nordosten ab. Hier wurden Teile des
Mauerzingels freigelegt. Andere Stücke (auch erhaltene
Teile der Südmauer) sind hinter an sie angeklebten Häusern

Kairo, Bab al-Futuh, 1087 126 *Kairo, Bab an-Nasir, 1087*

völlig verborgen. Drei der Tore sind erhalten. Noch heute
betritt man den ursprünglich fatimidischen Stadtteil in der
Regel durch das *Bab Zuwayla* (15)[28] im Süden oder durch
das *Bab al-Futuh* (2) im Norden. Keine 300 m entfernt steht
das *Bab an-Nasir* (3). Diese beiden Tore, der zwischen ihnen
freigelegte Mauerzug und die in die Befestigungen einbezogene Hakim-Moschee (4) bildeten 1799 einen wichtigen
Stützpunkt der französischen Besatzung unter General Bonaparte und haben damals einige Veränderungen erleiden
müssen. Die drei erhaltenen Stadttore unterscheiden sich in
Einzelheiten der Gestaltung nicht unwesentlich voneinander, weisen aber doch deutlich gemeinsame Züge auf. Vor
allem die beiden erstgenannten sind eng miteinander verwandt. Beide schützen den Torweg durch nach außen gerundete Türme, beide legen hinter den ersten Durchgang einen
inneren Viereckraum, der durch eine flache Hausteinkuppel
auf Pendentifs überwölbt wird (früheste Beispiele dieser
Wölbetechnik in Ägypten!). Grundriß und – trotz aller stilistischen Verschiedenheit – auch das Gesamtbild erinnern
merkwürdig an spätrömische Torburgen (wie z. B. die Porta
S. Sebastiano oder die Porta Ostiense in der Aurelianischen
Mauer Roms). Wie im Gesamtplan der Gohar-Festung lebt
auch in diesen Wehrbauten noch spätantike Tradition fort.

Sie entstanden zwischen 1087 und 1090 unter Badr al-Gamali, dem energischen Vezir eines schwächlichen Kalifen. Er war geborener Armenier. Armenische Baumeister und Handwerker, die vor den Seldschuken aus Edessa (Urfa) geflohen waren, haben in seinem Auftrag diese neue, die zweite Befestigung des fatimidischen Kairo geschaffen. (Die gelegentlich auftretenden Steinmetzzeichen scheinen die schriftlichen Quellen zu bestätigen.) Mauern und Tore haben als kriegerische Zweckbauten im Lauf der Zeit manche Schäden und vor allem in ihren oberen Teilen Veränderungen erlitten. Spezialfragen militärischer Architektur sollen uns hier nicht beschäftigen. Immerhin darf angemerkt werden, daß Vorbilder byzantinischer Befestigungskunst (Landmauer von Konstantinopel) benützt wurden, dabei aber an die Stelle des dort üblichen Schichtmauerwerks massiver Steinbau oder Steinverkleidung nach armenischer Art trat.

Gegen ein entsprechendes Bakschisch kann man die Mauer zwischen den beiden nördlichen Toren begehen. Man gewinnt dabei einen genaueren Eindruck von der Wehrhaftigkeit der Anlage, zugleich auch einen schönen Blick über die Altstadt und auf die Reste der al-Hakim-Moschee. Hieroglyphenbedeckte Blöcke zeigen, woher das Material für die Fatimidenmauern stammte: aus den Pyramidenfeldern des Westufers und von den Tempeln von Memphis und Heliopolis.

Über solchen Betrachtungen sollten wir nicht versäumen, die künstlerische Schönheit der Torfronten wahrzunehmen: die mit großer Überlegtheit angewandten schmückenden Elemente aus dem Formenschatz frühislamischer Dekorkunst, die heraldischen Embleme am Bab an-Nasir, vor allem die ausdrucksvolle Härte der durch flache Bogenoder Rechteckfelder ganz sparsam gegliederten Tortürme. Sie lassen ihre massige Wucht unverhüllt sprechen, wirken schwer und körperhaft, stehen dadurch aber in einem deutlichen Gegensatz zum Ausdruckswillen der eigentlich islamischen, d. h. im Dienste des Glaubens stehenden Architektur.

Die ehrwürdigste Fatimidenmoschee Kairos ist *al-Azhar* (11). Erbaut 970-72, genießt sie hohen Ruhm als eine der ältesten, fast ununterbrochen florierenden islamischen Universitäten. Moscheen waren von Anfang an auch Lehrstätten. Die Akademie von al-Azhar aber wurde etwa 988 ausdrücklich zum Zentrum schiitischer Propaganda bestimmt,

127 *Kairo, Betsaal der al-Azhar-Moschee*

als Gegenstück zu den Lehrstätten von Córdoba und Bagdad. Noch heute hat sich äußerlich an Studienverlauf und Lehrmethoden wenig geändert, aber seit dem Ende der Fatimiden ist al-Azhar Hort und geistiges Zentrum sunnitischer Rechtgläubigkeit. Neuerdings erstreckt sich der Unterricht auch auf einige wenige über die klassischen dogmatisch-juristisch-philologischen Disziplinen hinausgehende Fächer. Die Hallen der Moschee reichen als Lehrsäle für die vielen tausend Studenten nicht aus, und der Studienbetrieb spielt sich auch in mehreren Zweigstellen ab.

In dem Jahrtausend ihres Bestehens wurden mehrfach Restaurierungen nötig, kaum ein Jahrhundert verging, ohne Um- oder Anbauten zu hinterlassen. Vor allem seit dem 14. Jahrhundert wurden Medresen, Grabmäler, Wohnräume etc. zugefügt, so daß die Anlage ein etwas komplexes Aussehen gewann. Immerhin zeichnet sich im Plan die fatimidische Gründung noch deutlich ab: es ist der einer Hofmoschee mit mehrschiffigen Hallen.

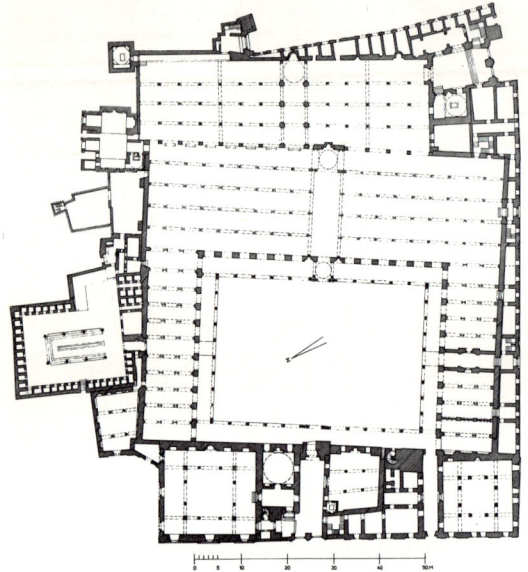

128 *Kairo, al-Azhar-Moschee, Grundriß nach Creswell*

Allerdings ist auch dieser Teil nicht unverändert geblieben. Die den Rechteckhof umziehenden Arkadenstellungen z. B. gehören nicht zum ursprünglichen Bestand. Sie, wie die Hoffassaden, sind im späten 19. Jahrhundert erstellte getreue Kopien mamlukischer Zutaten. Unsicher ist, ob der ursprüngliche Bau nicht auch an der Westseite Hallen (und einen Torbau?) aufwies.

Authentisches Zeugnis fatimidischer Zeit ist eigentlich nur mehr der Betsaal mit fünf parallel zur Qibla laufenden

Schiffen (wie in Ibn Tulun), aber mit einem betonten, dem Mihrab zulaufenden Mittelschiff wie in Córdoba oder Kairouan. An Kairouan erinnert die Verwendung von Steinsäulen mit Kapitellen verschiedenster Art und Herkunft (überwiegend Spolien), erinnern die leicht zugespitzten Bögen. Wie dort oder in Córdoba haben wir einen flachen ›endlosen‹ Raum vor uns, durch die Wände nur wie zufällig begrenzt, im Prinzip jederzeit durch Erweiterungen fortsetzbar. Er ist tatsächlich später (um die Mitte des 18. Jahrhunderts) durch vier hinter die ursprüngliche Qiblawand gelegte Schiffe erweitert worden. Diese Fortsetzung schließt allerdings nicht bruchlos an, und der fatimidische Mihrab blieb erhalten. Der Stuckdekor in seiner Konche zählt (neben dem Stuck von Ibn Tulun) mit zu den ältesten Beispielen ägyptischen Stucks. Die Marmorauskleidung der Nischenwand allerdings ist jünger: mamlukisch, wohl 13. Jahrhundert. Fatimidischer Stuck findet sich in al-Azhar sonst nur noch unter den Fenstern des Mittelschiffs (ein Rankenmotiv), an den Wandabschnitten seitlich des alten Mihrab und in Resten an den Seitenwänden des Gebetssaales. Alles andere hat das 19. Jahrhundert willkürlich hinzuerfunden.

An dieser Stelle eine Art Führungslinie durch al-Azhar vorzuschlagen, ist sinnlos: Keinem Fremden sind alle Teile zugänglich und er wird auch nie ohne Begleitung sein, daher vielleicht die vielen Eindrücke, die sich ihm bieten, leider nur recht oberflächlich aufnehmen können.

Auf jeden Fall lohnt sich ein Gesuch um Zugang zu den mamlukischen Medresen beiderseits des kleinen Vorhofes hinter dem ›Barbiertor‹, dem Haupteingang in der Westfassade. (Diese – die einzige Fassade, die dem Bau nach außen hin ein Gesicht gibt, – stammt aus dem späten 19. Jh.) Links die al-Akbugawiya (um 1340) beherbergt heute einen Teil der kostbaren Bibliothek und bewahrt noch einen prächtigen mamlukischen Mihrab, der allerdings beinahe noch übertroffen wird von dem in der rechter Hand gelegenen Medrese at-Taisarbaiya (etwa 1310).

Wer die Altstadt von Norden her durch das Bab al-Futuh betritt, findet gleich linker Hand ein anderes Hauptwerk fatimidischer Architektur: die *al-Hakim-Moschee* (4), erbaut 990-1013, vollendet unter dem Kalifen al-Hakim, der sich als Reinkarnation Alis ausgab und nach einer Regierungszeit, in der sich bei ihm immer stärker Züge von Cäsarenwahnsinn bemerkbar machten, bei einem nächtlichen

129 *Kairo, Fassadendetail der Torhalle der al-Hakim-Moschee, um 1004*

Ritt auf niemals aufgeklärte Weise verschwand. Die Sekte der Drusen (im Libanon) verehrt ihn als göttlichen Imam.

Die Moschee bildet eine Art Gegenstück zu al-Azhar. Schon seit etwa 200 Jahren ihrer Bestimmung entzogen, sind ihr Veränderungen und Erweiterungen ziemlich erspart geblieben, aber sie ist heute nur noch eine traurige Ruine (wenn auch baulich gesichert). Ursprünglich lag sie einen Steinwurf außerhalb der Gohar-Festung, unter Badr al-Gamali wurde ihre Nordmauer in die zweite Befestigung einbezogen. Dadurch verstärkte sich das Festungsartige, das den Bau schon von Anfang an gekennzeichnet haben muß. Festungsartig wirkt vor allem die Westfassade mit den Bastionen um die Untergeschosse der Türme – späteren Zutaten. Sie ist heute von später angeklebten Behausungen befreit, aber ein mamlukisches Mausoleum hat sich vor die Torhalle gesetzt und beeinträchtigt deren Wirkung. Das fatimidische Vorhallenmotiv kennen wir schon von Mahdiya her (siehe S. 151). Die Südseite dieses vorspringenden Torbaues zeigt eine prachtvolle Wandgliederung durch Nischen mit sehr

schönen (z. T. restaurierten) Arabesken im oberen Bogenfeld. Die Nischen sind durch schattenwerfende Simse und
ein Schmuckband in die Wand ›eingebunden‹, ihr glattes
unteres Feld trägt jeweils ein schön gefülltes, auf die Spitze
gestelltes Quadrat. Wer an die Beziehungen Ägyptens zu
den Handelsstädten Italiens denkt, wird nicht überrascht
sein, daß sich in Pisa (Untergeschoß von Domapsis und
-fassade, Campanile) das Motiv des durch eine Raute gefüllten Nischenfeldes wiederfindet. Es hat sich von dort aus in
der Toscana verbreitet und findet sich auch an Bauten der
apulischen Romanik (Troia, Siponto, Monte S. Angelo), die
gerne mit pisaner Baukunst in Zusammenhang gebracht
werden, vielleicht aber das Motiv selbständig aus Ägypten
entlehnten. Was im südlichen Italien und bis hinauf in die
Toscana an islamischen Motiven an- und nachklingt, kommt
aus dem fatimidischen Bereich. Ähnliches gilt für die Welt
Venedigs, dessen Patron, der heilige Markus, ja in Ägypten
begraben war und von dort nach Venedig ›heimgeholt‹
wurde.

Der Grundriß der Moschee, soweit er noch erkennbar ist,
vereinigt in eigentümlicher Weise Züge aus Kairouan und
Mahdiya mit solchen aus Ibn Tulun und al-Azhar. Der
Grundriß des 5schiffigen Gebetsaales mit dem betonten
Transept, der Kuppel über dem Mihrab-Joch und den beiden Kuppeln über den Eckjochen des Qiblaschiffes scheint
den Betsaal von al-Azhar zu wiederholen (Creswell nimmt
auch für die Urgestalt von al-Azhar solche Eckkuppeln an),
der Aufbau jedoch lehnt sich an Ibn Tuluns Vorbild an. Wie

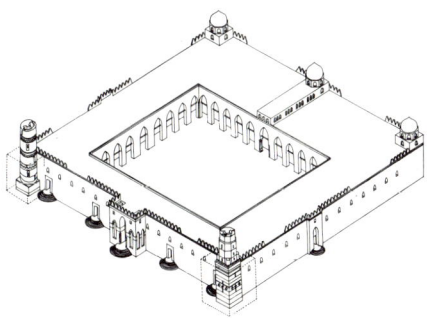

130 *Kairo, al-Hakim-Moschee, Rekonstruktion nach Creswell*

dort wurden Ziegelpfeiler als Stützen verwendet, in deren
Ecken schlanke Säulen eingestellt sind, wie dort wird am
oberen Abschluß der Wand eine Inschrift herumgeführt. Ihr
Kufi ist von Blattranken umspielt, noch aber blühen sie nicht
aus den Buchstaben selbst. Die Pfeiler sind schlanker als in
Ibn Tulun, spröder zugleich und federnder. Wie in Ibn Tuluns Moschee liefen die Schiffe der seitlichen Hofhallen
parallel zu den Außenmauern. Die Hakim-Moschee scheint
sich also sehr bewußt einer im Entstehen begriffenen lokalen Tradition einzuordnen.

Anders steht es mit der Fassade. (In al-Azhar ist nichts
Vergleichbares erhalten.) Sie nimmt offenbar Züge von
Mahdiya auf: Stein als Baumaterial, Torhalle, Disposition
der Minaretts an den Ecken der Front. Eine solche Stellung
der Türme trat wohl zum ersten Mal in Mahdiya auf, doch
sind dort keine Minaretts erhalten. Bisher standen sie immer
in der Hauptachse der Moschee, über oder unmittelbar neben dem Haupteingang in den Hof (Kairouan, Córdoba).
Später freilich wird es die Regel, die Minaretts in die Ecken
zu verweisen und (vor allem im türkisch bestimmten Osten)

131-132 *Kairo, al-Hakim-Moschee, Querblick in den Betsaal und ins Qibl*

paarweise anzuordnen. Bemerkenswert ist auch, daß die beiden Türme von al-Hakim (mit mamlukischen Bekrönungen) hinter ihren leicht geböschten Mauermänteln (zur Verteidigung oder als statischer Erdbebenschutz?) bereits ums Jahr 1000 Züge aufweisen (über kubischem Sockel oktogonale bzw. zylindrische Geschosse), wie sie später die mamlukischen Türme voll entwickeln werden.

Die Rekonstruktionszeichnung kann eine Vorstellung von der einstigen Gesamtwirkung vermitteln. Heute ist der bedeutende Bau, in dem sich vielerlei Überlieferungen zusammenfanden und von dem ebensoviele Anregungen für die Zukunft ausgingen, eine – wenn auch im Restbestand baulich gesicherte – Ruine, ist Spiel- und Pausenhof einer Schule. Man findet keinerlei ›Orientromantik‹, aber vielleicht die Ruhe zu genauerem Hinsehen, die man im Straßenleben Kairos leider nicht immer findet, und Muße, die Bedeutung des Bauwerks zu würdigen.

Gehen wir die Hauptachse des fatimidischen Kairo (Sharia el-Muizz li-Din Allah) nach Süden weiter, so treffen wir nach knapp 500 Metern linker Hand auf die beträchtlich unter das Straßenniveau ›gesunkene‹ *Moschee al-Akmar* (5), vollendet 1125, einen anspruchslosen und oft restaurierten Bau vom Kufa-Typ. Ihre Fassade aber, obwohl Fragment (das rechte Drittel fehlt), ist ein Juwel fatimidischer Zeit. Der Portalteil springt als Risalit vor, stellt so etwas wie eine reduzierte Torhalle dar. Ein oben entlanglaufendes Kufi-Band (die Lettern beginnen Blüten zu entsenden!), ein mehrfach gebrochener Wulst und ein Schriftfries verklammern ihn mit der Gesamtfassade. Besonders auffallend ist der obere Abschluß der tief im Mauerwerk sitzenden Türnische: die spätantik-koptische Muschel ist aus der Naturform in ein Motiv eindrucksvoller Abstraktheit mit wulstigen Strahlen und einem ornamentalen Schriftschild in der Mitte übersetzt. Das gleiche Motiv wird variiert über der Tornische des linken Fassadenteils, in den ineinandergestellten Nischen mit Säulchen, die den oberen Abschluß der großen Strahlrippenmuschel flankieren, und in den tiefen Nischen seitlich des Mittelportals. Diese sind überfangen von Rechtecknischen mit *muqarnas,* d.h. Stalaktitwerk. Zum ersten Mal taucht dieses Motiv an einem kairiner Moscheebau auf. Die Rosetten in den Zwickeln und die kleinen Nischen mit eingebundenen, zwischen kleine Glockenkapitelle gespannten Säulchen sind uns als Motive schon aus Ibn Tulun be-

133 *Kairo, Fassadendetail der al-Akmar-Moschee, um 1125*

kannt und verbinden sich hier mit neuen Elementen, die in
späteren Bauten Kairos (siehe S. 381) wichtige Motive der
Fassadengestaltung werden. Mit solchen Beobachtungen
und Erkenntnissen aber erfassen wir nur Oberflächliches. In
der klar disponierten Fassade wird jede logische Tektonik
vermieden. Glatte Flächen wechseln mit schattenwerfenden
Höhlungen, in diesen zeichnen die Ornamente noch tiefere
dunkle Schattenbahnen, machen feste Begrenzungen ungreifbar. Die Formen bleiben dabei doch von fast geometrischer Kristallhärte. Kleine Schmuckteile schmücken die
größeren, die Motive offenbaren sich als variierbar, werden
gleichzeitig in ihrer Anwendung vertauscht (vgl. die *muqarnas* an den Strahlen der seitlichen Türnische), sind also
vertauschbar, ganz anders als tektonische Glieder bei einem
antiken Bau oder einem abendländischen. Was auf den ersten Blick als kombinatorische Willkür erscheinen kann,
enthüllt sich verweilendem Hinsehen als ein Geflecht von
Motiven, die wie Kettfäden das Ganze durchziehen. Die
Art, wie diese Fäden anscheinend regellos durcheinander-
laufen und sich dann auf einmal als von hoher Weisheit
geknüpft herausstellen, wie Erinnerungen an Naturformen
zu seltsamer Abstraktheit gerinnen und sich dann mit einem
ganz anderen Leben füllen, wie Inschriften das ›Wort‹ offen-

baren und dann dem Abstrakten, dem Buchstaben, unerwartet organisches Leben entsprießt, noch das letzte,
scheinbar nebensächliche Detail seinen Sinn innerhalb dieses Kosmos erweist – das alles ist mehr als ein bloß formales
Spiel: es offenbart ein Stück islamischer Weltsicht.

Einigen Einzelzügen von al-Akmar begegnet man wieder
in der *Moschee Salih Talayi* (16). Sie liegt im Süden, etwas
außerhalb der Fatimidenmauern, schräg gegenüber dem
Südtor Bab Zuwayla. Entstanden 1160, also in der letzten
Zeit der Fatimidenherrschaft, wurde sie zu Anfang des 14.
und im späten 15. Jahrhundert durchgreifend erneuert, 1919
sorgsam in den ursprünglichen Zustand zurückrestauriert.
Damals wurden die Seitenfronten mit ihrer sparsam-großzü-
gigen Flachnischengliederung wieder freigelegt.

Dem sehr stark reduzierten Schema einer Hofmoschee
folgend, erhebt sie sich auf einem fast 4 Meter hohen Podium – ein recht ungewöhnlicher Zug. Ungewöhnlich – und
schon gar in Ägypten! – auch die Gestaltung der Fassade:
zwischen Eckbastionen ein *Porticus in antis*. In Persien
würde man so etwas einen *talar* nennen. Persisch inspiriert
erscheinen auch die Kielbogen des Gebetssaals mit drei
qiblaparallelen Schiffen auf Spoliensäulen.

Es wäre gar zu verlockend-bequem, die Strahlrippen hier,
die sehr schönen Medaillons und die Schrift- und Ornamentbänder als authentische Zeugnisse der Fatimidenzeit zu betrachten. Bruchlos wäre der Übergang in die Mamlukenfor-
men. Aber zumindest die Hofhallen und ihre Fassaden sind

134 *Kairo, Moschee Salih Talayi, beg. 1160*

135 *Kairo, Giyuschi-Moschee, 1085*

durch Restaurierungen zu stark verändert, als daß man sie
für die Fatimiden reklamieren dürfte. Die heutige Ausstattung ist weitgehend Kopie. Die originalen Reste fatimidischer Decken, Türen usw. befinden sich im Islamischen
Museum. Immerhin kann man in dieser Moschee wieder
einmal vom oft allzu orientalisch-aufdringlichen Leben auf
den Straßen ausruhen.

Nur Unermüdliche werden – nach dem Gang durch die
fatimidische Altstadt und ihre mamlukischen Bauten (s.
Kap. 10) auch noch die Exkursion auf den Dschebel Mokattam unternehmen, um auf dessen Höhe (weite Aussicht!)
die kleine *Giyuschi-(Dschuyuschi-)Moschee* (1085) zu besuchen. Fronttrakt, ein fast winziger Hof, Gebetssaal mit Kup-

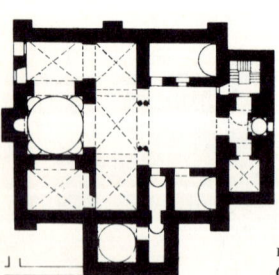

136 *Kairo, Giyuschi-Moschee,
Grundriß nach Creswell*

137 *Palermo, S. Giovanni degli Eremiti, 1132*

pelraum vor dem Mihrab, seitlicher Grabraum: hier vereinigen sich mit herkömmlichen Zügen (Minar als Vierkanter
über dem Eingang) solche, die zu den späteren mamlukischen Grabmoscheen hinführen: wieder ein ›Brennpunkt‹
der Entwicklungsgeschichte, wie fast alle fatimidischen
Werke.

Der Mihrab ist ein Prunkwerk mit Inschriftbändern blühenden Kufis, stilisierten Blumen, Bemalung (Reste) von
einer Opulenz, die eher ins mongolische Persien als ins
fatimidische Kairo zu gehören scheint und hier höchstens im
Mihrab von Ibn Tulun (1094) eine Parallele findet.

Kairo bewahrt in den südlichen Vorstadtvierteln einige,
besonders für die Entwicklungsgeschichte der *muqarnas* interessante Mausoleen aus fatimidischer Zeit. Sie sind leider
meist verschlossen, und ich zweifle, daß die Pilgerfahrt dahin
viel Freude macht.

Auch bei **Assuan** stehen einige, z.T. verfallende, z.T.
schlicht restaurierte Mausoleen der Fatimidenzeit. Das
Grabmal des Agha Khan (erb. 1958) über dem Westufer des
Nils kopiert ziemlich getreu die Giyushi-(Dschuyuschi-)
Moschee in Kairo.

Die Fatimidenzeit ist eine Epoche, in der vielerlei Überlieferungen, arabische und berberische, omayyadische und
abbasidische, solche aus dem Maghrib und aus dem Iran
zusammengefaßt werden zu etwas, das mehr ist als nur die
Summe alles dessen: eine neue Stufe in der Entwicklung des

138 *Palermo, Deckendetail aus der Capella Palatina, um 1150*

islamischen Stils und eine Glanzepoche der Baukunst des
›arabischen‹ Islam. Eine seltsam kühle und zugleich intensi-
ve Großartigkeit prägt die Werke dieser Zeit, die mit ihrem
strengen Ernst der Bau- und Schmuckkunst der Mamluken
den Weg weisen, aber noch fern sind von deren zierlicher
Eleganz und üppig-phantastischer Düsterkeit.

In **Palermo** sind zwar keine Bauten aus der Zeit der islamischen Emire mehr erhalten, aber islamische Künstler in
fatimidischer Tradition schufen für die Normannenkönige
die Schlößchen *La Cuba* und *La Zisa* (mit einem stalaktitge-
schmückten Brunnensaal, Mosaiken byzantinischer Abkunft und köstlichen Wandverkleidungen). Fatimidische
Gestaltungsprinzipien (Wandgliederung durch flaches Relief schlanker Nischen) begegnen uns an Teilen des *Norman-
nenschlosses (Palazzo Reale),* der *Martoranakirche* (Santa
Maria dell'Ammiraglio, Teile einer beachtlichen Holztüre!)
und am Chor des *Domes* (hier auch die bekannten Strahlrippennischen und Rosetten). Wie aus Kairo (oder Kairouan)
nach Italien versetzt wirkt *S. Giovanni degli Eremiti.* Sein

139 *Palermo, normannische Absiden des Domes, 12. Jh.*

Kreuzgang wäre ohne islamische Künstler im Dienste der
Normannen ebensowenig zum Abbild des Paradieses geworden wie das Brunnenhaus im Kreuzgang von *Monreale.*
Fatimidischer Ernst und normannische Kraft finden sich in
Sizilien mit byzantinischer Ikonenfrömmigkeit zusammen,
und aus dieser vertrackten Begegnung entsteht phantastischer Zauber. Der Ort, an dem sich die anscheinend so
disparaten Kulturen beispielhaft treffen, ist die Palastkapel-
le der Normannenkönige *(Capella Palatina)* im Schloß. Die
Bemalung ihrer rein islamischen Stalaktitdecke aus edlem
Holz zeigt höfische Szenen und Symbole, wie sie nach Inhalt
und Stil aus abbasidischen Zeugnissen und durch fatimidische Schnitzereien bekannt sind. Auf europäischem Boden
findet sich dieses Hauptwerk fatimidischer Malerei. Ein
Prachtstück sizilisch-islamischer Textilkunst ist der für den
Normannen Roger gefertigte Mantel, der dann als Kaiser-
mantel Teil des römischen Krönungsornats wurde (Wien,
Weltliche Schatzkammer). Das ehrwürdige Stück bezeugt
die Ausstrahlung islamischer Kultur bis ins Herz Europas.

8 Sassanidische Tradition
zwischen Arabern und Türken

Iran und Chorassan von der Mitte des 7. bis zur Mitte des 12. Jahrhunderts

Die meisten der hier zu behandelnden Bauwerke (im Iran, der UdSSR und Afghanistan) liegen etwas abseits der bequemen Reiserouten. Manche sind – z. T. Ruinen – nur mit Mühe zu erreichen.

Es ist an der Zeit, endlich die iranische Komponente und das sassanidische Erbe, von dem schon so viel die Rede war, ins Auge zu fassen. Ein einseitig vom ›Griechischen‹ ausgehender Humanismus hat ›Persien‹, d. h. dem Gebiet zwischen Euphrat, Oxus, Hindukusch, Indus und dem Ozean, in unserem Geschichtsbild eine Nebenrolle zugewiesen. Man erinnert sich bestenfalls an die Perserkriege der Griechen und den Alexanderzug, der dem Reich der Achämeniden ein Ende machte: einem Großreich, beherrscht von einer indoeuropäischen Oberschicht nomadischer Tradition, mit dem König der Könige aus der Nachkommenschaft des Achaimenes (Hachamanisch) an der Spitze. Dieses weite und tolerante Reich war zugleich straff organisiert und als letztes Weltreich des Alten Orients Erbe aller Kulturen zwischen Nil und Indus. In Pasargadae und Persepolis vereinigten sich Motive aus Ägypten und Babylon, aus Assur, Urartu und Kleinasien mit elamischen und altiranischen Überlieferungen. Alexander hat dieses riesige Gebiet auch hellenischen Einflüssen geöffnet.

Das Achämenidenreich hatte zwar ein wachsames Auge auf die Ereignisse an seiner Westflanke, hat aber ebenso bewußt seine offene Grenze gegen die Menschenreservoire der Steppen jenseits des Oxus abgeschirmt. Die Seleukiden jedoch, die sich als ihren Anteil aus dem Alexandererbe die Herrschaft in Syrien, Mesopotamien und dem Osten er-

kämpft hatten, waren so stark auf das Geschehen im Mittel-
meerraum fixiert, daß der Iran ihrer Herrschaft entglitt. Seit
der Mitte des 3. vorchristlichen Jahrhunderts brachen aus
den ostkaspischen Gebieten die Parther vor. Sie waren als
arische Reiternomaden Vettern der Iranier. In beweglicher
Kriegführung haben sie schließlich den Seleukiden die Gebiete östlich des Euphrat abgewonnen. Ihre Könige öffneten
sich weit der hellenistischen Kultur, aber ihr ›Reich‹ war ein
sehr lockeres Gebilde. Hauptziel ihrer Politik scheint es
gewesen zu sein, die gewinnbringenden Handelswege vom
Fernen Osten zum Mittelmeer zu beherrschen und zu sichern. Um den Besitz der einträglichen Stützpunkte an den
Karawanenstraßen ging es letztlich in den wiederholten
Kriegen mit Rom, das als Sieger über die Seleukiden den
Ostmittelmeerbereich und Syrien gewonnen hatte. Augustus machte Frieden im Osten.

Die Lage änderte sich, als 224 nach Chr. ein Geschlecht
aus dem persischen Kernland Fars, die Nachkommen eines
Priesters Sassan, den Partherkönigen die Herrschaft abge-
wann. Die Sassaniden fühlten sich als Abkömmlinge der
Achämeniden, nahmen nach über einem halben Jahrtausend nomadisch-philhellenischer ›Fremdherrschaft‹ bewußt
national-iranische Überlieferungen, Weltherrschaftsan-
sprüche und zoroastrische Religion wieder auf. Ihr Ziel war
die Wiederherstellung des achämenidischen Reiches. So
wurden sie zu hartnäckigen Gegnern des müde werdenden
römischen Imperiums, immer bereit, diesem seine östlichen
Provinzen zu entreißen. Die Bedrohung durch eine rivalisie-
rende Weltmacht war für Rom eine ernstere Gefahr als die
Germanenstämme an der Nordgrenze. Deutlich verschob
sich der Schwerpunkt des Römischen Reiches in den bedrohten Osten: Diokletian wählte Nikomedien zur Residenz
des obersten Augustus, Konstantin d. Gr. weihte 330 Byzanz
als ›Konstantinopolis‹ zum ›Neuen Rom‹. Nach der endgülti-
gen Reichsteilung unter die Söhne des Theodosius (395)
übernahm das byzantinische Ost-Rom den Abwehrkampf
gegen die Sassaniden. Die kriegerischen Auseinandersetzungen – unterbrochen von längeren Perioden eines von
Byzanz erkauften Friedens – hinderten nicht die Entwicklung enger kultureller Beziehungen zwischen den beiden
»Augen der Welt«, Byzanz und Persien. Dabei war Byzanz
deutlich der empfangende Teil. Wie auf persischen Karawanenstraßen Seidenstoffe aus China und indische Gewürze

nach dem Westen gelangten, so auch sassanidisches Hofzeremoniell und Repräsentationswesen, sassanidische Jagd-
und Sportgewohnheiten. Polo, ein Spiel von Reiternomaden, wurde im städtischen Byzanz große Mode, die seit dem
6. Jahrhundert in Byzanz aufblühende Seidenweberei übernahm sassanidische Motive und sollte sie, wie der Osten
selbst, über die Zeit der Sassaniden hinaus bewahren. Persien spielte eine gar nicht zu überschätzende Rolle bei der
Ausbildung der byzantinischen Kunst. Viel schwächer waren die Einflüsse in entgegengesetzter Richtung.

Während aber an vielen Orten Europas wenigstens Kirchenbauten mit goldglänzenden Mosaiken noch die einstige
Kaiserpracht von Byzanz bezeugen, sind die Schöpfungen
der sassanidischen Großkönige heute – bestenfalls – Ruinen. Nur wenige Reste ihrer Ausschmückung haben überlebt, und auch sie geben nur eine schwache Vorstellung von
dem einstigen Glanz des Sassanidenhofes. Immerhin: die
Palastruinen von Ktesiphon und Kasr-i Schirin, von Firuzabad und Bischapur, von Sarwistan und Damghan haben gewaltige Dimensionen. Vor allem aber: sie zeigen Elemente,
die noch in der Baukunst islamischer Zeit eine Hauptrolle
spielen sollten. Zwei sind besonders wichtig: der Iwan
(auch ›Liwan‹ genannt), eine gewölbte, an einer Schmalseite
offene Halle, und die Kuppel über einem quadratischen
Raum.

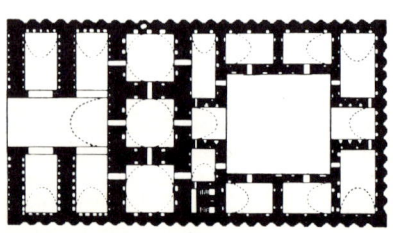

140 *Palast*
von Firuzabad,
frühes 3. Jh.,
Grundriß
nach Flandin et Coste

Im Zentrum schon des Partherpalastes von Assur z. B. lag
ein Hof mit einer Iwanhalle in der Mitte jeder der vier
Seiten. (Eine Iwanfront rekonstruiert im Vorderasiatischen
Museum Berlin-Ost.) In Firuzabad führt eine Iwanhalle in
einen quadratischen Kuppelraum, den gleichartige Räume
flankieren und an den sich ein Hof mit zwei Iwanen anschließt. Der Palast von Sarvistan hatte Iwanfassaden, einen

141 *Throniwan des Palastes von Ktesiphon*

viereckigen Kuppelraum und einen Hof mit einer Iwanhalle. Die Abfolge Iwan–Kuppelsaal findet sich auch in Kasr-i Schirin und Damghan.

Der Iwan stammt vermutlich aus Chorassan. Jedenfalls hat er sich hier als Element des Wohnbaues jahrhundertelang erhalten. Die Parther wohl haben ihn nach Westen mitgebracht. Monumentale Iwane (in Dreiergruppen) finden sich im Tempel- und Palastbezirk von Hatra, der Karawanenstadt arabischer Fürsten unter Oberhoheit der Partherkönige, etwa 100 km südlich von Mosul. Das großartigste Beispiel jedoch ist der riesige ovalgewölbte Throniwan des Palastes von Ktesiphon (unweit Bagdad), der ›Taq-i Kisra‹ (d. h. ›Bogen des Chosrau‹, vielleicht parthisch, eher wohl aus sassanidischer Zeit), der immer wieder islamische Architekten zum Wettbewerb herausgefordert hat. (Der m. W. früheste islamische Iwan im Schloß Okheidir siehe S. 110.)

Alles deutet darauf hin, daß auch die Kuppel über einem quadratischen Raum in östlichen Bereichen zu Hause ist. Die hellenistisch-römische Antike errichtete Kuppeln nur über einem tambourähnlichen Mauerrund (vgl. Rom, Pantheon), über im Kreisrund angeordneten Stützenstellungen (Rom, S. Costanza) oder über einem Oktogon (Split). Der Gedanke, eine Kuppel über einen Viereckraum zu stellen, war ihr fremd.

Aber auf römischen Reliefs (Rom, Severusbogen, 203 n. Chr.) sind überkuppelte Viereckbauten des syrisch-iranischen Grenzgebietes dargestellt. Die Vermutung liegt nahe, daß dort im Osten kuppelartige Gebilde zur Überdachung viereckiger Wohnhäuser schon seit langer Zeit üblich waren. Wo es nur darum ging, mit dem jeweils verfügbaren billigsten Material bescheidene Alltagsbauten zu errichten, spielten technische oder ästhetische Probleme der Verbindung von Viereck und Rund noch kaum eine Rolle. Sie traten erst auf, als die ›Kuppel über dem Viereck‹ auch für Monumentalbauten verwendet wurde.

Die oft leidenschaftlichen Debatten von Archäologen und Kunsthistorikern der verschiedensten Schulen über die Frage, wo denn zuerst der Kuppel-Viereck-Gedanke aufkam und wo erstmals tragfähige ›Lösungen‹ für die Vermittlungszone zwischen Quadrat und Kreisrund gefunden wurden (Syrien? Italien? Ägypten?) dürften angesichts des lückenhaften Denkmälerbestandes schwerlich jemals zu einem gesicherten Ergebnis führen. Für unseren Zusammenhang sind sie unergiebig. Im byzantinischen Bereich fand (Kronzeuge die Hagia Sophia) das zugleich technische und ästhetische Problem eine klassische Lösung durch die Verwendung sphärischer Zwickel einer das Grundrißviereck imaginär umschreibenden Kuppel, der sog. Pendentifs. Herkunft und Vorstufen brauchen uns nicht zu beschäftigen. Es genügt festzuhalten, daß nicht nur fast alle Kuppelbauten Europas seit der Renaissance diese Form verwenden, daß auch frühe islamische Bauschöpfungen in den einst christlich-byzantinischen Gebieten sich ihrer bedienen, und sie im islamisch-mittelmeerischen Bereich nie vergessen wurde.

Der iranische Osten hat sie nie übernommen. Er hatte eine andere Lösung anzubieten: die m. W. erstmals im Sassanidenpalast von Firuzabad bezeugte ›persische‹ Trompe. Als Vermittlungsglied ästhetisch noch recht unvollkommen, hat sie nicht nur als die technisch bequemste Lösung zu-

142 *Palast von Firuzabad, Schnitt nach Flandin et Coste*

nächst im ostislamischen Bereich eine fast kanonische Geltung erlangt, sondern wurde auch zum Ausgangspunkt höchst folgenreicher Entwicklungen.

Byzanz hat den Trompengedanken aufgegriffen, aber hellenistisch-römischer Sinn konnte Trompen nur als in die Ecken gesetzte Halbkuppeln verstehen. Mit ihrer Hilfe ließen sich mancherlei Unregelmäßigkeiten überspielen, aber sie mußten bei größeren Bauten mit Pendentifs kombiniert werden und boten wenig Anreiz zum Weiterdenken. Islamische Baumeister haben auch ›byzantinische‹ Trompen angewandt, das mittelalterliche Europa hat – bewundernd zwischen Córdoba und Konstantinopel schwankend – den Gedanken aufgegriffen, bevor es seit der Kreuzzugszeit zaghaft daranging, rein islamische Trompenformen anzuwenden[29]. Vielleicht gerade wegen gewisser Unvollkommenheiten konnte die persische Backstein-Trompe im Dienst islamischer Bauaufgaben zur Keimzelle für charakteristisch islamische Gestaltungen werden. Die Suche nach einer den geometrisch-abstrakten Sinn befriedigenden Form und der Wunsch, die unvermeidliche Höhlung der Trompennische für das Auge befriedigend zu füllen, führten zur Geburt eines für die islamische Kunst überaus bezeichnenden Elements: der ›Muqarnas‹. Der arabische Ausdruck (etwa: das ›Erstarrte, Gefrorene‹) besagt ziemlich das gleiche wie der bei uns für solche Gebilde gebräuchlichere ›Stalaktit‹. L. Hautecœur will diesen Namen im strengsten Sinne einem Körper vorbehalten wissen, der »meist in der Form eines umgekehrten Pyramidenstumpfes mit polygonalen, in der Regel als sphärische Trapezoide gestalteten Seitenflächen ins Leere hängt«.[30] Aber meist wird zwischen ›Muqarnas‹ im

allgemeinen und der Spezialform ›Stalaktit‹ nicht so streng
geschieden, und so wollen es auch wir halten. Wer islamische
Bauten als künstlerische Gebilde verstehen und erleben
möchte, für den ist ein Streit um Begriffe und Termini nur
von untergeordnetem Interesse. Viel wichtiger ist es für ihn,
daß er Muqarnas/Stalaktiten in ihrer Ausdrucksfunktion
erkennt. Als gewichtneutrale, völlig abstrakte und rein dekorative Gebilde verraten sie – obwohl Körper – nichts von
den aufsteigenden, tragenden oder lastenden Kräften, die
– auf welche Art auch immer – die europäische Baukunst
darstellen will. Sie verhalten sich vielmehr, scheinbar der
Schwerkraft nicht mehr unterworfen, in einem Zustand un-
bewegt-reiner Ruhe, wie sie nicht nur beim Gebet den
Frommen erfüllen sollte. Wer Bauformen nicht bloß als
technische Produkte, sondern als unbewußt-symbolischen
Ausdruck einer bestimmten Geisteshaltung und religiösen
Weltsicht auffaßt, wird vielleicht darüber nachsinnen, daß
christliche Bauten eine Gestalt bevorzugen, die den Unterschied zwischen dem irdisch-unvollkommenen Viereck und
reinem Himmelsrund durch sphärische Zwickel (Pendentifs) verschleift (das klassisch-byzantinische Bildprogramm
deutet sie ikonographisch auch als Glieder der Vermittlung), daß Bauten des Islam aber, der ursprünglich nur
Propheten, aber keinen gottmenschlichen Vermittler zwischen irdischer Bedingtheit und dem Absolut-Einen kennt
(erst im Bereich der Schia kamen solche Gedanken auf), ein
›Stufenwerk‹ als Übergang bevorzugen.

Die islamischem Fühlen und Wollen so ideal entsprechenden ›Muqarnas/Stalaktiten‹ fanden im ›arabischen‹ Islam
begeisterte Aufnahme (vgl. frühe Formen in Ägypten,
Kap. 7). Im maurischen Westen (Kap. 6) wurden sie so reich
ausgestaltet wie bei Seldschuken und Osmanen (Kap. 9, 12).
Aus Ziegeln und Steinen wie aus Holz, Stuck oder Fayence
ließen sie sich bilden. Im östlichen Bereich, wo nicht nur
dieses Motiv aller Wahrscheinlichkeit nach zu Hause ist,
sondern wo auch andere Möglichkeiten gefunden wurden,
um zwischen Viereckplan und Kuppelrund zu vermitteln,
sind zu viele der frühen Ziegelbauten untergegangen oder zu
fragmentarisch erhalten, als daß sich Genese und erste Entfaltung der Stalaktitformen auch nur lückenhaft verfolgen
ließen.[31] Allzuoft sind hier bloß Fundamente übriggeblie-
ben, die nichts darüber aussagen, wie der Übergang vom
Viereck zum Rund bewerkstelligt war. Aber die ergrabenen

Grundrisse zeigen zumindest die Plangestaltung und lehren, wie lebenskräftig iranisch-vorislamisches Erbe den islamischen Entfaltungsprozeß mitbestimmt hat.

In der Schlacht von Nihawend (642) vernichteten die arabischen Scharen das Heer des durch verzweifelte Kriege mit Byzanz und durch innere Krisen geschwächten Sassanidenreiches. In den folgenden Jahren drangen sie erobernd in den Iran ein. Der letzte Sassanidengroßkönig floh vor ihnen gegen Osten wie 1000 Jahre früher Dareios III. vor den Heeren des großen Makedonen. Persien schien im arabischen Reich unterzugehen. Aber von Anfang an bildeten die Araber hier nur eine Minderheit über einer nichtarabischen Bevölkerung.

Wie nach Syrien kamen die neuen Herren auch in den Iran mit leeren Händen. Aber hier fehlen – anders als dort – die Zeugnisse für die Entstehungsphase einer islamischen Kunst. Vermutlich haben die Eroberer in den großen Städten sofort Betstätten nach dem schlichten Kufa-Schema angelegt. Der Wille zur Repräsentation muß auch im Osten bald zu anspruchsvolleren Schöpfungen geführt haben, aber von dem durch zeitgenössische Geographen bezeugten Glanz hat sich nichts erhalten. Die traditionellen Lehmziegel waren zu vergänglich, zu gründlich waren die Verheerungen (und war auch die Baulust) späterer Zeiten. In Isfahan stand an der Stelle der heutigen Freitagsmoschee wohl eine ›arabische‹ Moschee, die *Alte Moschee in* **Schiraz** bewahrt noch ein paar Pfeiler und Stuckreste aus der 2. Hälfte des 9. Jahrhunderts. Grabungen haben neuerdings in Rayy, Yazd, Susa usw. Spuren früher Moscheen nachgewiesen.

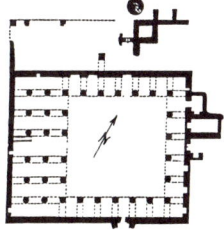

143 *Damghan,*
Tariq-Hane-Moschee,
Grundriß nach Pope

Als Zeuge für den ›arabischen‹ Typus des ausgehenden 8. Jahrhunderts darf die *Tariq-Hane-Moschee von* **Damghan** gelten: ein quadratischer Hof mit Portiken an drei

Seiten. In der Qiblarichtung der Betsaal mit dreimal sieben Schiffen. Der Plan ist im Grunde der einer Kufa-Moschee, die Gestaltung jedoch (massive Rundpfeiler, Einwölbung, ovale Bogen) entspricht gänzlich sassanidischem Gebrauch. (Aus neueren Aufnahmen entnehme ich, daß in den letzten Jahren eine ergänzend-sichernde Restaurierung das ernstwürdige Bauwerk vor drohendem Verfall gerettet hat. Auch die kleine Moschee von **Schuschtar** [um 860, etwa 120 km nördlich von Ahvaz] wurde in den letzten Jahren renoviert.)

Etwa um 960 (unter buyyidischer Herrschaft) entstand die *Masdschid-i Juma* von **Nayin** (ca. 160 km östlich von Isfahan, von dort mit Taxi oder Kleinbus zu erreichen). Um drei Seiten eines fast quadratischen Hofes (über einer Zisterne, wie sehr oft sonst auch) legen sich gewölbte, mehrere Joche tiefe Hallen auf kräftigen Pfeilern.

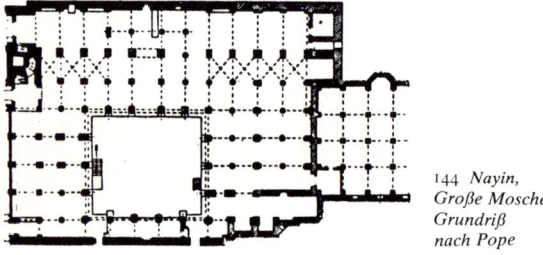

144 *Nayin,
Große Moschee,
Grundriß
nach Pope*

Keiner der islamischen Autoren, die andere Bauten der Zeit so überschwänglich preisen, erwähnt diese Moschee. Sie erschien wohl zu bescheiden. Uns ist sie besonders kostbar, denn sie trägt an Pfeilern, Bogenläufen und vor allem am Mihrab noch bedeutende Teile ihres originalen Stuckdekors (1973 Restaurierungsarbeiten). Das aus der Stuckmasse herausgeschnittene Rankenwerk – ein dichtes Gewebe aus Blättern und Trauben zwischen Bändern mit Augenpunkten, dazu Rosetten mit Weinlaub, Halbpalmetten und zapfenartige Gebilde – erinnert an die Stuckformen von Samarra, ohne daß sich die dicht-flimmernde Hell-Dunkel-Wirkung bündig einem der dortigen ›Stile‹ einordnet. Die Gestaltung schließt sich deutlich an sassanidische Vorbilder an, die vermutlich die Stile Samarra A und B beeinflußt haben[32].

145 *Nayin, Stuckdetail aus der Großen Moschee, 10. Jh.*

In den gleichen Stilumkreis gehört der Stuck in der *No-Gumbad-Moschee von* **Balch** (Afghanistan). Seine keim-haft-arabesken Ranken, die Weinblattmotive, Fischblasen und die Rahmenstäbe aus gereihten ›Augen‹ finden Parallelen in Samarra (B u. C), Ibn Tulun in Kairo, in Nayin u. a. O., aber kein Detail wird wörtlich übernommen. So lassen sich Bau und Ausstattung nur recht ungefähr in die erste Hälfte des 10. Jahrhunderts »oder eher in das 9. Jahrhundert«[33] datieren. Erst 1967 hat die Wissenschaft von der Ruine Notiz

146 *Balch, Stuckdetail aus der No-Gumbad-Moschee, 1. H. 10. Jh.*

genommen. Seither wurde dieses vermutlich älteste islamische Denkmal Afghanistans etwas oberflächlich freigelegt
und provisorisch gegen weiteren Verfall gesichert. Der nahezu quadratische Bau (19,5 x 20 m) war, wie der Name sagt,
von neun Kuppeln überdeckt, die sich auf sechs massiven
Rundpfeilern und Wandpfeilern aus gepaarten Dreiviertelsäulen erhoben. (Die Kuppeln und auch etliche Bogenläufe
sind nicht mehr erhalten.) Die Mauern, die mit einer Innen-
gliederung durch leicht zugespitzte Bogennischen den Bau
nach drei Seiten abschließen, waren vermutlich von Anfang
an vorgesehen, aber wurden allem Anschein nach (aus weniger hart gebranntem Material) erst nach Vollendung des
Pfeiler-Kuppelgerüsts hochgezogen.

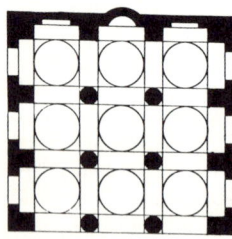

147 *Balch,*
No-Gumbad-Moschee,
Grundriß nach Pope

148 *Balch, No-Gumbad-Moschee, 1.H. 10.Jh.*

Betsäle aus drei mal drei Raumquadraten sind für kleinere Moscheen nicht ungewöhnlich[34], dem chorassanischen Bau fehlt jedoch der für ›arabische‹ Moscheen obligate Hof. (Ein von schlichtesten Lehmziegelmauern umzogenes Höfchen an der Nordseite, in dem Grabsteine aus sechs Jahr-

hunderten gefunden wurden, gehört kaum zum Urbestand.)
Die kleine Moschee bei Balch stand sicher in ihrer chorassanischen Umwelt nicht allein da (vgl. ergrabene Moscheen
von Damghan, Termez usw.), aber man darf sie als besonders klares Beispiel für den Kompromiß zwischen arabi-
schem Säulensaal und dem Gedanken des Vier-Bogen-
Kiosks iranisch-sassanidischen Herkommens ansehen.

149
*Iranischer Feuertempel
bei Neisar, ca. 2.Jh.
(restauriert)*

Wie in Syrien haben die Araber auch im Iran bereits
bestehende Kultstätten für den neuen Glauben adaptiert.
Unser Bild vom Aussehen eines iranischen Feuerheiligtums
ist zwar noch immer etwas undeutlich, aber ungefähr läßt
sich sagen, was die Moslems vorfanden: Vier-Bogen-Pavil-
lons (sog. ›Tschehar Taq‹) über dem Feueraltar in der Mitte
eines ummauerten Platzes. (So – nach Godard – heute noch
im mihrablosen *Musalla Atik* in **Yazd** erhalten. Beispiel für
die islamische Umformung eines Tschehar Taq: *Yazd-i
Khast* an der Strecke Isfahan–Schiraz.)
Der Kuppelpavillon (mit Mihrabnische statt des Altares)
brauchte bloß an die nach Mekka weisende Seite eines Hofes gerückt zu werden, und es entstand ein neuer Typus: die
sog. *Kioskmoschee.* Dieser Plan wurde vielen iranischen
Moscheen zugrunde gelegt (Ardistan, Gulpayagan, Isfahan,
Qazwin, Qom, Natanz, Saweh), ist aber nirgendwo rein
erhalten, da Zu- und Neubauten später die Anlagen im Sinn
der ›klassischen‹ Vier-Iwan-Moschee verändert haben. (Am
ehesten zeigt das ursprüngliche Schema noch die *Freitagsmoschee* von **Rezayeh** [Urmia], wo neben dem Kuppelsaal
[mit sehr schönem Stuck-Mihrab 12.Jh.] im 13.Jahrhundert

nur noch ein seitlicher, drei Joche tiefer Betsaal angefügt
wurde.)

In seiner chorassanischen Heimat konnte ein Iwan (mit
Mihrab an der Rückwand) bereits das Masdschid für eine
kleine Gemeinde bilden. (Godard hat in Bamian [Afghani-
stan] Reste solcher Betstätten festgestellt.) Ein Iwan konnte
aber auch – ähnlich wie ein Kuppelkiosk – vor die Qiblawand eines Betplatzes treten (vgl. *Freitagsmoschee* von **Niriz**
[951], ca. 200 km östlich von Schiras). Für monumentalere
Anlagen stellte man dem Qibla-Iwan gerne noch einen zweiten gegenüber (vgl. Turbat-i Scheikh Jam an der Strecke
Nischapur–Herat; das Schema blieb in Chorassan sehr beliebt). Schließlich konnten Iwan und Kuppelbau so zusammentreten wie bereits in sassanidischen Palastanlagen. Die
traditionellen Elemente des Ostens standen bereit. Sie zum
›klassischen‹ Typ der iranischen Vier-Iwan-Hofmoschee zu-
sammenzufügen, bedurfte es eines Katalysators: der türkischen Seldschuken. Und eines Vorbildes: des aus dem chorassanischen Wohnhausplan entwickelten Bautyps der
Medrese.

Die arabische Eroberung hat sicher das konservativ in sich
ruhende Persien erschüttert, änderte aber so wenig wie die
rasche Bekehrung der Perser zum Islam etwas an den
Grundlagen und Überlieferungen persischer Kultur. Diese
war so vital, daß sie bereits in der omayyadischen Entstehungsphase islamischer Kunst (vgl. S. 64) vernehmlich mitgesprochen hat. Im politischen Dasein des Kalifenreiches
spielten die Perser schon knappe hundert Jahre nach dem
arabischen Sieg eine bedeutsame Rolle. Altiranisch ist die
Auffassung von der Gotterwähltheit der Herrschersippe, ein
fast geheiligtes Prinzip der blutmäßigen Legitimität. (Über
500 Jahre nach dem Ende der Achämeniden begründeten
die Sassaniden ihre Revolte durch angebliche Abstammung
von den alten Großkönigen.) Der abbasidischen Opposition
gegen die Omayyaden verschaffte das Schlagwort von den
›Rechten der Familie des Propheten‹ im iranischen Osten
ihre Gefolgschaft. Mit Hilfe persischer Truppen führten die
Abbasiden ihre Erhebung durch. Daß dann doch nicht die
eigentlichen Nachkommen des Propheten, d.h. die seines
Schwiegersohnes Ali, an die Herrschaft kamen, hat im iranischen Osten eine starke Anhängerschaft der alidischen
Schia entstehen lassen. Unter den Abbasiden, die so deut-

lich nach Osten blickten, standen Perser in höchsten Positionen. Die Auflösung des riesigen Kalifenreiches begann im Westen schon mit der Machtergreifung der Abbasiden (vgl. S. 96). Das Abbröckeln im Osten setzte mit dem Tod Harun ar-Raschids (809) ein, der im schiitischen Tus starb. Gegen al-Amin (809-13), der die Kalifenwürde geerbt hatte, erhob sich der ältere Bruder *al-Mamun* (813-33), den der Vater zum Gouverneur von Chorassan bestimmt hatte. Er entriß dem Bruder das Kalifat und belehnte seinen General Tahir, einen Perser, mit der ledigen Statthalterschaft des Ostens. Gift aus Bagdad vereitelte zwar Tahirs Versuch, eine unabhängige Herrschaft zu gründen, aber seine Söhne herrschten in der östlichen Provinz (Zentrum: Nischapur) ziemlich selbständig. In der Zeit der *Tahiriden* (820-72) soll erstmals persische Sprache in arabischer Schrift (statt der schwerfälligen Pahlevi-Zeichen) in literarischen Werken verwendet worden sein. In Seistan (dem alten Arachosien und der Drangiana südöstlich des Hilmed) gelang es einem kampflustigen Söldner, Yaqūb ben al-Leith, genannt *as-Saffār,* d. h. der Kupferschmied, sich ein eigenes Reich zusammenzuraufen und eine kurzlebige Dynastie (867-903) zu gründen. Nach einem Sieg über eine charidschitische Gruppe gewann er Herat, die Gegend um Kerman und die alte Persis, entriß den letzten Tahiriden Nischapur und zog – allerdings erfolglos – gegen Bagdad. Sein Bruder Amr, Herr über Fars, Seistan und Chorassan, d. h. den ganzen Osten und Süden Persiens, ließ sich verleiten, auch Ansprüche auf die Gebiete jenseits des Oxus (Amu Darja) zu erheben. Das wurde ihm und seiner Sippe zum Verhängnis. Nur in Seistan konnten *Saffariden* noch eine Zeitlang herrschen und überleben.

Der Angriff der Saffariden hatte einer Dynastie gegolten, die in der bisher unsicheren Grenzprovinz Mawarannahr (Transoxanien, d. h. dem Gebiet zwischen Oxus [Amu Darja, arab. Dscheihun] und Jaxartes [Syr Darja, arab. Seihun]) und in dem von türkischen Nomadenstämmen durchstreiften Gebiet jenseits des Jaxartes ein praktisch unabhängiges und starkes Reich geschaffen hatte, das sich schließlich über weite Teile des iranischen Hochlandes erstreckte, den *Samaniden* (874-999). Sie waren, wenn auch nicht die erste, so doch die bedeutendste einheimisch-persische Herrscherfamilie nach der arabischen Eroberung. Ihr Stammvater, Saman von Balch, war im 8. Jahrhundert Moslem geworden, seine Enkel wurden für geleistete Dienste mit Gouverneursposten jenseits des Oxus und im heutigen Afghanistan belohnt, sein Urenkel Nasr wurde unter al-Mutamid (870-92) Statthalter von Mawarannahr (875). Diese Stellung erbte sein Bruder *Ismail*. In der chaotischen Zeit des späten 9.Jahrhunderts, als die politische Oberhoheit des Kalifats von Bagdad nur noch eine mit Mühe aufrechterhaltene Fiktion darstellte, gelang es Ismail, eine de facto selbständige Herrschaft in Ostiran und Transoxanien zu begründen. Buchara wurde Residenzstadt. Von nun regierten hier die Samaniden durch sieben Generationen als kluge Förderer des Handels und der Bildung. Samanidische Silbermünzen fanden sich im ganzen nördlichen Asien und selbst in Skandinavien und am Rhein. Das samanidische Buchara wurde zum Zentrum der sog. ›Neupersischen Renaissance‹. Richard N. Frye legt in seiner Studie über das mittelalterliche Buchara[35] dar, daß die Hauptstadt der Samaniden im späten 9. und im ganzen 10.Jahrhundert für die gesamte Welt des Islam einen geistigen Brennpunkt allerersten Ranges darstellte. Die neupersische Renaissancebewegung, die sich von hier aus über den ganzen Iran ausbreitete, war nicht einfach eine Reaktion des iranischen Nationalismus gegen den arabischen Islam. »Sie war eher der erfolgreiche Versuch, den Islam rettend zu bewahren, ihn von seinem arabischen Hintergrund und den beduinischen Sitten zu lösen und ihn weit reicher, anpassungsfähiger und universeller zu gestalten, als er vorher gewesen war. Die Samaniden wiesen den Weg, wie sich ältere Traditionen mit dem Islam versöhnen ließen«[36]. Sie haben damit auch für andere nichtarabische Völker in der weiten islamischen Welt die Richtung gewiesen. Zugleich ist es den Samaniden zu verdanken, daß der sunnitische Islam in Transoxanien fest einwurzelte.

In der unerhört lebendigen Atmosphäre des samanidischen Buchara wurde nicht nur der Islam der Welt geöffnet und ihm eine überarabische Zukunft gesichert, auch alle Gebiete handwerklich-künstlerischer oder musisch-geistiger Tätigkeit gewannen ihre spezifisch iranisch-islamischen Ausdrucksformen. Philosophische Universalgelehrte wie al-Biruni und Ibn Sina entsprossen diesem Klima, beide fromme Moslems und von liberalster Toleranz. Ibn Sina (gest. 1037 in Hamadan), der Avicenna der Scholastiker, wurde durch seine über den westislamischen Bereich ins Abendland dringenden Schriften zur Medizin und Philosophie der Vermittler aristotelischer Wissenschaft an das Europa des 12. Jahrhunderts. Er rühmt die kostbare Bibliothek der Samaniden in Buchara.

Nicht minder bezeichnend sind die großen Dichter: Rudaki, der kraftvolle Panegyriker; Daqiqi, dessen geplante Geschichtsdichtung Fragment blieb und von Firdowsi (Firdusi) in sein gewaltiges Schahname eingebaut wurde; und vor allem Firdowsi selbst, dessen Schaffen im Samanidenkreis wurzelt, auch wenn er nach dem Fall des Geschlechtes in Mahmud von Ghazna einen Gönner zu finden hoffte. Er wurde der Dante der neupersischen Schriftsprache und der erste, bis heute verehrte Klassiker der persischen Literatur. »Dieses Werk ist ein wichtiges, ernstes, mythisch-historisches National-Fundament, worin das Herkommen, das Dasein, die Wirkung alter Helden aufbewahrt wird. Es bezieht sich auf frühere und spätere Vergangenheit, deshalb das eigentlich Geschichtliche zuletzt mehr hervortritt, die frühen Fabeln jedoch manche uralte Traditions-Wahrheit verhüllt überliefern.« So Goethe in seinen ›Noten und Abhandlungen‹ zum West-östlichen Divan. Das große Thema der Dichtung (mit etwa 60 000 Doppelversen ungefähr viermal so umfangreich wie die beiden homerischen Epen zusammen) ist der heldische Kampf Irans gegen Turan, d. h. die Türken der Steppe. Diese zukunftbestimmende Rückschau auf vorislamische Mythen und iranische Geschichte entstand in einem Gebiet, das nie wirklich zum Reich der Sassaniden gehört hatte, und wurde für einen Fürsten türkischer Abkunft, Mahmud von Ghazna, geschaffen. Daß dieser sich so ganz als iranischer Regent verstand, zeigt, welch amalgamierende Kraft von den Samaniden ausging. Deren politisch-geschichtliche Rolle bestand zum großen Teil darin, daß sie die islamische Welt und ihre Stadtkultur vor den Einfällen der noch heidnischen Turkvölker aus Zentralasien schützten – und zugleich doch den Türken den Zugang zur Welt des Islam vermittelten. Wenn ihre Offensiven als solche gegen die Nomaden auch wenig ausrichteten, so sicherten sie doch eine reichliche Versorgung der islamischen Welt mit Sklaven-Soldaten für die Leibwachen nicht nur der abbasidischen Kalifen. Türkische Sklaven wurden auch in die samanidische Armee eingestellt, und manche dieser hervorragenden Soldaten sind in hohe Stellungen gelangt. Der Türke *Alptegin* stieg zum Rang eines Generals von Chorassan auf, gewann Ghazna (im heutigen Afghanistan) an der

150 *Buchara, Eingang zum Samaniden-Mausoleum, um 900*

Grenzscheide nach Indien für sich. Seine Nachfolger hier
waren gleichfalls turkstämmige Sklavenoffiziere. Von 977 an
schuf sich hier der Türke *Sebüktegin* (gest. 997) als ›treuer
Vasall‹ der Samaniden eine feste Stellung. Sein Sohn *Mahmud* wurde Kommandeur in Chorassan (Nischapur). Bei
Sebüktegins Tod befand sich das Emirat der Samaniden in
einer inneren und äußeren Krisensituation. Während sich

die Herrscher gegen die frondierenden Würdenträger zur Wehr setzen mußten, drangen von Norden her die turkstämmigen Karachaniden bedrohlich vor. Seit 935 war im westlichen Iran (Zentren: Hamadan, Damghan, die kaspischen Provinzen, Fars und Khuzistan) eine feindliche Konkurrenz entstanden: die Macht der drei türkischen Buyidenbrüder Ali, Hassan und Ahmed und deren Nachkommen. Sie waren schiitisch orientiert, konnten aber als ›Schutzherren‹ selbst das sunnitische Kalifat von Bagdad unter ihre Gewalt beugen. Das Endergebnis aller kriegerischen Auseinandersetzungen, in deren Verlauf die Samanidenherrlichkeit unterging (999), war die immer wieder militärisch angefochtene Teilung der Interessen- und Herrschaftsgebiete zwischen den Karachaniden und den Herren von Ghazna. Die ungefähre Grenzlinie bildete der Amu Darya (Oxus). Im Schatten der Auseinandersetzungen konnten sich kleinere Herrschaften kurzlebig etablieren: So war z.B. Gurgan unter dem kriegerischen Dichter *Qabus ibn-Waschmangir* (976-1012) eine Zeitlang relativ selbständig. In der recht chaotischen Endzeit der Samaniden erschien eine neue Macht auf der Bühne der Weltgeschichte: die Seldschuken, eine Gruppe aus dem Turkstamm der Oghusen. Mit ihrem wichtigen Beitrag zur Entfaltung der islamischen Kunst wird sich das nächste Kapitel befassen.

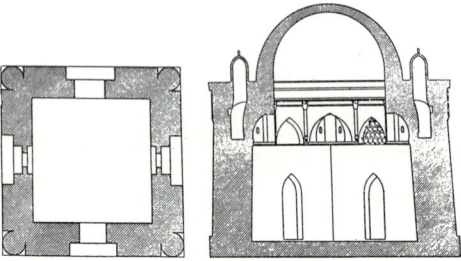

151 *Buchara, Samaniden-Mausoleum, Grundriß und Schnitt nach Pope*

In der ehrwürdigen Stadt **Buchara** (Usbekische SSR) steht als einziges architektonisches Zeugnis der glanzvollen Samanidenzeit das sog. *Mausoleum des Samaniden Ismail* (um oder nach 900). Als Vier-Bogen-Bau sichtbarer Beleg für die enge Bindung samanidischer Kunst ans altiranische Herkommen[37], auch transoxanisch-sogdischen Überliefe-

152 *Buchara, Mausoleum des Samaniden Ismail, um 900*

rungen verpflichtet, bildet es zugleich Auftakt zu künftigen Entwicklungen. Heute steht das Mausoleum in einer verfremdeten Umwelt: Der Friedhof, der es einst umgab, ist in einen Park verwandelt.

Selbst auf kleinen Abbildungen wirkt der Bau monumental, – der beste Beweis, daß er – trotz bescheidener Abmessungen (10 x 10 m) – zur ›großen Architektur‹ gehört. In die Ecken des Kubus sind Dreiviertelsäulen eingestellt und suggerieren – vom Unterbau ohne Basis aufsteigend und ohne Kapitelle – den Höhendrang, dem ausgleichend und abfangend eine oben umlaufende Galerie antwortet (je 10 Bögen an jeder Seite). Über ihr gleicht die Kuppelrundung alle Richtungstendenzen aus, nicht unvermittelt allerdings, denn vier hochgestelzte bienenkorbartige Eckkuppeln versöhnen den Übergang. Sie sitzen nicht genau über den Ecksäulen, sondern sind gegen die Mitte hin verschoben, stehen aber in Verbindung mit der umlaufenden Galerie. Welche ästhetische Bedeutung diese Verschiebung hat, ermißt man leicht, wenn man versucht, sich diese kleinen Kuppeln genau über die Ecksäulen versetzt zu denken. Man merkt sogleich, daß sich nichts an der Gestaltung des Bauwerks verschieben läßt, ohne das Ganze zu zerstören, so wenig wie an einem griechischen Tempelbau. Hier wie dort ein Kosmos ausgewogener Proportionen. Aber ganz anders als beim griechischen Tempel oder bei einer romanischen Basilika wird vermieden, einen Konflikt tektonischer Kräfte zu zeigen. Die Vertikalen und Horizontalen sind nicht Ausdruck von Tragen oder Lasten, sie sind nur Linienspiel. Vielleicht führt der angedeutete Vergleich näher an das Wesen und Wollen islamischer (und iranischer) Kunst heran. Von einem griechisch-abendländischen Kanon her gesehen, wäre der ganze Bau überhaupt völlig ›fehlerhaft‹: Es fehlt ihm die Vermittlung zur Standfläche, die in die Wand hineingezogenen Ecksäulen würde man plump nennen, unorganisch, weil sie nicht ›stehen‹ und ohne Vermittlung eines Kapitells an die Quergalerie anstoßen. Statt eines kompakten Gesimses findet sich hier eine schattend-geöffnete Querzone, die Eckkuppeln wären völlig ›unorganisch‹ aufgesetzt – und so ließe sich fortfahren. Das Gedankenexperiment macht deutlich, wie ganz und gar nicht antik-klassischen Gesetzen der Bau gehorcht – und doch läßt sich eben nichts an seiner Erscheinung anders denken: Er ist in seiner Art ein harmonisches Ganzes und noch dazu ein schöngeschmücktes.

Wir haben den ›Schmuck‹ bisher noch gar nicht beachtet, und doch ist es gerade das kristallhafte Funkeln und Schattenwerfen der Mauerziegel im Sonnenlicht, das den Herantretenden vor allem gefangennimmt. Die Bauteile sind nicht als kompakte Massen behandelt. Im Gegenteil: die Masse ist als solche ›gar nicht da‹. Was wir von ihr zu sehen bekommen, ihre Oberfläche, ist aufgelöst in ein Muster aus Ziegeln, die mit höchster Meisterschaft angeordnet sind, ähnlich einem Korbgeflecht. Kann man einem Geflecht ›Masse‹ und ›Schwere‹ zubilligen? Wohl kaum. Damit sind wir bei einem charakteristischen Zug islamischer Baukunst: der Leugnung der Massivität des Baues. Es wird hier bereits das gleiche erreicht wie später mit dem maurischen Klöppelwerk aus Stuck oder mit der Verkleidung der Wand durch

Fayencemosaiken oder ganze Ornamentbilder auf Kachel-
flächen.

Details zu beschreiben, ist hier nicht die Absicht. Aber
achten Sie noch auf ein paar Züge: wie weise die Toröffnun-
gen in den Würfel eingeschnitten sind und durch einen kleineren eingestellten Bogen den Weg ins Innere vermitteln;
wie der umlaufende Rahmen mit seinen Rundmustern auf
das über der Galerie umlaufende Band verweist und gleichzeitig auf die Rundformen der Kuppeln vorbereitet. Je länger man den Bau betrachtet, um so mehr Schönheiten entdeckt man.

Noch komplizierter als außen werden im Inneren (leider
meist nur durchs verschlossene Gitter zu sehen) die meisterlich gefügten Motive, welche die Wände verbergend überziehen. Klug ist das Problem des Übergangs vom Viereck ins
Kuppelrund gelöst: acht Bogennischen zwischen Säulen bilden eine Oktogonzone. Die Säulen selbst tragen Kapitelle,
deren Typus an achämenidische Kapitellformen erinnern
mag, die zum bloßen Ornament geschrumpft sind. Sie unterfangen die vorstehenden Teile eines Sechzehneckbandes,
über dem dann das Kuppelrund ansetzt. Geradezu genial
– und technisch wie eine Vorwegnahme ›gotischer‹ Prinzipien – die Gestaltung der Trompennischen: drei Rippen
leiten den Schub des Gewölbes in die massiven Wandteile
ab. Aber es ist sehr bezeichnend, daß der Künstler diese
Kraftlinien nicht bloßlegt und in ihrer Funktion verdeutlicht, sondern sie eher verhüllt, indem er sie für den Betrachter zum bloßen Ornamentband umdeutet, also jede tektonische Wirkung vermeidet.

Wer die Reise nach Buchara unternimmt, wird gut bera-
ten sein, wenn er diesen Bau eingehend betrachtet, er gehört
zu den Hauptwerken islamischer Baukunst. Diese erste erhaltene Gestaltung-Umgestaltung eines altiranischen Typus
aus islamischem Geist ist – authentisches Zeugnis einer Zeit
der Weichenstellung – zugleich ein Fixpunkt, von dem aus
sich ermessen läßt, in wie folgenreicher Weise hier aufklin-
gende Gedanken unter den Seldschuken weiterentfaltet
wurden. Wie stark das Samanidengrabmal auch vorisla-
misch-lokalen Traditionen verpflichtet ist, sei hier nicht näher untersucht.

Das *Mausoleum des Arab Ata* (978) in **Tim** (Usbekistan)
war noch vor einem Menschenalter unbekannt. Der Viereckbau mit Ziegelrelief an der Frontseite erscheint beson-

ders bemerkenswert durch die Art, wie der Übergang vom
Quadrat zum Kuppelrund bewerkstelligt wird. Diese Zone
ist zweigeschossig gestaltet. Unter der Ecktrompe sitzt –
mehr dekorativ als strukturell bedingt – eine zweite kleinere,
die von zwei halben Trompen flankiert wird. Damit ist
erstmals die Keimform des Muqarnas-Stalaktitwerks formuliert. Wir haben dieses charakteristische Element islamischen Bauens in Kap. 6 schon in seinem späteren vollsten
Flor bewundern können. Hier stehen wir vor den Anfängen.
Die Ahnenreihe läßt sich nicht weiter zurückverfolgen.
Über welche Zwischenstufen es sich entwickelt und auch
den Westen erobert hat, läßt sich nicht lückenlos belegen.
Daß sich die ersten Formen im samanidischen Bereich finden, also wohl dort geboren wurden, das spricht deutlich
genug von der Rolle, die das zu sich selbst findende Persien
für die gesamte Kunst des Islam spielte.

153 *Tim,*
Mausoleum des Arab Ata,
978,
Schnitt nach
Pugatschenkowa

   Daß die sogdischen Überlieferungen in Transoxanien zäh
fortlebten, belegen die aus dem 11. Jahrhundert (vor 1078)
stammenden Reste der Karawanserei **Ribat-i Malik** (etwa
halbwegs zwischen Buchara und Samarkand, etwas abseits
des Dorfes Kermine). Wie ein Abbild seiner imposanten
Ziegelmauer aus dichtgereihten halbrundes Pfeilern, oben
verbunden durch konzentrische Bogenstellungen unter einem horizontalen Friesband, erscheint die Darstellung einer
sogdischen Festung auf einem nicht genau datierbaren (aber
nicht nach dem 10. Jahrhundert entstandenen) Silberteller
der Leningrader Eremitage.

154 *Mauer der Karawanserei Ribat-i Malik, vor 1078*

In **Nischapur** (Neyshābūr), etwa 120 Straßenkilometer westlich von Meschhed) wurden Reste von Samanidenpalästen entdeckt. Man fand Elemente, die an die Hofkunst von Samarra erinnern. Die sassanidische Gründung war nach der arabischen Eroberung Residenz der Statthalter von Chorassan, dann der Tahiriden, Saffariden und auch der Samaniden. Unter den Seldschuken wurde die Stadt ein geistiger Brennpunkt ersten Ranges (vgl. das moderne Grabmal des Omar Chayyam – s. S. 295). Naturkatastrophen und periodische Verheerungen seit der Mongolenzeit haben aus einer der riesigsten Städte des Ostens eine eher beschauliche Mittelstadt gemacht. Sie ist ein wichtiger Fundort für Keramik, die einen Eindruck von der Bildkunst der Samanidenzeit vermittelt[38]. Der Auflösungsprozeß der Samanidenherrschaft bildet den Hintergrund für das Vorspiel zur Seldschukenepoche.

Die Bauwerke der Karachaniden und Ghaznawiden ließen sich durchaus sinnvoll erst im folgenden Kapitel vorführen, aber da wir uns schon einmal so weit nach Chorassan und Transoxanien begeben haben, sei gestattet, auch über die vorgesehene Zeitgrenze hinaus in diesen Gebieten zu verweilen, um dem Leser des folgenden Kapitels zu große räumliche Sprünge zu ersparen.

Buchara verlor unter den *Karachaniden* viel von seiner politischen Bedeutung, nicht aber seinen Ruf als Zentrum

155 *Buchara, Kalan-Minar, 1127. Rechts Iwan der Moschee Mir-i Arab*

156 *Buchara, Kalan-Minar, Ziegeldekor*

der Wissenschaft. Im Herzen der Stadt steht – beherrschendes Denkmal dieser Zeit – das *Kalan-Minar*. Der über 45 m hohe, freistehende Turm aus Ziegeln ist – bis auf den oberen Abschluß – in der originalen Form aus dem Anfang des 12.Jahrhunderts (1127-29) erhalten und ein Zeugnis zugleich für solide Bautechnik und künstlerische Weisheit. Den konisch aufsteigenden Schaft umziehen Bänder mit geometrisch angeordnetem Backsteindekor. Die Muster leiten sich nur z.T. von denen des Ismail-Mausoleums ab. Einzig das Prinzip, die Oberfläche durch vortretende Ziegel zu beleben, ist das gleiche. Statt eines ›Korbgeflechtes‹ dort haben wir hier ›Teppichmuster‹ in unendlichem Rapport. Sie umziehen den Turmkörper in Bändern verschiedener Breite, ›bremsen‹ durch ihre Horizontalrichtung die Vertikale und verwandeln die Masse in ein immaterielles Spiel aus Licht und Schatten. Wieder könnte ein Vergleich mit einem in klassischer Geschoßgliederung sich aufbauenden romanischen Turm etwas vom Wesensunterschied zwischen islamischer und europäischer Architektur erhellen.

Ein erster Stalaktitkranz leitet zur umlaufenden Bogengalerie über. Weitere Stalaktitbänder haben vielleicht einmal einen überkuppelten Pavillon getragen – auf jeden Fall dür-

157 *Buchara, Eingang zur Magok-i Attari-Moschee, 12. Jh.*

fen wir uns den oberen Abschluß anders vorstellen, als er
sich heute darbietet. (Die ursprünglich zugehörige Moschee
zeigt heute – wie die gegenüberliegende Medrese – die
Bauformen des 16. Jahrhunderts [vgl. S. 482]).

Vergleichbaren Ziegeldekor (und dazu noch rahmende
Tafeln aus kompliziertem geometrischem Netzwerk) zeigt in
Buchara auch das gleichfalls erst dem 12. Jahrhundert ent-
stammende Portal der *Magok-i Attari-Moschee.* Etwas älter
(1119) ist die Mihrabwand des südlich außerhalb der Altstadt gelegenen Gebetsplatzes *(Namazgah),* eines bloß ummauerten offenen Versammlungsplatzes im ganz ursprünglichen Sinn eines islamischen Masdschid. Erst im 14. Jahrhundert wurde dem Mihrab ein dreikuppeliger Pavillon mit
Minber vorgesetzt. Die Karachaniden haben auch in der
weiteren Umgebung von Buchara (Khazar, Vabkent), von
Merw (Talkhatun Baba), Termez (Dzhar Kurgan) und anderen Orten Baudenkmäler hinterlassen: Ziegelbauten, zu
denen kaum ein Tourist den Weg findet, die daher hier nur
eben summarisch erwähnt seien.

Die bedeutendste Persönlichkeit nach dem Ende der Samaniden war *Mahmud von Ghazna* (998-1030). Mäzen der
Poesie, der Wissenschaft, der Baukunst, widmete er sich
nach der de-facto-Anerkennung seiner Souveränität durch
den Kalifen von Bagdad als Glaubenskämpfer *(Ghazi)* der
Ausbreitung des Islam gegen die indischen ›Götzendiener‹.
Obwohl er auch seine Herrschaft in Chorassan, Choresm
und im ghoridischen Afghanistan militärisch sicherte, waren
die letzten dreißig Jahre seines Lebens hauptsächlich von
wiederholten Feldzügen nach Indien ausgefüllt (Vorstöße
bis Jumna und Ganges, 1025 Plünderung von Somnath). Mit
der reichen Beute baute er seine Residenz Ghazna (etwa
150 km südwestlich von Kabul) aus und gewann die Mittel
zur Sicherung seiner Herrschaft und zu großer Prachtentfaltung. In erster Linie war es wohl nicht auf Landgewinn in
Indien abgesehen, aber doch wurde das Fünfstromland von
den Ghaznawidenherrschern abhängig (s. S. 651), und nach
der entscheidenden Niederlage von Dandanaqan (unweit
Merw) gegen die Seldschuken (1040/41, A.H. 432) wurde
Lahore das Zentrum des langsam niedergehenden Ghazna-
widenreiches.

Nur geringe Reste blieben vom Glanz der *Ghaznawiden*
erhalten. Im südlichen Afghanistan, bei Laschgargah am
Zusammenfluß von Hilmend und Arghandab, erstreckt sich
kilometerweit ein Ruinenfeld, im Süden etwa begrenzt

158 *Laschgargah, Bogen bei der Zitadelle Qala-ye Bost, Anfang 13. Jh.*

durch die Zitadelle von *Qala-ye Bost.* Am Fuß des Burgber-
ges vereinsamt ein kühn geschwungener *Bogen* mit reich-
stem Ziegeldekor, vor etwa 20 Jahren vor völligem Zerfall
gerettet und restauriert. Er entstand vermutlich wenige
Jahre, bevor die Mongolen auf der Verfolgung des Choresm-Schahs Ala ed-Din 1221 die Gegend verheerten. Es ist
umstritten, ob der Bogen den festlichen Eingang einer Moschee bildete oder ein Stadttor war, von dem aus eine kilo-
meterlange Avenue in die nördliche Vorstadt führte, wo die
Villen der Großen und die Winterpaläste der Könige lagen.

Eine von Läden und Kasernen gesäumte Prachtstraße
jedenfalls mündete auf einen ummauerten Platz vor dem
Sultanspalast von **Laschgari Bazar,** der am Hochufer des
Hilmend etwa die Nordgrenze des Ruinenfeldes markiert.
Die Westseite des Vorplatzes nahm die Moschee ein: zwei
lange qiblaparallele offene Schiffe mit einer Kuppel vor dem
Mihrab. Der Vorplatz diente wohl zugleich als Hof des
Bethauses. Die Front des Palastes (Maße der Kernanlage

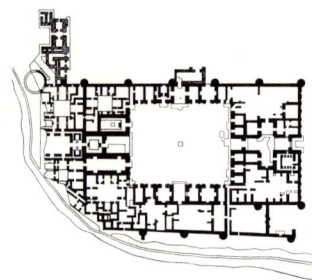

159 *Laschgari Bazar,*
Sultanspalast,
Anfang 12. Jh.,
Grundriß nach Schlumberger

138 x 74,5 m) weist eine zweigeschossige Blendnischengliederung auf (vgl. Hoffront von al-Okheidir S. 110) und öffnet
sich in der Mitte mit einem Toriwan zum Thronsaal, der wie
die entsprechenden Säle in den Palästen von Samarra aus
einem Zentralraum besteht, um den sich kreuzförmig vier
Hallen legen. Von ihm aus erreicht man das Hofgeviert
(63 x 48,8 m), das von rechteckigen und zentralisierten Räumen umgeben war. In der Mitte jeder Hoffront ein Iwan.
Die altchorassanische Hausform, die unter den Seldschuken
maßgebend für die Medrese werden sollte, ist hier ins Weite
gedehnt. Die Ecken des Palastrechtecks nahmen kleinere
Iwan-Höfe (wohl private Wohnquartiere) ein. (Eine ähn-

160 *Der Sultanspalast von Laschgari Bazar, Anfang 12. Jh.*

liche Disposition wie später in der Hassan-Moschee von Kairo [s. S. 414 ff.]).

Aus dem besonders breiten Nordiwan gelangte man in eine nach Norden mit dem Blick aufs Flußtal offene Iwan-Halle, den eigentlichen Audienzsaal. Hier fanden die französischen Forscher an der Sockelzone einen – leider z. T. arg verstümmelten – kostbaren Bilderfries: Türkische Gardisten der Ghaznawiden reihten sich an den Pfeilern und Wänden, wie einst die ›Unsterblichen‹ auf den achämenidischen Reliefs von Susa und Persepolis. Darüber: Reste eines formenreichen Stuckdekors (vgl. Museum Kabul). Die Verteilung von Malerei und Stuck ist der in Samarra üblichen gerade entgegengesetzt, sonst aber sind die Verbindungen zur Hofkunst der Abbasiden nicht zu übersehen.

Der Palast[39] wurde ein erstes Mal zwischen 1155 und 1164 durch den Ghoriden Ala ed-Din in Brand gesteckt, dann aber wieder restauriert. Erst der Mongolensturm hat das Gebiet entvölkert. Wenn sich heute auch am Ort kein Baudekor mehr findet: Immerhin stehen die Lehmziegelmauern teilweise noch in voller Höhe. Wer die Straße Kabul–Kandahar–Herat fährt, sollte trotz der etwas schwierigen Straßenverhältnisse den Abstecher nicht scheuen. Bis zum 16. Jahrhundert sind im Osten keine islamischen Palastanlagen mehr erhalten.

Das *Schloß* der Ghaznawiden in ihrer Hauptstadt **Ghazna** (voll. 1111) wurde vor etwa fünfzehn Jahren von einer italienischen Expedition aufgespürt und seither freigelegt. Der Besuch der Ausgrabung (marmorgepflasterter Vier-Iwan-Hof, Grundmauern mit marmorner Sockelverkleidung und geringen Resten von Terrakottadekor der Wand) bedarf m. W. immer noch einer Sondererlaubnis. Die höchst bedeutsamen Fundstücke (Flachreliefs mit Reitern, Leibwächtern, Tänzerinnen, Tieren) sind z. T. in Kabul, z. T. im örtlichen Museum untergebracht, einem jüngst restaurierten Grabbau der späten Timuridenzeit (um 1507).

Ein schlichter Bezirk außerhalb der Ortschaft (einst ein paradiesischer Schloßgarten) birgt das von Masud I. errichtete (aber gänzlich erneuerte) *Mausoleum Mahmuds d. Gr.* Der raffiniert-schlichte Kenotaph zeigt das ganze Spektrum der um 1000 möglichen dekorativ-symbolischen Motive.

Die bedeutendsten Denkmäler Ghaznas sind zweifellos die beiden *Minaretts*. Das eine entstand unter Masud III. (1099-1114), das andere unter dem letzten Ghaznawiden Bahram Schah (1118-52). Sie stehen so weit auseinander (etwa 350 m), daß sie niemals zu ein und derselben Moschee gehört haben können. Zweifeln kann man auch an ihrer praktischen Bedeutung für den Gebetruf.

Heute sind allein die über einer Rundbasis auf dem Grundriß eines Achtecksternes errichteten Untergeschosse erhalten, durch Notdächer vor weiterem Verfall geschützt. Die Flächen sind gegliedert durch exakt gefügte Backsteinbänder als Rahmen für textilartig gemusterte Felder mit Flechtwerk und Kufischrift über einem mit Arabesken gefüllten Reliefgrund. Wenn man diesen Dekor betrachtet, versteht man, warum die Ghaznawidenkunst die Zeitgenossen so begeistert hat. Über diesen Untergeschossen erhoben sich schlank aufsteigende, konische Geschosse. Alte Aufnahmen zeigen sie noch. E. Diez hat den sternförmigen Grundriß als Nachklang altarischen Weltbildes gedeutet.[40] Auf dem ›Weltgrundriß‹ stiegen die ›Siegestürme‹ von Ghazna als ›Weltbäume‹ in die Höhe: jeder ein ›Nabel der Welt‹, an dem sich unter islamischem Vorzeichen iranisch-indische und schamanistisch-türkische Vorstellungen treffen.

Als Weltmittelpunkt will auch das *Minarett von* **Dscham** *(Jam)* verstanden sein: eines der eindrucksvollsten Islamdenkmäler Afghanistans, in einem abgelegenen Tal im Her-

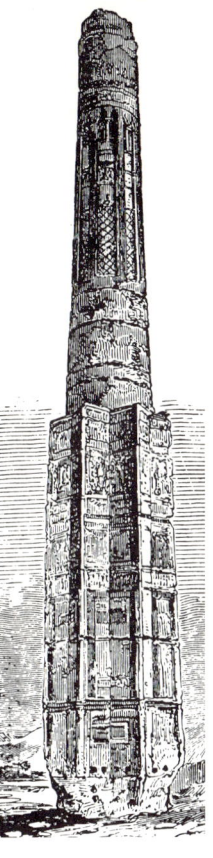

zen des Landes. Vom Hörensagen schon bekannt, wurde es
1957 von einem Mitglied des französischen Forschungs-
teams entdeckt[41]. Um es zu sehen, müßte man auch heute
noch eine kleine Expedition unternehmen. Das Minarett
soll – als ›Reichsmitte‹ – in oder bei Firozgosh, der Hauptstadt der *Ghoriden*, unter Ghiath ed-Din (1193-1202) entstanden sein. Über einer niedrigen Achteckbasis erheben
sich drei konische, durch verstümmelte Stalaktitbalkone ge-

trennte Geschosse. (Basisdurchmesser etwa 8 m, die Höhen-
angaben schwanken zwischen 50 und 60 m.) Um die mit
geometrisch-arabesken Ziegelmustern gefüllten Rechteck-,
Achteck- und Sternfelder zieht ein Schriftband mit den fast
tausend Wörtern der ›Mirjam-Sura‹ (XIX). Unterhalb des
ersten Balkons hat der Baumeister (er signiert als ›Ali‹) eine
Manschette mit einer türkisglasierten Kufiinschrift als Farbakzent eingefügt. Fast zur gleichen Zeit treten Farbfliesen
an Grabbauten des westlichen Persien auf und an den Minaretts des almohadischen Maghrib. Über alle Räume und
Volkstümer hinweg zeigt sich etwas von der Stileinheit im
Entfaltungsprozeß islamischer Kunst.

Wohl auch aus ghoridischer Zeit (Ende 12.Jh.) stammen
die beiden Kuppeln (Moschee und Medrese?) von **Tschischt**
(Chisht, Tschescht) im Tal des Heri Rud: harmonisch proportionierte doppelschalige Konstruktionen mit z.T. erhal-
tenem reichem Fassadenschmuck aus hart gebrannten
Ziegeln.

Wir sind über die vorgesehene Zeitgrenze vorgestoßen.
1040/41 siegten die Seldschuken bei Dandanaqan über die
Ghaznawiden. Ein Datum, für die Islamwelt des Ostens so
bedeutsam wie 1066 für die Geschichte Englands. Mit den
Seldschuken gewinnt das türkische Element die eindeutige
Führungsstimme innerhalb der islamischen Welt. Als Denkmal der Zeit, da die politische Macht völlig an turkstämmige
Dynastien überging, schaut wie ein Wachtposten an den
Grenzen zwischen Iran und Turan der *Gumbad-i Qabus*
(1006/07) über die Landschaft von **Gurgan:** das Grabmal des
Qabus ibn-Waschmangir (s. o. S. 274). Zehn dreieckig vorspringende Pfeilerstreben begleiten führend den sich verjüngenden Kern hinauf bis unter den Kegel des Daches.
Kein Ornament legt sich über das bezwingend klar dispo-
nierte, streng und kahl aufragende Totenmal. Nur zwei
schmale Schriftbänder umziehen den Schaft und mildern die
abweisende Härte zum menschlich Erträglichen. Hier haben
– schon vor dem Seldschukensieg – die Türken ein erstes
vernehmliches Wort gesprochen. Diesem ›Stammvater‹ folgt
eine ganze Sippe von Grab- und Moscheetürmen. Die Nachkommenschaft wird oft ein recht anderes Gesicht annehmen. Und doch vermag, wer nur Augen hat, noch in den
Enkeln die still redenden Züge des Ahnherrn zu sehen.

164 *Der Gumbad-i Qabus, 1006/07*

9 Baukunst unter den Seldschuken

Dieses Kapitel wurde aus sachlichen und praktischen Gründen unterteilt. Der erste Abschnitt befaßt sich mit Bauten der Groß-seldschuken Persiens und der syrischen Atabegs, d. h. wichtigen Denkmälern im Iran, im Irak und in Syrien. Der zweite Teil ist den Werken der Rum-Seldschuken in Kleinasien, d. h. auf dem Staatsgebiet der heutigen Türkei gewidmet.

Schon in abbasidischer Zeit hatte sich das türkische Element innerhalb des Islam zu Wort gemeldet. Seit dem 9. Jahrhundert wissen wir von türkischen Militärsklaven im Dienst der Kalifen, die zu hohen Stellungen und selbst zu souveräner Herrschaft aufsteigen konnten. Auf ihren Beitrag zum abbasidischen Reichsstil wurde oben (s. S. 97) schon hingewiesen. Aber bei ihnen – mochte ihre Zahl auch noch so bedeutend sein – handelte es sich immer nur um einzelne, die aus dem sozialen Verband von Clan und Stamm herausgelöst waren. Als einzelne hatten Männer ihren Weg gemacht wie Ibn Tulun (s. o. S. 114) oder Alptegin (s. S. 272), aus dessen Amtsbereich das Reich von Ghazna entstehen sollte. Als Familie hatten die Buyiden ihre Herrschaft eingerichtet. Erst seit etwa der Jahrtausendwende aber drangen durch die samanidische Kulturschleuse oghusische Türken massenhaft und in geschlossenen Verbänden in den Bereich des östlichen Islam ein.

Die Einwanderung intakter türkischer Gruppen und ihr Weg zur Herrschaft bedeuten eine einschneidende Wende im Bereich des bisher ›arabischen‹ Islam und seiner durch byzantinische und persische Vorbilder bestimmten Kunst. Es geht hier nicht um Details, daher mag für alle diese Türken der bequeme Sammelbegriff ›Seldschuken‹ verwendet werden, wenn man sich nur darüber klar ist, daß damit nicht ein ›Volk‹ bezeichnet ist, sondern im engeren Sinne nur das bedeutendste Fürstengeschlecht mit seinem Anhang aus Sippengenossen, nomadischen Gefolgsleuten und beutefrohen Glaubenskriegern, im weiteren (durchaus ungenauen)

Sinne auch konkurrierende Verbände (wie die Karachaniden in Buchara) und auch die zu kurzer Selbständigkeit
aufsteigenden Dynastien von Unterfeldherren und ›Haus-
meiern‹ (Atabegs) in Kurdistan und Nordsyrien und die
Herrschaften der Danischmend, Mengucekiden und Saltukiden im Kleinasien der Seldschukenkönige von Rum: d. h.
alle jene Dynastien, unter denen zwischen dem 11. und
14. Jahrhundert Türken weite Gebiete der ostislamischen
Welt und darüber hinaus auch bisher byzantinisch-christ-
liche (Armenien – Anatolien) eroberten und besiedelten.

In ihrer Heimat, der Steppenzone zwischen der Wolga
und den Weidegebieten der Mongolen, hatten die türkischen Nomaden die Lebens- und Kulturformen ihrer nomadischen Steppennachbarn geteilt. Beweglich in beweglichen
Zelten lebend, waren sie als Viehzüchter (und natürlich
auch Jäger) eng mit dem Leben der Tiere verbunden und
hatten teil an dem ›Tierstil‹ der eurasischen Steppen, den die
Funde in Kurganen von Pazyryk (etwa 5. Jahrhundert vor
Chr.) genauso bezeugen wie die skythischen Goldarbeiten
des 6. Jahrhunderts vor Chr., deren ›Schrägschnittstil‹ auf
Schnitzwerke vergleichbarer Art schließen läßt. Tiere waren
ihre Totems, nach denen einzelne und ganze Gruppen sich
benannten, in Tier-, vorzugsweise in Vogelgestalt ging nach
ihrer Vorstellung die Seele des Verstorbenen ein. Schama-
nentum und Totemismus verbanden sich mit dem Glauben
an einen höchsten Himmelsgott (wie ihn die alttürkischen
Inschriften vom Orchon aus dem 6. Jahrhundert nach Chr.
bezeugen) und einem Animismus, der sich in Bestattungssit-
ten und Totenkult ausdrückt. Gesandte aus Byzanz wie aus
China berichten davon. Das älteste Zeugnis bezieht sich auf
die Bestattung Attilas (gest. 453). Der tote Herrscher wurde
in einem kostbaren Grabzelt aufgebahrt, um das Krieger
wehklagend den siebenfachen Umritt vollzogen. An einem
Tag günstigen Sternenstandes geschah die eigentliche Bestattung in einer Totenkammer, über der ein Erdhügel auf-
geschüttet wurde, also in einem ›Kurgan‹. Ähnliches wird
– zusammen mit Menschenopfern – über ein Jahrhundert
später von den Türken Innerasiens berichtet, und die 1890
von A. Heikel entdeckten Grabmäler im Orchongebiet
sprechen gleichfalls für einen ausgeprägten Bestattungs-
und Grabmalskult.

Im Grabhügel findet der tote Nomade eine feste Stätte der
Ruhe. Im Leben ist ihm das einzig ›Feste‹ sein Zelt, das ihn

von Ort zu Ort begleitet. Es ist beweglich, aber wo es aufge-
schlagen ist, bietet es ihm die Gewähr, daß ihn die unendlichen Weiten nicht verschlucken: Es ist ihm Garant seiner
Existenz und Identität, nicht nur Schutz vor den Unbilden
der Witterung. Wo es steht, ist es ihm Heimat, Ruhepunkt,
Mitte seiner Welt und damit im Grenzenlosen ein Mikro-
kosmos: symbolisches Bild der Welt schlechthin. Die Jurte:
Versteifungen und Verstrebungen, mit Filzdecken und Teppichen behängt und belegt, ein Rundbaldachin aus Wollstof-
fen, Abbild des Himmelsbaues. Die Zeltstäbe, kostbar in
baumarmer Gegend, erhielten – Symbole des Bestandes im
harten Wechseln und Wandern – geradezu mythische Bedeutung von Weltenbäumen und Himmelsstützen. Als
solche spielten sie im Kult der Schamanen eine besondere
Rolle als Pfade zum Himmel. Kein Zufall, daß Dschingis-
Khan den Zeltpfeiler zum Sinnbild seines Reiches erhob und
noch Mehmet ii. die tragenden Einrichtungen des Osmanenreiches die ›vier Pfeiler‹ nannte.

Das kuppelartige Runddach als Abbild des Himmels,
Stützen als Träger dieses Baldachins, die buntgewirkten
Wände als Abgrenzung gegen das Grenzenlose: das sind die
Elemente des türkischen Bauens. Dieser ›Zeltgedanke‹ kam
mit den Türken in die bisher vom Hofhaus bestimmte islamische Welt und hat deren Kunst im türkisch berührten Gebiet
gewandelt und bereichert. Dauerhafte ›Zelte‹ sind im
Grunde die Moscheeräume und Grabmäler, die nun entstehen.

Vieles Altüberlieferte hat bei den Türken die Bekehrung
zum Islam überlebt. Der Glaube des Propheten kennt, wie
schon eingangs erwähnt, ursprünglich keinen Gräberkult (so
noch heute die puritanischen Wahhabiten Saudi-Arabiens).
Vor dem Auftreten der Türken finden sich daher Grabmäler
im Islam eher ausnahmsweise, mit ihnen treten sofort auch
jene Mausoleen auf (*Kümbed* oder *Türbe* genannt), die im
Gesamten ihrer äußeren Gestalt und oft auch in Details wie
Umsetzungen von Zelten in dauerhaftes Material anmuten.
In der Zweiteilung des Inneren in eine niedrige Grabkam-
mer (*Kurgan*-Krypta) im Sockelgeschoß unter dem betret-
baren Kuppelraum (mit Mihrab), der meist den Kenotaph
enthält, stellen sie eine lapidare Verbindung von Kurgan
und Grabzelt dar. Es ist nicht verwunderlich, daß an seldschukischen Grabbauten (nicht an ihnen allein) nun auch
Darstellungen von ›Totemtieren‹ auftreten. Ihre Gestaltung

erinnert zwar nur noch ausnahmsweise an den Schrägschnittstil der Steppenkunst, aber ihr Vorhandensein zeugt
von der starken Bindung der Türkenstämme an ihre scha-
manistische Vergangenheit. Auch streng sunnitische Türkenherrscher hatten offenbar nichts gegen solche Bildwerke
einzuwenden.

Zu den Türken Innerasiens war durch Kaufleute und ihnen folgende Missionare die Kunde von den Religionen der
Nachbarvölker längs der großen Handelsstraßen gedrun-
gen. Buddhismus, Judentum, Manichäerglaube und nesto-
rianisches Christentum faßten bei ihnen Fuß, zuletzt und am
erfolgreichsten der Islam, vor allem bei den an das islamische Transoxanien grenzenden oghusischen Stämmen. Gerade diese sollten in den folgenden Jahrhunderten die entscheidende Rolle innerhalb der islamischen Welt spielen.
Der Weg der Türken in diese Welt hinein – nicht nur für
einzelne, sondern für geschlossene Gruppen – führte über
das Transoxanien und Chorassan der Samaniden. Dort und
damals wurde der Islam persisch geprägt, und in dieser
Prägung trat er den Neueintretenden entgegen. Mit der
›persischen‹ (und nicht so sehr der ›arabischen‹) Islamkultur
hatten sie sich auseinanderzusetzen. Das Samanidenreich
bildete für sie den natürlichen Durchgang und zugleich eine
Kulturschleuse. Die Eindringlinge kamen schon als Moslems, aber stießen ihre eigenen Überlieferungen nicht einfach ab. Im Gegenteil, sie haben der persisch-islamischen
Kunstwelt neue Impulse zugeführt. Und doch: Die überle-
gene Kultur hat sie so fasziniert, daß sie ihr zunächst fast bis
zur Selbstaufgabe verfielen.

Das neue völkische Element innerhalb des Islam hat in
der zweiten und dritten Generation dem Glauben des Propheten neue Gebiete gewonnen: Ein großer Teil Kleinasiens
wurde den Byzantinern entrissen. Im Neuland dieses Reiches von Rum konnte sich türkische Eigenart viel freier
durchsetzen als in den längst islamisierten Gebieten. Zugleich waren die Bauherren dort besonders auf ›Hilfe‹ aus
vielen Gebieten der altislamischen Welt angewiesen. Daraus
erklärt sich der bis zu Disharmonien gesteigerte Spannungs-
reichtum der rumseldschukischen Kunst. Unter ihren osmanischen Erben wird die türkische Tonart der islamischen
Melodie am einprägsamsten und gewaltigsten erklingen,
wiederum in einem ›Neuland‹.

Die Großseldschuken

Der Heros eponymos der Seldschuken, *Seldschuk,* Sohn
eines schon halb legendären Helden, scheint im Mittelpunkt
verschiedenster Missionsbestrebungen gestanden zu haben.
Wenn er seine Söhne Michael, Jonas, Moses und Israel
nannte, mag das auf eine Tendenz zum Judentum deuten,
dem die Chazaren, seine Oberherren, gewonnen worden
waren. Aber um die Mitte des 10. Jahrhunderts siegte doch
der Islam. Als geschlossene Formation von Ghāzis (d. h.
Glaubenskämpfern) stellten sich die Seldschuk-Söhne mit
ihrer Gefolgschaft an die Seite der Samaniden, just in dem
Augenblick, als diese sich – schon beinahe in der Agonie
– gegen die Karachaniden und Mahmud von Ghazna wehren
mußten. Seldschuks Enkel konnten nur versuchen, sich nach
dem Fall der Samaniden gegen die beiden anderen türkischen Konkurrenten zu behaupten. Das gelang ihnen. 1030
gewannen sie die Herrschaft über Chorassan, zehn Jahre
später schlugen sie Masud, den Nachfolger Mahmuds von
Ghazna (bei Dandanaqan 1040). Er mußte ihnen die westlichen Teile seines Reiches überlassen. Anführer in diesen
Kämpfen war *Toghrul Beg* (d. i. ›der Falke‹, gest. 1063). Er
wandte sein Augenmerk nunmehr dem Westen zu, wo die
Buyiden – Parteigänger der Schia – das abbasidische Kalifat
entmachtet hatten. Im Jahre 1055 zog er gegen Bagdad,
befreite den Kalifen von der Vormundschaft der ›Häretiker‹, anerkannte dessen geistliches Prestige als Beherrscher
der Gläubigen und ließ sich zugleich mit dem Prädikat ›Sultan‹ alle weltlichen Machtbefugnisse übertragen. Damit war
Toghrul der mächtigste Herr im Orient.

Als sein eigentlicher Erbe setzte sich sein Neffe *Arp Arslan,* ›der Löwe‹, durch. Er gewann den Fatimiden Syrien und
die heiligen Stätten Arabiens ab und sicherte die Front
gegen den ghaznawidischen Reststaat. Als Herr über den
größten Teil Vorderasiens richtete er seine Angriffe nun auf
Georgien und Armenien, die Pufferstaaten gegen Byzanz,
– und schließlich gegen die byzantinische Macht selbst. Am
›schrecklichen Tag‹ von Manzikert (1071) schlug sein Heer
die zahlenmäßig überlegenen Byzantiner unter Romanos IV.
Diogenes. Der Basileus selbst wurde gefangengenommen.
Diese Schlacht und die folgenden Machtkämpfe in Byzanz
eröffneten den Seldschuken den Weg zur Errichtung des
Reiches von *Rum* (Rom, d. h. der Westen), das unter den

Nachkommen von Toghruls Vetter Kutulmusch seinen eigenen Weg gehen sollte.

In Persien folgte dem ›Löwen‹ sein Sohn *Malik Schah*
(1072-92), einer der bedeutendsten Herrscher Persiens, der
stark genug war, den Frieden zu sichern. Zwar fiel – und
fortab in wachsendem Maße – das persische Ackerland in
die Hände der massenhaft einströmenden türkischen Vieh-
züchter-Nomaden, und der Bauer wurde ihnen geopfert,
aber Handel, Stadtleben und -kultur blühten steil in die
Höhe. Diese Blüte war vor allem das Verdienst eines wahrhaft bedeutenden Staatsmannes: des Nizam ul-Mulk, eines
Persers aus Chorassan, des Lehrers und späteren Vezirs
Malik Schahs. Der Nizam – selbst Autor bedeutender
Schriften zur Politik – sammelte um sich Gelehrte und
Schriftsteller von hohem Rang wie al-Ghazzali (s. u.) oder
Omar Chayyam[42].

Die letzten Jahre Malik Schahs waren getrübt. Die ismaelitischen Assassinen[43] entfalteten von Alamut und anderen
Bergfesten aus ihre mit Drohungen und Mord arbeitende
Untergrundbewegung. Im Jahre 1092 fiel ihnen – als einer
der ersten – der Nizam ul-Mulk zum Opfer. Wenige Wochen
später folgte ihm Malik Schah im besten Mannesalter. Um
sein Erbe stritt sein Bruder Tutusch, Herr von Damaskus,
mit den ränkevollen Müttern der unmündigen Prinzen. Aus
den Wirren eines Vierteljahrhunderts ging als Sieger *Sultan
Sandschar* (1118-57) hervor. In der persischen Überlieferung strahlt sein Ruhm fast noch heller als der seines Vaters.
Transoxanien und das Restreich von Ghazna wurden unterworfen, die Ghoriden (im heutigen Afghanistan) gedemü-
tigt. Aber des unbotmäßigen Statthalters von Chorassan
wurde er nie ganz Herr, und zuletzt entrissen ihm die türkischen Kara-Kitai auch wieder das Land jenseits des Oxus.
Die Kämpfe im Osten haben ihn so einseitig beansprucht,
daß mittlerweile im Westen jüngere Verwandte ihre Lehen
zu selbständigen Herrschaftsgebieten ausbauen konnten:
junge und oft nur nominelle Herren in der Gewalt ihrer
Atabegs, die als Vormünder und ›Hausmeier‹ die Herrschaft
ausübten: in Aleppo, Damaskus, Diyarbakır, Mosul, Ardebil, Luristan, Fars usw. Es gehörte zur Steppentradition, die
ganze Familie des Khans an der Herrschaft zu beteiligen.
Das führte nicht nur zu unaufhörlichen Auseinandersetzungen, sondern letztlich zur Auflösung des Seldschukenreiches
überhaupt. Als erste verstanden es die Herren Kleinasiens,

sich der Oberhoheit der Großseldschuken zu entziehen. In
die von Machtkämpfen erfüllte islamische Welt des ausgehenden 11. Jahrhunderts stieß der Angriff der Kreuzfahrer
hinein, die 1099 Jerusalem eroberten und im syrischen
Raum ihre Feudalherrschaften errichteten. Auch gegen den
gemeinsamen Feind konnten sich die zerstrittenen moslemischen Emire nicht zusammenfinden. Erst ein Kurde, der im
Dienst Nur ed-Dins, des Atabegs von Mosul und Damaskus, Karriere machte und endlich Syrien und Ägypten in
seiner Hand vereinigte, vermochte den Kreuzrittern ihre
Beute wieder zu entreißen: der Eyyubide *Salah ed-Din
(Saladin)*.

Die Macht der Großseldschuken schrumpfte. Die Nachfolger Sultan Sandschars waren blasse Gestalten. Der letzte
fiel bei Rayy im Kampf gegen den Choresm-Schah. Daß
dieser im Gefühl seiner Unüberwindlichkeit mutwillig den
Zorn Dschingis-Khans herausforderte, hat den ersten wü-
tenden Einfall der Mongolen heraufbeschworen.

Eindringen und Herrschaft der Seldschuken bilden den
unruhigen Hintergrund für ein reiches Geistesleben, in dem
sich die unter den Samaniden eingeleitete ›persische Renaissance‹ fortsetzt und vollendet. Firdusis ›Königsbuch‹ wirkte
machtvoll auf das Selbstverständnis des Landes und seiner
neuen Herrscher. Die enzyklopädischen Schriften der Uni-
versalgelehrten, der Mediziner, Mathematiker und Astro-
nomen (wie z. B. Avicenna, gest. 1037; al-Biruni, gest. 1048)
setzten Maßstäbe für die praktische Wissenschaft. Nach dem
Vorbild von Bagdad und Buchara entstanden an vielen Orten Bibliotheken mit Tausenden von Bänden. (In Europa
waren damals ein paar hundert Bücher an einem Ort eine
Seltenheit.) Auch den meisten Moscheen waren Bücher-
sammlungen angeschlossen.

Das Kunsthandwerk blühte. In ihrer Technik unübertrof-
fene Webarbeiten entstanden, von feierlichem Ernst und
phantastischer Eleganz. Die keramischen Werkstätten von
Nischapur, dann von Rayy, Kaschan usw. verarbeiteten Errungenschaften des fatimidischen Ägypten, Syriens, des Irak
und schufen nach verschiedenen technischen Rezepten dekorative Meisterwerke. Metallbearbeitung und Holzschnitzerei standen nicht zurück. Auf den gesamten Bereich dieser
künstlerischen Tätigkeit einzugehen, verbietet das Thema.
Hier kann die Rede nur von dem sein, was uns im Zusammenhang mit der Baukunst entgegentritt. Auch und gerade

aber an der Architektur läßt sich die Bedeutung der seldschukischen Zeit ablesen, selbst wenn von der Fülle des
damals Geschaffenen in Persien nur ein Bruchteil erhalten
ist. Selbst aus dem Wenigen davon aber, das wir hier betrachten können, spricht deutlich Glanz und Bedeutung der
seldschukischen Epoche.

Als ›Neuankömmlinge‹ öffneten sich die Seldschuken
dem, was ihnen Persien zu bieten hatte mit dem faszinierten
Eifer dessen, der sich einem bewunderten Kulturerbe unter-
legen fühlt. Die Baumeister und Handwerker, die für sie
schufen, waren wohl alles Einheimische – den kriegerischen
Eindringlingen lag zunächst nichts daran, selbst zu Stift und
Kelle zu greifen, auch fehlte ihnen das technische Können,
das nur in langer Tradition erworben werden kann. Aber als
Auftraggeber brachten sie neue Ideen und Formen aus den
Steppen Innerasiens mit, und dadurch haben sie das äußere
Bild der islamischen Baukunst für die Folgezeit entschei-
dend gewandelt, nicht aber deren innerstes Wesen.

Von den Grabmalsbauten, die mit den Türken in die
Islamwelt einzogen, war schon die Rede.

Rundtürme wie die Mausoleen sind auch die *Minaretts,*
die jetzt eine neue Gestalt zeigen. Zumeist auf einem kubischen Sockel stehende hohe, zylindrische Schäfte, rund oder
auch sternförmig (wie die Siegestürme von Ghazna), sich
leicht nach oben verjüngend, mit umlaufenden Balkonen
und einer pavillonartigen Bekrönung, treten mit den Türken
zum ersten Male auf und lösen in der gesamten islamischen
Welt östlich von Ägypten den omayyadischen Vierkantturm
ab, der sich nur noch im Maghrib behaupten kann. Noch ein
drittes: In seldschukischer Zeit entstand als Institution die
Medrese, die Koranhochschule (*madrasa,* plur. *madáris,* abgeleitet vom arab. Verbum *darasa:* lesen, studieren). Sie
entwickelt einen eigenen Bautypus, der in sich selbst vielfach abgewandelt werden konnte, vor allem aber die Baugestalt der Moschee sehr entscheidend umgeprägt hat.

Der Ort für Studium und Auslegung von Koran und Hadith war anfangs in der Regel die Moschee – und ist es
vielfach noch heute. Schon früh erfährt man von besoldeten
Lehrern und von Stipendien für Studenten, von Bibliotheken, die den großen Moscheen angeschlossen waren. Daneben entstanden auch private Lehr- und Forschungsstätten,
die sich nicht auf die koranischen Wissenschaften be-
schränkten und neben den sprachlichen Disziplinen (Ver-

ständnis und Interpretation des oft vieldeutigen Koran-Ara-
bisch) auch Logik, Philosophie, die mathematischen Fächer,
Astronomie, Musik, Alchemie und Medizin betrieben. In
ihnen wurde über das System der septem artes liberales
hinaus der ganze Schatz griechisch-hellenistischer und östlicher Überlieferungen verarbeitet. Altberühmtes Beispiel
die Bagdader ›Akademie‹ al-Mamums. Auch im fatimidischen Kairo gab es solche Stätten der Wissenschaft, aber sie
traten immer mehr in den Dienst der schiitischen Propaganda (vgl. el-Azhar).

Aus ähnlichen Einrichtungen im sunnitischen Osten entstand die Medrese. Im Nischapur des frühen 11. Jahrhunderts war die Moschee noch das Zentrum der Studien, aber
auch hier gab es daneben eigene Lehrstätten für berühmte
Theologen und Ausleger des Rechts (fiq). Der Nizam ul-
Mulk hat eine (nicht die erste) derartige Anstalt gegründet.
Der Gedanke war schon vor ihm da, aber er hat ihn in den
Dienst der sunnitischen Observanz gestellt und der Medrese
die zukunftsträchtige Gestalt gegeben als einer Art Internat,
das nicht nur Bet- und Unterrichtsräume besaß, sondern in
dem die Stipendiaten auch untergebracht und verköstigt
wurden. Erinnerung an buddhistische Klöster mag dabei
mitgespielt haben.

Baugeschichtlich folgenreich wurde die Form, die man für
solche Anlagen wählte: das in Chorassan übliche Hofhaus
mit ringsumliegenden Räumen und je einer Iwanhalle in der
Mitte jeder Seite. Der entscheidende Schritt war die Ver-
pflanzung dieses Bautyps einer Lehranstalt nach Bagdad.
1065/67 entstand dort die Nizamiya als Schule der schafiti-
schen Observanz[44]. Der Nizam hat auch entsprechende Anstalten in Balch, Herat, Merw gegründet. Seinem Beispiel
folgten die Würdenträger des Hofes (Tadsch ul-Mulk, des
Nizam Rivale, ließ in Bagdad gleichfalls eine Medrese errichten), und die Herrscher selbst standen nicht zurück. Im
12. Jahrhundert gab es in Bagdad bereits über dreißig derartige Institute. Der vorletzte Abbasidenkalif al-Mustansir
(1226-42) gründete dort 1234 eine Medrese (s. u.) als eine
Hochschule, in der alle vier Interpretationsrichtungen
(madhahib) gelehrt wurden. Man hat in dem Bestreben, alle
vier ›Schulen‹ unter einem Dach zu vereinigen, den Grund
für die Übernahme des Vier-Iwan-Schemas sehen wollen,
aber nur in wenigen Brennpunkten geistigen Lebens waren
in der Tat alle vier Richtungen vertreten. Es ist wohl eher

umgekehrt so, daß die Baugestalt sich anbot, ausnahmsweise ein solch universales Institut zu versuchen.

Über Bagdad hat sich die Institution der Medrese in fast allen islamischen Ländern verbreitet. Für ihren Siegeszug in Syrien und von dort aus nach Ägypten und weiter nach dem Westen spielte wieder ein großer Staatsmann eine bedeutende Rolle: Saladin. Er stiftete die ersten Medresen in Jerusalem und in Kairo. Bald sollten sie in den großen Zentren der islamischen Welt von den Grenzen Indiens bis nach Nordafrika zu Dutzenden zählen. Nur Spanien verhielt sich ablehnend. Erst um die Mitte des 14. Jahrhunderts wurde in Granada eine Medrese eröffnet. Die Medresen des Maghrib sind nicht so sehr ihrer Planung, als ihrer Ausstattung wegen (s. o. S. 224) sehenswert. Die Bauform der Moschee des Westens haben sie nicht beeinflußt.

Der Typus, den der Nizam aus dem Osten importiert hatte, erwies sich als praktisch und vielseitig verwendbar und zugleich als höchst wandlungsfähig. Klöster[45], Krankenhäuser, Herbergen und andere fromme Zweckbauten übernahmen das Schema ganz oder teilweise. Je nach Klimaverhältnissen, Zweckbestimmung usw. konnte es modifiziert werden. Verständlich, daß sich vor allem im persischen Osten die Moscheen immer stärker dem ›einheimischen‹ Schema der Medrese, d. h. des monumentalisierten Hauses annäherten (so wie einst das arabische Haus den Typus der Moschee überhaupt mitbestimmt hatte). Trat an den Hauptiwan einer Vier-Iwan-Medrese ein Kuppelsaal, dann war eine Kombination hergestellt, die schon den Kern vorislamischer Paläste in Persien gebildet hatte (s. S. 258). Die Freitagsmoschee von Isfahan ist nur ein Beispiel für diese Verbindung. Wenn sich zur Medrese ein Mausoleum (in der Regel das des Stifters) gesellte, ergab sich eine Zusammenstellung, wie sie im Reich von Rum beliebt und im mamlukischen Ägypten beinahe zur Regel wurde. Erst die Osmanen haben die einzelnen Elemente wieder auseinandergenommen und in islamisch-baumeisterlicher Gesinnung aus Moschee, Medrese, Türbe und karitativen Bauten, für die sich das vereinfachte Medresenschema anbot, als ihre besondere Schöpfung die Küllıye entwickelt (s. S. 508).

Die Medresen des 11. und 12. Jahrhunderts im Osten wurden durch Erdbeben und die Mongoleneinfälle vernichtet. Als Beispiel einer ›seldschukischen‹ Medrese des 13. Jahrhunderts diene uns die schon erwähnte *Mustansiriye* (1234)

165 *Bagdad, Hof der Mustansiriye, 1234*

von **Bagdad.** Aus katastrophalem Verfall wurde sie wiederhergestellt, ist also weitgehend Rekonstruktion, hat aber
doch noch einige schöne Details bewahrt, wie das prächtige
Hauptportal mit seiner Stuckinschrift, Gitternischen mit
feingeschnittenem und durchbrochenem Ranken- und Ara-
beskwerk aus Terrakotta und Teile der Tigrisfront mit
prachtvoll zu geometrischem Schmuck gefügten Backsteinen und einer monumentalen Ziegelinschrift auf einem flim-
mernden Grund.[46]

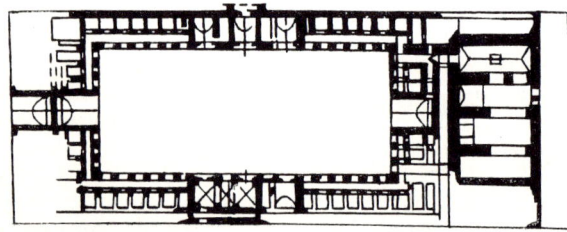

166 *Bagdad, Mustansiriye, Grundriß nach E. Kühnel*

Die Verdreifachung der Iwane an den Langseiten des
Hofes erst hat die für den Unterricht in allen vier Observan-
zen (madhahib) nötigen Hörsäle geschaffen. Wir haben es
hier also mit einer – eher ungewöhnlichen – Erweiterung des
vorauszusetzenden Grundschemas zu tun.

167-168 *Bagdad, Mustansiriye, Fenster und Tigrisfront*

Wie der Plan der Medrese den der Moschee beeinflußt, zeigt das bedeutendste Denkmal der Seldschukenzeit in Persien, die *Große Freitagsmoschee (Masdschid-i Dschuma) von* **Isfahan.** Sie ist wohl eines der eindrucksvollsten Werke islamischer Kunst und stellt zugleich eine Summe persisch-islamischen Bauens dar. Vom 11. bis ins 18. und 19. Jahrhundert hat man an ihr gebaut, verändert, dekoriert, d. h. alle folgenden Epochen haben an ihr geschaffen, und wir werden bei deren Betrachtung immer wieder auf sie zurückzukommen haben. Etwa zwanzig verschiedene Bauteile bilden heute den Gesamtkomplex, der dadurch ein wenig verwirrend wirkt, aber ohne große Mühe lassen sich die Grundzüge der seldschukischen Anlage herausschälen. Die Planskizze mag zur Orientierung helfen.

(Zuvor aber wieder der alte Rat: lassen Sie sich nicht nur von einem ›befugten‹ Führer durchhetzen, sondern nehmen Sie sich Zeit zum Schauen und freudigen Entdecken!)

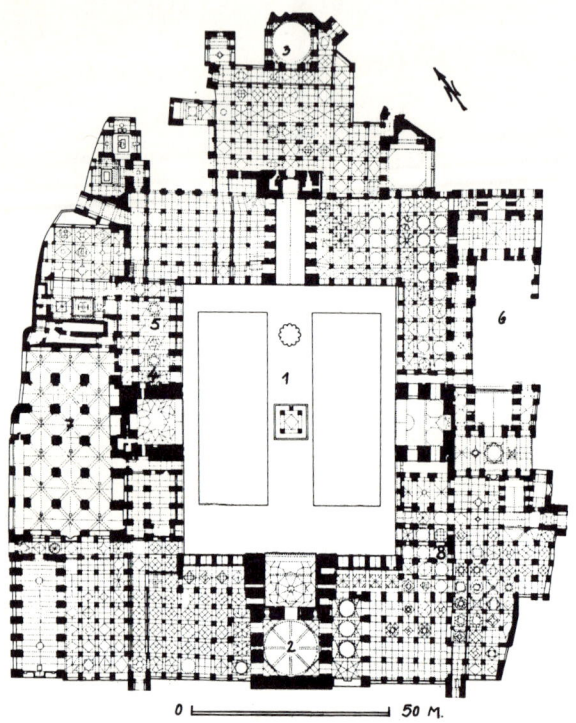

169 *Isfahan, Freitagsmoschee, Grundriß nach E. Schroeder*

An der Stelle des heutigen Baues stand schon die Hauptmoschee der Stadt im 9. Jahrhundert. Es mag sich bei ihr wohl um eine Hofmoschee arabisch-abbasidischen Typs gehandelt haben. Von ihr stecken höchstens noch ein paar Ziegel im heutigen Mauerwerk. Während der Belagerung durch Toghrul Beg wurde 1051 diese Moschee teilweise zerstört. Der Restaurierung lag das Schema der ›Kioskmoschee‹ zugrunde. Zwischen 1072 und 1092 entstanden die Kuppelsäle des Nizam ul-Mulk im Süden (2) und des Tadsch ul-Mulk (der Gumbad-i Kharka) im Norden (3), der ursprünglich nicht mit der Moschee verbunden war. Beide Säle überstanden den Brand, der 1121 den alten Bau so verheerte, daß ein völliger Neubau notwendig wurde. Er folgte bereits dem Vier-Iwan-Schema der Medresen. Der Hof (1) von etwa 65 x 55 m Ausdehnung bildet als in sich ruhendes Geviert den Kern der Anlage. Ihn umziehen zweistöckige Arkaden mit offenen Galerien, hinter denen sich allerdings nicht Wohnzellen für Studenten, sondern mehrschiffige Hallen verbergen. Sie gehören größtenteils zum Bestand des 12. Jahrhunderts, nur der schöne Kacheldekor der Hofseiten ist jünger (meist safawidisch). In der Mitte jeder Hoffront öffnet sich eine große Iwanhalle. Die nördliche bildete ehemals den Eingang zum Hof, die südliche führt in den 50 Jahre älteren Kuppelsaal des Nizam ul-Mulk (2), der damit also als Betsaal in den Neubau einbezogen wurde. Auch die Iwane gehören zum seldschukischen Bau, sind aber in späteren Zeiten neu ausgestaltet und -geschmückt worden (bedeutende Reste der originalen Ornamentik vor allem noch am Ost-Iwan erhalten).

Um 1310 entstand der Mihrab des Öldschäitü Chodabende (4, s. S. 203), im späten 14. Jahrhundert wurden unter den Mozaffariden die Medrese (6) und der Saal des Öldschäitü-Mihrabs (5) errichtet, auch die Hallen nördlich des alten Eingangs-Iwans, die den Gumbad-i Kharka (3) nun in den Moscheekomplex einbezogen. Unter den Timuriden des 15. Jahrhunderts kam der schlichte Wintergebetsaal (7) hinzu, wohl auch der bemerkenswerte Stuckmihrab (8). Uzun Hassan von den ›Weißen Schafen‹ (s. S. 471) ließ den Südiwan neu einwölben und dekorieren, die ihn flankierenden Minaretts erbauen und die Hofarkaden mit Fayencen schmücken. Auch die Safawidenzeit trug zum heutigen Bild bei. 1531 entstand die Mosaikinschrift am Südiwan, um 1700 wurden die Dekorationen des westlichen Iwans weitgehend, die des östlichen zum Teil neugestaltet und vor allem die des nördlichen, dessen Fassadenschmuck schon aus dem khadscharischen 19. Jahrhundert stammt. Auch die Hallen (9) gehören der Safawidenzeit an. 1803 wurde die Moschee ein erstes Mal gänzlich restauriert. Seit 1936 hat sich die iranische Denkmalspflege um eine Wiederherstellung und Sicherung nach modernen Gesichtspunkten bemüht.

170 *Isfahan, Freitagsmoschee, Südiwan*

Man betritt heute die Moschee an der südlichen Ecke. Schon nach wenigen Schritten links der timuridische Stuck-mihrab (8). Bald steht man in den mehrschiffigen Hallen, die Südiwan und Betsaal in ihrer ganzen Tiefe flankieren: Nachklang der endlosen Säulensäle arabischer Art und zugleich Zeugnis seldschukischer Kunstfertigkeit. Stämmige Pfeiler aus Backstein (im Kern vielleicht z.T. noch aufs 11.Jahr-

171 *Isfahan, Freitagsmoschee, Westiwan*

hundert zurückgehend) tragen breite, leicht gespitzte Gurt-
bogen, auf denen die Last von Kuppeln ruht. Wo die herben
Formen vom trüben Bewurf späterer Zeiten befreit sind, da
offenbart sich die meisterhafte Technik und das adlige Empfinden des 12. Jahrhunderts. (Daß die im Zuge der Wiederherstellung erneuerten Partien noch nicht wieder die dunkle
Patina der alten Backsteine erlangt haben, soll die Freude an
den dekorativen Ziegelfügungen nicht trüben.) Neben flachen Wölbungen und schlichten Halbkugelkuppeln begegnet man Konstruktionen mit sich kreuzenden Querrippen,
wie sie auch im islamischen Westen (Córdoba, Tlemcen) im
12. Jahrhundert auftreten, dazu auch Sternrippen, zwischen

172 *Isfahan, Freitagsmoschee, Blick in die Kuppel des Gumbad-i Kharka, 1088*

die dünne Ziegelschalen gespannt sind: eine Technik, die in der Mongolenzeit beliebt wurde.

Man sollte Bakschisch und Mühe nicht scheuen, auf das Dach der Hofhallen zu gelangen, um die Rippenkonstruk-

173-174 *Isfahan, Freitagsmoschee: Blick auf die Dachkonstruktion des Westiwans und Schnitt durch den Gumbad-i Kharka nach E. Schroeder*

175 *Isfahan, Freitagsmoschee. Blick auf den Nordiwan und den Gumbad-i Kharka*

tionen der Iwane zu studieren. Von einem der Minaretts aus genießt man einen prachtvollen Rundblick auf Isfahan und seine Umgebung, instruktive Einblicke in Hofhäuser und den besten Überblick über die Anlage der Großen Moschee.

Durch den Südiwan betritt man den Kuppelsaal (2) des Nizam ul-Mulk (vor 1075). Die Mauern des unteren Vierecks sind vielleicht noch etwas älter (10. Jahrhundert?). Sie tragen eine Kuppel von etwa 15 m Durchmesser. Tiefe Trompenbögen, gefüllt durch eine kleinere Trompe mit Nischen und flankiert von Nischen unter tragenden Rippen bilden die Basis für acht flache Bogennischen, auf denen der Ring für das massive Rund der Kuppel aufsitzt. Was hier in der unteren Wandzone noch nicht so recht vorbereitet ist und daher ästhetisch nur halb überzeugt, gelangt im Gumbad-i Kharka (1088) (3) zur künstlerischen Vollendung. Dieser Teil der Moschee stellt trotz der relativ bescheidenen Ausmaße (bei knapp 20 m Kuppelhöhe ein Durchmesser von etwa 10 m) zweifellos einen Höhepunkt seldschukischer Baukunst dar. Keine Einzelheit ist willkürlich gestaltet, jede hat der Einheit des Ganzen zu dienen. Rein technisch ist die Kuppel vollendet konstruiert – kein Erdbeben konnte der massiven Schale auch nur das geringste anhaben. In jeder Ecke bilden vier schmale Bogennischen, flankiert von schlanken Ecksäulen die Vorbereitung für die Trompenkonstruktion. Vom Boden ab führen Halbsäulen wie gotische Dienste das Auge aufwärts zu den spitzbogigen Rahmen, über denen eine oktogonale Zone aus 16 flachen Bogenfeldern zur Kuppelbasis überleitet. Die Trompen haben wie im südlichen Betsaal Dreipaßform, in die noch einmal ein kleiner Trompenbogen eingestellt ist. Alle Bögen zeigen den gleichen Umriß wie die Kuppelschale, sind aufeinander bezogen, scheinen einer aus dem anderen und letztlich aus der Kuppel entfaltet und umgekehrt aus der Vielzahl sich übereinanderstellend in der Kuppel ihre Bekrönung und Vollendung zu finden. Die logische Auseinander- und Aufeinanderfolge gleichartiger Formen gibt dem Raum seine unvergleichliche Dichte, Geschlossenheit und strenge Würde, läßt die Ruhe der göttlichen Einheit erleben.

Die Bedeutung der seldschukischen Baukunst liegt nicht allein in der Klarheit und Kraft der Proportionen und in neuen, konstruktiven Ideen, sondern im Gewinn einer neuen Dimension innerhalb des Entfaltungsprozesses der islamischen Kunst. Praktisch sind das kunstvoll gefügte Ziegelwerk, der Stuck, der seit dem 12. Jahrhundert immer beliebter werdende keramische Schmuck zwar ›Belag‹ der Mauer, aber dieser Schmuck gehört nicht eigentlich der Mauer zu, sondern dem Raum als dessen Haut. Aus Ziegeln gefügte Mauern, Pfeiler, Kuppeln mußten notwendig körperliches Volumen gewinnen. Aber jenseits aller materielltechnischen Bedingtheiten wollen sie nicht als Körper verstanden werden. Sie schaffen nur die Grenzen der Gebetsfläche (wie die Mauern der ›arabischen‹ Moschee), begrenzen aber zugleich auch in sich ruhend-leere Volumina. Damit ist eben der Raum (den die Endlosigkeit der arabischen Moschee eigentlich noch nicht kannte) als neues Element ins Spiel gekommen. Ein Raum allerdings, der weder in dialektischer Auseinandersetzung zwischen Materie und ihrem Gegenteil erst entsteht, noch durch körperhafte Glieder in Bewegung gesetzt wird, sondern einer, den immaterielle Flächen allseitig umgrenzen. Etwas also, das es in der bisherigen islamischen Kunst noch nicht gab, das aber dem Geist – und also dem Stil – islamischer Kunst nicht widerspricht.

Die meisterhaften Muster der Raumgrenzen haben etwas von Geweben und Teppichen an sich. Sie sind aber nicht ›Behänge‹ (wie z. B. der Dekor sassanidischer Paläste), sondern das Textile ist die Raumgrenze selbst, wie in den Zelten der Nomaden. Nichts anderes sind die kunstvollen Ziegelfügungen als in neues Material umgesetzte Textilien. Vor allem geometrische Muster gehören zum Formenschatz nomadischer Textilkunst, und sie tauchen auf in den dekorativen Ziegelfügungen der Wände des 11. und 12. Jahrhunderts. Deren rosiger Ocker wird nun durch kontrastierende Farben bereichert: Zwischen die einfach gebrannten Ziegel setzt man emaillierte Stücke (vgl. Qazvin, Große Moschee), als Quadrate oder Sterne zunächst, die auch zu teppichartigen Mosaikwirkungen zusammentreten können, vor allem zum Schmuck besonders hervorzuhebender Wandflächen (Mihrabs z. B.). Die keramischen Werkstätten stellten solche Stücke und dann auch größere Fliesen als Elemente der Dekoration bald für den Export her, vor allem die von Kaschan. ›Kaschi‹ wurde der Name für derartige Kacheln, deren Wirkung noch durch metallische Lüsterglasur gesteigert werden konnte.

Die Schrift, in der das göttliche Wort sinnliche Gestalt annimmt, trat als »dekoratives« Element zu den geometrischen und stilisiert-vegetabilischen Formen hinzu, vor allem wenn es galt, Betsäle zu schmücken, und dort in erster Linie den Mihrab und jene Zone, wo das irdische Viereck mit dem vollkommenen Rund der Kuppel zusammentrifft. Als ganze Lettern aus erdfarbener Terrakotta auf feingemustertem geometrischem Grund, farbig glasiert auf buntem Arabeskenwerk und (spätestens seit dem 14. Jh.) auch als Mosaik aus eigens zurechtgesägten Teilchen gehören sie wesentlich zum Bild der ›sakralen‹ Räume und vor allem der Gebetsnischen. Schöne Beispiele von Mihrabs finden sich in den Museen von Teheran, Berlin, dem Victoria and Albert Museum in London u. a.

Bloße Bemalung hat sich immer nur in Spuren erhalten. Sie konnte ganze Flächen schmücken, bereicherte vor allem aber Dekorationen aus Stuck. Aus Stuckmasse aber wurden nicht nur geometrische oder arabesk-vegetabilische Formen geschnitten, auch figürliche Darstellungen von Wildtieren, Jägern und Kriegern (vgl. Museen von Chicago, Boston) und selbst von thronenden Herrschern mit dem Weltenbecher Dschamschids, umgeben von ihrem Hofstaat wie in abbasidischer Zeit (vgl. Pennsylvania Museum of Arts, 1194). Ähnliches findet sich in der Figurenwelt auf den Erzeugnissen der zur Meisterschaft erwachsenden Keramik und der aufblühenden Miniaturmalerei.

Seldschukische Bauten in der Art der Großen Moschee von Isfahan sind auch die von dort nur hundert und etliche Kilometer entfernten, aber abseits der Touristenstraßen gelegenen *Freitagsmoscheen* von **Gulpayagan** (1120-35), von **Zaware** (1159) und von **Ardistan** (ca. 1180, etwa 120 km nordöstlich von Isfahan). Auch in ihnen kann man die Gelassenheit des Vier-Iwan-Hofes erfahren und die nicht nur dekorative Wirkung der Ziegelfügungen und monumentalen Schriftbänder.

Die *Freitagsmoschee von* **Qazvin** geht in ihrem Baubestand großenteils. im Dekor fast völlig auf die späte Safawidenzeit zurück. Nur der Mihrabsaal stammt noch aus der Zeit Malik Schahs (1113 oder 1119) und wirkt durch die Schlichtheit seiner Formen und die Großartigkeit seines Schmucks. Der einstige – wohl riesige – Mihrab ist nicht mehr erhalten; aber die beiden, den ganzen Raum umlaufenden, prachtvollen Inschriftbänder auf Fayencegrund, zwischen denen ein in großen Kurven schwingendes Ziegelband die schöngefügte Wand belebt, können noch eine Ahnung von der einstigen Herrlichkeit des Verlorenen geben.

In Qazvin steht – in einer Hofanlage des 19. Jahrhunderts – auch der seldschukische Kuppelbau der *Haydariyia-Medrese* (1. Hälfte des 12. Jh.) mit einem schönen, einst farbigen Stuckmihrab.

Noch aufwendiger ist der Stuckdekor im schöngefügten *Gumbad-i Alaviyan* in **Hamadan,** dem alten Egbatana. Die Entstehungszeit dieses Grabmals ist nicht einwandfrei festzulegen (vgl. S. 435).

Nicht nur im Herzen des Iran, sondern auch im alten Chorassan sind Seldschukenbauten erhalten geblieben, aber gegenwärtig sind m. W. noch nicht alle Gebiete Sowjet-Turkestans für den Touristenverkehr freigegeben. Es hat daher in diesem Buch wenig Sinn, auf die Bauten von Aschchabad und Umgebung (Anau/Nyssa), von Termez usw. aus dem 11. und 12. Jahrhundert einzugehen. Nur auf ein einziges der Seldschukenbauwerke in diesem Teil Chorassans sei hier verwiesen, obwohl der Verfasser es nicht von Augenschein kennt: das *Grabmal des Sultans Sandschar* in **Merw**

176 *Merw, Grabmal des Sultans Sandschar, 1157*

(Mary).[47] Dorthin hatte Sandschar die Hauptstadt verlegt. Der 27 m hohe Bau ist deshalb bedeutsam, weil an ihm erstmals im Osten eine zweischalige Kuppel konstruiert wurde. Die Anregung dazu stammt wahrscheinlich aus dem buddhistischen Zentralasien, dort jedenfalls hat man die frühesten Beispiele gefunden. Diese Konstruktionsmethode wurde charakteristisch für die ›mongolischen‹ und mamlukischen Kuppelmausoleen. Das massive Mauerwerk des Kubus (mit nur zwei einander gegenüberliegenden Bogenöffnungen) bildet mit seiner umlaufenden Bogengalerie und einer zweiten, die den Kuppelansatz umzog (beide kaum mehr in Fragmenten erhalten), etwas wie das logische Verbindungsglied zwischen dem Samanidengrabmal von Buchara (S. 275) und dem Mausoleum des Öldschäitü in Soltaniyeh (S. 430).

Wer von Meschhed aus in Richtung Herat unterwegs ist, sollte nicht versäumen, in **Sangbast** (etwa 40 km hinter Meschhed) Halt zu machen, um das *Grabmal des Arslan Dschahib* mit seinen faszinierend gefügten Ziegelornamenten und das konisch aufsteigende Backsteinminar zu bewundern (an dieser Strecke auch sehenswerte timuridische Bauten, vgl. S. 465-470).

An der alten Karawanenstraße von Merw über Sangbast nach Nischapur liegen zwei bedeutende Karawansereien. **Ribat-i Scharaf** (beg. lt. Godard 1114/15, restauriert

1154/55), wohl ein palastartiges Gästehaus des Sultans, um-
schließt zwei Höfe: einen quadratischen und einen auf halb-
quadratischem Grundriß. Auf jeden dieser Höfe öffnen sich
vier Iwane, hinter denen – mit Ausnahme der Eingangs-,
bzw. Durchgangsiwane – Kuppelräume liegen. Die Räume
hinter den Hofarkaden sind z. T. tonnengewölbt, z. T. überkuppelt. Die Ecken der Umfassungsmauer sind turmartig
verstärkt: ein Zug, der die Hofhäuser des ostpersischen
Landadels charakterisierte. (Besonders typische Beispiele
solcher Diqhan-Sitze erhalten in Chiwa in Choresm, S. 488.)
Ein mächtiges Iwan-Portal (ein *Pischtak*) bildet den Eingang von der Straße her. Der entlegene Bau hat vor allem
durch seinen ungewöhnlich reichen Dekor (mit Motiven, die
schon auf das 13. und 14. Jahrhundert vorausweisen) das
Interesse der Forschung erregt. (Ziegelornamente, Stuck
mit Resten von Bemalung, Schriftfriese.) Eine architektonische Parallele fand man zwei Tagesetappen weiter westlich
in **Ribat-i Mahi** (mit nur einem Iwanhof).[48]

Um auf die Grabbauten zurückzukommen. Die in Chorassan werden, wie gesagt, nur wenige Reisende sehen. Aber
von Teheran aus leicht zu erreichen ist eines der würdig-be-
deutsamsten Mausoleen der persischen Seldschukenzeit,
der *Grabturm des Toghrul Beg in* **Rayy** (1039?), jenes Fürsten, der die Herrschaft der Seldschuken über Persien und
das abbasidische Kalifat begründete. Es besteht heute nur
noch aus einem Ziegelmantel, nach außen durch dreieckige
Vorlagen sternförmig gestaltet und oben durch ganz klar
geformte Muqarnas-Trompen in ein flimmerndes Rund-
band übergeleitet, das einstmals ein Kegeldach trug wie
noch heute der Gumbad-i Qabus (s. S. 289). Vergleichbares
bieten – restauriert – in **Demavend** der *Gumbad Abdullah*
(12. Jh.) und das *Ala ed-Din-Grabmal* in **Veramin** (1287).
Die beiden bedeutenden Grabmäler in **Damghan** aus dem
11. Jahrhundert, *Pir-i Alemdar,* (1021) und *Tschehel Dokhtaran* (1058)[49] sind gedrungene Rundtürme, prächtig aus ›tex-
tilem‹ Ziegelwerk gefügt und von eindrucksvollen Inschriftbändern im oberen Drittel des Schaftes umzogen.

Für die Zukunft wichtig wurden auch die Grabbauten in
Aserbeidschan. Drei der fünf Mausoleen von **Maragheh**
(südöstl. des Urmia-Sees, ca. 140 km von Täbriz – vgl. auch
S. 332 ff.) stammen aus seldschukischer Zeit und zeigen bei
gleicher Grundlage (Krypta unter dem Betraum) drei ver-

Damghan, Grabmal
Pir-i Alemdar, 1021

178 Rayy, Grabmal des Toghrul Beg,
1039(?)

Abarquh,
Gumbad-i Ali, 1036

180 Maragheh, Gumbad-i Sorkh
sog. Roter Grabturm, 1147

schiedene Gestaltungsmöglichkeiten. Der *Gumbad-i Sorkh* (der Rote Grabturm, 1147) ist über steinernem Unterbau ein Würfel aus schön gefügten roten Ziegeln mit in die Ecken eingestellten Rundpfeilern und je zwei Blendarkaden an drei Seiten. Das Portal ist wie bei den beiden anderen Mausoleen besonderer Beachtung wert. (Die Kuppel über dem achteckigen Tambour ist eingestürzt.) In der Nähe ein *zylindrischer Grabturm* (1167). Der *Gumbad-i Kabud* (das Blaue Grabmal, 1196) ist ein Oktogon mit Pyramidendach und zeigt in den stalaktitgefüllten Blendnischen der Wandgliederung geometrische Muster aus türkisblauen Ziegeln. Die Verwendung solcher Farbeinlagen kommt etwa um diese Zeit in Mode, an einem Grabmal erstmals (nach Herzfeld) 1186; an dem *Grab der Mumina Hatun in* **Nakhschewan** (Armenische SSR), einem nach Abbildungen zu urteilen besonders reizvollen Bau, den aber (unmittelbares Grenzgebiet!) kaum ein Reisender zu Gesicht bekommen dürfte.

Auch wenn sich die Türken seit Generationen als Moslems verstanden: Auf eine schwer faßbare Weise muß schamanistisches Vorstellungsgut weitergelebt haben. Nicht nur in den zu ›Türben‹ versteinerten Grabzelten, sondern auch in den *Minaretts*. Diese schaffen ja nicht nur eine erhöhte Plattform für den Muezzin. So etwas hätte sich mit weniger Aufwand errichten lassen. In ihnen lebt vielmehr insgeheim die Vorstellung vom Weltbaum als Leiter in die himmlischen Regionen fort. Diese ›Weltenbaum-Minaretts‹ wurden nicht nur besonders haltbar konstruiert, sondern auch durch Schmuck besonders ausgezeichnet. Das *Minarett von Damghan* (vor 1030), das knapp hundert Jahre jüngere von *Bistam* (1120), das von *Sangbast,* auch das *Kalan-Minar von Buchara,* die ›*Siegestürme*‹ *von Ghazna,* das *Minar von Dscham,* wie das *Qutb-Minar von Delhi* (S. 658) zeigen bewußt alle Möglichkeiten her, konisch aufsteigende Schäfte zu schmücken.

In **Isfahan** ist das *Minar Tschehel Dokhtaran* (1107) ein eindrucksvolles Dokument für die solide Handwerkskunst unter den seldschukischen Herren: allein schon dadurch, daß ein so schlanker Schaft sich über alle Erdbeben weg bis heute hat aufrechthalten können. Seine Außenhaut aus schön gefügten Backsteinen erscheint im Sonnenlicht als schimmernder Teppich aus Hell-Dunkel. Noch etwa 15 m

181 *Damghan, Minarett, vor 1030.* – 182 *Isfahan, Minar Tschehel Dokhtaran, 1107.* – 183 *Mosul, Minarett der Großen Moschee, 1148*

höher steigt das *Sareban-Minar* (um 1200) empor (Höhe etwa 44 m). Die Muqarnas, die einmal die Balkone trugen, sind nur z. T. erhalten, dazu auch einige der türkisfarbig glasierten Ziegeleinlagen, die als Schriftzüge und arabesk-geometrische Linien zwischen dem Backsteinton und dem Blau des Himmels vermitteln.

In die Reihe der schlanken Rundtürme, deren Ziegelfügung allen Angriffen von Wind und Wetter widerstehen konnte, gehört auch das *Minarett der Großen Moschee (Nuri-Moschee) von* **Mosul** (1148). Der immer wieder aus der gleichen Richtung wehende Sandwind hat die Mörtellagen an einer Seite angegriffen, und der Turm krümmt sich nun in diese Richtung, aber steht unerschüttert aufrecht. (In der zugehörigen Moschee hat aus der Zeit Nur ed-Dins wenig überlebt.)

Das *Qara-Saray* (13. Jh.) in der gleichen Stadt ist die Ruine einer Atabeg-Residenz, interessant durch die Reste der Stuckdekoration, die neben Inschriften menschliche Gestalten unter Dreipaßbogen zeigt[50]. In unmittelbarer Nachbarschaft am Tigrisufer das sehenswerte *Yahia-Mausoleum* mit einem achtseitigen Pyramidendach wie bei den Türben Kleinasiens.

Ein vereinsamtes Ziegelminarett (1190-1223) steht als einziger Rest der Großen Moschee in *Erbil*. Ähnliche (nach Herzfeld) in *Tauq, Balis, Sindjar, Anas*.

Im südlichen Mesopotamien und in den Gebieten nordöstlich des Persischen Golfs (Susa, Insel Kharkh usw.) findet sich ein eigenartiger Grabmalstypus, der sich wohl im 12. Jahrhundert herausgebildet hat: ein meist achteckiger Unterbau, über dem sich wie ein Zuckerhut eine turmartige Kuppel aus Muqarnaselementen aufbaut. Erstmals sind sie nicht nur als Schmuckelemente, sondern als Konstruktionsglieder auch für die Außengestalt verwendet. Das vermutlich älteste Beispiel bietet das *Grabmal Imam Dur* am linken Tigrisufer zwischen Takrit und Samarra. Der Ziegelwürfel mit runden Eckpfeilern (vgl. Buchara, Samanidengrabmal) stammt wohl von 1010, Kuppelaufbau und Stuck des Inneren sind vermutlich etwas jüngeren Datums. Am bekanntesten: in **Bagdad** das sog. *Grabmal der Sitta Zubeida* (12. Jh., in der Nähe des Bahnkörpers im Westen der Stadt, fälschlich nach der Lieblingsfrau Harun- ar-Raschids benannt, im 20. Jahrhundert mindestens zweimal restauriert). Ihm entspricht am nordöstlichen Rand der Stadt das *Mausoleum des*

Grabmal Imam Dur, 1010(?)   185   *Bagdad, sog. Grabmal der Sitta Zubeida, 12. Jh.*

Scheikh Omar in dessen Grabmoschee (kein Zutritt!) unweit des *Bab al-Wastani.* Dieses ist heute der bemerkenswerteste Rest der seldschukischen Stadtbefestigung Bagdads aus dem 12. Jahrhundert, seitdem das ›Talismantor‹ (1221) 1917 durch eine Pulverexplosion zerstört wurde. (Es trug über dem Durchgangsbogen ein bedeutsames Relief: die Darstellung eines thronenden Herrschers zwischen zwei riesige Drachen, siehe Seite 335.)[51]

Seit der Mitte des 12. Jahrhunderts entglitt den Großen Seldschuken die Macht im irakisch-syrischen Bereich, in dem ständige Kämpfe zwischen kleinen Emiren und den Kreuzrittern tobten. Seit dem Sturz der Omayyaden war Syrien – obwohl eine kulturelle Drehscheibe par excellence – politisch immer nur Provinz gewesen. Lokale Traditionen hatten sich auf der Grundlage des reichen älteren Erbes herausgebildet, östliche Ideen waren eher zögernd aufgenommen worden.

   Die untereinander meist zerstrittenen Emire versuchten, sich durch fromme Stiftungen in den Augen der Glaubensgenossen als Vorkämpfer für die Rückeroberung Palästinas zu legitimieren. Was entstand, mußte notwendig recht be-

scheiden ausfallen. Erst Nur ed-Din Zengi (1147-74), Herr
von Aleppo und Damaskus (in Mosul vertraten ihn sein
Bruder, dann dessen Söhne), der energische Gegner der
fränkischen Ritter, stiftete Größeres. In **Aleppo** ließ er die
zerstörte *Große Moschee* (auf omayyadischem Grundriß
tonnengewölbte Pfeilerhallen) neu errichten, verwandelte
– als Vergeltung für die Schließung von Moscheen durch die
Franken – die alte Helenakirche in eine Medrese (sie besitzt
eine besonders schön intarsierte steinerne Mihrabwand)
und stiftete in **Damaskus** ein Krankenhaus und die Medrese,
die – unter Saladins Bruder al-Adil 1218 vollendet – dessen
Namen trägt: die *Adiliye,* heute Sitz der Arabischen Akademie. Das seldschukische Vier-Iwan-Schema ist hier bereits
reduziert und charakteristisch ›arabisch‹ verändert: der eine
der zwei flachgedeckten Iwane ist als Betsaal, der andere als
eine Brunnenhalle gestaltet. Den Eingang krönt eine herrliche Muqarnas-Nische.

Die Umbildungen persisch-türkischer Errungenschaften
mußten für die Kunst Ägyptens fruchtbar werden, als Saladin das bisher fatimidische Reich mit dem Zengidenerbe in
einer Hand vereinigte. Syrien sank damit aber zugleich wieder in die Rolle eines Nebenlandes zurück. Nach Saladins
Tod erlahmte die Kampflust bei Moslems wie bei Christen.
Güter- und Ideenaustausch traten zeitweilig an die Stelle
sinnlosen Blutvergießens. Zeugnis für diese Zeit ist – Ironie
der Geschichte! – ausgerechnet ein Festungsbau: die *Zitadelle* von **Aleppo** (im wesentlichen zwischen 1209-12 neugebaut). Was die Kreuzritter von den Moslems gelernt und
weiterentwickelt hatten, wurde nun von diesen wieder übernommen und gesteigert. Der Torbau ist ein großartiges
Stück Steinarchitektur: Wie eine Schlucht klafft als Zielpunkt des Brückenviaduktes das Tor in dem abweisenden
Kubus. Schmückendes hat hier nichts zu suchen. Und doch:
Drei Fenster umziehen Steinlagen in Farbwechsel, über dem
mittleren schließt ein Stalaktitfries die flache Nische.

Zugleich entstanden, wohl aus dem Bestreben, das Andenken an die schiitische ›Häresie‹ so schnell wie möglich zu
liquidieren, Medresen als Institute der ›Orthodoxie‹. Man
trieb keinen großen Aufwand. Um so mehr solcher Bauten
konnten entstehen und neue Akzente ins jeweilige Stadtbild
setzen. Einem vorgegebenen Schema scheinen sie nicht zu
folgen, vielmehr überkreuzen sich Anregungen aus diversen
Gebieten mit den lokalen Überlieferungen vor allem des

186 *Aleppo, Zitadelle, 1209-12*

Wohnbaues. Immerhin verzichten sie nicht auf künstlerische Gestaltung. Es scheint vielmehr, als habe man die bescheidenen Ausmaße aufwiegen wollen durch sehr sorgsame Proportionierung. Die schönste eyyubidische Medrese Syriens, die *Medrese al-Firdows* (1236/37) südwestlich außerhalb der alten Stadtmauer von Aleppo kalkuliert den ungewöhnlichen Grundriß besonders genau.

Zurückhaltung legen sich die kargen Bauten auch im Schmuck auf: nur wenige plastische Elemente, als Farbe höchstens zwei verschiedene Steinsorten. Die Entdeckung, daß sich die Farbe des Steins – des in Syrien traditionellen Materials – zum Schmuck von Bauten (statt der Fliesen an den Ziegelbauten des Ostens) heranziehen ließ, war nicht neu, aber hat Folgen gehabt: für die Bauten des mamlukischen Ägypten, aber auch im Reich von Rum und bei dessen osmanischen Erben. Die Kunst der ums östliche Mittelmeer gelagerten islamischen Länder im späten Mittelalter ist ohne die Vermittlerrolle Syriens schwer denkbar. Aber es waren eigentlich die Türken, die den syrischen Traditionen erneut zur Weltgeltung verhalfen.

Doch nicht nur den syrischen Traditionen. Perser aus Chorassan, Armenier, auch wohl Griechen standen im

187 *Aleppo, Mihrab der Medrese al-Firdows, 1236-37*

Dienst der neuen Herren der islamischen Welt. Diese ließen
die verschiedenen Kräfte und ihre disparaten Überlieferungen gewähren und stellten sie zugleich in den Dienst ihrer
eigenen türkischen und islamischen Vision. Der Einbruch
und Herrschaftsantritt der Türken hat in der islamischen
Welt Epoche gemacht. In der Geschichte ihrer Kunst erscheint diese Zeit wie ein Brennspiegel, der Strahlen aus
verschiedenen Richtungen sammelt, sie bricht und auf einen
weiteren Weg entläßt.

Im südostanatolischen-obermesopotamischen Bereich
waren seit der Kreuzfahrerzeit bis ins 14. Jahrhundert hinein
die Ortokiden die bestimmende Macht. Die ortokidischen

Bauwerke dieses Gebietes sind – wenn auch in anderer Art – Zeugen für die aufgeschlossene Beharrlichkeit ›Syriens‹, zeigen zugleich ein Doppelgesicht. Einerseits führen sie die omayyadischen Überlieferungen fort, andererseits meldet sich in ihnen schon die Neigung zum Zentralisieren unter einer beherrschenden Kuppel, die über die rum-seldschukischen Medresen zu den osmanischen Zentralkuppelmoscheen führen sollte. Deshalb – und nicht nur, weil die bezeichnendsten Bauten auf dem Staatsgebiet der heutigen Türkischen Republik liegen – soll von ihnen – etwas summarisch – erst im nächsten Abschnitt die Rede sein.

Die Bedeutung der seldschukischen Periode für die Kunst des islamischen Ostens läßt sich kaum überschätzen. Unter den Samaniden wurde die durch den Sieg des arabischen Islam in Frage gestellte Überlieferung des Iran neu belebt. Der Einbruch der Türken hat diese Renaissance nicht abgebrochen, ihr vielmehr neue Kräfte zugeleitet und eine Synthese iranischer und zentralasiatischer Überlieferungen herbeigeführt. Es entstand das Grundmuster der ›persischen‹ Islamkunst. Von den schöpferischen Ideen der Architekten des 11. und 12. Jahrhunderts sollten noch die folgenden Zeiten zehren. Sie schufen nicht mehr so sehr neue Baugedanken, sondern eher bewußte Wiederholungen des einmal fast kanonisch Gewordenen. Nicht der ›Stil‹, d. h. die Geisteshaltung, sollte sich in den folgenden Perioden noch ändern, sondern nur noch die Ausgestaltung. Die strenge Schlichtheit und wortkarge Größe der seldschukischen Zeit ging dabei verloren. An ihre Stelle trat schließlich ein poetischer Reichtum, der unter den Safawiden die Bauten in einen berückend-tiefsinnigen Zauber einspinnt, gerade also in einer Zeit, in der die Poesie selbst keine unvergänglichen Werke mehr hervorbrachte.

Wie im Modell stellt sich seit der seldschukischen Zeit auch das dar, was sich in den folgenden Jahrhunderten immer wieder abspielt: Der Gegensatz von Seßhaften und Nomaden, den Ibn Khaldun, der große maghrebinisch-arabische Historiker des 14. Jahrhunderts, als das Grundmuster in der Geschichte der islamischen Völker erkannt hat. War das Thema iranischer Geschichte vorher die Spannung zwischen Osten und Westen gewesen, so haben die Seldschuken für die Folgezeit den Nomaden aus Innerasien das Tor nach Vorderasien aufgestoßen. Immer wieder wird nun die Kultur der Seßhaften von Nomaden aus der Wüstensteppe überflutet werden. Aber trotz aller blutigen Gewaltsamkeiten wird sie nicht zerstört, sondern periodisch erneuert und belebt. Die nomadischen Eroberer überlagerten sie als eine herrschende Schicht, die sich allmählich dem städtischen Leben anglich und von ihm aufgesogen wurde. Nach der vierten Generation setzt – so Ibn Khaldun – der Niedergang der herrschenden Familie ein, und eine neue Flut von Nomaden sorgt für Regeneration. Eine rhythmische Wiederkehr von Katastrophen also als Gesetz der Geschichte, kein ›Fortschritt‹ (wie er als Idealvorstellung die neuere europäische Geschichtsschreibung beherrscht) – folglich auch keine ›Entwicklung‹ des Stils, d. h. der hinter der Form stehenden geistigen Haltung, sondern das entfaltende Durchvariieren einer bestimmten Melodie.

Die Seldschuken in Kleinasien

Arp Arslans Sieg von Manzikert (1071) riß das System der byzantinischen Grenzsicherungen nieder. Die Seldschuken stießen weit nach Westen vor und schlugen ihr Hauptlager in Nikaia (Iznik) auf, in bedrohlicher Nähe der von Thronwirren erschütterten Kaiserstadt Byzanz. Sie zu erobern aber war nicht ihnen bestimmt, kam ihnen auch nicht in den Sinn. Sie schauten nach Osten, und die Byzantiner konnten mit Hilfe der Kreuzritter 1097 Nikaia zurückgewinnen. Die zwei Jahrhunderte, die auf die türkische Invasion folgten, sind von turbulenten Geschehnissen erfüllt, denen es an jeder inneren Logik zu fehlen scheint – ganz im Gegensatz zur dann so unerhört folgerichtigen Geschichte der frühen Osmanenzeit. Die Nachkommen Kutulmuschs mußten sich gegen Byzanz wehren, noch mehr aber gegen ihre Oberherren im Osten, wenn sie aus dem eroberten Neuland ein unabhängiges Reich schaffen wollten: das war zunächst ihr Ziel. Dazu kam die massenhafte Einwanderung stammverwandter Clans und Gruppen, mit deren Hilfe seldschukische Unterführer versuchten, gleichfalls selbständige Herrschaften zu errichten. Das Verhältnis der Sultane von Rum zu den verwandten Konkurrenten, zu ihren nominellen Oberherren in Persien, zu den Staatsbildungen der Atabegs, zu Byzanz und Armenien und nicht zuletzt gegenüber den eigenen Familienmitgliedern, die an der Herrschaft beteiligt wurden und gleichfalls nach Selbständigkeit trachteten: das alles bot schon genug Stoff zu Konflikten. Daß in diese Spannungen wiederholt auch noch Kreuzfahrerheere hineinstießen – trotz gemeinsamen Schlachtrufes von recht verschiedenartigen egoistischen Interessen geleitet und von berechtigtem Mißtrauen gegen die Verbündeten, die ›falschen Griechen‹ erfüllt –, hat ein völliges Chaos verursacht, in dem jeder sich mit jedem im Kampf aller gegen alle verband oder bekriegte. Die Einnahme und Plünderung Konstantinopels durch christliche Ritter im Dienste Venedigs (1204) und die Errichtung ›lateinischer‹ Feudalherrschaften, die von den legalen Nachfolgern des griechischen Kaisers in Nikaia und Trapezunt bekämpft wurden, hat den Wirrwarr noch vergrößert, aber doch auch die Positionen in gewisser Weise geklärt. Die seldschukischen Sultane von Konya und die rivalisierenden Exilkaiser standen – wenigstens zeitweise – gemeinsam gegen Lateiner und Großseldschuken. (An deren Stelle traten dann die Mongolen.) Kaum ein Jahr verging, in dem nicht Kriegerscharen die Ackerflur zerstampften. Wie in Persien fiel auch in Anatolien der Bauer, der allein Hunger stillt und dauerhaften Wohlstand schafft, den kriegerischen Stürmen zum Opfer. Weite bebaute Gebiete wurden wieder Weideland. Aber es wäre ungerecht, allein den Seldschuken die Schuld an den Wirren dieser 200 Jahre anzulasten.

Sulaiman (1077-86), der Sohn Kutulmuschs, ein naher Verwandter Arp Arslans, baute zunächst dessen Eroberungen weiter aus, regierte fast unabhängig, wandte sich dann aber nach Osten, nahm 1084 Antiochia ein und fand den Tod vor Aleppo bei dem Versuch, dem Großseldschuken Malik Schah Syrien zu entreißen. *Kılıc Arslan I.* (1092-1107) konnte zunächst zwar die Herrschaft über Rum behaupten, aber nicht verhindern, daß die Danischmend-Emire im östlichen Anatolien als gefährliche Rivalen emporkamen und daß die Byzantiner, unterstützt durch die Kreuzfahrer, Nikaia zurückgewannen. Auch er fiel im Kampf um das nördliche Syrien, wo die Kreuzritter nach dem Fall Jerusalems (1099) kurzlebige Feudalstaaten schufen. Die Herrschaft der untereinander heillos zerstrittenen Türken über Anatolien schien dazu bestimmt, eine wirre Episode zu bleiben. Aber es kam anders. Schon bald muß sich eine Verschmelzung zwischen der altansässigen Bevölkerung und den neuen Herren Anatoliens angebahnt haben. Sie vollzog sich vor allem in den Städten, deren Förderung die seldschukischen Fürsten ebenso entschlossen betrieben wie die Emire des östlichen Anatolien (Nachkommen von Unterfeldherren Arp Arslans). Die Danischmend stützten sich hier auf Kayseri, Sivas, Amasya und Niksar, die Mengücekiden auf Divriği und Erzincan, die Saltukiden vor allem auf Erzurum. *Masud I.* (1116-55), Sohn des 1107 bei Mosul gefallenen Kılıc Arslan I., machte um 1134 Konya zur Hauptstadt des Seldschukenreiches von Rum und führte damit eine neue Blüte des alten Ikonium herbei. Das Ziel der Herrscher hieß: Sorge für den Ausgleich zwischen den verschiedenen Volks- und Religionsgruppen im Inneren, bei aller Toleranz Ausbreitung des wahren Glaubens als des leitenden Prinzips im staatlichen Leben, soziale Fürsorge, bald auch Förderung des Handels und damit Steigerung der Einkünfte, die die Mittel für all dieses liefern sollten. In den Städten begann eine rege Bautätigkeit mit der Anlage von Moscheen und der Stiftung von Medresen als Zentren eines neuen geistigen Lebens.

Izz ad-Din Kılıc Arslan II. (1155-92) konnte die Danischmend unterwerfen (1175) und die Häuser Mengüc und Saltuk zu Vasallen machen, doch bekam er es mit den Armeniern Kilikiens zu tun, und seine späten Jahre waren erfüllt von den Bruderkämpfen seiner elf Söhne, unter die er sein Reich 1188 geteilt hatte. Während dieser Wirren war es, daß Kaiser Friedrich Barbarossa Konya einen unerbetenen Besuch abstattete. *Ghiath ed-Din Kaikosrau I.* konnte sich mit byzantinischer Hilfe 1204 gegen seine älteren Brüder als Sultan in Konya durchsetzen. Ihm folgten seine Söhne *Izz ad-Din Kaikaus I.* (1210/11-1219) und *Ala ed-Din Kaikobad I.* (1219-36), unter denen das Seldschukenreich von Rum seinen Höhepunkt erlebte. Kaikobad I. war als Krieger wie als Bauherr (in Konya, Sivas usw.) sein bedeutendster Herrscher. Seine Hauptverdienste sind die Anlage des Flottenstützpunktes Alanya, der Ausbau der Überlandstraßen Anatoliens und die Anlage von Karawanenherbergen entlang dieser wichtigen Handelswege. Dutzende solcher Hane entstanden in der 1. Hälfte des 13. Jahrhunderts. *Ghiath ed-Din Kaikosrau II.* (1236-45), durch Vatermord auf den Thron gelangt, Herr über den größten Teil Kleinasiens, schien so mächtig, daß die Mongolen ihn erst 1243 anzugreifen wagten. Aber dann verlor er an sie Sieg und Unabhängigkeit. In die Thronkämpfe zwischen seinen Söhnen und Enkeln griffen die mongolischen Ilkhane ein. Sie teilten das Reich von Rum und ließen es immer wieder ihre Macht

spüren. Auch der Mongolensieg Baibars, des verbündeten
Mamlukensultans von Ägypten bei Albistan (1277) brachte
keine Wende im Schicksal des kleinasiatischen Seldschukenreiches. In ermüdenden Kämpfen der Thronprätenden-
ten endete es nach 1300 in chaotischem Dunkel. Seit 1307
regierte von Konya aus ein Statthalter der mongolischen
Ilkhane über ein Anatolien, das in eine Vielzahl rivalisieren-
der Emirate aufgesplittert war. Einem unter ihnen, dem der
Osmanen, sollte die Zukunft gehören. Sein geistiges Siegel
empfing das Seldschukenreich von Rum durch einen der
klassischen Dichter Persiens und größten Mystiker zugleich:
den um 1207 in Balch geborenen Dschelal ed-Din mit dem
Beinamen *Rumi,* den sprachmächtigen Sufi[52] und Gründer
des Mewlana-Ordens der ›tanzenden Derwische‹. Mit seinem Vater, einem Arzt aus vornehmer Familie, kam er ins
Konya Kaikobads I. Eine große wissenschaftliche Karriere
stand ihm offen, aber sein Leben wurde ein liebendes Kreisen um das Ewig-Einzige. Seinen geistlichen Meister,
Schems ed-Din aus Täbriz, verlor er auf geheimnisvoll-tragi-
sche Weise. Im Andenken an ihn gründete er den Derwisch-
Orden, dessen Mitglieder nach einer strengen Probezeit in
drehendem Tanze zur Begleitung von Musik unter litanei-
haften Anrufungen Gottes in verzückter Trance das Ziel des
sufischen Mystikers zu erreichen suchten. Bis zur Aufhe-
bung durch Atatürk (1925) leiteten Nachkommen des Gründers die einflußreiche Gemeinschaft.[53]

In der Spannung zwischen mystischer Geistigkeit und wüsten Kämpfen um blanke Macht vollendete sich das Reich
der Rum-Seldschuken. Seine Kunst ist Spiegel solcher Pola-
rität. Inmitten einer Welt von Feinden und nur zu oft von
innerem Chaos bedroht, vollbrachte es eine imponierende
Kulturleistung. Die kaum zählbaren Reste seldschukischer
Bauten im ganzen Land reden eine deutliche Sprache.

Die Masse der Bevölkerung im eroberten Neuland bestand zunächst aus Griechen und Armeniern, bald allerdings
stärkte Masseneinwanderung das türkische Element, das
sich gänzlich dem Glauben des Propheten verschrieben
hatte, aber doch Eigenes nicht aufgab und es zur Geltung zu
bringen wußte. Dem übermächtigen Einfluß Irans waren die
Türken auf dem neu gewonnenen Boden nicht so stark
ausgesetzt wie im Bereich der Großseldschuken und sind
ihm auch nicht so gänzlich erlegen, haben sich ihm aber auf
künstlerisch-kulturellem Gebiet auch nicht so bewußt ent-

zogen wie auf politischem. Persischem Vorbild z. B. folgen
ihre Minaretts. Das in der persischen Kunst beherrschende
Tor-Motiv wurde übernommen, in den Maßen reduziert
(die Seldschukenbauten Kleinasiens verschmähen in der
Regel die bloß quantitative Größe), wurden dafür aber um
so reicher dekoriert. Die überwältigend geschmückten Portale vor allem sind es, die dem Betrachter im Gedächtnis
bleiben. Sie gehören zu den bedeutendsten dekorativen Leistungen der Epoche und stellen das augenfälligste Charakte-
ristikum der seldschukischen Bauten Anatoliens dar. Als
kostbare Prunkstücke werden sie beinahe Selbstzweck,
denn sie dienen keineswegs nur der Auszeichnung von Bauten und Räumen religiöser oder sonstwie hochwertiger
Zweckbestimmung. In den großen Sultan-Hanen sind auch
die Stallungen mit Prunkportalen geschmückt, also schlich-
tem Bedürfnis dienende Baulichkeiten. Zweckfreie Freude
am Schmücken und der Drang nach Prachtentfaltung haben
sicherlich ihren Anteil daran, aber ohne die atavistische
Symbolbedeutung, die für die Türken dem Eingang ins Zelt
innewohnte, wäre es wohl kaum zu einer so überreichen
Ausgestaltung der Portale gekommen. Aus den Elementen
des Schmuckes spricht altes nomadisches Erbe, bereichert
wohl durch Erinnerungen an nordindisch-buddhistisches
Schnitzwerk, dem die Türken in ihrer Heimat und auf dem
Weg nach Westen begegnet waren. Im eroberten Neuland
haben sie die Kräfte benutzt, die ihnen dort zur Verfügung
standen, beschäftigten aber bewußt auch Künstler aus den
altislamischen Gebieten (Syrien). Was an Bauwerken und
Dekorationen entstand, ist daher kaum auf einen gemeinsamen Nenner zu bringen. Vielerlei trifft sich in der Kunst der
Rum-Seldschuken: Formen und Gedanken aus Zentralasien, aus Chorassan, aus Indien, aus dem rein arabischen,
dem syrischen, dem persischen Bereich, aus Armenien und
auch aus Byzanz. Das alles wurde durchdrungen vom Türkischen und wurde zugleich vom Wesen her islamisch. Jedes
einzelne Werk ist aus heterogensten Quellen gespeist und
das Gesamtbild erscheint von unüberschaubarer Vielfalt.
Und doch: Wer einmal seldschukische Bauwerke gesehen
hat, wird die besondere ›Handschrift‹ wiedererkennen, die
sie von allen anderen islamischen Bauten unterscheidet.
Nicht an ›graphologisch‹ klassifizierbaren Einzelheiten (die
sind bunt genug und fast verwirrend), sondern am Gesamt-
duktus der ›Persönlichkeit‹. Die verrät sich trotz aller Ent-

lehnungen. Es ist die Persönlichkeit der Türken, die es als Auftraggeber vermochten, die ihnen dienstbaren Kräfte verschiedener Herkunft dahin zu bringen, bleibendes Zeugnis von der vitalen Fülle türkischen Wesens zu gestalten. »In kaum einem anderen islamischen Land ist die Gabe mittelasiatisch-nomadischer Völker, verschiedenartiges Kulturgut zu einer neuen Einheit zu verschmelzen, eindringlicher veranschaulicht worden als in der Kunst der Seldschuken von Rum. Hier galt es, die vorgefundene christliche Tradition, aber auch die bereits fixierten persisch-seldschukischen und ebenso die frühislamischen Formen mit dem Erbe Mittelasiens zu vereinen.«[54]

Wir stehen an einem Wende- und Höhepunkt: Vielerlei Motive fortspinnend, übernimmt nun eine neuklingende Stimme die Führung innerhalb der islamischen Kunst: die der Türken. Nichts wäre falscher, als in diesem Zusammenhang von Eklektizismus zu sprechen, es sei denn, man wollte jede Epoche eklektisch nennen, die keimkräftige Gedanken übernimmt, kombiniert, im eigenen Geiste umprägt und das so Gewonnene für die Zukunft lebendig-fruchtbar macht. Wirklicher Eklektizismus ist kraftlos und immer unfruchtbar. Die Kunst der Seldschuken Kleinasiens aber ist unerhört kraftvoll, strahlte aus nach Ägypten, wurde ›aufgehoben‹ bei ihren osmanischen Erben. Als Schauplatz und Ergebnis eines stürmischen Schmelzprozesses ist sie vielgesichtig. Ihr Signum ist der Reichtum: Reichtum an Spannungen, Reichtum an Baugedanken, Reichtum im Dekorativen. Die prunkende Fülle des steinernen Baudekors, teils streng gebändigt, teils sich in flamboyanter Phantastik überschlagend, hat in der gesamten islamischen Welt kaum ihresgleichen und läßt fast vergessen, daß auch die Räume selbst alte Überlieferungen für die Zukunft umprägen.

Was damals in Kleinasien entstand, hat künstlerisch einen unverwechselbaren Charakter, aber läßt sich nicht auf eine schlichte Formel bringen. Die kleinasiatischen Seldschukenbauten, in den Ausmaßen oft bescheiden, haben immer Größe, sie sind herb-funktional und zugleich üppig geschmückt, sind adlig-exklusiv und sozial zweckbestimmt, sind zurückhaltend und vital, erdschwer kubisch und von schlanker Noblesse, sind erklügelt und von kindlicher Formfreude, sind das alles zugleich: Jedes einzelne Bauwerk lebt wie die Gesamtheit der seldschukischen Schöpfungen aus Widersprüchen. Unser Versuch, in die spannungsreiche

Fülle übersichtliche Ordnung zu bringen, hat etwas Gewalt-
sames, ist aber zur Orientierung nötig. Da kein Bau dem
anderen genau gleicht und sich in jedem vielerlei zusam-
menfindet, bedeutet jede Auswahl zugleich Vereinfachung.
Damit sie nicht zu unzulässiger Versimpelung ausartet, müssen wir wenigstens einige Bauwerke auch abseits der eingefahrenen Touristenwege betrachten. Im Vordergrund aber
sollen doch die Bauten Konyas stehen, denn diese Stadt wird
jeder besuchen, der in Kleinasien nicht nur die antiken
Städte Ioniens oder die Stätten der Hethiter sehen will.

Eine Vereinfachung ist bereits die Sammelbezeichnung
›seldschukisch‹ für alle oghusisch-türkischen Bauwerke in
Kleinasien. Lokale Gewohnheiten lassen sich in den verschiedenen Zentren feststellen, aber die Grenzen verschoben sich ständig und die Bauleute wanderten. Der Versuch,
die Bau- und Dekorationsformen der einzelnen Bereiche
voneinander abzuheben, würde das Gesamtbild kaum übersichtlicher machen und ginge auf jeden Fall über den vorge-
sehenen Rahmen weit hinaus.

Wer durch das mittlere und östliche Anatolien fährt, trifft
an vielen Orten[55] *Grabmäler* aus seldschukischer Zeit, *Kümbed (Gumbad)* oder *Türbe* genannt. Ihre Zahl ist so beträchtlich, daß es sinnlos wäre, sie alle – oder auch nur alle
möglichen Varianten des Bautyps – anzuführen. Deutlich
ist: sie sind wie die Grabtürme der persischen Seldschuken
ins Dauerhafte geformte Abkömmlinge des nomadischen
Grabzelts. Entsprechend der Loslösung des Rum-Reiches
vom großseldschukischen vollzieht sich bei ihnen in Form
und Material die Lösung von persischen Vorbildern. Der
Ziegel weicht dem Stein, der zunächst als äußere Schale für
Gußsteinmauerwerk verwendet und schließlich in Form be-
hauener Quader alleiniges Baumaterial wird. Zugleich
schwinden die für persische Grabtürme bezeichnenden
Züge. Viereckbauten mit einer Kuppel finden sich nur noch
vereinzelt im 13. Jahrhundert, man darf sie wohl als erneuten
persischen Import betrachten. Die hochragende Turmform
macht einer niedrigeren und gedrungeneren Platz. Es ist so,
als ob auf dem Armenien und Byzanz abgewonnenen Neuland die Faszination durch die persische Tradition nach-
ließe. Und je schwächer sie wird, um so stärker bricht die
Erinnerung ans türkisch-innerasiatische Erbe durch. Die
seldschukischen Grabmäler Anatoliens erscheinen auf den
ersten Blick wie direkte Umsetzungen des alten Totenzeltes

in Stein. Bei der überwiegenden Zahl steht über einem quadratischen Sockelgeschoß ein runder oder polygonaler (meist achteckiger) Körper mit einem konischen oder mehrseitig-pyramidenförmigen Helmdach, das die Kuppel nach außen verdeckt. Die meisten führen konsequent die aus dem Totenritual der Steppe ableitbare Zweigeschossigkeit durch, wenn auch in islamischer Motivierung: eine Grabkrypta unten und darüber ein in der Regel überkuppelter Betraum, erreichbar über eine Außentreppe.

Es ist aber kaum denkbar, daß der Schritt vom Zelt zum Steinbau ohne jede ›Hilfe‹ vor sich gegangen sein sollte. Bei der Lapidarisierung der Zeltform muß im eroberten Neuland Vorgefundenes eine bedeutsame Rolle gespielt haben. Es war die Kunst Armeniens. Das Mauerwerk aus Hausteinschalen mit Gußfüllung, die Blendnischen mit schrägen Kanten, die Form der Dächer und ihre Verzierung durch zum Ornament stilisierte Dachziegelformen oder gewebeartige Reliefs, das alles findet sich auch in der Kunst der christlichen Armenier. Der verzierte Dachkonus ist dort schon seit dem 8. Jahrhundert bezeugt, war vielleicht noch früher üblich. Er könnte letztlich selbst wieder auf innerasiatische oder kurdische Vorbilder zurückgehen. Manche Züge an armenischen Kirchen mögen andererseits aus der Berührung mit frühislamischer Kunst herzuleiten sein. (Die Reliefs der Kirche von Achtamar im Van-See z. B. scheinen zu verraten, daß Armenien im 9. Jahrhundert nicht nur politisch, sondern auch künstlerisch unter dem Einfluß des Abbasidenhofes stand.) Das Ausmaß des gegenseitigen Gebens und Nehmens in diesem Raum ist trotz aller Bemühungen der Forschung noch immer etwas undurchschaubar. Auch die künstlerischen Beziehungen zwischen Armenien und Byzanz sind ein noch keineswegs endgültig durchpflügtes Feld. Der Bereich, den die Rum-Seldschuken durchzogen und in dem sie schließlich ihre Herrschaft etablierten, war sicher viel stärker von Armenien als von Byzanz geprägt, und ein Großteil der Bauleute und Handwerker, deren sich die Seldschuken bedienten, waren Armenier. (Die Namen einiger Künstler sind inschriftlich überliefert. Unter denen, deren Herkunft bekannt ist, befinden sich neben Syrern auffallend viele Armenier.)

Der Verzicht auf zu eindeutig persische Elemente vollzog sich nicht überall gleichmäßig und folgerichtig-programmatisch, nur die allgemeine Tendenz zielt in diese Richtung.

Wie immer ging in der Wirklichkeit nicht alles einheitlich
und glatt. Es gibt – soweit sich die Daten eindeutig feststellen lassen – immer wieder Bauten, die in späterer Zeit längst
überständige Züge zeigen, und solche, die gar nicht in das
allgemeine Bild zu passen scheinen. Aber es gehört mit zur
Eigenart der seldschukischen Kunst, daß sie so offen und
vielgestaltig ist und sich nur schwer auf einen gemeinsamen
Nenner bringen läßt, wenn man nicht eben die Vielfalt als
diesen Nenner auffassen will. Man mag sich erinnern, daß
schon die Bevölkerung in dem eroberten Gebiet nach
Volkstum und kultureller Überlieferung nicht einheitlich
war, daß sich in Kleinasien von alters her schon verschieden-
ste Kulturen überkreuzten und überlagerten, daß also die
Bauleute, deren sich die Eroberer bedienten, selbst schon
aus vielerlei Überlieferungen heraus schufen, zugleich aber
wohl weitgehend vom Willen ihrer Auftraggeber abhingen,
die ihrerseits schon über ein reiches Erbe verfügten. Am
Ende der ›klassischen‹ Zeit der Rum-Seldschuken, in der
ersten Hälfte des 13. Jahrhunderts, kamen in wachsender
Zahl Flüchtlinge aus Persien, die sich vor den Einfällen der
Mongolen nach Westen retteten und zwar einerseits das
türkische Element verstärkten, andererseits aber auch viele
persische Eigenarten erneut zur Geltung brachten. Selbst
innerhalb der Beispiele für ein und dieselbe Aufgabe, wie
z. B. das türkische Mausoleum, bietet sich im Detail ein
buntes Bild. Beispielsweise zeugen die ›armenischen‹ Türben bei Ahlat am Van-See von einem ganz anderen Gestal-
tungswillen als die Türben um Erzurum. Zu jeder Gruppe
von übereinstimmenden Beispielen ließen sich wohl Gegen-
beispiele finden. Die seldschukische Kunst faßt eben vielerlei Gegensätze in sich.

Das *Mausoleum des Mewlana Dschelal ed-Din Rumi*
(gest. 1273) im Bereich des Mewlana-Klosters von **Konya**
ist, obwohl erst im späten 13. Jahrhundert entstanden und im
Zug des Kloster-Neubaus im 16. Jahrhundert verändert,
deutlich ein Nachbild der großseldschukischen Grabtürme.
Der obere Teil des Schaftes ist wie aus Halbrundpfeilern
zusammengesetzt (vgl. den ähnlichen Grabturm von Radkan usw.). Die Fayenceverkleidung des Äußeren zeichnet
dieses Grabmal vor allen anderen Türben Anatoliens aus.
Ob man damit und mit der Wahl eines ›persischen‹ Turmes
der Herkunft oder dem Ansehen des Mystikers Rechnung
tragen wollte, sei nicht erörtert. Jedenfalls war die ursprüng-

›nya, Mewlana-Türbe, 13./16. Jh.   189 *Kayseri, Döner Kümbed, 1276*

liche Farbe kein so massives Grün, sondern – vor der Restaurierung am Ende des 19. Jahrhunderts unter Sultan Abdul Hamid – ein leuchtendes Blautürkis.

Die meisten Türben (Kümbeds) Kleinasiens gehören dem
weiter oben skizzierten Typus an, variieren ihn aber im
Detail aufs vielfältigste. Viele blieben ohne Schmuck oder
wurden nur sehr zurückhaltend dekoriert, eine ganze Anzahl aber zeigt auffallend reiche Zier an Portalen, Seitenflächen, Kanten, Gesimsen und Dächern.

Eines der opulentesten Beispiele ist das *Döner Kümbed*
von **Kayseri** (1276, für die Prinzessin Schah Dschami Hatun). Ein viereckiger Unterbau wird durch ›türkische‹ Dreiecke zum gedrungenen Körper übergeleitet. Über einem
Stalaktitband fassen stabartige Wülste zwölf spitzbogige
Felder ein, die den Bau zwölfeckig erscheinen lassen. Aber
in den darüber umlaufenden Schmuckbändern und dem Sta-
laktitgesimsabschluß wie im konischen Dach kommt die
Rundform wieder zu ihrem Recht. Die nicht ganz vertikal
verlaufenden Zierleisten des Daches erwecken die Illusion
einer Drehbewegung, die dem Grabmal wohl seinen Namen
(das sich drehende Mausoleum) verschafft hat. Arabesk-

190 *Erzurum, Hatuniye-Türbe, 1255*   191 *Niğde, Hudavent-Hatun-Türbe*

vegetabile und geometrische Motive verbinden sich in den Flächenfüllungen und den Schmuckbändern. Dazu treten große Palmetten und Tierdarstellungen in einem kräftigen Relief.

Ähnlichen Schmuck bei etwas anderem Aufbau weist auch die *Hudavent-Hatun-Türbe* in **Niğde** (1312) auf. (Ihr benachbart sind zwei weitere, gedrungen-bescheidenere Grabmäler.)

Beide Beispiele sind bezeichnend für die überschwengliche Schmuckfreude der seldschukischen Kunst Kleinasiens. Es sei hier noch nicht auf die zugleich strenge und reiche Ornamentik eingegangen. Was den Betrachter vor

192 *Kayseri, Döner Kümbed, Grundriß und Schnitt. nach A. Gabriel*
193 *Schnitt durch einen Grabturm bei Ahlat am Van-See nach W. Bachmann*

allem überrascht, das sind die figürlichen Reliefs. Ähnliches findet sich nicht nur an Grabmälern, sondern auch an Portalen von Medresen und sogar Moscheen (Divriği), d. h. an ›sakralen‹ Bauten, an denen der Islam die Darstellung von Lebewesen von früh an vermieden hat. Figürliche Darstellungen (aus Stuck) haben sich auch in seldschukischen Palästen gefunden, und alte Zeichnungen bezeugen, daß z. B. die einstige Stadtmauer von Konya nicht nur ähnliche Reliefs (heute z. T. im Museum der Ince Minar Medrese in Konya), sondern auch antike Statuenfragmente als Schmuck getragen hat: Man bezog schmückende Bilder von wo man sie nur finden konnte. Byzantinische Vorbilder wird man wohl kaum anführen dürfen, denn seit dem Bilderstreit hat die byzantinische Kunst im allgemeinen auf Plastik verzichtet und die flächige Malerei bevorzugt. Vom Stil einzelner Reliefs her läßt sich eher an armenische Anregungen denken, aber auch sie kann man nicht gut für die Bilderverwendung überhaupt verantwortlich machen. Wo Moslems sonst in bilderfreudige Gebiete eindrangen, haben sie sich nicht von der Bildkunst anstecken lassen, sondern oft gerade durch den Verzicht auf das figürliche Bild den Unterschied zu den ›Ungläubigen‹ betont. Es ist türkisches Erbe, das sich hier meldet.

Die ›Bilder‹, die hier zur Diskussion stehen, haben gar nichts mit Kultbildern oder Historiendarstellungen zu tun, sondern verraten deutlich einen symbolisch-heraldischen Zeichencharakter. Die auffälligen großen Wedelpalmetten am Döner Kümbed, die aus halbmondförmigen Gefäßen hervorwachsen, können als Nachklänge des alten persischen Lebensbaummotivs, als Symbole für ›Leben‹ und als Chiffren für das Paradies – zumal am Grabbau – durchaus als ›erlaubte‹ Darstellungen gelten. Fragwürdiger wird die Sache schon, wenn Tiere diese Wedelbäume flankieren, (am Döner Kümbed trotz starker Verstümmelung als Löwen erkennbar) und wenn über ihnen ein doppelköpfiger Adler schwebt (vgl. auch *Erzurum, Çifte Minar Medrese*, 1253). An der Hudavent-Hatun-Türbe von Niğde finden sich überdies noch ›Sirenen‹, d. h. menschenköpfige Vogelwesen, an anderen Bauten Sphingen, Falken, Hirsche (vgl. *Niksar, Tschöregi-Büyük Tekke*). »Die Beharrlichkeit, mit der Tierformen immer wieder in seldschukischen Dekorationen auftreten, kann sehr wohl als ein letztes Aufflackern der Tierdarstellung in der Kunst sein, die seit undenklichen Zeiten in

194 Erzurum, Yakutiye – Medrese, 1311, Adler mit Lebensbaum und zwei Löwen. – 195 Erzurum Çifte Minar Medrese, 13.Jh., Doppeladler mit Lebensbaum

Zentralasien und dem alten Orient in Blüte gestanden hatte. Der Hirsch steht zweifellos in Beziehung zur Kunst der Skythen und Altai-Nomaden, besonders wenn er in liegender Stellung gezeigt wird.«[56] Das Bild des Löwen (›Arslan‹, d. h. ›Löwe‹, war ein beliebter Beiname bei den Seldschuken) ist ein Symbol für Mut und Kraft, zugleich auch von gestirnhafter Bedeutung: als Tierkreiszeichen und Sonnensymbol. Der doppelköpfige Adler wurde beinahe zum Wappenzeichen des Reiches von Rum. Unwillkürlich denkt man an den ›Herren der Vögel‹, den ›Schöpfer des Lichts‹, den sich die jakutischen Schamanen als zweiköpfigen Adler im Wipfel des Weltbaums vorstellten[57], und erinnert sich zugleich an hethitische Doppeladler. Weitere seldschukische Beispiele neben den schon erwähnten von Kayseri, Niğde, Erzurum auch an der Ulu Cami von Divriği, auf Textilien in verschiedenen Museen (Berlin etc.) und auf einer Steinplatte und Stuckfragmenten im Ince-Minar-Museum von Konya.

Ob es sich bei den einköpfigen Raubvogelwesen um Adler oder Falken handelt, ist meist nicht eindeutig auszumachen. Auch der Falke war ein beliebtes Totemtier der Steppennomaden, wie Vögel überhaupt. Die Abbilder gehen »ohne Frage auf innerasiatische Vorstellungen von der vogelgestaltigen Seele des Toten zurück, die bereits durch die alttürki-

196 *Bagdad, Talismantor, 1221. Thronender Herrscher mit zwei Drachen*

197 *Konya, Ince Minar Medrese, ca. 1221. Einhorn und Elefant*

schen Orkhoninschriften belegt sind«.[58] Noch in osmanischer Zeit gab es für das Ableben eines Menschen die Redensart: »Seine Seele ist ein Gerfalke geworden«.

Kein Zweifel, daß derartige Dekorationsmotive an Grabbauten (wie diese selbst) auf innerasiatisch-schamanistische Überlieferungen zurückgehen, welche die Seldschuken auf ihren ›Kolonialboden‹ mitbrachten. Neben Vögel und Sirenen treten oft Greife und Drachen. Im Schahname ist der Drache das Bild für ›Turan‹, die feindliche Welt (vgl. die Drachen am ›Talismantor‹ von Bagdad, Abb. 196). Auch sie stammen aus der Vorstellungswelt Innerasiens, wenn nicht gar aus dem Fernen Osten. »Schließlich hat der turko-chinesische Tierzyklus ... am Türbenbau Eingang gefunden, und zwar in reduzierter Form an der *Emir-Saltuk-Türbe in Erzurum* vom endenden 12. Jahrhundert, wo Drache-Schlange,

Hase-Stier und Widder zu erkennen sind, wie im vollständi-
ger erhaltenen Zyklus an der dem *Karatay-Han* zugehörigen
Türbe.«[58]- Damit bietet sich auch eine Deutung für den Sinn
der auffallenden knopfartigen Doppelrosetten an Portalen
und Mihrabs: es sind Zeichen für Sonne und Mond (nach
dem Schahname: für Iran und Turan), gestirnhafte und zugleich politische Symbole. (Auch auf Münzen finden sich
öfter solche Gestirnbilder.) Schamanistischer Animismus
und altasiatischer Sternglaube leben also im Schmuck seldschukischer Bauten weiter und dringen von hier aus, zu
reinen Zierformen geworden wie die erwähnten Rosetten-
knäufe und die Medaillons, in die Kunst auch der anderen
islamischen Gebiete ein.

Die Freude an figürlicher Plastik ist charakteristisch für
die Kunst von ›Rum‹. Die wichtigsten Zeugnisse findet man
im *Museum* der *Ince Minareli Medrese in Konya* und im
Türkisch-islamischen Museum zu Istanbul. Hier begegnet
uns z. B. die archaische Figur einer Sphinx oder das Stuckre-
lief eines bewegten Reiterkampfes, dort die Darstellung
eines ganz seldschukisch stilisierten Drachens (mit brezelar-
tig verschlungenem Leib und Flügeln, die in Gabelblättern
enden), der einen Elefanten verfolgt. Das indische Tier ist
ganz in der sinnenhaft-prallen Art der indischen Kunst gestaltet und mag als Detail daran erinnern, daß die Türken
Zentralasiens von früher Zeit an kulturelle Beziehungen zu
Nordindien (s. S. 651) unterhielten (buddhistische Mission),
Indien seinerseits aber seit etwa 1000 unter der Herrschaft
türkischer Fürsten stand. Der geflügelte Genius (um 1200)
vom Tor der Zitadelle von Konya, im archaischen Knielauf-
schema gegeben, trug – wie sein verlorenes Gegenstück – in
den nach byzantinischem Hofbrauch verhüllten Händen
wohl dereinst ein Sonnen- oder Mondzeichen. Ein schon seit
der abbasidischen Zeit im islamischen Bereich bekanntes
Motiv ist das Bild des thronenden Herrschers. Auf sassanidischen Silberschalen hält er den Weltschaubecher Dschamschids in der Hand. Aus ihm wurde später ein Weinpokal,
auf dem Relief in Konya ist daraus ein undefinierbarer Gegenstand geworden. Seit der ersten Welle türkischen Einflusses in frühabbasidischer Zeit thront der Herrscher im
›Türkensitz‹ (Beispiele: Museum Kairo, Palermo, Decke der
Cap. Palatina), auf dem Relief von Konya trägt er nicht den
Turban, sondern eine Art kirgisischer Kappe. Zum Wein
gehört die Musik, zum Herrscher mit dem Becher der Lau-

tenspieler – auch schon bei den Sassaniden, bei den abbasidischen Kalifen, bei den Fatimiden (Decke von Palermo),
auf Bronzegefäßen aus dem Mesopotamien des 11. und
12. Jahrhunderts und auf iranischer Keramik usw. – In den
Museen begegnet dieses Motiv in der Kleinkunst immer
wieder. Stilistisch sind diese Reliefs untereinander sehr verschieden. Darstellungsweisen aus diversen Traditionen mischen sich. Neben primitive Unbeholfenheit treten Zeugnisse einer gewandten Formbeherrschung.

Die Bilderfreude der Seldschuken hat sich auch und besonders in der Buchmalerei niedergeschlagen. Diese müßte
in unserem Zusammenhang unerwähnt bleiben, hätte sie
nicht auf die Keramik und damit auf den Baudekor eingewirkt. Die mehrfarbige Unterglasurmalerei (sog. Minai-
Technik) hat auf Schüsseln, Schalen und Krügen figürliche
Bilder hinterlassen, die in ihrer zweidimensionalen Flächig-
keit der Buchmalerei vergleichbar sind und vielleicht z. T.
von den gleichen Malern entworfen oder ausgeführt wurden. Auch auf Fliesen, die zusammen mit Darstellungen in
Stuck als Wandschmuck dienten, haben sich figürliche Bilder erhalten (vgl. Konya, Museum der Karatay-Medrese).
Sie stammen aus den Ausgrabungen seldschukischer Schlösser (Kobadabad, Konya u. a.), gehören also mit zum Bild der
Architektur, auch wenn uns die Paläste – erhalten sind nur
noch Ruinenreste – hier nicht weiter beschäftigen sollen[59].

Die seldschukische Profanarchitektur wird am eindrucksvollsten durch die *Hane* oder Karawansarays, d. h. die Rast-
häuser für die Handelskarawanen repräsentiert. Ihre Reste
stehen noch heute zu Dutzenden entlang der einst wichtigsten Überlandstraßen.[60] Die Osmanen und die Safawiden
Persiens haben es später den Seldschuken nachgetan. Doch
was deren reife Kunst an solchen Zweckbauten schuf, ist
zwar nicht ohne Interesse, gehört aber nicht zu ihren größten
Leistungen und soll darum nur am Rande erwähnt werden.
Die Hane der Seldschuken dagegen darf man zu den bedeutendsten Schöpfungen ihrer Zeit zählen. Einige, vor allem
die beiden großen Sultansstiftungen (s. u.) übertrafen allein
durch ihre Dimensionen die anderen Bauten der Seldschuken. Ihre festen Mauern mit Ecktürmen, zuweilen auch
halbrunden oder eckigen Türmen als Mauerverstärkung,
erinnern beinahe an byzantinische Kastelle und omayyadische Schlösser und verraten zugleich, daß in einem sich
nomadisierenden und gleichzeitig verstädternden Klein-

asien – anders als einst im geordneten Orbis Romanus – das Sicherheitsbedürfnis eine bedeutende Rolle spielte, d. h. daß Sicherheit auf den Straßen damals nicht selbstverständlich war. Daß man aber in dieser waffenklirrenden Zeit den Handel durch solche Bauten zu schützen suchte, zeigt einmal mehr, daß die türkischen Sultane Kleinasiens nicht nur Krieger, sondern auch Staatsmänner von Format waren.

Die Errichtung christlich-germanischer Reiche im Westen und die Eroberung der östlichen Küsten des Mittelmeeres durch den Islam hatten die direkten Handelsbeziehungen zwischen Ost und West fast abreißen lassen. Der Güteraustausch vollzog sich nun über Spanien und Ägypten, und von Zentralasien durchs warägische Rußland und über Byzanz. Was sich durch einzelne Händler nach dem Nordwesten verirrte, war in den Zeiten reiner Naturalwirtschaft fast unerschwinglich kostbar. Der erste Kreuzzug (Ende 11. Jh.) bezeichnet ungefähr den Wendepunkt. In Europa erwachte das Bedürfnis nach den Gewürzen und den verfeinerten Handwerkserzeugnissen des märchenhaften Ostens. Das Normannenreich in Sizilien-Unteritalien und die Seerepubliken (Amalfi, Ravello, Pisa, Genua, Venedig) trugen ihm Rechnung, und die Städte des Inlandes profitierten davon und von der sich immer stärker in den Vordergrund schiebenden Geldwirtschaft und entwickelten als Kommunen bald entsprechendes Selbstbewußtsein. Den Seldschuken war schon aus ihrer Heimat an der alten Seidenstraße bekannt, daß Handel Gewinn bringt. Sie schlossen Handelsverträge mit den Venezianern, waren zunächst jedoch anderweitig zu sehr beschäftigt, als daß sie sich ernstlich mit wirtschaftlichen Fragen befaßt hätten. Als exemplarischen Binnenlandbewohnern war ihnen das Meer fremd und gleichgültig. Bezeichnend, daß sie mit der Küstennähe ihrer ersten Hauptstadt Iznik (Nikaia) gar nichts anzufangen wußten. Spätestens der 4. Kreuzzug (Eroberung Konstantinopels 1204 durch die Kreuzfahrer im Dienste Venedigs und seiner Handelsinteressen) hat ihnen die Augen geöffnet, und sie haben mit wacher Intelligenz reagiert. Ein paar Jahre später (1207) schon stieß Kaikosrau I. bis Antalya vor, Kaikaus I. brachte diesen für die seldschukische Wirtschaft so wichtigen Mittelmeerhafen endgültig in seinen Besitz. Sein Bruder Kaikobad I. eroberte dazu noch **Alanya** und baute es zu einem der bedeutendsten Flottenstützpunkte des östlichen Mittelmeeres aus. Noch heute zeugen hier der ein-

198 *Alanya, Stadtbefestigung mit dem Roten Turm, 12. Jh.*

drucksvolle *Mauerkranz* um Stadt und Zitadelle, der wuchtige *Rote Turm* und der von ihm geschützte überdeckte
Liegeplatz für Kriegsschiffe *(Ters-Hane)* von der Bedeutung
dieses Hafens im 12. Jahrhundert. Freilich wurden die Seldschuken selbst niemals wirkliche Seefahrer. (Auch die osmanische Seemacht schufen Abkömmlinge der Altansässigen: die Brüder Barbarossa).

Die Baudaten der Hane an den Überlandstraßen[61] belegen, daß erst nach 1204, d. h. in der ›klassischen‹ Periode, die
bewußte Förderung des Handels einsetzte. Stand hinter dem
›Lateinischen Kaisertum‹ in Konstantinopel das Interesse
Venedigs, so setzten die Genueser auf die Seldschuken. In
Sivas errichteten sie in der zweiten Jahrhunderthälfte sogar
eine ständige Vertretung. Die Hauptrouten des Handels auf
dem Brückenland Kleinasiens schufen die Verbindungen
zwischen dem oberen Zweistromland (Mosul) und dem Westen (über Diyarbakır – Kayseri – Kirşehir – Konstantinopel) und zwischen den Häfen der Südküste (Antalya, Alanya) und denen am Schwarzen Meer (teils, wie Samsun in
seldschukischer Hand, teils, wie Trabzon, in der griechischer
Exilkaiser). Auf dieser Strecke verlief von Nordosten nach

Südwesten auch der Sklavenhandel, der über genuesische Vermittlung Ägypten ständig mit Mamluken aus den Ländern nördlich des Kaukasus versorgte. Die großen Wege kreuzten sich in den festen Städten Sivas, Kayseri und Konya. Hier sammelten und verzweigten sich die Straßen nach Trabzon (Trapezunt), die über Erzurum und Kars nach Aserbeidschan, die in Richtung Konstantinopel. Entlang dieser wichtigen Wege entstanden im Abstand von Tagesetappen, d. h. etwa 30 km, jene Herbergen, von denen hier die Rede ist. Trägt man ihre Standorte auf einer Landkarte ein, ergibt sich das Bild der Karawanenwege des 13. Jahrhunderts.

Wir beschränken uns hier auf ein paar allgemeine Feststellungen. Alle seldschukischen *Hane* auch nur zu erwähnen, würde den Rahmen dieses Buches sprengen. Wer sich auf einer Fahrt durch Anatolien Zeit nimmt, die Ruinen von Karawansarays aufzusuchen und mit offenen Augen zu beschauen, wird immer wieder überrascht durch die Verbindung von Funktionalität (in der immer zweckdienlichen Disposition der Räume), von Formenstrenge (in der schlichten Größe der abweisenden Mauern, der Pfeiler und Wölbungen) und von schmückender Phantasie (Portale). Zumindest die größeren Hane boten dem Kaufmann eine fast städtische Bequemlichkeit. Nicht nur gab es Reparaturwerkstätten, Bäder und Bader, sondern auch Musikkapellen zur Unterhaltung. Die Unterkunft in einem derartigen ›Luxushotel‹ an den Überlandstraßen war kostenlos, nur in den Städten hatte der Handelsmann eine Beherbergungsgebühr zu zahlen. Alle Hane besaßen einen eigenen Betraum. In den kleineren war er seitlich des Tores, in den großen im Obergeschoß eines zugleich kräftigen und reichornamentierten quadratischen Brunnenpavillons in der Mitte des Hofes untergebracht. An zwei oder drei Seiten dieses Hofes lagen kreuz- oder tonnengewölbte Hallen oder geschlossene Räume: Bäder, Kaffeestuben, Küchen, Werkstätten und Lagerräume für die Kaufmannsgüter. Im Oberstock befanden sich die Schlafzimmer für die Handelsherren. An einer Seite des Hofes (in der Regel gegenüber dem Eingangstor) öffnete ein zweites schönes Tor den Zugang zu einer überwölbten Pfeilerhalle mit einer zentralen Kuppel, die durch Tambourfenster oder den offenen Scheitel (spärlich) Licht und Luft einließ. Hier wurden die Tragtiere untergebracht und fanden auch die Treiber ein warmes Nachtlager.

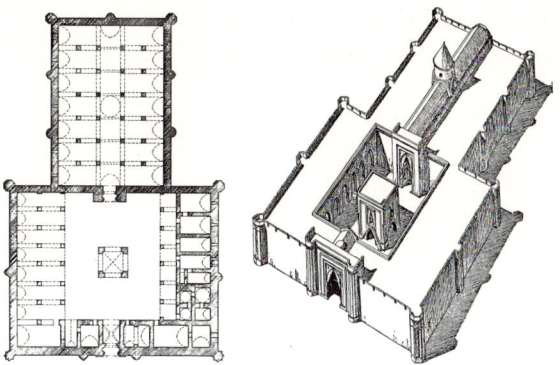

199-200 *Palas Sultan Han bei Kayseri, um 1231. Grundriß und Rekon-struktion nach K. Erdmann und A. Gabriel*

Als Beispiel für den Plan einer solchen Anlage sei hier der Grundriß des *Palas Sultan Han* bei Kayseri (Straße nach Sivas, 1230/31) abgebildet. Ähnlich in der Disposition, nur noch größer in den Dimensionen ist der *Sultan Han* (1229) an der Straße Konya-Aksaray. Allein die Pfeilerhalle der Stallungen hat eine Länge von 50 m. Das Ganze ist eine in jeder Hinsicht königliche Stiftung. Die von den Mitgliedern der Sultansfamilie oder hohen Würdenträgern errichteten Herbergen blieben zwar in den Abmessungen hinter dem Sultan Han zurück, nicht aber in der künstlerischen Vollen-dung. Die gemessene Eleganz der Tore, die Kraft von klar gezeichneten Pfeilern, Bogen und Wölbungen sprechen noch im Verfall eine eindrucksvolle Sprache. Die Anord-nung von Stall-, Lager- und Unterkunftsbauten trägt immer dem praktischen Zweck Rechnung, erfolgte aber keines-wegs nach einem starren Schema. Im Gegenteil: die Lösun-gen der feststehenden Aufgabe sind von größter Vielfalt, wie auch die Ausgestaltung im Detail. Gemeinsam ist allen Hanen der trutzig-feste Charakter. Diese kubische Abge-schlossenheit nach außen teilen sie übrigens mit den Sakral-bauten. Sicherlich haben architektonische Gedanken der Moscheebaukunst die Gestaltung der Hane mitbestimmt (man denke an die Pfeilerhallen der Stallungen!), und diese wieder blieben ihrerseits nicht ohne Einfluß auf die Mo-scheen und die Medresen, die ›Karawansarays für die Ge-lehrten‹.

201 *Palas Sultan Han bei Kayseri, Innenraum*

So wenig wie die Karawansereien folgen auch die *Moscheen*
Kleinasiens einem festgelegten Schema. Im südöstlichen
Anatolien (dem Raum zwischen östlichem Taurus, den
Quellflüssen des Euphrat, dem oberen Tigris und der nord-
syrischen Wüste) waren ältere islamische Traditionen be-
deutend. Das Gebiet war schon im 7. Jahrhundert von den
Arabern erobert worden, wurde im 11. Jahrhundert von den
Seldschuken überrannt, war zwischen Duodezfürsten und
Kreuzrittern umkämpft und gehörte nie eigentlich zum

Sultanat von Rum. In diesem Bereich spielten, wie schon erwähnt (S. 320), die türkischen Ortokiden die wichtigste Rolle.

Das strategische Zentrum war **Diyarbakır** *(Amida)*. Das bemerkenswerteste Denkmal dieser so interessanten und an sehenswerten Bauten reichen Stadt[62] ist die *Große Moschee* (1091/92). Sie übernimmt fast wörtlich den Plan der Omayyadenmoschee von Damaskus. (Die zweigeschossige östliche Fassade des Hofes (etwa 1163/64) kopiert die westliche Hoffront, die zwischen 1116 und 1125 aus Spolienmaterial entstand. Ob es sich bei dieser um die neuer Verwendung zugeführte Fassade der einst an diesem Platz gestandenen Thomaskirche handelt, deren Stil omayyadische Bauten wie al-Mschatta (S. 92) beeinflußte, oder gar um Stücke aus der Omayyadenzeit, ist eine schwer eindeutig zu beantwortende Frage.[63]

Die *Ulu Cami von* **Mardin** (12. Jh.) schließt sich gleichfalls an den damaszener Grundriß an. Sie besitzt einen querrechteckigen Hof (einige Reste des Portikus in der Nordostecke) und einen dreischiffigen, gleichfalls querrechteckigen Betsaal mit ursprünglich 4 mal 2 Pfeilern. Später (14./15. Jh.) wurde er nach Westen erweitert. Dadurch rückte der Mihrab aus der Mittelachse. Vier Joche vor der Gebetsnische sind durch eine Trompenkuppel überwölbt. Nach außen hin ist sie – wie auch andere Kuppeln in Mardin – gerippt: ein Zug, der vermutlich auf eine spätere Umgestaltung (14. Jh. oder später?) zurückgeht.[64] Der überkuppelte Abschnitt wirkt als beherrschendes Raumelement.

Ähnliches gilt von der *Großen Moschee von* **Kızıltepe** *(Dunaysır)* (1204). Auch hier wird der Damaskusplan variiert: Das hofseitige der drei Betsaalschiffe schließt sich nach außen hin stärker ab und bildet eine Art Vorhalle. (Die Moscheen von *Urfa [Edessa]* und *Harput* [1148-74] haben überhaupt nur noch zwei qiblaparallele Schiffe.) Wiederum überspannt eine Kuppel zentralisierend vier Joche vor dem Mihrab. Jede ihrer Trompen ist anders gestaltet, was eine etwas uneinheitliche und zugleich archaische Wirkung ergibt. (Wahrscheinlich hat diese Kuppel weniger Veränderungen erlitten als andere. Nach außen bestimmt sie das Bild der Moschee in charakteristischer Weise.)

Noch dominanter wird die Kuppel in der *Großen Moschee von* **Silvan** *(Mayafarıkın),* denn hier überwölbt sie alle drei Schiffe. Sie wird getragen von der Qiblawand und acht Pfei-

lern, sondert sich stärker aus dem Raumganzen aus – ähnlich
wie die Kuppelsäle der Freitagsmoschee von Isfahan. Die
Moschee ist zwar weitgehend Neubau (nach 1913), aber
nach Plan und Material unterscheidet sie sich wie alle ortokidischen Bauten von denen des seldschukischen Persien.

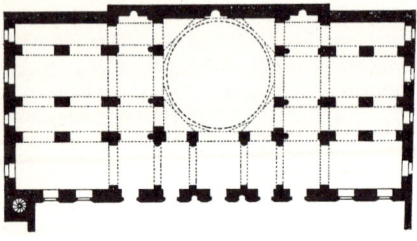

202 *Silvan,*
Große Moschee,
Grundriß
nach A. Gabriel

Das einzige anatolische Beispiel für die Übernahme des
persischen Schemas einer Hofmoschee mit Iwan und an-
schließendem (mehrfach erneuertem) Kuppelsaal stellt die
Große Moschee von **Eski Malatya** (13. Jh.) dar. (Etwa 10 km
vom neuen Malatya, einer wohlhabenden, betriebsamen
Stadt, die künstlerisch jedoch wenig zu bieten hat.) Der Hof,
der herkömmlicherweise mindestens die Hälfte des Bauare-
als umfaßt, ist hier auf ein Zehntel der Gesamtfläche geschrumpft. Offenbar hat die Anlage mehrfache Veränderungen durchgemacht, wie das Nebeneinander von Stein
und Ziegel vermuten läßt; sie enthält aber noch schöne
Fayencereste.

In all diesen Bauten kündigen sich Tendenzen an, die in
denen der Rumseldschuken (und der mit ihnen rivalisierenden Dynasten) weitergeführt werden. Auch in den meisten
von ihnen ist die ›arabische‹ Grundgestalt der mehrschiffigen Halle noch erkennbar. Mit einer entscheidenden Abweichung allerdings: Der Hof, das primäre Element einer
arabischen Moschee, wird vernachlässigt oder bleibt ganz
weg. Bestenfalls findet sich ein schlicht ummauerter Vorplatz (ohne umlaufende Portiken) für den Reinigungsbrunnen. Der Grund für dieses Abgehen vom Herkommen ist
zunächst wohl im rauhen Kontinentalklima des anatolischen
Hochlandes zu suchen. Während der strengen und schnee-
reichen Winter waren offene Höfe ungeeignet als Orte des
Gebets. Man erweiterte lieber dafür den flachgedeckten
Stützensaal und versuchte, auch den Brunnenvorhof zu

überdachen, d. h. ihn in den überdeckten Betsaal einzubeziehen. Auch das Verlangen der Steppennomaden, sich in
einem Zelt zu bergen, mag bei der Variation des alten Typus
mitgesprochen haben. Ein offener Hof gab ihnen keine Ge-
borgenheit, sondern erinnerte höchstens an einen Pferch.
Ein Zelt aber ließ sich für besondere Gelegenheiten vergrößern, indem man dem Zentrum ›Vorzelte‹ anfügte: auf
schlanken Stützen ein Dach aus flachen Planen. Aus alten
Beschreibungen und Miniaturen ist bekannt, daß fürstliche
Prunkzelte durch solche ›Hallen‹ erweitert wurden, um das
ganze Gefolge eines Nomadenkhans versammeln zu können. Frühe rum-seldschukische Moscheen haben etwas von
solchen Erweiterungen eines Zeltes an sich, wenn sie um
einen Kern (die betonte Kuppel vor dem Mihrab) die
Schiffe der Hallen herumlegen.

Man wird nicht fehlgehen, wenn man in dieser stärkeren
Betonung der Kuppel innerhalb der Hallen türkisches Erbe
erblickt. Zentralasiatische und arabische Überlieferungen
(und also nicht, wie oft behauptet wird, diese allein) stehen
hinter der Plangestalt der Moscheen im Reiche von Rum in
Anatolien.

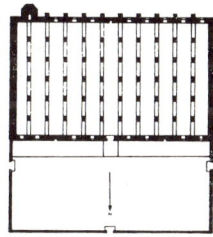

203 *Sivas,*
Große Moschee,
Grundriß nach A. Gabriel

Die *Ulu Cami von* **Sivas** wird mangels schriftlicher Zeugnisse meist in die Wende zum 12. Jahrhundert datiert und
wäre damit eine der ältesten türkischen Moscheen Kleinasiens, ist aber vermutlich etwa hundert Jahre jünger. Sie
hält sich noch ganz an den einfachsten Typus eines arabischen Betsaals. Zehn senkrecht zur Qibla laufende Reihen
von je fünf Pfeilern tragen die flache Balkendecke. Der Bau
wirkt heute etwas unscheinbar für denjenigen, der, entzückt
von den Medresenfassaden der Stadt, den ehrwürdigen
Raum betritt. Dem Minarett – obwohl sehr restauriert – gebührt mindestens ein Blick.

204 *Konya, Burgmoschee, 12.-13.Jh., nördliche Außenfront*

Eine der ›prominentesten‹ Seldschukenmoscheen ist die
Ala ed-Din Camii (die sog. *Burgmoschee* auf dem Zitadel-
lenhügel von **Konya** (beg. unter Masud I. in der I. Hälfte des
12. Jh.). Die türkischen Eroberer waren grundsätzlich tolerant, errichteten ihre Moscheen aber gerne an der ausge-
zeichnetsten Stelle einer eroberten Stadt, auch wenn sie
dabei eine christliche Kirche antasten oder abreißen mußten. Es ist möglich, daß im Mihrabteil der Burgmoschee
noch teilweise älteres Baugut steckt. Eine Kuppel auf ›türkischen Dreiecken‹ (ebenen Zwickeln, statt Trompen oder
sphärischen Pendentifs, die möglicherweise aus der indischen Holzschnitzkunst stammen und mit den Türken in den
Bereich der islamischen Baukunst einziehen) überwölbt das
Geviert vor dem Mihrab. Dieser ist ein sehr schönes Beispiel

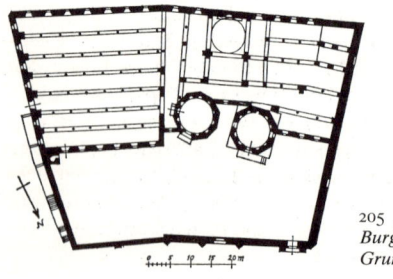

205 *Konya,*
Burgmoschee,
Grundriß

seldschukischer Keramikarbeit (Fayencemosaik in blau und schwarz) und verdient wie der hölzerne Minber[65] des 12. Jh. aufmerksame Betrachtung. Das Kuppelviereck – seine Orientierung weicht erheblich von der Richtung nach Mekka ab – ist an drei Seiten von einschiffigen Hallen umgeben. Dieser fast quadratische Zentralraum bildet den Kern der Anlage. An ihn wurden im 1. Viertel des 13. Jahrhunderts (1209 und 1221) nach Osten und Westen zu Stützhallen angefügt, flachgedeckt über Bogenstellungen, die parallel zur Qiblawand laufen, wobei der östliche Trakt den Fehler in der Orientierung auszugleichen sucht. Die meisten Säulen und auch einige der Kapitelle sind antike oder christliche Spolien, die anderen – Bündelsäulen mit einer Knotenflechtung – sind Neuschöpfungen des frühen 13. Jahrhunderts, die vielleicht die Form eines Rohrbündels in Stein umsetzen.[66] Nördlich des ältesten Kernes stehen zwei oktogonale Grabbauten, ursprünglich ohne direkte Verbindung mit der Moschee: Hier sind mehrere Sultane von Konya mit ihren Angehörigen bestattet (schöne Fayencekenotaphe mit weißer Schrift auf dunkelblauem Grund). Der unregelmäßig rechteckige Hof bietet vor allem die Möglichkeit, die Türben von außen zu betrachten. Sein einstiges Nordportal ist heute vermauert. Die ganze nördliche Außenfassade aber ist so recht ein Schaustück, das in seiner Uneinheitlichkeit (Nischen und ungleich hohe Bögen, teilweise auf Spoliensäulchen usw.) etwas von der Schmuckfreude seldschukischer Zeit zeigt und zugleich einiges über die Herkunft dieses formalen Reichtums lehrt. Das einstige Portal (um 1200, lt. Inschrift das Werk eines Meisters aus Damaskus) verrät auch ohne solchen Hinweis seine Herkunft aus dem zeugidischen Syrien. Viele Züge hat es gemeinsam mit dem der Karatay-Medrese (S. 367).

In **Kayseri** stehen u. a. zwei bedeutende Moscheen aus seldschukischer Zeit. Die *Große Moschee (Ulu Cami)* (beg. 1135/36 unter den Danischmend) zeigt im Grundriß des Trakts vor dem Mihrab starke Ähnlichkeit mit dem Kern der Burgmoschee von Konya. Auch hier bildet eine Kuppel über einem Pfeilerviereck, auf drei Seiten umzogen von Stützenstellungen, den eigentlichen Kern der Moschee, d. h. einen durch die Kuppel zentralisierten Betsaal. Die übrigen zwei Drittel des Raumes mit den zur Qibla parallel laufenden Stützenreihen sind ihm bruchlos angefügt, aber man darf ohne Gewaltsamkeit diesen Teil als einen überdeckten Hofraum auffassen, vor allem, wenn man das mittlere Joch (ursprünglich offen, heute modern überkuppelt) als letzte, sozusagen symbolische Andeutung eines Hofes betrachtet. Der Gedanke, den Hof in den gedeckten Raum einzubeziehen, wird uns bei seldschukischen Bauten noch mehrfach begegnen. Die Große Moschee von Kayseri hatte eine lange Bauzeit (voll. 1205) und wurde in osmanischer Zeit mehrfach restauriert. (Deutlich spricht davon der ergänzte obere Teil des schönen Minaretts aus Ziegeln, dem in Persien bevorzugten Material.) So wurde die einheitliche Wirkung etwas beeinträchtigt, aber schon die Verschiedenartigkeit der Stützenformen (u. a. auch antike Säulen) im Inneren zeigt, daß man von Anfang an nicht darauf ausging, ein uniformes Erscheinungsbild zu schaffen. Trotzdem stellt sich eine ähnliche Wirkung ein, wie sie die endlosvielschiffigen Hallen der arabischen Moscheen hervorrufen. Und doch: in den seldschukischen Bauten wirkt alles gedrungener, ›primitiver‹, innenräumlicher. Um es mit einem hinkenden Vergleich zu sagen: Sie verhalten sich zu den omayyadischen und maghrebinischen Säulensälen wie romanische zu frühchristlichen Basiliken.

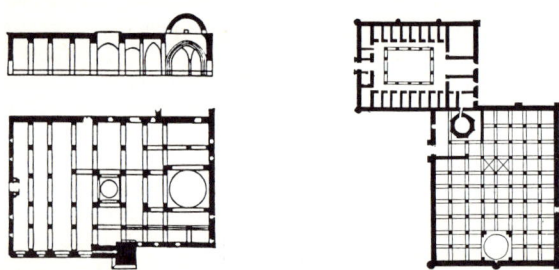

206-207 *Kayseri, Große Moschee, Schnitt und Grundriß, und Hvand-Hatun-Moschee, Grundriß, nach T. Talbot-Rice*

Die *Hvand-Hatun-Moschee* (1237/38), eine Stiftung der Mutter Kaikosraus II. hat mit ihren 7 x 9 Stützen große Ähnlichkeit mit dem eben besprochenen Bau, bedarf also nicht vieler erklärender Worte. Zu ihr gehört auch eine *Medrese* von dem auf einen Iwan reduzierten Typ (Abb. 207). Von ihr aus betritt man die *Türbe* der Mahperi Hatun in einem kleinen, aus der Nordwestecke des Betsaals ausgesparten Hof.

208 *Niğde, Ala ed-Din Camii, voll. 1223?*

Diese Beispiele mögen für den mehr ›arabischen‹ Typus seldschukischer Freitagsmoscheen genügen. Bei anderen machte sich eher das Vorbild armenischer basilikaler Kirchenräume bemerkbar. Ein Bau wie z. B. die *Ala ed-Din Camii von* **Niğde** (voll. 1223?) mit ihren drei Schiffen auf zwei Reihen von jeweils vier Stützen und einer Kuppel über jedem der Qiblajoche hat nur mehr wenig mit dem ›arabischen‹ Typus zu tun. Auch hier scheint das Mitteljoch als ›Hof-Rest‹ ungedeckt geblieben zu sein. Der Schmuck an Mihrab und Portalen stellt geradezu ein Musterbeispiel für einen bei allem Formenreichtum doch fast klassisch gebändigten Dekorationsstil dar: archaisch füllig und phantasievoll, aber doch mit einem ausgesprochenen Sinn für Maß. Man sehe sich die Muqarnas mit den muschelförmigen Fächern, den Blüten- und Flechtrosetten in der Nische des

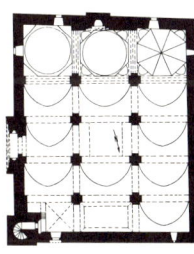

209 *Niğde,*
Ala ed-Din Camii,
Grundriß
nach O. Aslanapa

durch seine Größe hervorgehobenen Ostportals an! Bordüren wie aus Knüpf- oder Flechtwerk umziehen ihre Stirnseite mit ganz feinem und flachem Relief, kräftigere Zacken-
kanten fassen das Sterngeflecht des um die Portalfläche
laufenden Frieses ein. Es sind Motive darunter, wie sie auch
an hölzernen Kanzeln oder Türen auftauchen und ebensogut in dekorativen Ziegel- und Keramikfügungen denkbar
sind. Wenn in Anatolien in der Regel Stein die Mauerschale
bildet und nicht der im iranisch-irakischen Bereich übliche
Backstein, so hat doch die Ziegelornamentik der Großsel-
dschukenkunst das Formenrepertoire in Anatolien mitbestimmt. Aus Bauziegeln ließen sich nur relativ flache Reliefs
und im wesentlichen geradlinig-geometrische Muster zusammenfügen. Geschwungene Formen gerundeter Schriftzeichen oder stilisierten Pflanzenwerks mußten aus Terrakotta oder Stuck geformt und dann als zusätzlicher Schmuck
in die geometrisch bestimmte Dekoration eingesetzt werden. In Anatolien wurde der persische Ziegeldekor in Stein
umgesetzt, und dort, wo man sich trotzdem an das Gesetz
des Ziegels hielt, war die Folge eine gewisse Disziplin und
Gehaltenheit, die aber durchaus nicht für alle anatolischen
Schöpfungen des 12. und 13. Jahrhunderts bezeichnend ist.

Die Gesamtkonzeption des Portals von Niğde (und ihr
werden später auch z. B. die Prunktore der Medresen von
Sivas folgen) bildet schon eine Vorform der späteren osmanischen Portale heraus. Diese verdrängen jeden Überschwang des Schmucks zugunsten einer getragenen Klarheit
– und doch: in einem geheimen Winkel auch ihres Wesens
lauert noch etwas von wilder Vitalität.

Eine ganze Welt aber trennt die Portale von Niğde von
dem Formenrausch des Nordportals der *Ulu Cami von* **Divriği**[67]. Es wird immer wieder und mit Recht als Kronzeuge
exzessiver Phantastik angeführt und abgebildet. Alle nur
denkbaren geometrischen und vegetabilen Motive geben
sich ein Stelldichein: Sternpolygone und Palmettblätter,
selbst wieder Träger von eingeschnittenem Rankengeflecht,
Bandwülste und Säulenschäfte, korinthische, Glocken- und
Stalaktitkapitelle überwuchern das architektonische Gerüst
wie tropische Kletterpflanzen, ungezügelt und barbarisch.
Angesichts dieses Portals kann einem die These einleuchten,
daß Haschischgenuß eine Quelle der Inspiration für islamische Künstler dargestellt habe und nicht nur das mathema-
tisch-logische Denken, das die Fülle der Schöpfung in strenge

210 *Niğde, Ala ed-Din Camii, Portal*

Geometrie abstrahiert. Geometrie beherrscht am Westportal der Moschee die klaren Rahmungen, die Teppichmotive
des im Licht schimmernden Reliefschmucks. Vegetabile
Motive werden zu geometrischen Bandmustern verflochten,

211 *Divriği, Große Moschee, Nordportal, 1228/29*

Tiermotive (Doppeladler) sind dafür entsprechend zu Ran-
kengebilden abstrahiert. Nur in den Dreiecken und Alveo-
len der Türnische klingt noch etwas vom Rauschhaften an.
Als sei noch nicht genug gezeigt von den Spannungen, die
seldschukische Kunst im Neuland erfüllen, ist das Portal des
Hospitals, das an die Qiblaseite der Moschee anschließt und
mit ihr zusammen einen einzigen glattwandigen Baublock
bildet, deutlich als Iwantor gestaltet. (Details des Schmucks
haben hier durch die Zeit gelitten.)

Moschee und Hospital wurden 1228-29 als Stiftung des
Mengücekiden Ahmet Schah und seiner Gattin durch zwei
Meister aus Ahlat und Tiflis, also aus dem Kerngebiet arme-

212 *Divriği, Große Moschee, Westportal*

nischen Steinkirchenbaus, errichtet. Durchgehend gewölbte
Pfeilermoscheen sind im seldschukischen Kleinasien selten[68], noch ungewöhnlicher ist die konsequente Verwendung des Steingewölbes wie hier in Divriği. Der Raum der
Moschee, eine fünfschiffige Halle zu fünf Jochen mit gespitzten Gurtbögen auf gedrungenen Pfeilern, wirkt gedrückt und schwer wie eine romanische Krypta. Die Wölbungen über den einzelnen Jochen bieten aber geradezu
eine Musterkarte aller Möglichkeiten, die aus armenischer
Tradition gewonnen werden konnten. Es kommen Bildungen vor, die sich an Extravaganz mit Gewölben der flam-
boyanten Gotik vergleichen lassen. Aber nicht wie diese

sind sie von innerer Bewegung durchpulst, sondern ruhen
unbewegt-geschliffen in sich wie Kristalle. Das mittelste
Joch trägt eine Kuppel mit offenem Scheitel – wieder eine
Erinnerung an einen offenen Hof. Das Bodenniveau der
fünf Joche an der Qiblaseite ist um eine Stufe erhöht, damit
also vom ›Hof‹ abgesetzt. Das mittlere Joch vor dem Mihrab
– als einziges von genau quadratischem Grundriß – überdeckt eine überhöhte Rippenkuppel, die nach außen hin
(wie die Kuppeln armenischer Kirchen) als Pyramidendach
aus spitzwinkligen Dreiecken in Erscheinung tritt und den
Herankommenden zunächst auf eine mitten in den Bau
gestellte Türbe zu deuten scheint.

Betritt man das anschließende Hospital (als Pflegeanstalt
für Geisteskranke gestiftet), so glaubt man sich in eine romanische Emporenbasilika versetzt. Bald sieht man aber,
daß die ›Emporen‹ nur die Zugänge zu den Krankenzimmern des Obergeschosses bilden, und macht sich an Hand

213 *Divriği, Innenraum des Hospitals*

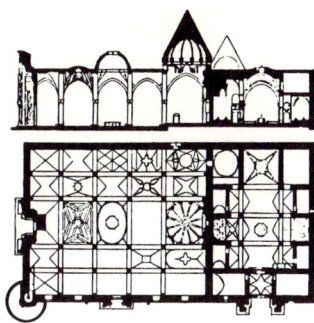

214 *Divriği,
Große Moschee
und Hospital,
Schnitt und Grundriß
nach Hoag*

des Grundrisses klar, daß der Anlage eigentlich ein Vier-Iwan-Plan zugrunde liegt, d. h. die Disposition einer Medrese, bei der seitlich des Hauptiwans Eckräume angeordnet und die Wohnzellen in ihrer Zahl reduziert sind. Der ›Hof‹ ist auf vier Pfeilern (zwei zylindrische mit geometrischen, an Ziegelfügungen erinnernden Mustern und zwei polygonale, mit ornamental ›figurierten‹ Kapitellen versehen) überwölbt. Der Scheitel des mittleren Joches bleibt auch hier ungedeckt, unter der Lichtöffnung ist in den Boden ein achteckiges Becken eingelassen, dessen Wasserspiegel das Licht sanft reflektierte. Dieser eindrucksvolle Hospitalbau gehört seiner Plangestalt nach in die Reihe der Medresenbauten und scheint innerhalb dieser Reihe eine nicht unwichtige Stufe auf dem Weg von der Iwan-Hof- zur Kuppelmedrese zu repräsentieren.

Dem basilikalen Typus schließen sich die meisten *Holzsäulenmoscheen* Anatoliens an[69]. Es liegt vor allem am Material, daß diese Bauten so archaisch-nomadisch erscheinen, obwohl die meisten erst in den letzten Jahren des Seldschukenreichs, manche gar erst unter der Herrschaft der Beys des 14. Jahrhunderts entstanden. Gemeinsam sind ihnen das handwerklich anspruchslose Bruchsteinmauerwerk, die flache Holzdecke und vor allem eben die Holzsäulen statt des klassisch-seldschukischen Haustein der Steinstützen und der Gewölbe, doch folgen sie in der Regel dem hoflosen, langgestreckten Moscheeplan Zentralanatoliens. Mit einer Ausnahme allerdings: die *Ulu Cami von Afyon Karahisar* (um 1272? – Erneuerung 1341), die auf breitgestreckt-trapezförmigem Grundriß errichtet ist.

215 *Afyon Karahisar, Ulu Cami, ca. 1272/1341*

Als Vertreter dieser eindrucksvollen Sondergruppe seien nur genannt die *Arslan-Hane-* und die *Ahi-Elvan-Moschee* (vor 1382) in **Ankara**[70], die Moscheen von *Ayaş* und *Kasaba Köy* bei Karaman. Sehenswert vor allem: die *Eşrefoğlu-Moschee* (1298) in **Beyşehır** als das eindrucksvollste Beispiel einer siebenschiffigen basilikalen Halle. 46 Holzsäulen mit Stalaktitkapitellen tragen die mächtigen Unterzugbalken der flachen Decke. Auffallend – und durch die Konsolen am Gebälk besonders betont – ist das einst ungedeckte Mittelschiffjoch, das zweifellos als letzte Erinnerung an einen Hof aufzufassen ist, wie er traditionell zur Moschee gehörte. Die Kuppel über dem Joch vor dem Mihrab wird getragen von drei gemauerten Spitzbogen und ist dadurch beinahe als eigener Raumteil ausgeschieden. Das schöne, leider arg verwitterte Portal ist – wie die der Moschee angeschlossene Türbe – ein sehr typisch seldschukisches Gebilde. Als charakteristisch rum-seldschukische Werke verdienen auch der herrliche Minber und der Mihrab besondere Aufmerksamkeit. (Noch prächtiger allerdings ist der Mihrab der oben erwähnten Arslan-Hane-Moschee in Ankara: er ist ein Spitzenwerk, vielleicht der kunstvollste Mihrab des seldschukischen Kleinasien[71].)

Die Vorbilder für die Holzbauweise dieser Moscheen sind zweifellos in zeltartigen Bauten Turkestans zu suchen. Holzsäulen und geschnitzte Kapitelle waren dort noch lange üblich, z. B. in Buchara, vor allem aber in Chiwa (S. 487).

Vermutlich haben die Türken bald nach der Eroberung Anatoliens derartige Holzhallen errichtet. Erhalten ist nichts Derartiges. Daß Beispiele erst aus jener Zeit überliefert sind, da die Herrschaft der Rum-Sultane vor der Macht der Mongolen zerfiel, ist wohl kein Zufall. Die gegensätzlichen Überlieferungen, die in der rumseldschukischen Kunst zusammengezwungen waren, traten in genauer Entsprechung zur politischen Dekomposition wieder auseinander. Die Schöpfungen der Beys des 14. und auch des 15. Jahrhunderts folgen recht verschiedenen Vorbildern. Die Osmanen werden zielstrebig das politische Chaos ordnen und aus dem zerfallenden Erbe genau das auswählen, was ihrer Konzeption diente.

Noch eindrucksvoller als die Moscheen der Seldschukenzeit Kleinasiens sind die *Medresen,* die damals entstanden. Ihr formaler Ausgangspunkt ist deutlich der persische Vier-Iwan-Typus, aus dem sich alles weitere fast zwanglos entwickelt hat. Die durch die Großseldschuken in Persien und im Irak eingebürgerte Grundform wurde in Anatolien allerdings nie ganz rein und starr verwirklicht. In der Regel war – wie in der Hvand-Hatun-Medrese (s. o.) von Kayseri – das Stiftergrabmal dem Bau angeschlossen, konnte sogar einen integrierenden Bestandteil der Anlage bilden (vgl. Erzurum, Çifte Minar; Konya, Sırçalı Medrese). Damit entstand der Bautypus der Grabmedrese, der sich vor allem im mamlukischen Ägypten einbürgern sollte. Ein vielleicht aus dem nordmesopotamischen Hausbau erklärbarer Zug sind die Laubengänge, die als Wetterschutz hofseitig vor Zellen und Iwanen umlaufen. Osmanische Medresen und andere den Moscheen dienend beigeordnete Bauten sozial-caritativer Bestimmung werden sie später übernehmen, und die Hofportiken osmanischer Kuppelmoscheen sind zugleich monumentale Ausformung dieses Motivs und Anspielung auf die (mehrschiffigen) Hofhallen früher arabischer Moscheen.

216   *Erzurum, Hof der Çifte Minar Medrese, 13. Jh. Blick zum Eingang*

Als Beispiel für das klar ausgeformte Vier-Iwan-Schema mit Hoflauben sei die zweistöckige *Çifte-Minar-Medrese von* **Erzurum** (13. Jh., zwei Bauperioden) angeführt. Es soll hier nicht von ihrer Fassadengestaltung, den beiden schlanken, kannelierten Minaretts und dem Prunkportal die Rede sein, das durch den Eingangsiwan in den Hof führt. Dieser ist relativ schmal und lang, umgeben von gewölbten Säulenhallen. Auffallend, wie der Hauptiwan die Tiefenerstreckung noch betont. An ihn schließt sich unmittelbar die edel gestaltete Türbe der Stifterin an, einer Tochter Kaikobads II. Wunderschön zu sehen, wie das Umrißmotiv der auf macht-

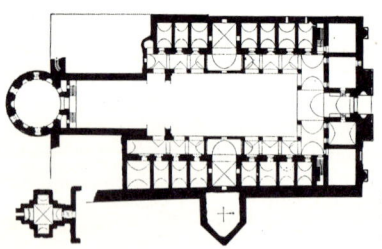

217   *Erzurum,*
Çifte Minar Medrese,
Grundriß nach W. Bachma

218 *Sivas, Gök Medrese, 1271*

vollen Säulen ruhenden Bögen, leicht variiert, den ganzen
Hof, ja den ganzen Bau durchzieht und selbst das konische
Dach des Grabmals ziert. Was vom Dekor erhalten blieb,
atmet aristokratische Gehaltenheit.

Demselben ›persischen‹ Plan[72] (aber gleichfalls mit hofseitig vorgelegten Portiken) folgen z. B. auch die *Sahibiya Medrese in Kayseri* (1267) und die wenig später (1271/72) entstandenen Schulbauten von **Sivas:** die *Büruciye Medrese,* die
Çifte Minar Medrese (Stiftung eines Vezirs der mongolischen Ilkhane Persiens) und die *Gök Medrese* (Blaue Medrese). Diese beherbergt heute ein kleines lokales Museum

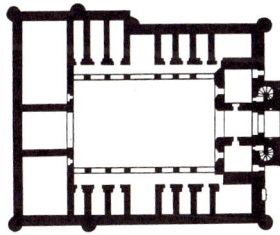

219 *Sivas,*
Gök Medrese, 1271,
Grundriß nach Talbot-Rice

und bewahrt im Betraum rechts vom Eingang noch Reste des Fliesendekors. Ihren Ruhm aber macht die Fassade aus mit dem von einem Minarettpaar gekrönten Prunkportal.[73] Bastionsartige Ecktürme, im unteren Abschnitt mit sehr plastischen Pflanzenformen, im oberen mit einem Netzwerk überzogen (es erinnert an Almohadisches), rahmen sie ein. Das reiche Abschlußgesims ist nur über dem linken Fassadenteil noch erhalten, in den ein reizvoll dekorierter Brunnen eingelassen ist. Auffallend kräftig sind die Formen in den Untergeschossen der Türme, die zugleich das Portal rahmen: reiche Lebensbaum-Palmetten, darüber zu einem Sternmotiv verschlungene Zierstäbe, energische Schlagschatten werfend, dann über tief in Rahmen sitzenden Inschrifttafeln noch einmal phantasievolle Variationen des Lebensbaum-Motivs, mit stark eingeschnittenem Grund von fast plakativer Hell-Dunkel-Wirkung. Mehrfach gestaffelte Schmuckbänder umziehen die eigentliche Portalwand, die ein Gewebe von vegetabilen Mustern überspinnt. Ein spitzbogiges Schriftband, ausgehend von den eingebundenen Ecksäulen, – reich ›geschnitzten‹ Schäften mit Basen und Kapitellen, die an die abbasidische Glockenform erinnern – rafft diesen ›Vorhang‹, damit er die tiefe, stalaktitgefüllte Eingangsnische freigibt. Pfosten und Segmentbogen der Tür sind in syrischer Art aus buntem Stein gefügt. In die oberen Ecken des Rahmens sind Rankenreliefs gesetzt. Nur aufmerksamem Blick ist erkennbar, daß sich darin die Tiere des turko-chinesischen Astralzyklus darstellen.

Die Minaretts, auf persische Art aus Ziegeln errichtet, (und das bleibt für die kleinasiatischen Minaretts die Regel), sind als Bündel eckiger und halbrunder Stäbe geformt und mit glasierten Ziegeln in geometrischen Mustern belegt. Der einst in sattem Türkisblau schimmernde Belag der dünnen Stege dazwischen hat dem Bau seinen Namen gegeben. Das Ganze: ein für die überschwengliche Schmuckfreude und den Phantasiereichtum der seldschukischen Kunst überaus bezeichnendes Werk, so stark aus zentralasiatischen Formen und Vorstellungen lebend, daß man sich schwer vorstellen kann, daß der Baumeister ›Kaloyan‹ ein Grieche (Kalo Jannis) gewesen sein könnte.

Der Gedanke, Minaretts paarweise anzuordnen – angeregt wohl vom Türpfostenpaar nomadischer Zelte – dürfte zuerst im persischen Seldschukenbereich gefaßt worden sein, aber im Iran sind die ersten Beispiele dafür erst aus der

220 *Sivas, Gök Medrese, Portaldetail*

Mongolenzeit überliefert. Dem Minarettpaar verdankt wie in Erzurum auch die *Çifte Minar Medrese* in Sivas ihren Namen. Ihre schlanken Türme akzentuieren eindringlich die überaus prunkvolle Portalwand, in der sich die stalaktitgefüllte Tornische wieder so öffnet, als wäre ein Vorhang auseinandergerafft.

221-222 *Sivas, Çifte Minar Medrese, 1271-72. Portaldetails*

Als Beispiel einer Medrese, die das Planschema durch
Verzicht auf Iwane an den Langseiten des Hofes reduziert,
sei die *Sırçalı-Medrese in* **Konya** (1242/43) genannt. Zwei
Grabkuppeln (das Kuppelrund ruht auf aus- und einladen-
den gegenständigen Dreiecken) sind seitlich des Iwan-Bet-
saales so in die Ecken eingepaßt, daß ein nach außen geschlossener Baukörper entsteht. (Der alte Baubestand ist
allerdings nicht mehr vollständig erhalten.) Immerhin sind
noch so beträchtliche Reste der bedeutenden Fayenceausstattung bewahrt, daß der Besuch angelegentlich auch dem
empfohlen werden kann, der sich nicht speziell für Grabsteine interessiert. (Die Medrese beherbergt heute die
Museumsabteilung für türkische Grabmalskunst.) Als Meister der Ausstattung (wohl nicht auch als Baumeister) nennt

sich ein Mohammed aus Tus in Chorassan. Zum leuchten-
den Türkisblau und einem gelegentlich ins Auberginenlila
spielenden Blauschwarz gesellt sich als reizvoller Kontrast
das Erdbraun des Ziegelgrundes. Als Motive treten u. a.
Beläge aus vier- und sechseckigen und aus sternförmigen
Mosaikelementen auf, schmale Blattrankenbänder, der
Naskhi-Duktus der Koranverse auf Rankengrund, doch
herrscht deutlich das geometrische Bandgeflecht vor. Geometrische Elemente bestimmen auch das flimmernde Flach-
relief des nobel gestalteten Tores, das in denkbarstem
Gegensatz steht einerseits zu Gestaltungen wie dem Nordportal von Divriği, andererseits zum Portal der Ince Minar
Medrese von Konya. Es hat trotz motivischer Ähnlichkeiten
in der Formerfindung auch nur wenig mit den Formen der
Keramikausstattung gemeinsam. Überhaupt scheinen
Raumgestaltung, plastische Zier und keramischer Schmuck
kleinasiatischer Seldschukenbauten kaum jemals ›zusam-
mengehörig‹, d. h. einer einheitlichen Konzeption entsprungen. Jeder einzelne Bau vereinigt in sich Vielfältiges und
doch: Das Gesamtergebnis wirkt weniger als ›Mischung‹
denn als Produkt einer neuen beginnenden ›Verschmelzung‹.

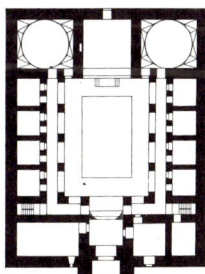

223 *Konya,
Sirçali Medrese, 1243,
Grundriß nach Sarre*

Zweifellos haben auch die Karawansarays, die Hospitäler
usw. in Wechselwirkung die Gestalt der Medrese mitbestimmt und ihren Beitrag geleistet zur Ausbildung eines
ziemlich vereinfachten Schemas (Portikushof mit dahinterliegenden Wohnzellen und betontem, meist überkuppeltem
Raum an der dem Eingang gegenüber liegenden Seite), das
später die Osmanen als Grundform für alle Arten ›dienender Bauten‹ übernehmen konnten.

Aus der Iwan-Medrese mit laubenumzogenem Hof entwickelten die Seldschuken aber noch einen anderen Typus:
den der Kuppelmedrese. Die *Yakutiye Medrese in* **Erzurum**
(1310/11) steht in einer lokalen Tradition. Sie teilt die Vorliebe für reiche, fast an Maghrebinisches erinnernde Stalak-
titbildungen mit der sehr zerstörten Großen Moschee der
Stadt (Restaurierungsarbeiten seit 1973 im Gange) und folgt
im Grundriß der Çifte Minar Medrese (s. o.), aber sie überdeckt den Hof, indem sie die Stützen der Hoflauben auf vier
reduziert und das so entstehende Viereck durch eine Kuppel
mit offenem Scheitel eindeckt. Es entstand also ein Bau (das
heutige Erscheinungsbild ist durch Zerstörungen getrübt),
der zwar seiner späten Entstehungszeit wegen nicht als direktes Zwischenglied zwischen Hof- und Kuppelmedrese
angeführt werden darf, der aber etwas ahnen läßt von den
Überlegungen, die zur Schaffung der so folgenreichen Kuppelmedrese geführt haben können. Es kommt hier nicht
darauf an, eine logisch-schrittweise ›Entwicklung‹ dieses Typus zu konstruieren. Die gleichen klimatischen Gründe, die
dazu führten, den Hof als überdeckten Bauteil in den Innenraum der Moschee einzubeziehen, müssen den Anstoß gegeben haben. Zweckbauten wie das Irrenhaus an der Ulu Cami
von Divriği, bei denen es weniger auf die Wiederholung
eines überlieferten Schemas als auf Sachdienlichkeit ankam,
dürfen zu den Vorstufen des baugeschichtlich so fruchtbaren
Typus der Kuppelmedrese gerechnet werden.

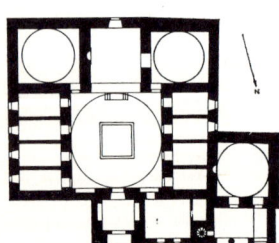 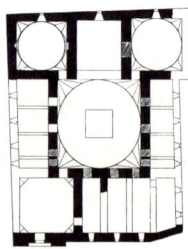

224-225 *Konya, Grundrisse der Ince Minar und der Büyük Karatay
Medrese nach Sarre und Diez*

Ihn vertreten am eindrucksvollsten in **Konya** zwei Medresen, die heute je eine Abteilung des seldschukischen Museums beherbergen: die Ince Minar- und die Büyük Karatay

Medrese. Die *Ince Minar Medrese* (1258, gestiftet von dem Vezir Fahr ed-Din Sahip Ata, dem wir als Bauherrn schon in Sivas begegnet sind) ist benannt nach dem ursprünglich sehr hohen und schlanken, mit farbigem Ziegeldekor belegten Minarett[74], dessen obere Geschosse vor einigen Jahrzehnten ein Blitzschlag zerstörte, so daß nur noch der untere Teil des Bündelschaftes erhalten blieb. Die Ähnlichkeit mit den Minars der Gök Medrese von Sivas ist augenfällig.[75]

Der Grundriß zeigt Züge, die schon von der Sırçalı Medrese her bekannt sind: Verzicht auf seitliche Iwane, Grabkuppeln seitlich des Hauptiwans, zweimal vier Wohnzellen an den Seiten des Hofes, der bewußt auf quadratisches Format gebracht ist, damit an Stelle der Hofarkaden eine Kuppel errichtet werden konnte. Die Verbindung des Vierecks zum Rund der Kuppelbasis wird auf einfachste Weise erreicht: statt Trompen oder Pendentifs vermitteln je vier spitzwinkelig aufsteigende Dreiecke den Übergang zum schmalen Polygonalband: die sogenannten ›türkischen Dreiecke‹ (s. S. 753, Abb. 22). Deutlich verrät das Brunnenbecken, daß die Kuppel nicht das Herz des Bauwerks, nämlich den Lehr- und Betsaal überwölbt, sondern einen ›Hof‹, der dadurch zu einem atriumartigen Binnenhof wird.

Aus Persien ist nichts Vergleichbares überliefert, obwohl der Bau auf persische Art aus Ziegeln errichtet ist. Bis auf das Band mit einer zum kaum lesbaren Ornament stilisierten Kufischrift, das den Kuppelansatz umzieht, ist der Dekor von einer fast manierierten Archaik: die prachtvolle Ziegelfügung beherrscht das Bild, die emaillierten Backsteine sind nur wie kostbare Juwelen eingefügt. Es entsteht durch den überlegten Einsatz sparsamer Mittel ein Eindruck von kühler Strenge, der in überraschendem Gegensatz steht zu dem exzentrisch-aufwendigen Portal. Der ganze Fassadenteil, d. h. Portal, Basis des Minaretts und die Front des asymmetrisch angefügten Kuppeltrakts ist dem Baukern vorgesetzt und verwendet im Gegensatz zu ihm den Naturstein.

Der Portalvorbau wurde immer wieder beschrieben und abgebildet als ein Hauptwerk rum-seldschukischer Kunst, das sich von persischen Torbauten so grundsätzlich unterscheidet wie der Kuppelblock der Medrese von einem persischen Hof. »Wir finden keine breite und hohe Nische mit tiefen Schlagschatten, klaren Umrissen und keramischem Blumenschmuck. Hier tritt uns vielmehr eine stark gerahmte

226 *Konya, Portal der Ince Minar Medrese, 1258*

Fläche entgegen, in die eine flache Vertiefung einge-
drückt ist, als wäre das ganze Tor aus Ton oder Lehm modelliert und dann mit Stoff ausgeschlagen und mit Bändern
geschmückt. Schriftbänder als rahmende Glieder, geflochte-
ne Wülste, stellenweise wie Schnüre verknotet, tragen dazu
bei, diesen Eindruck zu verstärken. Einem Türvorhang ähnlich sind beide Seiten hoch gezogen, und auch das Schriftband in der Mitte scheint mit seinem Knoten den Eingang
offen zu halten. Die Türöffnung selbst aber bleibt im
menschlichen Maßstab; das Tor ist nicht durch seine Abmessungen, sondern durch den Aufwand dieses gänzlich

227 *Konya, Portal der Büyük Karatay Medrese, 1251*

unarabischen und unpersischen Rahmens gesteigert. Aus
der Fassade spricht die zu Stein gewordene Erinnerung an
ein fürstliches Zelt der Seldschuken, mit seinen Teppichen,
Schnüren, Binden und vielleicht mit da oder dort angebrach-
ten Blumensträußen. Dahinter aber steckt die Jurte selbst,

ins Lapidare übersetzt. Ohne Zweifel ist dies das Werk eines
Türken, der das fürstliche Zelt ins Großartige steigern und
in Stein verewigen wollte.«[76]

Der Planung nach sehr verwandt, in der Erscheinung ganz
anders, gibt sich die *Büyük Karatay Medrese* (1251, also nur
wenige Jahre älter). Ein Blick auf den Plan kann lange
Schilderungen von Gemeinsamkeiten und Unterschieden
im Vergleich mit anderen Medresen ersetzen. Nur Teile des
Baues sind im alten Bestand erhalten: die zentrale Atriums-
kuppel, der Iwan, die seitlich angeordneten Kuppelräume
(einer teilweise, der andere zur Gänze) und das aus der
Achse gerückte Portal – ein Hauptzeugnis für das Wirken
syrischer Künstler im Reiche von Rum.

Das Tor der Karatay-Medrese weicht deutlich von den
Medresenportalen ab, die wir bisher betrachtet haben. Zwar
fehlt auch ihm nicht der Reliefschmuck an Rahmungen und
den seitlichen Paneelen mit ihren auffallenden Swastika-
mäandern. Die Kapitelle über den seilartig gedrehten Säu-
lenschäften könnte man für byzantinische Schöpfungen halten, wären sie selbständige Gebilde und nicht aus dem gleichen Block herausgemeißelt wie die benachbarten Ornamente. Eine solche Behandlung zeigt, daß sie eben nicht als
tektonische Glieder, sondern – wie fast alle türkischen Kapitelle – als Schmuckformen aufgefaßt sind, d. h. nicht als
Häupter eines tragenden Säulenkörpers, sondern als Verzierung, auch wenn sie spätantike Formen kopieren. Die
Stalaktitkaskade in der flachen Türnische erinnert an das
sehr ähnliche Gebilde an Portalen in Damaskus, und das
umgebende Wandfeld aus weißem Marmor, von einem verschlungenen Band aus dunkelgrauem Stein durchzogen,
darf man unbedenklich und auf den ersten Blick als Werk
eines syrischen Künstlers ansprechen. Es bildet eine fast
wörtliche Parallele zu dem etwa 30 Jahre älteren Nordportal
der nur einige hundert Schritte entfernten Burgmoschee,
dessen Schöpfer nachweislich aus Damaskus stammte.

Bedeutender noch als das Portal ist – allen Schäden zum
Trotz – die musivische Ausstattung des zentralen Kuppel-
raums. Sie zählt m. E. zu den eindrucksvollsten Interpreta-
tionen eines architektonisch schlichten Innenraums durch
die Dekoration. Vom ersten Augenblick an nimmt sie den
Besucher gefangen, der den Hauptsaal des Museums seldschukischer Keramik betritt. Es sei geraten, zunächst die
keramischen Kostbarkeiten zu betrachten, die in Wandni-

VI Konya,
Büyük Karatay Medrese
Detail des Keramik-Mosaiks der Kuppel, 1251

Schön gerahmte Dreiecksfelder, mit geometrischem Kufi gefüllt, vermitteln zwischen Vierecksgrundriß und dem Rund des Kuppelfußes, den ein von Bordüren begleitetes breites Band aus kunstvoll verknotetem Kufi über bläulich schimmerndem Rankengeflecht umzieht. Ein kompliziertes Geflecht mit vierundzwanzigstrahligen Sternen füllt die Kuppelschale und läßt sie als Symbolbild des gestirnten Himmels erscheinen. Der sinn- und formenreiche, technisch meisterhafte Dekor der seldschulischen Medrese verwendet neben Cremeweiß und einem dunklen Auberginenlila nur verschieden nuancierte Türkistöne.

228 *Konya, Büyük Karatay Medrese, 1251. Blick in die Iwanwölbung und in die Kuppelzone*

schen, auf Schautischen und in Vitrinen ausgestellt sind. Es sind zwar oft nur Fragmente, aber auch als solche und im kleinen Format der Fliesen (aus Palastkiosken von der Zitadelle Konya, aus Kobadabad u. a. O.) haben die Bilder der Herrscher, des Hofstaates, der Krieger und die vielen heraldischen Tiermotive innere Größe. Figürlichen Motiven begegnet man auch auf Schalen und Krügen, die in bläulicher Unendlichkeitsfarbe schimmern wie die Mosaikfragmente, die immer wieder das typisch seldschukische Motiv der zweilappigen Blattranke wiederholend variieren. Als reichhaltigste Galerie seldschukischer Keramik darf dieses Museum Weltrang beanspruchen. Schöne Stücke aus der Zeit der Osmanen zeigen, wie weit diese dem seldschukischen Gebrauch verpflichtet sind, machen aber auch die Unterschiede sehr deutlich. (Für osmanische Keramik bieten natürlich die Museen Istanbuls noch Bedeutenderes.)

Selbst wenn man seine Aufmerksamkeit ganz auf die ausgestellten Dinge richtet: immer spürt man die stille Gewalt, die von der Dekoration des Raumes selbst ausgeht, obwohl diese nur teilweise erhalten ist. Von der Wandverkleidung der ›irdischen‹ Viereckzone (zur Zahlensymbolik vgl. S. 209) sind nur die oberen Teile geblieben: blaugrüne Sechseckkacheln, Teile der Rahmungen der Wandnischen, die meisterlichen Kalligraphien der (in diese Rahmen oben eingelassenen) Schriftfelder, darüber der umlaufende Fries, der in geschlungenem Kufi immer wieder das Glaubensbekenntnis wiederholt.

Der Hauptiwan hat seinen Schmuck weitgehend bewahrt. Zwischen türkisfarbigen Fliesen läuft labyrinthisch ein schwarzes Band, scheinbar verwirrend, und doch nach mathematischer Ordnung geführt. Zehnstrahlige Sterne tauchen wie Haltepunkte daraus hervor, aber das Geflecht erscheint unüberschaubar, denn nur ein Ausschnitt aus einem endlosen Ganzen wird gezeigt, den Mosaikbordüren aus verschlungenen Zweiblattranken einfassen. In der Bogenlaibung umziehen solche Bordüren Bänder, in denen sich zu Farbe und Flächenmuster noch die Dimension des Reliefs gesellt.

Aus dem Erden-Viereck des Hauptraums zum himmlischen Rund vermitteln plane Gebilde, die schon bekannten türkischen Dreiecke. Daß die Osmanen später auf sie verzichtet haben, beweist, daß man sie nicht als der Bauweisheit letzten Schluß empfand. Aber diese Form wird in der Karatay-Medrese mit Sinngehalt erfüllt. Die sphärischen Pendentifs byzantinischer Kuppelkirchen haben nicht nur eine konstruktive Bedeutung als Vermittler zwischen Viereck und Rund, sondern auch eine symbolische, die durch das Bildprogramm verdeutlicht wird. Sie sind der Platz für die Ikonen der Evangelisten, der heiligen Vermittler der Worte des göttlichen Logos. Auf den Dreiecksflächen der Karatay-Medrese erscheinen (ehrfürchtig von Rankenbändern eingefaßt) die Namen des Propheten und der ersten ›rechtgeleiteten‹ Kalifen, in unendlichem Rapport wiederholt in geometrisch-gebauten Schriftzeichen. Sie gehören – auch baulich – noch ganz der ›irdischen Zone‹ an, (es sind die Namen von Menschen, nicht die Bilder halb göttlicher Heiliger!), aber entfalten sich aus der Enge der Ecken hinauf in jene Zone des reinen Runds, das zur Kuppel überleitet. Hier vollzieht sich die Epiphanie des Gotteswortes in der Schrift. Zu einem unauflöslichen Ornament verknotet, rhythmisch erstarrt und zugleich rätselhaft bezwingend, verkünden die schwarzen Lettern vor weißem Grund und bläulichem Rankenwerk den ›Thronvers‹ des Heiligen Buches (II, 256): »Allah ist Allah, keinen Gott gibt es außer ihm. Er ist der Lebendige aus sich selbst, er ist der Ewige. Nicht Schlaf ergreift ihn noch Schlummer. Sein ist, was ist im Himmel, und sein, was ist auf Erden. Wer kann bei ihm fürbitten und vermitteln, wenn er es nicht will? Er weiß, was war, was ist und was sein wird, und die Menschen begreifen von seiner Allwissenheit nur so viel, wie ihm gefällt. Hoch über den Himmeln und der Erde ist sein Thron. Keine Mühe ist ihm die Herrschaft, keine Bürde das Wachen und Lenken. Fürwahr: Er ist der Erhabene und der Mächtige.« Und darüber ein gestirnter Himmel, zu kreisenden Ringen geordnet. Strahlende Mitte jedes Blütengebild, das sich aus zwölf Blütenblättern zu vierundzwanzig Strahlen entfaltet und zugleich eingebettet bleibt in ein endlos-unendlich sich verschlingendes Band, das in undurchschaubarer und doch gelenkter Weise die Drei-, Fünf- und Siebenecke des dunklen Grundes schimmernd heraushebt. Was uns Fremden wie ein bloßer Schmuck erscheint, ist ein Sinn-Bild, Umsetzung der Weisheit des Korans:

> Er hat euch die Gestirne gesetzt
> Als Leiter zu Land und See;
> Damit ihr euch daran ergetzt,
> Stets blickend in die Höh.
> (Goethe, Westöstlicher Divan)

Und zugleich: »Die Menschen begreifen von seiner Allwissenheit nur so viel, wie ihm gefällt«.

Der Sinn des Wissenden erbaut sich am Symbolbild von Allahs gestirntem Himmel, das sich einst in einem Wasserbecken spiegelte, und wird aufgefordert, sich in den unerforschlichen Willen zu ergeben. Von einem weiteren (leider nicht gut erhaltenen) Schriftkranz umzogen, öffnete der (jetzt verglaste) Kuppelscheitel den Blick in die Höhe des Himmels selbst, wie im römischen Pantheon. Die Hagia Sophia ist unvergeßliches Baubild der herabschwebenden Himmelsgnade; die Kuppeln und Decken des Barock erwecken die Illusion, als öffne sich das Jenseits für den verzückten Betrachter. Die Gewölbe von St. Savin-sur-Gartempe oder der Sixtinischen Kapelle sind Abbild zugleich und Deutung christlichen Heilsverständnisses. In einer Zeit, da die Christenheit die Kathedralen als Abbild des himmlischen Jerusalems erbaute, als hochaufragende, mystische Räume einer mittelalterlichen Ingenieurkunst, haben fromme Moslems den Schmuck eines bescheidenen Raumes ersonnen, der sich mit all diesem messen kann.

10 Mamlukenkunst in Ägypten (1171-1517)

Mit einigen Ausnahmen im syrischen Raum konzentrieren sich die Denkmäler der mamlukischen Epoche in Kairo, dort aber in fast verwirrender Fülle. Die Hauptstadt Ägyptens ist so reich an islamischen Bauten (vgl. auch Kap. 5 und 7), daß nur der Spezialist bei längerem Aufenthalt sie alle (oder beinahe alle) kennenlernen kann. Das offizielle Verzeichnis des Denkmalpflegeamtes führt 622 islamische Baudenkmäler auf. Es sollen im folgenden nur einige relativ leicht erreichbare Bauten betrachtet werden. Auch von ihnen sieht der Tourist, der praktischerweise mit einer Reisegesellschaft das Land der Pharaonen besucht, bei den üblichen Stadtführungen nur einen Bruchteil. Die islamischen Denkmäler Kairos sind jedoch so eigenartig, malerisch und eindrucksvoll, daß man unbedingt versuchen sollte, mehrere von ihnen zu besuchen. Am besten zu Fuß und auf eigene Faust. Das ist vielleicht nicht immer ganz angenehm, und man muß sich reichlich mit Bakschisch-Kleingeld versehen, aber die Wege sind nicht übermäßig lang. Die wesentlichsten Bauten liegen entlang der Nord-Süd-Achse der Altstadt vom Bab al-Futuh zum Bab Zuwayla und von dort (links abbiegen!) an der in Richtung Zitadelle führenden Straße. Zu deren Füßen, am Saladin-Platz, liegt die Hassan-Moschee, von der aus sich leicht der Weg zur Moschee Ibn Tuluns und den in ihrer Umgebung stehenden Baudenkmälern finden läßt. Weiter südlich, am Nordrand der Südnekropole, findet man die älteren Mausoleen, allerdings in einem nicht sehr erquicklichen und arg ›pittoresken‹ Viertel. Keinesfalls versäumen sollte man (am besten mit Taxi) einen Besuch der östlichen Nekropole der ›Kalifengräber‹. – Das sehr bedeutende Islamische Museum (s. u. Kap. 15) erreicht man nach wenigen Minuten, wenn man vom Bab Zuwayla aus dem Verlauf der einstigen Stadtmauer nach Westen folgt. Zur Orientierung möge die Planskizze auf S. 378 dienen.

Die Straße zwischen Bab al-Futuh im Norden und dem Bab Zuwayla im Süden bildete die Achse der Fatimidenstadt und die Via triumphalis, auf der siegreiche Mamlukensultane in ihre Residenz einzogen. Sie zählt zu den eindrucksvollsten Straßen des Orients. Obwohl immer mehr moderne Häuser die alten ersetzen, bewahrt sie im ganzen ihr mittelalterlich-islamisches Aussehen, nicht nur wegen des bunten orientalischen Gedränges: immer noch findet man die schönen, für

Kairo so typischen Erker mit den Muschrabiye-Gittern. Obwohl sie in gerade Richtung verläuft, ist sie doch nicht mit dem Lineal gezogen, sondern hat fast unmerkliche Biegungen, so daß der Blick nie wie bei moderner Reißbrettarchitektur schnurgerade ins Leere fällt.[77] Stets schiebt sich ein Minarett, eine Kuppel, eine Fassade ins Blickfeld, und im Dahinschlendern freut sich der Betrachter der immer wechselnden Gruppierungen und Perspektiven. Moscheen und Minaretts, Medresenportale und Brunnen, oft in ganzen Gruppen, reihen sich an ihr entlang, dazwischen öffnen sich malerische Durchblicke in Nebengassen und Bazargänge. (Meist verlieren sich diese Gäßchen im Labyrinth dichtbevölkerter Hinterhöfe – hier haben Jahrhunderte durch- und ineinandergebaut – und es schadet nichts, seinen Entdeckertrieb hier etwas zu zügeln.) Licht spielt auf dem Fassadenschmuck der Moscheen, Schatten faßt große Partien zusammen. Jedes der Bauwerke hat sein eigenes Gesicht, doch verrät sich eine gewisse Familienähnlichkeit, sie zeigen einen anderen Habitus als die Bauten von Fez, Istanbul oder Isfahan. Worin diese Gemeinsamkeit beruht, wollen wir zu ergründen versuchen.

In der Rivalität von Truppenteilen verschiedener Herkunft und unter der Bedrohung durch die Seldschuken verfiel die Herrschaft der fatimidischen Kalifen von Ägypten. Der ›starke Mann‹ des ausgehenden 11. Jahrhunderts, der Armenier Badr al-Gamali – Vezirat und militärischen Oberbefehl in einer Hand vereinend – konnte zwar dem schiitischen Regime durch energische Reformmaßnahmen noch eine Gnadenfrist verschaffen – und das Auftauchen der abendländischen Kreuzheere lenkte die seldschukischen Herrscher von Ägypten ab, aber dem Ansehen der schiitischen Dynastie war nicht mehr aufzuhelfen. Periodisch wiederholten sich die Streitigkeiten um die Person des rechten Imam und Kalifen und führten zu dynastischen Kriegen und einem Schisma nach dem anderen. Dem energischsten Tatmenschen mußte das Erbe Ägyptens zufallen. Dieser Mann des Schicksals war Saladin (Salah ed-Din Yussuf ibn-Eyyub, gest. 1193), ein Kurde aus Takrit (südlich von Mosul). Im Dienst des Atabegs Nur ed-Din von Mosul, Aleppo und Damaskus griff er entschlossen in die Palastwirren Kairos ein (1169), machte sich zum Herrn des Landes und beendete die schiitische ›Ketzerei‹: 1171 anerkannte Ägypten formell wieder die Autorität des Kalifen von Bagdad. Die Zwistigkeiten unter den Erben seines Herrn nach dessen Tod (1174) gaben ihm die Chance, auch dessen Gebiete an sich zu reißen, um die Kräfte Ägyptens und Syriens vereint gegen die Kreuzfahrer einzusetzen (Sieg bei den Hörnern von Hittim und Rückeroberung Jerusalems 1187). Die von ihm begründete Dynastie der Eyyubiden führte den Abwehrkampf weiter (Angriff der Kreuzfahrer auf Damiette 1248 unter Ludwig IX. d. Heiligen von Frankreich im 6. Kreuzzug), aber ihre Herrschaft dauerte kaum ein Jahrhundert. Der letzte aus Saladins Geschlecht in Ägypten wurde von seinen eigenen Gardisten, den Mamluken, ermordet, und diese übernahmen selbst die Macht.

Ginge es hier um die politische Geschichte, so dürfte die eyyubidische Zeit als eine höchster Machtentfaltung (vor allem unter Saladin) ein eigenes Kapitel beanspruchen. Auch für die Kunstgeschichte Ägyptens ist sie von großer Bedeutung. Sie schlug die Brücke von den Bauten der früheren Zeit (Kap. 5 und 7) zur Formenwelt der Mamlukenkunst, vor allem durch Vermittlung neuer Ideen aus Syrien und dem seldschukischen Bereich. Von eyyubidischen Bauten Syriens war im vorigen Kapitel schon die Rede. Die Denkmäler des eyyubidischen Jahrhunderts in Ägypten dürfen durchaus sinnvoll als Vorspiel der Mamlukenzeit mit dieser in einem Atem besprochen werden.

Nur nebenbei sei daran erinnert, daß die Jahrhunderte zwischen dem Herrschaftsantritt Saladins und der Eroberung Ägyptens durch die Osmanen (1174-1317) etwa der Zeit der Gotik im Europa nördlich der Alpen entsprechen. Wenn in diesem Versuch immer wieder abendländische Stilepochen zum Vergleich herangezogen werden, dient das zur Orientierung über zeitliche Parallelität. Ganz und gar nicht soll islamische Kunst in das Schema einer uns vertrauten Zeit-Stil-Abfolge gepreßt werden. Immerhin: Erinnerungen an europäische Stilperioden – und nur in diesem Sinne sind solche Hinweise zu verstehen – werden doch vielleicht dem Europäer eine gewisse Hilfe sein, einzelne Erscheinungen innerhalb der islamischen Kunst zu begreifen. Wenn überhaupt aber eine ferne Vergleichbarkeit zwischen gewissen Phänomenen innerhalb der europäischen Zeit-Stile und der islamischen Gestalt-Variationen möglich ist, darf das als Hinweis auf die Tatsache zu werten sein, daß beide Kulturwelten, aus verwandten Wurzeln erwachsen und – als recht verschieden geartete Verwandte – doch enger miteinander

verbunden sind als z. B. mit Ostasien oder dem vorislamischen Indien. Im besonderen Fall der mamlukischen Bauten
aber hat der Hinweis auf die europäische Gotik auch eine
ganz vordergründige Berechtigung. Die Offensiven der
Kreuzritter und die Gegenoffensiven des Islam brachten
Christen und Moslems in einen ungewöhnlich engen und
fruchtbaren Kontakt. Die Folgen dieses kulturellen Austau-
sches für den weiteren Gang der europäischen Kulturgeschichte sind allgemein bekannt. Daß aber auch die Moslems sich für die Kultur der fränkischen Ritter aufgeschlos-
sen zeigten, wird die Betrachtung einzelner Bauwerke des
mittelalterlichen Kairo erweisen.

Die Bezeichnung *Mamluken* leitet sich von einer arabischen Wortwurzel *(m-l-k / malaka)* ab, die ›besitzen‹ bedeutet. Mamluken sind also ›Besitz‹, d. h. Sklaven. Im engeren
Sinne solche, die ein Herrscher erwarb, um sie als ihm persönlich ergebene Soldaten zu verwenden. Der erste Bericht
über diese Praxis stammt aus der Zeit al-Mamuns (s. o.
Kap. 5 S. 96), der aus dem Menschenreservoir Mittelasiens
seine türkischen Gardisten bezog. Fast keiner der Machthaber innerhalb der islamischen Welt kam fortab ohne solche
Garden aus. Die Emire von Córdoba hielten sich weiße
(slavische) Sklavensoldaten, die späteren Könige Nordafrikas schwarze. Vielfach wurden besonders tatkräftige und
daher bevorzugte Sklaven mit hohen Posten betraut, wurden Gründer eigener Dynastien (wie Ibn Tulun) und haben
sich, hinaufgelangt, höchst königlich bewährt. Die Militärsklaven der Eyyubiden und ersten Mamlukensultane Ägyptens waren Türken, später überwogen die Tscherkessen. Sie
stammten nicht unmittelbar aus Zentralasien, sondern aus
westlicheren Gebieten, in die Türken eingesickert waren,
d. h. vor allem aus dem Kaukasus, Südrußland und dem
Schwarzmeergebiet, von wo sie durch vornehmlich genuesi-
schen Sklavenhandel als Nachwuchs in die ägyptische Armee gelangten. Mit ihrer Machtübernahme begann in Ägypten »ein neues Regime militärischer Feudalherrschaft« (Gabrieli), das aus dem Lande lebte, ihm aber fremd blieb, daher
seine charakteristischen Stiftungen in der Hauptstadt Kairo
konzentrierte, wie einst der Hellenismus die seinen in Alex-
andria.

Man teilt die Zeit ihrer Herrschaft gewöhnlich in zwei
Perioden: die der *bahritischen,* d. h. *Fluß-Mamluken* (1250
bis 1382 bzw. 1390), benannt nach der Lage ihrer Kaserne

auf der Roda-Insel im Nil-Fluß, und der *bordschitischen,*
d. h. *Festungs-Mamluken* (1390-1517) auf der Zitadelle. Die
Bahriten stellten doch noch so etwas wie eine Dynastie dar,
wenn auch trotz nominell geltenden Erbrechts in 132 Jahren
nur einer der Sultane legal zur Macht kam und nur einer
eines natürlichen Todes starb. Für die zweite Reihe der
›Sklavenherrscher‹ läßt sich gar kein genealogischer Zusammenhang feststellen: Der jeweils Stärkste setzte sich gegen
seine Rivalen durch, Parteiungen, Verrat, Revolten und
Thronkämpfe waren an der Tagesordnung, während das
Land ausblutete. In 135 Jahren herrschten 27 Sultane. Nur
zum Vergleich: in diesem auch anderwärts gewiß nicht ru-
hig-friedlichen Zeitraum herrschten 8 osmanische Sultane
(1389-1520), 6 römisch-deutsche Kaiser (1378-1519), 5 Könige in Frankreich (1380-1515), 8 Könige in England
(1377-1509).

Die Zeit der Mamlukenherrschaft entbehrt – wie vielerorts auch die politische Geschichte im gleichzeitigen Europa
– jeder zielstrebig-klaren Linie. Statt ihrer erblickt man eine
immer gleiche Reihe von blutigen und düsteren Ereignissen,
die sich wie ein beklemmendes Märchen aneinandergereiht
erzählen ließen. Aber wir dürfen uns hier getrost alle Details
sparen.

Das Militärregime der Mamluken – so gleichgültig es dem
Lande selbst gegenüberstand – darf jedoch Taten für sich
buchen, die für die islamische Welt im ganzen bedeutsam
waren: die endgültige Vertreibung der Kreuzritter aus dem
syrisch-palästinensischen Raum (1291) und die Abwehr des
Mongolensturms von Ägypten und damit von ganz Nordafrika. Die ›Bildung‹ dieser kriegerischen Kaste war eine
rein militärische; in Bräuchen, Hofsitten, Titeln blieben Erinnerungen an die Länder der Herkunft bewahrt. Aber um
sich als rechte islamische Herrscher altislamischer Kernge-
biete gegenüber Türken und Mongolen zu legitimieren, haben sie bewußt die Schicht der *ulema,* der Korangelehrten
herangezogen, ihnen den gesamten Bereich von Zivilrecht,
Bildung, Religion überlassen. Die Universität al-Azhar hat
bei dem Bestreben, Ägypten als Hüter arabisch-islamischer
Überlieferungen erscheinen zu lassen, eine wichtige Rolle
gespielt. Die aus Bagdad vertriebenen ›Nachkommen‹ der
abbasidischen Kalifen (nur auf die geistliche Würde beschränkte Puppen) fanden Obdach und Schutz und erhöhten das Prestige Kairos. Zugleich wurde die Stadt erneut zu

einem Sammelbecken von Formen und Ideen, die zu den schon eingebürgerten Baugewohnheiten hinzutraten.

Die Zeit nach der islamischen Eroberung bedeutet künstlerisch für Ägypten einen Neuanfang. Keinerlei Zusammenhänge bestehen zwischen ihr und der Kunst Altägyptens, wenn man von gelegentlicher Wiederverwendung alter Werkstücke absieht. In den Säulenhöfen der ›arabischen‹ Moscheen eine Erinnerung an alte Tempel und Tempelhöfe zu sehen, besteht keinerlei Anlaß: der Typus der Hofmoschee ist Import der arabischen Eroberer (vgl. Amr-Moschee). Auch die Verbindungen zur römischen und byzantinischen Vergangenheit sind höchstens indirekt, d. h. aus anderen Teilen der islamischen Welt zurückvermittelt. Die Kunst der Kopten, d. h. der christlichen Ägypter, hatte zwar eine erhebliche Rolle bei der Grundlegung einer islamischen Kunst unter den Omayyaden gespielt (s. o. Kap. 4), aber die weitere künstlerische Tätigkeit der Kopten empfängt eher Impulse von den Eroberern als daß sie deren Werke beeinflußt hätte. Schon die Moschee Ibn Tuluns ist das Ergebnis mehrschichtiger importierter Traditionen. Welchen Zuwachs an Formideen die Fatimidenzeit gebracht hatte, wurde in Kap. 7 dargestellt. Mit den Eyyubiden kamen neue Zuströme: aus dem iranischen Osten und dem arabischen Syrien, vermittelt und aktiviert durch das herrschend gewordene türkische Element. Die Mamlukenzeit verfügte von Anfang an über eine Summe von Traditionen und Formen. In ihr hielt der Einstrom türkischen Überlieferungsgutes an, ja verstärkte sich merkbar. Noch heute bestimmen die steilen Kuppeln der Grabmoscheen und -medresen die Silhouette des alten Kairo: Vettern und Nachfahren der seldschukisch-türkischen Grabtürme und persischer Kuppelbauten der Timuriden.

Ein Detail markiert augenfällig den Wandel, der mit Saladin und der Rückkehr zur sunnitischen Orthodoxie einsetzt: während die letzte fatimidische Bauinschrift (A.H. 555:1160) sich noch der kufischen Buchstaben bedient, tritt mit der ersten Bauinschrift Saladins auf der Zitadelle (A.H. 579:1183/84) der aus dem Osten kommende Naskhi-Duktus zum ersten Mal in Ägypten auf (Diez).

Die *Zitadelle* (Nr. 23) – heute bekrönt von der ›Alabastermoschee‹ Mehemet Alis – ist das die Stadt beherrschende, aber oft und immer wieder veränderte Denkmal Saladins. (Ohne auf weitere Einzelheiten einzugehen, sei angemerkt,

Lageskizze der in den Kapiteln 5, 7 und 10 behandelten Denkmäler Kairos.

In die Skizze nicht aufgenommen sind die südliche Nekropole mit dem Mausoleum des Scheik asch-Schafi und den Herrschergräbern des 19. und 20.Jhs. sowie die östliche Nekropole der ›Kalifengräber‹ mit den Grabmoscheen von Qait Bay, Bars Bai, Barquq usw.

daß hier zum ersten Mal in Ägypten der rechtwinkelig abgeknickte Tordurchgang auftritt, der dann ein so beliebtes
Motiv bei mamlukischen Bauten werden sollte.) Unter Saladin erhielt Kairo auch seine erste Medrese, von der aber so
wenig erhalten ist wie von den nachfolgenden Bauten dieses
Typus. Wenigstens noch teilweise steht die *Medrese des
Sultan Malik Salih Nadjim ed-Din Eyyub* (Nr. 6) (1242-44),
zu der das 1249/50 erbaute Kuppelgrab des Sultans gehörte.

229 *Kairo,
Medrese des Sultan Malik Salih
Nadjim ed-Din Eyyub, 1242-50*

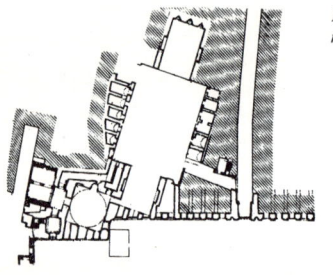

*Fassade und Grundriß
nach Creswell*

Es handelte sich um eine Doppelanlage für alle vier orthodoxen Rechtsschulen mit zwei Lehrgebäuden, die durch
einen Gang getrennt waren. Jeder Teil bestand wohl aus
einem Hof mit Wohnzellen an den Längs- und Iwanen an
den Schmalseiten. Erhalten ist nur noch der an den Grabbau
anschließende Iwan des nördlichen Baues. Hier findet sich
in der kairiner Kunst zum ersten Mal ein Iwan. Entwick-
lungsgeschichtlich besonders bedeutsam ist dazu die Gestaltung der nur noch zum Teil erhaltenen Fassade. Das kubische Minarett (seine Bekrönung ist jünger) erhebt sich über
dem Tor zum ehemaligen Mittelgang, an dessen Stelle heute
eine Gasse läuft. Das Tor mit einem Sturz aus verzahnten

Keilsteinen und einem flachen Entlastungsbogen sitzt in
einer nur wenig vertieften Nische. Ihren oberen Abschluß
bilden Stalaktiten, die radial wie Strahlrippen in einem persischen Spitzbogen sitzen (vgl. al-Akmar, S. 250). Überhaupt ist der Vergleich mit der nur wenige Schritte entfernt
liegenden, gute hundert Jahre älteren fatimidischen al-Ak-
mar-Fassade lehrreich. Motiven, die dort als reine Schmuckformen entwickelt wurden, begegnen wir an dem eyyubidischen Bau wieder: den Rechtecknischen mit geradem Sta-
laktitabschluß (sie flankieren hier den oberen Abschluß der
Tornische), den seitlichen Strahlrippennischen, Rosetten
und schließlich auch dem querlaufenden, geschoßtrennenden und zusammenfassenden Schriftband (hier in Naskhi-
Duktus). Die seitlich anschließenden Fassadenteile (nur der
linke erhalten, aber auch er im oberen Abschluß restauriert)
zeigen in den ersten drei Achsen Flachnischen mit dreieckig
gebrochenem Abschluß in der schon von Salih Talayi (s. o.
S. 251) bekannten Form, dann sechs Achsen mit horizontaler oberer Begrenzung. Am Mausoleum treten wieder
Bogenabschlüsse auf, von einem durchlaufenden Zierstab
umschlossen. Deutlich wird also an fatimidische Überlieferungen angeknüpft (auch mit der nur noch stellenweise erhaltenen Mauerkrone aus Stufenzinnen): einmal durch um-
gestaltende Verwendung des schon von al-Akmar her bekannten Formenrepertoires, zum anderen und vor allem
durch das Bestreben, eine ganze Fassade mittels einer Nischengliederung architektonisch durchzugestalten. Diese
Gliederung aber erhält hier über ihre bloß schmückende
Aufgabe hinaus auch eine echte bauliche Funktion, denn die
Nischen nehmen umrahmend Fenster auf, d. h. ihre Stellung
ist bestimmt von der Disposition des Innenraums, das Außen sagt etwas über das Innen aus. Solchen Gedanken wird
die Zukunft gehören. Außerdem ist die ganze Baugruppe
bewußt in den städtebaulichen Zusammenhang einbezogen.
Die der Straße zugewandte lange Fassade stellt sich eindeu-
tig als Schauseite an den Weg. Man nahm dafür lieber
Schwierigkeiten bei der Ausrichtung der Innenräume von
Medrese und Grabmal nach Mekka in Kauf.

Neu gegenüber der Fatimidenkunst ist auch die Verwendung von verschiedenfarbigem (hellgelblichem und rosa)
Stein am Sturzbalken des Tores, der Mausoleumsfenster
und zur Belebung der gesamten Fassade. Die farbige Gestaltung der Außenhaut – über sie gleich unten mehr – kommt

hier wie an vielen anderen Bauten Kairos unter den Ablagerungen von Wüsten- und Straßenstaub nicht mehr recht zur
Geltung. – In der heute etwas unscheinbar wirkenden Fassade der Salih-Medrese finden wir schon alle Elemente bei-
sammen, die für die Gestaltung mamlukischer Fassaden bedeutsam werden, und damit eigentlich das erste Beispiel
mamlukischer Gestaltungsweise. Auch darin, daß schon
zwei verschiedene Bautypen (Medrese und Mausoleum)
kombiniert werden.

Das Grabmal selbst – ein überkuppelter Quadratraum,
also eine aus dem iranischen Bereich eingebürgerte Grundform – folgt den Gewohnheiten, die in Kairo schon im
11. Jahrhundert entwickelt worden waren. Ein Beispiel dieser Gestaltungsweise zeigt auch das *Grabmal der Abbasidenkalifen* (Nr. 30, neben der im 19. Jh. neugebauten Grabmoschee der Sayida Nafisa in der Südnekropole. Erbaut
etwa 1242, aber nicht ursprünglich für die späten Abbasiden
bestimmt.). Trompen vermitteln vom Viereck ins Rund. Die
Außenfronten sind gegliedert durch Medaillons, Rauten
und Nischen, deren kielbogig gebrochene Abschlußfelder
Bänder von Muqarnas-Strahlrippen umziehen. Solche Bildungen, bereits aus fatimidischen Bauten bekannt, werden
im mamlukischen Formenschatz immer wieder begegnen.
Sie finden sich auch im oberen Geschoß des *Grabmals des
Scheik asch-Schafi,* des Begründers einer der orthodoxen
Rechtsschulen. Saladin hatte Mausoleum und Medrese gestiftet. Letztere wurde im 18. Jahrhundert durch eine Moschee und diese im 19. Jahrhundert durch einen ganz banalen Neubau ersetzt, das Mausoleum dagegen 1211 neu errichtet als Grablege der Eyyubiden. Die Außenerscheinung
– ungewöhnlich wie auch die Ausmaße – ist kaum verändert
worden. Das untere, kubisch schwere Geschoß zeigt an jeder Seite Nischen und ein spitzbogiges Fenster. Das zweite
Geschoß (mit abgeschrägten Ecken) ist zurückversetzt. Ein
Umgang entsteht durch Verringerung der ungewöhnlichen
Dicke der massigen Mauern, ohne daß er sich im Innenbau
bemerkbar machte. Die bleigedeckte Kuppel sitzt als eine
Holzkonstruktion über dem sehr stabilen Mauerwerk. Das
Innere – es wurde seit dem 15. Jahrhundert zum größten Teil
mit noblen Inkrustationen, Schriftfriesen usw. neu ausgestattet (nur die geschnitzten Friesbalken und die Holzanker
zur Aufhängung von Lampen stammen noch aus dem
13. Jahrhundert) – überrascht durch den großen Atem sei-

230 *Kairo, Grabmal des Scheik asch-Schafi, 1211*

ner Raumwirkung. An den beiden genannten Grabmälern
wird u. a. ein schon in fatimidischen Mausoleen angelegtes
Motiv weitergeführt, das in der mamlukischen Zeit große
Bedeutung erlangt: die noch bescheidenen Fensteröffnungen werden zu Gruppen zusammengefaßt.

Der vermittelnde Bedeutung des eyyubidischen Jahrhunderts wird auch aus diesen wenigen Denkmälern ersichtlich.
Zu den bereits in Kairo eingebürgerten Traditionen treten
neue Ströme aus Syrien. Es bilden sich bereits jene Formen
heraus, die der mamlukischen Baukunst ihr eigenes Profil
innerhalb der gesamt-islamischen Kunstwelt verleihen. In
Kairo geben sich Formideen aus den verschiedensten Bereichen ein Stelldichein, treten zu den bereits heimisch gewordenen Formen hinzu, werden selbst hier heimisch. Gerade
die Tatsache, daß Kairo weniger Umschlags- als Sammelplatz ist, macht die Stadt und ihre islamischen Werke so
besonders wichtig und sehenswert.

Bevor wir einzelne Bauten des späten 13., des 14. und
15. Jahrhunderts besuchen, seien einige den ›Mamlukenstil‹
besonders kennzeichnende Motive betrachtet, um später ein
immer erneutes Ausholen und Rückgreifen zu ersparen.
Ganz allgemein läßt sich feststellen: am Anfang stehen gewaltige Anlagen wie die Baibars-Moschee (Nr. 1), die Muri-
stan-Stiftung des Qalaun (Nr. 22). Nach der mächtigen Hassan-Moschee (Nr. 22), also seit etwa der Mitte des 14. Jahrhunderts, wendet sich der Geschmack dem immer Zierliche-
ren, immer phantasievoller Aufgelösten in Grundriß- und
Umrißgestaltung zu. Zugleich damit wächst die Bedeutung
des Schmuckwerks und vor allem der Farbe, die immer mehr
das Äußere und vor allem das Innere der Bauten beherrscht,
ja beinahe bestimmt. Dieser Entwicklungsgang zeigt die
geheime Tendenz, die von Anfang an der mamlukischen
Kunst innewohnt – von fern vergleichbar dem Weg der
Gotik von den großen Kathedralen zur filigranen Zerbrechlichkeit spätgotischer Kapellen.

Über die *Plangestaltung* mamlukischer Bauten läßt sich
nur wenig Allgemein-Verbindliches aussagen. Zwar sind
deutlich die Grundtypen der arabischen Hofmoschee, der
Medrese im persischen Vier-Iwan-Schema und der überkuppelte Grabbau iranisch-türkischer Herkunft festzustel-
len, aber charakteristisch für die mamlukische Zeit ist die
Vorliebe für Kombinationen der verschiedenen Typen zu
Grabmoschee, Moschee-Medrese, Grabmedrese u.ä., z.T.
verbunden mit anderen frommen Stiftungen sozialer Art wie
Krankenhäusern, Brunnen, Elementarschulen usw. (Wir
werden einigen besonders beliebten Verbindungen noch begegnen.) So vielfältig die Kombinationsmöglichkeiten, so
vielfältig sind auch die Lösungen, die für die Zusammen-
gruppierung gefunden wurden. Im Bereich der mauerumgürteten, dichtbevölkerten Stadt war Baugrund knapp und
teuer, aufgrund des vorgegebenen Straßenverlaufs manchmal von recht unregelmäßiger Gestalt. Die Baumeister
mußten so platzsparend wie möglich planen, um all das
unterzubringen, was die jeweiligen Stifter wünschten. Wie
ihnen das jeweils gelang, macht oft den besonderen Reiz der
Mamlukenbauten aus. Aber allein aus den beengten Verhältnissen in der Stadt kann man die verschachtelnd-kom-
plizierten Planungen nicht erklären: Auch dort, wo – z. B. in
der östlichen Nekropole – das Gelände keineswegs beengt
war, zeigt sich die Freude am malerischen Kombinieren.

Und die wenigen osmanischen Moscheen in der Stadt beweisen, daß auch auf beschränktem Areal symmetrisch-regel-
mäßige Gestaltung möglich gewesen wäre, wenn man sie
unbedingt gewollt hätte.

Ein fast durchgehend auftretender Zug ist, daß ein direkter und achsialer Zugang zum Iwan oder Hof vermieden
wird. In der Regel führt ein (manchmal mehrfach) geknickter Korridor in den Hof. Das Portal rückt daher in eine Ecke
der Front. Das war schon bei der Salih-Medrese zu beobachten. Zwar öffnet sich dort das Portal in der Mitte der Gesamtfassade, aber war in Beziehung zu jedem der beiden
Medresenhöfe in die Ecke gerückt. Die Tortrakte geben
zwar ihren fatimidischen Vorhallen- und Triumphbogen-
charakter auf, ordnen sich aber nicht der durchgehenden
Gliederung unter, sondern bewahren eine betonte Sonderstellung. Das Tor sitzt – oft durch einen Treppenaufgang
erhöht – in einer schmalen und hohen, meist durch einen
Dreipaßbogen geschlossenen Nische mit Stalaktitfüllung. Es
ist augenfällig, daß Portalgestaltungen aus Syrien und aus
dem Kleinasien der Seldschuken von Rum Vorbilder geliefert haben. Die bei kairiner Bauten beliebte exzentrische
Lage des Eingangs bewirkt, daß man den Hof in der Regel
von einer seiner Ecken aus betritt. Ein raumzeitliches
Schreiterlebnis auf einer zielgerichteten Achse wird vermieden.

Die *Minaretts* sind – wie schon in al-Hakim – in die
Fassade einbezogen und streben in der Regel von einer Ecke
aus in die Höhe. Ohne ein eigenes Sockelgeschoß setzen sie
erst über dem Gesimsabschluß an. Sie bestimmen als wesentliche Akzente die Sihouette des alten Kairo. In ihrem
Aufbau unterscheiden sie sich charakteristisch von den Ge-
betsrufetürmen der übrigen islamischen Welt. Von einem
Viereckgeschoß leiten prismatische Formen über zu einem
achteckigen Schaft. Das nächste Geschoß ist zylindrisch geformt, darüber erhebt sich ein zierlicher Pavillon mit einer
zwiebel-, knopf- oder kugelförmigen Bekrönung. Stalaktit-
getragene Balkongalerien setzen die geschoßtrennenden
Akzente, Gitterbalustraden schaffen mit ihren Mustern die
Verbindung zu dem aus dem Formschatz der Fassaden entlehnten Schmuck der übereinanderstehenden Körper. Bei
aller Gemeinsamkeit im Grundsätzlichen bleibt Spielraum
zum phantasievollen Variieren des Typus. Die Schmuckformen gehören der islamischen Welt an, aber bei der Frage

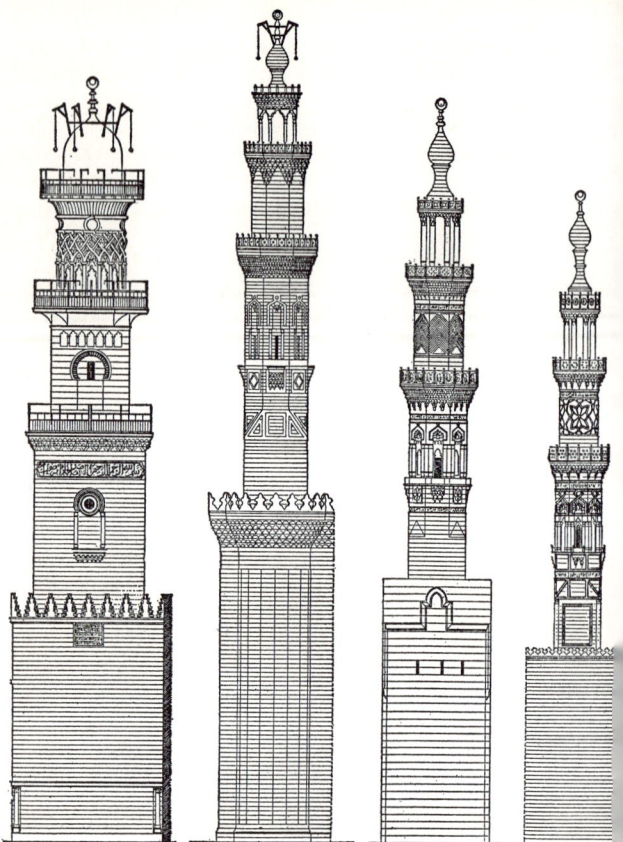

231-234 *Kairo, mamlukische Minarette nach Franz Pascha: Moschee Qalaun, Hassan, al-Moayyad, Qait-Bay*

nach der Herkunft des organisch-schönen Aufbaugedan-
kens darf man sich an den antiken Pharos von Alexandrien
erinnern, der den Baumeistern bekannt gewesen ist (er
stürzte erst im 14. Jahrhundert zusammen). Auch von ihm ist
die Geschoßabfolge vom Kubus über das Oktogon zum
Zylinder überliefert. Minar *(manara)* bezeichnet, wie schon
erwähnt (S. 127) auch und zunächst einen Turm mit Signal-
feuer, einen Leuchtturm, d. h. etwas wie den Pharos, der ja

als Weltwunder des Altertums galt. Natürlich ist kein kairiner Minar eine einfache Kopie dieses antiken Turmes (er stieg wohl kaum so schlank empor), aber der Gedanke, einfache geometrische Körper so aus- und übereinander zu entwickeln, dürfte aus Alexandrien stammen. Araber, Perser und Türken haben ja auch Gedanken der griechischen Philosophie und der hellenistischen Wissenschaften aufgenommen, bereichert, umgeformt zu etwas Neuem, in dem, so sehr sich das Ergebnis vom Ausgangspunkt auch unterscheiden mochte, doch der Grundgedanke erhalten blieb. Ähnlich mag es sich hier verhalten. In der schmuckreich aufsteigenden Gestalt mamlukischer Minaretts scheint sich hellenistisches Erbe mit türkischem Empfinden, d. h. einem den ursprünglich schamanistischen Turkvölkern eigenen Höhendrang zu treffen (man denke an die türkischen Grabtürme Persiens oder die schlanken Bleistiftminaretts der Osmanen).

Eindeutig türkisch bestimmt sind die *Kuppeln,* die im Stadtbild Kairos beinahe noch stärker sprechen als die Türme, hinter deren Höhe sie oft nur wenig zurückbleiben. Auf relativ kleiner Grundfläche ragen sie überraschend steil und hoch empor und sind deutlich auf die Wirkung nach außen bedacht. Trotz aller Unterschiede im Detail weisen auch sie deutliche Familienähnlichkeit auf. Über einem würfelförmigen Block sitzt ein halb so hohes Geschoß, das – zumeist an vier Seiten durchfenstert – von den Ecken vermittels glatter Dreiecksflächen, kristallartiger Halbpyramiden oder durch schräg über- und hintereinander gestaffelte Gesimswülste zum runden, durchfensterten Tambour überleitet, auf dem die hochgestelzte, nach oben etwas spitz zulaufende Kuppelschale sitzt. Daß die Kuppeln, vor allem von innen gesehen, so kaminartig steil wirken, kommt daher, daß die Trompen mit Stalaktitfüllungen oft nicht schon im unteren Viereckraum ansetzen, sondern erst in dem Verbindungsgeschoß darüber ihren Platz finden. Das Tambourgeschoß läßt Licht einströmen, schafft zugleich einen weiteren Abstand zur Kuppelschale. In solchen Grabmalsbauten kann sich das Verhältnis von Seitenlänge des Bodenquadrats zur Scheitelhöhe von 1:2,5 bis 1:3 und weiter steigern. Manchmal ist eine äußere Schale über die innere gestülpt wie eine reich verzierte, kostbare Haube, belebt von geometrischen und pflanzlich-arabesken Reliefmustern. Man wird sich auch noch die Farbe (Bemalung, nicht Fliesenbelag) hinzudenken müssen, um zu erkennen, daß der Anblick ägyptischer Kuppeln sich einst gar nicht so sehr von jenem unterschieden haben mag, den die Kuppelbauten der gleichen Zeit im ›mongolisch‹ beherrschten Bereich boten. In der östlichen Gräberstadt Kairos finden sich sogar einige genauso geschnürte und gerippte Kuppeln, wie wir sie in Samarkand, Buchara, Herat usw. kennenlernen werden. Man darf das als Zeugnis nehmen für das Hin- und Herfließen von Modeströmungen innerhalb einer bei aller Zerrissenheit im Islam geeinten Welt – ähnlich wie das ja auch in der christlichen Hemisphäre der Fall war.

Ganz anders aber als im Osten, der nie vom Ziegelbau ließ, tritt in Ägypten seit der Fatimidenzeit in wachsendem Maß der *Stein* wieder in sein hier angestammtes Recht als Bau- und Dekorationsmaterial für sakrale Aufgaben ein und gestattet Stuck und Holz nur noch eine Nebenrolle. Er bemächtigt sich selbst der Moscheemöbel. Das dauerhafte Material hat die Erhaltung der Denkmäler des mittelalterlichen Kairo begünstigt, wohl auch ihren etwas beklemmendernsten Charakter mitbestimmt. Eigentlich würde man erwarten, daß sich im Steinbau zur Dauerhaftigkeit im Land der Pyramiden die Monumentalität gesellt. Aber ›monumental‹ kann man mamlukische Schöpfungen nur in jenem Sinn nennen, in dem man auch Bauten der europäischen Gotik ›monumentales‹ Wesen zubilligt.[78] Monumentalität ist nicht nur Streben nach Einfachheit (das man mamlukischen Bauten schwerlich zugestehen wird) und nach Dauer (welch letzteres dem frommen Sinn der Moslems widerspricht), Monumentalität heißt auch Größe in dem Sinn, »daß man aus dem Vielfältigen der Sichtbarkeit das Eine heraussieht, in dem die entscheidende Bedeutung steckt. Das andere braucht man nicht fallen zu lassen, aber es soll sich so weit unterordnen, daß die führende Stimme klar heraustönt[79].« Nirgends wird man in mamlukischen Bauten etwas von solcher Art ›Monumentalität‹ und Größe finden: genau das Gegenteil ist für sie bezeichnend. Eine Möglichkeit, in einem Bauwerk die »führende Stimme« zum klaren Tönen zu bringen, bietet der zentrale Kuppelraum. Die Osmanen haben das instinktiv begriffen und eindrucksvoll bestätigt. Die Mamlukenzeit am Nil hat nichts davon wissen wollen. Vielerlei technische Methoden der Einwölbung wurden in Kairo durchprobiert, auch darin ist Kairo ein ›Sammelpunkt‹. Aber so sehr die steilen Grabmalskuppeln auffallen,

nirgendwo (abgesehen natürlich vom einfach-alleinstehen-
den Mausoleum, aber das ist eher die Ausnahme) wurde
versucht, die Kuppel als das beherrschende, über dem Vielerlei stehende Eine zu sehen. Schon wo in einer der so
beliebten frommen Baukombinationen ein Minar daneben
tritt, ist es nicht ausgleichende Begleitstimme, sondern
bringt sich mit seiner reichen Gestaltung sehr deutlich als
Konkurrenz zur Geltung. An die Stelle einer Rangfolge tritt
der Wettstreit. Dem Überordnenden, das der Wölbung innewohnt, erweist sich die mamlukische Zeit so abgeneigt,
daß selbst Iwane nicht selten – vor allem im 15. Jahrhundert
– als flachgedeckte Hallen gestaltet werden.[80] Statt der Zusammenfassung liebt man die Zusammenstellung, die Addition verschiedener Bauteile mit verschiedenen Aufgaben zu
malerisch wirkenden Ensembles. Das Malerische aber ist
eher das Gegenteil des Monumentalen.

Die Baumeister der Mamluken verstehen es glänzend,
vielfältige Raumfolgen miteinander in origineller Weise zu
verbinden und Baukörper zu kombinieren. Die vielfältigen
Lösungen, die gefunden wurden, haben in der gesamten
islamischen Welt nicht ihresgleichen. Während für den
Hausbau (mehrstöckige Häuser mit den für das alte Kairo so
charakteristischen Muschrabiye-Erkern) wohl yemeniti-
sche Vorbilder maßgebend waren (Diez), ist die Rückkehr
zum Steinmaterial, die sich schon in fatimidischer Zeit ankündigt, wohl vor allem auf Anregungen aus dem arme-
nisch-syrischen Bereich (vgl. o. Kap. 7 die Stadtmauern)
zurückzuführen. Voraussetzung allerdings bildete der
Reichtum des Landes an Stein. Man denke an die Kalkstein-
brüche des Mokattam östlich der Hauptstadt und die gleichfalls seit pharaonischer Zeit ausgebeuteten Brüche Ober-
ägyptens, dazu die schon fertig behauenen Blöcke aus den
Ruinen von Memphis und den Pyramidenfeldern.

Wahrscheinlich kam von Armenien oder Syrien auch der
Gedanke, im Äußeren eines Baues etwas von seinem Inneren anklingen zu lassen. Während sich das altmittelmee-
risch-arabische Haus nach außen bescheiden, ja beinahe
ablehnend verschließt und nichts von seinem Innenleben
verraten mag (und ähnlich verhielten sich auch die ersten
Moscheen), kann man spätestens seit eyyubidischer Zeit
beobachten, wie die religiösem Zweck gewidmeten Bauten
Kairos versuchen, eine Verbindung zwischen Außen und
Innen herzustellen. Die seit den Fatimiden übliche Nischen-

gliederung der Außenfronten gewinnt eine Bedeutung, die über das allein Schmückende hinausgeht. Die Nischen (oben bogig oder gerade geschlossen und mit Stalaktiten gefüllt) nehmen jetzt die Fensteröffnungen auf. Sehr oft sind es im unteren Geschoß vergitterte Rechteckfenster, im oberen Spitzbogenöffnungen. (Aber das ist durchaus keine feste Regel, und in den Fassadennischen der Hassan-Moschee z. B. sitzen acht Rechteckfenster verschiedener Größe übereinander.) Überspitzt gesagt: Die für die heißen Zonen kennzeichnende Zurückhaltung dagegen, einen Bau nach außen zu öffnen, weicht einer auffallenden Freude daran, die feste Außenfläche schichtweise zu durchbrechen, um den Innenraum nach außen dringen zu lassen. Es geht dabei gar nicht immer darum, mehr Licht ins Innere zu führen, denn Vergitterung und Fensterfüllungen aus buntem Glas filtern die Helligkeit ab. Am weitesten gehen auf diesem ›gotischen‹ Weg die Fassaden der Qalaūn-Stiftung. Wir werden sie ihres eigenen Charakters wegen gesondert betrachten.

Wohnt den schlank aufsteigenden Nischen mit den übereinander angeordneten Fenstern eine deutliche Vertikaltendenz inne, so wirken dieser neutralisierende Tendenzen entschieden entgegen. Oft läuft ein Schriftfries horizontal über die Fassade, bindet die Nischen in die Fläche zurück und bremst ihre zu eindeutige Richtung. Gerne wird die Fassade auch durch verschiedenfarbige Steinlagen (oder durch Vorblendung bunter Steinplatten) in horizontalen Schichten malerisch bereichert. Ihre Aufgabe ist es, einen farbigen Ausgleich zu den plastisch-schattenden Vertikalen zu bilden, damit den ›Aufbau‹ zu verschleiern und die Mauermasse hinter einer buntgemusterten Fläche zu verbergen. Wieder zeigt sich das schon mehrfach beobachtete Streben der islamischen Kunst, eine ruhige Richtungslosigkeit herzustellen, jeden Kräftekonflikt zu verbergen und der festen Wand ihre Körperlichkeit zu nehmen. Gelegentlich verwendet die farbige Verkleidung der Außenhaut auch das Schachbrettmuster, also jene ganz dem Geist des Orients entsprechende einfachste Art, eine Fläche richtungslos und nach allen Seiten fortsetzbar, d. h. grenzenlos zu beleben und ihr zugleich einen ›Bildsinn‹ zu verleihen.

Der Möglichkeit, durch vielfarbige Verkleidung Tektonik zu verhüllen und eine Fläche schmückend zu überziehen, bedient sich die mamlukische Kunst auch bei der Gestaltung der Innenwände, vor allem an den besonders hervorzuhebenden Teilen: Qiblawand und Mihrab. Der bunte Stein löst weitgehend den Stuck als Dekorationsmaterial ab, wird ihn aber nie ganz verdrängen. Was sich an Inkrustationen aus buntfarbigem z. T. sogar aus nachgefärbtem Stein, aus Glasflüssen, Perlmutt, Fayence als Schmuck der Wände findet, das darf sich gut und gerne mit Cosmatenarbeiten des mittelalterlichen Rom messen und stammt letztlich auch aus gleicher Quelle wie diese. Die Mode lebt in Kairo noch lange weiter. Eine der musterhaftest-reichen Inkrustationsausstattungen, die der Moschee Ahmet al-Burdaini, stammt aus dem 17. Jahrhundert (1628), aus einer Zeit also, in der sich auch in Kairo sonst schon die osmanische Gestaltungsweise durchgesetzt hatte. Hier wird noch einmal der ganze Schatz von Motiven und Formen vorgezählt, den die mamlukische Zeit mehrend aufgehäuft hatte.

Es gilt nun, das bisher allgemein Gesagte mit konkreter Anschauung zu erfüllen, indem wir einige der charakteristischsten Bauten Kairos besuchen. Stellen wir an den Anfang die Reste eines Baues, der heute gar keine Moschee mehr ist, sondern nur noch ein öffentlicher Garten, den die Moscheenmauern umfrieden: die einstige *Moschee des Zahir Baibars I. al-Bunduqdari* (Nr. 1) (1270 vollendet). Der Bauherr (1260-77), einer der bedeutendsten mamlukischen Sultane, ließ den Bau als Freitagsmoschee errichten. Er ist schon lange seiner Bestimmung entzogen, nur die über 10 m hohen Außenmauern stehen noch, und im Inneren die Pfeiler und Bogen, welche einst die große hölzerne Kuppel (nach dem Vorbild der eyyubidischen Kuppel über dem Grab des Scheik Schafi) vor dem Mihrab trugen. Eine Rekonstruktion des Grundrisses (Creswell) ergibt eine Hofmoschee arabischer Tradition mit Hallen ringsum, deren Bogenstellungen parallel zu den Außenmauern liefen wie auch die Schiffe des tieferen Betsaals, also ähnlich wie schon in Ibn Tulun. Senkrecht zur Qibla bzw. auf die Mihrabkuppel zu lief ein dreischiffiges Transept. Der Gedanke einer solchen Bildung stammte aus Syrien. An die al-Hakim-Moschee (s. Kap. 7) erinnert nicht nur das fatimidische Motiv der Vorhalle an der Hauptfassade, sondern erinnern auch die Torhallen an den Flanken. Die letzteren sind allerdings mächtiger und reicher gestaltet als bei al-Hakim und mit Schmuck versehen, der manche Nischenmotive von al-Akmar variiert. Das kräftige doppelte Zackenband, das die

Bogenöffnung des Haupttores umzieht, ist bisher in Kairo
noch nicht begegnet und stammt wiederum aus dem sel-
dschukisch-eyyubidischen Syrien. Wie bei al-Hakim flankierten Minaretts die Hauptfassade. Heute allerdings fehlen
sie. Im ganzen wird also das fatimidische Erbe bereichert
durch das Hinzutreten syrischer Motive.

So einfache Hofmoscheen entstanden in mamlukischer
Zeit nur noch wenige, sie sind für Kairo eher atypisch. Zu
ihnen gehört die *Moschee an-Nasir* auf der Zitadelle
(Nr. 24), vollendet 1335 und heute nach wechselvollen
Schicksalen restauriert. Das Äußere gibt sich wehrhaft-ab-
weisend, erhält Akzente nur durch die Portale. Die ursprüngliche Ausstattung ist – bis auf die besonders qualität-
vollen Decken – verlorengegangen. Die ansonsten typisch
mamlukischen Türme zeigen Reste eines in Ägypten selten
anzutreffenden Fayencebelags, wie er eher in den persisch-

235 *Kairo, Portal der Moschee des Sultans Baibars, 1270*

mongolischen Kunstbereich zu passen scheint. Im Hof tragen antike Säulen mit Kämpferblöcken über den Kapitellen
(mächtige antike Schäfte ersetzen auch die zweigeschossige
Arkadenstellung vor dem Mihrab) nur unmerklich gespitzte
Bögen. Darüber sind in leichtem Rhythmus Fenster in die
Wand eingeschnitten. Zackenzinnen begrenzen diese nach
oben, in den Ecken tragen sie fialenartige Schmucktürm-
chen.

236 *Kairo, Mihrab der Moschee al-Maridani, 1338-40*

237 *Kairo, Kuppel und Minarett der Grabmoschee des Emirs Khair Bak,
Anfang 16.Jh.*

Ähnliche Gebilde finden sich in der nur wenig später
entstandenen eleganten *Moschee al-Maridani* (1338-40,
Nr. 19), einer Stiftung des Mundschenken an-Nasirs. Ihr
Minarett ist ein beinahe ›klassisches‹ Beispiel mamlukischer
Art. Wie bei der an-Nasir-Moschee werden Spoliensäulen
(aus der Ptolemäerzeit) verwendet. Ein altes hölzernes Gitter (hier ausnahmsweise erhalten) trennt den Hof vom schön
ausgestatteten Betsaal (Decken, Schriftfriese, Minber, besonders reicher Mihrab. Die Kuppel ist neu). Bei Betrachtung der Wandzone über den Hofarkaden frappiert wieder,
wie über Jahrhunderte hinweg mit im wesentlichen gleichen
Mitteln und Formen gearbeitet wird: Wie in Ibn Tulun stehen über den Stützen ›entlastende‹ Öffnungen (hier allerdings nur als Nischen mit Strahlrippenbildungen wie an al-
Akmar, die ›Entlastung‹ besorgen Rundöffnungen), dazu

treten Rosetten und auf der Spitze stehende Quadrate. Für jedes dieser Motive ließen sich ältere Vorbilder anführen, das Gesamtergebnis aber wirkt durchaus mamlukisch. Diese Fassaden illustrieren recht deutlich die Entwicklung einer eigenständigen Lokaltradition in Kairo. (Vielleicht sogar etwas deutlicher als ursprünglich gemeint, denn die Moschee wurde um 1900 auf Anregung von Herz-Pascha restauriert.)

Wenig jünger ist die *Moschee Ak Sunkor* (Nr. 20), gleichfalls die Stiftung eines Würdenträgers am Hofe an-Nasirs (1346). Sie weist einige Züge auf, die sich nicht so bruchlos in den Gang der Entwicklung einordnen lassen. Das Minarett hat statt des üblichen Achteckgeschosses einen schmucklosen Rundschaft, die Hofarkaden werden von kräftigen Achteckpfeilern getragen, und statt der Flachdecken finden sich hier Kreuzrippengewölbe. Vielleicht haben Kreuzfahrerbauten im Heiligen Land Anregungen für diese in Kairo raren Züge geliefert. Der Betsaal wurde um 1652 auf Befehl des Statthalters Ibrahim Aga neu ausgestaltet und erhielt eine osmanische Fliesendekoration (die schönste ihrer Art auf ägyptischem Boden), der die Moschee ihre Bezeichnung als ›Blaue Moschee‹ verdankt. Sehenswert auch der Mihrab, vor allem der marmorne Minber mit Steineinlagen, eine der ältesten steinernen Kanzeln Ägyptens. (Unmittelbar südlich neben Ak Sunkor ein Werk aus der Endzeit der Mamlukenherrschaft: die *Grabmoschee des Emirs Khair Bak:* ein reich durchfensterter hoch aufsteigender Grabbau mit einer Kuppelschale, die ein Relief aus Arabeskennetzwerk überspinnt. Bewunderung verdient, wie aus dem unregelmäßigen Grundriß zu ihr hinaufgeleitet wird. Das Minarett erfreut als typisch kairiner Erzeugnis.)

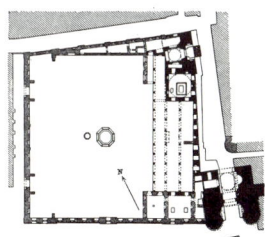

238 *Kairo,*
Moschee al-Moayyad, um 1420,
Grundriß nach Creswell
(vgl. dazu auch S. 240 und 386)

Ein Dreivierteljahrhundert später als Ak Sunkor, d.h. schon in bordschitischer Zeit, entstand die *Moschee des al-Moayyad* (Nr. 14) (voll. etwa 1420). Durch ihre Lage unmittelbar am Bab Zuwayla wirkt sie wie ein bewußtes städtebauliches Pendant zu al-Hakim, doch war ihre Lage durch ein Gelübde des Stifters bestimmt. Die Moschee, eine der letzten vom ›arabischen‹ Säulenhof-Typus mit drei qiblaparallelen Betsaalschiffen in Kairo, ist besonders sehenswert wegen ihrer für den Geschmack der Bordschitenperiode bezeichnenden farbigen Ausstattung.

Während der osmanischen Herrschaft stark verfallen (sie verlor damals die den Hof umgebenden Säulenhallen), wurde sie in der 2. Hälfte des 19. Jahrhunderts recht unbedenklich restauriert (damals wurden die Außenmauern des Hofes neu gebaut, recht stillos wie man sieht). Alt sind allein die Straßenfront, der gegen sie leicht abgeknickte Torbau mit Vorhalle hinter dem Eingang, das Mausoleum und der Betsaal. Dessen Hoffront – weitgehend wohl Ergebnis einer Restaurierung von 1890 – lebt aus lokalen Gepflogenheiten seit Ibn Tulun. Die Entlastungsöffnungen über den Stützen sind zu Blindfenstern geschrumpft, werden überfangen von Strahlrippen, dazwischen sitzen Rosetten. Selbst die lilienförmigen Zinnen erinnern an die ›Männchen‹ von Ibn Tulun. Aber alles wirkt doch etwas zu gefällig rhythmisiert. Der Eingang sitzt an der Nordostecke. Das prachtvolle Portal mit seinem Streifenschmuck und der Summe verschiedener Füllungsmotive ist ausgezeichnet durch zwei herrliche bronzene Türflügel mit reichem Sternornament, die besondere Beachtung verdienen. Sie stammen aus der Sultan-Hassan-Moschee (s. u. S. 410) und gelten mit Recht als die schönsten Türen Kairos. Der Zugang zum Hof (dieser ist heute als Garten gestaltet) ist verwinkelt um den Grabbau des Stifters herumgeführt. Die Hofmoschee hat sich mit einem Mausoleum (Kuppel über stalaktitgefüllten Zwickeln) verbunden. Solches Miteinander ursprünglich ganz verschiedener Bautypen ist für die mamlukische Kunst bezeichnend.

Die beiden Minaretts (1419 bzw. 1420) stehen nicht an den Ecken der Fassade, sondern auf den Tortürmen des Bab Zuwayla, das dadurch in sehr charakteristischer Weise mit dem späteren Bau verbunden ist. Glanzstücke mamlukischer Kunst sind Mihrab, Mihrabwand und der kostbare Minber. Dieser ist ein Werk aus Holz mit Schnitzerei und Perlmutteinlagen. Der altüberlieferte Typus (vgl. Minber von Kairouan oder der Kutubiya von Marrakesch) ist gewahrt, aber die Knaufkuppel als Bekrönung des Baldachins

239 *Kairo, Moschee al-Moayyad, 1415-20. Betsaal*

ist rein mamlukisch, tritt bei allen kairiner Kanzeln auf und
erinnert an die Bekrönungen der Minaretts. (Die osmani-
sche Kunst wird die Baldachinbekrönungen wie die Ab-
schlüsse der Minaretts als Bleistiftspitzen gestalten.) Die
Freitagskanzel von al-Moayyad ist noch ein echtes ›Möbel‹.
Schon frühere Zeit hat (vgl. Ak Sunkor, Sultan Hassan) die
Kanzel aus Stein errichtet und damit als unverrückbaren
Bestandteil in die Mihrabwand einbezogen. Deren Dekora-

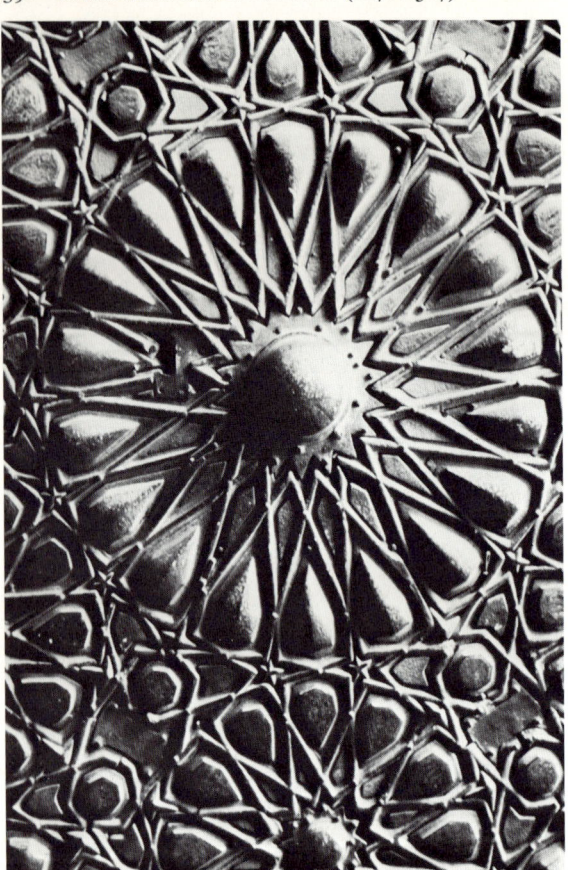

240 *Kairo, Medrese des Sultan Barquq, 1386. Detail vom Bronzetor*

tion (und besonders die der Gebetsnische selbst) ist ein
Musterbeispiel für die reiche Wirkung der Inkrustation aus
buntem (z. T. nachgefärbtem) Steinfournier, wie sie sich vor
allem in bordschitischer Zeit zu vielgestaltigem Reichtum
steigert.

Der Mihrab von al-Moayyad zeigt geometrische und arabeske Geflechte verschiedener Farbe, ist durch Einlagen
von Perlmutt und überdies durch türkisblaue Fayencestücke

241 *Kairo, Mihrab der Moschee al-Moayyad, um 1420*

(Säulchen) belebt und bereichert. Keramischer Dekor wird
in Ägypten – ganz im Gegensatz zum Iran, der seldschukischen und osmanischen Kunst – nur selten angewandt und so
gut wie nie als geschlossener Flächenbelag, sondern nur, um
zusätzliche Farbakzente zu setzen.

   Wenn man diese Wand und die Nische betrachtet, fühlt
man sich unwillkürlich an eine Musterkarte erinnert: man
begegnet einer Summe von vielen, in vielerlei Bereichen

üblich gewordenen Möglichkeiten, eine Fläche schmückend
zu überziehen, ohne sie in tektonischem Sinn zu gliedern.
Motive verschiedener Herkunft werden malerisch-reich zusammengesetzt wie in der Baukunst Typen unterschiedli-
chen Ursprungs.

Ein besonders eindrucksvolles Beispiel dafür, wie schon
die frühe Mamlukenkunst Bauteile verschiedener Zweckbestimmung und Bauideen verschiedensten Herkommens zu
einem malerisch verbundenen Neuen zusammenzustellen
liebt, bildet der *Stiftungskomplex des Qalaūn* (9). Mit den
nördlich anschließenden Grabmedresen an-Nasirs (8) und
Barquqs (7) stellt er wohl das neben der Hassan-Moschee
bedeutendste Ensemble mamlukischer Bauten innerhalb
der Stadt dar.

Al-Mansūr Qalaūn (1279-90), unter Baibars I. zu hohen
Würden emporgestiegen und Gründer einer eigenen Mam-
lukendynastie, war einer der erfolgreichsten Herrscher des
späten 13. Jahrhunderts. Durch einen Sieg über die Mongolen bewahrte er Ägypten vor der Flut aus Innerasien. Den
Kreuzfahrern entriß er wichtige Positionen und schuf die
Voraussetzung für ihre endgültige Vertreibung aus Syrien
und dem Heiligen Land durch seine Söhne und Nachfolger.
Als Akt der Wiedergutmachung gegenüber der von ihm hart
gestraften Stadtbevölkerung stiftete er auf dem Terrain des
westlichen Fatimidenpalastes ein Hospital (Maristan), das
zu den großartigst dotierten der islamischen Welt gehörte:
eine Klinik als Heil- und Lehrstätte, verbunden mit einer
Koranakademie (Medrese) mit Bibliothek und seinem Mausoleum.

Das Ganze stellte einen vielfältigen karitativ-religiösen
Zwecken gewidmeten Bereich dar. Die Idee einer solchen
Stiftung war auch schon früher gefaßt und verwirklicht worden: unter den Abbasiden, bei Byzantinern und Seldschuken (vgl. Divriği) und lag ebenso der osmanischen Külliye
(s. u. Kap. 12) zugrunde. Es ist recht instruktiv, eine derartige osmanische Anlage (wie z. B. die Bayezit-Stiftung von
Edirne) mit dieser mamlukischen zu vergleichen. Dort das
weiträumige Auseinanderfalten der einzelnen Zweckbauten
und ihre Unterordnung unter die Moschee mit ihrer beherrschenden Zentralkuppel, also ein hierarchisches, hypotak-
tisch zusammenfassendes Prinzip. Hier in Kairo – in der
Enge einer ummauerten Stadt und auf den Verlauf der
Hauptstraße Rücksicht nehmend – ein Nebeneinanderstel-

242 *Kairo, Mausoleum des Sultan Qalaūn, 1284/85*

len und Ineinanderschachteln von einzelnen Bauten zu einem fast labyrinthischen Gesamt, in dem nicht irgendeiner
der Teile wirklich die Führungsstimme übernimmt, auch
wenn das Mausoleum mit dem Minarett durch die beiden
gemeinsame Fassade die Wirkung zur Straße hin bestimmt.
Wir haben es mit einem parataktisch-summierenden Gestal-
tungsprinzip zu tun. Wie weit sich solche Gestaltungsweisen
als Spiegelbilder des jeweiligen Staats- und Gesellschafts-
aufbaues verstehen lassen, soll hier nicht untersucht werden.

Kernstück der Anlage bildete das zum Unterhalt der Lehrer, Ärzte und Kranken mit Einkünften aus Landbesitz großzügig ausgestattete Hospital. Was sich von dem (wohl schon verfallenden) Fatimidenpalast noch brauchen ließ, wurde (Herz-Pascha) verwendet[81], damit die Stiftung nach wenig mehr als einem Jahr ihrer Bestimmung übergeben werden konnte (1284/85 – die endgültige Fertigstellung erfolgte allerdings erst 1293 unter Qalāūns Sohn an-Nasir, dessen Hofmoschee auf der Zitadelle wir schon kennengelernt haben).

Von dem Hospital mit Kranken-, Sprech- und Behandlungsräumen und gesonderten Trakten für psychisch kranke Männer und Frauen ist allerdings kaum mehr etwas erhalten. Den Südteil des einstigen Areals nimmt heute die aus Stiftungsmitteln erbaute und unterhaltene Augenklinik ein,

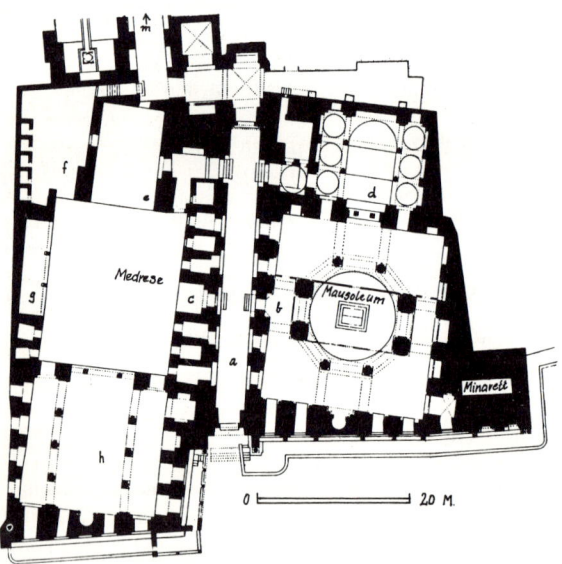

243 *Stiftungskomplex des Sultan Qalaūn, vollendet 1293. Grundriß nach Creswell*

a Korridor, b Grabraum, c Nordiwan des Schulhofes, d Vorhof des Mausoleums, e Westiwan des Schulhofes, f Waschungshof, g Südiwan des Schulhofes, h Qiblaiwan, m Ausgang in den Haupthof des Maristan

in den übrigen Bauresten haben sich emsige Handwerksbe-
triebe (Kupferschmiede vor allem) eingenistet. Erhalten
blieben – sehr stark restauriert – die Medrese und das Grabmal mit der Fassade zur Straße und dem Minar.

Ein Blick auf den Plan mag zur Orientierung helfen. Wie
in der gegenüberliegenden eyyubidischen Medrese des Malik Salih (6, s. o.) die beiden vereinigten Lehranstalten, so
trennt ein Korridor (a) mit z. T. erhaltenen schönen Balken-
decken hier Medrese und Grabmal. In den jeweils dritten
Nischen führen Nebeneingänge nach rechts in den Grabraum (b), nach links in den Nord-Iwan (c) des Schul-Hofes.
Die Haupteingänge zu den beiden Trakten öffnen sich beiderseits am Ende des Korridors: rechts in den Vorhof (d) des
Mausoleums, links geradewegs in den West-Iwan (e), in
abgewinkelter Führung auf den Hof der Medrese. Nach
einem weiteren Tortrakt lief der Gang – zweimal rechtwink-
lig abbiegend – in den Haupthof des Maristan (m). Da von
diesem zuwenig erhalten ist, wenden wir uns gleich der
Medrese zu. Auch sie ist stark zerstört. Der Hof (etwa
20 x 17 m) bildet das Zentrum einer Vier-Iwan-Anlage, wie
sie die Seldschukenzeit in weiten Bereichen des Islam eingebürgert hat. Allerdings ist das persische Schema sehr stark
variiert. Nach Nordwesten eine tiefe Halle (e), neben ihr der
unerläßliche Waschungs- und Latrinenhof (f). Der Nord-
(genauer Nordost-) Iwan (c) ist geschrumpft zum bloßen
Durchgang, der gegenüberliegende (g) hat sich in eine Art
Loggia verwandelt. Der Qiblaiwan (h) schließlich präsentiert sich als eine dreischiffig-basilikale Anlage mit einem
funkelnden Mihrab. In den hochgestelzten Bögen auf
schlanken Säulen offenbart sich ein Höhendrang, der sich
auch an anderen Teilen des Qalaūn-Komplexes und überhaupt an vielen Mamlukenbauten zeigt. Dieselbe Tendenz
zum schlanken Aufsteigen zeigt auch der sehr intime Hof (d)
vor dem Grabmal. Er ist dreischiffig-›basilikal‹ angelegt, mit
offenem ›Mittelschiff‹ und überkuppelten ›Seitenschiffen‹.
Von hier aus betritt man das Mausoleum (b): ein Quadrat, in
das ein aus vier Pfeilern und vier Säulen gebildetes Oktogon
eingestellt ist, eine aus Erinnerungen an den Felsendom in
Jerusalem[82] (s. o. S. 59) geborene hochstrebende Variante
des Zentralbauschemas. Holzgedrechselte Gitterschranken
frieden das Zentrum mit dem Kenotaph des Stifter-Sultans
ein (die Gräber Qalaūns und seines Sohnes an-Nasir befinden sich in der ›Krypta‹ darunter), verhindern zugleich den

Überblick über den Raum als Ganzes, d. h. das räumliche Erlebnis. Wer das Mausoleum betritt, wird also nie mit einem Blick das Gesamte überschauen, sondern immer nur Teile des Raumes wahrnehmen, dazu Schmuckformen, die sich erst nach und nach zu einem Ganzen addieren lassen. Jeder Teilaspekt selbst präsentiert schon wieder eine Summe von Motiven: antike Säulen mit korinthischen Kapitellen und byzantinischen Kämpfern, Pfeiler mit in die Ecken eingestellten Säulen mit abbasidischen Glockenkapitellen (wie schon seit Ibn Tulun bekannt), Schriftbänder, Stuckdekor der Bogenlaibungen, der in seiner schroffen Hell-Dunkel-Wirkung manchmal an Koptisches erinnert, die aus verschiedenen Überlieferungen zusammengeschlossenen Wandgliederungen des Tambours unter der nach Einsturz (1776) modern ergänzten Kuppel, reich vergoldete (gleichfalls restaurierte) Kassettendecken, ›romanische‹ Gruppenfenster, von einem dekorativen Schriftfries umzogen und mit modern erneuerten bunten Scheiben versehen. Die Fülle der Motive verwirrt fast. Wir stehen in einem der reichsten Interieurs der Mamlukenzeit. Das gebrochen einsickernde Licht schafft ein mystisches Halbdunkel (beinahe wie in Bauten des abendländischen Mittelalters), in dem die Einzelheiten, die hier summiert werden, malerisch zu einer Einheit zusammenfinden, einer Einheit allerdings, die in erster Linie eine atmosphärische ist, nicht eine aus einheitlicher Formensprache geborene. Die Restauratoren sind sicherlich nur zum Teil an diesem Eindruck schuld: Er entspricht völlig dem, was wir schon als charakteristisch für die mamlukische Phase des islamischen Stils zu erkennen meinten: ein beinahe ungeheurer Schatz an Motiv-Ideen wird zusammengetragen, wird summiert, aber nicht eigentlich zu einer neuen Einheit verschmolzen. Mit einem Bild aus der Chemie: es handelt sich eher um eine ›Mischung‹ als eine ›Verbindung‹. Daß ein Schmelzprozeß unterblieb, ist darauf zurückzuführen, daß die Mamlukenkunst weder die eines Landes noch die eines Volkes war, sondern abstrakt-islamisch. Gerade dadurch aber ist sie auch islamisch in einer besonderen Weise, und gerade darum gehören die Denkmäler Kairos zu den besonders sehenswerten.

Aber wir sollten uns die Zeit im Qalaūn-Mausoleum nicht durch solche Betrachtungen verkürzen, sondern uns an der Formenfülle und dem Schimmer von Farbe und Gold, Mosaik und Perlmutt ganz einfach freuen, denn sinnlich-geisti-

244 *Kairo, Mihrab der Moschee des Sultans Qalaūn, Ende 13.Jh.*

ge Freude bewirkt schließlich einen viel unmittelbareren
Zugang als die kritischen Überlegungen.

Bevor wir den Qalaūn-Komplex verlassen, fesselt uns die
Fenstergruppe über dem Mausoleumseingang mit dem
Sternmuster ihrer Gitter und der köstlichen Umrahmung
aus arabeskem Stuck. Das Ganze ist zwar restauriert, aber
der Formenreichtum ist phantastisch. So einheitlich der Dekor durch das Vorwiegen seldschukischer Palmettflügel
wirkt, so vielerlei Motive sind hier summierend verarbeitet,
selbst solche aus dem Maghrib. Das Mißtrauen, hier könnte

es der Restaurator gewesen sein, der nach der maurischen
Kunst geschielt habe, wird durch das Minarett weitgehend
zerstreut, denn es ist – vor allem in den unteren Geschossen
– alt, erinnert aber noch stärker an den Westen: zwei glatte
Vierkantgeschosse wie bei den Almohaden, das untere ge-
gliedert durch einen säulchenflankierten Rundbogen, das
obere durch eine Hufeisennische, dazu ein monumentales
Schriftband in Naskhi und eine Galerie von Blendarkaden.
Erst der oberste Aufsatz ist rund, geschmückt mit einem
Bogenmuster, das wie ein Astgeflecht wirkt, d.h. seine
Strenge zugunsten malerischer Wirkung aufgegeben hat.

Almohadische Gedanken scheinen hier aufgenommen
und wirken auch noch nach im Minar der *Grabmedrese des
Mohammed an-Nasir ibn Qalaūn* (8) (1295/6-1303/4), die
nördlich unmittelbar an die des Vaters anschließt. Auch hier
ein Kubus als Schaft, mit einer Blendarkadenreihe ausgesprochen almohadischer Zattelbögen auf Doppelsäulchen.
Die übrigen Formen des sehr zierlichen und reichen Dekors
– aus Ziegeln und Stuck – leben ganz aus dem ägyptisch-
mamlukischen Vorrat. Dieses Minarett erhebt sich über einem Portal, dessen Mittelstück ein gotisches Kirchentor bildet: französische Kreuzfahrergotik von der Andreaskirche
in Akkon als Siegeszeichen hierher versetzt. Es fügt sich so
bruchlos ein, daß man darüber schon wieder stutzt: Das
durchaus religiöse, zugleich strenge und malerische Bauen
der Mamlukenzeit ist dem gotischen offenbar nicht nur zeitgenössisch. Das Zwiegesichtig-Additive, der strenge Ernst
und die malerische Zierlichkeit sind dem Europa der späten
Gotik und dem islamischen Gegenspieler vor dem Hintergrund von fern vergleichbarer Gesellschaftsformen gemeinsam.

Die Stiftung an-Nasirs folgt in der Anordnung (Medrese
und Mausoleum getrennt durch einen Korridor) dem Vorbild der Qalaūn-Anlage. Das Mausoleum hat viel von seinem Dekor und seine Kuppel (dafür Flachdecke) eingebüßt,
auch die Medrese ist weitgehend Ruine, doch ist vor allem
im Qiblaiwan (mit einem eindrucksvollen Mihrab) noch eine
beachtliche Stuckdekoration erhalten.

Kehren wir aber noch einmal zum Qalaūn-Bau zurück!
Seine der Straße zugewandten Fassaden verdienen Beachtung und Betrachtung. Die Außenfront der Medrese ist
völlig symmetrisch und zugleich rhythmisch gestaltet. Seitlich je eine hohe, schlanke, unmerklich spitzbogige Flachni-

sche, dazwischen drei weitere, gleich breite, aber nicht ganz so hohe Nischen (die mittlere fensterlos, sie bildet die Rückwand des Mihrab), über denen seitlich des großen Mittelfensters zwei weitere kleinere Fenster sitzen. Drei Fenstergeschosse übereinander: im unteren eisenvergitterte Rechteckfenster, im zweiten einfache Spitzbogen, im oberen drei Fenstergruppen und wieder zwei einfache Bogenfenster. Auffallend die Fenstergruppen aus zwei durch eine dünne Säule getrennten Rundbogenfenstern (also etwas, was auch die ›maurische‹ Kunst gern verwendet) und einem Rundfenster. Was sich ergibt, ähnelt auffällig einer Bildung, wie sie aus der europäischen Romanik und Frühgotik bekannt ist: dem Gruppenfenster. Zwar zeigt sich in Kairo schon früh die Tendenz, Öffnungen (noch recht bescheidener Art) zu gruppieren, aber ein Gebilde, wie wir es hier sehen, dürfte wohl vom Westen zumindest angeregt worden sein. So vieles an dieser Fassade an Europäisches erinnern mag, so klar ist auch, daß wir es trotzdem nicht mit ›Gotik‹ zu tun haben. Nichts ist zu spüren von einer ›Gliederung‹ durch Pfeiler oder Lisenen (wie es die Gesimsstücke zwischen den oberen Fenstern nahelegen), sondern die Nischen sind rein ornamental in die Fläche eingeschnitten. In dem bezeichnenden Zug, daß sie sie das Feld nicht mit einbeziehen, in dem die drei mittleren Fenster des Obergeschosses sitzen, offenbart sich ein seltsam indifferentes Verhältnis zur Mauermasse. Der über den Erdgeschoßfenstern durchlaufende Doppelwulst und der prachtvolle Schriftfries unter der mittleren Fensterreihe ziehen unbekümmert um das Relief der Wand durch, schaffen den neutralisierenden Ausgleich zur Vertikalrichtung, ähnlich wie das Abschlußgesims mit den Stufenzinnen.

Die gleichen Horizontalelemente finden sich auch an der Front, die nach außen hin Mausoleum und Minar zusammenfaßt. Noch stärker ist das Relief, noch bewegter der rhythmische Wechsel (2 – 1 – 2 – 1 – 2) zwischen schmalen und breiter-höheren, doppelt abgestuften Nischen. Auch diese Nischen sind in die Außenhaut der Wandfläche eingeschnitten, aber was entstand, ähnelt nun zweifellos einer Pfeilergliederung im Sinne abendländischen Bauempfindens. Diese ›Pfeiler‹ aber stehen nicht auf dem Boden auf, sondern setzen über Säulen an. Auch das ist aus Säulenbasiliken jeder Zeit geläufig. Nur: ganz anders als romanische Säulen oder gotische Säulenvorlagen kommen diese hier gar nicht zum ›Tragen‹ (und könnten es auch nicht), sondern hängen eher herab als bloße Schmuckglieder. Die Wirkung ist – wenn auch robuster – ähnlich wie am Dogenpalast in Venedig, an dem man immer wieder bemerkt hat, daß das kompakte Obergeschoß (wirkt es mit seiner ›richtungslosen‹ Farbmusterung als körperliche Masse oder nicht viel mehr nur durch seine Wandflächen?) nicht eigentlich als von den Säulenstellungen ›getragen‹ erscheine. Eher hängen diese Säulen wie Fransen von einem ausgebreiteten Tuch herab. Klassizisten mußten das tadeln, andere empfanden gerade darin den besonderen Reiz dieses Palastes in der orientalischsten Stadt des Westens.

Wir haben uns bei der Qalaūnstiftung fast über Gebühr verweilt, weil sich hier Östliches und Westliches so nahekommen wie selten sonst, aber gerade in dieser Nähe auch sehr deutlich jener im Wesen begründete Unterschied sichtbar wird, der östliches und westliches Empfinden trennt. Daß mit der Feststellung der Verschiedenheit keine wertende Rangordnung aufgestellt werden soll, ist klar. Aber erst, wenn man im Vergleich das eigene innere Gesetz wie das des anderen erkannt hat, wird der Weg frei zu einem gegenseitigen Verstehen, Schätzen oder wenigstens Geltenlassen.

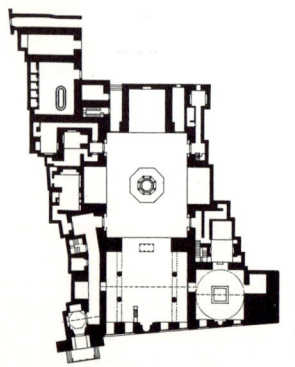

245 *Kairo,*
Grabmedrese
des Sultans Barquq, 1382-99,
Grundriß nach Franz Pascha

Nördlich schließt sich an die *an-Nasir-Grabmedrese* die *des Sultan Barquq* an (1384-86) (7). Barquq (1382-89 und 1390-99) war der erste Sultan der Bordschiten, der tscherkessischen Mamluken, seine Grabstiftung ist also ein Werk, das an einer dynastischen Wende steht.

Wie immer orientiert ein Blick auf den Grundriß. Bei den benachbarten älteren Bauten waren Medrese und Mausoleum ähnlich zueinandergeordnet, aber der Korridor, der sie dort trennte, ist hier an die Seite gerückt, und das hohe Nischenportal, durch das man die Anlage betritt, kann an die Ecke der schönen Fassade treten. Im Vergleich zu den älteren Bauten scheinen die Nebenräumlichkeiten fast regellos und zufällig dort Platz zu finden, wo das Bauareal es eben erlaubte. Ganz bewußt bildet das Zentrum ein Hof mit vier Iwanen, die sich so breit öffnen, daß kein Platz mehr für Wohnzellen bleibt, sondern nur noch für vier Türen.

Offenbar hat die 30 Jahre früher entstandene Hassan-Moschee (über sie gleich unten mehr) die Planung beeinflußt. Der Qibla-Iwan ist zur dreischiffigen Halle geweitet. Die prunkvolle Flachdecke wurde in jüngerer Zeit mit viel Aufwand an Farbe und Gold restauriert wie auch das Innere des Grabmals. Überhaupt geben die gutgemeinten Erneuerungen dem Bau ein etwas zu jugendfrisches Aussehen. Aber wir sollten nicht gar zu kritisch sein: Immerhin werden wir hier daran erinnert, daß wir uns die mittelalterlichen Bauten Kairos viel bunter als heute vorstellen sollten, genauso wie viele Kirchen des europäischen Mittelalters. Die bunten Steininkrustationen der Qiblawand sind von größtem, vielleicht schon etwas manieriertem Reichtum. Auch der Mihrab (Mitte 15. Jh.) ist sehenswert, obwohl er nicht zum Allerbesten gehört.

Besondere Beachtung verdienen die Türflügel mit ihren ehernen Beschlägen (ähnliche z. B. auch an der Grabmedrese Aschraf-Barsbey und im Islamischen Museum). Wir wissen, daß die verwirrende Fülle des Rankengeschlinges (mitunter den Staubkrusten kaum bemerkbaren Silbertauschierungen) nicht sinnloses Spiel der Laune ist, sondern Sinn-Bild von labyrinthischer Welt und Paradiesesköstlichkeit zugleich.

Über den Einzelheiten sollte man das Ganze nicht vergessen. Wir haben – bis auf die für Kairo bezeichnende Gestaltung des Qibla-Iwans – ein ›musterhaftes‹ Beispiel für einen Vier-Iwan-Hof vor uns. Wer Beispiele aus dem türkisch-iranischen Bereich noch nicht kennt, kann sich eine Vorstellung von einem solchen Hof machen. Wer dagegen den kairiner Bau mit östlichen Gegenstücken vergleicht, dem wird auffallen, daß bei aller wohligen Breite der Iwanbögen (und gerade deshalb!) sich nicht jene freie Entfaltung einstellt, die den Bauten des Ostens zugleich intimen und weiten Atem gibt. Hier steigen die Bogen und Mauern hoch hinauf, und selbst der Brunnenpavillon mit seiner kompakten Apfelbekrönung trägt zu dem Gefühl der Beengtheit bei: Er behindert den freien Blick und das Gefühl des freien Raumes. Wir fühlen uns schon nicht mehr in einem offenen Hof.

Am stärksten überkommt einen dieses Gefühl in der eine Generation älteren *Grab-Medresen-Moschee des Sultan Hassan* (1356-62), kurz auch Hassan-Moschee genannt (22). Sie gehört zu den bedeutsam-eindrucksvollsten Bauten nicht nur Kairos und der Mamlukenzeit. Gegenüber und zu Füßen der Zitadelle, durch den verkehrsreichen Saladin-Platz von ihr getrennt, konkurrierend bedrängt von der Stil-mimikry der ar-Rifai-Moschee (21), behauptet sie sich doch als machtvoller Akzent im Stadtbild. Dabei entspricht ihre äußere Erscheinung heute nur noch teilweise dem, was einst geplant war. Vier Minaretts waren vorgesehen, nur noch eines (es ist mit über 80 m das höchste Mamlukenminar Kairos) steht, wie es gedacht war. Noch bevor der vierte Turm begonnen wurde, stürzte der dritte, über der einen Ecke des Portalbaus bereits errichtete, ein und erschlug viele Menschen. Der Gedanke, den Torbau mit Minaretts zu bekrönen, wurde fallengelassen. Dreiunddreißig Tage vor dem gewaltsamen Tod Sultan Hassans (1347-51 und 1354-61) brach auch das östliche Minar zusammen. Es wurde später durch ein recht bescheidenes ersetzt. Auch die Kuppel über dem Grabraum stürzte ein (wann, ist nicht genauer überliefert) und wurde bei der Restaurierung zu Anfang unseres Jahrhunderts durch eine Betonschale ersetzt. Pietro della Valle hat die alte Kuppel um 1616 noch gesehen. Er schreibt: »Vor allem gefiel mir die Kuppel, die eine Form hat, wie ich sie nie gesehen habe; sie beginnt aufstrebend, verbreitert sich dann, um sich wieder zu verjüngen, genau wie die Form eines Hühnereis«[83]. Dieser Beschreibung entspricht noch heute etwa die kleine hölzerne Kuppel über dem Reinigungsbrunnen im Zentralhof.

Der Bau hat etwas Festungshaftes, wurde tatsächlich wenige Jahrzehnte nach seiner Vollendung als Festung mißbraucht und dabei schwer beschädigt. Die ehernen Torflügel und die emaillierten Glasampeln syrischer Herkunft erwarb 1410 Sultan al-Moayyad für seine Moschee (s. S. 396). (Die meisten heute im Islamischen Museum von Kairo.) Was

246 *Kairo, Blick von der Zitadelle auf die Hassan-Moschee (1356-62) und rechts auf die ar-Rifai-Moschee (1912)*

trotz allem blieb, ist eindrucksvoll genug. Schon aufgrund seiner Dimensionen (Länge etwa 150 m) nimmt dieses Bauwerk eine besondere Stellung unter allen Schöpfungen der ägyptischen Mamlukensultane ein. Die Nordost-Fassade spricht eine machtvolle Sprache: hohe schlanke Nischen, oben von Stalaktiten abgeschlossen, sind vielstöckig durchfenstert, ohne daß sich nach außen eine Geschoßgliederung bemerkbar macht. Man sieht nur die gewaltige Höhenentwicklung, kaum zählt man die Fenster und macht sich klar, daß je ein großes mit dem darüberstehenden kleineren Rechteckfenster zusammengehört, sich also vier Geschosse übereinanderbauen. Der Drang nach oben wird abgefangen durch ein in mehreren Reihen vorkragendes Stalaktitgesims mit Bekrönung aus Lilienzinnen. Das Gesims ist ein ganz ungewöhnlicher Zug, der jedoch an seldschukischen Grabtürmen (z. B. Toghrul-Turm in Rayy [s. S. 313]) vorgebildet ist.

Wer von der Zitadelle kommend an dieser Front entlanggeht, hat als ›Ziel‹ den Torbau vor Augen und wird von ihm

mit sanfter Gewalt eingeladen, über die Treppe hinaufzu-
steigen und in die Moschee einzutreten. Dieser Torbau – obwohl von dem gleichen Gesims bekrönt – ist durchaus als
selbständiger Trakt gebildet. Er sitzt – wie in Kairo zu erwarten – an der Ecke der Front, tritt gegen sie abgewinkelt
hervor. Noch nie vorher war in Kairo eine so stolz-schlanke
stalaktitgefüllte Portalnische erdacht worden. Ihre nächsten
Verwandten– man darf füglich sagen: ihre Vorfahren und
Vorbilder – sind Medresen- und Moscheenportale des seldschukischen Kleinasien. Dort aber bilden solche Torbauten (mit einem bekrönenden Minarettpaar, wie auch hier
ursprünglich vorgesehen) Mittel- und Herzstück der Fassaden. Es wäre verlockend, Einzelheiten genauer zu betrachten und Motive zu vergleichen, aber wir müssen hier darauf
verzichten und können nur gerade noch den bewußten Kontrast zwischen der herben Nüchternheit der Längsfront und
dem reichen Reliefmantel des Torbaues wahrnehmen und
feststellen, daß fortan in Kairo kein Portal mehr entworfen
wurde, das sich nicht auf irgendeine Weise mit dem Vorbild
des Baues von Sultan Hassan auseinandersetzte.

Mit diesem Portal war man in Kairo Seldschukischem so
nahegekommen wie nie zuvor. Aber auch in der Plangestaltung klingen Ideen aus dem seldschukischen Bereich an,
nicht nur in dem Vier-Iwan-Schema des Hofes, sondern
auch in der Anordnung des Kuppelsaals (Mausoleum) in der
Achse des Qibla-Iwans. Ähnliches kennen wir aus Moscheen
Persiens (z.B. Isfahan, Große Freitagsmoschee, wo der
Kuppelraum aber den Betsaal bildet), treffen wir – in noch
genauerer Entsprechung – z.B. in der Çifte-Minar-Medrese
von Erzurum (s. o.S. 358). Solche seldschukisch-persischen
Gedanken kamen über Syrien an den Nil. Von syrischen
Künstlern im Dienst der Rum-Seldschuken war im Kapitel 9
schon die Rede. Auch der Architekt Sultan Hassans soll ein
Syrer gewesen sein.

Der Grundriß der Hassan-Moschee zeigt auf den ersten
Blick, wie kunstvoll-überlegen disponiert wurde. In höchst
geschickter Weise wurde das zur Verfügung stehende unre-
gelmäßige Areal genutzt, um den Zentralhof mit den vier
Iwanen zum achsensymmetrischen Herzen der Anlage zu
machen. Dieses Streben nach kristallisch-strenger Symmetrie bildet innerhalb der Mamlukenarchitektur eine Ausnahme. Dieser Hof öffnet sich nach allen Seiten in die
Iwane, gegen den Qibla-Iwan fast in voller Breite. Die eine

247 *Kairo, Eingang der Moschee des Sultans Hassan, 1356-62*

Medrese kennzeichnenden umlaufenden Wohnzellen fehlen. Er ist reiner ›Moscheehof‹ in einem Institut, das wieder
einmal als ›universales‹ für alle vier Rechtsschulen geplant
war. Die eigentlichen Medresen sind in die Ecken zwischen
den Kreuzarmen gesetzt und gruppieren jeweils um einen
schachtartig engen Hof mit Iwanhalle (als Lehr- und Betsaal) in mehreren Geschossen Wohnräume, Treppen usw.
Mag auch der Keim zu dieser Idee im Osten zu suchen sein
(Diez), jedenfalls ist die Ausformung ganz einzigartig und
entspricht deutlich jener Freude am Zusammenstellen – um
nicht zu sagen: Zusammenschachteln – von vielerlei Bauten
in einem Komplex, die sich in der Mamlukenkunst immer
wieder zeigt. (Den denkbar größten Gegensatz dazu stellt
die Külliye Mehmets II. in Istanbul dar, S. 531).

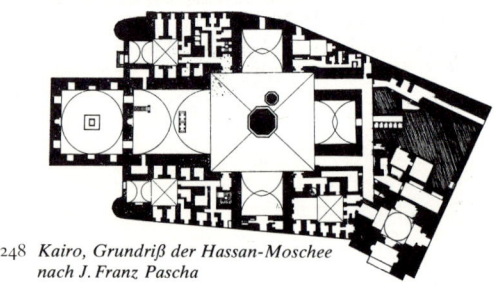

248 *Kairo, Grundriß der Hassan-Moschee*
    nach J. Franz Pascha

Auch sonst finden sich genug mamlukisch-kairiner Züge.
Der Plan zeigt ganz deutlich, daß der Tortrakt (Portalnische,
dahinter liegender Kuppelraum, Reinigungshof) durchaus
als eigener Bauteil aufgefaßt ist, allerdings ohne begehbare
Achse. Im Gegenteil: offenbar hat man eben solche durchgehende Achsen als ›Wege‹ vermeiden wollen. Wie mühelos
hätte sich – auch auf dem gleichen unregelmäßigen Baugrund – das Portal vor die Längsachse des Iwanhofes setzen
und sich von ihm aus axial in den Nordwestiwan hinleiten
lassen. Müßiges Gedankenspiel: genau Derartiges wollte
man vermeiden und durch mehrfach gewinkelte Korridore
den Besucher aus einer Ecke her in den Hof entlassen.
Aber wir sollten nun nicht mehr zögern, auf diesem Weg
eben den Hof endlich zu betreten.

> Ist's ein Hof? Ist's tiefe Grube?
> Schauerlich in jedem Falle.

249   *Kairo, Hof der Moschee des Sultans Hassan, 1356-62*

Nein, nicht schauerlich, aber atemversetzend durch das, was
der Grundriß verschweigt: die Gewalt der Höhendimension.
Ringsum stehen schmucklose Mauerflächen, in denen sich
spitztonnengewölbte Hallen groß auftun, ohne in eine Richtung zu drängen. Ihr Boden ist um eine Stufe über das
Niveau des Hofrechtecks erhöht. Der Hof bewahrt durch
dieses bescheidene Mittel seine Vierecksgestalt, ›fließt‹ nicht
in die Hallen hinein, und sein prachtvoll eingelegter Boden
(restauriert) gibt ihm den Charakter eines majestätisch-fest-
lichen Raumes mit dem Himmel als Decke oder Kuppel.
Daran, ein so riesiges Viereck wirklich zu überdecken oder
zu überkuppeln, war natürlich nicht zu denken. Aber die
Wirkung eines Innenraumes ist auch so gegeben. Die Baumeister der späteren Bordschitensultane haben, ebenso wie
die im Reich von Rum (und vielleicht kam wieder von dort
her die Anregung) schließlich kleine und fast intime Höfe
durch Überdeckung tatsächlich in Innenräume verwandelt.
Welch ein Unterschied zu den weiten, von niedrigen Hallen
umgebenen Hofflächen der frühen ›arabischen‹ Moscheen!

Und doch: mochten sich auch die Gestaltungsweisen wandeln, der ›Stil‹ (wenn wir damit die hinter den Formen und Moden stehende geistige Haltung meinen) hat sich nicht geändert. Hier wie dort das fraglose Ruhen in sich, nirgends gewaltsam strebendes Ringen, kein sehnsuchtsvolles Hungerleiden nach dem Unerreichlichen.

Vor der heilig-unbewegten Nüchternheit dieses Hofraumes muß jeder Schmuck – und sei es der köstlichste – beinahe kleinlich wirken. Tatsächlich bedarf die qualitätsvolle Inkrustation der Qiblawand des prachtvollen Stuckfrieses mit Kufi-Schrift, der den Hauptiwan etwa in zwei Fünfteln seiner Höhe umzieht, damit sie überhaupt zur Geltung kommt. Um Wiederholungen zu vermeiden, nichts weiter über den Mihrab, den steinernen Minber, die Dikka, auch nichts über die Ausstattung des Grabraums (man betritt ihn durch eine Tür seitlich des Mihrab, also wieder aus der Ecke!): Wir sahen Ähnliches – wenn auch nicht oft von solcher Qualität – bereits anderswo. Statt dessen wollen wir uns vorstellen, daß an den heute leer (oder gar mit Glühbirnenfassungen) von dem Iwangewölbe herabhängenden Ketten noch die emaillierten Glasampeln schwebten, in Festnächten einen Lichthimmel über der Bodenfläche bildend; jede Leuchte ein Hinweis auf das Licht des Ewigen und Einen: »es gleicht einer Lampe in einem Glase, und dieses Licht sieht aus wie ein leuchtender Stern« (Sura 24).

Genug – die Hassan-Moschee gehört zu jenen Bauten Kairos, die jeder Ägyptenreisende sehen sollte, der den Blick nicht ausschließlich aufs Alte Ägypten richtet. Dazu zählen nach Ansicht des Verfassers wenigstens noch: die Moschee Ibn Tulun, die nördlichen Tore mit den Resten der Hakim-Moschee, die Fassade von al-Akmar, al-Azhar, die einander benachbarten Stiftungen des Qalaūn, an-Nasir und Barquq. Von ihnen allen war oben schon näher die Rede. Dazu gehört auch die östliche Totenstadt und dort vor allem die Grabstiftung des QaitBay. Wer diese Tour nicht unternehmen mag, kann in den Medresen BarsBay (10) und al-Ghori (Nr. 12) eine Vorstellung von der Gestaltungsart der Bordschitenzeit (1390-1517) gewinnen. Sie vollendet alle Tendenzen, die sich unter den bahritischen Herrschern bereits angemeldet hatten: Steinbau mit bunter Verkleidung, summierende Häufung von Motiven, vor allem das Streben nach malerisch-reichen und düster-frommen Gruppierungen.

Die bezeichnendsten Bauten des 15. Jahrhunderts stehen in der östlichen Nekropole. Viele orientalische Städte sind von weiten Friedhöfen umzingelt (man denke an Fez oder Istanbul). Aber daß für die Toten eine regelrechte Stadt errichtet wurde, mit Häusern, die sich um prominente Grabbauten scharen und in denen die Familienangehörigen zum Totengedenken festlich wohnen und Mahlzeiten halten, das ist in der islamischen Welt fast einmalig und erscheint wie eine islamisch umfunktionierte Fortsetzung altägyptischen Totenkultes. In dieser Stadt außerhalb der Stadtmauern mit ihren leerstehenden Häusern hat sich heute allerlei armes Volk eingenistet, und die Nekropole der ›Kalifengräber‹ (kein wirklicher Kalif ist hier bestattet!) scheint auf dem traurigen Wege, ein unerfreuliches Slumviertel zu werden. Trotzdem kann diese Totenstadt zwischen dem östlichen Altstadtrand und den Mokattamhängen in vieler Hinsicht – außer in der Monumentalität – mit den altägyptischen Gräberfeldern von Gizeh konkurrieren und gehört zu den Wundern Ägyptens. Übereinstimmend haben Reisende nur eine einzige Parallele in der weiten islamischen Welt anzuführen gewußt: die viel kleinere, konzentriert-herrliche Gräberstraße von Schah-i Zinda in Samarkand. Das Gelände wurde zwar schon in fatimidischer Epoche als Friedhof benutzt, aber es gibt dort keine nennenswerten Reste aus der Zeit vor 1400. Für den Touristen ist es nicht immer erfreulich, von bettelnden Kinderscharen verfolgt, von Bauwerk zu Bauwerk zu traben. Darum im folgenden nur eine Auswahl der wichtigsten Mausoleen entlang einer – gedachten – Nordost-Südwest-Achse.

Im Norden der *Stiftungskomplex des Sultan Inal* (1453-61), bestehend aus einer ungewöhnlich weiträumigen (aber stark verfallenen) Khanaka (1450-56), d. h. einem Derwischkloster mit Medrese, Grabmal und einem Minarett, so schlank, daß der ortsübliche Schmuck an ihm schon fast schwer und lastend wirkt. Die sehr hochstrebende Portalnische mit Dreipaßbogenschluß steht, wie zu erwarten, an der Ecke der Fassade, die um einen nur mit einem Rundbogenfenster versehenen Mittelrisalit symmetrisch zwei Felder mit großen Bogenfenstern im Oberstock anordnet. Die Kuppel des seitlich angefügten Mausoleums ist mit horizontal laufenden Zickzackrillen geschmückt wie die Barquq-Kuppeln.

Etwas südlich davon erhebt sich die *Grabmedrese des*

Emirs Khurkmas (1507), aus der letzten Zeit der Mamlukenherrschaft. Es ist eine fast wörtliche Kopie des QaitBay-
Grabmals, sehr elegant, aber von epigonaler Dürre.

Ältestes erhaltenes Denkmal in der Totenstadt ist wahrscheinlich das *Grabkloster des Barquq* (erb. 1398-1405 von
Faradsch und Abd al-Aziz, den Söhnen des Sultans). Es ist
von besonderer Bedeutung, da es Züge der fatimidischen
Hofmoschee auf Pfeilern (z. B. zwei Kuppeln [hier: Mauso-
leen] an den Ecken des Qibla-Flügels wie bei al-Hakim)
wieder aufnimmt und mit den Formen einer Medrese bzw.
einer Khanaka kombiniert. Statt der Iwane umgeben Hallen
den Hof, wobei die seitlichen zu flachen Loggien geworden
sind, hinter denen Wohnzellen, Reinigungshof usw. liegen.

Den Betsaal (mit originellem Minber) flankieren die
Grabmäler: erstmals steinerne (einschalige) Kuppeln mit
einem Zickzackmuster auf der Außenhaut. Im nördlichen
(mit sehr schlanker, inkrustierter Mihrabnische) ruhen der
Sultan und seine Söhne, im südlichen seine rechtmäßigen
Gattinnen. Holzgitter mit prachtvollem Sternmuster trennen die Grabräume vom Betsaal: beispielhafte Erzeugnisse
der einst blühenden kairiner Drechslerkunst. Wie üblich
liegt der Zugang zu der Anlage an der Ecke, in einer schlanken, stalaktitgefüllten Dreipaßnische über einer kleinen
Freitreppe. Links vom Torbau springt ein Schultrakt vor mit

250 *Kairo, Grabkloster des Sultans Barquq, 1398-1405*

251 *Kairo, Blick auf die sog. ›Kalifengräber‹. Alte Aufnahme*

einem Brunnenhaus im unteren und einer Loggia (mit Vordach) im oberen Geschoß. Ein weiterer vorspringender
Bauteil leitet, indem er ihr Gliederungsmotiv schon aufnimmt, zur noch weiter vorgeschobenen Westfassade über,
in deren Nordecke wieder eine Säulenloggia einbezogen ist.
(Ähnliches findet sich auch bei anderen Bauten vor allem
der Nekropole – ein ungewöhnlicher Zug, wenn man be-
denkt, wie gern sich sonst die Bauten des Orients nach außen
verschließen.) Zwei bis in Einzelheiten einander entsprechende Minaretts – Musterbeispiele des mamlukischen Typus! – geben der Front ein gewisses Maß von Symmetrie.
Streng symmetrisch ist aber nur der Mittelteil gestaltet: Eine
breite Flachnische mit sechs Fenstern wird flankiert von
zwei schmäleren, alle sind mit einem Stalaktitband horizontal abgeschlossen. ›Nischen‹ ist vielleicht ein irreführendes
Wort. Man hat das Gefühl, als sei hier nicht etwas in die
Mauermasse eingehöhlt, sondern als sei die äußere Mauer-
haut abgeschält, um ein mehrfarbiges Steinmuster und die

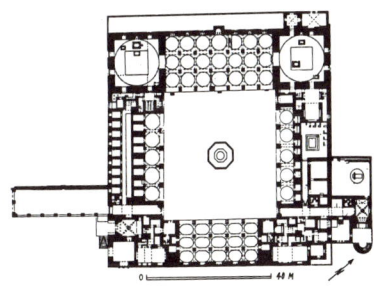

252 *Kairo,
Grabkloster
des Sultans Barquq,
Grundriß nach
Salch Lamei Mostafa*

Fenster freizugeben. Hier haben wir einmal Gelegenheit, eine mamlukische Fassade nicht aus der Enge einer belebten Gasse, sondern von einem freien Platz aus zu betrachten. Deutlich erkennbar wird, was wir immer wieder feststellen durften: nirgendwo wird der Versuch unternommen, ein Stütze-Last-Verhältnis zu zeigen. Die Mauer erscheint vielmehr nur als eine, oben durch ein Zinnenband abgeschlossene, aber völlig gewichtneutrale Fläche. Aus ihrer glatten Haut können Teile schichtweise abgehoben werden. Hinter der dann erscheinenden Schicht können noch weitere liegen, die sich Schritt für Schritt auftun. Die Mauer besteht also gewissermaßen aus Schichten, die sich nacheinander schrittweise öffnen, bis ›Nicht-Mauer‹, d.h. nur noch eine imaginäre Grenze des Innenraums übrigbleibt.

Weiter südlich steht die *Grabmoschee des Sultan BarsBay* (voll. 1432 – BarsBay starb 1438) mit einem traurig entstellten Minarett, einer sehr harmonischen Fassade und einem großgearteten Portal, von dem – wie üblich – ein geknickter Gang zu Betsaal und Grabmal führt. Ganz prachtvoll ist der geometrisch klare Dekor der Kuppelschale. Der Bau bildet mit den benachbarten Mausoleen hoher Hofchargen eine sehr malerische Gruppe.

Eine kurze Wegstrecke weiter südlich steht das köstlichste Bauwerk dieser Nekropole, oft abgebildet und besonders bezeichnend für die späte Mamlukenzeit: die *Grabmedrese des Sultan Qait Bay* (1472-74, rest. 1898). Ein bewegter Umriß faßt Torbau, Schule, Mausoleumskuppel und das an die 40 m hohe Minar zusammen. Alles geht schlank und elegant in die Höhe. Über eine Freitreppe erreicht man das Portal in der (schon vertrauten) reich gestalteten Kleeblattbogennische. An den Vorraum schließt sich links ein Brunnen *(sebil)* an, über ihm öffnen sich die Arkaden einer Schul-Loggia. Aus dem Vorsaal führt ein winkelig geknickter Gang in das, was eigentlich den Innenhof darstellt: nämlich einen überdeckten, mit einem achteckigen Oberlicht versehenen Raum, der sich mit einem breiten, gespitzten Hufeisenbogen zum Hauptiwan mit Mihrab und Minber öffnet. Dieser Betraum ist saalartig verbreitert. Sein Schmuck kostet raffiniert den Kontrast zwischen einfach-schlicht getünchten Flächen und der Pracht der Schriftfriese aus. Aufwendiger ist die Ausstattung des Mausoleums. Es gehört zu den schlanksten Beispielen seiner Art in Kairo (Verhältnis von Seitenlänge des Grundquadrats zur Höhe 1:3,35). Die Außenhaut seiner

253 *Kairo, Grabmedrese des Sultans Qait Bay, 1472-74, rest. 1898*

Kuppel überspinnt ein bereits etwas müdes Sterngeflecht
mit flachen Arabeskenreliefs in den polygonalen Feldern.
Der Dekor des Minaretts vereinigt so etwa alle Motive, die
sich seit fatimidischer Zeit in der Kunst Kairos zusammen-
gefunden hatten. Vom obersten Balkon genießt man einen
herrlichen Rundblick über die ›Kalifengräber‹, über die
Stadt und bis zu den Pyramiden von Gizeh am Horizont.

Kehren wir in die Stadt intra muros zurück. Unweit von al-Azhar steht eine für die Spätzeit sehr bezeichnende und besonders malerische Gruppe: die *Medrese des Sultan al-Ghori* (1503) (12) mit angebauten schönen Häusern und dem zugehörigen, an der anderen Straßenseite gelegenen *Mausoleum al-Ghori*, dem leider seit langem seine Kuppel fehlt. Es sei hier nur auf die schöne Fassade mit hoher Tornische hingewiesen und auf das Minar (es trägt als Werk der Restauratoren eine Bekrönung von fünf Kuppelknäufen). Wieder ein gewinkelter Zugang zum ›Hof‹, der wie beim QaitBay-Mausoleum zum Innenraum verwandelt ist. Er öffnet sich mit vier großen Bögen in die Iwanhallen, wobei die in Qiblarichtung zum breitgedehnten Saal geworden ist. Wie andere gänzlich überdeckte Bauten aus der letzten Zeit der Mamlukenherrschaft ist auch dieser Innenraum durch seine reichen Einlagearbeiten an Fußboden und Wandsockel, durch Schriftfriese und Stuckarabesken, vor allem durch prachtvolle, reich vergoldete Decken und schönes Gitterwerk zu einem wahren Schmuckschrein geworden und einem Zeugnis für den Hochstand des kairiner Kunsthandwerks.

Auf Schritt und Tritt stößt man im alten Kairo auf Werke der Mamlukenzeit. Wir konnten hier nur wenige betrachten, aber die Überlegungen, die wir angestellt haben, können helfen, auch andere Bauten verstehend zu erleben.[84]

Eines wurde deutlich: am Nil sind Anregungen aus fast allen Ländern der islamischen Welt zusammengeströmt. Das Kairo des ausgehenden Mittelalters war tatsächlich ein Sammelpunkt erster Ordnung, und es lohnt sich, seine Bauwerke kennenzulernen. In ihnen werden Typen und Motive zu malerischem Reichtum gruppiert, ohne das Bestreben – vielleicht auch ohne die Kraft –, die heterogenen Elemente bruchlos zu verschmelzen. Kairo zieht die Summe aus den Errungenschaften des mittelalterlichen Islam. Schmuckmotive stehen genauso im Grunde selbständig nebeneinander wie die einzelnen Gebäudeteile und Räume, aus denen die Baugruppen zusammengesetzt sind. Für die ganze Mamlukenkunst gilt, was Diez über die QaitBay-Grabmedrese geschrieben hat: »Das ›individuelle‹ Sonderleben der einzelnen Gebäudekomplexe zeigt besonders gut das Bild der Grabmoschee des Qâit Bâj, wo Grabkuppel, Moschee und Minarett äußerlich drei selbständige Bauwesen sind, deren unorganische Zusammenfügung fast an den berüchtigten

›altdeutschen‹ Villenstil des 19. Jahrhunderts erinnnert.
... Dieser Vergleich soll indessen die Blüten der kairini-
schen Baukunst nicht herabsetzen, nur auf seine (sc. des
Stiles) innewohnenden Schwächen hinweisen. Sie haben etwas Konglomeratartiges wie alle wurzellosen, volksfremden
Erzeugnisse kosmopolitischer Länder und Zeiten, sie wirken mehr artistisch als gewachsen. Doch gerade so gehören
sie zu den charakteristischsten historischen Denkmälern der
im Islam vollzogenen Kulturmischung.«

Bei ähnlicher – ja noch größerer – Vielgestaltigkeit der
Anregungen und einer ähnlichen Vielgestaltigkeit ihrer Produkte – um wie vieles stärker war die Kraft der Seldschuken
in Kleinasien, das sich Mischende zusammenzuschmelzen
und fruchtbar weiterzugeben. Ihre Kunst hat daher nicht nur
die am Nil so sichtbar befruchtet, sondern auch im ganzen
Anatolien die Grundlagen geschaffen, auf denen die Osmanen aufbauen konnten. In Ägypten dagegen versteinerten
alle Anregungen ohne zeugende Kraft für die Zukunft.

Mit der Eroberung Ägyptens durch Sultan Selim I. (1517)
endet die schöpferische Tätigkeit. Unter den neuen Herren
entstanden nur noch wenige Bauten, teils als späte Nachkommen der mamlukischen, teils als provinzielle Ableger
der osmanischen Gestaltungsweise, die für das Erscheinungsbild Kairos ohne Bedeutung blieben. Ein paar ›osmanische‹ Minaretts (meist als Ersatz für zerstörte mamlukische) fallen auf. Ein schönes Beispiel für osmanische Innendekoration nachklassischer Zeit bildet die Fayenceausklei-
dung (1652) der schon erwähnten Ak-Sunkor-Moschee
(20).

Ein einziger Bau des osmanischen Typs setzt vom höchsten Punkt einen wichtigen, ja den bedeutendsten Akzent
ins Stadtbild: die sog. ›Alabastermoschee‹, die *Moschee des
Mehemet Ali* (25) auf der Zitadelle, mit ihren hellschimmernden Kuppeln und den nadelspitzen Minaretts. Aber auf
den ersten Blick wird deutlich: das ist kein Werk der klassisch-osmanischen Zeit, sondern eines des 19. Jahrhunderts.
Bauherr war jener Albanese Mehemet Ali, der vom Kaufmann zum Vizekönig (1805-49) aufstieg und Ägypten praktisch aus dem Verband des Osmanenreiches löste, der
Stammvater der letzten Dynastie des Landes. Er schuf sich
hier sein Grabmal. Der so eindrucksvoll plazierte Bau entstand 1824-57 und repräsentiert durchaus die Situation seiner Entstehungszeit. Französische Architekten waren am

254 *Kairo, Moschee des Mehemet Ali, sog. Alabastermoschee, 1824-57*

Entwurf beteiligt, haben sich an osmanische Barockmosche-
en angelehnt und eine Reißbrettarchitektur geschaffen, die
sich nur orientalisch maskiert: Stilmimikry. Mit dem Geist
der Moscheen Istanbuls hat sie so wenig gemeinsam wie die
Wiener Votivkirche mit den Kathedralen des Mittelalters.
Was die etwas distanzierende Lage noch gnädig verschleiert,
zeigt der Blick von der Nähe: ein kahler, dreistöckig durchfensterter schwerer Kubus, auf dem die vier Eck- und die
vier Halbkuppeln die zentrale Kuppel beziehungslos umstehen. Der Innenraum ist gewaltig groß wie eine Bahnhofshal-
le – und genauso eiskalt, trotz des Aufwands an kostspieli-
gem Material. In halb europäischen, halb osmanisch-barok-
ken Formen entfaltet die Ausstattung einen orientalischen

Prunk, der darauf berechnet ist, bei naiven Gemütern Eindruck zu machen und dieses Ziel auch bei vielen Touristen erreicht; vor allem, da die Moschee ja – im Gegensatz zu den Kostbarkeiten der Stadt – sehr »sauber und so wohlgepflegt« ist! Der Uhrturm über den westlichen Hofarkaden (ein Geschenk des Bürgerkönigs Louis Philippe an den Khediven) ist vollends eine Karikatur. Nur wenn in Feiertagsnächten das Licht der zahllosen Ampeln auf die – nicht gerade erstklassigen – roten Teppiche fällt, entfaltet die Moschee einen gewissen festlichen Zauber, in dem viel Theatralisches einschlägig ist.

Die *ar-Rifai-Moschee* (21), Grabmoschee des Khediven Ismail (1912), eine der auffallendsten Moscheen Kairos, stellt sich anmaßend und taktlos neben die Hassan-Moschee, mag dadurch noch etwas erträglicher erscheinen, daß sie sich wenigstens an einheimische historische Vorbilder anlehnt. Sonst ist sie – trotz allen Ausstattungsprunkes – eher steril und uninteressant. An mamlukische Formen lehnen sich historisierend auch einige kleinere Bauten in den neueren Stadtvierteln an, sie bieten so wenig oder so viel, wie die nach der Mitte des vorigen Jahrhunderts entstandenen Kirchen unserer großen Städte.

Die mittelalterlichen Bauten Kairos sind ›Summen‹ islamischer Typen und Motive aus sechs Jahrhunderten und aus den verschiedensten Bereichen und bestimmen in einzigartiger Weise noch heute das Bild der Stadt. Man mag trotz aller Zierlichkeit ihr Wesen als beklemmend düster empfinden, als fremdartig in besonderer Weise. Und vielleicht sind manche alles andere als ›liebenswürdig‹. Ganz sicher sind sie als Bauwerke nicht volkstümlich. Es ist geradezu erstaunlich, wie wenig aus ägyptischem Wesen entsprungen sie anmuten, auch wenn sie aus dem Stein des Landes gewachsen sind.

11 Mongolenzeit

Der Osten vom 13. bis zum Ende des 15. Jahrhunderts

Die erhaltenen Bauten – oft etwas abseits der gängigen Reiserouten – liegen im Kaiserreich Iran, der Usbekischen SSR und in Afghanistan.

Die verheerenden Feldzüge Dschingis Khans und seiner Nachkommen und die nicht minder schrecklichen Verwüstungen durch Timur – unter dem Sammelbegriff der ›Mongoleninvasionen‹ zusammenzufassen – sollen hier zwar in getrennten Abschnitten betrachtet, aber in einem Kapitel dargestellt werden, da unmittelbare Wirkungen und künstlerische Folgen beide Male im wesentlichen die gleichen waren. Bisher fruchtbare und menschenreiche Gebiete wurden zu bis heute entvölkerten Wüsten, aber trotz aller Verheerungen und Massaker entstand im Gefolge der Eroberer eine verfeinerte künstlerische Kultur, blieben doch in der Regel Gelehrte, Künstler und Kunsthandwerker verschont. Aus allen eroberten Gebieten zusammengeschleppt, wurden sie in den Dienst gewaltsamen Repräsentationswillens gestellt und zu Höchstleistungen gezwungen. Lokale Überlieferungen verschiedenster Herkunft wurden zusammengeworfen und zu einem Neuen amalgamiert. Neue Motive aus Indien und vor allem aus China haben die islamische Kunstwelt in ihrem Formenrepertoire wesentlich bereichert. Der Einstrom aus dem Fernen Osten ist seither niemals mehr versiegt. Aber er manifestiert sich in erster Linie in der Miniaturmalerei und auf allen Gebieten der ›Klein- oder angewandten Kunst‹. Die Bauwerke verraten nicht viel davon.

Dschingis Khan und das Ilkhanat

Dschingis Khan gehört mit keiner Faser seines Wesens zur Islamwelt, aber er hat ihre Zukunft mitgeformt. Vor der Mitte des 12. Jahrhunderts geboren, als die bisher ›geschichtslosen‹ Mongolen gerade eine Art frühmittelalterlichen Feudalsystems zu entwickeln begannen, hat sich der früh verwaiste Temudschin mit intelligenter Verwegenheit den Aufstieg zum Anführer der mongolischen Stämme erkämpft. 1206 ließ er sich von der Reichsversammlung aller Mongolen zum Khaqan (Großkhan) ernennen und nannte sich fortan Dschingis. Er organisierte die Mongolenscharen zu militärischen Einheiten mit straffer Führungshierarchie, an deren oberster Spitze er selbst mit seiner Familie stand. Nach Siegen über Oiraten, Kirgisen, Uiguren fiel er 1211 in China ein und schleppte aus dem eroberten Peking unermeßliche Beute in die Zelte der Mongolei. Sein Ziel: die Fortdauer mongolischer Herrschaft und die immerwährende Befriedigung seiner feudalen Gefolgschaft bis zum letzten Krieger hinunter durch immer neue Beute und die Erträgnisse des Handels. Die Methode: Einschüchterung aller Feinde durch grauenhafte Massaker. Wer sich ihm entgegenstellte, der war nicht mehr. Die mutwillige Verletzung der Handelsfreiheit durch den Choresm-Schah rächte er durch die Eroberung von Transoxanien und Chorassan. Samarkand, Buchara, Rayy (das Zentrum kunstvoller Keramik) sanken entvölkert in Asche.

Der blutige Nomade verstand, von China und Iran zu lernen. Beweis seiner organisatorischen Intelligenz: das schnell entstandene Reich zerfiel nicht mit dem Tod des Gründers (1227), sondern wuchs weiter, obwohl es in ›Lehen‹ *(Ulus)* unter die Söhne aufgeteilt wurde. Der älteste Enkel *(Batu)* erweiterte sein Gebiet durch Eroberung der Wolgakhanate und der russischen Fürstentümer, stieß bis Schlesien und Ungarn vor. Nur der Tod des Großkhans Ögedei hat 1241 Europa vor einer Mongoleninvasion gerettet, denn er erforderte die Rückkehr der Heere in die Mongolei zur Wahl eines Nachfolgers. Aus Batus Gewinn entstand das Tatarenreich der Goldenen Horde (Zentren Sarai und Astrachan an der Wolga), das sich im 14. Jahrhundert zu einem islamischen Staat wandelte, sich dann in die Khanate von Kasan, Astrachan und der Krim auflöste. Mit der Angliederung des Krimkhanats an das Russische Reich 1783 verschwand der letzte Rest von Batus ›Lehen‹.

Den Erben Tschagatais, des zweiten Dschingis-Sohnes hat Timur (s. u.) ein Ende gemacht. *Kubilai*, der Sohn von Dchingis Khans drittem Sohn, wurde als Großkhan zugleich erster Kaiser der Yüan-Dynastie, die China bis 1368 beherrschte. Sein jüngerer Bruder *Hülägü* übernahm die Erweiterung des Mongolenreiches nach Iran und Syrien. Er hat – getreu der Taktik Dschingis Khans – mit seinen Scharen den bisher seldschukischen Osten grauenvoll verheert. Er wurde der erste Ilkhan Persiens (Titel seit 1261).

Es zeugt nicht gegen die politische Weitsicht Dschingis Khans, daß sein Weltreich, das nur dem Glück der zur herrschenden Adelsschicht aufgestiegenen Mongolenkrieger dienen sollte, in der Berührung mit alten und überlegenen Kulturen kosmopolitische Züge annahm, daß schließlich die beharrlichen Kulturwelten Chinas und Persiens aus den späten Nachkommen Chinesen und Perser machten und damit der Gedanke der mongolischen Einheit abstarb.

Hülägü und seine Nachfolger haben in immer loser und fiktiver werdender Abhängigkeit vom fernen Großkhan regiert. Zunächst hat der Mongolenherrscher der terroristischen Untergrundtätigkeit der Assassinensekte durch die Einnahme ihrer Bergfeste Alamut (1257) ein Ende gemacht. Im nächsten Jahr nahm er Bagdad ein. Die Märchenstadt der Abbasiden wurde geplündert und verbrannt, der letzte abbasidische Kalif al-Mustasim (1242-58) getötet. Neben der Sicherung der ertragreichen Handelswege (auf ihnen ist Marco Polo an den Hof des Großkhans gereist) war das außenpolitische Ziel die Gewinnung Syriens. Hülägü machte daher zeitweise mit den letzten Kreuzrittern gemeinsame Sache. Aleppo wurde 1260 eingenommen. Die Mamluken Ägyptens haben durch den Sieg bei Ain Dschalut ein weiteres mongolisches Vordringen abgebremst und die westlichen Länder vor der innerasiatischen Invasion gerettet (s. Kap. 10). Aber das anatolische Reich der Rum-Seldschuken wurde eine Beute der Eroberer.

Die ersten Ilkhane waren Anhänger eines vagen, buddhistisch eingefärbten Monotheismus. Der dritte aus ihrer Reihe bezahlte seine Konversion zur Religion des Propheten mit Absetzung und Tod. Der weitherzig und kosmopolitisch gewordene Mongolenadel stand dem Ausschließlichkeitsanspruch des Islam noch feindlich gegenüber. Erst *Ghazan Khan* (1295-1304) konnte als Moslem unangefochten eine Reformpolitik im iranisch-islamischen Sinne betreiben. Sie blieb, was ihre wirtschaftliche Seite anbelangt, zwar in Ansätzen stecken, aber in dem knappen Jahrzehnt seiner Regierung setzte sich der Islam als Staatsreligion im mongolisch beherrschten Iran erneut durch. Unter Ghazans Bruder

Öldschäitü (1304-16) entstanden bereits neue Meister-
werke islamisch-persischer Architektur. Die Zeit der relativen Blüte war kurz: schon unter Öldschäitüs Neffen *Abu
Said* (1316-35) setzte die Auflösung der ilkhanischen
Herrschaft ein. Mächtige Offiziere und ihre Cliquen zerrissen das Ilkhanat schließlich in Teilkönigreiche. Im Irak und
Aserbeidschan herrschten die Dschelairs, in Chorassan der
Bund der halb religiös-sektiererischen, halb räuberischen
Serbadars, in der Provinz Fars die Dynastie Mozaffars, Luristan war eine wirre Welt nomadischer Häuptlinge. Als Folgen der Aufsplitterung wurden die Karawanenstraßen unsi-
cher und verwaisten, der Handel ging zurück, und mit ihm
schwand auch der bescheidene Wohlstand. Das durch die
Auflösung des Ilkhanats entstandene Machtvakuum mußte
fast zwangsläufig einen neuen Eroberer anziehen. Timur
Lenk hat dieser Kleinwelt ein blutiges Ende bereitet.

Schon Hülägü war nicht bloß Zerstörer, sondern auch
Bauherr. Eine islamische Baukunst aber im Dienst der Eroberer ist natürlich erst nach deren Konversion zum Islam zu
erwarten. Sie setzt unter Ghazan Khan ein. Bezeichnend
für sein Bestreben, die Wunden des ruinierten Landes zu
heilen, ist sein Befehl, in jeder Stadt eine Moschee und ein
öffentliches Bad zu errichten, wobei aus den Einnahmen des
letzteren der Unterhalt des Bethauses bestritten werden
sollte.

Er selbst und sein gleichgesinnter Vezir unternahmen
dazu die Aufgabe, der Residenzstadt Täbriz ganz neue
Stadtviertel anzugliedern. Südlich außerhalb der Altstadt
entstand in Scham ein fürstliches Regierungsviertel – vielleicht vom Khan selbst entworfen –, in dem sich um das
Herrschergrabmal religiöse Institute, Koranschulen und andere Lehranstalten, Bibliothek und Sommerschlößchen
scharten, umgeben von Bogengängen und Gärten. Gleichzeitig entstand eine Universitätsstadt mit 25 Karawansereien, 1500 Läden, 30000 Häusern, gesonderten
Wohnbezirken für Lehrer und Studenten, mit medizinischen
Instituten usw.[85] Heute sind von all dem nur ein paar nichts-
sagende Trümmer übrig.

Ähnliches plante Öldschäitü in Soltaniyeh: Eine Wunder-
stadt von nahezu gleicher Größe wie Täbriz wurde aus dem
Boden gestampft, die in Ausmaß und Pracht die Würde der
neuen Kaiserresidenz jedem augenfällig machen sollte.

255 *Soltaniyeh, Mausoleum des Öldschäitü Chodabende, 1305-15*

(Baubeginn 1305, Einweihung 1315). Auch sie ist zerfallen und vergangen. Aber noch steht der einst das Ganze beherrschende Bau, wenn auch von der Zeit arg benagt: die Grabmoschee. Tausende von Bausklaven und Hunderte von spezialisierten Künstlern wurden herangezogen, um solch gigantische Planungen zu verwirklichen. Sie haben ihre im lokalen Handwerksverband tradierten Erfahrungen mitgebracht und ausgetauscht, dadurch ihr Repertoire erweitert. Das kam ihnen zustatten bei den Bauaufgaben, die nach Fertigstellung der riesigen Anlagen allerorts im ilkhanischen Persien ihrer harrten.

Unter den Mongolenherrschern ist sicherlich sehr viel mehr gebaut worden als erhalten blieb. Vieles fiel Naturgewalten, das meiste menschlicher Zerstörungslust zum Opfer. Mag sein auch, daß die Ungeduld der Bauherren größer war als ihr Verlangen nach handwerklicher Solidität. Alle Massenhaftigkeit der Mauern konnte der Zeit nicht widerstehen. Aber noch die Reste sprechen von der despotischen Vorliebe der islamisierten ›Barbarenherrscher‹ für das Gewaltsam-Überdimensionale.

Das *Mausoleum des Öldschäitü Chodabende in* **Soltaniyeh** kündet noch heute davon und zeigt zugleich, daß die Mongolen hochbegabte Baumeister in ihren Diensten hatten. Mit einer lichten Höhe von 51 m und einem Kuppeldurchmesser von 25,5 m steht der Grabbau nicht gar zu weit hinter den Maßen der Hagia Sophia von Istanbul zurück

256 *Soltaniyeh, Mausoleum des Öldschäitü Chodabende, Schnitt nach M. Dieulafoy*

(dort: Kuppelhöhe 55 m, Durchmesser etwa 31 m). Er gehört zu den kühnsten Kuppelbauten des islamischen Mittelalters und ist zugleich eines der künstlerisch bedeutendsten Werke der persisch-islamischen Architektur. Schon das Maßverhältnis 2 : 1 läßt aufmerken. Die genauen Messungen M. Dieulafoys (1883 veröffentlicht) erlauben, in die Kalkulation des Architekten hineinzuschauen. Im Gegensatz zu der oft locker fügenden Summierung des ›arabischen‹ Islam unterwirft das rationale und ästhetische Genie der Perser ein Bauwerk strengen Gesetzmäßigkeiten. Diez[86] faßt die Ergebnisse zusammen. Sie machen an einem Einzelfall Grundsätzliches der Proportionierung islamischer Bauten klar.

Der seit langem einsturzgefährdete Ziegelbau wird seit Jahren gesichert und restauriert. Noch 1973 war dem Fremden deswegen das Betreten streng verwehrt. Die Arbeiten dürften sich noch einige Jahre hinziehen. Schon an der Ab-

zweigung von der direkten Straße Täbriz-Teheran weist ein
Schild darauf hin, daß das Denkmal wegen Restaurierung
geschlossen ist. Trotzdem lohnt sich allein des äußeren An-
blicks wegen ein Abstecher.

Heute von den ärmlichen Hütten eines Dorfes umstellt,
bildete das Grabmal einst das Herz der Residenzstadt und
sollte – Öldschäitü war zunächst Schiit – die Leichname von
Ali und Hussein aufnehmen. Aber Nadschaf und Kerbela,
wo die heiligen Imame begraben waren, weigerten sich, die
verehrten und einträglichen Reliquien herauszugeben. Mit
seinem Übertritt zur sunnitischen Orthodoxie verlor Öldschäitü das Interesse an dem Vorhaben und bestimmte den
Bau bzw. einen Annex davon zu seiner eigenen Grabstätte.

Ein inneres Oktogon mit 8 Toren ist außen von dreistök-
kigen Galerien umgeben. Die beiden unteren Geschosse
tragen Blendbogengliederung, das oberste zeigt tief be-
schattete Bogenöffnungen. Über den acht Ecken dieses
›Sockels‹ erhoben sich (heute nur noch in Resten vorhanden) Rundminaretts und umgaben wie ein Diadem die majestätische Spitzkuppel. Wenn man sich ihre ursprüngliche
Wirkung vorzustellen versucht, wird man deutlich der auf-
strebenden Tendenz des Bauwerks inne. Wie bei seldschukischen Bauten (vgl. S. 308 ff.) erinnert die Art, das Problem
des Drucks und Schubs der riesigen Kuppel zu lösen, an
Verfahren gotischer Bauhütten. Aber mit ›Gotik‹ hat der
Bau selbstverständlich nichts zu tun. Trotz aller entschwerten Eleganz schießt er nicht in die Höhe. Eher im Gegenteil:
durch schattende Rahmen sind die Spitzbogenblenden in
ihrem Höhendrang gebremst, auch durch die Tore und die
Dreiergruppen von Fenstern darüber. Eine in sich ruhende
Einheit bilden auch die Arkaden der offenen Galerien des
Oberstocks. Den Achteckbau bekrönt ein breiter umlaufender Stalaktitfries. So wird der aufsteigenden sofort immer
eine horizontale Linie entgegengesetzt. Andererseits ist
auch streng vermieden, irgendwo den Konflikt von Tragen
und Lasten zu interpretieren. Im Gegenteil, er wird verschleiert, vor allem mit Hilfe der prächtigen, leider nur sehr
fragmentarisch erhaltenen Dekoration.

Die Kuppel setzt über dem Oktogon auf dem kleinstmög-
lichen Radius an, ihr Schub wird durch die Galerien, welche
den Baukörper umziehen, verteilt, und die acht Minaretts
haben die gleiche Funktion wie Fialentürmchen über gotischen Strebewerken: sie sollen das ruhende Gewicht ver-

stärken und den Seitenschub nach unten ableiten helfen. Die Kuppel ist (wie die des Mausoleums von Merw, s. S. 311) aus zwei konzentrischen Schalen von je 35 cm Dicke konstruiert, die durch ein Rippenwerk verbunden werden. Soweit der keramische Belag ihrer Außenhaut erhalten ist: Ein Reif geometrischer Schriftzeichen umzieht ihren Fuß, darüber zeichnen dunklere Linien ein Ornament gespitzter Dreipaßbogen, in denen – reicher variiert – der Umriß der Kuppelschale selbst widerklingt. Die Kuppel wächst auf als die größere Summe solcher Flächeneinheiten: Aus der Wiederholung ergibt sich das Ganze. Denken wir an abendländische Kuppeln: An Brunelleschis Florentiner Domkuppel wie an Michelangelos St. Peter schießt ein Rippengerüst empor, das erst in der Laterne zur Beruhigung findet. Die Kuppel von Soltaniyeh ruht, schimmernd in ihrem Türkisbelag, in sich selbst.

Ähnliches ließe sich auch im Inneren erleben: keine Linienbündel, die den Blick hochreißen, keine logische Aufbaufolge von Säulen und Gesimsen, an denen der Blick in die Höhe klettert. Aus dem In- und Nebeneinander maßstäblich verschiedener, einander ähnlicher in sich ruhender Formen summiert sich im Aufstieg die Wölbung, deren Medaillon-Dekoration gar nichts über die Kraftverhältnisse aussagt. Sie ist einfach da, ruhig und so selbstverständlich wie das Firmament.

Bezeichnend zugleich für die Prachtliebe der Mongolen und den unter ihnen sich vollziehenden Austausch verschiedener lokaler Handwerksüberlieferungen ist der reiche Dekor des Grabmals, in dem sich fast alle bisher bekannten Schmuckmethoden ein Stelldichein geben. Neben das kunstvoll gefügte Verblendziegelwerk (wobei verschiedener Schattierung des Ziegeltones ein zusätzlicher Effekt abgewonnen wird) und reliefartigen Stuck treten die farbigen Glasuren als Belag ganzer Flächen (Kuppel) oder als Muster auf dem Grund des Ziegelockers zusammengefügt (Minaretts). Es finden sich Fliesen, die durch Auskratzen der Glasur gemustert wurden, Mosaik aus Fliesenstückchen, daneben lüstrierte und bemalte Fliesen. »Neben geometrischen Mustern kommen Arabeskranken in einfacher übersichtlicher Zeichnung vor, wobei die Nebeneinanderstellung oder Durchdringung zweier gleicher, aber verschieden gefärbter Motive besonders charakteristisch ist.« (Sarre)

257 *Veramin, Grabmal des Ala ed-Din, 1287*

258 *Radkan, Grabmal, 1280-1300*

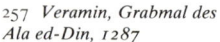

Diese Epoche plant immer großgesinnt, auch dort, wo sie bescheidene Dimensionen wählt. In **Natanz** bildet der *Grabturm des Abu Samad* (1307) mit seinem achteckigen Zeltdach bei aller Kleinheit den kraftvollen Mittelpunkt eines Ensembles aus Moschee (1304-09, im Vier-Iwan-Schema) und anderen Bauten religiöser Bestimmung. Die Fassade der einstigen Khanaka (1316) ist vor allem reizvoll und zeigt wohl etwas von der technischen und geschmacklichen Sicherheit, die sich die Künstler bei den großen Unternehmungen von Täbriz und Soltaniyeh erwarben. Der ziegelfarbige Schaft des schlanken Minaretts (1324), fast unmerklich konisch zulaufend, ist von einem Netzwerk glasierter Ziegel übersponnen, das Inschriftbänder und der Stalaktitkranz eines Balkons unterbrechen.

Die Grabtürme stehen deutlich noch in der Tradition der Seldschukenzeit, zeigen aber das Streben nach reicherer und leichterer Erscheinung. Das *Grabmal des Ala ed-Din* in **Veramin** (1287) erinnert in seinem sternförmigen Grundriß an den Toghrul-Turm von Rayy (S. 313) und findet Parallelen z. B. in *Bistam* (Heiligtum des Bayazid, 1313). Der *Turm*

von **Radkan** (E. 13. Jh.) ist von besonderem Reichtum. Das
Mauerrund scheint aus aneinandergestellten Schäften zu
bestehen. Unter dem Dachansatz läuft ein breiter ornamentaler Schriftfries, von dem ein reich geschnittener Lambre-
quinsaum herabhängend die oberen Enden der ›Schäfte‹
deckt. Man fühlt sich gerade vor diesem Bau an ein reiches
Prunkzelt der Steppennomaden erinnert.

In **Marageh**, seiner zeitweiligen Residenz, ließ Hülägü ein
Observatorium errichten, das allerdings schon im 14. Jahrhundert Ruine war (heute: nur ein paar Trümmer). Das im
frühen 14. Jahrhundert dort erbaute *Gumbad-i Dschafariye*
nimmt sich im Plan das seldschukische ›Rote Mausoleum‹
(s. S. 313) zum Vorbild. Die anmutige Dekoration aber aus
schwarzen, weißen, kobalt- und türkisblauen Fayencestückchen entspricht der Prachtfreude der Mongolenzeit. (Der
Grabinhaber soll ein als Vizekönig von Syrien bei Sultan
Qalaun in Ungnade gefallener Mamluk gewesen sein, der
nach seiner Flucht 1311 von Öldschäitü zum Statthalter in
Marageh ernannt wurde. Die Wappenzeichen auf dem
Schmuckband über den Blendarkaden entsprechen tatsächlich mamlukischem Gebrauch.) Neben dem ›Blauen Mausoleum‹ (s. S. 314) (es gilt zu Unrecht als das der Mutter Hülägüs) steht der *Qoni-ye Bordsch* (um 1300), ein Rundbau,
dessen Portal Freude macht.

Auch in **Qom**, dem neben Meschhed bedeutendsten Wallfahrtsort des schiitischen Iran, stehen einige Grabbauten des
14. (und auch des frühen 15.) Jahrhunderts. (Beispiel:
Imamzade Ali ibn-Dschaffar 1300 oder 1339?) Kennzeichnend für sie sind der polygonale Grundriß und das steile
Pyramidendach, das die Kuppel verbirgt. Die reiche Blendnischengliederung und die Verjüngung nach oben zu unterstreichen die spürbare Vertikaltendenz dieser Bauten. (Die
Einwohner von Qom stehen – nicht ganz ohne Recht – im
Ruf eines gewissen Fanatismus. Der Versuch, die Mausole-
en zu sehen, könnte unerfreuliche Erlebnisse bescheren.)

Ein Streben nach leichteren und gestreckteren Proportionen charakterisiert ganz allgemein die ilkhanischen Bauten,
aber in ihren Grundzügen lehnen sie sich an die seldschukische Epoche an. Wie schwierig es ist, ein Werk ohne Bauin-
schriften allein nach stilistischen Anhaltspunkten zu datieren, zeigt der *Gumbad-i Alawiyan in* **Hamadan**. Der Viereckbau, dem heute die Kuppel (?) fehlt, ist – wie auch die
sternförmigen Ecktürme außen – ganz von ziegelgefügter

Ornamentik übersponnen. Stuckarabesken, netzartig durchbrochen, treten hinzu und herrschen vor allem bei der Innenausstattung. Die großbewegten Formen mit Wirbeln und durchbrochenen Halbpalmettblättern sind durchaus ›seldschukisch‹ — aber ähnliches findet sich auch in der Öldschäitü-Zeit. (Vgl. Mihrab von Isfahan und Stuck vom Pir-Bekran, s. u.). So schwankt die Datierung noch immer zwischen dem 12. und dem frühen 14. Jahrhundert.

Das seldschukische Vorbild blieb für die Bauten unter den Ilkhanen maßgeblich, aber auch ältere Anlagetypen der Moschee lebten weiter: der einfache Tschehar-Taq-Typus z. B. in der kleinen *Masdschid-i Baba Abdullah in* **Nayin** (1300), die Hofmoschee mit einem Iwan als Betsaal in der *Großen Moschee* des Vezirs Ali Schah von **Täbriz** (zwischen 1312 und 1320). Von ihr, der ›Zitadelle‹ *(Ark),* ist nur die gigantische Südwestseite des Iwan mit einer halbrunden Mihrabapsis erhalten. Der Iwan war etwa 65 m tief, 35 m breit, die Gewölbe setzten auf 10 m dicken Ziegelmauern etwa 35 m über dem Boden an: eindrucksvolles Beispiel für jenes Streben nach dem Überdimensionalen, von dem schon die Rede war.

Zugleich aber wußte diese Zeit das Vier-Iwan-Schema sehr klassisch-bewußt zu gestalten. **Veramin** gewann nach der Zerstörung von Rayy durch Dschingis Khan an Bedeutung und schmückte sich mit schönen Bauten. Von der Masdschid-i Scharif (1307) sind nur Trümmer geblieben. Auch die *Große Moschee,* erbaut 1322-26 unter Abu Said, ist Ruine, aber die erhaltenen Teile bilden ein charakteristisches und wichtiges Denkmal der späteren Ilkhan-Zeit. Die

259 *Veramin, Große Moschee, 1322-26*

Proportionen sind sorgsam kalkuliert[87]. Die Dekoration (sie wurde 1412 bereichert) ist vornehm zurückhaltend, aber vielgestaltig mit komplizierten geometrischen Mustern aus emaillierten Ziegeln, die sich vom warmen Backsteinton des Grundes kostbar abheben. Großzügige Kufischrift wechselt im Kuppelsaal mit Naskhi auf phantasievoll-vegetabilen Mustern des Stuckhintergrundes, und tief geschnittene Reliefbänder rahmen die Bogen. In der sorgsam-schlichten und doch einfallsreichen Fügung der Ziegel scheinen Überlieferungen aus der seldschukischen und noch älterer Zeit weiterzuleben, auch im Aufriß des Innenraumes mit Mauer-, Trompen- und Kuppelzone. So sehr uns hier und an anderen Orten der Zusammenhang mit der Seldschukenzeit in die Augen springt, so deutlich zeigt sich in der fast preziösen Eleganz und dem reicheren Raffinement eine neue Stufe. Die Bauten werden trotz aller Massivität leichter, heben sich schwereloser vom Grund, das Gewicht wird entlastet, Öffnungen und Räume werden weiter, bewußter wird auf einen Höhepunkt hin geplant und konsequenter werden die Verhältnisse abwägend auseinander entwickelt. Um es vereinfacht in einem hinkenden Vergleich zu sagen: Die beiden Epochen verhalten sich zueinander etwa wie in Europa Romanik und Gotik. Wenn wir weitergehen wollten: Der raffinierte Luxus der folgenden Timuridenzeit ließe sich dann mit den Traumgebilden der ›Gotik um 1400‹ vergleichen. (In der Buchmalerei hinkt der Vergleich weniger als anderswo.)

Der schmal-hohe Toriwan der *Großen Moschee von* **Yazd** (bekrönt von zwei Minaretts, wie es schon seit den Seldschuken üblich war), zeigt die gleichen schlanken und steilen Proportionen wie der südliche Betsaal. Die wesentlichen Teile der Moschee wurden 1324 begonnen, die Fertigstellung zog sich bis in die Zeit knapp vor Timurs Einbruch hin. Die Dekoration vor allem des Betsaals – wenn auch in safawidischer Zeit teilweise erneuert – bietet eine wahre Musterkarte eleganter Möglichkeiten, eine Fläche schmückend zu füllen: von den einfachen Sechseckfliesen der Sockelzone über die Gewebe von geometrischen Schriftzeichen aus glasierten Kacheln vor dem Ocker der Ziegel, über die Fayencegeflechte mit feingeschnittenen Reliefarabeskenfüllungen bis zum kompliziert verknüpften Netzwerkmosaik und den Naskhi-Friesen mit vegetabilen Ranken (Mihrab von 1375). Das Auge kann sich kaum sättigen am stetig wechselnden Spiel der Motive und Farbtöne.

Vergleichbares zeigen die Reste der *mozaffaridischen Medrese*, die der Südostseite der *Großen Freitagsmoschee von* **Isfahan** angebaut ist. In derselben Moschee als schönstes Beispiel mongolischer Stuckarbeit der sog. *Mihrab des Öldschäitü Chodabende* (1310). Eine kleine Nische mit flan-

260 *Isfahan, Freitagsmoschee, Mihrab des Öldschäitü, 1310*

261   *Yazd, Toriwan der Großen Moschee, 1324*

kierenden Säulen, umgeben von einem Schriftband, wird
von einem aus ähnlichen Motiven gebildeten größeren Bogenfeld umfangen, gleichfalls rechteckig gerahmt und von
einem Arabeskenfries bekrönt. Auch wenn von der einstigen Farbenpracht heute kaum mehr Spuren zu ahnen sind,
so setzen doch allein schon der Reichtum und die Harmonie
der tief und in mehreren Schichten geschnittenen Ornamente in staunendes Entzücken. Raffiniert sind Ranken mit
filigranfein durchbrochenen Halbpalmetten und Fischblasen unter und zwischen die flüssig-dekorativen Züge der
Inschriften gewoben. Der Sinn darf schweifen und das Auge
sich im Irrgarten verlieren, sie werden doch immer wieder
auf das ›Wort‹ hingelenkt, den eigentlichen Gegenstand der
Betrachtung.

Da viele Reisende einzig in Isfahan den Gipfelleistungen
persischer Islamkunst begegnen, sei noch auf eine Reihe
kleinerer Denkmäler hingewiesen, die in dieser an Kostbarkeiten so reichen Stadt die mongolische Epoche (nicht
durchaus typisch) vertreten.

Das *Ali-Minar* setzt die Reihe der alten Minaretts Isfahans würdig fort (entstanden etwa um 1300, die Moschee, zu
der es gehört, ist jünger). Der schlanke konische Schaft (fast
40 m bis zum untersten der zwei Balkone) zeigt zwei umlaufende Schriftbänder und drei verschieden hohe Zonen von
einfach-geometrischen Mustern und klingt damit an ältere
Moscheetürme an.

Aus etwa der gleichen Zeit stammen die *Dardacht-Mi-
nars*. Die gekappten Türme, spiralig umzogen von kobalt-
türkisen Fayencestreifen und geometrischen Schriftbändern
in hellem Blautürkis vor dem ockerfarbenen Ziegelgrund,
flankieren einen hochstrebend-schlanken Iwan, der, seinerseits mit schönen geometrischen Fayenceziegelmustern geziert, zu einer Moschee oder Medrese gehörte. (Gleich daneben steht – in etwas anderer Tongebung – ein Mausoleum
des seldschukischen 12. Jahrhunderts.)

Das *Bagh-i Kusch-Hane-Minar*, einziger Rest einer im
vorigen Jahrhundert zerstörten Moschee, stammt zwar erst
aus dem timuridischen frühen 15. Jahrhundert, gleicht aber
in seinem Dekor den eben genannten Türmen. In der
schlankeren Proportionierung folgt es eher dem Ali-Minar.

An seldschukische Gepflogenheiten erinnert die Gruppierung seitlich eines Iwans oder Torbogens auch bei einem
anderen Minarettpaar. Zu was für einem Bauwerk die *Zwei*

262 *Isfahan, Do Manar Dar al-Ziafeh, wohl aus dem frühen 14. Jh.*

Minaretts (Do Manar) *Dar al-Ziafeh* aus dem frühen
14. Jahrhundert einmal gehört haben, ist ungewiß. Durch
den Torbogen zwischen ihnen verläuft heute eine Gasse.
Auf achtseitigen Sockeln erheben sich die kaum merkbar
verjüngten Schäfte mit breiten Manschetten aus blauschim-
mernden Zickzackstreifen und geometrischem Kufi. Über
sehr zerstörten Schriftringen stehen die elegant geschmück-

263 *Pir-i Bekran, 1303-12. Stuckdetail vom Grab des Heiligen*

ten Stalaktitkränze, die einst Balkone trugen. Der Abschluß der oberen Teile ist verstümmelt.

Seitlich eines Iwanbogens (er führt in die zwei Joche einer spitzbogigen Halle mit einem Grabraum) stehen auch die sog. ›*Schwingenden Minaretts*‹: mehr touristische Kuriosität als ernstzunehmende Zeugnisse für die Kunst der Mongolenzeit. (Immerhin verrät ihr federndes Schwingen, wieso gerade die alten Ziegelminaretts so viele Erdbeben überlebt haben.) Eine vergleichbare Iwanhalle bildet das Heiligengrab von *Pir-i Bekran* (1303-12), etwa 25 km südwestlich der Stadt. Die reiche Ausstattung des Grabmals mit Stuck (und auch Fayencen) überzeugt mehr in den Details als in der Gesamtkomposition. Die fast barocken Fischblasenmotive erinnern an Motive des ›Schrägschnittstils‹ von Samarra C (s. S. 105), die sich (eindeutig) aus innerasiatischen Traditionen herleiten.

Noch zwei Heiligengräber innerhalb der Stadt sollen angeführt werden: Das *Mausoleum des Baba Qacem* (etwa 1340, im 17. Jahrhundert verändert) hat ein schön gemustertes Zeltdach und eine Portalnische, deren Elemente an die Dekoration der Medrese bei der Großen Moschee erinnert. Das *Imam-zade Dschaffar* wurde vor etwa 20 Jahren so gewaltsam restauriert, daß es sich zwar sehr hübsch ansieht, aber doch nicht mehr als originales Zeugnis der ›mongolischen Kunst‹ gelten kann (z. B. ursprünglich wohl ein Zeltdach über der Kuppel wie bei den Mausoleen von Qom).

Die Ilkhanzeit hat die Überlieferungen der Seldschukenperiode nicht vergessen und verworfen. Es entstanden Moscheen im Vier-Iwan-Schema, klug und kühn gewölbte Kuppeln, Grabtürme mit Kegel- und Zeltdach, von zwei Minaretts flankierte Torhallen, Dekorationen aus künstlich gefügten Backsteinen, reich geschnittenem Stuck und bunten Glasuren. Gerade dem farbigen Schmuck aus emaillierten Ziegeln, die in geometrischen Mustern ganze Wände überziehen und die Mauermasse zur richtungslosen ›Bildfläche‹ umdeuten, und dem Mosaik aus geschickt zurechtgeschnittenen Fliesenstückchen räumt diese Zeit eine sehr bedeutende Rolle ein. Trotz z. T. gewaltiger Dimensionen geht das geheime Streben danach, die Bauten luftiger und leichter zu gestalten, ihnen den schweren Ernst zu nehmen und dafür gehaltene Eleganz zu verleihen. Anregungen aus China mögen den Geschmack der ›Großneffen‹ des ersten Yüan-Kaisers Kubilai mitbestimmt haben. Immer war die iranische Kunst bereit, Fremdes aufzunehmen. Sie hat es aber auch immer verstanden, es zu assimilieren ohne ihr eigenes Wesen preiszugeben. Gerade unter den fremden Machthabern tut die Kunst des islamischen Persien einen bedeutenden Schritt zur Ausprägung ihrer charakteristischen Eigenart, letztlich unerschüttert durch die Katastrophen. Werke aus der späten Zeit ilkhanischen Machtverfalls entwickeln schon Züge, die zur glanzvollen Entfaltung kommen sollten, als die iranische Islamkultur einen neuen Eroberer und seine Familie in ihren Bann schlug. Schon bereitet sich die timuridische Phase vor.

Bauten Timurs und seiner Nachkommen

Nach der Mitte des 14. Jahrhunderts stand ganz Zentralasien im Zeichen chaotischen Machtverfalls geschwächter Dynastien. Ihre ergebnislosen Kämpfe bahnten einem der entsetzlichsten Eroberer der Weltgeschichte den Weg: *Timur Lenk* (d. i. der Lahme), den die Europäer *Tamerlan* nannten.

Der um 1336 geborene Sohn eines frommen türkischen Emirs hat sich in seinen jungen Jahren als Freibeuter und

abenteuerlicher Bandenführer ähnlich emporgekämpft wie
einstmals Dschingis Khan. Dessen Vorbild wurde für ihn
bestimmend. Seit dem Tod des großen Mongolenkaisers
konnte in Zentralasien niemand mehr als Herrscher auftreten, der nicht in irgendeiner Weise Verwandtschaft mit ihm
nachweisen konnte. Darum Timurs Streben, wenigstens
durch Eheverbindung mit den Mongolen sich als ›Schwiegersohn‹ zu legitimieren. Aber anders als der Großkhan, der
trachtete, sein Reich dauerhaft zu organisieren, hat Timur
nur Eroberung und baren Machtgewinn im Auge gehabt.
Politische Planlosigkeit kennzeichnet sein Länderraffen.
Hier nur eine Übersicht:

Um 1370-1380	eine Periode der Konsolidierung in Mawarann-nahr, d. h. Transoxanien.
	Feldzüge in Moghulistan und Choresm
1380-1382	Einfall in Chorassan. Einnahme von Herat.
1383	Feldzüge in Chorassan und Seistan
1384-1385	Feldzüge im westlichen Chorassan, in Ma-sanderan und in Westiran. Einnahme von Rayy und Soltaniyeh
1386-1388	Feldzüge in Luristan, Aserbeidschan, Geor-gien, Ostanatolien und Fars. Plünderung von Isfahan und Erstürmung von Schiraz (1387)
1388-1391	Feldzüge gegen die Goldene Horde. Plünde-rung von Urgentsch (1388)
1392-1394	Feldzüge in Fars, Mesopotamien, Anatolien, Georgien. Erstürmung von Bagdad (1393)
1395	2. Feldzug gegen die Goldene Horde
1398-1401	Einfall in Nordindien. Plünderung von Delhi (1398). Feldzüge gegen Georgien, gegen die Dschelairs und die Mamluken von Ägyp-ten. Einnahme von Sivas und Aleppo (1400). Plünderung von Damaskus und Bagdad (1401)
1402	Niederlage und Gefangennahme des osma-nischem Sultans Bajezid I. in Ankara. Plün-derung von Bursa und Izmir
1404-1405	Geplanter Einfall in China. Tod Timurs (1405)[88]

Der blutige Timur war zugleich ein fast bigotter Sunnit, ein
kultivierter Genießer der Annehmlichkeiten iranischen

Stadtlebens, dazu ein gewalttätiger Mäzen. Wenn er auf seinen Eroberungszügen ganze Länder in Blut ersäufte, war er doch immer darauf bedacht, Poeten, Denker und Kunsthandwerker zu schonen. Sie wurden nach Samarkand geschleppt, Timurs Lieblingsstadt, die mit Gewalt zur großartigsten Metropole des Ostens werden sollte.

»Er plündert alle Länder Asiens, die er je betreten hat und schmückt mit ihren Kostbarkeiten Samarkand. Er zerstört die berühmtesten Bibliotheken und läßt die Bücherschätze wohlverpackt auf Lasttieren in seine Hauptstadt bringen. Verliebt in den prunkvollen Luxus der alten Kulturrassen des Orients, rottet er ihn aus, stürzt den ganzen Orient in Elend und Armut, um einen neuen, noch prunkvolleren, noch prächtigeren in seinem Samarkand zu schaffen. Seine Bauwerke, von den berühmtesten Architekten der Welt errichtet, sind Traumgebilde von köstlicher Kunst und einzigartiger Schönheit. Die Architektur, die hier entsteht, ist titanisch, despotisch: gigantische Mauern, gewaltige Kuppeln, Riesenausmaße auf einem klassisch einfachen und klaren Grundriß. Aber diese Übersichtlichkeit und Geradheit der Linien wird von einer Fassade überdeckt, die ein Rausch von Farben, von Ornamenten ist, von einer verwirrenden Phantastik der Zeichnung.«[89]

Timurs Paläste sind dahin. In seiner ›Grünen Stadt‹ **Schahr-i Sabz** *(Kesch)* allein steht noch ein Rest des riesig und glanzvoll geplanten Schlosses, das der Despot sich an seinem Geburtsort errichten ließ: die Ruinen von *Ak Saray*. Es sind im wesentlichen nur noch zwei gekappte Türme, die den gewaltigen Toriwan des Hauptbaues flankierten. Noch immer sind (wohl jüngst restauriert) prächtige Teile des emaillierten Ziegeldekors zu sehen (falls man Zeit hat und ›Intourist‹ den Ausflug gestattet). Von der kunstgeschichtlichen Bedeutung der Palastanlage wird aber kaum etwas augenfällig – und der Luxus der Ausstattung ist sowieso längst vergangen. Man ist einzig auf die Beschreibung angewiesen, die Herr Guzman de Clavijo, kastilianischer Gesandter am Hof Timurs, hinterlassen hat[90].

Auch ohne Quellen zu bemühen, merkt man: Timurs Bauten waren gigantisch-schnellfertig geplant. Zugleich aber (und darum geht der naheliegende Vergleich mit Diktatorenbauten des 20. Jahrhunderts fehl) mit einem unerhört feinen Gefühl für intimste Wirkungen von Proportionen, Relief, Ornament und Farbe. Nirgendwo sonst wurden

264 *Schahr-i Sabz (Kesch), Ak Saray, um 1400. Reste des Toriwans*

so herrliche Kompositionen aus Türkis- und Blautönen geschaffen wie in **Samarkand**. Timurs ruhmsüchtig geplante
Große Moschee in seiner Residenz ist vielleicht identisch
mit der *Medrese Bibi Chanum* (etwa 1399-1404, mit Beute
aus Indien finanziert und durch indische Gefangene errichtet). Die von poetischen Anekdoten umrankten riesigen
Reste – heute in sehr unpoetischer Umgebung – setzen
immer noch einen bestimmenden Akzent ins grausam ›sa-
nierte‹ Stadtbild. Alle detaillierten Planrekonstruktionen
beruhen mehr oder weniger auf Vermutungen. Erhalten

265 *Samarkand, Medrese Bibi Chanum, ca. 1399-1404*

sind von der rechteckigen Anlage im Vier-Iwan-Schema nur
der Betsaaliwan mit dem dahinterliegenden Kuppelsaal (Innen: Trompenkuppel mit vermittelnder Sechzehneck-Zo-
ne) und ein herrlich türkisgrün verkleideter Teil der äußeren
Kuppelschale, dazu die Kuppelsäle in der Mitte der Langseiten und der geborstene Bogen des Eingangsiwans. Dieses
Portal muß allein schon durch seine Größe beeindruckt
haben, es erreicht aber mit etwa 40 m Höhe doch nicht die
Maße des Taq-i Kisra von Ktesiphon. Es war allerdings in
Material und Fundamentierung so eilfertig errichtet, daß die
Wölbung der Zeit nicht standgehalten hat. Merkwürdig ist
nur, daß die Ausmaße (die ja eigentlich mit künstlerischer
Wirkung gar wenig zu tun haben) hier doch wesentlich mit-
sprachen, – schon für die Zeitgenossen. Der Historiker
Scherefed-Din Ali Yezdi schrieb: »Einzigartig erhöbe sich
die Kuppel, wäre nicht der Himmel ihr Abbild, einzigartig

wölbte sich das Tor, käme ihm nicht die Milchstraße gleich.«
Die Medrese hatte acht Minaretts, vier an den Ecken und je
zwei seitlich des Haupteingangs und des Betsaaliwans. Ungewiß ist, ob Säulenhallen oder zweigeschossige Gänge mit
Wohnzellen für Studenten die bestehenden Teile verbanden. Gewiß aber ist der keramische Bauschmuck nach Qualität und Disposition meisterhaft. Die in reichsten Blautönen
schimmernden Ziegelmosaikpaneele der Türwand, der
Iwanschirmmauer und der rahmenden Minaretts stehen untereinander in einem Maß- und Zahlverhältnis von 1 : 2 : 3
und machen erst dadurch möglich, die gigantischen Dimensionen zu erfassen und stufenweise auf Menschenmaß zurückzuführen. Heute ist das alles Ruine, sehr zerrissen,
zaunumhegt und kaum je ohne Gerüste zu sehen.

Wenige Jahre vorher (1397) ließ Timur in der Stadt **Turkestan** (ehemals Jassy) die *Grabmoschee des Ahmet Jassawi*
errichten. Hinter einem Iwanportal mit seitlichen Türen
steht der Kuppelsaal des eigentlichen Betraumes, an den
sich ein zweiter (das Mausoleum) anschließt, flankiert von
Nebenräumen. Nach außen hin wirkt das Ganze blockhaft
geschlossen, vor allem, da der Dekor der Mauern sehr zerstört ist (z. T. vermutlich jüngst erneuert?). Im Inneren
fände man (falls Intourist den Ausflug ermöglicht) Prachtstücke persischen Kunsthandwerks. Auch der Architekt der
Moschee war bezeugtermaßen ein Perser aus Schiraz: Beleg
dafür, daß die timuridische Kunst wie die der Ilkhane im
wesentlichen von Persien bestimmt und geprägt ist. Aber
zum ersten Mal tritt ein in Persien noch nie gesehenes Motiv
auf: Über dem Grabmal erhebt sich eine gerippte Kuppelschale, wie sie auch das erinnerungsschwerste Denkmal
Samarkands auszeichnet, Timurs Grabmal *Gur-i Mir.* Es
war ursprünglich vielleicht nur als Mausoleum für Timurs
Lieblingsenkel gedacht, der 1402 vor Ankara bei der Gefan-
gennahme des Osmanensultans fiel, und war Teil eines jetzt
bis auf wenige Reste verschwundenen Komplexes von Moschee, Medrese und Palast. Es steht heute säuberlich heraus-
präpariert in einem eingehegten Bezirk, umgeben von recht
ärmlichen Häusern, unweit eines modernen Hotelpalastes.
Wenn wir uns das Mausoleum von allen anklebenden Bauresten frei denken, haben wir ein schlankes Oktogon mit
einem hohen zylindrischen Tambour darüber. Über einem
doppelten Stalaktitband springen die geschnürten Rippen
ab und bilden die melonenförmige Kuppel. Sie leuchtet und

266 *Samarkand, Kuppel des Grabmals Gur-i Mir, Anfang 15.Jh.*

schimmert – trotz aller Restaurierungen – im Glanz der
wenigen, aber intensiven Farbtöne mit ihrem geometrischen
Muster vor dem Blau des Himmels als ein Wahrzeichen, an
dem man sich nicht sattsehen kann. Den Tambour schmückt
zwischen breiten Bordüren ein Schriftband, das in etwas
künstlichem Kufi den Satz »Gott ist die Ewigkeit« monumental wiederholt.

An der Eingangsseite flankieren (verstümmelte) Minaretts eine Iwanfront. (Wenn diese Fassade zur ursprüngli-

chen Konzeption gehört, bildet sie eine ziemlich vereinzelt
dastehende Auszeichnung für ein Grabmal.)

Durch einen (sehr stark restaurierten) Portalbau aus der
Zeit Ulugh Begs betritt man heute den Vorhof. An ihn
schlossen sich seitlich eine Medrese und ein Derwischkloster
(Khanaka) an. Durch eine seitliche Galerie (gleichfalls aus

267 *Samarkand,*
Grabmal Gur-i Mir,
Schnitt nach M.E. Masson

der Ulugh-Beg-Zeit) gelangt man dann in einen quadratischen Raum, der durch tiefe, oben mit reichen Stalaktitbal-
dachinen gefüllte Nischen kreuzförmig erweitert ist. Der
untere Wandabschnitt ist mit sechseckigen Alabasterplatten
verkleidet, über einem Stalaktitband zählt ein Schriftfries
aus grünlich getöntem Jaspis die Taten Timurs auf. Ganz
oben leiten stalaktitgefüllte Trompen zur Kuppelwölbung
über. Die Wände waren mit reich bemalten und vergoldeten
persischen Tapeten aus Papiermaché bedeckt. Zum Stadt-
jubiläum (1970: ›2500 Jahre Samarkand‹) sollte dieser sehr
schadhaft gewordene Schmuck sorgsam kopiert, ergänzt
und großzügig neu eingefärbt werden. Dem Beschauer wird
also in Zukunft der splendid dekorierte Innenraum eine
ahnende Vorstellung vom Luxus timuridischer Interieurs
vermitteln. Die Kuppel scheint – von innen betrachtet – dem
Besucher gar nicht so hoch, wie es der Anblick von außen
erwarten ließ. Tatsächlich handelt es sich bei der Innenkuppel um ein schlichtes Halbrund. Die gerippte Melonenkup-
pel, die das Außenbild bestimmt, ist nur eine Schale und ruht
mit Ziegelrippen auf der inneren Kuppelwölbung auf. Auf
dem Boden markieren Kenotaphe die Ruhestätten Schah
Rukhs, Ulugh Begs und anderer Angehöriger Timurs. Dessen

Denkstein, aus einem heute geborstenen Nephritblock, betont in der langen Inschrift noch einmal die ›mongolische Abstammung‹ Tamerlans.

Einen Stock tiefer, in einer ›Krypta‹ innerasiatischer Tradition, stehen wir vor den eigentlichen Grabsteinen. Die Existenz dieses Raumes war lange vergessen. Heute erreicht man ihn über eine schmale Treppe, bewundert die kühne Bautechnik der ganz flach gespannten Ziegelwölbung und kann sich eines Gefühls von großer Vergangenheit und Vergänglichkeit nicht erwehren. Die hier Bestatteten, deren Grabesruhe die Archäologen erst im Mai 1941 unmittelbar vor dem Einfall Hitlers zu stören wagten, waren nicht nur in Asien bekannt. Vielleicht fällt jemandem das schmale, aber poetisch-goldschwere Denkmal ein, das Goethe im ›Buch Timur‹ seines ›Divans‹ einem furchtbaren Eroberer gesetzt hat. Timurs Grab steht im Südwestteil der Altstadt von Samarkand.

Am entgegengesetzten Ende und ein wenig außerhalb des einstigen Mauerzingels liegt der wundervollste Denkmalkomplex: die Totenstraße *Schah-i Zinda*. Sie zieht sich einen Hang des Hügels hinauf, der die schon von Alexander dem Gr. siegreich umkämpfte Stadt Marakanda und das vor- und frühislamische Afrosiyab dem Spaten der Archäologen freigibt. In den Ausgrabungen fand man u. a. Reste von Fresken. Ihre Gegenstücke aus den Palastruinen von Warakscha in der Oase von Buchara und dem im 8. Jahrhundert zerstörten Pendschikent (West-Tadschikistan) werden – sorgsam restauriert – zusammen mit anderen Funden in der Leningrader Eremitage bewahrt. Vor ihnen wird deutlich, in wie asiatisch-weiten Horizonten die alte Sogdiana lebte: Kulturströme aus Indien und China schossen schon früh hier in Transoxanien zusammen. Der Islam hatte es nicht leicht, in dieser Gegend fest einzuwurzeln. Sicherlich schon aus vorislamischer Zeit stammt die Kunde von einem verborgen ›lebenden König‹ (vergleichbar etwa den Sagen vom Kaiser Karl im Untersberg oder dem im Kyffhäuser schlafenden Kaiser Friedrich), der hier schlummert, bis »die Zeit erfüllet ist«. Unter dem Islam wurde die Erwartung auf Qusam (oder Qasim) ibn Abbas, einen Neffen des Propheten, übertragen. Er war nachweislich zwar nie in dieser Gegend, aber frommer Aberglaube berichtet, ein Engel habe ihn in den Hügel entrückt, als übermächtige Feinde ihre Hand erhoben, um den Glaubenskämpfer zu erschlagen. Damit war

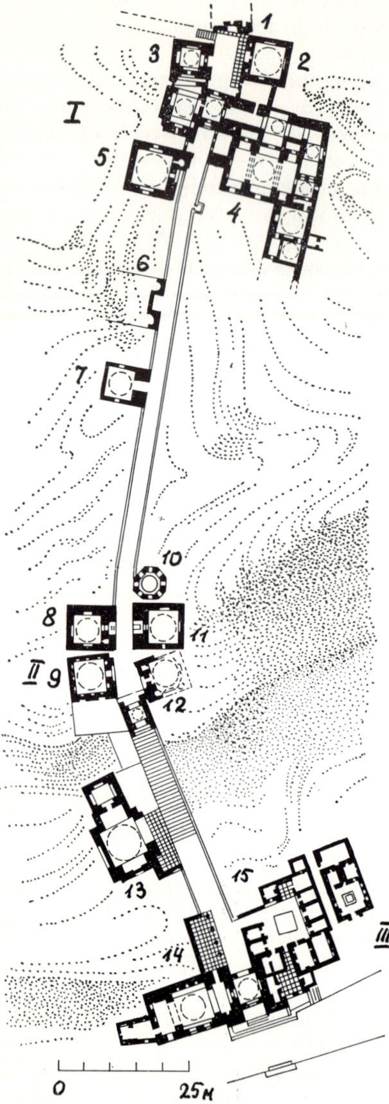

Lageskizze der Nekropole Schah-i Zinda in Samarkand nach Voronina

seit spätestens dem 11. oder 12. Jahrhundert die Stelle auch
für Moslems geheiligt. Von den Bauten dieser Zeit sind
allerdings so gut wie keine Reste erhalten. (Nur im Winkel
rechts hinter der prachtvoll geschnitzten Tür, die aus dem
letzten Tordurchgang in die Grabmoschee führt, verbirgt
sich im Mauerwerk ein Minarettstumpf aus schöngefügtem
Ziegelwerk, anscheinend aus dem 12. Jahrhundert.)

Auch heute noch wird diese Grabmoschee besucht, wenn
auch mehr aus abergläubischer Überlieferung. Man beob-
achte nur, wie wenig nach islamischem Ritual es zugeht,
wenn eine Usbekenfamilie zum Grab des Heiligen wallfahr-
tet! Die Grabmoschee (Nr. 4) stammt z. T. aus dem vortimu-
ridischen 14. Jh., teils auch aus späterer Zeit. Der Gebetssaal
mit überkuppeltem Mittelteil besitzt eine bemerkenswerte
Fayenceausstattung. Fast noch schöner ist die der Kuppel
über dem kleinen Vorraum zur Sarkophagkammer. Sie zeigt
Segmente mit wechselnden geometrischen Mustern, die Ek-
ken sind durch tiefe Stalaktitbaldachine gefüllt. Der Sarkophag selbst ist ein Meisterwerk der Keramik, auch heute
meist noch fromm verhüllt.

Wir haben damit den kultischen Kern der ganzen Anlage
vorweggenommen. In der Nähe des Heiligen begraben zu
werden, war der Wunsch vieler Frommer, und so erstrecken
sich noch heute ringsum am Hügelhang und auf der Fläche
um die Grabmoschee weite, z. T. verödete Friedhöfe. An
dieser bevorzugten Stelle wünschten auch Miglieder von
Timurs Sippe zu ruhen, und so entstanden die Grabbauten
der Schwestern und anderer Verwandter des Eroberers.
Ihre heutige Form als in sich geschlossene Straße hat die
Anlage aber wohl erst unter den Nachfolgern Timurs erhalten.

Die Inhaber der Mausoleen sind nicht alle bekannt, auch
weichen die Benennungen in der Literatur voneinander ab,
und schließlich tun die Namen auch wenig zur Sache. Es wird
praktisch sein, unserem Rundgang die Ziffern des nebenste-
henden Planes zugrunde zu legen.

Deutlich scheidet sich die ganze Anlage (Länge etwa
150 m) in drei Gruppen. Vom Eingang und den um ihn
gescharten Nebenbauten (III) am Hügelfuß steigt der Weg
zunächst sacht an, dann führt eine steile Treppe hinauf zu
einem zweiten Torbogen, hinter dem die Gruppe II die
schönsten Mausoleen aus der Timurzeit umfaßt.

Eine fast eben dahinlaufende Gasse von etwa 90 m Länge

führt an einigen Resten späterer Grabbauten vorbei zu einem dritten Tor. Aus seinem Kuppelraum betritt man die
Grabmoschee. Die Straße endet in einem kleinen Hof mit
den Mausoleen der Gruppe I.

Die unterste Gruppe (III) besteht aus dem Eingangsportal
(einer Iwanwand ohne flankierende Minaretts, dafür mit
einem deutlich abschließenden Gesims) mit dahinter liegen-
dem Kuppelsaal aus der Zeit Ulugh Begs (s. u.), dazu einer
kleinen Moschee (heute ein kurioses ›Museum‹), einer
ebenfalls zweckentfremdeten Medrese und einer auf schlanken Holzstützen ruhenden Halle, wohl aus dem 19. Jahrhundert. Ein paar Schritte weiter linker Hand das ›Wahrzeichen‹
von Schah-i Zinda (Nr. 13), zwei hochgestelzte türkisgrün
überzogene Kuppeln, die Grabstätte eines der Hofastrono-
men Ulugh Begs. Sie bilden eine Einheit: aus dem größeren,
einfach ausgestatteten Kuppelraum erst betritt man den
kleineren, dessen Wölbung mit hell schimmernden Stalak-
titkristallen gefüllt ist. (Dem Beobachter fällt auf, daß – wie
beim Timur-Grab – die Innenräume beträchtlich niedriger
sind als man es nach der Höhe des Außenbaues erwartet
hätte. Wie bei Timurs Grabmal haben wir es hier mit zweischaligen Kuppeln zu tun, deren farbige Außenhaut über der
eigentlichen Wölbung auf einem Gerüst aus gemauerten
Stützrippen ruht.) Stilistische Details scheinen eine Datierung ins fortgeschrittene 15. Jh. nahezulegen.

Nach außen hin ähneln sich die beiden Kuppeln im Aufbau: über dem kubischen Untergeschoß mit einem Fenster
an jeder Seite vermittelt eine niedrige Achteckzone zum
hohen Tambour, auf dem sich die leicht zugespitzte Kuppel
emporhebt. Der Tambourzylinder der größeren Kuppel
weist einen dem Gur-i Mir vergleichbaren Schriftdekor auf,
den besonders hochgezogenen Schaft des kleinen Anbaus
schmücken geometrische ›Monogramme‹. Von welcher
Seite aus sie man auch betrachtet, immer klingen die beiden
Kuppeln harmonisch-selbstverständlich zueinander. Am
oberen Ende der Treppe erwartet den Besucher der prächtigste Anblick: die Fassaden der hier einander gegenüber-
stehenden Mausoleen der Gruppe II (12, 9, 11, 8). Sie alle
stammen aus der Zeit Timurs, und ihr Fayenceschmuck
stellt einen der Gipfelpunkte islamischer Dekorationskunst
dar. Nur noch die Fassaden 1 und 2 in der letzten Gruppe (1)
können sich mit ihnen vergleichen.

Diese Mausoleen gehören alle einem Typus an, der nur in

268 *Samarkand, Schah-i Zinda. Links oben Grabmäler der Gruppe II,
rechts Grabmal Nr. 13, 2. Hälfte 15. Jh.*

Einzelheiten leicht variiert wird. Ein quadratischer Raum
mit einem tief in einer iwanartigen Nische sitzenden Eingangstor, überwölbt von einer Kuppel auf Trompen, die
gerne hinter Stalaktitwerk verborgen werden. Die äußere
Haut der leicht zugespitzten Kuppeln ist leider fast völlig
zerstört. Für die Timur-Zeit und ihre raffiniert gesteigerte
Prachtentfaltung ist die Verwendung von buntglasierten
Ziegelreliefs bezeichnend. Bisher fanden wir zwar feingeschnittene Terrakottareliefs mit arabesken Ranken als Zier-
einsätze schon in seldschukischen Ziegelfügungen, fanden
bemalte Stuckreliefs und das Mosaik aus Stücken farbig
glasierter Fliesen. Daß sich hier nun das Kleinwerk der
Arabeskenreliefs mit schimmernder Farbglasur überzieht,
ergibt Effekte von spektakulärer Pracht.

Die Fassade des Mausoleums Nr. 9 (von 1380 etwa) zeigt
schon alle erdenklichen Möglichkeiten, eine Fläche phanta-
sie- und sinnvoll mit Formen und Farben gliedernd zu füllen.
Über Auberginenlila liegen die reichen Tönungen einer ins
Grünliche spielenden Türkisskala, während die gegenüberstehende Front (Nr. 12) dieselbe Tonart ins Bläulichere
transportiert. Beide Mausoleen verwenden das gleiche Formenrepertoire in verschiedener Weise. An Nr. 12 sind besonders die rahmend in die Portalnische eingestellten Säulen
auf reliefierten Glockenkapitellen beachtenswert.

Die Dekoration von Nr. 11 (Grabmal einer jüngeren Schwester Timurs) baut auf der Kobalt-Ultramarin-Skala auf.

Das ohne Zweifel köstlichste Mausoleum dieser Gruppe (Nr. 8 von 1371/72) gehört der Lieblingsschwester Timurs, Tschodschuk Bika (Turkan-aka), und ihren Kindern. Es ist auch im Inneren mit Fayencen überzogen, und diese Ausstattung ist vollständig erhalten – wenn auch restauriert. Geometrisch übersponnene Mosaikflächen, schriftumrahmt, mit einem mittleren Medaillon, ebenso reich ausgestattete Nischen und köstlich dekorierte Stalaktitfüllungen in den Trompen leiten zur Kuppelwölbung, an der sich acht Rippen zu einem Stern verschränken. Bewegung und Ruhe gleichen sich aus in den geometrisch gefüllten Feldern (je zwei einander gegenüberstehende zeigen die gleichen Muster) mit blasenförmigen Medaillons. Im Kuppelscheitel, richtungslos ruhend, ein Rundmedaillon (s. Abb. 272).

Ein gutes Geschick hat auch die Außendekoration fast vollständig bewahrt. Aus dem unvorstellbaren und unbeschreiblichen Reichtum wollen wir nur als besondere Prunkstücke die großen ›Tafelbilder‹ an den Seitenwänden des Eingangsiwans herausgreifen. In einem Rechteckrahmen ist ein schwungvoll umrissenes Bogenmotiv gespannt, gefüllt mit Arabeskenranken in rassig geschnittenem Relief, überzogen mit Blau- und Türkistönen. Bewundernswert neben der rein handwerklichen auch die künstlerische Meisterschaft, mit der jede Eintönigkeit vermieden und doch die Fläche dicht und ausgewogen gefüllt wird. Eine Schale wird angedeutet, aus der Blüten wie Lilien und Hyazinthen aufwachsen. Aber die Erscheinung hat jeden Anklang an natürliches Wachstum abgestreift und ist zum dichten Geflecht stilisiert, in dem das Auge beschaulich wandelt wie der Fuß des Seligen in den Blumenrabatten des Paradieses. Vielleicht kommen wir hinter den Sinn solcher nur scheinbar spielerischen Kompositionen, wenn wir uns an die Bilder erinnern, mit denen der Koran die Wonnen des Paradieses schildert. Was dem frommen Moslem verheißen ist, ist das genaue Gegenbild zu Staub, Wasserlosigkeit und Dürre von Wüste und Steppe, gewissermaßen das Konzentrat allen Wohlbehagens, das eine Gartenoase bietet. Es ist immer wieder ein Ziel islamischer Kunst, schon auf Erden den Vorgeschmack eines solchen Paradieses zu geben. Verständlich, daß dieses in der Wüste Arabiens erschaute

269 *Samarkand, Schah-i Zinda, Grabmal Nr. 8, 1371/72. Detail von der Fayence-Verkleidung an der Innenseite des Eingangs*

Wunschbild die Bewohner von Wüsten und Steppen fasziniert hat, und wohl kein Zufall ist es, daß der Islam gerade
diese Zonen dauernd für sich gewann. Unter allen Völkern,
die sich zur Religion des Propheten bekehrten, hat die Vorstellung vom köstlichen Paradiesgarten gerade bei den Per-
sern eine verwandt gestimmte Saite zum Klingen gebracht,

270 *Samarkand, Schah-i Zinda, Grabmal Nr. 8, 1371/72*

drehte sich doch gerade ihr Denken offenbar schon von
früher Zeit an um das lebende Wasser und die Fruchtbarkeit
der reinen Erde. Immer wieder begegnen wir im Iran dem
Kampf ums Wasser und dem Versuch, die Wirklichkeit auf
magische Weise durch das Abbild zu beschwören (vgl. Persepolis!). Wir werden im Kapitel über die Safawidenkunst
noch einmal darauf zurückkommen müssen.

Die beiden ›Bildtafeln‹, von denen wir hier ausgingen,
sind wohl in diesem Sinne als ein Segenswunsch fürs Jenseits
zu verstehen. Aber nicht nur sie. Den gesamten Schmuck

271 *Samarkand, Schah-i Zinda, Grabmal Nr. 8, Fayence-Detail*

dieses Grabmals (und auch der anderen Mausoleen) dürfen
wir in diesem Sinne betrachten und verstehen: Wie Blumen-
beete bedecken die Felder und Streifen der Dekoration die
Flächen, wie aus Blütenkelchen steigen die rahmenden Säulen hoch, nicht ›körperhafte‹ Stützen, sondern Geflechte aus

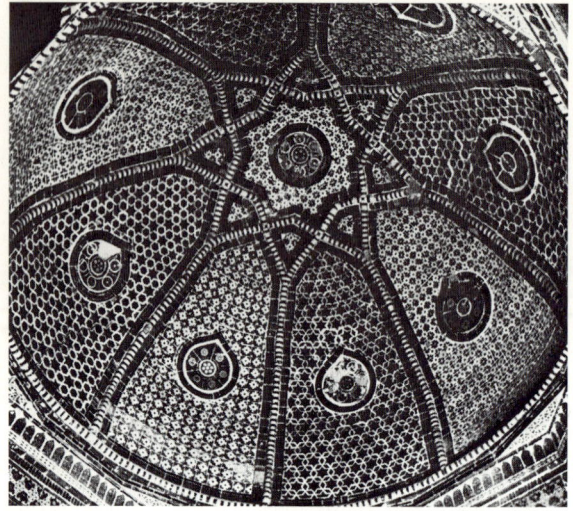

272 *Samarkand, Schah-i Zinda, Grabmal Nr. 8. Blick zur Kuppel*

Pflanzensymbolen. Mit den eingewirkten frommen und preisenden Inschriften vereinigen sie sich zu einem »Mögen sich dir die Freuden des Paradieses öffnen«. Wir ahnen damit auch, warum es hier kein Sich-Hinaufbauen von mühevollem Tragen und körperschweren Lasten gibt, sondern nur das schwerebefreite, kraft-neutrale ewige Ruhen in blaugrüner Kühle.

Am Beginn der nun folgenden fast eben verlaufenden Gasse steht rechts ein achteckiger Pavillon (Nr. 10), auch noch aus Timurs Zeit. Links folgt dann nach ein paar Grundmauern das Grabmal Nr. 7 mit einer Flachkuppel auf polygonalem Tambour, wohl nachtimuridisch. Das Mosaik ist hier z. T. schon durch mehrfarbig glasierte Kacheln ersetzt: an den die Portalnische rahmenden Säulen und bei den an safawidische Teppiche erinnernden Rankenkompositionen. Sehr schön sind die hohen schmalen Felder an den seitlichen Teilen der Fassade: Ein Bandgeflecht mit kleinen geometrischen Schriftzeichen bildet großzügig sternförmige Muster mit einer Füllung aus Arabesk-Kacheln und verschiedenartig-reichen Schrifttafeln.

273 *Samarkand, Schah-i Zinda, Grabmal Nr. 7, 14.Jh.*

Die dunkelgetönten Fliesen an den Wangen der Portalnische des Mausoleums Nr. 6 bilden ein Sternennetz und zeigen noch Spuren einstiger Goldauflagen. Der Farbklang dieser arg beschädigten Fassade ist dunkler und strenger als bei den timuridischen Bauten der Gruppe II. Der Grabbau selbst wurde im Zug der Restaurierungsarbeiten neu errichtet.

274 *Samarkand, Schah-i Zinda, Grabmal Nr. 1 und Nr. 2*

Die Grabmalsfront Nr. 5, gleich links vor dem dritten Tordurchgang, ist heute Flickwerk, zeigt aber typisch timuridische Details. Der kleine Hof als Abschluß der Gräberstraße bietet noch einmal ein bezauberndes Ensemble (Gruppe 1). Das Mausoleum Chodscha Ahmad (Nr. 1) gehört deutlich in die Zeit Timurs (vgl. die Motive an den Fassaden der Gruppe 11!), Nr. 2 (Schah Arab) stammt von 1360, weist aber an der Fassade, dem prächtigen Stalaktitbaldachin des Portaliwans und auch im Inneren schon den für die Timurzeit bezeichnenden glasierten Reliefdekor auf. Das gegenüberliegende Mausoleum (Nr. 3, Tuman Ak) be-

275 *Samarkand, Schah-i Zinda, Fayence-Detail von Grabmal Nr. 1*

sitzt noch bedeutende Reste eines volltönig blauen, feinge-
arbeiteten Mosaikschmucks, wie er vor 1400 kaum denkbar
ist. Den hier auftretenden Motiven wird die Zukunft
gehören.

Die Ornamentkompositionen an den Grabkapellen von
Schah-i Zinda lassen sich genauso wenig ›beschreiben‹ wie

eine Symphonie. Abbildungen können nur ›informieren‹: über Disposition und Muster, über den Wechsel von Schäften, an denen aus türkisfarbigen Arabesken schon wieder Pflanzenabbilder erblühen, über die Bänder, in denen sich die weißen Schriftzeichen poetisch-sinnschwerer Sprüche über einem kobaltblauen und manganvioletten Relief aus halb-pflanzlichem Spitzenwerk verknoten. Dieser fast überzierlichen Pracht antwortet ruhig die Gegenstimme der Rahmungen mit ihren einfarbig glasierten Ziegelflächen.

Was auch das beste Bild nicht vermitteln kann, ist das Leben der vom Smaragd bis tiefstem Kobalt spielenden, mit höchstem Feingefühl zugleich klar und streng zu- und gegeneinandergesetzten Farbnuancen vor dem ungetrübten Himmel im klaren und trockenen Sonnenlicht. Mit dem wechselnden Stand des Tagesgestirns verändern sich die Reflexe und Valeurs und treten unter sich von Stunde zu Stunde in immer neue Beziehungen. (Für den Fotografen sind die späten Vormittags- und die frühen Nachmittagsstunden am ergiebigsten.) Keine Kamera aber kann die Tönungsspiele beim steigenden Morgenlicht oder im warmen Dämmer des nahenden Abends wiedergeben, wenn die Kuppeln den sinkenden Lichtschein rosig abfangen und ein paradiesischer Friede sich über diese trostvoll-heiterste aller Totenstädte herabsenkt.

Timur hatte keine Nachfolgeordnung für die Zukunft hinterlassen, und mit seinem Tod (1405) begann sein Reich zu zerfallen. Zunächst übernahm als einzig überlebender Sohn *Schah Rukh* (1405-47) die Herrschaft. Dieser mehr auf Bewahrung des Besitzes als auf Eroberung bedachte Herrscher konnte nicht verhindern, daß der Westen Irans an die turkmenischen Stammesbünde der *Weißen und Schwarzen Schafe (Ak Koyunlu und Kara Koyunlu)* verlorenging. Er wählte das heute in Afghanistan liegende **Herat** zu seiner Residenz. Er und seine Gemahlin Gauhar Schad haben hier und anderwärts köstliche Bauten gestiftet. Der Hof von Herat wurde zum Sammelplatz der besten Künstler. Timurs Enkel Baisunqur war einer der anspruchsvollsten Bibliophilen[91]; *Hussein Baiqara* (1470-1506), Urenkel von Timurs Erstgeborenem, war Gönner des letzten persischen ›Klassikers‹ Dschami (1414-92). Den Hintergrund für dieses Mäzenatentum bildeten sinn- und ergebnislose Kriege zwischen den Erben Tamerlans, in deren Schatten eine neue Macht

VIII Samarkand,
Schah-i Zinda, Grabmal Nr. 12
Glasiertes Fayence-Relief vom Eingang, um 1380

*In wenigen kräftigen Tönen emaillierte Ziegel und
ebenso behandelte Reliefs, die Blattranken und
Schriftzeichen ineinanderwirken, treten zu immer
neuen raffinierten Wirkungen zusammen. Die Grabmäler der Familienangehörigen des schrecklichen Timur werden so zu erlesenen, paradieskühl schimmernden Ruhestätten.*

bedrohlich heranrückte: die Usbeken. Sie wurden um 1500 Herren Transoxaniens und vertrieben schließlich die Nachkommen Hussein Baiqaras aus Herat. Damals wurde das ›Land zwischen den Strömen‹ zu Usbekistan. Aber nördlich des Syr Darja stand schon die neue Machtgruppe der Kasachen bereit. Im Iran begründete damals Schah Ismail die Herrschaft der Safawiden. Sie übernahmen das künstlerische Erbe der Timuriden. (Die Miniaturmaler von Herat z. B. traten in ihre Dienste.) Chorassan war ein Machtvakuum, um dessen Besitz die safawidischen Vorkämpfer der Schia und die streng sunnitischen Usbeken sich unablässig bekriegten. Die einst blühende Provinz wurde dabei zur Wüste. Schließlich konnten sich die Usbeken behaupten. Das Ergebnis: zusammen mit Transoxanien verlor der Iran Teile dieser alten Nordostprovinz. Sie fielen schließlich dem russischen Imperialismus des 19. Jahrhunderts anheim. Heute ist das alte Chorassan unter drei Staaten aufgeteilt. In den bewußt russifizierten einstigen Zentren islamischer Geistestätigkeit ist nach über einem halben Jahrhundert der Sowjetherrschaft der Glaube des Propheten entwurzelt, auch wenn Buchara noch eine ›arbeitende‹ Koranhochschule besitzt – für Absolventen sowjetischer Mittelschulen.

Als einer der Hauptakteure in den Kämpfen der späten Timuriden um Samarkand und das Ferghanatal hat Babur in seinen Memoiren die Zeit um und nach 1500 geschildert. Dreimal und schließlich erfolglos hat er um Timurs Stadt gekämpft. Auch sein Versuch, in den afghanischen Gebieten eine Nachfolgeherrschaft zu errichten, scheiterte angesichts der usbekischen Übermacht. Aber durch den Sieg bei Panipat (1526) gewann er die Herrschaft in Indien. Hier, in Delhi und Agra, regierten Baburs Nachkommen bis 1858 als Großmoghulen, d. h. Mongolen: Immer noch wirkt die Fiktion von Timurs Verwandtschaft mit Dschingis Khan nach (s. Kap. 14).

Das meiste von dem, was Reisende des 15. Jahrhunderts in Herat begeistert hat, ist verschwunden. Immer noch prachtvoll-kostbar die *Große Freitagsmoschee,* zugleich Medrese für heute etwa 50 Studenten. Vielleicht an der Stelle eines Gebetsplatzes schon aus dem 10. Jahrhundert, ist sie ursprünglich eine Gründung des Ghoriden Ghiath ed-Din (um 1175), die von Timur zerstört und unter Schah Rukh wieder aufgebaut wurde. Ihr liegt das Vier-Iwan-Schema zugrunde (Hof mit vielschiffigen Hallen zwischen den Iwanen, hinter

dem Nordwest-Iwan ein Kuppelbau des 14. Jahrhunderts).
Der Fremde darf diese Moschee betreten. (Eingang an der
Südostseite: hier ein Rest aus der Ghoridenzeit.)

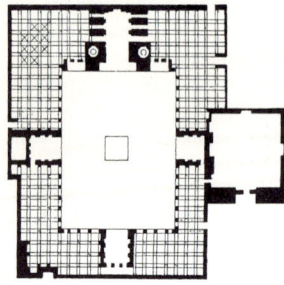

276 Herat,
Große Moschee,
Grundriß nach Niedermayer-Diez

Vor allem interessieren dürfte den Reisenden die in der
Moschee selbst untergebrachte Werkstatt für Keramik, ein
noch lebendiges Beispiel mittelalterlicher Handwerkstradi-
tion. Dieser Werkstatt verdankt die Moschee ihren immer
fast kompletten keramischen Schmuck von verwirrendem
Reichtum der Motive. Man wird allerdings feststellen, daß
die restaurierten Teile es doch nicht ganz mit den originalen
Partien aufnehmen können.

277 Herat, Große Moschee, 2. Hälfte 15. Jh.

278 *Herat, Gazargah, Grabmal des Khwaja Abdullah Ansari, 1428/29*

Im Nordwesten der Stadt liegt der Bereich des *Musalla,* des einstigen Universitätsviertels, in dem sich um die großzügige Medresenstiftung der Gauhar Schad im Lauf des 15.Jahrhunderts weitere Lehranstalten scharten. Schon im 18.Jahrhundert waren die meisten verfallen. 1885 haben ›militärische Notwendigkeiten‹ die Ruinen niedergelegt. Auf dem kahlen Gelände stehen heute noch (auf den ersten Blick wie Schornsteine anzusehen) sechs Minaretts, noch 1924 waren es neun. Ihr leider äußerst fragmentarischer Dekor zeugt vom erlesenen Geschmack des Hofes von Herat. Zwischen ihnen das *Grabmal der Gauhar Schad* (1432) und weiterer acht Mitglieder der Timuridendynastie. Es folgt mit seiner gerippten äußeren Kuppelschale dem Vorbild des Gur-i Mir von Samarkand. Der keramische Dekor gehört – wie zu erwarten – zum Besten der Timuri-

279 *Herat, Gazargah, Wanddetail vom Grabmal des Abdullah Ansari,*
15.Jh.

denkunst. Im Inneren kann man trefflich das für diese Epoche charakteristische Wölbesystem aus sich schneidenden
Bogenrippen studieren, das den Schub möglichst verteilt,
um durch Tieflegung des Schwerpunktes den Bauten größere Widerstandskraft gegen Erdstöße zu verleihen. Das technische Prinzip – es wird später auch bei den Safawiden
beliebt – erinnert an gotische Rippenkonstruktion, hat aber
mit dieser keine faktische Verbindung.

Die *Zitadelle von Herat* wurde unter Schah Rukh fast
gänzlich neu gebaut. Noch heute militärisches Objekt,

280 *Meschhed, Wanddetail von der Moschee der Gauhar Schad, 15.Jh.*

macht sie doch einen recht ruinösen Eindruck. Fotos aus der
Zeit des Ersten Weltkrieges zeigen noch viel von der Fayencedekoration der Außenseiten (auch ein Zweckbau sollte
unter den Timuriden etwas schön Geschmücktes sein),
– heute sind davon nur noch geringe Reste zu sehen.

Etwa 2 km nördlich der Stadt birgt das *Heiligtum von
Gazargah* die Grabstätte des Dichter-Philosophen Khwaja
Abdullah Ansari, der im 11.Jahrhundert lebte. An der
Schwelle des Heiligengrabes (1428/29) steht – jeder Fremde
wird darauf hingewiesen – der Grabstein des Baumeisters in

Gestalt eines liegenden Hundes. Der gesamte Komplex
(z. T. im 17.Jahrhundert umgebaut) besteht aus zwei recht-
eckigen Höfen. Der zweite dient vor allem als Friedhof. Die
Stirnwand des Hauptiwans ist besonders hoch und mächtig,
ähnlich wie in **Turbat-i Scheikh Jam,** dem Mausoleum eines
Sufi, der im 12.Jahrhundert starb. Man wird den Bau (lt.
Portalinschrift von 1333) besuchen, wenn man die Strecke
Herat–Meschhed fährt. (Im Grenzort **Tayyebat** das unter
Schah Rukh erbaute *Mausoleum des Zein ed-Din.*)

Im persischen **Meschhed** steht das vermutlich schönste
und am besten erhaltene Werk des timuridischen 15.Jahr-
hunderts: die *Moschee der Gauhar Schad.* Leider ist sie, im
Heiligen Bezirk des Imam Reza gelegen, dem Ungläubigen
in diesem angesehensten Wallfahrtsheiligtum des schiitischen Persien nicht zugänglich. Damit entgeht uns viel,
(aber man sollte doch nicht den Versuch unternehmen, sich
ins Heiligtum einzuschleichen!) und unser Bild von der
Kunst in der ersten Hälfte des 15.Jahrhunderts bleibt daher
etwas unvollständig, zumal ein weiterer bedeutender Bau
dieser Zeit, die *Medrese von* **Khargird** abseits der meist
befahrenen Straßen liegt.

Ihr Entwurf gehört dem Architekten der Gauhar-Schad-
Moschee zu, den Schah Rukh anscheinend öfters beschäftigt
hat. Vermutlich stammte er – wie auch andere Künstler am
Timuridenhof – aus der alten persischen Kernprovinz Fars.
Der Aderlaß durch Timur war auch in diesem Gebiet emp-
findlich gewesen, aber hatte die Schöpferkraft der Perser
nicht gebrochen. Sie blieb stark genug, die schon unter Timur angebahnte künstlerische Unterwerfung der Eroberer
zu vollenden.

Selbstverständlich sind auch die Türkenherrscher der *Weißen* und der *Schwarzen Schafe* völlig dem Zauber der persischen Kulturüberlieferung und persischer Kunst erlegen.
Aus der Zeit Dschahanschahs von den Kara Koyunlu besitzt
Isfahan mit dem *Mausoleum Darb-i Imam* (1453) ein besonderes Beispiel von Fayencedekoration eines Außenbaues in
harmonisch-reicher Komposition und tiefleuchtend klaren
Farbtönen. Mit souveräner Handwerkskunst sind die Mo-
saikteilchen zurechtgeschnitten und zu feinsten Pflanzenge-
bilden zusammengesetzt. (Deutlich verrät sich die Hand
eines späteren Restaurators an einigen viel sorgloser gearbeiteten Stellen.) An den Kuppeltrakt des 15.Jahrhunderts

281 *Isfahan, Mausoleum Darb-i Imam, Wölbung des Toriwans, 1453*

schließt sich östlich ein Kuppelbau der Safawiden aus dem späteren 17. Jahrhundert an und ermöglicht Vergleiche, die zugunsten des älteren Bauteils ausfallen.

In der *Großen Freitagsmoschee von Isfahan* wurde der auf schweren Pfeilern gratgewölbte *Wintersaal* schon 1448 erbaut (Abb. S. 302, Nr. 7). Die an Kostbarkeit mit Darb-i Imam konkurrierende *Mosaikdekoration des Südiwans* vor dem seldschukischen Kuppelsaal (s. S. 304) mit den flankierenden Minaretts wird in die Zeit Uzun Hassans von den ›Weißen Schafen‹ (1475) datiert. Sie zieht auch in diesem unerschöpflich reichen Bauwerk den Blick auf sich.

Kurz vorher (1465) entstand im Herrschaftsbereich der Turkmenen, gefördert von Dschahanschahs Tochter, die *Blaue Moschee von* **Täbriz**, ein Bau von einer unkonventionellen Gestalt. Im rauhen Klima Aserbeidschans mußte man auf einen Hof verzichten. Zentrum der Anlage war ein großer Kuppelraum (man denkt unwillkürlich an seldschukische Medresen von Konya) mit einem kleineren (wohl für

ein Grabmal) in der Qiblaachse. An drei Seiten umgaben ihn
narthexartige überkuppelte Schiffe, die weiteren Betern
Platz boten. Timuridischen Baugewohnheiten entspricht die
sehr breite Fassade, an deren Ecken sich Minaretts erhoben.
Erdbeben haben von dem Bau nur kümmerliche Reste gelassen.

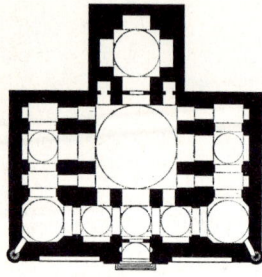

282 *Täbriz,
Blaue Moschee; 1465,
Grundriß nach Coste*

Die iranische Denkmalspflege ergänzt z. Zt. (1973) das
Zerstörte. Was neben dem originellen und zukunftweisen-
den Grundriß immer schon das Hauptinteresse erregt hat,
sind die erhalten gebliebenen Teile der Dekoration. Die
Mosaikausstattung des Portals und der Pfeilerwände gehört
auch im fragmentarischen Zustand unstreitig zum Schönsten, was der Genius Persiens im 15.Jahrhundert schuf.
Tiefe Blautöne (sie gaben der Moschee den Namen) bilden
den Grundakkord für eine meisterhaft ausgeführte Mosaikdekoration mit pflanzlichen, abstrakten und prächtig kalligraphischen Motiven. Eine detaillierte Beschreibung ist unmöglich und wäre sinnlos. Man muß das sehen, um es zu
genießen.
Von Täbriz aus wären es nur noch etwa 270 (aber recht
rauhe) Straßenkilometer nach Ardebil, dem Ausgangspunkt
der Safawiden (Kap. 13). Aber wir kehren zunächst noch
einmal nach Chorassan und Transoxanien zurück.

Balch in Afghanistan (s. auch Kap. 8, S. 265), angeblicher
Geburtsort Zarathustras, später die Hauptstadt des grie-
chisch-baktrischen Königreiches, war seit den Kuschan-
Herrschern bis zu den Choresm-Schahs wichtige Handels-
etappe und kultureller Umschlagplatz. Die Scharen Dschingis Khans haben es entvölkert. Auch die Wiederbelebungs-

283 *Täbriz, Wanddetail der Blauen Moschee, 1465*

284 *Balch, Grüne Moschee, Ende 15.Jh.*

versuche der Timuriden fruchteten wenig. In der heute etwas tristen kleinen Stadt erinnert daran außer dem Iwanbogen einer Medrese die *Grüne Moschee,* das Grabmal des
Kwaja Mohammed Abu Nasir Parsa vom Ende des 15.Jahr-
hunderts (1497?). Der originale Dekor (blaue, türkisfarbige,
weiße und schwarzlila Fliesen und Mosaik) ist leider nur
lückenhaft erhalten. Die Baugestalt (Oktogon mit zweistök-
kigen Außennischen und einer von einem gedrehten Seil
umzogenen Iwanfront, hinter der einst zwei Minaretts an-
setzten) nimmt eine Zwischenstellung ein. Einerseits darf sie
als späteres und etwas provinzielles Nachbild von Bauten
Samarkands und Herats gelten, andererseits als eines der
Vorbilder für Memorialbauten des moghulischen Indien.

285 *Masar-i Scharif, Moschee des Imams Ali, nach 1480*

Balch hat seine Rolle als Verwaltungszentrum der baktri-
schen Provinz an das benachbarte **Masar-i Scharif** abtreten
müssen. Hier steht die heiligste *Moschee* Afghanistans. Einem frommen schiitischen Gelehrten wurde im frühen
12. Jahrhundert die Erleuchtung zuteil, daß Ali, der 4. Kalif
und erste der schiitischen Imame, hier begraben sei. (Da Ali
661 in Kufa ermordet wurde, kann Nadschaf im Irak größere
Glaubwürdigkeit als Grablege beanspruchen.) Wie auch immer: Ein Leichnam wurde gefunden, Wunder schienen seine
Echtheit zu bestätigen. Einen ersten Memorialbau hat der
Mongolensturm 1221 weggefegt. Aber nach 1480 entstand
über dem wiedergefundenen Heiligengrab eine Moschee
innerhalb eines ummauerten Bezirks am Ende der Bazar-
straße. Sie folgt in der Raumordnung der Heiligenmoschee
der Stadt Turkestan. Der ›Ungläubige‹ darf nur den Vorhof
betreten und die imposante Iwanfront bewundern, bestenfalls einen Blick in das Heiligtum werfen. Ob ihm viel entgeht? Wohlgemeinte Restaurierungen haben vom einstigen
Zustand nicht allzuviel übriggelassen. Es finden sich über-
reichlich farbenfrohe Fotomotive – aber sie bezeugen eher
einen Geschmacksverfall, der sich an der links vor der Wall-
fahrtsmoschee errichteten neuen Moschee nicht übersehen
läßt. Vieles an der Moschee von Masar-i Scharif mag weniger iranisch als indisch anmuten. Afghanistan war immer
Vorfeld und Eingang Indiens. Die Bauten in *Kabul* gehören
deutlich schon zum indischen Kunstbereich (s. Kap. 14).

Die Bautätigkeit von Schah Rukhs Nachfolger *Ulugh Beg*
(1447-49) bezeugen vor allem zwei *Medresen* – beide allerdings nur unvollständig erhalten. Die eine steht im Herzen
von **Buchara.** Schon 1417 gestiftet, ist sie trotz aller Einbu-
ßen nicht nur die älteste einigermaßen wohlerhaltene derar-

tige Lehranstalt in Transoxanien; sie stellt dort auch den
Prototyp für die späteren Bauten dieser Zweckbestimmung
dar. Sie hat zwar u. a. ihre Eck-Minaretts eingebüßt, und die
Reste ihres Fayenceschmucks sind sehr stark restauriert und
ergänzt, doch verdient sie ausdrückliche Erwähnung. Das
hohe Iwanportal nimmt mehr als ein Drittel der Fassadenbreite ein und beherrscht vortretend die doppelstöckigen
Spitzbogenarkaden der seitlichen Abschnitte. Die Erscheinung war einst bereichert durch die schon erwähnten Minaretts an den Ecken und durch Kuppeln über den (im Grundriß an das Timurgrabmal erinnernden) Räumen hinter den
seitlichen Fassadenabschnitten, deren linker als Betraum
diente. Den Hof umgeben die Wohnzellen der Studenten in
zwei Geschossen mit tiefen Spitzbogenarkaden in einem
durch geometrische Muster entschwerten Rahmengerüst.
Nur an der dem Eingang gegenüberliegenden Seite öffnet
sich ein Iwan mit einer niedrigeren stalaktitgefüllten Nische
als Abschluß. Ihm entspricht die Iwan-Nische, mit der sich
der Tortrakt zum Hof öffnet. Wichtig und zukunftweisend
wird vor allem die komplizierte Grundrißgestaltung des Fas-
sadentraktes mit den seitlichen Kuppelsälen. Nur noch auf

286 *Buchara, links Medrese des Ulugh Beg, beg. 1417; gegenüber die
Medrese des Abdul-Aziz-Khan, 1651/52*

287 *Samarkand, links Medrese des Ulugh Beg, 15.Jh.; gegenüber die Medrese Schir-Dor, 17.Jh.*

ein Motiv (wir hätten es schon bei der Blauen Moschee von Täbriz beobachten können) sei hingewiesen: Die Innenkante des Toriwans umzieht, von einem Basis-›Kapitell‹ ausgehend und ins andere mündend, eine Art gedrehten dicken Seils mit bläulicher Verkleidung. Wenn wir uns an die Andeutungen über den Sinn persisch-islamischen Dekors (s. S.456) erinnern, dürfen wir dieses merkwürdige Schmuckelement als Segens-Abbild des ewig erquickenden Paradieswassers deuten. Wir werden ihm noch mehrfach an safawidischen und Moghul-Bauten begegnen.

Das gleiche Motiv findet sich an *Ulugh Begs Medrese in* **Samarkand** (s. S.478). Sie ist – obwohl im unruhigen 18.Jahrhundert ihrer Kuppeln und des oberen Stockwerks beraubt – das sorgsam restaurierte Juwel des Registan-Platzes. Im 15.Jahrhundert umgaben ihn außer der Medrese noch eine Khanaka und eine Karawanserei. Diese beiden wurden im 17.Jahrhundert durch die noch jetzt bestehenden Medresen Schir-Dor und Tilla-Kari ersetzt. Noch immer und trotz allem gehört der Registan zu den am strengsten komponierten Platzanlagen des Orients und vermittelt als einziger eine gewisse Vorstellung von timuridischer Stadtplanung. Seine Eindruckskraft hat erst in jüngerer Zeit ern-

288 *Samarkand, Wanddetail der Medrese des Ulugh Beg, 15.Jh.*

sten Schaden genommen. Das Ensemble des Platzes mit den
drei riesigen Koranakademien wurde zwar restauriert (oder
wird es z.T. noch), zugleich aber durch Abbruch der umgebenden niedrigen Häuser ›freigelegt‹ und durch gutgemeinte
Parkanlagen isoliert. (Im 19.Jh. ist man in Europa oft ähnlich verfahren und hat Kathedralen wie z. B. Notre-Dame in
Paris um ihre ursprüngliche Umgebung und damit ihre
wohlkalkulierte Beziehung zur Umwelt gebracht – ähnlich
verheerend wirkten auch vielfach die Bomben des 2. Welt-
kriegs.) Der ›Platz‹ hat dadurch völlig seinen Charakter als

freier Raum im Gedränge enger Gassen eingebüßt. Da man
die Fassade der Ulugh-Beg-Medrese bis auf die ursprünglichen Fundamente freilegen wollte, während die 200 Jahre
jüngeren Bauten auf einem durch die Ablagerungen der
Jahre erhöhten Niveau stehen, hat er dazu noch seine Wirkung als ebene Fläche verloren.

Ulugh Beg, der Astronom, auf dessen Forschungsarbeit
die orthodoxen Koranlehrer scheel schauten, ist in Sowjet-
Usbekistan Objekt von ›fortschrittlichen‹ Mythen und wird
sogar als Prophet der Astronautik bemüht. Seine künstlerische Hinterlassenschaft wird darum sehr bewußt gepflegt.
So hat man nicht nur alles, was von seinem *Observatorium*
blieb, sorgsam geschützt, sondern auch auf die Restaurierung der von ihm gestifteten Schule große Mühe gewandt.
Ihr verdanken wir, daß die gekappten Minaretts an den vier
Ecken wieder senkrecht stehen – sie hatten sich bedenklich
geneigt, wie alte Abbildungen (z. B. Diez, Handbuch, S. 101)
zeigen. Die zerstörten Teile der Außenmauer wurden er-

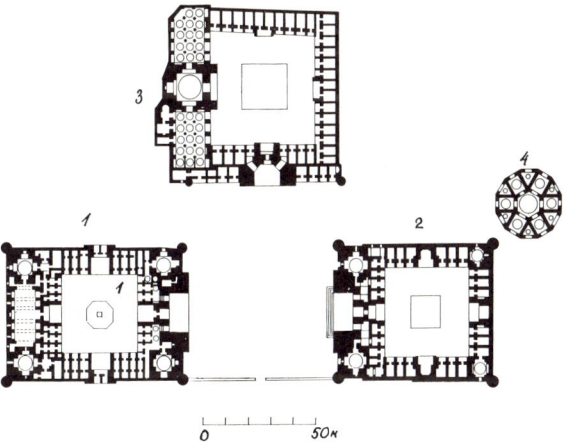

289 *Samarkand, Registan. Lageskizze nach M. E. Masson*
1 Medrese des Ulugh Beg 2 Medrese Schir-Dor 3 Medrese Tilla-kari
4 Überkuppelter Basar

gänzt. Sie, wie die Türme, sind mit großen geometrischen Schriftzügen bedeckt, türkis und auberginenlila auf dem hellen Ockergrund der Ziegel. Die Fassade zeigt etwas von dem kraftvoll-ruhigen und monumentalen Wesen der ›mongolischen‹ Epoche. Der Eingangsiwan nimmt hier zwei Drittel der Fassadenbreite ein. Flache Blendarkaden füllen die Verbindungsstücke zu den Eckminaretts. Der quadratische Hof weist vier Iwane auf. Durch die seitlichen führen Nebeneingänge. Entsprechend der (ungefähren) Ausrichtung nach Mekka ist hinter den Wohnzellen der Qibla-Seite ein quergewölbter Betsaal angefügt mit zwei seitlichen Kuppelräumen.

Der Fassade der Ulugh-Beg-Medrese entspricht spiegelbildlich die gegenüberliegende der *Medrese Schir-Dor* aus dem Jahr 1619. Sie hat ihren Namen ›die Löwen-Habende‹ von den beiden tigerartigen Raubtierwesen, über deren Rücken ein Sonnengesicht aufgeht, in den Zwickeln über dem Portal – rare Beispiele für Darstellung von Lebewesen an einem Bau religiöser Zweckbestimmung. Diese Bilder – wie der ganze Bau – sind in jüngster Zeit restauriert und zum Teil rekonstruiert worden.

Der Grundriß der Medrese mit dem quadratischen Vier-Iwan-Hof macht augenfällig, wie eng sich die Usbekenherrscher an das Vorbild Ulugh Begs anlehnten. Da aber hier der Eingang in Qiblarichtung lag, verzichtete man auf den Betsaal an der Rückseite. Die Kuppelsäle in den Ecken des Fronttraktes übernahmen wie bei der Medrese von Buchara die Moscheefunktion. Ihre wieder frisch wie am ersten Tage glänzenden Rippenkuppeln lehren uns, wie wir uns etwa das ursprüngliche Bild der eben besprochenen Medresen Ulugh Begs vorstellen dürfen. Sie sind deutlich vom Vorbild des Timur-Grabmals inspiriert, allerdings wirken sie steiler, dabei etwas einfacher und schwerer. Im Dekor herrschen dem Zeitgeschmack entsprechend kleinteilig-pflanzliche Motive vor.

Die gleichzeitige *Medrese Tilla-Kari* mit Arkaden rings um den nicht ganz regelmäßig quadratischen Hof muß ihrer Orientierung Rechnung tragen und weist daher bedeutsame Abweichungen auf, die uns lehren, daß die Usbeken nicht nur sklavische Nachahmer waren. Die Front mit dem breiten Toriwan wirkt mit ihren seitlichen Arkadennischen traditioneller, der Betsaaltrakt an der Qiblaseite mit überkuppelten dreischiffigen Seitenhallen und dem großen, nie vollendeten

IX Samarkand,
Medrese Schir-Dor, usbekisch 1619
Minarett mit gerippter Kuppel in der Nachfolge
timuridischer Kuppelhauben
(teilweise restauriert)

Der kostbare Zauber timuridischer Architektur- und
Schmuckformen hat auch die usbekischen Eroberer
fasziniert und sie haben versucht, gleiches zu schaffen.
Die gerippte Fayencekuppel unserer Abbildung ist
freilich nicht ganz so elegant wie die über Timurs
Grab, doch wird sie durch safawidische Elemente
bereichert, wie z. B. das Schriftband in flüssigem
Naskhi über dem monumentalen Kufi, das den Tam-
bour umzieht. Der Schaft des Minaretts und die Au-
ßenflächen der Mauern sind mit geometrischem Kufi
aus emaillierten Ziegeln geschmückt.

290 *Samarkand, Medrese Schir-Dor, 1619*

Kuppelsaal mit schöner Außendekoration bedeutet Rückgriff und Ausblick zugleich. Die Schule erhielt ihren Namen
›die Goldene‹ wegen ihrer reich mit Gold belegten Fliesendekoration. Das Gold ist verschwunden, aber immer noch ist
das, was vom Schmuck erhalten ist, der Beachtung wert.
Noch im frühen 17. Jahrhundert hielt man an den Vorbildern
der Timuridenzeit fest, kann sich aber doch der gleichzeitigen Kunst der feindlichen Safawiden nicht verschließen.

Schon mit diesen beiden Medresen von Samarkand wurde
der Rahmen dieses Kapitels weit überschritten. Doch sei
hier ein kurzer Blick noch auf die wichtigsten Usbeken-Bau-
ten Bucharas gestattet. Wie nach dem bisherigen zu erwarten, stehen sie fest auf dem Grund timuridisch-persischer
Tradition, aber entbehren doch nicht eines eigenen Klanges.
　　Eindeutig timuridischer Überlieferung (und damit letztlich innerasiatisch-nomadischen Gepflogenheiten der La-
gergestaltung) entspringt die sehr bewußte Zu- und Gegen-
einanderstellung von in sich geschlossenen Bauten zu malerischen Komplexen, die im Gewirr der Gassen klare Akzente setzen. Dem Registan von Samarkand vergleichbare Ge-
genüberstellungen von monumentalen Torfassaden an einer
Straßenverbreiterung oder ihre Gruppierung um einen Platz

291 *Buchara, Hof der Medrese Mir-i Arab, 1535-36*

begegnet man mehrfach in **Buchara** als einem Prinzip der Stadtgestaltung vom 16. bis ins frühe 19. Jahrhundert.

Als Beispiele seien angeführt: die *Große Moschee* (15./16. Jh.) und ihr Gegenüber, die *Medrese Mir-i Arab* (1535-36), am Platz des Kalan-Minars; die *Abdul-Aziz-Khan-Medrese* (1651-52) als Pendant zur Medrese des Ulugh Beg (s. S. 476); das Kosch-Ensemble aus den *Medresen Madar-i Khan* (1566/67) und *Abdullah Khan* (1588-90), der Platz um den Liabi-Khauz (*Kukeltasch-Medrese* von

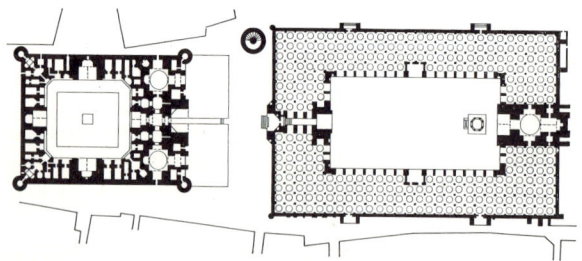

292 *Buchara, Poj-Kalan Komplex. Lageskizze nach G. A. Pugatschenkowa*
Links die Medrese Mir-i Arab, gegenüber die Große Moschee, dazwischen das Kalan Minar. Vergleiche dazu auch Seite 280 und 476

293 *Buchara, Abdullah-Khan-Medrese, 1588-90*

1568/69 und *Medrese und Khanaka des Divan Beg* aus dem 17. Jh.); die weiträumige Gegenüberstellung von *Zitadellentor* (Anf. 19. Jh.) und *Bolo-Khauz-Moschee* (im wesentlichen fr. 18. Jh.) und nicht zuletzt der aus zwei parallel gestellten Kuppelbauten (Moschee und Khanaka) mit verbindendem Wohnzellenflügel und etlichen Mausoleen gebildete *Tschor-Bakr-Komplex* (16. Jh.) etwa 5 km außerhalb der Stadt.

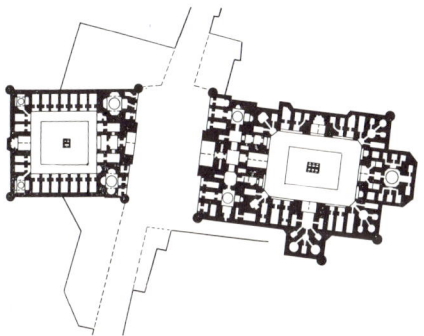

294 *Buchara, Kosch-Ensemble. Lageskizze nach G. A. Pugatschenkowa Links die Medrese Madar-i Khan, gegenüber die Medrese Abdullah Khan*

1 Kukeltasch-Medrese
2 Medrese des Divan Beg
3 Khanaka des Divan Beg
4 Liabi-Khauz-Wasserbecken

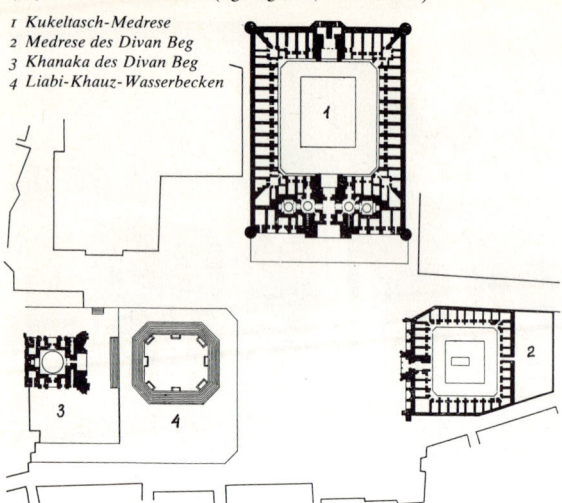

295 *Buchara, Liabi-Khauz-Ensemble. Lageskizze nach Voronina*

In ihrer Grundrißgestaltung halten sich die genannten Medresen mehr oder weniger streng an den durch Ulugh Begs Bau vorgegebenen Plan, d. h. sie gruppieren zwei oder vier Iwane um einen Viereckhof. Über das Herkommen hinaus gehen sie in der komplizierten Gestaltung des Tor-Traktes. Nach außen hin nehmen die immer mächtiger hochsteigenden Portale mindestens ein Drittel der ursprünglich minarettflankierten Fassaden ein. Vom Grundriß her wird für den Durchblick von einem Eckkuppelraum zum anderen eine malerische Enfilade geplant (Kukeltasch-Medrese), werden in anderen Fällen (Medrese Abdul-aziz-Khan und Madar-i Khan) die seitlichen Kuppelsäle ganz oder teilweise als intime Eigenräume ausgesondert. Dazu legt man dem Tortrakt innen noch Wohnzellen vor, bezieht ähnliche Räumlichkeiten auch in die Fassaden ein.

Die in der Timur-Zeit aufgekommenen neuen technischen Verfahren werden weiterentwickelt. Die Innenschalen der Kuppeln sind (seit dem mittleren 16. Jahrhundert immer häufiger) aus einem Gerüst sich kreuzender fester Rippen errichtet, in deren Zwischenräume leichte Ziegelschalungen oder dünne Terrakottaplatten gespannt werden (in *Samarkand* schon im Ischrat-Khane und im Ak-Saray-

296 *Buchara, Blick zur Kuppel der Medrese Mir-i Arab, 1535/36*

Grab (beide nur sehr fragmentarisch), dann im Kuppelsaal
der Tilla-Kari-Medrese; in *Buchara* z. B. Kukeltasch-Medrese, Medrese Abdullah-Khan und Faisabad-Khanaka).
Über dem von sich kreuzenden Rippen freien Zentrum wird
nun – oft nach ähnlichem Prinzip – die Kuppel errichtet
(Mir-i Arab, Kukeltasch, Abdullah Khan), manchmal als
flache Schale, öfters hochgestelzt, so daß sich aus den Fenstern der Tambourzone in einem fast barocken Sinne eine
Lichtfülle von oben her auf den Sterblichen ergießt, ihm
Sinn und Herz in die Höhe lenkend.

Es fällt dazu auch auf, daß die Dekoration immer mehr auf Stalaktitmotive verzichtet, das Licht immer glatter an sich herabgleiten läßt. Ähnlich ungehemmt wird es auch in safawidischen und osmanischen Bauten fließen: offensichtlich ein Charakterzug der Architektur des 16. und 17. Jahrhunderts überhaupt.

Um 1600 scheint die Kunst der islamischen Usbeken eine unklassisch-manieristische Phase zu durchlaufen. Die schon mehrfach erwähnte *Kukeltasch-Medrese* (1568/69) bildet ein Beispiel dafür, wie sich der Dekor von dort, wo man ihn bisher erwarten konnte, zurückzieht, um dafür an unerwarteten Stellen wieder aufzutauchen: An den schöngefügten Flachkuppeln der seitlichen Eingänge, die den inneren Toriwan flankieren, schimmern im Grätenwerk der Ziegellagen einzelne Fayencestücke wie gefaßte Edelsteine. Hat man diese schmalen, als Raumfolgen konzipierten Gänge durchschritten, erlebt man den Überraschungseffekt: die nackte Architektur des Hofes, die weitgehend auf Farb- und Linienspiele verzichtet, mit ihnen nur ein paar Akzente setzt und einzig durch die Wiederholung der in zwei Stockwerken umlaufenden Arkaden wirkt.

Am manieriertesten – schon in der Plangestaltung – erscheint die *Medrese Abdul-aziz-Khan* (1588-90), die trotz des Eklektizismus ihrer Dekor-Elemente zugleich deutlich die Suche nach neuen Lösungen verrät.

Von den engen Straßen des berühmten Bazars von Buchara ist nicht mehr viel da, aber die zentralen Kuppelräume (umzogen von kuppelgedeckten Gängen) an ihren Schnittpunkten sind noch erhalten und bereichern das Stadtbild malerisch mit ihren ›modernen‹ Konstruktionen (späteres 16. Jh.).

Die *Kalan-Moschee* (d. i. die Große Moschee) von Buchara kombiniert den persisch-seldschukischen Vier-Iwan-Hof mit mehrschiffig-richtungslosen Hallen und einem mächtigen, kuppelbekrönten Iwan-Betsaal. Der Bau wurde an der Stätte der Moschee des 12. Jh. seit dem 15. Jahrhundert neu errichtet. (Von der älteren Moschee noch erhalten das Kalan-Minar s. S. 281.) Er stellt als eine eklektische Kombination – wie andere persisch-afghanische Moscheen dieser Zeit – vielleicht einen Nachklang der ehrgeizig geplanten Timur-Moschee von Samarkand dar. Kleinere Moscheen seit dem 16. Jahrhundert legten einem überkuppelten Saal *(Chodscha-Zaineddin-Moschee)* oder einem flachgedeck-

297 *Buchara, Moschee des Chodscha Zaineddin, 1. Hälfte 16.Jh.*

ten queroblongen Betraum *(Balyand-Moschee)* meist an zwei Seiten einen Portikus auf schlanken Holzpfeilern vor. Später flossen die beiden Möglichkeiten, die Gebetshalle zu gestalten, zwitterhaft ineinander; die Außenhallen, zugleich Erinnerung an persische Talar-Häuser und nomadische Zelt-Architektur mit ihren schöngeschnitzten, fast zerbrechlich dünnen Holzpfosten (mit hölzernem Stalaktitkapitell) bleiben ein volkstümlich-reizvoller fester Bestandteil kleiner Bethäuser über die Jahrhunderte weg (vgl. Portikus der *Bolo-Khauz-Moschee* (1712), *Kleine Freitagsmoschee auf der Zitadelle*, Anf. 19.Jh.).

Chiwa, in Choresm, ist noch heute als Ganzes ein wahres Museum islamischen Bauens in Zentralasien, obwohl die meisten Werke aus später Zeit (vom 18. bis ins 20.Jh.) stammen. Sie stellen letzte, von europäischer Einwirkung so gut wie unberührte Ausläufer der mittelasiatischen Islamkunst dar. Das höchst malerische Ensemble der Altstadt mit sehr ›orientalischen‹ Winkeln und Koranschulen, die – z.T. noch keine hundert Jahre alt – das spät- und nachtimuridische Schema bewahren, wird beherrscht von den hohen konischen Minaretts. Der *Turm der Großen Moschee*

298 *Chiwa, Tasch-Hauli-Palast, 1830-38*

stammt aus dem späten 18., der massive Stumpf des *Kalt-Minars* aus der Mitte des 19., der höchste Turm *(Chodscha-Islam)* sogar erst aus den ersten Jahren des 20. Jhs. In ihrer Form und der ringförmigen Anordnung des etwas groben Dekors aus bunten Ziegeln sind sie späte und spannungslose Nachkommen des Kalan-Minars von Buchara. Nur als Zeugen für zähe Lebenskraft eines Typus seien die Bauten Chiwas hier noch erwähnt (vgl. Knobloch, Turkestan).

Die Mongolenzeit hat vieles zerstört, aber zugleich auch die zäh-beständige Kraft der islamisch gewordenen persisch-iranischen Kunst bewiesen. Dieser gelang es, die Eindringlinge in ihren Bann zu schlagen. Gewaltige Dimensionen und raffinierte Eleganz gleichermaßen kennzeichnen die Kunst dieser Jahrhunderte. Anregungen aus allen Kulturwelten Asiens haben das Bild bereichert, konnten aber das islamische Persien nie überfremden. Der Iran hat, gerade durch die vielfältigen Gefahren herausgefordert, mit einer erhöhten Anspannung seiner Kräfte geantwortet und

299 *Chiwa, Minarett Chodscha-Islam, 1910*

dadurch den Weg zur Erfüllung seiner selbst gefunden. Die
›mongolischen‹ Jahrhunderte zwischen der Herrschaft der
Seldschuken und der Entstehung einer bewußt schiitischen
›perischen Nation‹ unter den Safawiden bilden eine durch
höchste Leistungen ausgezeichnete Brücke zu der Epoche,
in der die iranische Kunst unter islamischem Vorzeichen zur
Vollendung ihres Wesens finden sollte.

12 Bauten der Osmanen

Allerorts in Kleinasien und im ganzen Gebiet des ehemaligen Osmanischen Reiches findet man Zeugnisse osmanischer Kunst. Dieses Kapitel beschränkt sich möglichst auf Bauwerke in Bursa, Edirne und vor allem Istanbul. In diesen drei Städten entstanden die bedeutendsten Bauschöpfungen.

Im Kielwasser der Seldschuken (Kap. 9) drangen weitere türkische Stämme nach Westen. Der Einbruch der Mongolen (Kap. 11) schob sie weiter. Ein Clan unter Ertuğrul (gest. 1281?) soll sich mit seinen Herden ins Reich von Rum gerettet und zum Dank für geleistete Hilfe von Kaikobad 1. ein Siedlungsgebiet im Nordwesten Kleinasiens erhalten haben. So die offiziell gewordene Überlieferung. In Wirklichkeit hat es sich eher um einen Verband von Ghazis, d. h. von Glaubenskriegern gehandelt, der sich im Grenzgebiet gegen das 1204 durch die Lateiner geschwächte Byzanz ein Wirkungsfeld und Kriegsbeute suchte. Von Anfang an waren die Osmanen weniger ein Volk als ein Zweckverband von unbedingtem Offensivgeist. In der dunklen Zeit Anatoliens nach dem Ende des Seldschukenreiches fanden sie die Unterstützung der Gilden und Bruderschaften, die in diesen anarchischen Jahrzehnten den Fortbestand islamischer Zivilisation sicherten. Diese standen meist unter der Leitung eines mystischen Scheikh oder von Derwischen, deren Ansichten und Praktiken die Mongolen nicht dulden wollten.[92]

Obwohl türkisch und sunnitisch-islamisch, war die osmanische Kameraderie offen für Angehörige anderen Volkstums (und auch anderer Religion), selbst nachdem sich der ›Verband‹ zum ›Reich‹ entwickelt hatte, dessen Herren nach 1453 hinter Bürokratie, Zeremoniell und den hohen Mauern des Serails immer unsichtbarer wurden. Der Staat blieb bis zu seinem Ende 1922 getragen von einer Schicht, die nicht auf Herkunft, sondern auf dem Einverständnis mit dem Islam und mit osmanischen Normen beruhte und die über eine ›Herde‹ von Völkern verschiedener Religion herrschte.

Jede dieser Volks- und Religionsgemeinschaften durfte, als gesetzlich anerkannte Minderheit und vertreten durch ihr jeweiliges geistliches Oberhaupt, nach eigenem Religionsgesetz leben.

Ertuğruls Sohn, *Osman I.* (gest. 1324), der Eponymos des künftigen Staates, konnte sich, während Anatolien in eine Kleinwelt von weit über einem Dutzend ›Beyliks‹ zerfiel, in dem Dreieck zwischen Bursa, Eskişehir und Iznik behaupten. Das Ende der Seldschukenherrschaft bedeutete für die Osmanen den Beginn ihrer Selbständigkeit. *Orhan Ghazi* (1324-60) gewann 1326 den Griechen Brussa/Bursa ab und machte es zur ersten Hauptstadt. 1354 errichteten die Osmanli ihren ersten Stützpunkt auf europäischem Boden (Gallipoli). Die Brückenlage im Nordwesten Kleinasiens zeichnete das Gesetz vor, nach dem der Osmanenstaat erwuchs. Es war das eines dauernden Zweifrontenkrieges. Daß die Osmanen ihn schließlich gewannen, zeugt von ihrer zielbewußten Energie. Das Fernziel war Byzanz. Zugleich mußte der Rücken gedeckt werden. Um 1360 wurde Ankara eingenommen. *Murad I.* (1360-89) baute am Werk des Vaters weiter. Er konzentrierte seine Vorstöße zunächst auf Thrazien. Sie gipfelten in der Eroberung von Adrianopel/Edirne, das die zweite Hauptstadt der Osmanen wurde. 1369 ist Ost-Thrazien in türkischer Hand, 1373 der größte Teil Mazedoniens, 1375 wird Serbien tributpflichtig, Nisch wird genommen, 1382 Sofia. Das Byzantinische Reich schrumpfte mehr und mehr zur Enklave innerhalb des osmanischen Herrschaftsbereiches und mußte sich schließlich zu Tributzahlungen und zur Anerkennung osmanischer Oberlehensherrschaft bereitfinden. Seinem Beispiel folgten mehrere balkanische Fürsten, denen nur die Wahl blieb zwischen Tributzahlungen (bei weitgehender Autonomie innerhalb ihrer Gebiete) und dem Risiko, den Einfall ungezügelt-beutelustiger Glaubenskrieger zu erdulden. Selbst in Mitteleuropa begann man die heraufziehende Gefahr zu ahnen, aber noch weniger als die bedrohten Fürsten des Balkan konnte der Westen sich zu gemeinsamem Handeln entschließen.

1387 siegte Murad über den Bey von Karaman, doch Anatolien blieb weiterhin die gefährliche Flanke. Nach der Unterwerfung Bulgariens triumphierte er 1389 auf dem Amselfeld (Kosovo Polje) über ein Heer aus verschiedenen balkanischen Kontingenten unter dem Serbenkönig Lazar I. Am gleichen Abend noch wurde er von einem todbereiten

Serben ermordet. *Bayezit I.* (1389-1402) übernahm die Führung. Er hat wegen seiner blitzschnellen Feldzüge den Beinamen *Yıldırım (der Blitz)* bekommen. Sofort schloß er
Frieden mit Serbien (es wurde Vasallenstaat) und zog nach
Anatolien, um 1390/91 mit den dortigen Kleinfürsten aufzu-
räumen. Der Karaman-Bey mußte Frieden machen. Sogleich wandte Bayezit sich wieder nach Westen, bestrafte die
balkanischen Vasallen, die gewagt hatten, ihm die Gefolgschaft aufzukündigen, unterwarf Bulgarien erneut und legte
den Würgegriff um das ohnmächtige Byzanz. 1395 errichtete
er Anadolu Hisar, das ›asiatische Fort‹ am Bosporus. Konstantinopel war mehr als eine schwer einnehmbare Festung:
es war – auch noch im Verfall – Symbol der Macht. Von den
Erfolgen der Türken alarmiert, führte Kaiser Sigismund,
König von Ungarn, ein von Papst Bonifaz IX. aufgerufenes
Kreuzheer heran. Aber ehe sich die Kontingente noch so
recht zur Belagerung von Nisch gesammelt hatten, war der
›Blitz‹ schon über ihnen und zerschlug sie (1396). Thessalien
und Nordgriechenland fielen den Osmanen zu. Bevor Bayezit erneut gegen Konstantinopel vorgehen konnte, wandte
sich das Geschick. Die entthronten oder verängstigten anatolischen Beys riefen Timur zu Hilfe. Bayezit dachte nicht
daran, sich ihm zu unterwerfen, aber 1402 verlor er die
Schlacht bei Ankara. Der ›Blitz‹ endete als Gefangener des
›Lahmen‹. Timurs Scharen plünderten ganz Kleinasien.

Eine derartige Katastrophe hätte für eine andere Macht
das Ende bedeutet. Nicht so für die Osmanli an der Brücke
zwischen zwei unruhigen Welten. Glück verkettet sich mit
dem Verdienst zielbewußter Energie. Für sie bedeutete das
alles nur eine Verzögerung und neuen Ansporn – für Byzanz
nur Aufschub, nicht Rettung. Nach einem Jahrzehnt der
Rivalitäten zwischen Bayezits Söhnen stürmten die Osmanen auf der alten Bahn weiter. *Mehmet I.* (1413-21) gewann,
von der europäischen Basis ausgehend, fast alles zurück, was
der Vater besessen hatte. Aber es gelang ihm nicht, die
Stellung des Herrschers von den einander widerstreitenden
Interessengruppen innerhalb der führenden Schicht unabhängig zu machen. Die eine befürwortete das weitere Ausgreifen nach Westen gegen die ›Ungläubigen‹, die andere
zielte auf die Erringung der Vormacht innerhalb der islamischen Welt durch Wendung nach dem Osten.

Murad II. (1421-51) versuchte die Lösung der damit zu-
sammenhängenden Probleme. Ein wachsender Staat konnte

auf die Dauer nicht als bloßer Verband beutelustiger Kameraden existieren, die Ghazi-Schicht des Anfangs mußte ersetzt werden. Ein Söldnerheer überstieg die finanziellen Kräfte. Schon der erste Murad hatte – nach herkömmlichem Rezept – Sklavensoldaten rekrutiert. Murad II. machte daraus ein System. Periodische Knabenlese *(devşirme)* unter den nichtislamischen Religionsgemeinschaften *(millets)* sollte fortan den Nachwuchs für den Kern des Infanterieheeres, die ›Neue Truppe‹ der *Janitscharen,* erbringen, zugleich auch für die hohe Beamtenschaft. Die begabtesten und gewandtesten Knaben wurden ausgewählt, in türkischen Familien zu Moslems erzogen und nach einer Eingewöhnungszeit zu Elitesoldaten gedrillt. Die Besten kamen an den Hof, wo sie in den Palastschulen für den hohen Verwaltungsdienst ausgebildet wurden. Wer diese Anstalten durchlaufen hatte, dem standen alle Aufstiegsmöglichkeiten offen – bis hinauf zum Amt des Großvezirs. Auf diese Weise verloren zwar die christlichen Minderheiten ihre besten Köpfe, bekamen aber dadurch auch Anteil an der Staatsführung. Die Erlesenen nämlich blieben – wenn sie Karriere machten – nicht derart von ihren Familien abgeschnitten, daß ihre Sippe nichts von ihnen profitieren konnte. Aber wirklichen sozialen Aufstieg bedeutete allein die Übernahme und Ausübung des Islam und die Bejahung der osmanischen Kultur. Obwohl nie Bekehrungszwang ausgeübt wurde, hat nicht nur die Verlockung gesellschaftlichen Ansehens gerade unter den Völkern des Balkans massenweisen Übertritt zum Islam bewirkt, sondern auch die Aussicht, innerhalb der vielschichtig-weitherzigen islamischen Gemeinschaft Auffassungen vertreten zu können, die römische wie griechische Kirche nicht nur verurteilten, sondern aktiv verfolgten.

Murad belagerte 1422 Konstantinopel, eroberte 1430 endgültig Saloniki, setzte sich in Kleinasien durch, zwang Ungarn zum Frieden und zur Anerkennung osmanischer Herrschaft auf dem Balkan. Seinen Lebensabend wollte er als Derwisch verbringen, aber drohende Gefahren riefen ihn, der schon zugunsten seines Sohnes der Herrschaft entsagt hatte, auf den Thron zurück. 1444 schlug er ein Kreuzheer unter Hunyadi Janos bei Varna, eroberte den nördlichen Peloponnes, stieß nach Albanien vor, siegte noch einmal über Hunyadi bei Kosowo (1448). Bei seinem Tod war die Donaugrenze gesichert und die Eroberung von Byzanz vorbereitet. *Mehmet II.* (1451–81) errang sich den Ehrentitel des

Eroberers *(Fatih)*. Mit dem Bau der gewaltigen ›Festung Europa‹ (Rumeli Hisar) – später ließ er auch den Südeingang der Dardanellen durch Festungsbauten sichern – sperrte er den Bosporus. Am 2. April 1453 begann die Belagerung der Kaiserstadt. Am 29. Mai drangen die Janitscharen in die Stadt. Konstantin XI. fiel im Kampfgetümmel, der Sultan konnte triumphierend ins längst nicht mehr goldene Byzanz einziehen. Das Ziel eines ganzen Jahrhunderts war erreicht. Für die Osmanen bedeutete das Ereignis keine Ruhepause. Der Rest des oströmischen Reiches wurde schnell vereinnahmt: Athen wird 1458 türkisch, 1460 Mistra, das letzte Refugium byzantinischer Geistigkeit. Schon 1458 war Serbien (bis auf Belgrad) annektiert worden, es folgten das venezianische Bosnien, Albanien und die tatarische Krim (sie wird tributpflichtig), und mit den Karaman-Beys wird wie nebenbei aufgeräumt. Vor den Augen des Eroberersultans taucht die Vision imperialer Weltherrschaft auf: die Unterwerfung auch des westlichen Rom, der Hauptstadt des Papstes. 1480 stürmen seine Truppen Otranto. Aber der Tod unterbrach den Siegeslauf.

Mehmet II. muß eine unerhört dynamische Persönlichkeit gewesen sein, sprachkundig, wißbegierig, großzügig-tolerant, ein aufgeschlossener Mäzen der Künste und Wissenschaften, ideenreich und voll zäher Energie, ein vulkanisches Temperament, dessen gewaltige Willenskraft ein kühler Intellekt zügelte, dabei voll Witz und Poesie: ein Renaissancemensch auch in allen seinen Schwächen. Viel zu wenig von all dem verrät das Porträt (heute in der Londoner National Gallery), das kurz vor seinem Tode Gentile Bellini – zum Ärgernis der Frommen eigens deshalb aus Venedig berufen – von ihm gemalt hat. Nicht nur als Eroberer hat er an einem Wendepunkt der Geschichte Epoche gemacht: Er hat zugleich auch das Gerüst gezimmert, das dem Osmanenreich bis ins 19. Jahrhundert hinein Rahmen und Tragfähigkeit verliehen hat.

Mehmet II. hat sich dabei in vielem an das Vorbild von Byzanz angelehnt, konnte er sich doch nach 1453 mit vollem Recht als Nachfolger des Basileus fühlen. Wie ein byzantinischer Kaiser zieht sich fortab der Sultan hinter ein kompliziertes Zeremoniell und hohe Mauern zurück. Und doch verfiel das osmanische Reich nicht einfach dem byzantinischen Vorbild, sondern gewann in der Auseinandersetzung mit ihm erst sein eigenes Gesicht. Die Baukunst spiegelt

getreu diese Entwicklungen. So wenig alle Wechselfälle das
osmanische Grundmuster in seinem Wesen verändert haben, so wenig hat auch die byzantinische Herausforderung
der Hagia Sophia letztlich die osmanische Kunst in ihrer
Struktur verändern können, sie nur zu höchsten Leistungen
angespornt. Wie in anderen islamischen Bereichen kennt sie
Entwicklung und Verwandlung von Formen, nicht aber einen Wandel des Stils, d. h. der geistigen Haltung – oder ihres
Grundgesetzes. Schon in den frühosmanischen Bauten defi-
niert sich klar das Osmanisch-Besondere innerhalb des Gesamt-Islamischen.

Auf das Ausgreifen unter Fatih Sultan Mehmet mußte
unter *Bayezit II.* (1481-1512) eine Atempause folgen. Er be-
gnügte sich damit, die Oberhoheit über die Moldau, die
Mündungen von Donau und Dnjestr zu erlangen, schloß
Ausgleichsfrieden mit Polen, Ungarn und Venedig, das allerdings auf seine peloponnesischen Festungen verzichten
mußte, und vermied eine ernsthafte Auseinandersetzung
mit den Mamluken Ägypten-Syriens um das östliche Anatolien. Eine durch safawidische Propaganda ausgelöste Revolte der Nomaden Kleinasiens konnte zwar 1511 niedergeschlagen werden, aber angesichts der unklaren Lage und
einer wachsenden Passivität des Sultans brachte die auf Eroberungen begierige Kriegerelite – im Wettlauf zweier Kan-
didaten – den ›Grimmig-Gestrengen‹ (das bedeutet der Beiname *Yavuz*) Sultan *Selim I.* (1512-20) auf den Thron.

Die Grenzen nach Westen waren gesichert. Selim ent-
schied sich für die Offensive nach Osten. Tausende von
Nomaden, die mit der safawidischen Schia sympathisierten,
wurden hingemetzelt. Auf seinem Heerzug gegen Persien
liquidierte Selim wie nebenbei die letzten Reste anatolischer
Fürstenautonomie. Schah Ismail (s. S. 590) wandte die alte
Taktik der ›verbrannten Erde‹ an, brachte damit Selims
Armee in Nachschubschwierigkeiten und diesen selbst in
Konflikt mit seinem enttäuschten Heer, aus dem allerdings
die Stellung des Sultans bedeutend gestärkt hervorging. Es
gelang, die safawidische Armee dank der überlegenen osmanischen Bewaffnung (Artillerie) bei Tschaldiran am Euphrat (1514) zu vernichten. Zwar konnte Selim seinen Triumph nicht auswerten, aber die Safawiden waren auf den
Iran und Irak zurückverwiesen. Seinen nächsten Feldzug
richtete er gegen die Mamluken Ägyptens. 1516 schlug er ihr
Heer in Syrien, zog ohne Schwierigkeiten in Kairo ein, be-

mächtigte sich der heiligen Stätten Mekka und Medina. Er wurde damit der bedeutendste Herrscher innerhalb der islamischen Welt und durfte als Herr über die Gebiete klassisch-islamischer Tradition mit Recht (dem Recht der Macht, nicht der Abstammung) den Titel eines sunnitischen Kalifen beanspruchen. Es war nur eine Frage der Zeit, wann das Osmanenreich auch die Seeherrschaft gewinnen würde. Die Verhältnisse verschoben sich ins Große: Aus einem kleinen Staat in Zweifrontenstellung zwischen kleinen und morschen Nachbarn war ein Großreich zwischen zwei Großmächten geworden: zwischen Persien und Habsburg. Zugleich mit dem Gewinn der Hegemonie im islamischen Bereich rückte das Osmanenreich in die Reihe der großen Mächte im europäischen Konzert auf.

Um den regierenden Herrscher von allen Rivalen zu befreien, hatte Mehmet II. empfohlen, daß derjenige Sultanssohn, der die Nachfolge antrat, alle seine Brüder beseitigen solle. Das blieb Brauch bis in die Zeit Ahmets I. Damit die Prinzen nicht versuchten, im günstigen Augenblick den Vater vom Thron zu stoßen, um den Wettlauf um Herrschaft und Leben zu gewinnen, fand das Mißtrauen der Väter später einen Ausweg: Die Sultanssöhne wurden nicht mehr, wie bis ins beginnende 16. Jahrhundert üblich, als Gouverneure der Provinzen in der Regentenpraxis geschult, sondern wie Gefangene im ›Prinzenkäfig‹ des Harem gehalten, abgeschlossen von der Welt, umgeben nur von Frauen und stummen Sklaven. Wer nach einer solchen Jugend die Herrschaft antrat, war in gar keiner Weise für seine Aufgabe vorbereitet und vorgebildet, ihr daher auch nicht gewachsen. Er war und blieb Spielball der Haremsintrigen, abhängig von seiner Mutter, der ersten Dame im Palast, von den Veziren und den Janitscharen.

Selim I. machte diese Truppe zu seinem persönlichen Machtinstrument und ließ alle Brüder, Neffen und Söhne erdrosseln bis auf einen einzigen. Und dieser einzige Erbe fand einzigartig günstige Bedingungen vor und wurde der Sultan der osmanischen Glanzzeit: *Süleyman I.* (1520-66).

Von der gesicherten Basis aus konnte er nach Westen vordringen: 1521 eroberte er Belgrad, machte es zu seinem Stützpunkt für weitere Operationen. 1526 nahm er Peterwardein, siegte bei Mohacz, besetzte Buda, 1529 stand er vor Wien. Aber die Nachschubwege waren zu lang; die Belagerung mußte abgebrochen werden. Immerhin war die osmanische Herrschaft über den größten Teil Ungarns gesichert (1541 wurde es osmanische Provinz) und das Abendland in bleichen Schrecken versetzt, so daß es vorübergehend sogar den konfessionellen Zwist hintanstellte. Ein Vertrag von 1547 markierte schließlich die Grenze zwischen Habsburg und den Türken, ohne sie doch für einen der beiden Gegner zu sichern. Im Osten wurden den Safawiden Täbriz, Van, Mosul, Bagdad abgenommen – aber auch hier wurde in Aserbeidschan ein äußerster Punkt für die wirksame osmanische Kriegführung erreicht, und der Vertrag von Amasya (1555) trug dem Rechnung. Das Mittelmeer wurde osmanisch, Venedigs Macht schmolz immer mehr dahin, 1522 wurden die Johanniter von Rhodos vertrieben. Den Brüdern Barbarossa, verwegenen Piraten, gelang es, sich an den Küsten Nordafrikas festzusetzen. Der eine von ihnen, Chaireddin, machte sich 1529 zum Herren von Algier. Als Großadmiral trat er 1533 in den Dienst des Sultans und baute die osmanische Flotte auf, die nach der Entscheidungsschlacht von Preveza (1540) auf Jahrzehnte hinaus das Mittelmeer beherrschte. (Die Eroberung von Tunis durch Karl v. blieb Episode.) Die Korsaren Nordafrikas waren bis ins 19. Jahrhundert hinein der Schrecken des Mittelmeeres. Ihre Küsten aber wurden nie völlig dem Osmanenreich eingegliedert, sondern behielten einen Sonderstatus. Malta wurde 1565 erfolglos belagert. Auch hier war ein Endpunkt der Expansion erreicht.

Nach allen Seiten dehnte das Osmanenreich unter Süleyman 1. seine Macht und stieß dabei zugleich an die Grenzen seiner Möglichkeiten: Höhepunkt und Wendezeit zugleich. Die goldenen Jahrzehnte unter Süleyman sind die klassische Zeit osmanischer Kunst. Sinan wurde der Chefarchitekt des Sultans, dem Europa den Beinamen des *Magnifico,* des *Prächtigen* gab, den die Türken den Gesetzkünder-Gesetzgeber *(kanuni)* nennen. Mit seinen Erlassen füllte er das vom Urgroßvater errichtete Gerüst aus, schuf dem Reich seine eigentliche Verwaltungsorganisation und den Schaltplan des Regierungsapparates, konzentrierte alle autokratische Macht in der Hand des Herrschers und gab sie zugleich doch auch in die Hand des Großvezirs: eines Sklaven, der an Autorität seinem Herren gleich war.

Dieser osmanische Justinian ähnelte seinem Namenspatron, dem weisen Salomo in aller seiner Pracht. Den Bauherren Justinian suchte er genauso zu übertreffen, wie dieser

mit dem Bau der Hagia Sophia Salomo zu übertreffen gesucht hatte. Beiden ähnelte er in seiner Schwäche gegenüber
dem Weiblichen. Seiner ›Theodora‹, der Hasseki Hürrem
Sultan (in Europa besser bekannt unter dem Namen Roxe-
lana) war er gänzlich verfallen. Sie wurde die erste der
politisierenden und intrigierenden Haremsfrauen, die in der
Folgezeit oft so verhängnisvoll aus dem Hintergrund wirkten. Ihre Intrigen räumten den begabten älteren Prinzen
beiseite, um ihrem eigenen Sohn den Weg zum Thron freizu-
machen: *Selim II.* (1566-74), mit dem Beinamen *der Säufer*.
Er war der erste Sultan, der sein Serail kaum mehr verließ.
Der offensive Schwung erlahmte. Nur Samos wurde noch
genommen und Zypern den Venezianern entrissen. Die
Niederlage der türkischen Flotte bei Lepanto (1571) gegen
die vereinigten Kontingente Venedigs, Spaniens und des
Papstes war nur ein Symptom, keine Katastrophe. Ein
Symptom allerdings für Veränderungen an den Grundlagen
und an der Spitze. An den Grundlagen: Die Verlagerung der
Handelswege durch die spanisch-portugiesischen Entdek-
kungen ließ den Überlandhandel verdorren, entzog damit
dem Osmanenreich (wie Venedig und den süddeutschen
Reichsstädten) lebenswichtige Einkünfte. Zugleich
schrumpfte die Landwirtschaft und schließlich brachte die
Inflation des Silberwerts durch die Importe aus der Neuen
Welt die Währung auch des Osmanenreiches in Unordnung.
An der Spitze: die Weiberwirtschaft im Harem, die Macht-
fülle der Großvezire, die Anmaßung der Janitscharen und
die Korruption im ganzen Reich. Bestechlichkeit bis in die
allerhöchsten Kreise, angeblich bis zum Sultan selbst.

Jahrelange Auseinandersetzungen mit Persien unter *Murad III.* (1574-95) blieben ohne Ergebnis, die Grenzkriege
mit Habsburg-Österreich wurden chronisch. Bezeichnend
allein schon die schnelle Abfolge meist jugendlicher Herrscher (im Vergleich mit den langen Regierungszeiten früherer Sultane): *Mehmet III.* (1595-1603) – *Ahmet I.* (1603-17)
– *Osman II.* (1618-22, von den Janitscharen ermordet), dann
dessen Bruder *Murad IV.* (1623-40), dazwischen vorübergehend Ahmets verblödeter Bruder *Mustafa I.* (1617/18 und
1622/23). Murad IV. – lange unter der Herrschaft seiner
Mutter – versuchte strenge Reformen (ein Kurieren an den
Verfallssymptomen durch Rückkehr zum bewährten Alten)
und brachte vorübergehend neuen Aufschwung. Den Safawiden entriß er Erewan (1635) und Bagdad (1638). Denk-

mäler dieser Siege sind bezeichnenderweise die nach den beiden Städten benannten Pavillons im vierten Hof des Topkapı-Serails, nicht eine große Moschee. Die ›Blaue Moschee‹ Ahmets I. ist die letzte in der Reihe der großartigen Sultansmoscheen. Fortan treten eher die Sultansmütter als Stifterinnen auf. Murads IV. Bruder *Ibrahim* (1640-48) war ganz das Geschöpf seiner Mutter, die bis zu ihrem gewaltsamen Ende auch für ihren Enkel *Mehmet IV.* (1648-87) das Regiment führte. Dann gaben – bis etwa in die Mitte des 18. Jahrhunderts – die Großvezire den Ton an: schon seit 1656 die beiden ersten (und bedeutendsten) Mitglieder der Köprülü-Familie. Noch einmal schien das Osmanenreich aktiv zu werden: in Ungarn, in der Ägäis, in der polnischen Ukraine. 1683 stand der Großvezir Kara Mustafa mit seinem Heer vor Wien. Aber er scheiterte wie einst schon der große Süleyman. Diesmal war es wirklich eine Wende. Die innere Schwäche der Osmanen wurde vor aller Welt offenbar. Von nun an geht es unaufhaltsam abwärts. Habsburg-Österreich ergreift die Offensive: 1697 der Sieg des Prinzen Eugen bei Zenta, 1699 der Friede von Karlowitz (Ungarn geht verloren), 1718 der Friede von Passarowitz. Sultane in dieser Zeit: *Süleyman II.* (1687-91), *Ahmet II.* (1691-95), *Mustafa II.* (1695-1703), *Ahmet III.* (1703-30). Auch künstlerisch bedeuten diese Jahrzehnte einen Abstieg gegenüber der klassischen Epoche Süleymans I., aber sie bringen doch noch Reizendes hervor. Es ist die Zeit des ›türkischen Barock und Rokoko‹, der Tulpenmode: das ›lâle devri‹. (Als Beispiel dafür sei nur schon der Brunnen Ahmets III. hinter der Hagia Sophia genannt.)

Rußland trat nun als Gegner auf den Plan, und die Gefahren wuchsen lawinenartig. 1771 vernichteten die Russen die türkische Flotte bei Çeşme, besetzten die Krim, 1774 muß das Osmanenreich den demütigenden Frieden von Küçük Kaynarcı unterzeichnen. Damit ist die ›Orientalische Frage‹ gestellt, die Frage, wem schließlich das Erbe am Bosporus zufallen werde. Sie beschäftigt von da an die europäischen Kabinette. Die Großmächte – Rußland, Österreich, England und Frankreich – spielen gegen- und miteinander und warten wie Aasgeier nur auf den letzten Seufzer des ›kranken Mannes am Bosporus‹. Wie die politische Macht, so stirbt auch die Kunst der Osmanen dahin, kann sich der europäischen Einflüsse nicht erwehren, will sich ›modernisieren‹ wie der Staat und bringt doch nur Zwittergebilde hervor.

Sultan Mahmud II. (1808-39), eine bedeutende Persönlichkeit auf dem Sultansthron, führte europäische Reformen
ein. Der Kampf zwischen Reform und Reaktion erfüllte das
19. Jahrhundert und fand erst mit der Jungtürkischen Revolution (1908) einen vorläufigen Abschluß. Sie bildete das
Vorspiel zur Periode der Europäisierung des Landes durch
Atatürk (seit 1923).

Wenn wir auf unserem Rundgang immer wieder einen
Blick auf den geschichtlichen Hintergrund geworfen haben
und hier sogar über den Überblick hinaus auf manche Einzelheiten der Geschichte eingegangen sind, so nicht deswegen, weil wir in ihr die Erklärung für künstlerische Leistungen erblicken. Kunst ist Schöpfung, aber nicht Schöpfung
der Politik. Jedoch die ›allgemeine‹ politisch-wirtschaftliche
Entwicklung schafft Voraussetzungen für künstlerische Entfaltung. Sie stellt – ganz banal gesagt – die Bauherren und
die finanziellen Mittel bereit, deren eben gerade die Architektur bedarf, um auch die genialsten Gedanken Gestalt
werden zu lassen. Eine Kunstbetrachtung, die ihren Gegenstand nur aus dem materiellen Hintergrund oder Unterbau
erklären möchte, wird ihm niemals gerecht. Eine, die ihn
hochmütig übersieht und nur in der abstrakten Sphäre der
reinen Form spekuliert, erinnert ein wenig an die geistreiche
Frage des Malers Conti in Lessings *Emilia Galotti:* »Oder
meinen Sie, Prinz, daß Raffael nicht das größte malerische
Genie gewesen wäre, wenn er unglücklicherweise ohne
Hände wäre geboren worden?«

Frühosmanische Zeit (bis 1453)

So desorientiert wie das politische Bild Anatoliens nach dem
ruhmlosen Verschwinden des Seldschukenreiches von Rum
und dem Nachlassen des mongolischen Drucks, so uneinheitlich erscheint auch das Bild der Kunst in dieser Zeit. Die
Beys, der kleine Herrschaften gewonnen hatten, verfügten
nur über bescheidene Mittel. Die bedeutendsten dieser
Kleinfürsten, die Beys von Karaman, fühlten sich als Herren
von Konya deutlich als Hüter seldschukischer Tradition. Die
meisten ihrer Schöpfungen dürfen schlichtweg zur Seldschu-
kenkunst gezählt werden (vgl. Kap. 9). Aber doch wird das
seldschukische Erbe langsam abgebaut. Was das 12. Jahrhundert an Spannungen mühsam zusammengehalten hatte,
fällt auseinander, wird mit älteren Zügen und Bauideen aus

300 *Selçuk (Ephesos), Isa Bey Cami, 1375*

anderen islamischen Ländern versetzt: solchen aus Syrien,
Ägypten, dem Iran. Auch Anregungen aus dem byzantinischen Erbe werden offenbar bereitwilliger aufgenommen.
Alle diese Elemente stehen bereit für einen neuen Integra-
tionsprozeß. Ein Motiv, das schon bei den Seldschuken eine
nicht unerhebliche Rolle gespielt hatte, gewinnt nun immer
mehr an Bedeutung: das des überkuppelten Viereckraumes.
Schon kündigt sich der Siegeszug an, den der Zentralkuppel-
raum in der osmanischen Baukunst antreten sollte, so wie
sich auch schon vor dem Hintergrund einer richtungslosen
Welt der Siegeszug der Osmanen ankündigt.

Die *Isa Bey Cami von* **Selçuk** *(Ephesos)* (vollendet 1375)
ist die Stiftung eines Kleinfürsten von Aydin. Sie folgt dem
Schema einer Hofmoschee mit Transept, also einem traditionellen Plan (vgl. Damaskus, Omayyadenmoschee). Der
an den arkadenumsäumten Hof anschließende breite Gebetssaal ist allerdings nur zwei Joche tief. Nur die seitlichen
Schiffe sind flach gedeckt, das Mihrabschiff ist durch zwei
hintereinander stehende Kuppeln überwölbt. Natürlich
wurden, da Baumaterial aus den Trümmern der antiken
Großstadt reichlich zur Verfügung stand, Spolien verwendet, aber die marmorne Fassade ist ganz unantikisch und
gänzlich islamisch. Mit der Verwendung von buntem Marmor, mit ihren Stalaktitnischen und in der Anordnung ihrer
muqarnasumrandeten Fenster folgt sie Gestaltungsweisen
der mamlukischen Kunst Kairos (vgl. Sultan-Hassan-Mo-

schee). Die Herkunft des Architekten Ali aus Damaskus erklärt viele dieser in Kleinasien sonst ungewöhnlichen Züge, die sich gleichwohl später noch als fruchtbar erweisen sollten.

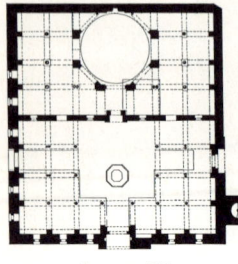

301 *Manisa,
Große Moschee, 1374
Grundriß nach O. Aslanapa*

Etwa zur gleichen Zeit (1374) wurde die *Große Moschee (Ulu Cami) von* **Manisa** *(Magnesia ad Sipylum)* durch Ishak Bey aus der Saruhan-Familie errichtet. (Ihr angeschlossen ist eine eigenwillige Iwan-Medrese mit der Türbe des Stifters.) Ihre zweimal 7 x 4 Kuppeljoche sind durch eine Wand in zwei Säle getrennt. In den vorderen Teil (Sommergebetssaal) ist ein den Raum von 9 Jochen einnehmender ungedeckter Brunnenhof eingefügt. Im Wintergebetssaal ist ein etwa gleich großes Quadrat durch eine von 8 Pfeilern (zwei von ihnen stecken in der Mihrabwand) getragene Kuppel überwölbt. Die zentralisierende Wirkung dieses Teils erinnert an ähnliche Tendenzen in seldschukischen Moscheen und in ortokidischen Bauten. Der Hof ist eine Reminiszenz an den arabischer Moscheen. Zweifellos hat diese Moschee in Murads II. Lieblingsstadt[93] wichtige Anregungen für die Üç Şerefeli-Moschee von Edirne geliefert.

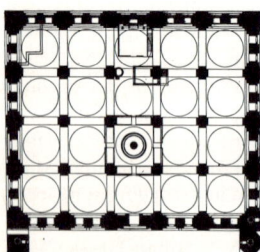

302 *Bursa,
Ulu Cami, 1395/96
Grundriß nach O. Aslanapa*

303 *Edirne. Eski Cami (1403-14), Bedesten und Rüstem-Han*

An das ›Arabische‹ des Stützensaales lehnt sich auch die knapp 20 Jahre später (1395/96) vollendete *Ulu Cami von* **Bursa** an, aber sie verändert ihn in sehr charakteristischer Weise. Der Hof – ein wesentlicher Bestandteil der ›arabischen‹ Moschee – ist wie bei Seldschukenbauten weggelassen. Genauer: Er ist in den Betsaal von 4 mal 5 Kuppeljochen auf Pfeilern hineingenommen. Das zweite Quadrat des Mittelschiffs – ursprünglich ohne Decke nach oben offen – enthält den Reinigungsbrunnen, der sonst im Hof seinen Platz hatte, ist also ein ›verkümmerter‹ Hof. Die Höhe der Kuppeln (sie empfangen Licht durch die Fenster im Tambour) steigert sich zum Mittelschiff hin, aber so unmerklich, daß nicht die Wirkung eines ›Transepts‹ entsteht. Von der Einrichtung verdient allein der gewaltige Minber (Holz, um 1400) höchsten Ruhm.

Diesem Typus gehört u. a. auch die *Eski Cami (Alte Moschee) von* **Edirne** an. (Entstanden nach 1403 unter den Söhnen Bayezits I., vollendet unter Mehmet I. 1414.) Sie strafft und reduziert das Schema auf drei mal drei Kuppeln und vier Pfeiler. Auch hier sind die Kuppeln der mittleren

Reihe auf Stalaktit- und Faltwerktambouren gegenüber den seitlichen Pendentifkuppeln erhöht. Im 18. Jahrhundert hat die Moschee nach Brand (1748) und Erdbeben (1752) eine durchgreifende Restaurierung erfahren (1757, – neuerlich nach dem Erdbeben von 1953). Die Laterne über der ersten Kuppel des ›Mittelschiffs‹ scheint noch darauf hinzudeuten, daß sich auch hier ursprünglich ein ungedecktes Joch als ›Brunnenhof‹ befand. (Die jetzige Waschanlage ist der Vorhalle recht unorganisch angeklebt.) Man muß versuchen, die Ausmalung zu übersehen, wenn man die eindrucksvolle Schlichtheit des ganz einfachen und richtungslosen Raumes erleben will.

Der mehrschiffige Stützensaal kam seit dem 14. Jahrhundert in Kleinasien langsam aus der Mode. Es verschwand zwar nicht völlig aus dem Moscheebau, aber fand seine Nachfolger eher im profanen Zweckbereich wie in Markthallen für Luxusgüter (Bedesten – mehrfach restaurierte Beispiele: Bursa, Edirne).

Die Zukunft gehörte jenem anderen Typus, der ebenso überzeugend die richtungslose Ruhe darzustellen vermag: dem Kuppelbau über einem quadratischen Grundriß. Diese einfache Raumgestalt östlicher Herkunft liegt den meisten schlichten Bauten der anatolischen Beys zugrunde, ebenso den ersten Schöpfungen der Osmanen, die dem bescheidenen Keim triumphale Entfaltungsvariationen abgewannen. Aus eingehegten Flächen und von textilen ›Grenzen‹ umgebenen Räumen wurden – eine neue ›Stufe‹ – Raumkuben von kristallhart-unbewegter Struktur. Vor das Urelement des überkuppelten Würfels trat zunächst ein Narthex-Portikus, der als Betplatz für Zuspätkommende dienen mochte. Die frühen osmanischen Beispiele: *Iznik, Haci Özbek Cami* (1333); *Bilecik, Orḫan Ghazi-Stiftung; Bursa, Alaettin Cami* (1335) sind nicht unverändert erhalten. Im frühen 15. Jahrhundert (1404) folgt die *Iliyas-Bey Cami* von **Balat** *(Milet)* – Stiftung eines mit den Osmanen verbündeten Beys – dem einfachen Plan. Sie gestaltet allerdings das Vorhallenmotiv und die Qiblawand zu besonderen Schaustücken. Der Kuppeldurchmesser hat sich seit Haci Özbek (Iznik) nahezu verdoppelt, ein Zeugnis für das wachsende technische Vermögen der unbekannten Baumeister.

Die *Yeşil Cami von* **Iznik** (1378-91, nach 1923 leider billig restauriert – vgl. die Fayencen am seldschukischen Vorbildern folgenden Minarett!) schiebt, nicht nur im Aufriß dem

304 *Iznik, Yeşil Cami, 1378-91*

›Goldenen Schnitt‹ folgend, einen quadratischen Narthex
vor den ummauerten Betsaal und in ihn hinein dergestalt,
daß die Hauptkuppel auf einer Seite nur auf zwei Säulen
aufruht und sich in der Mihrabachse vor sie zwei kleinere
Kuppeln legen, die des Narthex und die des Vorjoches.

Nur wenige Schritte entfernt ein Bau, der für die nächste
Zukunft die Richtung wies: das *Imaret der Nilüfer Hatun*
(1388/89) von der Mutter Murads I. als erste osmanische
Armenküche, d. h. wohl eher als Gästehaus einer Bruderschaft (Goodwin) gestiftet. (Heute als Lokalmuseum restau-

riert.) Im Zentrum ein Kuppelraum, der sich als gedeckter
›Hof‹ in der Nachfolge seldschukischer Kuppelmedresen zu
erkennen gibt. Dahinter und mit ihm verbunden ein zweijo-
chiger Raumkubus. Als seitliche ›Arme‹ zwei selbständige,
gleichfalls überkuppelte Rechteckräume, die Reisenden zur
Unterkunft dienten.

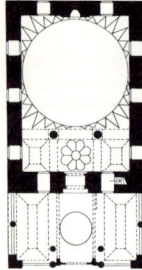 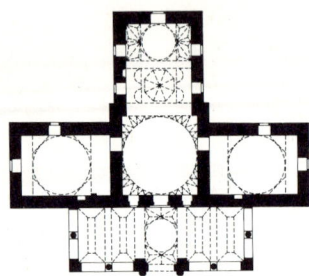

305-306 *Iznik, Grundrisse der Yeşil Cami und des Imaret der Nilüfer
Hatun nach O. Aslanapa*

Den drei Türen der Front ist eine Querhalle mit einer
kleineren Kuppel über dem mittleren Joch vorgelegt: ein
byzantinischer Narthex. Byzantinischem Herkommen folgend besteht das Mauerwerk aus wechselnden Ziegel- und
Steinschichten.

Den Vorstufen der Plangestalt läßt sich hier nicht nach-
spüren. Genug, die ausgreifenden ersten Osmanensultane,
den Derwischorden und Bruderschaften eng verbunden,
mögen Bauten derartiger Gruppierung als dem Wesen des
heranwachsenden Staates besonders entsprechend empfunden haben. In Bursa gewannen nach diesem Plan errichtete
Bauten ihre vollkommenste Gestalt, aber der sog. *Bursa-
Plan* – warum man auch vom ›umgekehrten T-Schema‹
spricht, erklärt ein Blick auf Abb. 308, 4 – blieb nicht auf
die erste Hauptstadt beschränkt.

Zunächst allerdings war man wohl noch etwas unsicher.
Eines der ersten größeren Bauwerke in **Bursa** war die klö-
sterliche *Moscheemedrese Murads I.* (1366ff.) im Vorort Çe-
kirge. (Etwa 200 m entfernt vom Alten Bad (Eski Kaplica)
an der Straße zum Ulu Dagh.)

Sie verbindet einen tieferliegenden Kuppelsaal (mit Brunnen unter dem ursprünglich offenen Kuppelscheitel) mit einem länglichen tonnengewölbten Mihrabsaal und gleichfalls tonnengewölbten iwanartigen Seitenräumen (also eine Anlage im T-Schema) mit drei Flügeln von Wohnzellen im Oberstock. Die Verbindung von Moschee, Kloster und Medrese erinnert zwar an mamlukische Gewohnheiten, aber hier ist sie ganz achsensymmetrisch konzipiert. Imaret (Armenküche), Türbe, Brunnen und Elementarschule wurden hier schon in den engeren Umkreis der Moschee verlegt, es entsteht damit die Frühform einer Külliye.

Die Tonnenwölbung des Mihrabsaales bringt einen spürbaren Tiefenzug in den Raum. Die Vorliebe für gerundete Tonnen auch in den Nebenräumen und viele Details der Außengestaltung, wie die polygonal vorspringende Apsis für den Mihrab, die Fassade mit den spitzbogigen Zwillingsfenstern wie an italienischen Palästen der Gotik, das kräftige Gesims als oberer Abschluß über einem ›romanischen‹ Rundbogenfries, der typisch byzantinische Schichtwechsel von Haustein und Ziegel, der auch in Italien nicht unbekannt war, machen glaubhaft, daß der Architekt aus der Fremde kam. Er soll ein ›Franke‹ gewesen sein, vielleicht ein kriegsgefangener Italiener. Er hat sich offensichtlich in die islamische Tradition eingelebt, schuf aber in der ihrer selbst noch nicht ganz sicheren osmanischen Frühzeit noch nicht konsequent in osmanischem Geist.

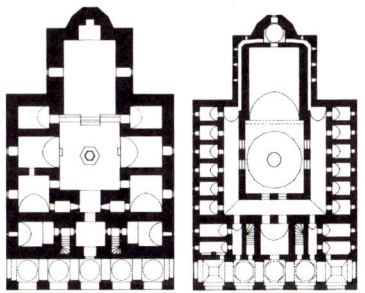

307 *Bursa, Moscheenmedrese Murads I., 1366ff. Grundrisse des Erdgeschosses und Oberstocks nach Goodwin*

Die *Moschee des Yıldırım Bayezit I.* am östlichen Rand der Stadt bringt die erste klare Ausformung des ›umgekehrten T-Plans‹ in Bursa. Sie hat im Lauf der Zeit arge Schäden

erlitten und wurde nach dem Erdbeben 1855 wiederhergestellt. Hinter Vorhalle und Vestibültrakt ordnet sie zwei
einander entsprechende Kuppelquadrate, die nur ein auf
Stalaktitnischen ruhender Bogen voneinander trennt. Der
erste darf als überkuppelter Hof aufgefaßt werden. Seitlich
öffnet er sich in zwei iwanartige Räume. In die Achseln des
T sind geschlossene quadratische Gemächer eingestellt. Sie
dienten als *tabhane,* d. h. Gasträume für wandernde Derwische und andere Reisende, die hier für drei Tage freie Unterkunft und Verpflegung erhielten. Meist waren derartige
Räume mit offenen Kaminen versehen. Sie konnten selbstverständlich auch anderen Zwecken (Studium) dienen, sind
jedenfalls charakteristisch für frühosmanische Moscheestif-
tungen. Als der wachsende Einfluß der orthodoxen Gelehrten den der Derwische zurückdrängte, wurden Tabhanes
immer stärker von der Moschee gesondert, um schließlich in
die Reihe der dienenden Bauten zurückzutreten oder ganz
zu verschwinden.

In wesentlichen Zügen ist bereits der Grundriß der Yeşil
Cami (S. 510) gewonnen. In der originalen Gestalt blieb nur
die schon genuin osmanische Vorhalle erhalten. Ihre fünf
Arkaden bilden das Eingangsmotiv, aber die Portalmitte
beherrscht nicht wie bei seldschukischen Bauten die ganze
Fassade, sie wird kaum hervorgehoben, verzichtet auf jeden
bewußten Schmuck. Die Schönheit des genau gefügten Materials und die klaren Abmessungen sind Zier genug. Vergleicht man diese stille Front mit einer Bogenstellung der
italienischen Frührenaissance, wird wieder etwas von der
islamischen und besonders osmanischen Eigenart deutlich.
Das antikisch empfindende Abendland baut einen Portikus
aus tektonischen Gliedern: Säule, Kapitell, Bogen, Architrav. Hier in Bursa gibt es diese Glieder nicht als selbständige Organe, gibt es weder tragende noch lastende Kräfte,
noch bilden sich dynamische Gelenke: hier herrscht die
Struktur eines Kristalls. Ruhe ist nicht Ergebnis eines dialektischen Prozesses, der Harmonie herstellt, sondern ist
von Anfang an da, eine Gegebenheit *a priori.*

So wenig sich heute noch davon erkennen läßt: Die Stiftung Bayezits I. ist das erste Beispiel eines Bezirks, der die
sozial-karitativen und wissenschaftlichen Zweckbestim-
mungen, die einer Moschee von Anfang an innewohnen, in
einer Vielzahl von selbständigen Bauten zu einem städtebaulichen Komplex, einer Külliye, entfaltet. Laut Stiftungs-

urkunde enthielt er neben Moschee, Medrese und Sultans-
grab auch ein Krankenhaus, eine Armenküche, ein Der-
wisch-Kloster, ein öffentliches Bad und eine Karawanserei.

Moscheen, vor allem die Sultansmoscheen, waren in der
Regel Gedächtnismale, die sich die Bauherren selbst setzten, und noch heute tragen sie deren Namen. Einem Menschen aber – und gar noch bei eigenen Lebzeiten sich selbst
– ein Monument zu errichten, lief den Geboten des Islam
stracks zuwider. Das Denkmal des Frommen sind Gebet und
Almosen. Großartige Almosen in der Form karitativer Stiftungen zu machen, eine Stätte des Gebetes zu schaffen und
sich dadurch ein bleibendes Andenken zu sichern, war ein
Ausweg aus dem Konflikt zwischen Ruhmsucht und religiöser Scheu. Was dem Ehrgeiz der kaiserlichen Stifter, durch
Pracht und Größe ihrer Gedächtnismoschee die der Vor-
gänger zu übertreffen, an Unfrommem anhaften mochte,
das sollte gesühnt werden durch die immer großzügigere
Ausstattung der karitativ-gemeinnützigen, der ›dienenden‹
Bauten, die – Zeichen frommer Demut – doch auch wieder
von Macht und Größe des Stifters zeugen. Aus dieser dialektischen Spannung verschiedener Antriebe lebt die Idee der
Külliye – und wird vergehen, sobald es an Macht, Ehrgeiz
oder Demut fehlt.

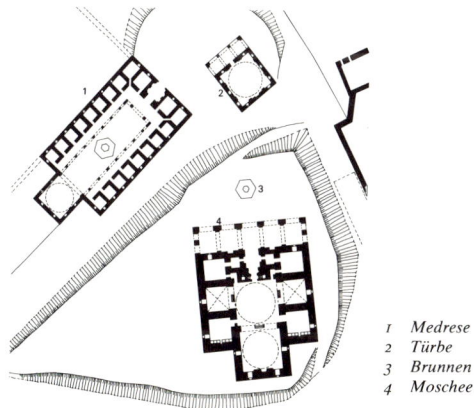

1   Medrese
2   Türbe
3   Brunnen
4   Moschee

308 *Bursa, Külliye des Sultan Bayezit I., beg. 1390/91. Grundriß nach*
Aslanapa

Die Külliye-Anlagen von Bursa sind noch nicht nach einem einheitlich axialen Plan entstanden. Ihre einzelnen
Bauten liegen, wie es sich eben durch die Geländeform
ergab, malerisch-zufällig am Berghang. Die einzelnen Gebäude wahren noch ein gewisses Eigenrecht, sind der Moschee locker bei-, aber noch nicht bewußt untergeordnet.

Der einzige Komplex in Bursa, dessen Bauten noch soweit
erhalten sind, daß sie eine Vorstellung von einer frühosmanischen Külliye vermitteln, ist die *Stiftung Mehmets I. um die
›Grüne Moschee‹*. Die *Medrese* (außen schöne Fensterlünetten mit Fayenceeinlagen) beherbergt heute das Lokalmuseum. Sie zeigt schon die schlichte Form, wie sie auch die
klassische Zeit beibehält: ein längsrechteckiger Bau mit einem arkadenumzogenen Innenhof, dahinter die Wohnzellen. An der dem Eingang gegenüberliegenden Schmalseite
ein betonter Kuppelraum als Lehrsaal.

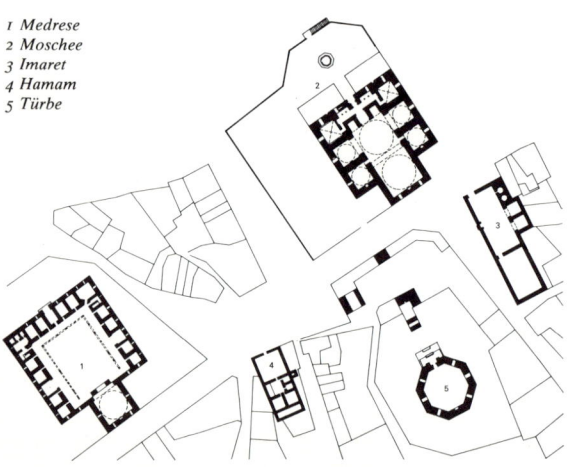

1 Medrese
2 Moschee
3 Imaret
4 Hamam
5 Türbe

309 *Bursa, Yeşil Külliye, 1413-24. Grundriß nach A. Gabriel*

Die *Grüne Moschee (Yeşil Cami)* (1413-24) Mehmets I.
gilt mit Recht als reinstes und glanzvollstes Beispiel des
frühosmanischen Stils.

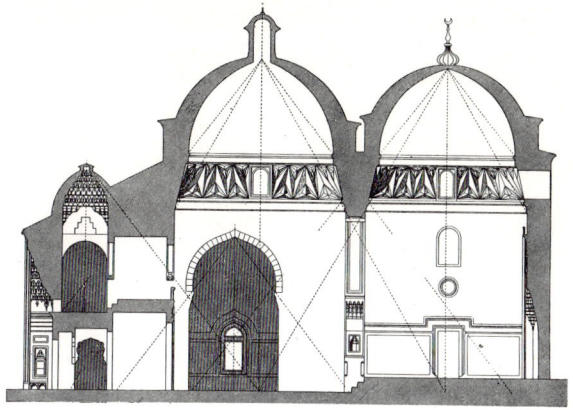

310 *Bursa, Yeşil Cami, 1413-24. Schnitt nach Parvillée*

Grundriß und Längsschnitt können uns eingehendere Beschreibung ersparen. Der zweistöckige Eingangstrakt mit
Logen für Sultan und Hofstaat ist gegenüber der Yıldırım-
Bayezit-Cami reicher gestaltet. Ein Narthex war vorgesehen, wurde aber vermutlich nie gebaut. Der erste Kuppelsaal – auf etwas niedrigerem Niveau als der zweite vor dem
Mihrab – enthält einen Brunnen, gibt sich somit klar als
überkuppelter Drei-Iwan-Hof zu erkennen. Die Abbildung
310 deutet in den gestrichelten Linien etwas von der Geometrie an, welche völlig abstrakt die den Raumkörper
durchwaltenden Proportionen bestimmt. Wir sind schon an
anderen Stellen andeutend auf die Mathematik zu sprechen
gekommen, der islamische Bauwerke gehorchen.

Carl J. Burckhardt hat kurz nach dem Ersten Weltkrieg
die Yeşil Cami erlebt[94]: »Vor allem aber spüre ich, wie
niemals, die Ferne der Gotik. Hier ist kein Ansatz zu Verwandlung nach dem Geheiß eines einzigen herrschenden
Gefühls; alles ist in sich geschlossen wie in einem Zauberwürfel.« Das ist es: ein ›Zauberwürfel‹, in sich geschlossen,
ein Raum absoluter Ruhe, der Bewegungs- und Richtungslosigkeit, von kristallinischer Struktur, mit Grenzen, die
nicht den körperhaften Konflikt von Tragen und Lasten
kennen wie ein Bau der Antike oder der Renaissance.

Zwei Elemente bewirken dies: zum einen der ›türkische‹
Faltentambour der Kuppeln aus gegenständigen Facetten,

311-312 *Bursa, Yeşil Cami, 1413-24. Nische an der Fassade und Tornische*

die weder eindeutig nach oben noch nach unten gerichtet
sind und als reine prismatische Körper den Übergang vom
Viereck zum Rund neutralisieren, das heißt die Kuppeln wie
von der Schwerkraft unabhängig erscheinen lassen. Zum
anderen die Stalaktiten (uns als typische Glieder islamischer
Baukunst bereits vertraut), die vorzugsweise dort auftreten,
wo tragende und lastende Teile, plane und runde Glieder
zusammentreffen. In Stein gebildet, sind sie doch kristalline
oder gefrorene Körper, d.h. solche, die durch Aufgabe ihres
bisherigen Aggregatszustandes auch ihr Gewicht aufgegeben haben, die im statischen Sinne gewichtsneutral geworden sind.

313 *Bursa, Yeşil Cami, 1413-24. Fenster der Fassade*

In dem von der Schwerkraft unabhängig gewordenen Kristallkörper der Grünen Moschee stellt sich das Raumgefühl der osmanischen Türken zum ersten Mal ganz rein dar. Der Bau ist aber nicht allein neue Raumschöpfung, sondern auch Schrein köstlicher Fayencedekoration. Die einfachen glasierten Sechseckkacheln, mit denen die Wände über drei Meter hoch verkleidet sind, fügen sich zu schönen Stern- und Netzmustern. Ein unergründliches Meergrün, leuchtendes Türkis, fast schwarzes Manganlila und (im Mihrabsaal) ein tiefdunkles Kobalt bilden die Grundfarben. In schimmerndem Kontrast dazu stehen die nur noch teilweise erhaltenen Goldauflagen in Form von Arabeskrosetten. Der dekorative Reichtum steigert sich im Torweg, den seitlichen Hoflogen, der Sultansloge darüber und endlich am Mihrab zu einem Höhepunkt. Bänder von Blüten, Schriftfriese, Reihen von reich geschmückten Stalaktiten und geometrischem Netzwerk umziehen allseitig die eigentliche Gebetsnische mit ihrer köstlichen Stalaktitfüllung. Es sind die gleichen Motive, die in feinem Relief das Außenportal und die Fenster des Baues schmücken. Sie gehören dem allgemeinen Formenschatz der islamischen Kunst an, zeigen hier aber eine stark persische Prägung. Kein Wunder, da hier nach Ausweis der Künstlersignaturen persische Meister aus Täbriz am Werk waren, die, in Iznik angesiedelt, dort ihre Keramikwerkstätten eingerichtet hatten. Und doch haben wir es hier nicht nur mit einem bloßen Ableger persischer Kunst zu tun. Das zeigt sich allein schon in der Technik. Das Fayencemosaik, das unter den Seldschuken und im Persien des 15. Jahrhunderts eine so bedeutende Rolle spielte, tritt hier auffallend zurück. Nur noch wenige Teile des Dekors (wie z. B. die Decken der Logen) sind in dieser komplizierten und zeitraubenden Technik ausgeführt, die handwerklich höhere Anforderungen an den Mosaizisten als an den Keramiker stellt. Der Mihrab ist fast gänzlich aus einzelnen mehrfarbig glasierten Viereckfliesen zusammengesetzt. Dabei werden auf das einzelne Stück die verschiedenen Mineralien, die beim Brand die Farben ergeben, so aufgetragen, daß sie durch tote Ränder getrennt bleiben, damit die Farben im Ofen nicht ineinander verfließen. Es ergibt sich so eine ganz leichte Reliefwirkung, die man mit der Fingerspitze ertasten kann (aber bitte: doch lieber nicht berühren!). Jede der Farbchemikalien erfordert allerdings eine andere Brandtemperatur, um die höchste Leuchtkraft zu entfalten.

314 *Bursa, Yeşil Cami, 1413-24. Blick zur Qibla*

Bei Brand verschiedener Farben zugleich muß eine mittlere
Temperatur gewählt werden. Das Ergebnis bleibt daher
häufig pastellartig stumpf, wirkt zugleich aber auch pastellartig harmonisch, besonders da man die Farbskala Blau bis
Türkis um Pistaziengrün, helles Auberginenlila, Gelb, Cremeweiß und etwas Gold erweitert. Wir wollen uns nicht in
technischen Details und Beschreibungen verlieren, sondern
die kostbare Stunde in der Grünen Moschee nutzen und
unsere Augen vom Überfluß trinken lassen. Was Architektur und Dekoration erreichen wollen, hat Edhem Pascha vor
hundert Jahren in ›L'Architecture Ottomane‹ ausgedrückt:

»Die Absicht des Baues ging dahin, einen ahnungsvollen Gedanken jener reinen Freuden, glücklicher Ruhe und lächelnder Zufriedenheit wiederzugeben, die den Inbegriff des Aufenthalts der Heiligen im Jenseits ausmachen. Mystisch, wie die ganze Vorstellung vom Leben nach dem Tode, ist die Stimmung, welche der inneren Raumwirkung der Moschee zugrunde gelegt wurde.«[95]

Ihren Namen verdankt die Grüne Moschee dem Kachelbelag, der einst Kuppeln und Minaretts schmückend überzog. Witterungseinflüsse und mehrfache Erdbeben haben ihn völlig zerstört. (Die heutigen Minaretts verraten durch ihre ›barocken‹ Spitzen, daß sie recht jungen Datums sind.)

Das gleiche Schicksal betraf die Kuppel und die Außenverkleidung des *Grünen Mausoleums (Yeşil Türbe) Mehmets I.* Wie sie sich heute von außen darbietet, ist sie fast gänzlich das Werk der Restauratoren, die in der zweiten Hälfte des 19. Jahrhunderts den stark beschädigten Bau gerettet haben. Sie mag einstmals viel stärker dem Grabmal des Mewlana Dschelal ed-Din Rumi im seldschukischen Konya geähnelt haben. Vom alten Bestand blieben glücklicherweise erhalten die emailverkleidete Tornische (mit Stalaktitfries, Faltwerkzone und einer Halbkuppel, deren Rippen unten in Stalaktiten enden), dazu im Inneren der Belag der unteren Wandzone (türkisgrüne Sechseckkacheln, die große arabeskgefüllte Medaillons umgeben), die Fensterlünetten, der Mihrab und die Sarkophage des Stifters und seiner nächsten Angehörigen. Die Gebetsnische ist wie die in der Moschee ein besonderes Prunkstück. Sie verwendet ähnliche Motive in ähnlicher Anordnung, erinnert aber durch die drei Halbkugelknöpfe im Rahmen um die Stalaktitfüllung und die riesigen phantastischen Blütengebilde der Bekrönung noch stark an seldschukischen Überschwang. Besonders schön ist die Komposition der Nischenrückwand. In einem vielfach geschwungenen Rahmenfeld entsendet eine Vase ein Gespinst von Blüten und Ranken, begleitet von den Bildern zweier Leuchter mit den Namen Allah und Mohammed, wie sie fast in allen türkischen Moscheen den Mihrab flankieren. Aus dem Scheitel hängt eine Moscheeampel herab. Dieses Motiv hat die islamische Kunst oft und gerne verwendet, es ziert häufig das Feld von Gebetsteppichen. Sagt doch die 24. Sura des Koran: »Allah ist das Licht des Himmels und der Erden. Sein Licht gleicht dem in einer Nische, in welchem eine Lampe und die Lampe in einem

315 *Bursa, Mihrab der Yeşil Türbe*

Glase ist. Dieses Glas sieht aus wie ein leuchtender Stern.«

Herzstück des Baues ist der kostbare Sarkophag Çelebi Sultan Mehmets I., ein Meisterwerk der farbigen Emailkeramik. Auf cölinblauer Podiumsfläche der Sockel mit Blendarkaden, diese gefüllt mit großen, von China inspirierten

316 *Bursa, Türben des Prinzen Ahmet und Murads II., 15.Jh.*

Blüten. Darüber der Sargkasten mit reliefartig erhöhter Thuluth-Schrift auf blauem Arabeskengrund. Der Yeşil-Komplex offenbart, aus welchen Bereichen (Rum-Seldschuken, Persien, China) die frühen Osmanen Anregungen bezogen, und macht doch zugleich das Wesen und Wollen ihrer eigenen Kunst augenfällig.

Die Architektur der Grünen Türbe bietet nach Zerstörung und Erneuerung ihrer Kuppel nicht mehr viel Interessantes. Immerhin: Sie ist die älteste bedeutende Sultanstürbe (die Murads I. und Bayezits I. waren ganz schlichte Viereckbauten) und hat wohl den meist achteckigen Mausoleumstyp der Zukunft mitbestimmt. Durch Lage und Größe bildet sie den beherrschenden Akzent im Gesamt der Külliye und ist damit die letzte türkische Türbe, die ausgeprägten Denkmalscharakter besitzt, vergleichbar den Grabbauten der Seldschuken- und Mongolenzeit. Wir dürfen in ihr daher einen Ausläufer seldschukischer Überlieferung sehen.

Vom seldschukischen Typus unterscheiden sich die osmanischen Türben ganz pauschal gesagt dadurch, daß sie Pyra-

317-318 Istanbul, Türbe Süleymans des Prächtigen von Sinan und Türbe des Prinzen Mehmet, 16. Jh.

miden- oder Kegeldach durch eine Kuppel ersetzen, vor allem aber durch die Schlichtheit ihrer äußeren Gestaltung. Auf plastischen Schmuck wird gänzlich verzichtet. So köstlichen Fliesendekor Grabmäler der Sultane und ihrer engsten Angehörigen in Zukunft auch noch im Inneren aufweisen werden (z.B. Türben Süleymans I. und seiner Gattin [Istanbul, Süleymaniye-Garten], seiner Söhne Mehmet [Istanbul Şehzade-Garten] und Mustafa [Bursa], Türben Selims II. und Murads III. [bei der Hagia Sophia]), so deutlich ist, daß bunte Steineinlagen und keramischer Belag nach außen hin vermieden werden. Kästelmauerwerk aus Haustein und Ziegeln, später nur noch schön gefügter Haustein ist für die einfachen Baukörper Zier genug. (Bedeutendste Ausnahme: die eben erwähnte Türbe Süleymans.) Es mag mit der oben skizzierten Wurzel der Külliye-Idee zusammenhängen, daß auf Grabmäler fortan meist nicht mehr Erfindungskraft verwendet wird als auf die anderen ›Nebenbauten‹ eines Stiftungskomplexes. Vor allem erklärt sich die Tatsache aus ›der Scheu, Denkmäler zu setzen‹.

Die meisten Türben Istanbuls sind dem Touristen verschlossen, nur einzelne sollen später (ihres keramischen Innendekors wegen) noch erwähnt werden. In Bursa aber gehört es zum touristischen Programm, den *Friedhofsgarten bei der Moschee Murads II.* zu besuchen. Hier findet man Beispiele für Mausoleen des 15. und 16. Jahrhunderts. Wie das Äußere, so ist auch der Innenraum bei den meisten von ihnen eher anspruchslos. Das Achteck der Mauern trägt die Kuppel, höchstens daß die Wände hinter Pfeilervorlagen nischenartig zurücktreten wie in der *Türbe des Prinzen Cem,* oder daß später ausnahmsweise eine von der Wand abgerückte innere Säulenstellung einen Umgang bildet (wie später auch bei dem Mausoleum Selims II. bei der Hagia Sophia). Das Innere der Cem-Türbe läßt in einer für die Zeit Bayezits II. nicht erstaunlichen Weise römische Wandgliederungsmotive anklingen. Der Dekor dagegen ist noch einmal ganz frühosmanisch. Mit goldenen Rosetten belegte Sechseckkacheln verkleiden den unteren Teil der Wände, dunkelblaue Fliesen bilden eine Art Medaillons in den Feldermitten. Die Bemalung der oberen Wandabschnitte stammt nicht aus der Erbauungszeit.

Den Wandel in der Baukeramik des 16. Jahrhunderts bezeugt die benachbarte *Türbe des Süleymansohnes Mustafa* mit einer zauberhaften Dekoration von Iznikfliesen der klassischen Zeit.

Das älteste und bedeutendste Mausoleum bei der Muradiye ist das des Moscheestifters, *Murads II.* Das Säulenquadrat, das die unter offenem Kuppelscheitel dem Regen des Himmels erreichbare Grabstele des Sultans umgibt, verwendet Spolienkapitele als Fuß- und Kopfstück der Säulen, deren Schäfte dazwischen wie Stifte eingespannt sind. Diese Negation des tektonisch-aufrichtenden Prinzips, das Säulen eigentlich innewohnt, ist für die osmanische Baukunst bezeichnend.

Die *Moschee Murads II.* (1424-27) ist (wie die reizvolle kleine Orhan-Moschee von 1417) ein Musterbeispiel des ›Bursa-Schemas‹. Sie enthält sehr beachtliche Bestände früher Iznik-Fliesen.

Der gleiche Murad II. hat in **Edirne** die *Muradiye-Moschee* gestiftet (1436/37). Sie kann sich selbst in dieser an bedeutenden Denkmälern osmanischer Kunst wahrlich nicht armen Stadt sehen lassen. Eine ganz reine Ausprägung des

Bursa-Typus, enthält sie fast einzig dastehende Reste frühosmanischer Wandmalerei, einen Mihrab, der an ästheti-
scher Vollkommenheit die beiden erwähnten Gebetsnischen von Bursa womöglich noch übertrifft, und weiß-blaue
Iznik-Fliesen als Belag der unteren Wandzone. Es handelt
sich bei ihnen nicht um Emaillierung, sondern um Unterglasurmalerei (der vorgebrannte Scherben wird bemalt, mit
Bleiglasur überzogen und dann gebrannt – ähnlich wie bei
Porzellan). Man hat 37 verschiedene Muster gezählt, meist
Blütenmotive von großer ornamentaler Schönheit. Chinesische Porzellane der Ming-Zeit boten offenbar Anregungen.
(Gefäße derartigen Dekors sprach man früher als ›Golden-
Horn-Ware‹ an, es kann aber kein Zweifel bestehen, daß sie
in Iznik hergestellt wurden, dem Zentrum osmanischer Keramik, das nun neben der Email- auch die Unterglasurtech-
nik pflegte, die in der 2. Hälfte des 16. Jahrhunderts allein
herrschend werden sollte.)

Der Bursa-Typus, die Leitform der 1. Hälfte des 15. Jahrhunderts, barg sehr verschiedene Möglichkeiten der Weiter-
entwicklung in sich, aber es bedurfte eines bedeutenden
Anstoßes, ihn umzugestalten und für die Zukunft fruchtbar
zu machen. Dieser Weg wurde nach 1453 beschritten, und
was sich aus der Verwandlung ergab, entsprach so sehr der
neuen Stufe auch des osmanischen Staates, daß man im
16. Jahrhundert kaum mehr auf das alte Schema zurückge-
griffen hat.

In den späteren Jahren Murads II. entstand ein für die
osmanische Kunstgeschichte hochbedeutsames Werk, die
Üç Şerefeli-Moschee (1438-47) von Edirne. Ihr Betsaal kombiniert Gedanken aus Manisa (und vielleicht auch aus dem
östlichen Anatolien) mit solchen aus Bursa. Die seitlichen
›Schiffe‹ mit je zwei Kuppeln über Faltwerk- und Stalaktit-

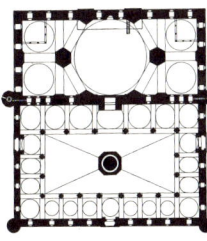

319 *Edirne,*
Üç Şerefeli-Moschee,
Grundriß nach Gurlitt

320 *Edirne, Üç Şerefeli-Moschee, 1438-47*

zone sind – als ›Tabhane‹ – zum zentralen Raumteil hin
offen, zugleich doch merklich gesondert. Das Zentrum variiert das schlichte Grundrißquadrat zum Sechseck. Die Kuppel – mit einem Durchmesser von etwa 24 m die bisher
größte der osmanischen Architektur – ruht auf Eingangs-
und Mihrabwand und zwei kräftigen Sechseckpfeilern. Die
dreieckigen Abschnitte (in der Ulu Cami von Manisa noch
eine Verlegenheit) tragen ihrerseits kleine Kuppeln. Ein
Ensemble also von neun Kuppeln wie bei der benachbarten
Eski Cami. Aber schon von außen wird deutlich, daß alle
anderen der Hauptkuppel untergeordnet sind. Die sieben
der Vorhalle und die der Hofportiken bilden einen dienenden Chorus.

Auffälligster Teil: der Hof. Derartiges fand sich bei den
Osmanen bisher noch nicht. Eindeutig ein Rückgriff auf
arabische Ursprünge, aber verwandelt durch die Überkup-

321 *Edirne, Hofportal der Üç Şerefeli-Moschee, 1438-47*

pelung der einzelnen Viereckjoche der Portiken wird er in
der Zukunft integrierender Bestandteil zumindest aller großen Sultansmoscheen bilden. Was die Herkunft aus vielerlei
Überlieferungen nicht verhehlt, ist zugleich ein Werk *sui
generis* und Vorläufer der ›klassischen‹ Osmanenmoschee.
(Staffelung auf die Zentralkuppel hin, Vielzahl der Minaretts, Gestaltung der Portale.) In den Portalen klingt sel-

dschukischer Reichtum nach, zugleich entwickeln sie den
Prototyp reifosmanischer Moschee-Eingänge. Auch die Minaretts bewahren manche Erinnerung an Seldschukisches.
Eines ist wie aus Wülsten zusammengedreht. (Ein seldschukisches Motiv – s. Antalya –, das noch die kleine Burmalı
Minare Mescidi vor der Şehzade-Moschee in Istanbul 1554
wiederholt.) Eines zeigt Inkrustationen im Schachbrettmuster. Das höchste, das mit seinen drei Balkonumgängen der
›Moschee mit den drei Balkongalerien‹ den Namen gab (zu
jedem führt eine eigene anstrengende Wendeltreppe empor), ist im unteren Abschnitt mit roten Zackenbändern
geziert. Die oberen Geschosse aber sind schon schlichte
polygonale Steinschäfte mit spitzen Kegelhelmen (z. T. Ergebnis mehrfacher Restaurierungen?).

Diese erste Hofmoschee vom ausgeprägten Zentralkup-
peltyp, ein Bau von gesammelter Kraft, ist der Vergangenheit verbunden und nimmt zugleich die Zukunft vorweg. Für
das nächste Jahrhundert allerdings blieb diese Moschee
merkwürdig folgenlos. Wenige Jahre nach ihrer Vollendung
eroberte Mehmet II. die Kaiserstadt Byzanz. Aber hundert
Jahre später hat Sinan ihren Plan wieder aufgegriffen (Si-
nan-Paşa-Moschee in Istanbul/Beşiktaş, 1555) und variie-
rend in die Meisterwerke seiner späten Reifezeit hineingenommen.

Das Jahrhundert
nach der Eroberung Konstantinopels

Das Jahr 1453, in dem es Mehmet II. gelang, Konstantinopel,
das Herz des klein gewordenen byzantinischen Reiches, zu
erobern, markiert keine Zäsur und ist doch ein Epochenjahr. Mochten auch zunächst noch frühosmanische Gestaltungsprinzipien ihre Geltung behalten, leitet es doch einen
neuen Abschnitt der osmanischen Baukunst ein. Was sich
am Tag der Besitzergreifung abspielte, ist symptomatisch.
Der junge Eroberer ritt mit seinem Gefolge durch die Porta
Romana ein, schnurstracks zur Hagia Sophia, ließ dort das
Glaubensbekenntnis verkünden, sprang auf den Altar, ver-
richtete sein Gebet und weihte damit die Kirche zur Moschee. Was so für den Islam in Besitz genommen wurde, war
mehr als ein beliebiges Bauwerk. Es war das stolze Symbol
Ostroms, das Herz der Stadt, die das Herz des Reiches
gewesen war, und damit das eigentliche Ziel des Eroberers.

322 *Istanbul, Die Hagia Sophia als Moschee. Lithographie von Gasparo Fossati*

Indem die Hagia Sophia aufhörte, Kirche zu sein, hörte auch das östliche Kaiserreich auf, ein christliches Reich zu sein. An seine Stelle trat ein islamisches Kaisertum. So verstand es der Eroberer, so verstanden es auch die Zeitgenossen.

Auch als Moschee forderte die Kirche der Göttlichen Weisheit noch zur Auseinandersetzung heraus. Sollte sie, Symbol des eroberten Reiches, mehr bleiben als nur ein

Denkmal der Eroberung und damit eigentlich der Größe des Besiegten, wollte der Sultan beweisen, daß er dem Basileus nicht nur ebenbürtiger, sondern überlegener Nachfolger war, dann durfte er sich nicht darauf beschränken, die Beute für den Islam zu adaptieren, sondern dann mußten die Osmanen durch eigene Bauten den Sieg des neuen Glaubens über das Christentum dokumentieren. So stellte sich eine schon bekannte Situation wieder her: Wie in der Zeit der Omayyaden hatten eigene Werke repräsentativ denen der Unterworfenen gegenüberzutreten. Doch unterschied sich die Lage von der um 700. Damals kamen die Eroberer ohne eigene künstlerische Überlieferung, dieses Mal waren sie im Besitz einer eigenen architektonischen Tradition, die eine ausgeprägte Zielrichtung schon in spezifisch türkisch-islamischen Bauten bekundet und bedeutsam verwirklicht hatte. Gerade erst war die Üç Şerefeli von Edirne entstanden. Die Frage war: Würde diese eigene Baukunst durch die Begegnung mit der Hagia Sophia aus der Bahn geworfen werden? Wer diese Kirche übertrumpfen wollte, mußte versuchen, ihr ›hinter die Schliche‹ zu kommen, und damit ergab sich die Gefahr, daß mit den technischen auch die künstlerischen Mittel übernommen wurden, d. h. daß es statt zu einer Bereicherung der osmanischen zu einer Renaissance des byzantinischen, genauer: des justinianischen Stils kommen könnte.

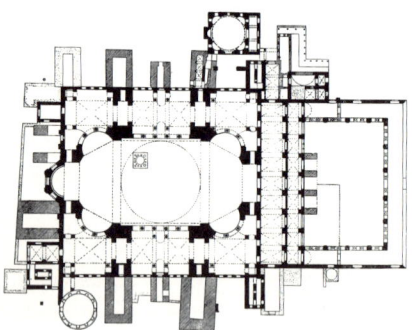

323 *Istanbul, Hagia Sophia, 532-37, Grundriß nach A. M. Schneider*

Hier auf Justinians Große Kirche einzugehen, ist nicht möglich. Über die Grundrißgestalt, die eine dreischiffige Basilika mit dem Zentralraumgedanken (Zentralkuppel

über zwei Halbkuppeln) kombiniert, orientiert Abb. 323.
Die Raumwirkung hat schon ein Zeitgenosse Justinians gül-
tig umrissen: »Es ist, als schwebe das Himmelsgewölbe
herab.« Nachdrücklich sei auf die Strukturanalysen Ulya
Vogt-Göknils[96] verwiesen[97].

Für einen Augenblick mochte es tatsächlich so scheinen,
als ob die Türken ihren zentralen Kuppelräumen byzantinische Gestalt verleihen und das ihnen ganz Eigene, das Kri-
stallisch-Unbewegte, dabei aufgeben würden. Es kam jedoch anders. Der Zustrom byzantinischer Anregungen
konnte den jungen Strom osmanischen Bauens wohl vorübergehend aus seinem bisherigen Verlauf drängen, ihn
aber nicht von seinem noch ungewissen Ziel ablenken, hat
ihm dann aber auch die Kraft gegeben, machtvoller als je
seine alte Grundrichtung weiterzuverfolgen. Das herausfor-
dernde Ärgernis der Hagia Sophia hat der osmanischen
Architektur zur Vollendung ihres eigenen Gesetzes ver-
holfen.

Alles, was in der Baukunst **Istanbuls** nach 1453 geschah,
allein als Nachahmung der byzantinischen Architektur anzusehen, ist absurd. Nicht nur, weil am Ende die triumphale
Überwindung, ja geradezu Umkehrung der Hagia Sophia
stehen sollte, sondern weil selbst die Auseinandersetzung
mit ihr (sie soll uns vor allem beschäftigen) zwar das bedeutendste, aber nicht das einzige Thema der osmanischen Baukunst nach 1453 ist.

Diese Auseinandersetzung begann, noch bevor jener Genius die Bühne betrat, der sie am konsequentesten zu Ende
geführt hat und dem es gelang, die großartige Räumlichkeit
der Hagia Sophia ins Türkisch-Islamische umzusetzen, d. h.
Byzanz im Geiste des Islam zu überwinden und ›aufzuhe-
ben‹: Sinan. Seine Schöpfung war die ›klassische‹ Osmanenmoschee. Er hat den weiteren Verlauf des osmanischen
Bauens bestimmt wie Michelangelo den der Kunst des
Abendlandes. Er und seine Schüler und Nachfolger haben
damit zugleich auch das Erscheinungsbild des islamischen
Istanbul geschaffen. Aus einer Stadt, die im antiken Sinn mit
Foren und Säulenstraßen grundrißhaft angelegt war und die
Hügel negierte, wurde eine, deren Bergkuppen über den
Wasserflächen die Kuppelgebirge der großen Sultansmo-
scheen bekrönen, flankiert von den schlanken Himmelswei-
sern der Minaretts: Eine Stadt mit einer so herrlichen Sil-
houette wie keine sonst im Orient.

Der Triumph von 1453 stellte den Eroberer vor neue Aufgaben. Eine war es, die alte Kaiserstadt (seit 1458 Residenz des Sultans) aus Verfall und Verwüstung zu neuem Glanz zu führen. Türken aus Kleinasien wurden hierher gelockt und gepreßt, aber noch bis nach dem Ersten Weltkrieg blieb Istanbul eher übernational-osmanisch als türkisch-national. Die Bauten der Stadt hatte der Sultan ausdrücklich als seinen Anteil an der Beute erklärt. Vieles von dem, was er vorfand, wurde restauriert, zugleich entstand Neues.

Aus allen Nachrichten spürt man, welcher Auftrieb schöpferischer Energie die Zeit des Eroberers erfüllte: eine Zeit hoher Gespanntheit und eine mit einem Januskopf. Die bisherige Residenz Edirne wurde weiterhin mit Bauwerken geschmückt (und hier sollte schließlich das absolute Meisterwerk osmanischer Architektur entstehen), der wichtigste Schauplatz aber fortan Istanbul.

Zunächst gab es keine stürmischen Neuerungen. Zweckbauten entstanden (wie das vor einigen Jahren von Anbauten befreite und restaurierte *Top-Hane* [Kanonengießerei und Zeughaus] im gleichnamigen Stadtteil), Stiftungen von hohen Würdenträgern, die an die bewährte Überlieferung anknüpfen. Von den kleineren Moscheen, die damals entstanden, blieben nur wenige erhalten. Zwei folgen dem Bursa-Schema, sondern aber die Seitenräume stärker als bisher üblich vom Mittelraum ab: die *Moschee des Mahmut Paşa* (1464) und die des *Murad Paşa* (1466-70) im Aksaray-Viertel (westlich der großen Straßenkreuzung an der Stelle des alten Forum Bovis). Mahmut Paşa stiftete zu seiner Moschee noch ein Bad und eine nur zum Teil erhaltene Medrese. 1473 entstand in dem kleinen baumbestandenen Friedhof hinter der Moschee seine Türbe. An ihren acht Außenflächen zeigt sie noch bedeutende Reste einer geometrischen Intarsiendekoration aus türkisblauer Fayence und erscheint mit dieser Schmuckfreude fast wie ein später Ausläufer seldschukischen Empfindens. Die *Rum-Mehmet-Paşa-Moschee* (1469) am asiatischen Ufer wirkt äußerlich beinahe wie ein byzantinischer Bau, ihr Raumgedanke aber nimmt sich schon die *Große Moschee des Eroberers* zum Vorbild.

Auf dem vierten Hügel der Stadt, dort, wo sich Konstantin d. Gr. als der ›Apostelgleiche‹ hatte beisetzen lassen und viele seiner Nachfolger bestattet waren, stand die von Justinian neuerbaute Apostelkirche (336-46). Sie wurde das Vor-

x Istanbul,
Blick vom Goldenen Horn aus auf die
Moschee Süleymans I. (Süleymaniye), 1551-57.
Davor - näher am Wasser gelegen - die Rüstem
Paşa-Moschee, um 1560.
Beides Werke des großen Architekten Sinan

*Der Hof- und Chefarchitekt dreier Sultane verstand
es meisterhaft, seine Bauten der jeweiligen Lage entsprechend so zu konzipieren, daß sich die größtmög-
liche Wirkung einstellte. Paßte er die Stiftung des
Großvezirs Rüstem auf engem Areal dem Hügelhang
derartig ein, daß die Moschee über geschäftigen Ha-
fengassen eine Insel der Ruhe bildet und der habgieri-
ge Stifter die ebenerdigen Gelasse gewinnbringend
vermieten konnte, so wölbte er die majestätische Moschee des großen Sultans über dem Sockel dienender
Nebenbauten als Kuppelgebirge auf der Hügelhöhe,
die natürlichen Gegebenheiten damit ins Denkmal-
hafte steigernd. Mit dem Werk, das der über Sechzigjährige bescheiden als sein ›Gesellenstück‹ bezeichnete, hat er die Silhouette des osmanischen Istanbul
entscheidend geprägt.*

bild für S. Marco in Venedig und St. Front in Périgueux. Diese nach der Hagia Sophia zweite große Kirche wurde von Mehmet zunächst dem unionsfeindlichen Mönch Gennadios (vom Sultan 1454 aus der Sklaverei freigekauft und als Patriarch eingesetzt) als Patriarchatskirche zugewiesen, doch vertauschte sie dieser bald mit dem Pammakaristos-Kloster (bis 1586 Patriarchat, heute als Fethiye Cami mit wichtigen Mosaiken Teil des Byzantinischen Museums). Die alte Kirche war wahrscheinlich in so schlechtem Zustand, daß sie 1462 abgebrochen wurde. An ihrer Stelle und z.T. aus dem alten Material ließ Mehmet II. seine Külliye errichten, die erste derartige Stiftung in der alt-neuen Kaiserstadt. Sie legte den Nachdruck auf Schulgebäude, so daß eine Art von ›Universitätsviertel‹ entstand. Ein Erdbeben in den Morgenstunden des 11. Mai 1765 hat die Moschee so mitgenommen, daß sie durch einen Neubau ersetzt werden mußte. Nur die niedrigeren dienenden Bauten der Külliye wurden restauriert, so blieb der Gesamtplan der Anlage erhalten. Zweimal vier Medresen, jede aus einem größeren, um einen geschlossenen Hof mit Wohnzellen und Hörsaal und einem nur ein Drittel von dessen Breite umfassenden Nebentrakt gebildet, sind achsenparallel auf die Moschee bezogen. Sie sind – wie moderne Reihenhäuser – alle nach dem gleichen Schema geplant. In ihrer Gesamtheit überbauen sie eine viel größere Fläche als die Moschee, ordnen sich ihr aber als niedrige, flachgestreckte Baublöcke unter, steigern mit der Vielzahl ihrer kleinen Kuppeln (jeder einzelne Raum ist überkuppelt) und den Vertikalen der Schornsteine das beherrschende Silhouettenmotiv von Kuppel und Minaretts der Moschee, bringen damit diese erst so recht zur Geltung.

Im Friedhofsgarten hinter der Mihrabmauer steht die Türbe des Eroberers (wie die heutige Moschee ein Neubau des späten 18. Jahrhunderts), der Moschee betont untergeordnet: kein ›Monument‹, sondern nur ›Ruhestätte‹. Durch eine Straße getrennt liegen bzw. lagen südöstlich Internats- und Armenküchen, Bäder, ein Han.

Nicht der Grundgedanke der Külliye, wohl aber in jeder Hinsicht ihr Bild hat sich im Vergleich z.B. zur Yeşil Külliye in Bursa deutlich verändert. Jetzt bestimmt die Moschee die Achse, symmetrisch ordnen sich ihr die Schulen und anderen dienenden Einrichtungen unter. Axialität und Rangstufung von Sakral- und Zweckbauten ist hier zum ersten Mal konsequent verwirklicht.

Fortan werden die aus dem urislamischen ›civic centre‹ der Moschee entfalteten und ihr untergeordneten Nebenbauten keine ›monumentalen‹ Lösungen mehr anstreben. Medresen, Imarets, Bibliotheken, Hane, Bäder entstanden inner- und außerhalb von Stiftungskomplexen weiterhin in wachsender Zahl. Oft bleiben sie zwar einem Schema verhaftet, aber viele von ihnen vereinen sachdienliche Planung mit den besonderen örtlichen Gegebenheiten in so überzeugender Weise, daß man nur bedauern kann, daß moderne Architekten und Städteplaner – trotz Le Corbusier – viel zu wenig von ihnen lernen. Trotzdem dürfen und müssen wir sie ähnlich wie die Grabbauten hier ganz summarisch behandeln. Von ihnen gehen – anders als in anderen Bereichen der islamischen Welt – keine bestimmenden Einflüsse auf die Gestaltung der repräsentativen sakralen Bauten mehr aus.

Auch die Frage, wie weit für diese neue axiale Ordnung im Rahmen der Külliye (sie wird fortab die Regel wie die untergeordnete Stellung der Türbe im Garten ›hintenhinaus‹) das römisch-planimetrische Anlageprinzip der byzantinischen Kaiserstadt verantwortlich zu machen ist, soll hier unerörtert bleiben. Klar ist die Bedeutung der Stiftung Mehmets II. als eines Hauptwerks in zukunftbestimmender Zeit.

Die heutige Eroberer-(Fatih-)Moschee setzt einen wesentlichen Akzent in die Stadtsilhouette Istanbuls, ist aber bis auf Teile des Vorhofes, das Portal, die Untergeschosse des Minaretts und vermutlich auch den Mihrab ein Neubau des 18. Jahrhunderts (1762-71) und als großspuriger und etwas flügellahmer Versuch, in später Zeit noch einmal eine monumentale Moschee klassischer Art zu schaffen, für uns wenig interessant. Der Wissenschaft ist es aber gelungen, wenigstens den Grundriß des Mehmet-Baues zu erschließen[98], und ihm kommt, wie kaum anders zu erwarten, eine besondere Bedeutung zu. Je nachdem man den Plan interpretiert, wird man in ihm eine logische Fortsetzung frühosmanischer oder eine Übernahme byzantinischer Ideen sehen und danach die gesamte osmanische Architekturgeschichte beurteilen wollen.

Die oben erwähnten Moscheen vom Bursa-Typus in Istanbul scheiden je zwei seitliche Kuppelräume vom zweikuppeligen Hauptraum deutlich ab, erreichen damit eine Konzentration auf dieses ›Längsschiff‹. Denkt man an die schon in frühosmanischer Zeit merkliche Tendenz zur Zentralisierung, dann erscheint es logisch, den ersten Kuppel-

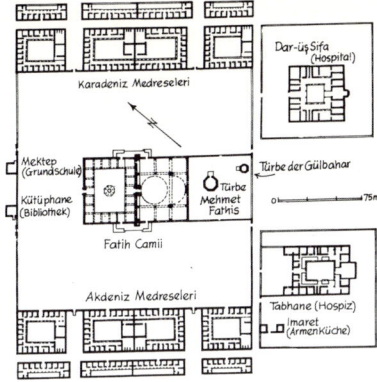

324 *Istanbul, Külliye Mehmets II. Rekonstruktion des Grundrisses nach Freely und Sumner-Boyd*

raum (wir verstanden ihn oben als nach seldschukischer Art in den Hauptbau hineingezogenen und überkuppelten Hof) zum Zentrum zu nehmen und ihm den Mihrabtrakt wie eine Apsis mit einer Halbkuppel gleichen Durchmessers unterzuordnen. Eine derartig angeordnete Halbkuppel aber fanden wir nirgends in frühosmanischen Bethäusern. Nur die Hagia Sophia bot Ähnliches.

Nicht anders, wenn man den Plan als einen Versuch auffaßt, das Bursa-Schema durch Weglassung der trennenden Wände im Sinne einer Ulu Cami weiterzuentwickeln, um eine nur von wenigen Stützen unterbrochene einheitliche Bodenfläche zu gewinnen. Auch dann bleibt die Halbkuppel etwas Neues, das sich nur aus der Hagia Sophia herleiten läßt. Was also entstand, kann man zwar weitgehend, aber nicht gänzlich aus frühosmanischen Voraussetzungen erklären. Es scheint so, als habe ein byzantinischer Gedanke (eben die Halbkuppellösung) bewirkt, daß frühosmanische Planideen sich aus einer gewissen Fixiertheit lösten, um sich in einer neuen, für die Zukunft fruchtbaren Weise neu zu verbinden. Damit steht die alte Fatih-Moschee tatsächlich an einem Kreuzungspunkt. Es ist offenbar genau so einseitig und verkehrt, in der osmanischen nichts weiter als eine mißverstandene Nachahmung der byzantinischen Baukunst zu sehen, wie zu versuchen, jeden Einfluß von Byzanz her wegzudiskutieren. Die Kraft und Größe einer Kunst zeigt sich nicht darin, daß sie sich überheblich oder angstvoll jedem fremden Hauch verschließt, sondern darin, daß sie es versteht, sich von fremden Anregungen befruchten zu lassen, dem Fremden aber nicht zu verfallen, sondern es so zu verarbeiten, daß es dem Ausdruck eigenen Wollens und Fühlens dient, d. h. es fruchtbar in Hegels Sinn ›aufzuheben‹. Wir werden sehen, wie imponierend das der osmanischen Kunst gelang.

Ob das Werk dem Ehrgeiz Mehmets II. genügte, darf füglich bezweifelt werden.[99] Trotzdem hat der Bau Schule gemacht. Die *Moschee Selims I. in Konya* (zwischen 1512 und 1520) in der Nachbarschaft des Mewlana-Klosters[100] darf als ziemlich getreues Nachbild gelten. Die kleine *Atik Ali Paşa-Moschee von Istanbul* (1497) in der Nähe der Konstantinssäule läßt die Eckräume zu seiten des Mihrabteils weg und nähert sich damit wieder mehr dem Bursa-Schema. Sie wirkt wie ein – verspätetes – *missing link* zwischen dem Bursa-Plan und dem der alten Fatih-Moschee.

Sein erstes Serail in Istanbul schuf sich der Eroberer 1457/58 am Forum Tauri, dem Gelände der heutigen Universität. Nichts davon ist erhalten, nur ein Denkstein gleich rechts hinter dem pseudomaurischen Tor erinnert den Besucher daran, der vom Feuerwachtturm (1823) des ehemaligen Kriegsministeriums nach beschwerlichem Aufstieg an einem klaren Tag den herrlichen Rundblick über die Stadtlandschaft genießen möchte.

1465 begann Mehmet damit, auf der alten Akropolis des griechischen Byzanz, auf der hügeligen Landzunge, zu deren Füßen Marmarameer, Bosporus und Goldenes Horn zusammentreffen, ein neues Residenzviertel anlegen zu lassen: das *Neue Serail* oder auch *Topkapı Saray*. Es blieb bis ins 19. Jahrhundert der mit Furcht und Neugier betrachtete Sitz der Sultane. Neben der Alhambra von Granada und den Moghulforts Indiens ist es die einzige ziemlich komplett erhaltene Schloßanlage islamischer Herrscher. Bei allem, was die osmanische von der maghrebinischen Kunst unterscheidet, finden sich doch auch gemeinsame und damit wohl typisch islamische Züge. Beide Male handelt es sich um ein ganzes Residenzviertel mit Beratungssälen, Bibliotheken, Schulen, Bädern, Kasernen und Waffenlagern, festungsartig auf einer Bodenerhebung errichtet, von der sich besonders schöne Ausblicke eröffnen. (Dabei ist in der Residenz der immer bedrohten Nasriden der Festungs- und Stadtcharak-

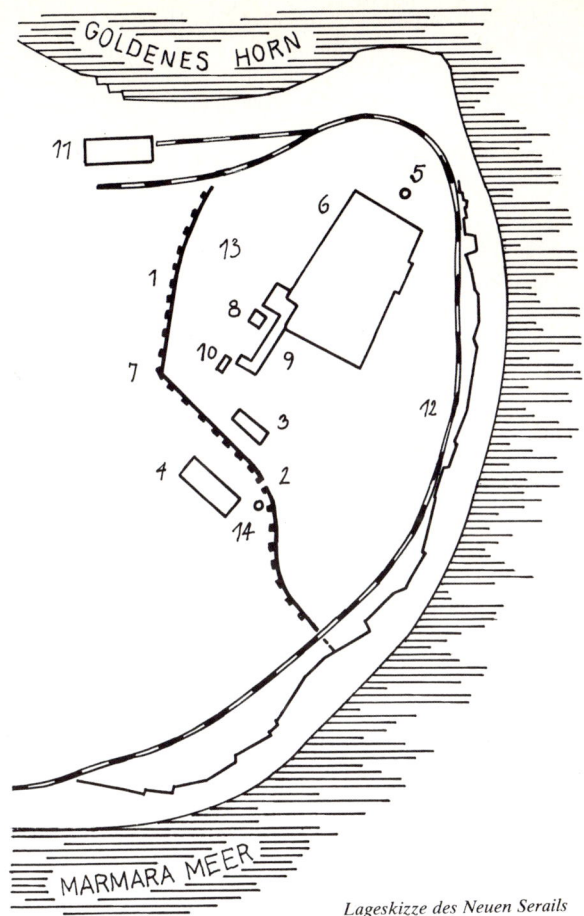

Lageskizze des Neuen Serails

1 Serailmauer, 2 Bab-i Hümayun (Kaisertor) zum 1.Hof, 3 Hagia Eirene, 4 Hagia Sophia, 5 Gotensäule, 6 Topkapı-Saray (vgl. Seite 536), 7 Alai-Köşk gegenüber der ›Hohen Pforte‹, jetzt Museum türkischer Volkskunst, 8 Çinili-Köşk (Abb. 326), 9 Archäologisches Museum, 10 Museum für altorientalische Kunst, 11 Bahnhof Sirkeçi, 12 Stelle des ehemaligen byzantinischen Manganen-Palastes, 13 Gülhane-Park, 14 Brunnen Ahmets III. (Abb. 359)

ter – ähnlich wie in den Moghulresidenzen – viel stärker betont als in dem Sitz der Herren eines Weltreiches am prominentesten Punkt ihrer Hauptstadt.)

Hier konzentrierte sich die Macht des Osmanischen Reiches. Das Saray war nicht nur Wohnsitz des Sultans und
seiner Familie, es war – zumindest bis in die Mitte des
17. Jahrhunderts – Sitz der Regierung, wo der Staatsrat
tagte, Gesandte empfangen wurden und sich die großen
Zeremonien abspielten, fungierte als ›Staatsbank‹, wo
Staatsschatz und Privatvermögen der Sultane gehortet waren, und barg heilige Reliquien als Unterpfänder des Kali-
fen-Anspruchs der türkischen Herrscher. Es war Kaserne
der Leibgarde und – osmanische Besonderheit – auch Aus-
bildungsstätte der staatstragenden Elite in der Palastschule.
Indem es eine Vielzahl von Funktionen bündelt, erscheint es
im Grunde noch so mittelalterlich wie die Alhambra – oder
das leider vergangene Palastviertel Isfahans und selbst noch
die Moghulfestungen Indiens. Anders als diese und als europäische Schlösser aber ist es nicht Monument der Macht, in
dem der Besucher, ob Gast oder Untertan, in zeitlich-räum-
licher Steigerung eines axialen Weges vor die Stufen eines
Thrones und das Angesicht des Herrschers geführt wird. Es
scheint einzig der Geländeform zu folgen, in erster Linie
darauf bedacht, bei aller Abgeschlossenheit bezaubernde
Ausblicke zu gewähren, und ist dabei durchaus so funktional
wie die Alhambra. Wie dort sind der öffentlich-militäri-
schen, der regierungs-offiziellen und der Wohnfunktion die
einander folgenden Höfe und der Harem-Komplex gewidmet. Zwischen 4000 und 5000 Menschen mögen ständig im
Serail gewohnt haben, teilweise in unvorstellbar beengten
Verhältnissen auf dem kleinen Raum. Einzig dem Groß-
herrn stand ein größerer privater Bezirk zur Verfügung.
Darin zeigt sich, daß das Topkapı-Saray – von Mehmet II.
zunächst vor allem als Sitz der Regierung geplant – doch in
seinem Wesen ›Wohnung‹ war. Auch wenn mit raffiniertem
Geschmack ausgestattet, ist es doch nur ein vergängliches
Obdach für einen vergänglichen Bewohner. Nur Gott ist
ewig. Es zeigt sich die gleiche Scheu vor der Verewigung des
Menschen, die wir als eine der Wurzeln der Külliye-Idee
erfuhren.

Locker-nomadenhaft und islamisch-bescheiden muß bereits der *Saray-Komplex in Edirne* gewesen sein: eine Anzahl mehr oder weniger willkürlich verstreuter Pavillons auf
einer Park-Insel im Tunca-Fluß. Von ihm sind nur so wenige
und zufällige Reste erhalten, daß es sich verbietet, hier
näher darauf einzugehen.

325 *Istanbul, Topkapı-Saray, Blick über die Dächer des Harem nach Galata und zum Bosporus*

Das *Topkapı-Saray in Istanbul* geht in seinen Grundzügen auf Mehmet II. zurück, doch sind die Bauten – bis auf einige im dritten Hof – nicht in originaler Gestalt erhalten. Erst im Lauf der Jahrhunderte und nach mehreren Brandkatastrophen hat es die Gestalt erlangt, die es besaß, als es im 19. Jahrhundert (1853) verlassen wurde und zu verfallen begann. Heute ist sein Kern als Museumskomplex sorgsam restauriert und birgt neben historischen Erinnerungen eine hochbedeutsame Sammlung osmanischer Kunsterzeugnisse und noch vieles mehr – selbst kuriosen europäischen Kitsch des 19. Jahrhunderts.

Es sei hier nur ganz stichwortartig vorgestellt. Die Angaben über die Aufstellung der Sammlungen können inzwischen schon wieder in Einzelheiten überholt sein, da das Museum seit Jahren restaurierend neugestaltet wird und man bei jedem Besuch neue Überraschungen erleben kann.

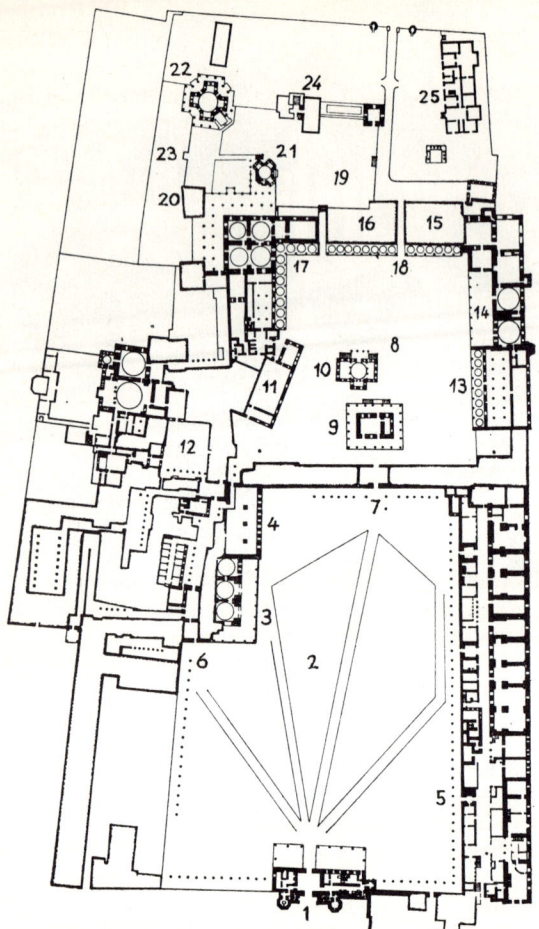

Planskizze des Topkapı-Saray

Das *Orta Kapı* (Bab üs-Selam, 1524) (1) bildet, nachdem
man den ersten Hof durchschritten hat, den Zugang zum
Zweiten Hof (2), einem Baumgarten mit Wegen zum *Bera-
tungssaal des Divan* (Kubbe Altı) (3). (In einem der beiden
Räume aus der Zeit Süleymans I. noch die Rokokoformen

von einer Restaurierung unter Ahmet III., im dritten Raum Uhrensammlung.) Der weithin sichtbare Turm von 1820 wäre besser wegzudenken. Die *Innere Schatzkammer* aus der Zeit Mehmets II. (4) beherbergt heute einen Teil der Waffensammlung. (Osmanische, mamlukische, persische Waffen. In der Vitrine gleich rechts vom Eingang das gewaltige Schwert des Eroberers.)

Der Weg halbrechts führt zum Trakt der *Küchen und Bäckereien* (5) mit den eindrucksvollen Kaminen (Bau von Sinan?). Heute Porzellansammlung. Eine Fülle chinesischer Keramik (wohl einzigartig außerhalb Chinas, wenn auch nur in Auswahl präsentiert) bezeugt die Verbindung der islamischen Welt zum Fernen Osten. Zugleich hier auch europäische Porzellane des 18. und vor allem des 19. Jahrhunderts und einige Kuriositäten.

(6) Ehem. Portikus, heute hier ein ›*Lapidarium*‹, daneben ein Eingang zum Harem.

Bab-i Saadet (Tor der Glückseligkeit) (7), der Eingang zum inneren Serail (erb. 1561, rest. 1774), vor dem die Sultane an Festtagen thronten, führt in den *Dritten Hof* (8). Gleich hinter dem Durchgang der *Audienzsaal* (9) für den Empfang ausländischer Gesandter (Arz Odasi). Unmittelbar benachbart die *Bibliothek Ahmets III.* (10) (vor 1719).

Die *Neue Bibliothek* (11) war ehemals der Betraum für das Personal des inneren Hofes.

(12) *Harem,* das private Wohnquartier der Sultane und ihrer Familien. In seiner labyrinthischen Verschlungenheit das Ergebnis scheinbar planlosen Wachstums, nach einem Brand im 17. Jahrhundert (1665) große Teile neu gebaut. Die seit Jahren währenden Restaurierungsarbeiten sind immer noch nicht beendet, daher nur teilweise und nur mit Führungsgruppen zugänglich.

(13) *Abteilung der Textilkunst* (Sultansgewänder, Stoffe, Teppiche), ehemals Schule der Palastpagen.

(14) *Schatzkammer* noch in Neuaufstellung. Angesichts riesiger Edelsteine, blitzender Diamanten und schimmernder Perlen überkommen einen Erinnerungen an orientalische Märchen. Man darf sich aber ruhig eingestehen, daß vieles höheren Material- als Kunstwert besitzt. (Preußische Marschallstäbe und päpstliche Orden für den ›Beherrscher der Gläubigen‹ sind trotz glitzernden Brillantenbesatzes doch eher liebenswürdige Kuriositäten.) Neben kristallenen und edelsteinbesetzten Geschirren, Dosen, Löffeln und

Prunkwaffen usw. sind hier die Festthrone Ahmets I., Murads III. und IV. und der gewaltige Thron Schah Ismails, eine
indische Arbeit mit Tausenden von Perlen und Edelsteinen
zu sehen, den Selim I. in Persien erbeutete. Aus dieser Beute
stammen auch fast alle persischen Stücke der Sammlung.
(Von der Eckloggia aus ein besonders schöner Ausblick!)
Der Bau stammt noch aus der Zeit Mehmets II.

(15) Direktion, (16) Porträtgalerie und *Abteilung für Mi-
niaturen.* Obergeschoß: Bildnisse der Sultane und bedeutender Persönlichkeiten, meist nach europäischen Originalen.
Erdgeschoß: Sammlung von Miniaturen aus dem Besitz der
Sultane, wohl die bedeutendste Galerie islamischer Malerei.
Hier u.a. Blätter des Fatih-Albums mit den expressiven
Blättern des Siyah Kalem (nicht ohne Kenntnis chinesischer
Malereien denkbaren Darstellungen aus dem Nomadenle-
ben Innerasiens), persisch-timuridische und rein osmanische Miniaturen. (Bildnisse Mehmets II. und Süleymans I.,
historische Darstellungen aus den Feldzügen des 16. Jahrhunderts, bis zu den genrehaften Einzelfiguren Levnis. Dazu
noch feine Beispiele der hochentwickelten Kalligraphie.)

(17) *Quartier der heiligen Reliquien.* Hier wurden in köstlich ausgestatteten Räumen und in kostbaren Behältnissen
die von Selim I. aus den Heiligen Städten entführten Unterpfänder der Kalifenwürde aufbewahrt: die grüne Fahne des
Propheten, sein Mantel, Bogen und Stab, als Andenken
einige seiner Zähne und Haare aus seinem Bart (wieviele
Meineide wurden bei ihm geschworen?), dazu die Schwerter
der ersten ›rechtgeleiteten‹ Kalifen, älteste Korane in mäch-
tigem Kufi, darunter angeblich auch der, über dessen Lektü-
re Othman ermordet wurde, Schlüssel zur Kaaba, Balken
des Baues und vieles mehr. Nach dem Erlöschen der osmanischen Kalifenwürde blieben alle diese Cimelien in Istanbul. Die säkularisierte Türkische Republik hat sich entschlossen, sie museal zur Schau zu stellen. Hinweisschilder
erbitten auch vom ›ungläubigen‹ Touristen Ehrfurcht. Sie
müßte sich von selbst verstehen. Dem Skeptiker, dem es auf
›Echtheit‹ ankommt, darf man sagen, daß sie bei den meisten
dieser Gegenstände viel zweifelsfreier feststeht als bei vielen
Objekten christlichen Reliquienkults.

Der Durchgang (18) führt in den *Vierten Hof* (19), den
privatesten Bereich der Sultane (Selamlık), einen Garten
mit Blumenbeeten und reizvollen Ausblicken. Hier besonders zu erwähnen: (20) *Beschneidungsraum* (Sünnet Odası),

erbaut unter Ibrahim (1640-48) wie auch (23), der *Baldachin Ibrahims; Revan Köşku* (21), 1635 erbaut unter Murad IV. zur Erinnerung an die Einnahme Erewans, der *Bagdad Köşku* (22) vom gleichen Herrscher zur Feier der Eroberung Bagdads (1638) errichtet. (Zu diesen Bauten s. S. 576ff.)

Köşk des Kara Mustafa Paşa (Sofa Köşk) (24), ein aus zerbrechlichstem Material gefügtes Werkchen, bezeichnend für die auf den Naturgenuß abzielende, nach allen Seiten offene Pavillonkunst des 18. Jahrhunderts.

Der letzte Sultansbau im Serail ist der *Köşk Abdul Mecits* (25) (1840). (Hier und auf den darunterliegenden Terrassen heute ein Restaurantbetrieb, der einem lange Rückwege in die Stadt erspart, wenn man – wie zu empfehlen – dem Saray-Museum einen ganzen Tag widmen will. Schönes Panorama.)

Der wichtigste Bau des Saray-Komplexes, der aus der Mehmet-Zeit erhalten blieb, ist der *Çinili Köşk* im Hof der Archäologischen Museen an der Hangstufe zum Gülhane-Park, der einzige erhaltene Kiosk des ›äußeren‹ Palastbezirkes. Eine Talarhalle (vgl. S. 624) persischer Art mit schlanken Stützen vor einem Eingangsiwan, der durch einen Vor-

326 *Istanbul, Çinili Köşk, 1472*

raum in einen kreuzförmigen Zentralkuppelsaal mit vier
Iwanen führt. Hinter diesen nach außen offene Iwane und
ein Kuppelpavillon, in die Ecken eingestellt niedrigere Kup-
pel-Halbkuppel-Räume. Im ganzen also ein durch seinen
Erhaltungszustand fast einmaliges Beispiel eines persischen
Pavillons aus dieser Zeit. Der Baumeister kam aus Täbriz.
Persisch sind vor allem auch die Mosaiken aus Emailfayence
an der Front, dem Eingangsiwan und über den Fensterbo-
gen. Es sind Prachtstücke einer Dekorationsart, die unter
den Osmanen keine Zukunft mehr hat. In Täbriz, in Samarkand, in Isfahan könnten wir Parallelen dazu finden. So
›offen‹ gegenüber östlichen Vorbildern der Bau sich gibt, der
Dekor seines Inneren steht ganz in der Tradition von Bursa.

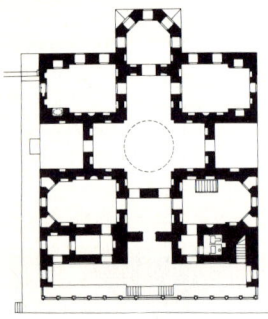

327 *Istanbul,*
Çinili Köşk, 1472
Grundriß nach E. H. Ayverdi

Die seitlichen Räume des Schlößchens tragen tieffarbige
Wandbeläge aus Sechseck-, Dreieck- und Rechteckfliesen
in Meergrün, Türkis, Kobalt, violettem Manganschwarz mit
Goldauflagen. Seit einigen Jahren ist hier die *Fayencen-*
sammlung der Saray-Museen untergebracht, ein osmani-
sches Gegenstück zum seldschukischen Museum in der Karatay-Medrese von Konya, und als solches ziemlich einmalig
in der weiten Welt. Von seldschukischen Beispielen führt
der Weg über Mosaikfragmente und Emailglasuren des frühen 15. Jahrhunderts (prächtiger Mihrab aus dem Ibrahim-
Bey-Imaret von Karaman, 1432) und Iznik-Lünetten der
frühen Süleyman-Zeit (Emailtechnik des ›toten Randes‹
[cuerda seca] in der Farbskala dunkelblau, türkis, pistaziengrün, gelb mit schwarz und weiß) über weiß-blaue Untergla-
surkacheln zu den wundervollen Kompositionen der klassi-

328 *Istanbul, Moschee Bayezits II., 1501-05*

schen Iznik-Zeit (2. Hälfte 16. Jh.) und endlich zu den mü-
den Nachahmungen aus Kütahiya im 18. Jahrhundert. Zugleich gibt die Sammlung einen Überblick über die türkische
Gefäßkeramik. Von seldschukischen Stücken aus Raqqa
führt sie über frühosmanische Iznik-Gefäße (sog. *Milet-,
Damaskus-* und *Golden-Horn-Ware*) zu den Prachtproduk-
ten der ›klassischen‹ Zeit (mittleres und spätes 16. Jh., vor
allem repräsentiert durch zwei herrliche Moscheeampeln!)
und läuft über Kütahiya- und Istanbul-Keramik (Werkstätten des Tekfur Saray) in den volkstümlichen Produkten von
Çanakkale aus. Diese Sammlung mit Muße zu betrachten,
kann nicht warm genug empfohlen werden.

Nach diesem Überblick über die wichtigsten Bauten des
Topkapı-Saray wollen wir nun zu den großen Sultansmo-
scheen der Hauptstadt zurückkehren. Die *Moscheestiftung
Bayezits II.*, 1501-05 im Zentrum der Stadt, dem alten
Tauros-Forum erbaut, ist die älteste erhaltene Sultansmo-
schee Istanbuls.

Man kann ihren Plan auf verschiedene Weise deuten, vor
allem als folgerechte Weiterbildung der alten Fatih-Moschee durch eine zur Querachse symmetrische Wiederholung der Halbkuppel auch an der Eingangswand (Ağa-
Oğlu). Damit aber ist ein Plan gewonnen, der in wesentlichen Zügen dem der Hagia Sophia entspricht, d. h. wohl von
dort übernommen ist. Es ist kaum vorstellbar, daß der Architekt, die Hagia Sophia vor Augen, ganz ohne Einfluß von

dort selbständig auf einen ihr entsprechenden Plan gekommen sein sollte. Im Aufriß wird die Ähnlichkeit noch deutlicher, zugleich aber auch klar, daß der Baumeister versucht,
das schwebende Herabgleiten des justinianischen Raumes
zu vermeiden, und sei es durch auf den ersten Blick ›römische‹ Mittel: durch Betonung der ›tragenden‹ Bogen und
damit durch eine gewisse Trennung der einzelnen Raumteile
voneinander, durch Erhöhung der zentralen Kuppel zur
– beinahe – reinen Halbkugel über einem hohen Fenster-
tambour, damit sie als Raumvolumen ›oben‹ bleibt, in sich
ruht (im Gegensatz zu der ›flachen‹ Schale der Hagia Sophia) über einem Stalaktitenkranz, der sie, wie auch die
Halbkuppeln, deutlich der verschleifenden Wirkung der
sphärischen Pendentifs entzieht. Die Seitenschiffe bilden
nicht wie dort eine dunkle Folie, sondern erhalten Licht und
sind auf der einheitlichen Bodenfläche deutlich als Teile des
Gesamtraumes gezeigt. Das Körperhaft-Feste der einzelnen
Teile und Glieder aber soll nicht im tektonischen Sinne
aufgefaßt werden. Sie sind nicht durch Gelenke verbunden,
sondern als Massen miteinander verschweißt. Am klarsten
zeigt sich das an der für europäische Augen prekärsten
Stelle, nämlich dort, wo die Halbkuppelpendentifs mit den
Bogenverbindungen zu den Eckjochen zusammentreffen.

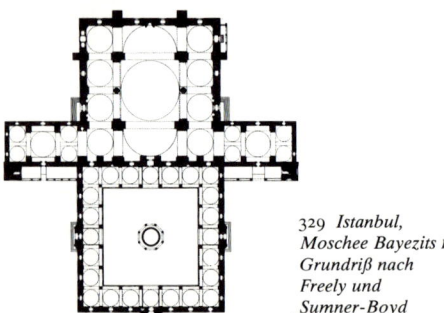

329 *Istanbul,
Moschee Bayezits II.
Grundriß nach
Freely und
Sumner-Boyd*

Wie eine Erinnerung an den T-Plan wirkt es, wenn an die
Eckjoche der Eingangsseite noch zentralisierte seitliche Flü-
gelräume angeschlossen werden. Die Bayezit-Moschee
kann nicht verheimlichen, daß sie ein Werk voll Zwiespältig-
keiten ist, dem Herkommen noch verhaftet und zugleich
mutig auf dem Weg, das Neugewonnene zu verarbeiten.

330 *Edirne, Külliye Bayezits II., 1484-88*

Damit weist sie in die Zukunft, ist aber zugleich dadurch auch ein echtes Produkt ihrer Zeit.

Wie an der alten Fatih-Moschee und vorher bereits an der Üç Şerefeli ist dem Betsaal ein geschlossener Vorhof mit einem Brunnen und überkuppelten Portiken ringsum vorgelagert. Die Kuppel dominiert über den zentralen Kubus, doch kontrastiert sie mit den flachen Halbkuppelschalen. Durch die Stellung der Minaretts (nur Sultansmoscheen durften sich mit mehr als einem Minar schmücken) wirkt die Silhouette noch uneinheitlich und zerzogen. Sie assistieren der Kuppel nicht, sondern stehen weit von ihr getrennt an den äußersten Ecken der ausladenden Flügelbauten. (Die moderne Platzgestaltung zerreißt den Zusammenhang der Moschee mit den noch erhaltenen übrigen Bauten des Stiftungskomplexes.)

Die gleiche Position haben die Minaretts an der etwa anderthalb Jahrzehnte älteren *Moschee Bayezits II. in Edirne* (1484-88), und doch wirkt hier die Silhouette viel geschlossener, weil nur eine einzige große Kuppel den Hauptraum bekrönt, die Seitentrakte weniger ausladen und der Vorhof sich noch seitlich jeweils über zwei Drittel von deren Breite erstreckt, die Türme daher dem gesamten Baukörper enger verbunden erscheinen und die dienenden Bauten der Stiftung, die in erster Linie der Pflege von Kranken gewidmet war, als Rahmen für den Zusammenhalt sorgen und einen Maßstab setzen. Sie sind wie bei der Stiftung Mehmets II. achsenparallel angeordnet, allerdings nicht in strenger Symmetrie.

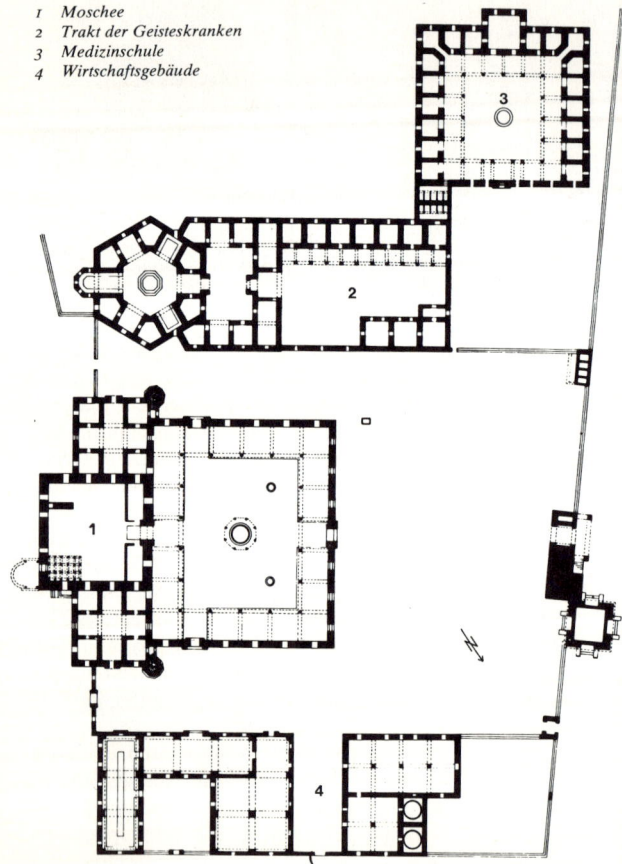

1 Moschee
2 Trakt der Geisteskranken
3 Medizinschule
4 Wirtschaftsgebäude

331 *Edirne, Külliye Bayezits II., 1484-88. Grundriß nach Vogt-Göknil*

Wie immer kann der Plan längere Beschreibungen ersparen. Nur einige Erläuterungen. Im äußersten Eck die Medizinschule (3) in der Form einer Medrese. Sie ist ohne direkte
Verbindung zu einem Hof mit sieben Zellen an der
SW-Seite, die gleichfalls keine Verbindung untereinander
haben. (2) Hier waren die Geisteskranken untergebracht.
Durch ein Tor getrennt der Trakt für die physisch Kranken:
ein Vorhof, dahinter ein Sechseckbau mit überkuppeltem
Mittelsaal, umgeben von fünf Iwanen und sechs abgeschlossenen Krankenzimmern. Das Ganze raumkubisch klar und
zugleich höchst zweckmäßig disponiert. Dem Spitaltrakt
entsprechen an der Nordostseite der Moschee (1) die Küchen, Bäckereien und Wirtschaftsräume (4). Die Anlage ist
ein Musterbeispiel für Krankenfürsorge. Man erfährt, daß
für die Heilung psychisch Gestörter bewußt die beruhigende
Wirkung von Musik und Blumen eingesetzt wurde. Es gab
einen Chefarzt, zwei Oberärzte, zwei Augenärzte, zwei
Chirurgen und einen Apotheker, dazu noch etwa hundert-
fünfzig Angestellte. Unterhalten wurde diese Stiftung wie
alle ähnlichen Unternehmungen aus den Einkünften aus
Landbesitz usw., der ihr vom Stifter zugewiesen wurde.

Die seitlichen Tabhane-Anbauten der Moschee (Hallen
von 3 mal 3 Jochen) sind völlig vom Hauptraum getrennt
und sprechen bei der Innenraumwirkung nicht mit. Der
Betsaal wählt die einfachste Form. Als ein Würfel, von einer
Kuppel über einem niedrigen durchfensterten Tambour bedeckt, so stellt es sich von außen dar. Im Inneren aber
greifen Pendentifzwickel tief in die Würfelform ein, seine
Umgrenzung besteht eigentlich nur aus vier Schildwänden
wie später Sinans Mihrimah-Moschee. Ohne Mühe ließe
sich der Raum als Fortentwicklung des schlichtesten Schemas verstehen, aber auch als variierte Verselbständigung
eines Ausschnitts aus der Hagia Sophia, nämlich des Teils
über der oberen Galerie, wobei auch die zwei Halbkuppeln
durch Schildwände ersetzt zu denken wären. Damit ließe
sich auch das auffallende Fehlen von Faltwerk oder Stalaktiten erklären, die die Kuppel vor einem ›Herabschweben‹
bewahren könnten. Daß trotzdem ein in sich ruhender
Raum entstand, ist wohl nur der Wahl des allerschlichtesten
Grundrisses zu verdanken.

Die Külliye von Edirne ist in manchen Zügen der späteren
Stiftung des gleichen Sultans in Istanbul überlegen. So ›alt-
türkisch‹ die Moschee anmuten mag, sie bildet doch ein

Denkmal der Auseinandersetzung osmanischer Baumeister mit der Hagia Sophia.[101]

In seinen besten Zeiten war der melancholisch-fromme Bayezit ein besonders eifriger Stifter und Bauherr. Die Gestalten seiner Architekten aber bleiben eher schattenhaft. Hayrettin wird als Meister des Edirne-Komplexes und möglicherweise einiger anatolischer Bauten (nicht der Bayezit-Moschee von Istanbul) kaum irgendwie ›greifbar‹. Die letzten Jahre des Sultans waren verdüstert und unfruchtbar. Seit 1509 verwüsteten Erdstöße weite Teile Thraziens, kosteten Tausenden das Leben und machten in Istanbul wie in Edirne Aufräumungs- und Wiederherstellungsarbeiten vordringlicher als Neubauten. Selim I. Yavuz, der den Vater schließlich entthronte, hatte in den stürmischen Jahren seiner Regierung keine Zeit, in der Hauptstadt eine Memorialstiftung zu errichten.

Erst Süleyman der Prächtige ließ (1520[?]-22) eine Moschee zum Gedächtnis seines Vaters erbauen, die *Selimiye in Istanbul.* Ihr Plan wiederholt fast wörtlich den der Bayezitiye von Edirne, nur ist bei dem jüngeren Werk – auf einer Höhe über dem Goldenen Horn und nicht am Ufer eines stillen Flusses – der einkuppelige Betsaal noch größer, beherrscht er noch mächtiger die Silhouette. Strebebogen an den Ecken des Kuppeltambours, verstärkende Streben an den Außenmauern deuten so etwas wie ein Gliederungssystem an, aber es bleibt als solches unentschieden und wird nicht zur überzeugenden Bereicherung des Gesamtbildes.

Sinan und seine Nachfolger

Wo bisher islamische Baumeister bekannt sind, bleiben sie schattenhafte Figuren, bloße Namen. Auf dem Höhepunkt der osmanischen Kunst aber begegnen wir einer Gestalt, die zu den größten Baumeistern aller Epochen gehört und aus Dokumenten, vor allem aber aus seinen Schöpfungen greifbar wird: *Sinan,* Chefarchitekt der osmanischen Sultane über ein halbes Jahrhundert hinweg. Widersprüche in dem reichen Quellenmaterial gestatten es zwar nicht, alle biographischen Fragen eindeutig zu beantworten, aber die Werke sprechen deutlich für den Künstler.

Ernst Egli[102] erschließt 1490/91 als das Geburtsjahr des Meisters, der »wahrscheinlich aus dem Westen stammte, vielleicht aus Albanien, oder aus Kroatien oder Slavonien, wenn nicht aus Kärnten oder der Steiermark.« Goodwin vermutet griechische Abstammung. Als Sohn einer kriegs-deportierten Familie hatte er seine Jugend wohl in der Gegend von Kayseri (Agirnas, heute Sinanköy) verbracht, bevor er 1512 durch die ›Knabenlese‹ in die Hauptstadt kam und nach der üblichen Lehrzeit ins Janitscharenkorps einge-reiht wurde. In fast zwanzigjährigem Dienst als Infanterist, berittener Jäger, Hauptmann der Infanterie, Chef der Mechaniker und Oberst in der Leibgarde machte er die Feldzü-ge gegen Rhodos (1522), nach Belgrad und Mohács (1526), gegen Wien (1529), nach Bagdad und Persien (1534/35), nach Korfu und Balia (1537) und in die Moldau (1538) mit. Handwerklich als Zimmermann ausgebildet, leistete Sinan in den Feldzügen der dreißiger Jahre wertvolle Dienste, durch die er sich dem Befehlshaber Lütfü Paşa zur Beförderung empfahl. Daneben soll er bereits mit sakralen Bauaufgaben beschäftigt worden sein (1536/37 sein erster bezeugter Moscheebau, die Hüsrawiye Cami in Aleppo). 1539 wurde ihm die Stellung eines Hofarchitekten übertra-gen, die er dank seiner genialen Begabung und seines soliden Könnens allen Neidern zum Trotz und über alle Regierungs-wechsel hinweg bis zu seinem Tode im Jahre 1588 innehatte. In diesem halben Jahrhundert hat Sinan weit über 300 Bau-werke errichtet. Zwei Verzeichnisse – beide wohl auf eige-nen Angaben des alten Meisters beruhend – geben Listen der verschiedenen Werkgruppen. Die umfangreicheren[103] umfassen: 81 Freitagsmoscheen, 50 kleinere Bethäuser, 55 Medresen, 7 Koranschulen, 19 Mausoleen, 17 Armenkü-chen, 3 Hospitäler, 7 Wasserleitungen, 8 Brücken, 17 Her-bergen, 32 Paläste oder Teile von solchen, 6 Magazine, 32 Bäder, im ganzen also 334 Bauwerke, von denen fast 200 in Istanbul errichtet wurden. Diese Anzahl an und für sich ist selbst für eine gesegnet lange Schaffenszeit erstaunlich. Und dabei scheint die Liste nicht einmal ganz vollständig. Sie führt nicht auf, was Sinan an militärischen Bauwerken ent-worfen hat, nicht die Brunnenbauten, nicht seine Beiträge bei der Umwandlung christlicher Kirchen in Moscheen. Sie verrät nichts von den Mühen, geeignete Arbeitskräfte auf-zutreiben, Baumaterial zu beschaffen, nichts von der Ar-beitslast als Chefarchitekt des Reiches, dem alle Baupläne vorgelegt werden mußten, und als Oberbaudirektor der Hauptstadt, der für die Wasserversorgung ebenso verant-wortlich war wie für die Sauberkeit der Straßen. Sie sagt

auch nichts aus über die nebenbei anfallende Tätigkeit als
Lehrer ganzer Baumeistergenerationen. (Egli veranschlagt
die Zahl seiner Schüler auf mindestens 250.) Sicher sind
nicht alle Werke in den Provinzen (wo lokale Tradition das
eine oder andere Werk, auch wenn es nicht für Sinan bezeugt ist, doch ihm zuschreiben möchte) unter seiner persönlichen Leitung entstanden. Noch erstaunlicher als die
bare Quantität ist, daß Sinan bei all seiner enormen Aktivität nie zum Routinier wurde, zum manierierten Wiederholer
seiner selbst, sondern daß er bei jedem seiner größeren
Werke der örtlichen Gegebenheit, der sachlichen Aufgabe,
der Absicht und der Persönlichkeit des Bauherren zugleich
gerecht wurde und – völlig fraglos innerhalb der türkisch-os-
manischen Bautradition stehend – seine Schöpfungen mit
frömmster Ausdruckskraft erfüllte.

Natürlich sind bei weitem nicht alle Werke erhalten geblieben, und selbst von den erhaltenen können wir nur auf
einer ›Gipfelwanderung‹ eine Auswahl betrachten.[104]

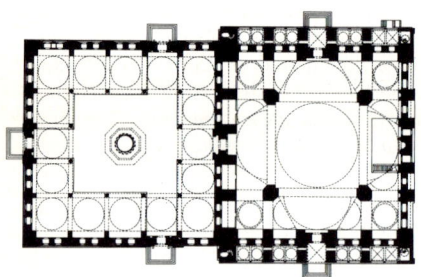

332 *Istanbul,
Şehzade-Moschee,
1544-48
Grundriß nach
Freely und
Sumner-Boyd*

Das erste große Werk des Hofarchitekten in **Istanbul** ist
die *Şehzade-Moschee* (1544-48), eine Stiftung Süleymans
zum Gedächtnis seines 1543 verstorbenen Sohnes Mehmet.
Mit ihr beginnt eine Generation nach der Bayezit-Moschee
und auf einer höheren und bewußteren Stufe Sinan die
Auseinandersetzung mit der Hagia Sophia. Waren dort der
Hauptkuppel zwei, so werden ihr hier vier Halbkuppeln
gleichen Durchmessers untergeordnet, d. h. vier große Pfeiler tragen die Kuppel des Zeltes, unterbrechen das einheitliche Quadrat der Bodenfläche. Zugleich mußten sich die
›kritischen Stellen‹ (Eckräume in Verbindung mit den Halbkuppeln) vermehren. Ein schon in der Hagia Sophia vorge-

333   *Istanbul, Şehzade-Moschee, 1544-48*

bildeter Ausweg wurde gewählt, nämlich die Halbkuppeln
auf je drei Bogen zu stützen und erst darunter die Verbindung zu den Eckräumen zu öffnen. Damit war zwar eine
statisch und ästhetisch befriedigende Lösung gefunden, zugleich aber die Gefahr gegeben, daß genau jener Eindruck
des Herabgleitens entstehen könnte, der dem osmanischen
Empfinden so grundsätzlich fremd war. Sinan hat ihn vermieden, indem er zwischen Rund und Viereck nicht ver-
schwimmende Pendentifs vermitteln ließ, sondern durch
eine Zone gewichtaufhebender Stalaktitkristalle präzise
jene Stelle bezeichnete, wo sich die runden Formen mit den
Kanten eines imaginären Würfels treffen. In der Tat ist die
Grundform ein Würfel: Die Seitenlänge des Grundquadrats
entspricht der Höhe bis zum Kuppelscheitel. Nicht der
Raum selbst ist ein Würfel, aber er ist aus einem Würfel
herausgeschliffen. Nur Bodenfläche und untere Wandpar-

tien sprechen deutlich vom ›irdischen‹ Kubus, die oberen
Partien erscheinen als Ergebnis eines Entfaltungsprozesses,
in dessen Verlauf aus dem Rund des Kuppelhimmels die
Einzelformen deduziert werden. Es vollzieht sich nicht mit
Hilfe tektonischer Glieder ein ›Aufbau‹ bis zur zusammen-
fassend-bekrönenden Kuppel wie in den Zentralbauten der
italienischen Renaissance, auch nicht ein den Baukörper
verhüllendes Herabgleiten von sphärischen Formen, sondern die einzelnen Glieder werden ›zusammengefroren‹.
Man beachte vor allem die achtkantigen Pfeiler in ihrem
Verhältnis zu den mit ihnen verbundenen Bogen. Beherrschend steht über dem Innenraum der Baldachin der
Kuppel.

Das Äußere der Moschee verrät noch wenig von der geschliffenen Innengestalt. Blockhaft baut es sich wie eine
Stufenpyramide auf, fast ein wenig verwirrend im Zusammentreffen von kubischen und kugeligen Formen.

Eine bei Sinan weder früher noch später auftretende
Schmuckfreude kennzeichnet die Moschee und ihre Nebenbauten. (Vgl. z.B. die Bezeichnung der Grenze zwischen
kubischen und runden Volumina durch eine Art Spitzenbor-
düre aus Blütenzinnen, den Reliefschmuck an den Flächen
der unteren Minarettgeschosse.) So viel gehaltener das alles
wirkt als das Übermaß seldschukischen Schmuckes, so sehr
erinnert es noch an inneranatolische Vergangenheiten. Vor
allem an der *Türbe des Prinzen Mehmet,* zu dessen Gedenken die Moschee gestiftet ward. Mit dem Aufwand an schönem Material, an Profilen und plastischen Formen (Akrote-
rienband, Rippenkuppel) ist sie eines der reichsten Beispiele
für Sinans Mausoleumsbauten. Das Innere ist mit Kacheln
der Farbskala gelb, grün, hell- und dunkelblau ausgelegt, für
die erste Hälfte des 16. Jahrhunderts kennzeichnenden Erzeugnissen Izniks. Leider ist das Grabmal (wie auch die
Mausoleen von Mehmets Bruder Çihangir und der Großvezire Ibrahim und Rüstem Paşa) häufig versperrt.

Die *Moschee der Prinzessin Mihrimah* beim Edirne-Kapı
stellt gewissermaßen die Antithese zur Prinzenmoschee dar.
Ihre Datierung ist ungesichert. Egli neigt dazu, sie mit der
Heirat der Sultanstochter (einer Tochter der Haseki Hür-
rem) mit Rüstem Paşa zu verbinden, aber mir will es mit U.
Vogt-Göknil nicht ganz denkbar erscheinen, daß sie vor der
Zal-Mahmut-Cami von Eyüb (1551) entstanden sein sollte.
(Im übrigen muß ich mich in diesem Falle als befangen

334 *Istanbul, Moschee der Prinzessin Mihrimah, ca. 1555*

erklären. Wer die Moschee einmal in einer Festnacht gesehen hat, wie eine Laterne von innen leuchtend über den
Lücken der alten Mauer, wird das verzeihen. Bei aller früh-
lingshaften Helle ist das kein frühes, sondern ein reifes
Werk.)

Auf einem die Umgebung beherrschenden Platz hat der
Baumeister es verstanden, die klare Silhouette der Moschee
weithin zur Geltung zu bringen. Zur Stiftung gehörende
Läden bilden den Sockel. Kein monumentales Tor führt in
den Vorhof, der gleichzeitig Medrese ist. Was in Aleppo
noch getrennt war, ist hier zusammengefaßt und verschweißt. Der Betsaal (seit den schweren Erdbebenschäden

335 *Istanbul, Moschee der Prinzessin Mihrimah, ca. 1555*

von 1894 mit einer etwas zu dünnen, jüngst restaurierten
Ausmalung versehen) stellt zwischen niedrige dreijochige
Seitenschiffe einen überkuppelten Würfel. Der alte Gedanke wird neu gefaßt. Der Raumwürfel ist in die Höhe geho-
ben, die Kuppel wird nicht wie in der Hagia Sophia und der
Bayezitiye auf zwei Schildwände und zwei Halbkuppeln,
und nicht wie in der Şehzade-Moschee auf vier Halbkuppeln
gesetzt, sondern auf vier ›Zeltpfeiler‹ (vgl. S. 292) und vier
Schildwände. Das rein technische Lastproblem hat Sinan
dabei ganz souverän gelöst. Die Möglichkeit bot sich, die
Schildwände nur als Füllungen eines in seiner Tektonik verhüllten tragenden Gerüstes aufzufassen. Tatsächlich werden
sie so stark durchfenstert, als käme es darauf an, einmal zu

zeigen, wie weit sich ein Moscheeraum dem Licht öffnen
kann. Denkt man sich aber das, was auf den ersten Blick wie
eine im gotischen Sinne entbehrliche und darum durchfen-
sterte Füllwand erscheint, einmal wirklich weg, dann merkt
man: Ohne diese Wände müßte der Bau in sich zusammen-
stürzen. Weder von innen noch von außen läßt sich das
›Gerüst‹ als allein tragend denken. Die Wände sind unerläßlich, sind die glasdünne und glasharte Schale eines so spröd-
präzisen wie richtungslos-ruhenden Raumkörpers, bei dessen Gestaltung die alttürkischen Stalaktiten und kristalli-
schen Formen kaum eine Rolle spielen. Kompromißlos und
folgerichtig entspricht das Äußere dieser Schale dem
Inneren.

Als Synthese dieser beiden Antithesen und zugleich als
Wiederaufnahme des Hagia-Sophia-Planes erscheint die
Moschee Süleymans I. (Süleymaniye) (1551-57) auf dem
dritten, dem alten Kapitolshügel der Stadt. Der Padischah
der osmanischen Glanzzeit hatte sich Zeit gelassen mit einer
Stiftung, die seine Frömmigkeit und seine Macht vor Gott
und der Welt bezeugen sollte, und sein genialer Architekt
war sich bewußt, daß es etwas Besonderes zu schaffen galt.
Er hat mit dem gesamten Stiftungskomplex das Bild der
Kaiserstadt ganz entscheidend um- und neugeprägt. Was
wäre die Silhouette Istanbuls ohne diese Moschee! Was der
über sechzigjährige Sinan hier schuf und später bescheiden
sein »Gesellenstück« genannt hat, ist schlichtweg ein Kron-
juwel osmanischer Baukunst und bietet neben der Hagia
Sophia das zweite große Raumerlebnis Istanbuls.

Schon die dienenden Bauten! Sie stellen in der Fernsicht
mit dem Fußvolk ihrer vielen Kuppeln die Grundmelodie
dar, über der sich das Andante maestoso der Moschee erhebt. Die vier Minaretts mit den insgesamt zehn Gebetsruf-
balkonen (Süleyman war der vierte Sultan in Istanbul, der
zehnte Osmanenherrscher) wirken wie ein Sich-Aufrichten
zum Anruf an Gott, die Silhouette der Kuppel wie das
Sich-Beugen und Niederwerfen eines Riesen, der in Verehrung gerade dort den Boden mit der Stirn küssen würde, wo
die Türbe des Stifters steht.

Die Schulen, Herbergen, Armenküchen usw. sind in sich
streng axial, aber in bezug auf das Ganze nicht symmetrisch
geordnet. Der Besucher wird auf Querwegen und nicht auf
monumentalen Achsen geführt. Nur im letzten, dem aufs
Gebet ausgerichteten Teil der Anlage, öffnet sich ein trium-

336 *Istanbul, Moschee Süleymans I., 1551-57*

phaler Weg. Schon darin drückt sich etwas vom Wesen einer osmanischen Külliye aus. Vorbei an dem farbigen Schicht- und Kästelmauerwerk der Nebenbauten mit ihrem Chorus von Kuppeln führt der Weg mehrfach gebrochen vor den Hain der eigentlichen Moschee, die alle Buntheit verschmäht. Stein- und Bleigrau sind ihr Farbe genug. Was dient, hält Abstand, die Moschee steht mit ihrem Vorhof und dem Grabgarten hinter der Mihrabwand in einem umzäunten Gelände.

Vor dessen Nordecke hat – in einem winzigen Gärtchen hinter einem Brunnen – Sinan selbst sein Grab gefunden. Die einstige Armenküche beherbergt das bedeutende Museum türkisch-islamischer Kunst bis die neuen Räume im ehemaligen Palast Ibrahim Paşas fertiggestellt sind. Seiner

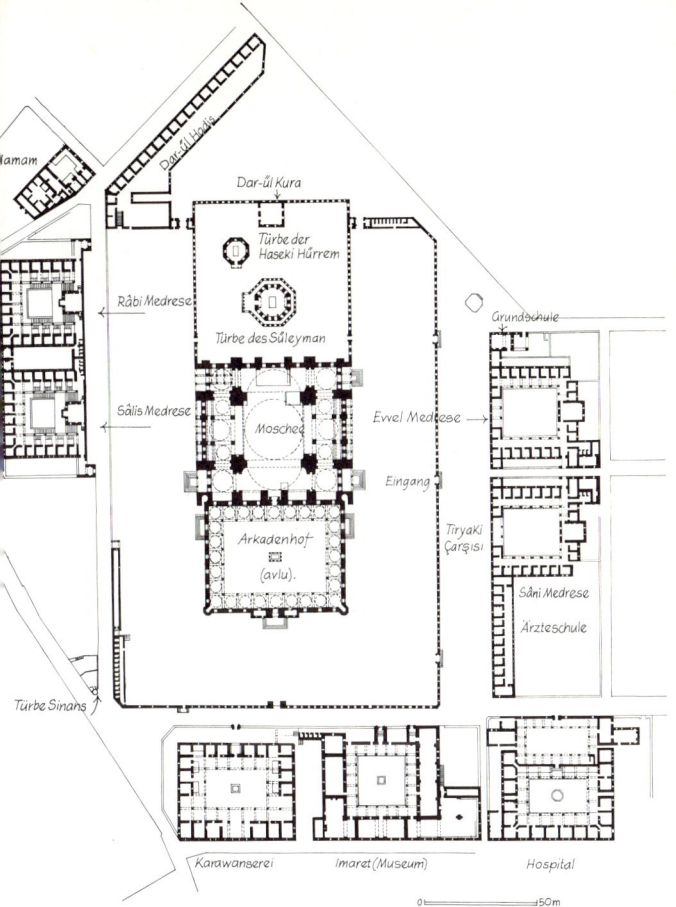

337 *Istanbul, Külliye Süleymans I. Grundriß nach Freely und Sumner-Boyd*

Obhut unterstehen auch die Türben des Stifters und seiner Lieblingsfrau im Friedhofsgarten. Das *Mausoleum Süleymans* ist eine bedeutende Schöpfung Sinans (1559). Beide Grabkapellen, mit besonders herrlichen Kacheln aus den Werkstätten von Iznik geschmückt, sind an einigen Tagen in der Woche dem Besucher zugänglich.

338 *Istanbul, Süleymaniye, Hof mit Betsaalfront, 1551-57*

Was Sinan mit dem Moscheebau unternommen hatte, war nicht weniger als das kühne und fast absurde Unterfangen, die Hagia Sophia mit ihrer eigenen Gestalt zu übertreffen: eine Kuppel auf vier Pfeilern über zwei Halbkuppeln, mit niedrigeren Seitenschiffen. Verständlich, daß er zu Mitteln

griff, die der ›Negation des Römischen‹ in der Hagia Sophia
entgegengesetzt waren, und daß er damit unwillkürlich der
römischen Architektur nahekam. Die Seitenschiffe sind
nicht, wie im Bau Justinians, dunkle Folien, sondern öffnen
sich unter klar gezogenen Bögen weit und hell zum zentralen
Raum, die Pfeiler stehen selbständig und frei, ein Konsolge-
sims beinahe klassischer Art umzieht den Ansatz der Wölbungen, – und doch entsteht kein im antiken oder abendländischen Sinne ›tektonischer‹ Raum, denn hier geht es nicht
um Tragen oder Lasten, sondern um die kristallisch-un-
trennbare Verbindung von ebenen und sphärischen Flächen
in einer großartigen Variation des Themas ›Kuppel über
dem Viereck‹. Der Grundriß kennt keine runden Formen,
sondern bewahrt die Grundfläche des Würfels. Den von ihm
aufgehenden planen Wänden verzahnen sich die konkaven
Formen, die sich von dem reinen Rund der Kuppel ausglie-
dern. Dadurch bereits ergibt sich die klare Geschliffenheit
des Raumes. Und genau an jenen Stellen, an denen die
gerundeten Schalen ein Element des Unbestimmten bedeutet hätten, schaffen Stalaktiten die kristallhafte Präzision.

Nicht nur der Diamant des Raumkörpers, auch die Außengestalt der Moschee gelang zum geschliffenen Gebilde.
Der Kubus – vielfältig bereichert durch statisch nötige Pfeiler, zwischen die rituell nötige Waschanlagen usw. eingefügt
sind, – bildet die ideale Form. Aus ihm sind, sich von der
beherrschenden Kuppel entfaltend, die kugeligen Formen
herausgeschliffen. Wirkt die Hagia Sophia, die alles Erden-
schwer-Tektonische nach außen verdrängt und damit immer
neue unartikulierte Stützpfeiler erforderte, wie ein formlo-
ses Gebirge, und wurde erst nachträglich durch die vier
Minaretts[105] eine imaginäre Kubusform umschrieben, so
ruht die Süleymaniye ohne Zusätze als makelloser Körper in
sich. Das Äußere ist reiner Spiegel des Inneren. Bauherr und
Baumeister hatten es deutlich darauf abgesehen, den Bau
Justinians zu überwinden und zu überbieten, auch an maje-
stätischer Größe. Das bedeutet zwar schon technisch eine
Meisterleistung, aber quantitative Größe allein bleibt künstlerisch bedeutungslos, wenn sie nicht erfaßbar gemacht
wird. Nur Menschenmaß hilft dem Menschen, den Abstand
zum Übermenschlichen zu begreifen. Dieses menschliche
Maß vertreten die Einbauten an den Pfeilerbasen im Inneren, die Säulenstellungen und Lauben an den Seitenwänden
außen, ihm entsprechen der niedrige und feingliedrige

Brunnen im Vorhof und die fast banalen Fenster des Torpy-
lons (dieser selbst ist eine Ausnahmeerscheinung), welche
die hochragende Tornische begleiten. Schon sie schlägt das
Motiv der Moschee an, den Gegensatz zwischen Menschen-
kleinheit und übermenschlicher Größe.

Jeder seiner Moscheen hat Sinan einen besonderen Ausdruck verliehen. Egli hat uns dafür mit seinen feinsinnigen
Deutungen die Augen geöffnet. Schon die Gesamtanlage
der Külliye dient der Konzeption wie noch das letzte Detail.
Wer auf abgeknickten und schräggeführten Wegen vor das
Portal und in den Hof gelangt, muß empfinden, daß die
Arkaden der Hofhallen (sie sind mit denen der Vorhalle
verschmolzen) das Aufgerichtete betonen – anders z. B. als
die ›lagernden‹ Arkaden des Şehzade-Vorhofes. Er nimmt
die emporweisenden Minaretts wahr und sieht, wie sich über
dem Betsaal die Formen ruhig übereinanderbauen. Gerei-
nigt betritt er durch das erhöhte Eingangsjoch der Vorhalle
und durch die Eingangstüre den Kuppelsaal und wird vom
riesigen Zelt der Kuppel aufgenommen. Er fühlt sich klein
unter ihr, sieht in großer Ferne die Qiblawand mit dem
Mihrab. Sie bezeichnet Ziel und Richtung, aber doch drängt
nichts den Besucher zu ihr hin. An jeder Stelle der Bodenfläche ist er bereits ›angelangt‹ und damit aufgefordert, eben
diese Stelle in den Querreihen der Beter als die ihm bestimmte anzunehmen. Ob als in sich geschlossener Würfel
oder als geschliffener Kristallkörper, immer sind osmanische
Moscheen bewegungslose und ruhevolle, damit eben völlig
islamische Räume, tektonisch unbezogene Gebilde, die die
Materie nicht dynamisch verwandeln, sondern bereits verwandelt haben. Wie aus dem gesamten Baublock herausgeschliffen, so stehen die flachen Scheiben der Portale in den
Fassaden. Das Tor ist Durchgang und zugleich Ort der
Sammlung und des Verweilens. Im Orient – und nicht nur
dort – trägt es von alters her hohe Symbolbedeutung und
wird entsprechend geschmückt und betont. Immer wieder
haben wir auf unserer Wanderung durch die islamische Welt
vor Torbauten verweilt. Bei den Osmanen begegnen wir
einer strengen baumeisterlichen Zucht, die seldschukische
Prachtentfaltung ›aufhebt‹ und zugleich im kristallisch harten Stein die ferne Erinnerung an den Eingang der Jurte
nachklingen läßt. Eine Grundform bildet sich heraus, die
aber nicht starres Schema wird, sondern ihrerseits Thema
für vielerlei Variationen. Es verhält sich damit ähnlich wie

339 *Istanbul, Süleymaniye, Portalbau des Vorhofes*

mit den osmanischen Bauten selbst bis hinunter zu den
›feststehenden‹ Typen von Türbe, Medrese, Armenküche
oder Bad. Gerade Sinan hat es verstanden, den Typus ge-
mäß der jeweiligen Aufgabe immer neu zu variieren, dem
Thema von Sammlung und Durchgang immer neue religiöse
Ausdruckswerte abzugewinnen. Die Grundform ließe sich
etwa so beschreiben: Innerhalb einer allseits gerahmten, von
pfostenartigen Pfeilern flankierten und von einem flachen
Giebel mit Blütenakroterien bekrönten Fläche öffnet sich
unter einer Inschrifttafel eine hohe und schlanke Stalaktitnische. In ihr tut sich – unter der Stiftungsinschrift – die
Toröffnung auf, meist unter einem flachen Bogen mit ornamental geschnittenen Keilsteinen im farbigen Wechsel. Vor
allem der Zugang zum Betsaal wird durch eine Stalaktitnische ausgezeichnet. Der Mihrab nimmt das Motiv des Por-

tals noch einmal auf. Die gerahmte Fläche mit einer polygonalen Stalaktitnische bildet die ›Leitform‹ osmanischer Qi-
blaweiser. Der Mihrab wird damit zu einem symbolischen
›Tor‹ nach Mekka.

An Mihrabs wie an Portalen ist das rahmende Profil oft an
allen Seiten herumgeführt, wird die Horizontale der Vertikalen gleichwertig gemacht. Wie die ungegenständliche Plastik der Stalaktiten kein Stütze-Last-Verhältnis ausdrückt,
ja ein solches Verhältnis neutralisiert, so werden auch tektonische Motive wie Säulen und Giebel umgedeutet. Man
betrachte das Fassadenportal der Süleymaniye. Die rahmenden Säulen auf umgekehrten Stalaktitkapitellen werden zu
dünnen Stangen mit bekrönenden Knäufen, die den Giebel
nicht ›tragen‹. Dieser selbst wirkt wie ein gesticktes Stück
Tuch über einem Konsolband, das aussieht wie versteinerte
Fransen eines Teppichs. Auch durch die monumentale Steigerung klingt die Erinnerung an einen Zelteingang durch.
Die Türnische wird flankiert von zwei Halbsäulen, wie sie
häufig schon an seldschukischen Portalen auftraten, wie
z. B. an der Karatay-Medrese von Konya. Dort zeigten sie
durch ihre byzantinisierenden Kapitelle, wo das Vorbild zu
suchen ist. Am Portal der Süleymaniye sind sie zu rollenarti-
gen Gebilden umgedeutet, mit einer Art Quaste statt eines
Kapitells oben und der gleichen Form als ›Basis‹ unten, zu
Bildungen also, die offenbar deutlich machen wollen, daß sie
im Gegensatz zu echten Säulen eben nichts zu tragen und
emporzuhalten haben.

Ähnliche Gebilde begegnen an fast allen Mihrabs, wo
flankierende Säulen von Anfang an zum Forminventar gehörten. An ihnen wird ganz handgreiflich, daß die zwischen
zwei gleichartige Gebilde gespannten Säulenschäfte nicht
›tragen‹: In manchen Moscheen sind sie noch heute um ihre
Achse drehbar. Den Einheimischen ist es ein besonderer
Spaß, wenn sie dem kopfschüttelnden Touristen erklären
dürfen, daß die Baumeister damit ganz bewußt eine Kon-
trollstelle für die statische Festigkeit der Bauten in einer
immer wieder von Erdbeben heimgesuchten Region schaffen wollten.

Mihrab und Minber in hochosmanischen Moscheen bestehen in der Regel aus Marmor, sind bei aller Erfindungsgabe
im ornamentalen Detail und bei aller sorgfältigen Stein-
metzarbeit doch nicht mehr so prunkvolle Schaustücke wie
noch in frühosmanischer Zeit, sondern ordnen sich dem

XI Istanbul,
Dekor aus ›klassischen‹ Iznik-Fliesen im Mihrab
der Rüstem Paşa-Moschee, um 1560

Die Moschee des geizigen und geschäftstüchtigen
Großvezirs besitzt überraschenderweise eine der
schönsten und vollständigsten Fliesenausstattungen,
die in der Manufaktur von Iznik während deren Blü-
tezeit entstanden: Blüten, Ranken, Vasen und Me-
daillons in abgestuften Blautönen auf milchweißem
Grund, bereichert durch leuchtendes Bolusrot. Die
köstlichen Fliesen bilden, wie zu erwarten, den
Schmuck des Mihrab.

340 *Edirne, Selimiye, Eingang zur Sultansloge*

Raum dienend ein. Dafür wird jetzt oft die ganze Mihrabwand durch Fliesenbelag ausgezeichnet. Fliesen können dazu auch Fensterlünetten, Bogenzwickel (an Emporen und Sultansloge) schmücken.

In unserem Rahmen müssen einige allgemeine Andeutungen genügen. Wieder einmal sei der Rat ausgesprochen, die Augen aufzumachen und dabei nicht zu vergessen, daß

sich die ruhevollen Bauten nicht dem Eiligen erschließen.
Die Mihrabwand der Süleymaniye – und damit nehmen wir
Abschied von dieser Moschee – ist mit ihrem Kachelbelag
und den farbigen Gitterfenstern das erste Beispiel für eine
neue Phase in der osmanischen Keramikmalerei. Die auf
Dunkelblau, Pistaziengrün und Gelb gestellte Farbskala
(vgl. Fensterlünetten der Moschee Selims I., Türbe des Prinzen Mehmet) weicht einer, bei der der milchweiße Grund
bestimmend zu den hell- und dunkelblauen Tönen tritt, ein
kräftiges Blattgrün sparsam verwendet wird, und ein reliefartig dick aufgetragenes leuchtendes Korallenrot lebhafte
Akzente setzt. Dieses Rot kennzeichnet die Erzeugnisse aus
der Glanzzeit der Iznik-Werkstätten. Sein Stumpfwerden zu
bräunlichen Tönen signalisiert den beginnenden Abstieg.
Die Muster sind von vielerlei Art. Neben kunstvoll kompo-
nierte Inschriften treten abstrakte und pflanzlich-organische
Motive in unendlichem Rapport, blühende Teppichkompo-
sitionen mit einem zentralen Medaillon, aber auch ganze
Bilder aus zügig bewegten Blatt- und Blütenranken. Diese
Schöpfungen aus dem Iznik der 2. Hälfte des 16. Jahrhunderts gehören zu den Meisterleistungen islamischer Kunst
überhaupt und sind würdig, die von Sinan erdachten Räume
zu schmücken.[106]

Den umfangreichsten und im Motivschatz vielfältigsten
Fliesenbelag (an der Frontwand unter der Vorhalle, innen
an den Schäften der Pfeiler, den Wänden bis zur Höhe der
Emporen und den Emporenwänden) weist die *Moschee des
Rüstem Paşa* auf. Sie wird allein schon dadurch zu einem der
bedeutendsten Kunstdenkmäler Istanbuls. Um oder knapp
vor 1560 hat Sinan den Bau für den Großvezir, den Gatten
der Prinzessin Mihrimah, begonnen. Der Grundriß (ein quadratischer Kuppelraum mit ›Seitenschiffen‹ aus je drei überwölbten Jochen) ähnelt dem der Mihrimah-Moschee, der
Aufbau aber geht ganz andere Wege. Die vier großen
Schildwände von Mihrimah werden in ihren Maßen reduziert. Vier Halbkuppeln (wie in der Şehzade, aber auch viel
kleiner als dort) treten in den Ecken an die Stelle von Pen-
dentifzwickeln. Stalaktit-Facetten verschweißen den Übergang von planen Wänden und gerundeten Wölbformen. Es
ergibt sich in der oberen Zone ein Achteck, gestützt auf
Pfeiler in Eingangs- und Mihrabwand und vier achteckige
Pfeiler (nicht Rundsäulen wie in der Mihrimah-Moschee),

die mit Bogen und Wänden zu kompakten Körpern verschmelzen. Ein Raum, der byzantinischen Anregungen
nichts mehr verdankt. Angesichts der reichen Kachelaus-
stattung (dabei war der Stifter als habgierig und knickerig
verschrien!) läßt sich beobachten, welche Rolle dieser ›Dekor‹ für die Struktur osmanischer Räume spielt.»Die vollkommen ebenen und glasierten Flächen der Fliesen ... spiegeln das auf sie fallende Licht vollständig und in gleichmäßi-
gen Winkeln zurück. Ihre Oberfläche wirkt daher hart und
undurchdringlich dicht. Sie glänzen stark, leuchten aber
nicht von innen her. Im Gegensatz zur Mosaikfläche umrei-
ßen sie den Körper, den sie verhüllen, scharf und bestimmt.
... Und im Gegensatz zur Mosaikverkleidung geben sie dem
Raum Festigkeit und Kühle.«[107]

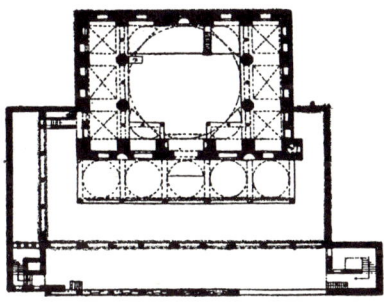

341 *Istanbul, Rüstem Paşa-Moschee, Grundriß nach E. Egli*

Unmittelbar nach der Planung der Süleymaniye und noch
vor deren Vollendung begann Sinans dialektischer Weg zu
dem, was er später als sein Meisterwerk bezeichnete. Er
greift zunächst auf Frühosmanisches zurück und stellt es mit
der durch die Auseinandersetzung mit Byzanz gewonnenen
Sicherheit in den Dienst seiner immer souveräneren Kon-
zeptionen.

Die kleine *Moschee des Sinan Paşa* in Beşiktaş am Bosporusufer (voll. 1554) überträgt den Grundriß der Üç Şerefeli
von Edirne nach Istanbul. Die auf sechs Stützen gestellte
Zentralkuppel ist begleitet von je zwei überkuppelten Seitenräumen, die noch vier mit kleineren Kuppelchen überdeckte dreieckige Raumabschnitte nötig machen.

Diese Seitenräume fehlen in der *Kara-Ahmet-Paşa-Mo-schee* beim Topkapı, die etwa gleichzeitig begonnen, aber erst später für Rüstem Paşa vollendet wurde. (Auch hier: schöner Fliesendekor!) Egli vermutet, daß der ursprüng-liche Entwurf Seitenschiffe vorgesehen habe, die aber dann der Sparsamkeit des neuen Großvezirs geopfert wurden. Aus dieser Reduzierung entsteht die Rohform für die *Mo-schee des Sokullu Mehmet Paşa* (1571), am Hügelhang west-lich des Hippodrom-Südendes. Sinan schuf hier eine städte-baulich besonders reizvolle Külliye um die Moschee, deren Vorhof wie bei der Mihrimah als Medrese gestaltet ist. Der vor einigen Jahren restaurierte Bau lohnte allein schon we-gen der herrlichen Fliesen an Mihrab und Mihrabwand und am typisch osmanischen Spitzhelm des marmornen Minbers usw. einen Besuch. Vor allem aber ist es der Raum selbst, der uns beeindruckt.

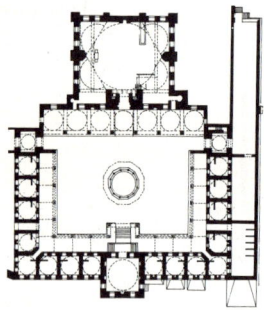

342 *Istanbul,*
Moschee des Sokullu
Mehmet Paşa, 1571
Grundriß nach
Freely und
Sumner-Boyd

Die Grundfläche ist querrechteckig. Wieder bilden Sta-laktiten den Übergang zwischen den ebenen und den gerun-deten Teilen der Raumschale, nämlich den vier Halbkup-peln in den Ecken, die sich zum Sechseck als Basis für die Kuppel formieren. Ein Raum wie aus einem Guß entsteht, in dem, ähnlich wie der Minber, auch die seitlichen Emporen nur als ›Möbel‹ erscheinen, das heißt als etwas, das nicht die Schale des Raumes mitschafft, sondern nur in ihn hineinge-stellt ist. Aber doch wiederum keineswegs beliebig, denn sie bilden zusammen mit Mihrab- und Eingangswand ein Qua-drat, in das sich der Kreis des Kuppelfußes einschreiben ließe. Aus der Ineinanderstellung von Rechteck, Quadrat, Sechseck und Kreis bzw. der ihnen entsprechenden Hohl-

343 *Istanbul, Sokullu-Mehmet-Paşa-Moschee, 1571. Blick über den Mihrab zur Kuppel*

körper resultiert die meisterhafte Einheit und Geschlossenheit des Raumes. Der Bau entstand, während Sinan an seinem letzten großen Werk beschäftigt war, der Moschee für seinen neuen Herren, Sultan Selim II., in Edirne.

Die *Selimiye von* **Edirne** (1567-74) ist das Ergebnis eines Weges, der von Rüstem Paşa her dialektisch parallel dem von der Sinan-Paşa- zur Sokullu-Moschee entspricht. Blieben in dieser die Seitenschiffe fort, damit der Raum zur völligen Einheit werde, so geschah gleiches in der Selimiye, aber auf der Grundlage eines Oktogons. Damit war Bedeutsames erreicht: Der Raum – nicht mehr achsen-, sondern zentralsymmetrisch – ruht nun völlig in sich selbst und gewinnt damit jene Richtungslosigkeit, die von früh an Absicht aller islamischen und vor allem türkischen Baukunst war. Vom Achteck, das über acht tragenden Pfeilern klar umrissene Bögen artikulieren, leiten Stalaktiten zum Rund des Tambours. Ihn durchfenstern vierzig Öffnungen – wie in der Hagia Sophia ist die Vierzahl irdischer Endlichkeit, durch Multiplikation mit 10 zum Symbol diesseitiger Vollkommenheit gesteigert.

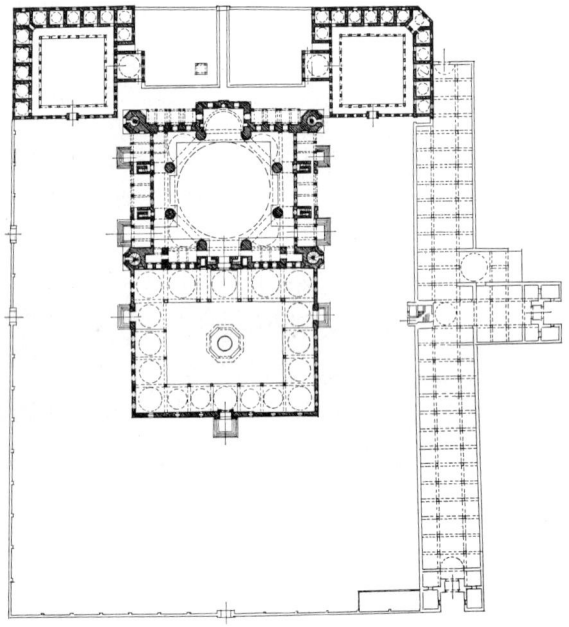

344 *Edirne, Selimiye, 1567-74. Grundriß nach Freely und Sumner-Boyd*

345 *Edirne, Selimiye, 1567-74*

Das Gewicht der Kuppelschale wird durch Halbkuppeln im Wechsel mit Schildbögen auf die acht gewaltigen Pfeiler übertragen, die nicht als Körper frei im Raum stehen, wie das Grundrißbild vermuten ließe, sondern mit den Außenwänden verwachsen. Im umgekehrten Rhythmus antwortet eine Stufe tiefer dem oberen ein weiterer Kranz von Schild-

346 *Edirne, Selimiye, 1567-74. Hofarkaden*

bögen und Halbkuppeln, mit Stalaktiten anstelle von Pfei-
lerkapitellen und dort, wo konkave Formen die Kristall-
struktur verwischt oder Bewegung suggeriert hätten. So
wird die Last der Kuppel neutralisiert: Weder wölbt sie sich
empor, noch schwebt sie herab. Jede Bewegung bleibt ge-
bannt, die Grenzen des Raumes werden zu einer unerhört
kompakten und – von vielen Fenstern durchbrochen – zugleich lichten und glasartigen Schale, die der Schwerkraft
nicht unterworfen scheint. Jedes Glied ist klar gezeichnet,
darf sich aber nicht selbständig machen, sondern ist dienende Facette in der Kristallform.

Sinan hat die Selimiye bescheiden-wohlgefällig sein Meisterwerk genannt. In seiner Autobiographie verrät er, was
ihn ›herausgefordert‹ hat: die Hagia Sophia, jener frühe
Höhepunkt byzantinischen Bauens, dem er hier im Abend-
schein mit einem ähnlichen, ins Gegensätzliche verwandel-
ten Gipfel antwortet. Die Behauptung christlicher Architekten, die Moslems seien unfähig, eine der christlichen Hagia
Sophia entsprechende Kuppel zu schaffen, habe wie ein

Stachel in seinem Herzen gesessen. Mit Gottes Hilfe aber und der Gnade des Sultans sei es ihm gelungen, die Kuppel in Edirne im Durchmesser vier und in der Höhe sechs Ellen größer zu bauen.

Den Weg in diesen Bau hinein hat Sinan sehr bewußt gestaltet. Der Moscheehain ist kleiner als bei der Süleymaniye; in seine hintersten Ecken sind die Medrese (heute lokales Museum) und das Spital gerückt, beide ›nach Menschenmaß‹, dem Auge eine Hilfe angesichts des Riesigen gewährend. Das erste Tor ist kräftig-gedrungen und herb bescheiden. Nicht weniger männlich, aber schon festlicher wirkt das Portal zum Vorhof. In diesem setzt der niedrige Brunnen einen Maßstab für die weitgespannt ›liegenden‹ Arkaden von Eingangs- und Seitenportiken, diese wiederum für die ›aufgerichteten‹ Bogen der Vorhalle, die durch den rhythmischen Wechsel zwischen großen und kleinen Öffnungen besonders spannungsvoll wirkt, den Blick

347 *Edirne, Selimiye, 1567-74: Seiteneingang des Kuppelsaales (Betsaals)*

hinauflenkt zur Kuppel und im mittleren Joch schon vorbereitet auf das, was den Besucher erwartet, der durch die Tür unter einer der pracht- und ausdrucksvollsten Stalaktitnischen den Betsaal betritt. Dieser Aufbau der Vorhalle ist künstlerisch bezwingend und zugleich zwingende Folge des inneren Aufbaus der Moschee. So ist selbst im Detail das Äußere ein Spiegelbild des Raumgedankens, das Ergebnis konstruktiver Notwendigkeiten und dient zugleich dem besonderen Ausdruck des Gesamtwerkes. »Das Werk des Meisters erweist sich darin, daß sich alle Teile zu einem selbstverständlichen Ganzen zusammenfügen und daß in allen Teilen die Idee des Werkes zum Ausdruck kommt. Vor dieser Selbstverständlichkeit vergißt der Betrachter nur zu leicht die Stärke der Einbildungskraft, die im Künstler wirken muß, um einem mächtigen Werke die Größe edler Einfalt zu geben.«[108]

Unvergeßlich für jeden, der sie einmal sah, bleibt die majestätische Kuppel über dem Kronreif von Tambourfenstern und Belastungstürmchen auf den Pfeilern, zu denen die Streben emporstürzen, umstanden von den vier schlank zum Himmel schießenden Minaretts, die eine imaginäre Würfelform umschreiben. Von dem flachen Stadthügel, über dem Sockel der Nebenbauten (ein gedeckter Bazar bildet die Basis des Moscheebezirks) beherrscht die Kuppelkrone, begleitet von dem vierstimmigen Allah-Ruf der Minaretts, meilenweit das thrakische Land als Denkmal osmanischer Macht und Mahnzeichen für folgende Generationen.

Die Türken wußten sehr wohl, was Sinan hier geschaffen hatte, und haben dieses Juwel immer mit letzter Hingabe verteidigt. Die Selimiye gehört zu jenen seltenen Meisterwerken der Baukunst, in denen Wesen und Wollen einer Religion, eines Volkes und einer ganzen Kulturepoche über alle Zeitbedingtheit hinaus makellose Gestalt geworden sind. Solche einsamen Gipfel ›besichtigt‹ man nicht, man nähert sich ihnen nur durch geöffnetes Schauen und demütiges Staunen.

Sinan hatte mit diesem monumentalen Werk im Alter von 85 Jahren die Vollendung seines Schaffens erreicht. Von Stufe zu Stufe war es ihm vergönnt gewesen, seine künstlerischen Ideen kompromißlos zu verwirklichen. Keinem Hüttenmeister einer mittelalterlichen Kathedrale und keinem Architekten der Renaissance war Ähnliches gewährt. Man denke an die widerspruchsvolle Baugeschichte von St. Peter in Rom, an die Tragödien Michelangelos, mit dem man Sinan zu oft verglichen hat. Eine über alles gewohnte Maß hinausgehende Lebensdauer und Schaffenskraft (wie die eines Tizian) mußten zusammentreffen mit dem Selbstbewußtsein einer – zu Ende gehenden – politischen Glanzzeit, welche die Mittel für ein solches Werk bereitstellen konnte.

348 *Edirne, Selimiye, 1567-74. Blick zum Mihrab*

Der Meister mag gewußt haben, daß jedem menschlichen Streben nach Vollkommenheit Grenzen gesetzt sind. Wie ein lächelndes Kompliment des Siegers an den überwundenen Gegner mutet die wenige Jahre vor Sinans Tod entstandene *Moschee des Kılıc Ali Paşa* (voll. 1580) im Tophane-Viertel von Istanbul an. Noch einmal wird die Planidee der Hagia Sophia einem Bau zugrunde gelegt, in dem mit souveräner Weisheit alles ›Griechische‹ in einem reichen, aber klar begrenzten und von der ewigen Ruhe Allahs erfüllten Raum aufgehoben ist.

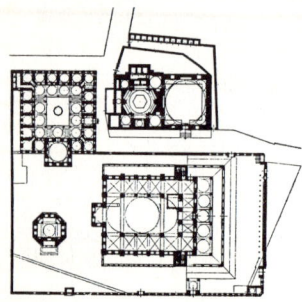

349 *Istanbul*
Stiftungskomplex
des Kılıc Ali Paşa, 1580
Grundriß nach E. Egli

Der Stiftungskomplex aus Moschee, Türbe, Medrese und Bad ist mit vollendetem Können komponiert. Ein Vorhof mit Portiken fehlt, aber aus der verdoppelten Vorhalle – wie bei der Sinan- und Rüstem-Paşa-Moschee – gewinnt der Meister ein besonders verinnerlichtes Eingangsmotiv. Die den Maßen nach kleine Moschee ist ein großes Alterswerk.

Der Kreis war ausgeschritten, der Greis an die Grenze gelangt, die dem Menschen gesetzt ist, so wie das Osmanenreich schon unter Süleyman seine Grenzen erreicht hatte. Für die dritte seiner Sultansmoscheen, die *Moschee Murads III. in Manisa (Magnesia)* lieferte 1585 der über Neunzigjährige Entwürfe, die gar nicht erst versuchen, dem Meisterwerk von Edirne gleichzukommen.

Beinahe ein Jahrzehnt früher (1577?) entwarf Sinan für den Großvezir Sokullu Mehmet noch eine zweite Moschee, die *Azap Kapı Cami* am Nordende der Atatürk-Brücke in **Istanbul.** Sie ist ein merkwürdig festliches und zugleich intimes Bauwerk, dessen beinahe manieristische Gestaltung nicht nur von der besonderen Situation diktiert ist. Schon die Vorhalle dieser vorhoflosen Moschee ist ungewöhnlich: eine »Schloßgalerie« (Egli), die man vom Straßenniveau aus über zwei Treppen erreicht. Der Betsaal kombiniert den Acht-Pfeiler-Plan der Selimiye mit vier Halbkuppeln in den Ecken und vier nach dem Şehzade-Vorbild angeordneten Halbkuppeln zu einem Halbkuppelkranz, der die Raumgrenzen weicher und flüssiger erscheinen läßt, ihnen die kristallharte Struktur raubt. Zugleich nähert sich die Kontur der Außengestalt der Halbkugelform.

Genau das ist bezeichnend für die beiden letzten großen und im Stadtbild bedeutsam mitredenden Bauten um die Jahrhundertwende, beides Werke von Sinan-Schülern, die lieber ›Manieristen‹ als klassizistische Nachahmer sein wollten: die *Yeni Valide* (beg. 1594 vom Architekten Davut Ağa) und die ›Blaue Moschee‹. Sie sind einander in den Grundzügen sehr ähnlich, aber die Stiftung der Safiye Sultan, der Mutter Murads III., – am Kopf der Galatabrücke heute Verkehrshindernis Nummer eins und ein oft fotografiertes Wahrzeichen Istanbuls – wurde erst 1663 vollendet. Ihre lange Baugeschichte bietet viele Probleme, auf die hier nicht eingegangen werden kann.

Noch populärer ist die ›*Blaue Moschee*‹ (1609-17) Ahmets I., der ein Jahr nach ihrer Vollendung im Alter von 27 Jahren starb (Architekt: Mehmet Ağa). Sie bildet – östlich ans alte Hippodrom anschließend – die städtebauliche Antwort auf die Hagia Sophia und gehört zum touristischen Minimalpro-

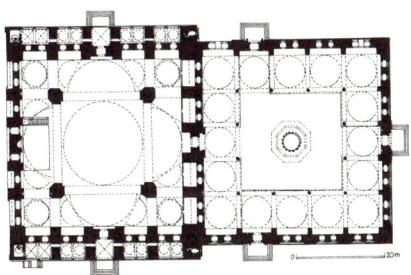

350 *Istanbul, Moschee Ahmets I., (Blaue Moschee), 1609-17. Grundriß nach Freely und Sumner-Boyd*

gramm. Viel Anekdotisches wird über ihre sechs Minaretts
gefabelt, die eigentlich nur die Disposition von Süleyman-
und Selim-Moschee verbinden: Zeichen eines Epigonen-
tums, das klassisches Maß überbieten will. Die Silhouette
des Kuppelraumes verkörpert das ›deduktive‹ Prinzip osmanischer Gestaltung in besonders eindrucksvoller Weise.
Beim Eintritt in den Vorhof zu sehen, wie sich aus der
zentralen die Halbkuppeln entfalten, ihnen die statisch notwendigen Belastungstürmchen antworten, und dann die
sphärischen Formen sich herabstufen, das gehört ohne
Zweifel zu den schönsten Erlebnissen, die Istanbul zu bieten

351 *Istanbul, Moschee Ahmets I. (Blaue Moschee), 1609-17. Blick vom
Vorhof. Vgl. hierzu auch Abb. 5, S. 43*

352 *Istanbul, Blaue Moschee, 1609-17. Blick zur Kuppel*

hat. Es ist ein Beinahe-Herabgleiten, und gerade das geht
dem, der soeben die Hagia Sophia kennengelernt hat, so
leicht ein. Ähnlich ist es im Inneren. Da gerät der Raum
bedenklich in die Nähe der Hagia Sophia. Immerhin wird ein
Herabschweben der Kuppel gerade noch vermieden: Die
vier mächtigen Bogen auf kannelierten ›Elefantenfüßen‹
sind viel merkbarer zugespitzt als bei Sinans Bauten und

halten die Kuppel über Pendentifs in der Höhe. Ein umlau-
fendes Konsolengesims (wie in der Süleymaniye) markiert
die Zone, in der sich sphärische und kubische Raumgrenzen
treffen. Massierte Stalaktiten frieren beide Bereiche zusammen, aber dieser Gürtel sitzt viel tiefer als in einer der
Moscheen Sinans, der Boden ist nicht mehr deutlich wahr-
nehmbar als Grundfläche eines Raumwürfels, und das Kri-
stallisch-Deduktive ist immer in Gefahr, ins Verschwebend-
Herabgleitende umzukippen, d. h. das Osmanische ans Byzantinische zu verraten. Vielleicht kommt gerade damit dieses zweifellos großartige Bauwerk dem Geschmack jener
Besucher entgegen, die noch wenig sonst von islamischer
und osmanischer Architektur erlebt haben.

Ihren Namen verdankt die ›Blaue‹ Ahmetiye nicht dem
waschblauen Grundton ihrer Kuppelausmalung, sondern eigentlich den Fliesen, die große Partien der Wände überziehen und in denen Blautöne vorherrschen. Die schönsten
verkleiden die Wände der Emporenloge über dem Eingang,
aber der Besucher bekommt sie kaum jemals zu sehen. Es
sind Paradiesbilder: Kompositionen aus Nelken, Päonien
und Tulpen, aus Blütenzweigen um Teppichmedaillons, aus
Weinranken und Zypressen (ein immer beliebter werdendes
Motiv!), die das ›klassische‹ Repertoire bereichernd wiederholen. Doch das leuchtende Korallenrot des späten 16. Jahrhunderts wird bräunlich-trübe und kündet vom nahenden
Verfall der Iznik-Werkstätten. Mit der Sultan Ahmet-Moschee klingt das klassische Jahrhundert aus.

Spätzeit und Ausklang

Ahmet-Moschee und Yeni Valide waren die letzten monumentalen Stiftungen in **Istanbul.** Der politische Niedergang
spiegelte sich auch in der Bautätigkeit. Im Topkapı-Saray
entstanden noch kleine Pavillons, wie der *Revan-* und der
Bagdad-Köşk Murads IV. (s. Planskizze S. 536, Nr. 21, 22),
leichte Zentralbauten, darauf berechnet, heitere Ausblicke
auf Gartengrün, aufs Wasser und die Stadt zu gewähren. Die
Ausrichtung auf ein schönes Landschaftsbild hin hatte von
Anfang her schon die türkischen Wohnbauten mitbestimmt.
Es scheint so, als würde sie jetzt alleinbestimmend. (Vgl. die
Sommerhäuser [Yali] am Ufer vor allem des Bosporus wie
z. B. Köprülü Yalisi in Anadolu Hisar oder das Ayanli-Ka-
vak-Kasri Ahmets III. am Goldenen Horn von 1718.) Die

353   *Istanbul, Topkapı-Saray, Bagdad-Köşk, 1639*

beiden Pavillons Murads IV. – mit schönen Fliesen verkleidet
– sind durch eine Terrasse mit einem großen flachen Wasserbecken und Springbrunnen verbunden. Auf ihr steht der
vergoldete *Baldachin Ibrahims* (s. Planskizze S. 536, Nr. 23),
ein Ort sinnlich-besinnlicher ›Weltschau‹. Ibrahim ließ auch
neben der Terrasse das *Sünnet Odası* (dieselbe Skizze,
Nr. 20) für die Beschneidungsfeier kaiserlicher Prinzen errichten. Auch dieser Raum ist mit schönen Iznik-Fliesen
ausgekleidet. Die kostbarsten bedecken die Außenwand
und rahmen die Tür. Sie stammen nicht aus der Erbauungszeit, sondern müssen schon im Serail vorhanden gewesen

sein, in einem Magazin oder an einem anderen Bau. Es sind Erzeugnisse des 16. Jahrhunderts. Unübertrefflich in Farbglanz und Präzision der Zeichnung die in den marmornen Türrahmen eingelassenen Rosetten und länglichen Platten, nicht minder schön die weiß-blauen Sechseckkacheln, die zusammen mit Dreiecken in dunklem Kobalt mit Goldauflagen in einem Sternmuster die oberen Partien der äußeren Wand bedecken. In der Sockelzone fallen vor allem vier Tafeln (die größten ihrer Art) auf, in Weiß und Blau. Sie gehören zu den hervorragendsten Erzeugnissen Izniks überhaupt. Längliche Felder, oben abgeschlossen durch einen elegant geschwungenen Bogen, mit chinesischen Wolkenbändern in den Zwickeln, gefüllt mit einem Gerank von Päonienblüten und Blättern, zwischen denen phönixartige Vögel spielen. Unten jeweils zwei Fabeltiere, wie die Vögel von China inspiriert. Sie bezeugen, wie stark der Ferne Osten seit der Mongolenzeit auf die islamische Kunst eingewirkt hat. Zwischen den beiden rechten Tafeln ein aus Einzelfliesen zusammengesetztes Bild: in einem Bogenfeld eine kleine Vase mit Nelken und Tulpen zwischen zwei weiß-rot blühenden Mandelbäumchen auf leuchtend blauem Grund. (Ein Gegenstück – um 1575 – schmückte einst den ›Goldenen Weg‹ des Harem.) Wo es eine besonders schöne Dekoration zu schaffen galt, hat man nicht Erzeugnisse der eigenen Zeit, sondern des vergangenen Jahrhunderts verwendet. Das zeigt, daß man sich selbst bereits als Erbe und das 16. Jahrhundert als musterhaft-überlegen empfand, deutet aber auch darauf hin, daß die Qualität der Iznik-Ware im 17. Jahrhundert stark absank.

Gegen Ende dieses Jahrhunderts (1691) entstand der *Audienzsaalbau* (Planskizze S. 536, Nr. 9) für den Empfang fremder Gesandter durch den Sultan, unmittelbar hinter dem *Bab-i Saadet* (dieselbe Skizze, Nr. 7), das in seiner heutigen Gestalt dem 18. Jahrhundert angehört. Charakteristisch das weitausladende ›Pilzdach‹, das die ›profanen‹ Bauten des türkischen Rokoko besonders lieben. Im 3. Saray-Hof steht der Bau der *Bibliothek Ahmets III.* (vor 1719, Planskizze Nr. 10), jenes Herrschers, unter dem das ›Lâle Devri‹, die ›Tulpenzeit‹ anhob. Der Anbau von Tulpen wurde Mode, die Blume zum Sinnbild der Zeit, selbst das Hofzeremoniell nahm darauf Bezug: »Das ganze Ritual, in all seinen Phasen genießerisch ausgekostet bis zur Neige, schien abgestimmt auf das allmähliche Sichöffnen einer Tul-

354 *Istanbul, Topkapı-Saray, Fliesen vor dem Eingang des Sünnet Odası*

penknospe.«[109] Saadabad, das Tulpenschloß Ahmets III., wurde zerstört, als seine Regierungszeit in Aufruhr endete.

Unter Ahmet III. entstand (seit 1710) die *Yeni Valide Moschee von Üsküdar* (an der Südseite des Landeplatzes), ein Bau vom 8-Pfeiler-Typus, der sich bewußt an klassischen Vorbildern orientiert. Damals wurden auch die reizendsten

355 *Istanbul, Topkapı-Saray, Bagdad-Köşk, 1639*

Brunnen Istanbuls geschaffen, vor allem der *Brunnen Ahmets III.* (1728) beim Ersten Serailtor hinter der Hagia Sophia (Planskizze S. 536, Nr. 13), ein Viereckbau mit vortretenden Eckrunden, fünf Kuppelchen über dem Pilzdach,
zierlichen Gittern, Wandornamenten, poetischen Inschriften, die, wie immer, wenn Wasser im Spiel ist, auf die Wasser
des Paradieses anspielen. Das Kachelband unter dem Dachansatz aber zeigt mit seinen stumpfen Farben auf schmutzi-
gem Weiß und den verwaschenen Konturen, wie weit die
Dekorkeramik heruntergekommen war. Immerhin: Das
Ganze ist ein reizendes und heiteres Kleinwerk, aber eben
sehr ›klein‹, ein Brunnen nur statt einer großen Külliye-Stif-
tung wie im 15. und 16. Jahrhundert. Das gleiche gilt von
dem *Brunnen am Landeplatz von Üsküdar* (1726) vor Sinans
Iskele Cami und dem *Tophane-Brunnen* bei der Kılıc-Ali-
Paşa-Cami. Dieser wurde 1732 unter Ahmets Bruder Mahmud I. wiederhergestellt, ebenso wie der *Berket-zade-Brunnen* beim Galataturm. Aus dieser Zeit stammen auch die
Brunnen bei der Azapkapı-Moschee (1732) und bei der Moschee von Dolmabahçe (1741).[110]

356 *Istanbul, Topkapı-Saray, Bab-i Saadet, erneuert 1774*

357 *Istanbul, Topkapı-Saray, Bibliothek Ahmets III., ca. 1719*

358 *Istanbul, Berket-zade-Brunnen, erneuert 1732*

Zwei Moscheen kennzeichnen die Mitte des 18. Jahrhunderts als typische Werke des ›türkischen Barock bzw. Rokoko‹. Am Eingang zum Bazar, unweit der Konstantinssäule, steht die **Nuru Osmaniye** (1748-56). Ihr Betsaal greift auf die Grundform der Einkuppelmoschee zurück, aber das kristallhart Geschliffene der frühen Bauten verliert sich in Schwingungen und Kurven. Man sehe sich die Eck-Strebebogen der Kuppel an, die Linie der Dachkante, das mehrfach verkröpfte Gesims der Seitenwände, die Form der Bogen und mancher Fenster. Selbst der Grundriß des Hofes wird zum Halbrund, und die Spitzen der Minaretts wirken wie gedrechselt – ein für die Turmspitzen jener Zeit typischer Zug. Säulen mit antikisierend-exotischen Kapitellen werden neben- und übereinandergestellt, und aus der Stalaktitnische des Eingangs wird ein merkwürdiges Gebilde

359 *Istanbul, Brunnen Ahmets III., 1728*

360 *Istanbul, Nuru-Osmaniye, 1748-56. Eingang*

aus Wülsten, Hohlkehlen und Konsolen. Auffallend auch
das reich verkröpfte Gesims, das die Hofmauern oben ab-
schließend umzieht. Was den klassischen Osmanenmosche-
en die gewichtsneutrale Ruhe gegeben hatte, wird hier abgelöst durch Details aus dem Formenschatz des europäischen
Barock (und nur darum spricht man von ›türkischem Barock‹), aber sie vermitteln dem Bau gar nichts von jener
inneren Dynamik, die europäische Barockbauten erfüllt. Sie

stünde ja im denkbarsten Gegensatz zum osmanischen, ja zu allem islamischen Bauwillen. Der Zwiespalt wird peinlich. Alle Schwingungen der Linien bringen den Bau nicht zum Schwingen, sondern erstarren in der ihm aufgeklügelten Bewegung, wirken wie Gesten eines Leblosen. Den entlehnten Formen gelingt es nicht, das Osmanische zu verwandeln, andererseits ist die eigene Schöpferkraft nicht mehr stark genug, fremde Anregungen fruchtbar zu verarbeiten oder eben abzustoßen. An die Stelle des selbstverständlichen Ruhens tritt die tote Gebärde: Die osmanische Stimme in der großen Fuge hat ausgesungen.

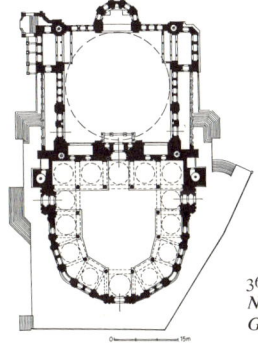

361 *Istanbul,*
Nuru-Osmaniye, 1748-56
Grundriß nach Freely und Sumner-Boyd

Die *Lâleli Cami (Tulpenmoschee)* (1763), reizvoll plaziert, greift auf den Plan von Hagia Sophia und Süleymaniye zurück. Was entsteht, ist ein intimer, aber etwas frostiger Raum, der weder in Details noch in der Gesamtwirkung mit den großen Vorbildern in einem Atem genannt werden kann. Ebenso geht es mit dem *Neubau der Fatih-Moschee* (1767-71), dem letzten Versuch, eine monumentale Moschee nach dem Planvorbild von Şehzade und Sultan-Ahmet zu schaffen. Nur dadurch, daß sich wie eh und je über der ebenen teppichbelegten Fläche die Kuppel wölbt, bewahrt dieses Spätwerk noch etwas von der alten Grundkonzeption, aber im Detail offenbart sich ein Formenmischmasch, und die trübselige ›barocke‹ Ausmalung will Reichtum vortäuschen, macht den Raum aber vollends unentschieden – unruhig und schlechthin peinlich. Wir haben es hier zwar mit einer dem Islam dienenden, aber nicht wirklich mehr mit islamischer Architektur zu tun.

362 *Istanbul, Lâleli Cami (Tulpenmoschee), 1763*

Das Ottomanische Reich des 19. Jahrhunderts sieht den
Einfluß Europas bedrohlich wachsen. Um sich zu erhalten,
strebt es widerwillig nach Reformen und Modernisierung,
mit westlichen Mitteln und der nicht uneigennützigen Hilfe
des Westens. Mahmud II. (1808-39) beseitigt durch ein Massaker das Janitscharenkorps und orientierte sich – auch in
seinen Bauten – bereits ganz nach Europa. (Vgl. seine in den
Formen des europäischen Klassizismus gehaltene Türbe in
der Divan Yolu.) Unter ihm entstanden der Seraskerturm auf
dem Gelände der heutigen Universität (1823) als Auslug für
die Feuerwachen, gleichzeitig die *Nusretiye-Moschee* bei

Tophane (1823). Wie die *Moschee von Dolmabahce* (voll.
1853) beruht sie auf dem alten Plan des Quadrats, das über
Schildwänden eine Kuppel trägt. Schon von außen verraten
die beiden Bauten ihren historisierend-eklektischen Cha-

363 *Istanbul, Moschee von Dolmabahce, 1853*

rakter, der ja auch für das damalige Europa typisch war. Ein
Nonplusultra an Stilmimikry: die Valide Sultan Camii (1871)
am Aksaray.

Abdul Mecit (1839-61), der sich bei seinem Regierungsan-
tritt durch die Erklärung des ›Tanzimat‹ für Reformen im
westlichen Sinne entschied, war der Bauherr des *Dolmabah-
ce-Palastes* am Bosporusufer. Dieses italienisch-französisch-
klassizistische Barockschloß, mit orientalisierendem Zuk-
kerguß garniert, löste seit 1853 das Topkapı Saray als Sul-
tanswohnung ab: äußerliches Symbol für die Abkehr von
osmanischer Tradition. Unter Abdul Mecit entstand der
letzte Bau im Topkapı Saray: der Kiosk des Sultans (*Meci-
tiye Köşk,* 1840, Planskizze S. 536, Nr. 25), ein Fremdling in
dieser Umgebung.

Es bietet sich das gleiche Bild wie fast überall in der
islamischen Welt seit dem 18. Jahrhundert. Mit dem Verfall
der politischen Macht gerät man ins Hintertreffen gegenüber einem Europa, das seit dem Ende des Mittelalters
zunehmend neue Machtmittel einzusetzen hatte, sich aber
seit der Aufklärung selbst in einer tiefen Glaubenskrise
befand. Bezeichnend, daß ja auch im christlichen Abendland nach den noch ganz ungebrochenen Kloster- und Dorf-
kirchen des bayerischen Rokoko keine wirklich überzeugenden Sakralbauten mehr entstanden, sondern nur noch
akademische Versuche, Kulträume für ein vielfach nur noch
als Vorwand gebrauchtes Christentum zu schaffen. War die
arabisch-islamische Welt – schließlich fast ganz in der Macht
türkischer Herrscher – selbst an einem Ende angelangt?
Zeigt sich im Verfall der stilsicheren Schöpferkraft hier wie
im Abendland so etwas wie ein gemeinsames Gesetz, unter
dem die einander oft so feindlichen Vettern Orient und
Okzident stehen, beide letztlich Erben der antiken Welt?

13 Die Baukunst Persiens unter den Safawiden

Isfahan bewahrt die wichtigsten Denkmäler dieser Epoche. Ihre Kenntnis eröffnet auch das Verständnis für safawidische Werke an anderen Orten.

An der Wende vom 15. zum 16. Jahrhundert bot die Landkarte des Iran ein buntes Bild: Die türkischen *Weißen Schafe* beherrschten neben zwei größeren Staaten im Westen noch mehrere unabhängige Fürstentümer, im zentralen Iran vor allem regierten einheimische Dynasten, in den kaspischen Provinzen bestand ein gutes Dutzend kleinerer Herrschaften, und in allen diesen Gebilden besaßen wiederum Feudalherren weite Gebiete als eigene Lehensbereiche. Den Osten nur beherrschten die Nachkommen Timurs. Diese ganze Welt schwebte in Gefahr, von zwei Seiten in die Zange genommen zu werden: In Zentralasien gewannen die Usbeken unter Mohammed Schaibani (s. Kap. 11, S. 465) an Boden, den Westen bedrohten die Osmanen. ›Persien‹ schien nur noch ein geographischer Begriff. Daß sich das Bild innerhalb weniger Jahrzehnte änderte, war das Verdienst der *Safawiden,* der Nachkommen des mystischen Ordensgründers *Scheikh Safi* aus Ardebil in Aserbeidschan. Als er 1334 als Haupt einer Bruderschaft starb, stand der fromme Sunnit schon im Ruf der Heiligkeit. Spätere Legenden behaupten seine arabische Abstammung von Ali über den siebenten schiitischen Imam Musa al-Kazim. Offenbar sollten mit derartigen Konstruktionen Anhänger unter der stark schiitisch orientierten Bevölkerung gewonnen werden. Immer mehr scheint sich der Orden an schiitischem Gedankengut ausgerichtet zu haben, vor allem unter dem vierten Nachkommen des Gründers, *Junaid* (1447-56), der die Bruderschaft auch militärisch organisierte. Spätestens unter seinem Sohn *Haidars* (1456-88) wurde die rote Kappe mit zwölf Zwickeln (zwölf – die Zahl der heiligen Imame der *Zwölfer-Schia* – [s. S. 124]) die Kopfbedeckung der Anhänger, der *Rotköpfe.*

Türkische Nomadenstämme Aserbeidschans schlossen sich der Gemeinschaft an, wurden ihr Rückhalt. 1499 übernahm der 14jährige *Ismail* (gest. 1524) die Leitung des Ordens. Er nahm 1502 den Schah-Titel an. Nach ersten Siegen über die Weißen Schafe gewann er das südliche Aserbeidschan, Täbriz wurde die neue Hauptstadt, dann fiel der persische Irak den Safawiden zu, 1503 wurde Fars (Schiraz) besetzt, in den nächsten Jahren der gesamte westliche Iran. Der Vorstoß nach Osten trug mit timuridischen Gebieten auch die Usbekendrohung ein, aber in der Schlacht von Merw 1510 fiel Mohammed Schaibani, der Usbekenkhan, und die Safawiden gewannen Chorassan zurück. Zentralasien jedoch blieb in der Hand der Usbeken. Sie waren streng orthodoxe Sunniten wie die Osmanen. Von deren Untertanen hegten viele – vor allem im östlichen Anatolien – starke Sympathien für die schiitischen Ansichten. Der Sultan in Istanbul mußte hierin eine Gefahr sehen. Selim 1. Yavuz (1512-20) soll im Lauf von Verfolgungsaktionen 40000 Schiiten in seinem Bereich als mögliche Parteigänger des Feindes haben töten lassen. 1514 fügte er mit seiner überlegenen Artillerie dem Heer Ismails bei Tschaldiran eine furchtbare Niederlage zu, konnte den Sieg aber nicht ausnützen, und die Safawiden hielten Aserbeidschan, den Iran und Teile Georgiens gegen den osmanischen Druck. Mit dem Herrschaftsantritt des zehnjährigen *Schah Tahmasp* (1524-76) begann eine Periode der Gebietsverluste an den Grenzen und der inneren Anarchie, in der Persien nach dem Tod des Schahs zu versinken schien. Zugleich aber bewirkte die Bedrohung von außen, daß sich Persien im Zeichen der Schia selbst fand und festigte. Drei Machtgruppen standen gegeneinander, die Flügelmächte übten im Zeichen religiöser Anschauungen stärksten Druck auf die Mitte aus und bewirkten dadurch, daß sich diese Mitte zu einem festen Kern zusammenschloß unter doppeltem Aspekt: dem nationalen und dem religiösen. Die alidisch-ismailitische Schia war bisher stets ein im Sinne der Orthodoxie häretisches Ferment gewesen und war im iranischen Gebiet von früh her stark verbreitet, war aber nie eine ›Staatsreligion‹. Auch dort, wo schiitische Dynastien wie z.B. die Fatimiden in Ägypten (s. S. 238) geherrscht hatten, war es ihnen nicht gelungen, die Bevölkerung der Sunna zu entfremden. Nun aber einigte sich das aus Ost und West bedrohte Persien religiös unter der Theokratie der safawidischen Bruderschaft. Und zugleich – obwohl von

turkstämmigen Herrschern geführt – wurde der nach allen
Seiten feindlich isolierte Iran auf sich selbst zurückgelenkt,
wurde persischer als je zuvor und löste sich aus dem abstrakt
islamischen Zusammenhang mit seinen Nachbarn, verstärkte seine Beziehungen zu China und nahm bewußt Verbindungen zu Europa auf, das den Osmanen im Rücken saß.
Ganz organisch und unreflektiert vollzog sich diese Entwicklung, die so folgenreich werden sollte. Frühestens seit
dem 18. Jahrhundert wurde man sich des Ergebnisses bewußt, und seit dem 19. Jahrhundert betrachtet sich Persien
als deutlich von den arabischen und türkischen Nachbarn
verschiedene Volks- und Staatspersönlichkeit eigenen Herkommens, wenn auch erst mit den Pahlewi wieder eine
einheimisch-persische Dynastie zur Herrschaft kam.

Daß es unter den Safawiden zu einer Art von iranischer
Renaissance kam, macht mit die Bedeutung der safawidischen Kunst aus: Fast unmerklich vollzog sich zunehmend
eine Zusammenfassung alles dessen, was das islamische Persien auf dem Hintergrund seiner alten und ältesten Überlieferungen vollbracht hatte, und damit die Selbstverwirklichung iranischer Kunst im Zeichen des Islam.

Wieder einmal läßt sich erleben, wie innerhalb der islamischen Kunstwelt ein Volk seine Melodie rein aussingt, un-
verwechselbar islamisch in der Tonart und ebenso mit un-
verwechselbar eigenem Klang. Was persische Kunst von
ihrem Wesen und Wollen nach der Wendung zum Islam
zunächst zaghaft, dann immer klarer und eindeutiger formuliert hatte, das gewann nun volle Stimme. Alle Motive der
Formen- und Schmuckwelt und alle Ideen von Plan- und
Aufrißgestaltung iranischer Bauten klingen zusammengefaßt auf, atmen die ganze poetische Kraft Persiens, sprechen
von seinem uralten Verlangen nach Blumenduft und Blü-
tenfarbe, nach Wasser und Fruchtbarkeit, aber sprechen
davon in islamischem Tonfall, der tiefer hallt als der Wunsch
nach Fruchtbarkeit bloß dieser irdischen Welt. Das Wunschbild der diesseitigen wird zur hoffend-magischen Verheißung einer unendlich währenden jenseitigen Gartenwonne
im kühlen und kühlenden Schatten des Paradieses. Die Erde
zum Paradies zu reinigen und umzuschaffen, war eine der
ethischen Forderungen altpersischen Glaubens gewesen;
die Vorstellung vom Paradies und mit ihr das Wort selbst ist
altiranischen Ursprungs: als gartenartiges Wildgehege, als
Jagdpark des Königs. Deutlich klingt diese Vorstellung von

einem Garten mit Wasserläufen und friedlich beieinanderlebenden Tieren unter der Herrschaft des Menschen im alttestamentarischen Bericht durch. Das Pasargadae des Kyros hatte diese Vorstellung zu verwirklichen gesucht wie die Jagdgehege der sassanidischen Großkönige und in ihrer Nachfolge der omayyadischen und abbasidischen Kalifen (s. Kap. 4 und Kap. 5). Deutlich bilden persische Teppiche solche Paradiese ab, eingehegt von der Bordüre, in der oft Engelsgestalten als Wächter sitzen. Die Blütenmuster der Teppiche am Boden wie jene, die Wände und Kuppeln eines Bauwerks überziehen – naturnah und doch durch strenge Stilisierung über das schlichte Abbilden erhöht und in eine dauernde Form gebracht –, sie sind mehr als bloßer Schmuck. Sie sind auch nicht nur Paradiesersatz, Hinweis, Symbol: Sie sind letztlich (wenn auch weitgehend unbewußt) Beschwörungsformeln von fast primitiv-magischer Kraft wie die Zeichen an achämenidischen Bauten oder an noch viel älteren Gefäßen. Trotz allem bewußten Mäzenatentum von seiten der Herrscher vollzog sich das alles unprogrammatisch und wie von selbst. Altes und Urältestes steigt herauf und formt sich in islamischem Geist und mit Hilfe des angesammelten technischen Vermögens neu, und diese Tatsache erlaubt es uns, in der safawidischen Zeit Erfüllung und Selbstverwirklichung, damit Höhe- und Endpunkt persischislamischer Kunst zu erblicken.

Dem widerspricht keineswegs die Feststellung, daß die persische Kunst in früheren Perioden, unter Seldschuken und Mongolenherrschern (s. o. Kap. 9 und Kap. 11) Werke hervorgebracht hat, die an technischer Vollkommenheit und geschmacklicher Raffinesse vielen Werken der Safawidenzeit überlegen sind. Nur eben: sie waren nie so ›persisch‹ gewesen. Kein Zweifel auch: In der Blütezeit safawidischer Kunst melden sich schon erste Warnzeichen des Verblühens, und doch mag man das Wort ›Dekadenz‹ nicht in den Mund nehmen – zu kräftig und selbstsicher schafft diese Zeit aus dem vollen. Allerdings, die Prachtentfaltung wird oberstes Ziel, dem prächtigen Anblick des Ganzen opfert man das sorgsam ausgearbeitete Detail (ein ›barocker‹ Zug: Wir befinden uns im 17. Jahrhundert). Bezeichnend, daß an die Stelle des mühsamen Fayencemosaiks die Wandverkleidung durch in einem Stück mehrfarbig glasierte Kacheln tritt. Man verfügt noch über alle technischen und handwerklichen Fertigkeiten, aber hat mehr Größe des Maßstabes und

XII Isfahan,
Freitagsmoschee
Fayence-Mosaik am Eingang zum Saal des
Öldschäitü-Mihrabs, um 1475

*Der Eingangsiwan des Öldschäitü-Saales ist in safa-
widischer Zeit in Mosaiktechnik geschmückt worden.
Die einzelnen Farbpartikel wurden aus größeren, einfarbig glasierten Platten ausgesägt. Aus dem spröden
Material ließ die verfeinerte Handwerkstechnik so
bewegte Formen entstehen wie die Ranken der Zwik-
kelfüllungen oder die elegante, zweizeilig ineinander-
verflochtene Thuluth-Inschrift.*

364 *Isfahan, Freitagsmoschee, Südiwan. Dekordetail, 15. Jh.*

Schnelligkeit der Fertigstellung im Auge als Solidität, man lebt mehr von der Überlieferung, als daß man das Erbe durch neue Gedanken bereichert. Es wäre sicher übertrieben und daher falsch zu sagen, die Architektur dieser Zeit wolle mehr scheinen als sein, aber insgeheim geht die Tendenz in diese Richtung.

Dazu wird erstmals und in der Folge immer stärker der künstlerische Einfluß Europas – und keineswegs durch die höchsten Genien vermittelt – spürbar. In der späteren Safawidenzeit äußert er sich vor allem in der Malerei. Europäer (bestenfalls viertklassige Malermeister) werden zur Ausstattung der Paläste mit herangezogen: Zeugnisse einer Europamode im Osten als Gegenstück zu der Freude an exotischem Krimskrams im europäischen Barock oder zum Chinesenkult des Rokoko. Ähnliches läßt sich in der Teppichkunst beobachten. Einerseits wird diese volkstümliche Überlieferung durch neue Muster und Materialien höfisch geadelt und bringt Meisterwerke von unerreichter Pracht und Feinheit hervor wie den riesigen Täbriz-Teppich (1539 aus Ardebil, London, Victoria & Albert Museum) oder den Jagdteppich des Wiener Kunstgewerbemuseums, andererseits beginnt sich die Produktion auf den Export nach Europa einzustellen, vor allem in den höfischen Werkstätten, aus denen die beliebtesten Geschenke des Schahs an europäi-

365 *Isfahan, Freitagsmoschee, Westiwan. Dekordetail, 15. Jh.*

sche Potentaten und Diplomaten stammen. Und schließlich noch die Keramik. Der Hof bewundert mit Leidenschaft die weiß-blauen chinesischen Porzellane der Ming-Zeit, man ahmt sie nach, zugleich um eigene Bedürfnisse zu befriedigen und die des Westens, der das weiße Gold Chinas genau-

366 *Isfahan, Portal der zerstörten Qotbiyeh-Moschee, 1543.*

367   *Ardebil, Grabmal des Scheikh Safi, 16.-17. Jh.*

so bewunderte und doch oft mit persischen Nachahmungen chinesischer Erzeugnisse zufrieden war.

In **Ardebil,** der Wiege der Safawidendynastie[III], bildet das *Grabmal des* Ahnherren *Scheikh Safi* das Herzstück eines Wallfahrtsheiligtums, zu dem Herbergen, Küchen usw. gehörten. Der Komplex der Grabmoschee entstand unter Einbeziehung älterer Teile im wesentlichen zwischen der Mitte des 16. und dem frühen 17. Jahrhundert. Manches ist eher ungewöhnlich und das Ganze ist zwar ein authentisches, aber kein typisches Zeugnis für die safawidische Kunst.

Von einem weiten Vorplatz aus gelangt man durch einen schönen Portalbau in einen langgestreckten Gartenhof mit Baumrabatten und Wasserbecken, an dessen anderer Schmalseite – gegen die Achse abgeknickt – sich das Hauptportal auftut. Seine prächtige Mosaikdekoration schließt sich würdig der raffinierten Schönheit timuridischer Vorbilder an und findet einen würdigen Nachfolger im Portal der Schah-Moschee von Isfahan. Ein Saal mit seitlichen Nischen bildet den Durchgang zum Innenhof (31 x 16 m) mit einem

Iwan an der Qiblaseite und dem achteckigen Gebetssaal
(mit vier mal vier Holzsäulen) gegenüber, dessen Türöffnung die Rolle des Mihrab übernommen hat. An der süd-
westlichen Seite des Hofes liegt die eigentliche Grabmoschee (wohl aus der Zeit Schah Tahmasps) mit einer ›Palast-
fassade‹, die Fr. Sarre[112] an italienische Renaissancefassaden
erinnert hat. In regelmäßigen Reihen angeordnete Fenster
und ein abschließendes Gesims sind in der islamischen Baukunst selten. Ihre nächste Parallele findet diese Fassade in
der Straßenfront der Hassan-Moschee von Kairo (s. S. 411).
Aber vom Stalaktitgesims über den hinreißenden Mosaikbelag bis zur schlank aufsteigenden Tornische gehört hier
doch alles der östlichen Islamwelt an.

Den zylindrischen Turmschaft des Mausoleums überzieht
– aus schräg gesetzten hellblauen Ziegeln zu Kufi-Lettern
geformt – in unendlicher Wiederholung der Name ›Allah‹.
Über einem kalligraphisch mosaizierten Schriftband auf ko-
baltfarbigem Grund zeigen der schmale Tambourstreifen
und die schlichte Kuppel einfachen geometrischen Dekor,
der dem geometrischen Kufi des Schaftes entspricht. Das
Innere birgt, hinter kostbar eingelegten Türen und silbernen
Gittern den Sarkophag des Scheikh Safi (eine Stiftung Humayuns, des zweiten Moghulkaisers von Indien) und die
seiner beiden Söhne. In einer Nebenkammer das Grab des
ersten Safawidenschahs Ismail. Der Betraum davor hat an
jeder Längsseite drei zweistöckige Nischen. Aus der ersten
links vom Eingang führt eine Tür in das seiner Pracht be-
raubte ›Porzellanhaus‹ (Tschini Hane), einen Kuppelbau
des 17. Jahrhunderts (erbaut unter Abbas I.). Die Verkleidung der die Wände bis hoch hinauf umziehenden Regale
weist verschieden große und verschieden geformte Ausschnitte auf. Hier standen einst die kostbaren Ming-Porzel-
lane zur Schau (wohl Geschenke des Kaisers von China an
Abbas I.), die bei festlichen Gelegenheiten benutzt wurden.
(Ähnliches findet sich auch in einigen Zimmern des Ali
Qapu-Palastes von Isfahan; Vorläufer ›chinesischer Porzel-
lankabinette‹ des europäischen 18. Jahrhunderts.) Hier war
auch die Bibliothek untergebracht. Ihre wertvollsten Manuskripte haben die plündernden Russen 1828 in die Kaiser-
liche Bibliothek von St. Petersburg entführt. Die großartigsten Teppiche – Stiftungen hochgestellter Verehrer des Heiligen, wenn nicht des Schahs selbst – wurden z. T. schon
vorher verkauft (heute: Victoria and Albert Museum, Lon-

368 *Isfahan, Harun Velayet, 1513, Portaliwan*

don, und Lord Duveen). Einige der Ming-Vasen aus Ardebil
sah ich vor einigen Jahren im Museum von Teheran.

Aus der Zeit Schah Ismails, an dessen Hof sich die Künstler drängten, ist nicht viel erhalten. Unter ihm entstand der
Kuppelsaal (mit Mihrab) der unter den Ilkhanen z. T. neugebauten Freitagsmoschee des einst wichtigen Karawanen-
platzes **Saweh** (um 1512). In **Isfahan** zeugen von dieser Zeit
lediglich die *Ali-Moschee* und der Komplex des *Harun Velayet* (1513) mit einer köstlich blumigen Mosaikdekoration
des Portaliwans. Die Mosaikflächen (der Maghrib hätte hier
Stalaktiten verwendet) sind in ein Rippenwerk eingehängt
und zeigen auf dunkel-kobaltblauem Grund türkisfarbige
Ranken, Ockerbraun und Weiß. Weiß sind vor allem die
chinesischen Wolkenbänder, die Blüten der verschlungenen
Arabeskranken und die kalligraphisch meisterhaften
Schriftbänder. Manches erinnert an die späte Timuridenkunst.

Viele Werke aus der Frühzeit der Safawidenherrschaft
sind den Kriegen mit den Osmanen zum Opfer gefallen, aber
auch Erdbeben haben vieles vernichtet. Daß seldschukische

369 *Isfahan, Harun Velayet, 1513. Detail vom Portaliwan.*

Werke solche Naturkatastrophen besser überstanden haben, wirft ein bezeichnendes Licht auf die rein technische
Qualität safawidischer Bauwerke. Schah Tahmasps
(1524-76) Palast und Schahmoschee in **Qazvin** z.B. haben
die Erdbeben nicht überlebt, denen der benachbarte Kuppelsaal der seldschukischen Großen Moschee (s. S. 310)
standhielt. Nennenswerte Bauwerke aus diesem halben
Jahrhundert gibt es nicht, abgesehen von den vermutlich auf
diese Zeit datierbaren Teilen der Ardebil-Anlage. Das auf-
schlußreichste Werk sind die Miniaturen des Schahname-
Manuskripts, das für Schah Tahmasp entstand,[113] das zeigt,
wie glatt im kulturellen Bereich die Machtablösung zwischen Timuriden und Safawiden vor sich ging. Schon Ismail
hatte die besten Künstler Herats nach Täbriz geholt. (Beh-
zad, den jemand ›Raffael des Ostens‹ nennen wollte, kam
1514 nach Täbriz.) Die Bilder dieses Prachtwerks zeigen die
ersten Stadien der von timuridischen Vorbildern zwar ab-
hängigen, aber langsam selbständig werdenden safawidischen Miniaturmalerei. Unter Schah Abbas wird sich ihr
Gesicht bemerkenswert wandeln.

Aus der bedrohlichen Anarchie nach Tahmasps Tod ging jener Herrscher hervor, an dessen Namen sich aller Glanz der Safawidenzeit heftet: *Abbas i. der Große* (1589-1629), sicherlich eine der bedeutendsten Gestalten des im christlichen wie im islamischen Bereich an großen Herrscherpersönlichkeiten überreichen späten 16. Jahrhunderts. Als unmündiger Knabe nomineller Gouverneur in Chorassan, Spielball widerstreitender Interessen, gegen seinen greisen Vater zum Schah proklamiert, entledigt er sich – schnell gereift – der unbequemen Vormünder. Aber im Westen dringen die Osmanen, im Osten die Usbeken unter Abdullah ii. vor. Abbas muß verlustreich einen Frieden erkaufen. Mit Hilfe englischer Fachleute (ein gegen die Portugiesen gerichtetes Handels- und ein antitürkisches Militärbündnis wurden zuvor mit Elizabeth i. geschlossen) reorganisiert Abbas in zehnjähriger Arbeit seine Armee, kann zahlreiche Stammeskrieger für sich gewinnen und vertreibt dann die Osmanen aus Erewan, Fars und Täbriz, gewinnt Chorassan von den Usbeken zurück. Im Inneren sorgt er für Sicherheit der Verkehrs- und Handelswege, baut die Straßen aus, läßt Brücken bauen, legt Karawansereien an.

Anderen Religionen gegenüber tolerant (er duldet christliche Mission und den Bau christlicher Gotteshäuser), ist er eifriger Schiit. Durch seinen persönlichen Einsatz werden Meschhed und Qom zu den noch heute angesehensten Wallfahrtsstätten des schiitischen Persien. Sein Versagen für die Zukunft ist das vieler überragender Staatsmänner, nicht nur seiner Zeit: Eifersüchtig erzieht er sich keinen ebenbürtigen Nachfolger. Sein die Zeit überdauerndes Verdienst: Durch ihn wird **Isfahan** aus einer Provinzstadt zur ›Perle Persiens‹, zur ›Hälfte der Welt‹, die noch heute sichtbares Zeugnis von dem Genius Persiens und seines Herrschers ablegt.

Als Abbas i. die Stadt 1598 zu seiner Residenz erkor, soll sie etwa 60000 Einwohner gehabt haben. Innerhalb eines Menschenalters verzehnfachte sich die Bevölkerungszahl. Die alte Stadt drängte sich um die Große Freitagsmoschee (s. S. 301). Abbas schuf südlich davon eine neue Stadt: ein prachtvolles Residenzviertel. Das neue Zentrum wurde der *Kaiserplatz (Meidan-i Schah),* an den sich südwestlich gegen den Fluß zu die eigentliche Residenz anschloß, eingebettet in pavillongeschmückte Parks. Als Hauptachse der kaiserlichen Stadt wurde eine Avenue angelegt, eine halbe Gehstunde lang, gesäumt von mehreren Reihen Platanen, unter-

370 *Isfahan, Blick von der Schah-Moschee über den Meidan-i Schah zum Bazar. Links der Ali-Qapu-Palast, rechts die Lutfullah-Moschee.*

brochen von Zierteichen und flankiert von vier Parks, denen sie ihren Namen verdankt: Tschehar Bagh (d. h. die *Vier Gärten*). Sie überquerte den Zayandeh Rud auf der *Dreiunddreißig-Bogen-Brücke* und setzte sich auf dem Südufer des Flusses fort. An beiden Enden der Straße erhoben sich Paläste (von ihnen blieb keine Spur). Einer bildete über die ganze Länge der Straße hinweg den *Point de vue* für den anderen. Das ist ein durchaus ›barocker‹ Zug.[114] Neben der Gartenachse der kaiserlichen Stadt wirken die Achsen europäisch-absolutistischer Schloßparks von Versailles bis Nymphenburg fast wie etwas arme Nachfahren.

Gärten waren – als Vorgeschmack des Paradieses – seit der Omayyadenzeit höchste Lust der Moslems, nirgends wurden sie jedoch so geliebt wie im Iran. Aber Gärten sind – selbst bei sorglichster Pflege – die dem natürlichen Wandel von Wachstum und Vergehen ausgesetztesten Schöpfungen der Kunst. Verständlich, daß nichts blieb von den Gärten um die syrischen Omayyadenschlösser, den Parks von Samarra, den Gartenterrassen von Medina Azzahra, der Städte in der algerischen Wüste oder den Gärten der Mongolenkhane. Auch die Gärten der Safawiden – soweit sie überhaupt noch bestehen – hat die Zeit verwandelt. Sie waren – auf eine Achse bezogen – streng geometrisch angelegt, von zahlen-symbolischen Proportionsbezügen beherrscht. Ihren Kern bildeten Kanäle und Wasserbecken, gesäumt von duftenden Blumenrabatten. Sie müssen mit ihren Wasserspielen und Springbrunnen Gärten des italienischen Manierismus geähnelt haben. Oft lag inmitten oder am Rand eines Beckens ein zierlicher Pavillon. In Isfahan kann der Park von Tschehel Sotun (s. u.) etwa eine schwache Vorstellung vermitteln, in Schiraz einige der berühmten Rosen- und Nachtigallengärten (falls sie gerade dem Besucher offenstehen).

Am Südufer des Zayandeh Rud, westlich der Avenue entstand die Armenierstadt *Dscholfa* (engl. Schreibung: *Julfa*), genauer: *Neu-Dscholfa.* Das alte armenische Dscholfa am Arak (Araxes) – heute Grenzstadt zwischen Iran und der UdSSR – war um 1600 von den Osmanen bedroht. Abbas wollte die Armenier – tapfere Soldaten, geschickte Handwerker und unternehmungslustige Kaufleute – nicht an den Feind verlieren. In der Art eines echten orientalischen Despoten ließ er die Bevölkerung kurzerhand nach Isfahan deportieren und siedelte sie in diesem Viertel an. Die Gründung bekam den Namen Neu-Dscholfa und wurde mit einer Reihe von Privilegien ausgestattet, vor allem dem Recht der freien Ausübung der christlichen Religion und dem Recht, Kirchen zu bauen. Auch unter den folgenden Schahs wurden weitere Armeniergemeinden durch Lockung oder Zwang angesiedelt und als Neu-Täbriz, Neu-Erewan usw. an Dscholfa angeschlossen. Das Viertel der christlichen Armenier zählte schließlich mehr Einwohner als ganz Isfahan vor der Zeit Abbas I. Die Armenier bauten nicht nur ihren Stadtteil aus (es soll 28 christliche Kirchen gegeben haben, aber nur knapp die Hälfte hat sich erhalten – s. S. 626), sie trugen auch durch ihre Aktivität zur wirtschaftlichen Blüte Isfahans wesentlich bei. Auf eigene Rechnung und im Auftrag des Schahs pflegten sie den Warenaustausch mit Indien und dem Fernen Osten und vor allem mit dem christlichen Europa und brachten Güter aus aller Herren Länder in die Hauptstadt der Safawiden. Als der letzte Schah aus dem Geschlecht des großen Abbas Intoleranz mit Frömmigkeit verwechselte und die besonderen Rechte der Christen aufhob, begann der Verfall, beschleunigt durch die afghanische Plünderung von 1722. Erst in unserem Jahrhundert beginnt sich Dscholfa zu erholen, aber die Bevölkerungszahl seiner Blütezeit hat es bei weitem noch nicht wieder erreicht.

Schah Abbas I. baute Paläste und repräsentierte am Kaiserplatz mit der Schahmoschee, die hohen Hofbeamten ließen ihrerseits in anderen Teilen der Stadt Moscheen und Lehranstalten errichten, die Gilden der Händler und Handwerker standen kaum zurück. Die großzügige Bautätigkeit ging auch unter den Nachfolgern Abbas d. Gr.[115] weiter.

Isfahan leuchtete. Handel, Handwerk und Künste blühten, die Stadt war wirklich ein Wunder, die ›Hälfte der Welt‹, faszinierend für die europäischen Reisenden, die von daheim nichts annähernd Ähnliches kannten. Als erster in ihrer Reihe ist der Römer Pietro della Valle zu nennen, dessen Lebensabenteuer Goethe in den ›Noten und Abhandlungen‹ zum Westöstlichen Divan so prachtvoll nachzeichnet. Er hat die Stadt noch zur Zeit Abbas I. gesehen und den Herrscher persönlich kennengelernt. Der Deutsche Adam Olearius kam zwischen 1635 und 1639 als Sekretär einer Schleswig-Holstein-Gottorpschen Handelsmission ins Persien Schah Safis, der Franzose J. B. Tavernier hat das Land zwischen 1630 und 1668 insgesamt sechsmal bereist. Sein Landsmann Jean Chardin hielt sich zwischen 1671 und 1677 lange Zeit in Isfahan auf. Die Berichte all dieser Männer sind uns wertvolle Dokumente über das Leben und Treiben bei Hof und in der Stadt. Von ihnen erfahren wir auch manches über Bauwerke, die inzwischen verschwunden sind. Chardin, ein gewissenhafter Beobachter, gibt Zahlen an: Zu seiner Zeit besaß Isfahan 162 Moscheen, 48 Koranhochschulen (Medresen), 182 Karawansereien und 278 öffentliche Bäder. Noch die Kupferstiche in dem sechsbändigen Werk von Flandin und Coste (Paris 1843-54) zeigen mehr als heute erhalten ist.

Längst ist Isfahan nicht mehr Hauptstadt. Seit dem afghanischen Einfall sank es zur Provinzstadt herab, ist heute – in raschem Aufschwung – in erster Linie eine ›Sehenswürdigkeit‹. Und sie ist immer noch bestürzend herrlich, nicht nur durch die safawidischen Meisterwerke, sondern auch durch die aus seldschukischer und mongolischer Zeit. Wir sind auf diese schon in Kap. 9 und 11 zu sprechen gekommen. Zugegeben: Neben ihnen – und vor allem der Großen Freitagsmoschee (s. S. 301) haben die Safawidenbauten keinen ganz leichten Stand. Ich selbst muß bekennen, daß mich die Freitagsmoschee bei jedem Besuch alles andere vergessen ließ und die Kaisermoschee mich dann doch immer wieder hingerissen hat.

Das Herzstück des safawidischen Isfahan bildet der *Kaiserplatz (Meidan-i Schah)*. Seine Fläche von etwa 500 mal 150 m diente nicht nur als Markt- und Festplatz, wo sich der Herrscher beim abendlichen Bummel unter das Volk mischte, er war vor allem auch für sportliche Wettkämpfe bestimmt, denen der Schah von der Loggia des Tor-Palastes (Ali Qapu) zuschauen konnte. Diese Bestimmung als Polo-feld erklärt womöglich die sowohl von der Qibla- wie auch von der Richtung der Hauptavenue abweichende Erstrek-kung des Platzes von NNW nach SSO. So war bei den nachmit-täglichen Turnieren das Licht gerecht unter die beiden Mannschaften geteilt.

Alle vier Seiten des Platzes umzieht eine zweigeschossige Nischenarkatur. Wenn auch bei der Weite – und besonders heute, da eine durchgehende Straße und Grünanlagen die einheitliche Fläche zerschneiden – der ganze Platz nicht als geschlossener ›Innenhof‹ empfunden wird, so liegt doch der Gedanke an das Hofschema mit vier Iwan-Akzenten der Planung zugrunde und ist noch immer spürbar: an der einen

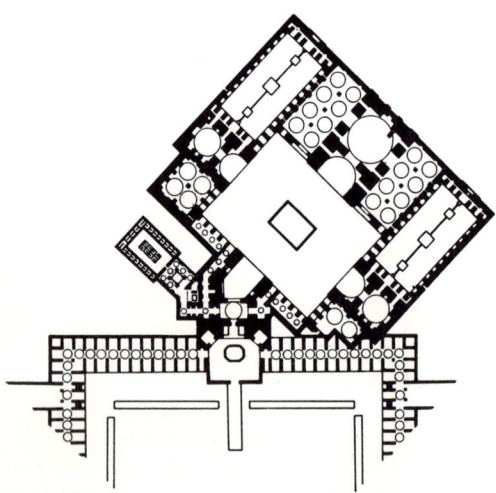

371 *Isfahan, Schah-Moschee, Grundriß nach Pope*

372 *Isfahan, Blick vom Ali Qapu über den Meidan-i Schah zur Schah-Moschee*

Schmalseite das Iwantor des Bazareingangs, an den Langseiten Ali-Qapu-Palast und gegenüber die Lutfullah-Moschee
und an der südlichen Schmalseite die *Kaisermoschee (Masdschid-i Schah),* die mit ihrer herrlichen Kuppel und vier
Minaretts den Platz abschließt. 1612 wurde sie begonnen,
trotz aller Ungeduld des Bauherrn war sie erst 1638 gänzlich
vollendet. Ihr Eingangstrakt nimmt beinahe ein Viertel der
südlichen Platzseite ein. Fünf Seiten eines Achtecks springen aus der Platzfront zurück, nehmen deren Gliederung
bereichernd auf und öffnen sich einladend zu der hohen
Nische der rechteckigen Portalwand, die ein meisterliches
Schriftband umrahmt und die zwei Minaretts flankieren.
Schon dieser Auftakt ist köstlich: Wie die Gliederung der
Platzwand zunächst beibehalten ist, aber die oberen Nischen
reicher mit Stalaktitwerk gefüllt sind, der Rhythmus nach
einem kurzen Taktwechsel feierlicher wird, die Kostbarkeit
des Dekors sich steigert bis zum hohen Portaliwan, das ist so
zwingend und so selbstverständlich wie eben nur bei Mei-

sterwerken. Die Stalaktitfüllung im oberen Teil der Iwannische – als Gebilde für sich schon prachtvoll – ist mit schön-
stem Fayencemosaik geziert: Die einzelnen Flächen zeigen
Blütenkompositionen, und oben ein Himmelszelt aus Stern-
blumen. Die Zwickel der Schirmwand zeigen teppichhaft
um ein Medaillon angeordnete Ranken, und ein dreifach
gedrehtes Seil aus leuchtendem Türkis, beiderseits aus einer
Vase aufsteigend, umzieht an der Kante die Nischenöff-
nung. Dieses Motiv – bereits einfacher vorbereitet an den
oberen Nischen der Seitenflügel – ist nicht nur schmückender Akzent, es ist Sinnträger als Bild lebenspendenden Wassers – Paradieswassers (vgl. S. 477). Und so sind die Blumen
auch nicht nur poetischer Schmuck, sondern Verheißung,
und damit zugleich ästhetisch und sinnhaft Vorbereitung auf
das, was folgt. Die beiden großen Paneele, die über dem
Marmorsockel die Toröffnung flankieren, zeigen das Muster
von Gebetsteppichen: Sie weisen hin auf den dahinterliegenden Ort des Gebets, das den Weg ins Paradies öffnet. Auf
dem Querband über ihnen in arabischer Sprache die Stiftungsinschrift anläßlich der Fertigstellung des Torbaues, mit
großer Titulatur des Bauherren und Segenswünschen für
ihn, signiert und datiert (A. H. 1025, d. i. A. D. 1616) vom
Kalligraphen Ali Rida al-Abbasi. Darunter eine zweite, un-
datierte, die sich auf die Vollendung des ganzen Bauwerks
bezieht.

Schon vom Platz aus fällt auf: Die Kuppel über dem Betsaal der Moschee steht nicht in der Fortsetzung der langen
Achse des Platzes, sonst könnte sie nicht so mit ihrem
Schimmer die ganze Anlage beherrschen. Aber diese Tugend ist aus der Not geboren. Der Platz ist nicht nach Mekka
ausgerichtet, aber die Moschee mußte sich nach der Heiligen
Stadt orientieren, mußte also um etwa 45 Grad abgeknickt
werden. Wie aber diese prekäre Knickung der Achse verschleiert und gleichzeitig zur Quelle eines besonders großartigen Effekts gemacht wird, das ist schlechthin genial. Durch
das Tor (die Türflügel sind prächtige Stücke!) gelangt man
zunächst in einen Raum, der gewissermaßen das Scharnier
des ganzen Planes bildet: einen Querraum mit Zentralkuppel. Die Tür links führt in Nebenräume, die für innere und
äußere Reinigung vor dem Gebet vorgesehen sind (Brunnenhof, Wasch- und Latrinenanlagen), die rechte durch einen Zwischen-Raum in den Innenhof. Geradeaus beträte
man den Nordiwan des Moscheehofs durch eine Seite seiner

373 *Isfahan, Schah-Moschee, Blick in die Wölbung des Eingangsiwans,*
1612-38

aus zwei Dreiecksseiten gebildeten Rückwand: – und wie eine
atemberaubende Vision steht dann jenseits des Hofes die
minarett-flankierte Stirnwand des Qibla-Iwans, der sich in
den dämmerigen Betsaal öffnet, den die Kuppel bekrönt.
Diese ist nur z. T. sichtbar, wird in ihrem Ansatz absichtlich
von der Schirmwand verdeckt, aber ihr Umriß wiederholt
die Linie der Iwanöffnung: Was sich hier konkav zum Dunkel hinzieht, das löst sich oben – konvex – in kühlen Farben

schimmernd ins Lichte auf. Äußerste Sparsamkeit der elementaren Linien und Flächen im Verein mit dem völlig entschwerenden Spiel der Farben vereinen sich zu gelassener Majestät. In harmonischen Proportionen antworten einander die Horizontalen und Vertikalen, finden den Ausgleich in den leicht bewegten Schrägen von Durchgang, Iwan und Kuppel. Der Fläche der Stirnwand antworten die runden Schäfte der Minaretts. Deren Sockel und die Balkonkränze, leicht, aber schattensammelnd und dadurch akzentuierend, bringen Spannung in das Bild, damit erst das volle Leben in die Harmonie.

Dazu tritt der gezügelte Reichtum des keramischen Schmucks. Von unserem augenblicklichen Standort erkennen wir keine Einzelheiten, sehen nur, wie im Iwan über der Sockelzone Gebetsteppichmuster zu spitzbogigen Trompennischen überleiten und zur Scheitelsonne, sehen das klar umrandete Blütenband als Einfassung der Nische, die schmalen blumigen Seitenpaneele und den horizontal abschließenden Schriftfries des Rahmens, die Füllungen der Zwickelflächen – wie Medaillonteppiche – kräftig in Kobalt und Gelb, gemildert durch den Halbschatten des Gegenlichts. Dagegen schimmern die immer vom vollen Licht getroffenen Schäfte der Minaretts mit ›kufischem‹ Schriftdekor und die Kuppel mit ihrem arabesken Rankenwerk in einem seidigen Türkiston, der raffiniert zwischen den kompakten Farben der Wandflächen und dem immateriellen Blau des Himmels vermittelt. Das alles ist ganz und gar nicht ›naiv‹ geschaffen, sondern mit vollendeter Bewußtheit und mit völliger Beherrschung der künstlerischen Mittel, und zugleich von einem so poetischen Zauber, wie die Gedichte der persischen Klassiker, die auch berechnende Meisterschaft und Raffinesse mit Sinnenhaftigkeit und mystischer Hingabe vereinen.

Betreten wir den Hof und gehen auf diese Phantasmagorie zu, dann verändern sich mit jedem Schritt die Beziehungen. Die Kuppel verschwindet, wir scheinen das Ziel zu verlieren, denn seitlich tun sich Iwanhallen auf: kostbare Versuchungen, die uns nicht vom Wege abbringen sollen. Der Iwanbogen wächst höher und öffnet sich, leitet uns schließlich in den Kuppelraum. In ihm vergessen wir, daß es Kuppelsäle von größerem Durchmesser gibt. Er ist einfach ›da‹. Ein Raum: leer, ohne Richtungsbetonung; Mihrab und Minber fügen sich fast unauffällig ein. Von oben, aus dem

XIII Isfahan,
Schah-Moschee
Blick aus einer der Medresen auf die Kuppel des
Betsaales, 1612-38

Auf die Außenhaut der majestätischen türkisfarbenen
Kuppel über dem Betsaal zeichnen gelbe und weiße,
dunkel konturierte Ranken ein vegetabiles Geflecht,
während Schriftbänder verschiedenen Duktus den
blauen Tambour umziehen. Zur Verkleidung der
Wandflächen wird nur noch ausnahmsweise die Mo-
saiktechnik herangezogen. Meist geschieht sie durch
mehrfarbig glasierte Viereckfliesen: ein weniger kost-
spieliges und weniger zeitraubendes Verfahren, das
der Ungeduld des Bauherren Rechnung trug, seine
Stiftung vollendet zu sehen.

374 *Isfahan, Schah-Moschee, Blick in die Kuppel des Betsaales, 1612-38*

höchsten Zentrum entsendet eine goldgelbe Sonne stufenweise Blütenarme, denen aus der Tambourzone ein durch-
blühtes Rankenwerk entgegenwächst: ein Sinnbild des Kosmos: gerundet, von einem Zentrum her entfaltet und doch
nicht den Abstand zwischen Himmelszelt und Erdenwelt
verwischend. In die ›irdische‹ Fensterzone des Tambours
(sie ist nicht durch eine ›Gliederung‹ von der Kalotte abgesetzt) fließt Licht ein durch Fensteröffnungen, die nach außen und innen mit arabesken Fayencegittern verkleidet
sind: Durchgängen des Lichts. Erinnern wir uns: Wir stehen
in einem Bau der Schia, die ihre Imame als Träger der
göttlichen Erleuchtung im Irdischen verehrt. Innerhalb des
Islam kennt sie am ehesten halb göttliche Vermittler – und
so wie hier wird doch nirgendwo in der Baukunst des sunnitischen Bereichs zwischen oben und unten vermittelt. Es
bleibt aber bezeichnenderweise immer unklar, ob der Bau
sich von unten nach oben oder aus der Höhe nach unten zu
entwickelt.

Der Kuppelsaal ist völlig ›ausgeglichen‹ und bildet eine vollendete Einheit von Architektur und Dekor. Dieser enthüllt sich allerdings – wenn man an ältere Werke denkt – als etwas großzügig-schnellfertig: Statt mühevollen Mosaiks aus eigens zurechtgeschnittenen Stückchen einer Farbe (und damit zum jeweils höchstmöglichen Glanz gebrannten Platten) finden wir hier – und auch in den anderen Teilen des Bauwerks – fast durchgehend eine Verkleidung aus quadratischen, vielfarbig glasierten Fliesen. Mit ihnen lassen sich riesige Flächen verhältnismäßig schnell überziehen. Nur

375 *Isfahan, Schah-Moschee, Westiwan, 1612-38*

kommen dabei die einzelnen Farben nicht zur vollen
Leuchtkraft, da die einzelne Kachel als Stück bei einer mittleren Temperatur gebrannt werden muß. Die Einzelheiten
darf man also nicht zu genau unter die Lupe nehmen, aber

376 *Isfahan, Schah-Moschee, Qibla-Iwan, 1612-38*

die Gesamtwirkung ist herrlich. Ausführliche Beschreibungen und Erläuterungen würden uns höchstens vom Schauen ablenken, wenn wir die Seiteniwane und die den Betsaal flankierenden Hallen durchwandern, immer wieder überraschende Durchblicke und Perspektiven genießend. Aus den seitlich anschließenden Medresenhöfen läßt sich der Umriß der Kuppel mit einem Blick erfassen. Über dem schriftumzogenen Tambour leicht ausbauchend, ist sie in feinfühliger und zugleich strafferer Kurve zur Spitze emporgeführt. In der Kuppel mit ihrem Rankengeschlinge aus Weiß, dunklem Kobalt und goldtonigem Gelb auf türkiskühlem Grund gipfelt der Blütenrausch dieser wahrhaft kaiserlichen Moschee.

Komposition auf überraschende Bildwirkungen hin, Vereinheitlichung der Räume, vor allem mit Hilfe eines malerisch-reichen Dekors, der nicht für sich allein, sondern mit dem Raum zusammen als ein Ganzes gesehen werden will, weil er die Raumgrenzen verhüllt und zugleich ›interpretiert‹, und dessen phantasievoll-reiche Details sich nicht als Einzelstücke aus dem Zusammenhang lösen lassen, ohne ihren Sinn zu verlieren: Derartiges kennt man aus der Barockkunst Europas. Zugleich aber wird der Unterschied nicht nur zur barocken, sondern zur gesamten europäisch-westlichen Baukunst deutlich. Das Mauerwerk selbst bleibt in flächiger Ruhe, es tritt nicht als körperliche Masse in Erscheinung, ist nicht von einem tektonischen Kräftekonflikt bewegt. (Wie betont gerade der Barock den dramatischen Kampf zwischen aufstemmender Riesenkraft und wuchtenden Lasten!) Hier sind Massivität und Schwere ›nicht vorhanden‹, die Mauer zeigt sich nur in fest umrissenen Flächen, Bildträgern für endlos-vegetabilische Symbolmuster.

Wenn wir die timuridische *Moschee der Gauhar Schad* (1405-18) im Heiligtum des Imam Reza zu Meschhed[116] betreten könnten, fänden wir dort überraschende Parallelen zur Anlageform der Schahmoschee, vor allem zur Gestaltung des Iwanhofes. Der Grundgedanke ist also keine Erfindung der Safawidenzeit, sondern verkörpert nur persisches Bauwollen in seiner höchsten Vollendung und offenbart zugleich auf einer neuen Stufe das ewige Wesen des Islam. »Grundriß und Struktur des Baues spiegeln die Einfachheit der islamischen Lehre . . ., die Gleichheit und Einheit der Gläubigen, denen ein unmittelbarer und ungehinderter Zugang zur göttlichen Gnade gesichert ist. Das gemeinsame

Bodenniveau wird nirgends durch Stufen, Gitter oder
Schranken unterbrochen. Die Beter können einander sehen,
wenn sie sich zum gemeinsamen Gebet zusammenfinden
oder als einzelne an der meditativen Atmosphäre teilhaben.
Aneinander Anteil zu nehmen und sich gemeinsam zum
Gebet zu finden, das verlangt der Islam.«[117] Die Kaisermoschee, in ihrer visionären Bedeutungstiefe ein überaus persisches Werk, ist zugleich und vor allem ein islamischer Bau.

Es stellt der Stadtbaukunst der Safawidenzeit ein hohes
Zeugnis aus, daß die Kaisermoschee nicht ihre Umgebung
erdrückt, sondern in ihrer Nähe einen anderen Bau konzi-
liant zur Geltung kommen läßt, die *Moschee des Scheikhs
Lutfullah* (1602-16) gegenüber dem Ali Qapu. Diese bedient sich eigener, von der Schahmoschee verschiedener
Mittel und war – im Gegensatz zu ihr – als ›Hofkapelle‹ für
den Schah und seine Familie gedacht, stand in der Obhut
von Abbas' heiligmäßigem Schwiegervater, dem sie ihren
Namen verdankt.

Ihre Kuppel gehört zu den schönsten von Isfahan: Über
dem milden Blauton des Tambours (durchfenstert, aber die
Öffnungen durch Fayencegitter geschlossen, dazwischen etwas manieriert-geometrische Schrift) erhebt sich in flachem
Bogen die einschalige Kalotte. Das milchige Kaffeebraun
ihres Untergrunds überziehen ein türkisgrünes, lineares und
ein weißes, blauschwarz umrandetes Gespinst aus Arabeskenranken, geschweiften Palmetten und Blüten. Die aus der
Platzfront rechteckig zurückspringende Fassade ist vielleicht nicht ganz so zwingend komponiert wie das Portal der
Schahmoschee, aber trotz sehr weitgehender Erneuerungen
und Ergänzungen ein Muster an dekorativem Reichtum reiner Flächenfüllungen.

Die Moschee – eigentlich nur ein ›Oratorium‹ und Lehr-
haus – weicht als solches vom herkömmlichen Schema für
öffentliche Beträume ab: Sie besteht nur aus einem hoflosen
Betsaal. Ein ingeniös geführter Gang leitet dorthin, verschleiert die Abweichung der Qibla von der Platzfront und
entläßt den Besucher genau gegenüber dem Mihrab. Dieser
verzichtet darauf, durch besondere Pracht aufzufallen – und
im privaten Betraum fehlt natürlich eine Freitagskanzel. So
ist der Raum ganz ›leer‹, wirkt nur als solcher und durch
seine Dekoration. Ähnlich wie im europäischen Barock bilden Raum und Schmuck eine untrennbare Einheit, der De-

377 *Isfahan, Lutfullah-Moschee, Eingangsiwan, 1602-16*

kor erst hilft die besondere Raumform zu schaffen und
›interpretiert‹ sie zugleich. Der räumliche Grundgedanke ist
das wohlbekannte überkuppelte Quadrat, das der Osten ja
schon lange vor der arabischen Invasion gekannt hatte. Im
Samanidénmausoleum von Buchara (s. S. 274ff.) sind wir
diesem Schema innerhalb der islamischen Kunst zum ersten
Mal in seiner reinen Form begegnet. Aber was sich dort noch
in unverbundenen Teilen übereinanderschichtete, das Viereck mit vier Türen, die achteckige Trompenzone und das
Kuppelrund, das ist hier weitgehend zur Einheit verschmolzen und verschliffen. Die ›Trompen‹ setzen gewissermaßen

378 *Isfahan, Lutfullah-Moschee, 1602-16*

schon an der Sockelzone an. Acht türkisfarbige ›Seile‹ – wir
kennen sie bereits als das Sinnzeichen für ›Wasser‹ und
›Erquickung‹ – umziehen vom fayenceverkleideten Sockel
aus spitzbogig das Mittelfeld jeder der vier Wände und
spannen sich in gleicher Form über die Ecken. Wand- und
Eckfelder sind jeweils durch breite Schriftbänder in Mosaik
(Meisterwerke nach Entwürfen der besten Kalligraphen!)

rahmend umzogen und dadurch optisch zu Einheiten zusammengefaßt. Es entsteht also auf dem quadratischen Grundriß der Eindruck eines Oktogons, ein schwebender Übergang, von dem aus fast bruchlos die Kuppel aufsteigt, die durch das besondere Muster höher erscheint als sie wirklich ist. Die Raumteile gehen also ineinander über, im Sinne der Mystik sind die Übergänge zwischen irdischem und oberem Bereich beinahe verwischt. Aber nur beinahe: Ein weiteres Schriftband bezeichnet die objektive Grenze. Es bildet den

379 *Isfahan, Lutfullah-Moschee, Blick in den Kuppelsaal, 1602-16*

380 *Isfahan, Lutfullah-Moschee, Blick in die Kuppel*

›Sockel‹ für die Fenster im Tambour. Wie außen, sind sie auch innen durch ein arabeskes Fayencegitter geschlossen, wirken daher nicht als ›Löcher‹ in einer dicken Mauer, sondern nur als Filter, durch die Licht zwiefach gebrochen einsickert, hell und doch milde. Sie alternieren mit ›Gebetsteppichen‹ aus Fayencemosaik. Über einem weiteren Schriftfries – wieder eine durch das sinntragende Wort bezeichnete Grenze – die Kuppel. Wabenartig angeordnet

steigen Medaillons hinauf zur Blütensonne im Kuppelscheitel. Man sollte besser sagen: Sie strahlen von dort aus. Bewe-
gungsimpulse emanieren aus dem unbewegten Zentrum,
züngeln herab und flammen aufwärts zurück in ständiger
Bewegung. Aber diese Bewegung ist nicht körperlich, ist
keine plastische Kraftanstrengung (und hier liegt der funda-
mentale Unterschied zum Barock im europäischen Sinne!),
sondern ein Linienspiel, das mystisch vom einen Mittelpunkt ausgeht und im Stirb und Werde zu ihm zurückfließt,
zugleich strömt und ruht. Wenn es der bildenden Kunst
gelingen kann, die selige Sehnsucht von Mystik und Poesie
augenfällig darzustellen, dann ist es hier geglückt. Wenn wir
die persischen Bauten so betrachten, dann schenken sie uns
mehr als nur einen flüchtigen ›exotischen‹ Augenreiz. Dazu
wissen wir ja bereits auch um den Sinn der köstlichen Ranken und Blüten – zart wie aus dem Pinsel eines Miniaturma-
lers geflossen – und verstehen, daß sie mehr sind als nur ein
›recht hübscher‹ Schmuck. Wir als Europäer werden zwar
nie völlig in die Gedanken- und Gefühlswelt eindringen, aus
der ein solcher Bau entstand, aber wir können versuchen,
Zugang zu gewinnen. Doch nur ein paar Minuten sind dafür
zu wenig, denn er geht über Empfindungen, Gefühle, Gedanken, über die Sinne, vor allem über das Auge: Der Islam
hat den Menschen nicht in eine Sinnes- und eine Geistesna-
tur auseinandergerissen, und so ist es durchaus legitim, sich
am Formen- und Farbenspiel (dunkelblau, weiß, türkis,
grün, gelb und milchiges Ziegelocker) zu freuen und wahrzunehmen, daß zum Mosaik die mehrfarbig glasierten ›*haft-
rangi*‹-Fliesen treten. Von der ›Prosa‹ solcher Feststellungen
ist in Persien nur ein Schritt zum Geheimnis des Göttlichen.

An der nördlichen Schmalseite des Platzes öffnet sich
zurücktretend, als Gegenstück zum ähnlichen Tortrakt der
Kaisermoschee, der *Eingang zum Bazar* (erb. vor 1617),
genauer zur Qaisarieh, dem Markt der kostbaren Stoffe.
(Heute hier vor allem die Händler mit Qalamkar, Baum-
wolltüchern, die von Hand mit in Holzmodeln geschnittenen
Mustern bedruckt, einen Ersatz für teure Teppiche als
Wandbehänge darstellen.) Hier treffen sich vier kathedral-
hohe überwölbte Schiffe in einer – leider recht entstellten
– Kuppel. (Wenn man sich von hier aus rechts hält, in
Richtung auf die Große Freitagsmoschee, findet man – mit
etwas Glück ohne große Umwege – zu einigen durchaus
sehenswerten Moscheen, Medresen und Karawansereien

381 *Figürliche Fliesen in Haft-rangi-Technik aus der Zeit des Schah Abbas I. London, Victoria and Albert Museum*

meist aus safawidischer Zeit[118].) Die Zwickel des Torbogens zeigen – eingebettet in Blüten und chinesische Wolkenbänder – die Kentaurengestalt des ›Schützen‹, das Sternzeichen, unter dem Isfahan gegründet ward. Die Wände der Iwannische tragen figurale Fresken. An der Stirnseite eine siegreiche Schlacht Abbas' I. gegen die Usbeken, seitlich eine Jagd- und eine nicht mehr ganz deutbare höfische Szene. Die Malereien sind leider sehr schlecht erhalten, wir wollen daher erst an anderer Stelle etwas näher auf die Wandmalerei der Safawidenzeit eingehen.

An der vierten Seite des Platzes, gegenüber der Lutfullah-Moschee springt aus der Nischenfront der Eingangsbau mit darübersitzender durchsichtiger Stützenhalle des *Ali Qapu* vor (d.i. das *Tor Alis* oder auch die *hohe Pforte*), ein Palast und zugleich das Tor zu den kaiserlichen Parks und Palästen. Den Kern bildet ein timuridischer Bau. Schah Abbas I., der hier seit 1599 oft residierte, ließ den alten Pavillon auf vier Stockwerke erhöhen, die Torhalle vorbauen und darüber

die lichte Halle mit 18 schlanken Holzstützen und einem
Flachdach errichten. Das innere Tor – oder zumindest seine
Schwelle – soll aus dem Heiligen Grab Alis in Nadschaf
stammen. Damit war der Palastpavillon geweiht und der
ganze Bezirk unter den Schutz des Heiligen gestellt. Abbas
nannte sich demütig den »Wachhund an der Schwelle
Alis«[119], und wer sie überschritt (und auch der Schah stieg
hier vom Pferd), der stand unter dem doppelten Schutz des
Herrschers und des Heiligen. Anordnung und Abfolge der
Räume sind zu kompliziert, als daß sich auf kurzem Raum
eine Beschreibung oder eine Führung durch die einzelnen
Räumlichkeiten geben ließe, sie ist auch entbehrlich im
Rahmen unseres Themas. Vor allem in den oberen Stockwerken finden sich noch bedeutende Teile des Wand-
schmucks aus Fliesen und vor allem Malerei. Die Einzelheiten erinnern an Teppiche und entsprechen weitgehend den
Mustern, die uns aus den beiden bisher besuchten Moscheen
schon bekannt sind, sind aber bereichert durch figurale Motive aus der Miniaturmalerei der Abbas-Zeit (s. S. 625).
Trotz aller Herrlichkeit im einzelnen bedarf es einiger Phantasie, sich hier den Luxus des Hoflebens von damals vorzustellen. Musik und Dichterworte durchklangen die Räume,
und der Farbenglanz kostbarer Teppiche und gestickter Kis-
sen bildete nur den Hintergrund für den Gewänderprunk
des Hofstaates. In einigen Räumen jene schon aus Ardebil
bekannten Etageren-Ausschnitte zur Aufstellung kostbarer
Gefäße. Viele Zimmer erscheinen gar klein und intim, wie
überhaupt das, was von safawidischen Palästen auf uns gekommen ist, räumlich oft recht bescheiden anmutet. Obwohl
keine Spur erhalten blieb, ist die Annahme berechtigt, daß
das eigentliche Schloß des Kaisers tiefer in den Parks lag und
weitläufiger war, zugleich aber auch leichter und schnellver-
gänglicher gebaut.

Auffälligster und betontester Teil ist die überdeckte Ter-
rassenhalle im ersten Stock über dem Toriwan. (Über den
Bautypus Näheres gleich unten S. 624.) Nach rückwärts
schließt sich – hinter einem Iwan – der ›Thronsaal‹ mit
figuralen Wandgemälden an, wo der Schah zeremoniös die
Botschafter fremder Mächte empfing. Die luftige Halle aber
muß er besonders geliebt haben und nicht ohne Grund. Die
Fontäne in ihrer Mitte springt zwar längst nicht mehr. Es
bedurfte komplizierter Vorrichtungen, um hier oben Wasser
spielen zu lassen, aber sein kühlendes Leben gehört ganz

382 *Isfahan, Ali Qapu, um 1600*

einfach zu einem paradiesischen Aufenthalt, zumal in Persien. Von hier oben streift der Blick über die Stadt, bieten
die Lutfullah- und die Schah-Moschee ihre schönsten Ansichten und läßt sich die ganze Fläche des Kaiserplatzes
überschauen. Von hier aus konnte sich der Schah inmitten
seines Hofstaats an den Aufzügen, Paraden, dem abendlichen Korso und vor allem an den Poloturnieren ergötzen.
Man darf zurückdenken an die Loge des römischen Impera-
tors am Palatin hoch über dem Circus Maximus und an das,
was uns von der Herrscherloge am Hippodrom von Byzanz
überliefert wird, dem heutigen At-Meydan, dem Roß-, d.h.
Poloplatz der Osmanen. So knüpfen sich Fäden der Tradition über Zeiten und Räume, auch wenn das aus indoeuro-
päischer Welt stammende Wagenrennen abgelöst wurde

383-84 *Isfahan, Wandgemälde im Tschehel Sotun*

vom Polospiel der Steppenreiter. Die steinernen Zielmarken stehen noch an den Schmalseiten des Platzes.

Nur ein paar hundert Meter vom Meidan-i Schah entfernt, liegt in einem Park (Eingang von der Khiaban Sepah) der Gartenpalast *Tschehel Sotun*. Es ist nicht ganz geklärt, ob er

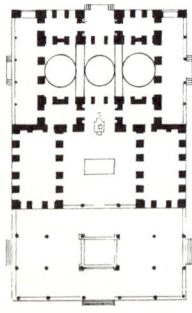

385 *Isfahan,*
Tschehel Sotun, 17.Jh.
Grundriß nach Diez

Vgl. hierzu auch Abb. 388, S. 628

386 *Isfahan, Tschehel Sotun, 17. Jh.*

noch aus der Zeit des ersten Abbas stammt oder erst unter Abbas II. etwa 1647 errichtet wurde. In der Zeit des letzten Safawiden wurde er durch ein Feuer verheert und erst unter Nadir Schah (1736-47) wiederhergestellt. Seinen Namen ›Vierzig Säulen‹ soll er davon haben, daß sich die zwanzig schlanken Holzstützen der Vorhalle im Wasser des Gartenteiches spiegeln: ›Vierzig Säulen‹ ist also eine poetische Übertreibung. Aber ›vierzig‹ steht im Persischen auch oft einfach für ›viel‹. Der Bau ist aus mehrfachen Gründen

interessant. Einmal wegen seines Grundrisses. Die Stützenhalle, eine Holzkonstruktion mit einem Brunnenbecken in
der Mitte, ist ein Gegenstück zur Terrassenlaube von Ali
Qapu. In beiden lebt etwas Uraltes wieder auf, das lange
Zeit im Verborgenen ein unscheinbares Leben gefristet
hatte (aus der ›großen‹ Baukunst jedenfalls sind kaum Zeugnisse überliefert): der *Talar*. Das ist im Grunde nichts anderes als ein flachgedecktes, schattengebendes Vordach entlang der Front des Hauses. Der Gedanke eines solchen
Wetterschutzes ist so naheliegend und die Konstruktion im
Prinzip so einfach, daß beinahe an jedem Rasthaus und
jeder Tankstelle an den Überlandstraßen Ähnliches zu finden ist. Heute noch sind solche Talar-Portiken charakteristisch für das Bauernhaus vor allem des nordwestlichen Iran,
sind aber keineswegs auf dieses Gebiet beschränkt. In den
Höfen der Privathäuser von Isfahan werden solche Schat-
tenlauben genauso gebaut wie in den Oasenstädten Transoxaniens: Ein Stamm mit einer Astgabel oder ein Mast mit
einem quergesetzten Balkenstück als Abschluß trägt das
leichte flache Dach. Schon medische Felsgräber (z. B. Dok-
han Daūd an der Straße durch den Zagros nach Kerman-
schah) bezeugen diese Bauweise. Ihre monumentale Ausformung fand sie unter den Achämeniden. Die Festhallen
von Parsagadae und Persepolis (vgl. dort die große Apad-
ana) wurden von solchen Talarhallen umfaßt. Diese selbst
stehen zwar nicht mehr, aber ließen sich rekonstruieren
(Nachbildung am Museumsbau von Persepolis), und deutlich zeigen dort die hohen schlanken Säulen und die Form
der Kapitelle (trotz aller Fabeltierprotomen) die Herkunft
aus Baumstamm und Astgabel. Die alten Könige haben im
Grunde gebaut wie der Bauer, und über 2000 Jahre später
erleben wir das gleiche an den Palästen Abbas' und seiner
Nachfolger. Aus dem Talar führt eine tiefe Halle, flankiert
von Rechteckräumen, zu einem Iwan, der mit dem Glitzer-
glanz seines Spiegelmosaiks unwillkürlich an Orientträume
Ludwigs II. erinnert. Diesen Flitter mag man der Safawidenzeit nicht zutrauen. Er trägt allzudeutlich das Siegel des
19. Jahrhunderts. Damals wurden solche Zierden auch in
den großen Wallfahrtsheiligtümern angebracht (s. u.). Wir
gelangen in einen Saal, den in der Querachse drei Kuppeln
überdecken. Dieselbe Disposition findet sich – 14 Jahrhunderte früher – im sassanidischen Palast von Firuzabad. An
der Rückseite noch einmal eine Iwanhalle, an den Flanken

XIV Spättimuridisch - frühsafawidisches Interieur
Ausschnitt aus einer Miniatur des Malers Scheikh
Zadeh zum Diwan des Hafiz, um 1527
Harvard University, Fogg Art Museum

Der Diwan, d. h. die Gedichtsammlung des Moham-
med Schems ed-Din Hafiz (ca. 1326-1390), wurde
wiederholt abgeschrieben und illustriert. Die Hand-
schrift, der unser originalgroßer Ausschnitt ent-
stammt, wurde für den Bruder des Schah Tahmasp
geschaffen. Er zeigt das Innere einer Moschee, in der
orthodoxe Mullahs und sufische Mystiker in Streit
geraten sind. Man erkennt rechts einen mit Sternorna-
menten verzierten Minber, davor einen in Aufsicht
gegebenen Medaillonteppich, auf den der Mann im
roten Übergewand seinen eigenen Gebetsteppich ge-
breitet hat. Die weiße Wand innerhalb des mit Fayen-
cemosaik gezierten Rahmens ist über einem kachelbe-
legten Sockel mit blauen Blütenranken bemalt. Über
den hölzernen Türflügeln eine Schrifttafel, darüber
ein blütenumzogenes Fenster. Da die meisten Inte-
rieurs der Zeit um 1500 zerstört oder nur in Resten
erhalten sind, kann uns nur das malerische Abbild
eine Ahnung von deren märchenhaftem Reiz vermit-
teln.

Talar-Portiken. Im Bauwerk der Safawiden finden sich Elemente zusammen, die schon in der Frühzeit Persiens die Paläste der Könige gebildet hatten. Und das geschieht – und darauf kommt es an – ohne bewußte historisierende Reminiszenzen, denn damals schlummerten die Stätten der Achämeniden und Sassaniden noch unerforscht. Ob man romantisch den Genius des Landes wirken sieht, eine neue Monumentalisierung längst verschütteter und nur noch ›volkstümlich‹ weiterlebender Elemente, oder ein Heraufkommen von ›Archetypen‹ annimmt – damit wird immer nur etwas Merkwürdiges und zugleich für die Safawidenzeit Charakteristisches umschrieben: Sie ist groß als wirkliche Ernte persischer Kunst. Auch die Bildfreude achämenidischer und sassanidischer Zeit (sie unterschied den Iran immer von der semitischen Nachbarschaft) scheint wieder aufzuleben.

Die Wände des 40-Säulen-Palastes sind mit Malereien geschmückt. Ihr künstlerischer Wert ist nicht allzu hoch anzusetzen, aber sie verdienen aus mehreren Gründen unsere Aufmerksamkeit, zumal sie in ihrer Zeit nicht alleinstehen. Darstellungen von Liebespaaren, von anderen Genreszenen, auch Schlachtenbilder in großem Format der Wandmalerei sind aus safawidischer Zeit vielfach bezeugt, aber kaum jemals so wohlerhalten wie hier, wo sie im 19. Jahrhundert in einem Anfall von frömmelndem Rigorismus übertüncht wurden. Sie nahmen dabei zwar Schaden, aber konnten auch bis zur Freilegung ihre Farbenfrische erhalten.

In der Buchkunst war der Luxus von Miniaturmalereien sicherlich seit den Seldschuken fast selbstverständlich geworden: als Illustrationen für kostbare Werke der Naturwissenschaft und als Schmuck für die Abschriften der ›klassischen‹ Dichtungen: des Schahname, der ›Chamza‹ des Nizami u. a. Dafür bildete die spätere Timuridenkunst gewissermaßen verbindliche Kompositionen heraus. Sie alle entzükken den Betrachter durch köstlich-feines Spiel der Linien, farbenfroh-flächige Raumdarstellung von einer raffiniert ›naiven‹ Wirkung. Auf der glanzvollen timuridischen Miniaturmalerei baute die Miniaturkunst der indischen Moghuln auf und ebenso die der ersten Safawiden (s. S. 599). Bereits unter Schah Abbas I. hatte sich das Bild der Malerei verändert. An die Stelle heroisch-minniglicher Historienbilder trat Genremalerei. Ihr Exponent ist Reza Abbasi (gest. um 1635). Eine fast chinesische Delikatesse des Linienspiels umschreibt bei ihm leicht melancholisch getönte Darstellungen aus dem höfischen und aus dem Volksleben. Diese Bilder lösen sich aus dem Buch-Zusammenhang. Sinnende Jünglinge, rastende Jäger, Handwerker und zechende Paare bilden die Sujets der Einzelblätter (Sammler haben sie später in Klebealben wieder zusammengefaßt) und verdrängten die poetisch-historischen Illustrationen als veraltet. Diese neue Mode gab die Anregung für viele der Wandbilder des Tschehel-Sotun-Palastes.

Aber noch ein anderes läßt sich an ihnen ablesen: der wachsende Einfluß Europas, der möglicherweise schon die ganze Mode der Genremalerei angeregt hatte. Die Beziehungen zum Westen, die Abbas I. angeknüpft hatte, wurden unter seinen Nachfolgern noch enger. Venezianisch geschulte Italiener und Niederländer fanden ihren Weg nach Isfahan (Leute, die mit ihren Fähigkeiten daheim kaum hätten Fortune machen können). Abbas II. soll sogar einen Perser zur Ausbildung nach Rom geschickt haben. (Der Arme wurde dort Christ, was ihm später mannigfaltige Ungelegenheiten eintrug.)

Als Zeugnisse dieser künstlerischen Atmosphäre müssen die Wandmalereien von Tschehel Sotun verstanden werden: Sie sind sicherlich keine Meisterwerke persischer Malerei, aber sie spiegeln nicht nur die Reza-Abbasi-Mode, sondern auch den Einfluß des europäischen Westens, der später für die persische Kunst so fatal wurde. Man empfand damals Europa als ›exotisch‹ und zugleich als irgendwie überlegen. An den Wänden der rückwärtigen Talar-Loggien finden wir Darstellungen von Menschen im englischen Kostüm des frühen 17. Jahrhunderts und Anklänge an italienisch-flämische Bildthemen (Bathseba/Susanna etc.).

Aus dem Pinsel vielleicht der gleichen oder ähnlicher Malermeister stammen die biblischen Szenen in den Kirchen der Armenier von Dscholfa. Vor allem die *Erlöserkathedrale* bietet einen vollständigen (wenn auch z. T. restaurierend übermalten) Bilderzyklus des 16./17. Jahrhunderts. Künstlerisch hat das alles wenig zu bedeuten, aber das Neben- und Durcheinander von flämischer Malweise und venezianischer Schulung in einem ›orthodoxen‹ Kirchenraum, der sich in Gesamtgestaltung und vielen Einzelheiten an die Safawidenkunst hält, ist lehrreich und fesselnd. Es zeigt, wie sich die Christen der Diaspora an Zeit und Umwelt-Stil angepaßt haben und doch Christen blieben, – ein Gegenstück zu den jüdischen Synagogen verschiedenster Gebiete und Zeiten: ein Beitrag zur Kunst der religiösen Minderheiten.

Mochten Wandmalereien im Lauf des 19. Jahrhunderts durch religiöse Rigoristen überkleistert werden, das ›Volk‹ aber dachte anders als die Autoritäten. Das bezeugt ein an sich ganz bescheidenes Heiligengrab in einem der östlichen Vororte von Isfahan: das *Imam-Zade Scheikh Said.* Seine Innenwände sind mit Bildern der Passion Husseins geschmückt: Es ist ganz primitive ›Volkskunst‹ und damit Dokument einmal des Auseinandergehens von europäisch-orientierter Hof- und traditioneller ›Volks-Kunst‹, zum anderen – wie die Hinterglasbilder der gleichen Zeit – ein Zeugnis für den iranischen Drang zur Veranschaulichung, d. h. zum Bild.

Der Tschehel-Sotun-Palast – wir kehren nach all den Exkursen zu ihm zurück – vermittelt zudem noch eine Vorstellung davon, wie safawidische Paläste in eine achsenbetonte Gartenarchitektur einbezogen waren, und wieder ist man versucht, diese Prinzipien ›barock‹ zu nennen.

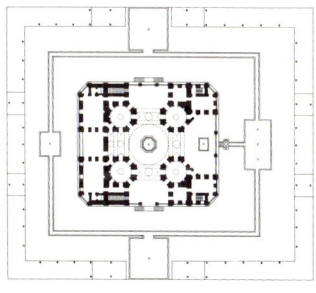

387 *Isfahan,*
Hescht Behescht,
um 1670
Grundriß nach P. Coste

Außer Tschehel Sotun überlebte – wenn auch in recht desolatem Zustand – noch ein weiteres Gartenschloß: der Pavillon *Hescht Behescht* (d. i. die *acht Paradiese*) nördlich der Medrese-ye Madar-i Schah. Leider schreiten die geplanten Restaurierungsarbeiten nur langsam voran, noch 1973 war der Pavillon nicht ohne Sondergenehmigung zugänglich. Trotzdem sei dieses Musterbeispiel eines in eine (zerstörte) Parkanlage einbezogenen Bauwerks nicht übergangen. Um eine zentrale Kuppelhalle, nach allen vier Seiten

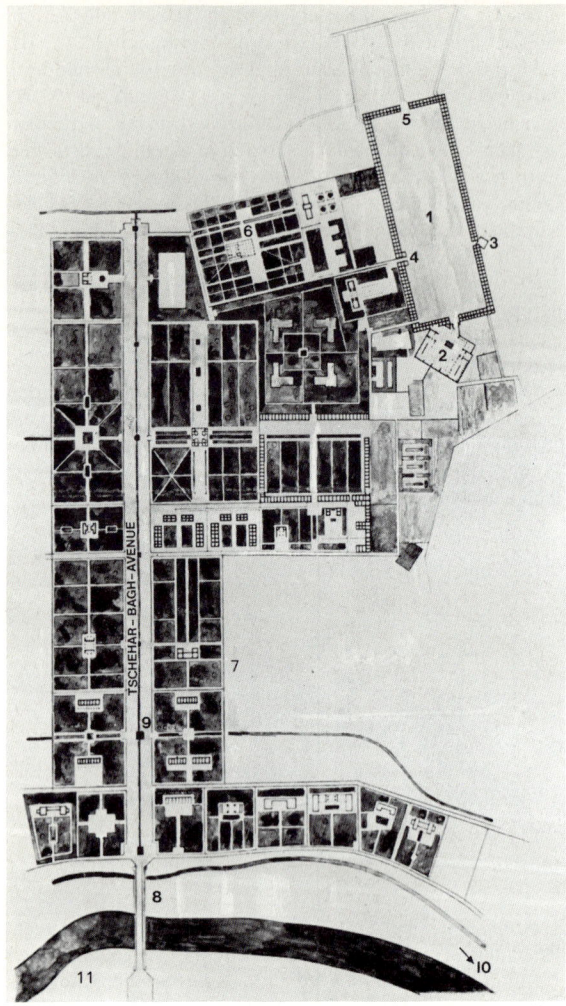

388 *Isfahan, Plan der Parkanlagen Schah Abbas' 1. nach Donald N. Wilber*

1 Meidan-i Schah, 2 Schah-Moschee, 3 Lutfullah-Moschee, 4 Ali Qapu, 5 Eingang zum Bazar, 6 Tschehel Sotun, 7 Ort des später hinzugefügten Hescht Behescht, 8 Brücke des Allahverdi Khan, 9 Ort der später hier eingefügten Medrese der Schah-Mutter (Tschehar Bagh. M.) 10 Richtung zur Pol-i Khadschu, 11 Dscholfa

389 *Isfahan, Zentralpavillon des Hescht Behescht. Kupferstich von Coste,
um 1850. Vergleiche Seite 603 und 627*

geöffnet und mit einem Brunnenbecken in der Mitte, gruppieren sich vier zweistöckige Pavillons. Die ursprüngliche
Ausstattung ist weitgehend verloren bzw. wurde im 19. Jahrhundert verändert. »Ist schon Tschihil Sutūn ohne den großen, architektonisch angelegten Park, in dessen Mitte er
steht, undenkbar, so stellt dieser Pavillon die konsequente-
ste Gartenarchitektur dar, die sich denken läßt. Er krönt mit
seiner Kuppel das Zentrum der beiden sich kreuzenden
Pappelalleen, deren eine durch Wasserbassins und die Frei-

390 *Isfahan, Brücke des Allahverdi Khan, Anfang 17. Jh.*

treppen, die auf die Plattform führen, als Hauptzugang betont wird. Der Pavillon ist also ein Quadrivium, und seine
Voraussetzung der Park, dessen Perspektiven er mit seiner
Durchsicht rahmt und künstlerisch steigert.«¹²⁰ Schon Chardin – von Versailles her an festlichen Prunk gewöhnt, – hat
die Anmut solcher Bauten empfunden: »Obwohl sie in gewisser Weise nur etwas größere Kartenhäuser sind, sind sie
nichtsdestoweniger lachender und angenehmer als unsere
prächtigsten Paläste.« Er kennzeichnete damit auch etwas,
das für so gut wie alle islamischen Schloß- und Palastbauten
zutrifft und dem wir es zuzuschreiben haben, daß von ihnen
so viel weniger erhalten blieb als von ›sakralen‹ oder profanen Nutzbauten: daß auch die mächtigsten und prunklie-
bendsten Herrscher selten vergaßen, daß sie als Sterbliche
ihr Haus nicht für ewige Dauer errichteten. Und dazu: vielen
von ihnen war das Zelt ja die eigentliche Heimat. Daher das
Schnellfertig-Schnellvergängliche östlicher Herrschersitze,
das kartenhausartig Locker-Gefügte und oft wie Zufällig-
Pavillonartige, die zeltstangengleiche Schlankheit der Stützen.

Ausgesprochene Nutzbauten dürften viel eher für die
Dauer berechnet sein und waren – schon im Hinblick auf
ihren Zweck – auch stabiler. Gerade aber der Iran verstand
es, ihnen über die reine Zweckhaftigkeit hinaus noch monumentale Form und poetischen Zauber zu verleihen. Beispie-

391 *Isfahan, Pol-i Khadschu, Mitte 17. Jh.*

le dafür sind die Brücken Isfahans. Die *Brücke des Allahverdi Khan* (auch Pol-i Si-o-Se Tschehmeh, d. i. Dreiund-
dreißigbogenbrücke genannt) aus der Zeit Abbas' I. setzte
die Tschehar-Bagh-Avenue über den Fluß nach Süden fort.
Arkaden fassen die Fahrbahn ein, trennen von ihr die Fuß-
gängerwege. Wer auf ihnen angesichts des Wassers beschaulichen Gedanken nachhängen wollte, war vom geschäftigen
Treiben abgeschirmt. Eine Brücke ist ja nicht einzig und
allein die kürzeste Verkehrsverbindung von einem Ufer zum
anderen[121]. Den Preis unter den Brücken Isfahans (und nicht
nur Isfahans) verdient aber der *Pol-i Khadschu* aus der Zeit
Abbas' II. (Mitte des 17. Jahrhunderts). Vielfacher Zweck
– und allein schon in der Kombination von Verkehrsüber-
gang, Stauwehr und regelnder Schleuse ist sie ein Meister-
stück! – verhüllt doch nicht das unmittelbare Gefühl für den
poetischen Gehalt und die metaphysische Symbolik eines
›Überganges‹. Wieder sind mehrere Verkehrsbahnen vorgesehen, sogar auf verschiedenem Niveau. Arkaden, Pavillons
und die Stufen zwischen den Durchflüssen bieten dem einen
Ruheplatz, der – und noch heute ist das ein Lieblingsplatz
der Isfahanis – sich am kühlen Spiel des lebendigen Wassers
erfreuen will. Die Bogenzwickel waren einst mit sehr ›le-
bensvollen‹ Darstellungen bemalt. Ein englischer Reisender
empfand sie als beinahe pornographisch. Seine persischen
Zeitgenossen mögen noch mehr davon geahnt haben, wie

Sexus, Fruchtbarkeit und Wasser zusammenhängen: sind sie doch nichts Wider-Göttliches, sondern Geschenk des Allerbarmers und Bild der Verheißung. Sie erwarten auf immerdar den Frommen, dem am Tage »wenn die Sonne zusammengefaltet wird und die Sterne herabfallen und die Berge sich fortbewegen« (Sura 81) ohne zu straucheln über die messerschmale Brücke des Gerichtes zu schreiten vergönnt ist. Ahnung eines Höheren und poetischen Sinn mit durchdachter Zweckhaftigkeit und vollendet schönen Proportionen zu verbinden, Theologie und Ingenieurkunst, Mystik und Ästhetik zu vereinen – und das an einem ganz profanen Bauwerk, das konnte so nur im islamischen Persien gelingen.

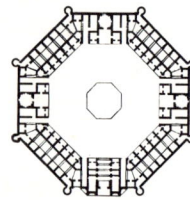

392 *Aminabad,*
Karawanserei,
Grundriß nach P. Coste

Zu den Bauten profaner Bestimmung gehören auch die Karawanenherbergen in den Städten und entlang der Überlandstraßen. Wir haben im Kap. 9 (S. 337) einige der seldschukischen Hane Anatoliens erwähnt und sind dabei auf die Funktion dieser Bauten zu sprechen gekommen. Auch aus anderen Teilen der islamischen Welt besitzen wir einige Beispiele solcher Herbergen aus älterer Zeit. Wir haben sie übergangen, denn sie tragen nicht viel zum Gesamtbild der Architektur bei. In Persien hat sich eine größere Zahl von ihnen aus der Safawidenzeit erhalten. Der neue Wohlstand der Städte nach den Mongolenstürmen hing vom ungehinderten Handel ab. In der Regel bieten auch sie nichts Außergewöhnliches. Sie folgen meist dem Medresenschema (Rechteckhof mit Iwanen und ringsum angeordneten Wohn- und Lagerräumen). Dieses Schema liegt auch der *Karawanserei von Aminābād* (an der Straße von Isfahan nach Schiraz) zugrunde, doch bildet dieses besonders eindrucksvolle Beispiel insofern eine – nicht die einzige – Ausnahme, als die Anlage achteckig gestaltet ist. Vor die Ecken der festungsartigen Mauer treten acht Rundtürme, ein mo-

393 *Karawanserei Aminabad, 17. Jh.*

numentales Portal führt in den Hof mit drei Iwanen in den Hauptachsen, mit dahinterliegenden Kuppelräumen und einem Kranz von Wohnzellen, hinter diesen ein Gang mit Stallboxen und Stapelkammern. Eine ganz rationale punktsymmetrische Planung: Der Grundriß ist so streng und ausgewogen wie ein klares Ornament. Zeichen einer hohen Kultur ist es, daß sie auch das Unscheinbare formt[122].

Von den einst fast 200 Karawanenherbergen Isfahans wurde eine der großzügigsten, der *Khan-i Madar-i Schah* (etwa 1706-14, also aus der Spätzeit der Dynastie) sehr sinngemäß in das moderne Luxushotel ›Schah Abbas‹ verwandelt. Mag einen auch die Mischung von internationalem Service, bewußtem Kunstgewerbe, Folklore und Denkmalspflege ein wenig befremden, so wird der Reisende doch etwas von der Funktion einer Karawanenherberge nachempfinden können. Sie boten sichere Bleibe, Behagen des Bades, abendliche Unterhaltung und auch sonst so gut wie alle Annehmlichkeiten, die der Stadtmensch nach staubigen, stadtlosen Wegstrecken doppelt genoß. Er braucht heute nicht wohlhabender zu sein als die Kaufleute von einst, wenn er sich hier modern-orientalisch verwöhnen will.

Die Einnahmen aus dieser Karawanserei waren von der Bauherrin, der Mutter Schah Soltan Hosseins, zum Unterhalt der anschließenden Koranschule bestimmt, der *Medrese-ye Madar-i Schah* (d. i. *Medrese der Schah-Mutter*, auch

Tschehar-bagh-Medrese wegen ihrer Lage an der Garten-
avenue). Diese große Moscheemedrese (1706-14) bildet
heute neben der Kaisermoschee die berühmteste ›Sehenswürdigkeit‹ des safawidischen Isfahan und schimmert wohl-
behalten in erneuertem Glanz. Noch einmal müssen wir an
›Barockes‹ denken: Reich und schnellfertig, raffiniert und
großzügig, dabei im handwerklichen Detail doch manchmal
etwas sorglos und mehr auf die Gesamtwirkung bedacht,
entfaltet sie zugleich eine einfallreiche Überschau safawidischer Ornamentik an den Wänden und in den Bogenfeldern.
Gelb – Nachahmung der chinesischen Kaiserfarbe – spielt
dabei eine bedeutende Rolle.

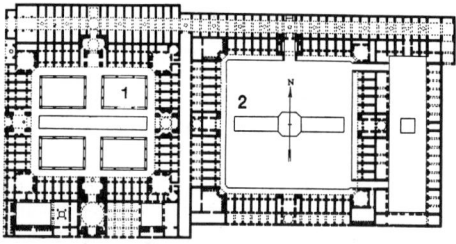

394 *Isfahan, Tschehar-bagh-Medrese, 1706-14. Grundriß nach P. Coste*
1 Moschee 2 Medrese

Die Plangestaltung ist besonders durchdacht und bereichert das herkömmliche Medresenschema durch Schaffung
von zweckdienlichen eigenen Einheiten in den Ecken, d. h.
dort, wo die älteren Baumeister immer ein wenig in Verlegenheit gerieten. Diese Lösung wurde aber kaum bei diesem
Bau zuerst gefunden. Sie muß älter, aber safawidisch sein,
denn ähnliche, wenn auch nicht so souveräne Lösungen für
die Ecken tauchen schon einige Jahrzehnte früher im Samarkand und Buchara der Usbeken auf (s. S. 480). Es ist
kaum anzunehmen, daß der Gedanke von dort stammt. Die
Stirnwand des Portaliwans an Tschehar Bagh – sehr überlegt
proportioniert – läßt im Dekor das Gelb überwiegen. Es tritt
in bewußten Kontrast zu den kühlen Blautönen der stalaktitgefüllten Eingangsnische, an deren Kante ein dreifaches
›Wasser-Seil‹ entlangzieht. Die inneren Türflügel – silberbe-
schlagen und mit prachtvoll gearbeiteten vergoldeten Medaillons teppichartig geschmückt – verdienen Aufmerksam-

395 *Isfahan, Tschehar-bagh-Medrese (Medrese der Schahmutter), 1706-14. Eingangsiwan*

keit als Meisterstücke luxuriösen Kunsthandwerks. Wir betreten den Hof und stehen in einem Garten mit schattenden Bäumen und duftenden Blumen. Ein Wasserlauf durchquert ihn. Natur und Kunst wirken zusammen, um ein Paradies zu schaffen, einen *hortus conclusus* als Raum frommen Studiums, ruhiger Betrachtung und als Sinnbild zugleich. Rechts der Süd-Iwan, flankiert von zwei Minaretts, der in

396 *Isfahan, Kuppel und eines der Minaretts der Tschehar-Bagh-Medre-se, 1706-14*

den Betsaal unter der großen Kuppel führt. Sie ist eine der schönsten des safawidischen Isfahan mit ihrem unendlich sanften und doch kraftvollen Umriß, den ornamentalen Schriftbändern des Tambours und dem unübertrefflich ausgewogenen Rankenwerk, das den türkisgrünen Grund überspinnt. Wie eine Vision steht sie mit Iwanfront und Minaretts hinter dem durchschatteten Laubwerk der Platanen schimmernd gegen den blauen Himmel, spiegelt sich zitternd im Wasser des Paradiesflusses wie eine Traumverheißung: ungreifbar und zugleich doch ganz konkret und klar umrissen. Wesen und Sinn persischer Kunst offenbaren sich in einem Anblick, der unvergeßlich bleibt.

397 *Schahreza, Moschee, 17. Jh. ff., ein schönes Beispiel für ein kleineres schiitisches Heiligtum*

Unser Bild safawidischen Bauens würde vervollständigt durch die großen Wallfahrtsheiligtümer der Schia, die Grabmoscheen der heiligen Imame. Im Iran gehören in ihre Reihe z. B. das *Heiligtum des Imam Reza in Meschhed* (der künstlerisch bedeutendste Teil dieses Komplexes, die Moschee der Gauhar Schad, stammt allerdings schon aus der

Timuridenzeit), oder das *Heiligtum der Fatima in Qom*. Im
Irak wären zu nennen *Nadschaf (Grabmoschee Alis), Kerbe-
la (Grabmoschee Husseins,* s. S. 110 Kap. 5) *Kadhimein* bei
Bagdad (s. Anm. 51) und *Samarra* (Abb. 400). Leider ist dem
Fremden der Zutritt zu ihnen verwehrt, und wenn man sich
Unannehmlichkeiten oder Schlimmeres ersparen will, sollte

398 *Qom, Eingang zum Fatima-Heiligtum, 17.-20. Jh.*

399 *Kadimein bei Bagdad, Blick über den Eingangsiwan auf die goldenen Kuppeln, 17.-20.Jh.*

man wirklich nicht versuchen, sich einzuschleichen. Häufig
ist die Bevölkerung dieser Orte auch ausgesprochen frem-
denfeindlich. Immerhin kann einem (z. B. in Samarra, Kadhimein oder Qom) ein reichliches Bakschisch den Zugang zu
einer benachbarten Dachterrasse öffnen, von wo dann ein

400 *Samarra, Das Heilige Goldene Mausoleum, 16.-20.Jh.*

paar instruktive Einblicke möglich sind. In Kadhimein z. B. erkennen wir, daß der Betsaal mit anschließender Grabkuppel in einem Arkadenhof steht und wie ein Palast eine Talar-Vorhalle besitzt, also wieder unbewußt Sassanidisches aufnimmt. Ganz allgemein kennzeichnend für diese Moscheen sind die vergoldeten Kuppeln, die weithin von der Heiligkeit des Ortes künden. (Es sind heilige Orte für die Schiiten – vgl. S. 31.) In der Regel handelt es sich nicht um nach einem einheitlichen Plan entstandene Anlagen, sondern sie sind im Lauf von Jahrhunderten um die verehrte Grabstätte entstanden, wurden aber in ihren hauptsächlichsten Teilen im 16. und 17. Jahrhundert neugebaut oder neugestaltet. Spätere Zeiten haben wiederum erneuert oder Neues dazugetan (vgl. die Fayencen der Nebenkuppeln, die Form der Minaretts usw.). Nur in Meschhed entgeht uns Einzigartiges – das mag uns trösten.

Die Epoche der Safawiden haben wir als die Vollendung der persisch-islamischen Kunst verstanden. Vollendung bedeutet zugleich auch Ende. Es ist, als sei mit ihr die schöpferische Kraft ausgelebt und erstorben. Was folgt, ist künstlerischer Verfall, der Hand in Hand geht mit dem politischen.

1722 belagerten und eroberten die Afghanen Isfahan, verdrängten Schah Soltan Hossein, besetzten das Land. Russen und Osmanen rafften weite Gebiete an sich. Der hilflose safawidische Kronprinz fand Hilfe bei einem veritablen Räuberhauptmann und zugleich einem skrupellosen militärischen Genie: bei Nader Kuli Khan. Der verjagte die Feinde, stellte die Grenzen des Safawidenreiches wieder her, machte sich 1736 selbst als *Nadir Schah* zum Kaiser, eroberte Afghanistan, bekriegte die Usbeken von Buchara und Chiwa, schleppte aus Delhi unendliche Beute heim – letzter der großen asiatischen Eroberer, der ›Napoleon des Ostens‹. Wie Bonaparte kannte er keine Grenzen. Mißtrauen, Raffgier, Brutalität machten ihn verhaßt. 1747 wird er ermordet. Sieger in den Nachfolgekämpfen wird *Karim Khan* aus dem Zend-Stamm. Er schenkt dem geplagten Land eine kurze Friedenszeit und schmückt als *Vakil (Regent)* seine Hauptstadt **Schiraz** großzügig mit Bauten: In der

401 *Schiraz, Blick in den Betsaal der Vakil-Moschee, 2. Hälfte 18. Jh.*

402 *Schiraz, Vakil-Moschee, Nordiwan, 3. Viertel 18. Jh.*

›Stadt der Dichter und Nachtigallen‹ zeugen von dieser Zeit die *Zitadelle* mit geometrischem Ziegeldekor, der an seldschukischen Gebrauch erinnert, der schöne Vakil-Bazar, dazu die *Vakil-Moschee*, die in origineller Weise iranische Überlieferung mit spät wieder auflebenden Gedanken der ›arabischen‹ Moschee verbindet (Gebetssaal als mehrschiffig gewölbte Halle mit gedrehten Säulen). Der Fayencedekor

403   *Schiraz, Vakil-Moschee, Mittelfeld des Nordiwans, 3. Viertel 18. Jh.*

mit seinen etwas bunten und doch blassen Farben (viel Gelb,
auffallend als neuer Ton ein sanftes Himbeerrosa) strebt
stellenweise zum ›naturalistischen‹ Blumenbild: Zeichen eines eklektischen Manierismus.

Die schiitischen Grabmoscheen (Schah Tscheragh und
Mir Mohammed) mit ihren unproportionierten bunten
Kuppeln (beide aus dem 19.Jahrhundert) bleiben besser
unerwähnt. Die modernen Mausoleen der Dichter (Saadi,
gest. 1291/92) und Hafis (gest. 1388/89) in schönen persischen Gartenanlagen wird jeder besuchen, der nach Schiraz
kommt. Beide Poeten gehören zum Siebengestirn der persischen ›Klassiker‹ (Firdowsi, Enveri, Nizami, Dschelal ed-
Din, Saadi, Hafis, Dschami). Manch einem mögen Strophen
aus Goethes Divan im Ohr klingen, manch einer wird mer-
ken, daß beide Mausoleen echte ›Heiligtümer‹, nicht bloß
Bildungs-Gedenkstätten sind, mag etwas von seinem westlichen Überlegenheitsgefühl einbüßen beim Gedanken, daß
Persien selbst das Grab des um 1022 gestorbenen Firdowsi
kennt und verehrt, daß aber bei uns niemand weiß, wo
Mozart verscharrt wurde.

Die Zend-Periode ging schnell vorbei. Aus den erneu-
ten Kriegen um die Herrschaft ging der Häuptling der *Ka-
dscharen* schließlich als Sieger hervor (1787). Unter dieser
Dynastie (1796-1925) wurde Persien immer tiefer in die
Rivalitäten der europäischen Mächte verstrickt: in die In-
dien-Pläne Britanniens, in Napoleons phantastische Orient-
Projekte und Rußlands Expansionsdrang. Persien wird das
Feld, auf dem im 19.Jahrhundert die englischen und russischen Interessen aufeinanderstoßen, bis sie schließlich auf
Kosten des Landes 1907 zu einem Ausgleich finden. Brechen wir hier ab. Wie politisch, so steht auch künstlerisch die
Kadscharenzeit im Schatten Europas. Nicht daß man einfach europäisch gebaut hätte. Schlimmer: Man baut ›persisch‹, aber so wie man sich vorstellt, daß Europäer einen
eindrucksvollen persischen Bau hinstellen würden.

Teheran – seit der Kadscharenzeit die Hauptstadt – bietet
einige Beispiele dafür, wie das Stilgemisch des *Musiktores*
oder die *Sepah-Salar-Moschee* (vor 1830). Sie will unbedingt
repräsentativ wirken, versieht sich mit vielen Minaretts, aber
die Kuppeln wirken flach und gedrückt, und ein Blick auf die
Fliesendekoration lehrt mehr als viele Worte: Die Farben
sind bunt, hart nebeneinandergestellt und leuchten doch
nicht. Und die Muster: naturalistische Blumenarrangements
in ›unendlichem Rapport‹ – was sich mit dem Naturalismus
ebensoschlecht verträgt wie die Anordnung von Rosen- und
Veilchengebinden von fast biedermeierlicher Art, die (und
dabei sind das so ganz persische Motive!) – in der Weise von

404-405 *Fassadendetail der Lutfullah-Moschee in Isfahan, 1602-16, und Kacheldetail der Sepah-Salar-Moschee in Teheran, vor 1830*

Renaissance-Grotesken kandelaberartig in die Höhe gestaffelt werden. Wenn dann noch ein klassizistischer Mäander das Feld umzieht, ist die Stilmischung komplett. Manchmal glaubt man da Erzeugnisse vor sich zu haben, wie sie die ›Gründerzeit‹ in Treppenhäusern und auf Toilettenfußböden gerne verwandte. Um nicht ganz ungerecht zu sein: immer noch spricht aus solchen Gebilden der poetische Sinn Persiens, aber es stehen ihm nicht mehr die schöpferischen Geister zur Verfügung, die ihm angemessenen Ausdruck geben könnten. Man mag sich trotzdem an manchen Details freuen und in den Gartenhöfen den poetischen Reiz erleben – nur muß man nicht meinen, man habe etwas von persischer Kunst erlebt, wenn man die großen Moscheen oder den Golestan-Palast von Teheran gesehen hat.[123] Nur im Museum trifft man hervorragende Werke aus allen Zeiten des islamischen (und des vorislamischen) Persien (s. S. 739). Selbstverständlich beherbergt es keine Bauwerke. Wer die Islam-Architektur der Perser kennenlernen will, Räume und Formen im Schimmer ihres Schmucks, der muß schon bis Isfahan fahren.

14 Bauten des Islam in Indien

Unter ›Indien‹ sei in diesem Kapitel der gesamte Subkontinent ohne Rücksicht auf heutige politische Grenzen verstanden. Die beträchtliche Zahl bedeutender Denkmäler ist über ein riesiges Gebiet verstreut. Wir beschränken uns hier auf Bauten an denjenigen Orten, die wohl jeder Indienfahrer besucht, d. h. vor allem auf die im Territorium von Delhi und in den Moghulresidenzen. Für die mehr ›provinziellen‹ Schauplätze (Pakistan, die indischen Bundesstaaten Kashmir, Punjab, Uttar Pradesh, Bihar, West Bengal, Gujarat mit den östlich anschließenden Distrikten von Madh Pradesh und Maharashtra und den nördlichen Dekkan (südliches Maharashtra, die Distrikte Bijapur und Gulbarga im nördlichen Zipfel von Karnataka, südliches Andra Pradesh) müssen Andeutungen genügen.

Die islamische Geschichtsschreibung und ihr folgend auch europäische Betrachter neigten und neigen dazu, Indien als ein Randgebiet des Islam anzusehen. Einige Darstellungen der islamischen Kunst klammern den indischen Bereich völlig aus, andere dagegen räumen ihm eine Art Schlüsselstellung ein. Sicher ist: »Von allen Kulturländern, die der Islam eroberte, war Indien das stärkste, eigenartigste, geschlossenste. Daher ist die Auseinandersetzung, die hier zwischen der islamischen und indischen Kultur stattfand, und ihre Resultate besonders interessant und bedeutsam.«[124] Es kann gar kein Zweifel bestehen: Die Bauwerke, die im Auftrag moslemischer Herrscher in Indien entstanden, gehören zur islamischen Kunstwelt. Zugleich aber gehören sie ebenso zweifellos zur Kunst Indiens, wie die Geschichte der indischen Moslemreiche zur indischen Gesamtgeschichte. Die islamische Kunst stellt nicht nur eine neue Phase der indischen Kunst dar. Neben ihr lebte die einheimisch-hinduistische vor allem im Süden noch jahrhundertelang weiter. Seit dem ersten Eindringen des Islam läuft also die Kunstgeschichte Indiens zweigleisig.

Indien ist das einzige der für das Gesicht der islamischen Kultur des ersten Jahrtausends nach der Hedschra bedeutsamen Länder, das Moslems zwar zumindest teilweise zu unterwerfen und zu beherrschen vermochten, ohne daß es jedoch gelang, die Masse der Bevölkerung für den Islam zu gewinnen.

Die Schwierigkeit, die sich aus diesem Doppelaspekt für den Betrachter ergibt, entspricht letztlich derjenigen, welche die Moslems selbst mit Indien hatten. Mit Recht hat man immer wieder darauf hingewiesen, daß der Islam sich vor allem in den Wüsten- und Steppenzonen durchgesetzt hat, deren Lebensbedingungen denen seines Geburtslandes ähnelten. Der Unterwerfung der unter gleichen harten Lebensbedingungen Gleichen unter den Willen eines einzigen gestaltlosen Geist-Gottes, trat Indien mit unerschöpflich wuchernder Gestaltungs- und Umgestaltungskraft entgegen, zyklisch sich wiedergebärend, eine Welt voll biegsam-üppig ineinanderfließender Mythen und Gestalten. Die durch keinen klar umrissenen Glaubensinhalt festgelegte Gedankenwelt Indiens hatte wiederholt ihre Assimilationskraft bewiesen. Der Buddhismus z. B. wurde in seinem Ursprungsland vom Hinduismus völlig absorbiert. Gegenüber dem Islam versagte diese Kraft. Er blieb eine in sich geschlossene Einheit und mußte es bleiben, wenn er sich nicht selbst aufgeben wollte. Er kannte nur Bekehrung zu Allah oder Unglauben, keine hundertgliedrigen Zwischenstufen. So war der Moslem isoliert inmitten einer in vielerlei Kasten und Völkerschaften geschiedenen Umwelt. Dem Hindu war die Botschaft von Allah, dem Einen und Gestaltlosen, vor dem alle Geschaffenen gleich sind, zutiefst unverständlich. Ihre Verkünder waren ihm fremde Eroberer, unreine Barbaren. Auch wenn Eheverbindungen zwischen Moslems und Hindus nicht selten waren, Hinduismus und Islam schlossen sich gegeneinander ab, mochten auch Zeiten akuter Feindseligkeit mit solchen gegenseitigen Geltenlassens wechseln. Jeder Versuch eines Ausgleichs mußte an der Unvereinbarkeit des Unvereinbaren scheitern. Kaiser Akbars elitäre Vorstellung von einem auf islamisch-monotheistischen Grundlagen beruhenden Glauben an die eine und einzige lichte Gotteswahrheit, so indisch sie auf den ersten Blick wirkt, hatte gerade in Indien nie eine echte Chance, zur Volksreligion zu werden.

Aus islamischer Sicht waren die Hindus exemplarische Götzendiener. Man konnte ihre von Götterfiguren und -symbolen überquellenden Heiligtümer im Namen des Ei-

nen und Unsichtbaren zerstören, – ausgerichtet war damit
nichts, denn die Eroberer waren in der Minderheit. Schließlich wurden – wie schon vorher die Zoroastrier in Persien
– die Unterworfenen auch hier rechtlich den ›Schriftbesitzern‹ (Juden und Christen) gleichgestellt und blieben gegen
Zahlung der Kopfsteuer religiös zeitweise unbehelligt. Ihre
Arbeitskraft und Kunstfertigkeit wurden in den Dienst der
islamischen Konzeption gestellt. Gerade der Umstand, daß
in Indien die islamischen Krieger und Herren immer wieder
und ständig Nichtmoslems als ausführende Handwerker und
oft auch als entwerfende Architekten beschäftigen mußten
und beschäftigt haben, gibt den Bauten des Islam in Indien
ihr besonderes Gepräge, läßt sie islamisch und zugleich indisch erscheinen.

Um die eigentümlichen Züge der Islambaukunst dieses
Raumes zu erfassen, ist ein Blick auf die nichtislamische
Kunst Indiens notwendig. Aber es kann sich in unserem
Zusammenhang nicht darum handeln, die Geschichte der
indischen Kunst nachzuzeichnen oder das religiöse Fühlen
Indiens darzustellen, aus dem die großen künstlerischen
Schöpfungen der Buddhisten, Jainas, Hindus usw. erwach-
sen sind. Einige Andeutungen müssen genügen.

Schon den Moslem-Eroberern fiel auf (und noch heute
macht das Historikern zu schaffen), daß Indien vor dem
Islam keine Geschichtsschreibung kennt. Offenbar fehlt
dem Inder das Bewußtsein einer linear verlaufenden Zeit
und der Unwiederholbarkeit der einmaligen Begebenheit
und der einmaligen Existenz. Er sieht in ihnen immer nur
wiederkehrende Erscheinungsformen und bloßen Schein.
Wo aber das Einzelwesen nicht als einmaliges Geschöpf
eines einzigen und ewigen Schöpfers gilt, sondern nur als
eine aus dem endlos zeugenden und verschlingenden Strom
des Lebens auftauchende Schein-Erscheinung, verliert es
sein besonderes Gesicht, Gewicht und Geschick. Indien ist
voll von Figur gewordenen Göttern, Hunderte und Tausende von Gestalten quellen aus dem Stein der Tempel ans
Licht, aber sie alle erscheinen wie in einen großen Strom
eingebunden. Indische Skulpturen sind nicht wie die griechischen ›autarke‹, von einem Kraftkern erfüllte und somit
auch in der Ruhe ›aktive‹ Gestalten, sondern bewegliche
Volumen-Gebilde aus Oberflächen, die wie von einer an-
onymen Macht nach außen gerundet, ins füllige Dasein ge-
trieben werden. Eine üppige Plastizität kennzeichnet die

Skulpturen Indiens, und ›Skulpturen‹ solcher Art sind
eigentlich auch die Bauten. Buddhistische Stupas wie
hinduistische Tempel sind plastische Gebilde, sie wirken
nicht ›gebaut‹, sondern eher als massiv geschichtete Gebilde
wie Berge. Buddhistische Stupas sind symbolische Weltber-
ge, massiv und ohne Bindemittel geschichtet. Und in die
Felsmassen der Berge wurden früh hinduistische Tempelhallen eingehöhlt, vielschiffig, mit dunklen Zellen für die
vielgliedrigen Götterbilder. Es sind Höhlen, vorgetrieben in
einen fruchtbaren Mutterschoß, sind Stollen zum letzten
Mysterium des unerschöpflichen Lebens. Es ist kein Zufall,
daß gerade Höhlenheiligtümer (Ajanta, Ellura usw.) zu den
charakteristischen ›Bauwerken‹ der indischen Kunst zählen.

Immer wieder haben wir das islamische Bauen – im Gegensatz zum aktiv-tektonischen des ›Abendlandes‹ – als einen Versuch verstanden, einen Bereich aus dem Endlosen
durch unbewegte und körperlos-abstrakte Flächen auszu-
grenzen. Die voluminöse Kompaktheit des indischen Stils,
seine üppige Plastizität widersprachen islamischem Geist. Es
leuchtet ein, daß ebensowenig wie zwischen abendländi-
schem und islamischem auch zwischen diesem und indischem Stilempfinden Kompromisse möglich waren, daß aus
einer Mischung höchstens zwitterhafte Gebilde hervorge-
hen konnten. Man darf sich eingestehen, daß tatsächlich den
meisten Moslembauten Indiens etwas zwitterhaft Eklekti-
sches anhaftet. Das nimmt ihnen jedoch nichts von ihrem
besonderen Reiz, erhöht ihn eher.

Die grundsätzliche Unvereinbarkeit der Stilhaltungen bedeutet nicht, daß sich nicht Einzelheiten und technische
Verfahren hätten austauschen lassen, also Beziehungen
gänzlich unmöglich gewesen wären. Die alte indische Kulturwelt (wie vorher schon die hellenistisch-römische, wie
Byzanz und Persien) hatte den erobernden Moslems viel
mehr zu geben als diese ihr. Lange bevor überhaupt vom
Islam die Rede sein konnte, hat Indien vermutlich auf die
Turkvölker gewirkt, die dann innerhalb der Islamwelt eine
so wichtige Rolle zu spielen bestimmt waren. Schon mit dem
frühen Buddhismus drangen indische Anregungen nach
Zentralasien. Auf architektonischem Gebiet waren es offenbar vor allem Ideen und Verfahren der Holzbauweise, wie
sie noch heute in den Himalayagebieten (Kaschmir) lebendig ist. Bei all dem ist man natürlich weitgehend auf Vermutungen angewiesen, denn im indischen Monsunklima waren

Holzbauten zu raschem Verfall verurteilt, nur was aus Stein war, konnte überleben. Gerade im Steinbau Indiens finden sich jedoch Formen, die nur als Umsetzung von Holzkonstruktionen in dauerhafteres Material zu verstehen sind. Solche versteinerten Holzbautechniken werden selbst noch in der Moghulzeit das Bild der indo-islamischen Architektur mitbestimmen (vgl. Dach- und Deckenkonstruktionen! Den Nachhall ihrer frühen Vorbildwirkung fanden wir schon in Kuppelgestaltungen der türkischen Seldschuken).

Es ist nicht auszuschließen, daß selbst die Idee des Spitzbogens aus Indien stammt: als ein aus der Wand herausgeschnittenes Abbild eines Blattes vom Boddhibaum, unter dem der Buddha seine Erleuchtung empfing, wobei es den Indern dabei nicht auf die technisch-konstruktive, sondern auf die symbolische Idee ankam. Der Spitzbogen wurde schon früh in der islamischen Kunst des östlichen Bereiches heimisch, gewann dort geradezu kanonisches Ansehen.

Der massenschichtenden Baukunst Indiens sind Bogen jeder Art – zumindest als konstruktive Glieder – wesensfremd. Sie bevorzugt den waagrechten Abschluß bei Türen, Fenstern und Nischen. In den frühen Tempelhallen sind Bögen – soweit sie auftreten – aus dem massiven Felsen herausgeschlagen. Wo Hindus im Dienst moslemischer Herrscher Bogenformen anwandten, haben sie sie zunächst nur aus einer homogenen Masse, der aus den Blocklagen getürmten Mauer, ›herausgesägt‹. So konnten sie ohne Rücksicht auf das Prinzip jeder Bogenstruktur reichbewegte, laubsägeartige Umrisse schaffen, die – über alle Entfernungen hinweg – an die reich kurvierten Bogen des Maghrib erinnern. Die ersten, aus überkragenden Steinlagen errichteten Bogen der indo-islamischen Kunst sind keine konstruktiven, sondern Schein-Gebilde, ›falsche‹ Bögen, die kaum den Massencharakter verhüllen, der den Moslembauten in Indien eine für Moslems so fremde Note gibt.

Noch deutlicher zeigt sich in der Ornamentik die Schwierigkeit, in Indien eine rein islamische Kunst zu schaffen. Wenn auch selbstverständlich die üppige Figurenwelt der indischen Göttergestalten aus den Moslemwerken verbannt bleiben mußte und allein pflanzliche Motive zugelassen wurden, so nahmen doch auch diese einen so sinnlich-prallen Charakter an, wucherten so tropisch ungebändigt, drängten die abstrakt-geometrischen Netz- und Gitterwerke zunächst so weit zurück, daß der Moslem-Minderheit eigentlich keine andere Wahl blieb, als entweder dieses geile Wuchern und damit vom Dekor her die Indisierung hinzunehmen oder – wie es vor allem während der relativen Isolierung Hindustans von der übrigen islamischen Welt zwischen dem 13. Jahrhundert und dem Beginn der Moghulherrschaft geschah, – auf Schmuck der Bauten so weit zu verzichten, daß nun erst recht unislamische Stilgesinnung zur Geltung kam und die Bauten ihre indische Massivität unverhüllt zur Schau stellten. Das Dilemma blieb unauflösbar.

Vom Eindringen des Islam bis zum Beginn der Moghulzeit

Seit etwa 650 waren arabische Eroberercharen in die Randgebiete des indischen Bereichs (das heutige Afghanistan und Westpakistan) eingedrungen. Nach fast einem Jahrhundert der Kämpfe erst hatten sie das Gebiet am unteren Indus (Sind) als Brückenkopf auf dem Subkontinent fest in ihrer Hand. Der Einfluß der Kultur Indiens machte sich bald bemerkbar: Hier wurden die Araber mit der indischen Stellenrechnung und der entscheidenden Ziffer ›Null‹ bekannt, die nun zusammen mit den indischen Zahlzeichen ihren Siegeszug durch die islamische Welt antraten und schließlich als ›arabische Ziffern‹ auch das Abendland eroberten. Ursprünglich indische Erzählstoffe strömten in den islamischen Kulturbereich ein. Die Araber erscheinen – wie ja überhaupt in der Omayyaden- und frühen Abbasidenzeit – deutlich als die Nehmenden. Auf indischem Boden haben sie keine baulichen Spuren hinterlassen.

Das arabische Element war eigentlich nur an dem ersten Vorstoß beteiligt. Türken waren es, die, durch die persische Kulturschleuse hindurchgegangen, den Islam und seine Kunst in Indien zur Herrschaft brachten. Persisch war von Anfang an die Amts- und Literatursprache im islamischen Indien und wurde erst im 18. Jahrhundert vom Urdu verdrängt.

Von seiner festen Residenz Ghazna aus unternahm der Türke *Mahmud* (s. S. 283) wiederholt mit seiner beweglichen und darum den indischen Heeren überlegenen Bogenschützenkavallerie Kriegszüge gegen die ›Götzendiener‹ Indiens, zerstörte ihre Tempel, schlachtete und versklavte die Bevölkerung. Der Kampf im Namen des Islam war im Grunde nur ein Vorwand für Raubzüge. Auf dauerhafte

Eroberungen in Indien kam es offenbar zunächst nicht an, doch wurden die islamischen (ismaelitischen) Herrscher im Sind unterworfen, und 1021 kam nach dem Sieg über die Sahi-Dynastie der Pandschab (Punjab) zum Ghazna-Reich. *Lahore* wurde die Hauptstadt der neuen Provinz und, nachdem Masud die iranischen Gebiete an die bei Dandanaqan (1040/41) siegreichen Seldschuken verloren hatte, Zentrum des ghaznawidischen Reststaates und eine Pflegestätte persisch-islamischer Kultur.

Träger des dritten und entscheidenden Vorstoßes des Islam nach Indien waren die gleichfalls turkstämmigen Ghoriden. Von *Ghor* aus gewann *Mohammed ibn Sam* die Herrschaft über das ganze Gebiet des heutigen Afghanistan, siegte über den Ghaznawidenstaat von Lahore und drang gegen die indischen Kleinkönige im Raum von Delhi vor. Er zielte – anders als Mahmud von Ghazna – von Anfang an auf territoriale Eroberung. Die taktisch überlegenen islamischen Heere stießen bis in die Gangesebene und nach Bengalen vor. Ein kurzlebiges Großreich entstand. Sein Denkmal ist das Minarett von Dscham (s. S. 287).

Mit dem Tod Mohammeds ibn Sam von Ghor (1206) zerbrach sein Reich. Sein General *Qutb ed-Din Aibak* (1206-10), ein Sklave, der seit 1192 die indischen Provinzen verwaltet hatte, errang gegen alle Mitbewerber die Alleinherrschaft über die indischen Reichsteile und begründete das sog. *Sklavensultanat von Delhi* (1206-90). Dessen Macht festigte und erweiterte sich unter *Iltutmisch* (auch in der Form *Iltumisch, Altamisch* usw. überliefert) (1210-36), den der Kalif von Bagdad feierlich als ›Sultan‹ anerkannte. Sein Herrschaftsbereich erstreckte sich schließlich über ganz Nordindien, d. h. den gesamten Einzugsbereich von Indus, Jumna und Ganges.

Erst aus der Zeit um 1200 sind auf indischem Boden auch heute noch aufrechtstehende, islamische Bauten wenigstens z. T. erhalten. Der Raum von **Delhi** schien durch seine Lage an der Stelle, wo der Jumna in die Gangesebene eintritt, den aus dem Nordwesten über den Pandschab eindringenden Moslems der geeignetste Platz, um Indien zu beherrschen. Immer wieder haben Eroberer gerade dieses Gebiet zum Mittelpunkt ihres imperialen Anspruchs ausersehen. Die Gepflogenheit orientalischer Herrscher, ihre Macht in einer eigenen Stadtgründung zu manifestieren, hat in dem Territorium eine Vielzahl von ›Städten‹ entstehen lassen. Ihre

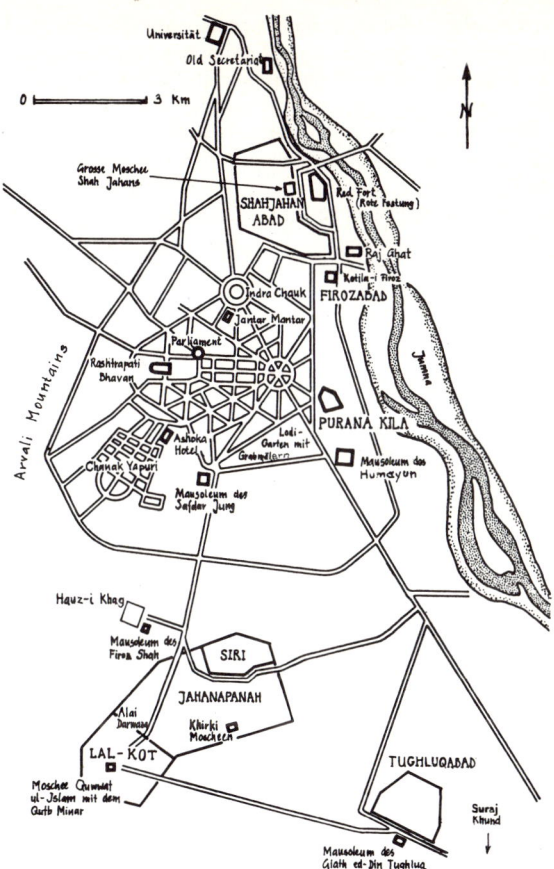

Lageskizze der mohammedanischen Stadtgründungen und des von den Engländern erbauten New-Delhi.

gestirnmythische Siebenzahl (Lal-Kot, Jahanpanah, Siri, Tughluqabad, Firozabad, Purana Kila, Schahjahanabad) ist eine Fiktion und ließe sich nach Belieben erweitern. Ihre Gesamtheit sei hier als *Alt-Delhi* bezeichnet. Die Gründung Schah Jahans bildet heute die eigentliche ›Altstadt‹. An sie schließt sich die britische Gründung *New Delhi* an, die immer weiter in das Gebiet der alten Ruinenstädte hinauswächst.

In Lal-Kot, der eroberten Hindufestung und ersten islamischen Stadt in diesem Territorium, ließ Qutb ed-Din sofort alle Hindutempel zerstören und errichtete auf ihren
Fundamenten und aus ihrem Material die *Moschee Quwwat
ul-Islam* (1193), einen von einer außen schmucklosen Mauer
umschlossenen Hof von etwa 60 x 45 Metern, der allseits von
Hallen umzogen war: an der Eingangswand drei-, an den
Längsseiten zwei- und an der Qiblaseite fünfschiffig als Betsaal mit fünf Kuppeln und fünf Mihrabnischen. Die Pfeiler
dieser Hallen stammten sämtlich aus den zerstörten Heidentempeln.

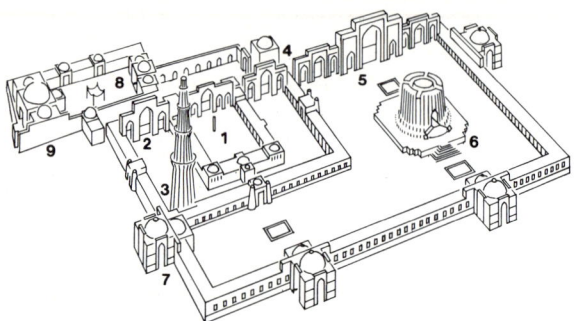

406 *Delhi, Rekonstruktion der Moschee Quwwat ul-Islam in Lal-Kot*
*1 Moschee des Qutb ed-Din, 1193, 2 Erweiterung der Moschee unter Iltutmisch,
1210-29, 3 Minarett des Qutb ed-Din, beg. 1193, vollendet durch Iltutmisch
1230, 4 Mausoleum des Iltutmisch 1235, 5 Erweiterung der Moschee unter Ala
ed-Din Khaldschi, 1295-1315, 6 Unvollendetes Minarett des Ala ed-Din Khaldschi, 7 Alai Darwaza, Torbau des Ala ed-Din Khaldschi, um 1305, 8 Moschee-
medrese des Ala ed-Din Khaldschi, 9 Grabbau des Ala ed-Din Khaldschi, um
1315*

Was so entstanden war, entsprach dem ältesten Typ einer
Hofmoschee, bot allerdings mit dem überquellenden indischen Schmuckwerk einen für islamische Augen offenbar
höchst absonderlichen Anblick. Vielleicht deswegen wurde
wenig später (etwa 1199) der Gebetshalle eine fünfbogige
›islamische‹ Arkadenfront vorgeblendet: ein hoher Kielbogen[125], flankiert von je zwei kleineren, umzogen und gerahmt von Naskhi-Inschriften, die von pflanzlichen Motiven
tropisch durchwuchert werden. Im Rahmen dazu ein Band
von Ranken, deren Stämme sich wie feiste Schlangen winden, denen üppige Blätter, Blüten, Rosetten entsprießen.
Nichts von der geometrischen Stilisierung des Pflanzen-

407 *Delhi, Lal-Kot, Moschee Quwwat ul-Islam, 1193*

werks zur Arabeske. Es ist deutlich: Hier waren nicht islamische, sondern Hindusteinmetzen am Werk.

Vergleichbar sind Baugeschichte und Erscheinungsbild
der ›*Zweieinhalb-Tage-Moschee*‹ *von* **Ajmer** (um 1200).

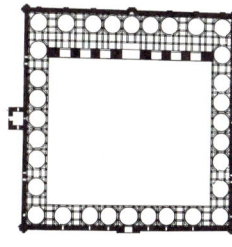

408 *Ajmer,*
Zweieinhalb-Tage-Moschee,
um 1200
Grundriß

409 *Delhi, Lal-Kot, Moschee Quwwat ul-Islam, 1193. Arkadenbögen*

Ihre siebenbogige Betsaalfassade (mit gewellten Kielbogen)
wurde erst unter Iltutmisch (etwa um 1235) errichtet. Die
Schriftfriese auf ornamentiertem Grund und die Zierbänder
mit pflanzlichen Motiven atmen allerdings viel stärker den
Geist islamischer Ornamentik und stehen vollkommen auf
der Höhe der Zeit. Vieles erinnert an die Kunst der Seldschuken, auch das – nur im Ansatz erhaltene – Minarettpaar über der iwanartigen mittleren Arkade. »In der Qutb-
Moschee in Delhi und der Moschee von Ajmer bilden die
Hindusäulen der Halle und die Hoffassaden einen stilistischen Kontrast, der von den Erbauern wohl nicht nur hinge-
nommen, sondern gesucht und mindestens bewußt künstlerisch ausgewertet wurde. Die Sphäre wuchernder indischer
Formphantasie steht verdeckt und verkleidet hinter der
kühl-streng geschnittenen Fassade, deren hohe, rein flächig
gehaltenen Bogenwände vor allem durch die Einfassung mit
Schriftfriesen fast immateriell wirken. Diese Fassaden erinnern in ihrer beinahe papierdünnen Erscheinung eher an
eine Buchseite als an Steinarbeit. Zwei grundverschiedene
künstlerische Welten stehen hier nebeneinander. Das indische Empfinden sucht die schwere Körperlichkeit der For-

410 *Ajmer, Zweieinhalb-Tage-Moschee, um 1200. Arkadenbögen*

men, sucht die Massenwirkung oft überbetont zur Geltung
zu bringen. Dem islamischen Kunsthandwerker ist im Gegenteil darum zu tun, aus dem Bauwerk alles Lastende aus-
zuscheiden und damit aus der Sphäre des Irdisch-Greifbaren
ins Abstrakt-Geistige überzuleiten.«[126] Daß die Bogen der
Betsaalfassaden in beiden Werken nicht als Keilsteinkon-
struktionen (wie von Anfang an im Vorderasien des helleni-
stisch-römischen Traditionsbereiches) angelegt sind, sondern durch Vorkragen horizontaler Steinlagen als ›unechte
Bogen‹ gebildet wurden, also wie aus der Mauermasse herausgeschnitten wirken, beweist, daß auch die islamischsten
Elemente der ersten indischen Moscheen durch Hinduhand-
werker errichtet wurden.

Bei seiner Moschee in **Delhi** ließ Qutb ed-Din *(Achse des
Glaubens)* ein über 70 m hohes *Minarett* errichten. Es steht
in keiner kenntlichen Verbindung mit dem Bethaus, versteht sich offenbar auch weniger als Bauwerk zu rituellem
Gebrauchszweck (wer hätte einen Gebetsruf von solcher
Höhe vernehmen können?), sondern als ein Siegesdenkmal
in der Traditionsreihe der Türme von Ghazna und Dscham,
d. h., als eine ›Achse der Welt‹, so programmatisch am östli-

411 *Delhi, Lal-Kot, Moschee Quwwat ul-Islam. Minarett und Alai Darwaza, um 1305*

chen Rand der islamischen Welt aufgerichtet wie die almohadischen Vierkanter an ihrem von der christlichen Reconquista bedrohten westlichen Ende, das Kutubiya-Minar von Marrakesch oder die Giralda von Sevilla (s. S. 193). Nur das unterste der konisch zulaufenden Geschosse entstand noch zu Lebzeiten des Stifters. Es setzt sich aus halbsäulenartigen Wülsten und eckigen Vorlagen zusammen.

Die drei folgenden (das eine nur mit runden, das andere mit eckigen Vorlagen) wurden erst unter Iltutmisch emporgeführt. Nachdem ein Blitzschlag das oberste Geschoß zerstört hatte, ließ Firoz Schah die heute bestehenden zwei letzten Stockwerke aufsetzen. Anfang des 19. Jahrhunderts erfolgte eine tiefgreifende Restaurierung. (Dabei wurden u. a. die Zinnenkränze der Balkone durch Geländer ersetzt.) Balkongalerien über stalaktitartig vorkragenden Zonen trennen die einzelnen Abschnitte voneinander. Aber man sehe sich diese ›Stalaktiten‹ an! Sie haben nichts zu tun mit den abstrakten und gewichtneutralen Gebilden des echten Stalaktitwerks. Es sind beweglich gekurvte Kragsteinbogen,

412-413 *Delhi, Lal-Kot, Minarett des Qutb ed-Din, 1193-1230*

414 *Delhi, Lal-Kot, Mausoleum des Iltutmisch, 1235.*

die dem Prinzip der Trompennische folgen, aber wie aus der
Mauermasse ausgehöhlt wirken und mit flimmerndem Netz-
und Rankenwerk überzogen werden: wie zugleich archaische und raffinierte Vorformen eines damals schon typisch
islamischen Motivs, das in Indien nur ausnahmsweise auftritt. Die verschiedenen den Schaft umziehenden Schrift-
und Ornamentbänder am unteren Geschoß sind offenbar
dem hinduistischen Herkommen stärker verpflichtet als die
an den Iltutmisch-Stockwerken. Die Unterschiede illustrieren den Schritt von der hinduistisch-islamischen Formspra-
che der Eroberungs- zur islamisch-indischen der Iltutmisch-
Zeit.

Unter diesem Herrscher wurde (zwischen 1210 und 1229)
auch der etwas bescheidene Moscheebau Qutb ed-Dins er-

weitert. Ein äußerer Zug von Hofhallen (etwa 110 x 80 m) umschloß nun die ursprüngliche Moschee und bezog das Minar in den Hofraum ein. Dreiergruppen von Arkaden (formal vergleichbar der Arkatur von Ajmer) verlängerten beiderseits die Hoffront des Betsaals. In dessen Nordostecke wurde ein Grabbau, vermutlich der des neuen Bauherren, eingefügt. (Vergleiche Seite 654)

Dieses ›Iltutmisch-Mausoleum‹ (um 1235) präsentiert sich heute (die Kuppel ist nicht erhalten) als eine aus Blocklagen aufgeschichtete, nur durch schmale Schriftfriese gegliederte kubische Masse. Den einzigen Schmuck der Wandflächen bildet ein kielförmiger Blendbogen auf übereinandergestellten Schäften, der eine tiefer im Mauerwerk liegende ornamentierte Wandschicht freizulegen scheint. Erst in diese ist der Kielbogen der Toröffnung eingeschnitten. Das gleiche Motiv der ineinandergestellten Kielbogen kehrt an den Innenseiten wieder. Es wird gesteigert an der Qiblawand, wo

415-416 *Delhi, Lal-Kot. Fassadendetails der Arkadenbögen Qutb ed-Dins, 1193 und der Moschee des Iltutmisch, um 1235*

der Mihrab es verdoppelt wiederholt. Aus persischen und
seldschukischen Mihrabs ist die Ineinanderstellung von Bögen schon bekannt, aber dort war das Motiv rein flächig-ke-
ramisch aufgefaßt, während es hier durchaus massiv – körperlich erscheint. Die Mihrabnische ist tief ins Mauerwerk
eingehöhlt und verrät dadurch dessen Dicke, während das
Ornament durch seine fast textile Struktur sich bemüht,
gerade das Massen-Gewicht zu verhüllen, und alle Flächen
tapetenartig überzieht. Die Schriftfriese, Flechtbänder und
arabesken Ranken gehören zum Repertoire seldschukischen Dekors, aber eine in Vorderasien ungewohnte quel-
lende Üppigkeit befremdet. Sonderbar gegenüber gleichzeitigen Seldschukenbauten auch die Art, wie aus dem Viereck
zum Kuppelansatz übergeleitet wird. Statt abstrakter Trompenformen sehen wir hier schief angesetzte, schräggeführte
Kielbogen, die als plastische Gebilde wirken. Vor allem die
Füllung der Ecken innerhalb dieser Bogen folgt mit den
vorkragenden Ringen dem ›falschen Gewölbe‹ der indischen
Holzarchitektur. Auch die ›gedrechselten‹ Konsolen an den
Stellen, wo das Achteck zum Sechzehneck des Kuppelfußes
übergeleitet wird, erscheinen ungewöhnlich. Manche solcher indischen Details haben, wie wir sahen (Kap. 9) ihren
Weg zu den Seldschuken gemacht. Hier in Indien verraten
sie aber, daß die türkischen Bauherren wohl Schrift- und
Ornamentvorlagen für die Hindu-Werkmeister herbei-
schaffen konnten, nicht aber ebenso eindeutig-verbindliche
Muster für alle Details der Konstruktion.

Noch einmal sollte die alte Moschee von Delhi erweitert
werden. Um 1300 befahl Ala ed-Din Khaldschi (1296–1316)
die Vergrößerung auf das Vierfache der Iltutmisch-Anlage
und die Anfügung einer Medrese und eines Mausoleums.
Die Front vor dem Betsaal mit hinduistischen Stützen nahm
die Motive der bereits bestehenden Fassade auf, war aber
mit den sich staffelnden Dreiergruppen straffer und zugleich
einheitlicher geplant als die älteren Bauteile. Ein Minar in
der Achse des mittleren Bogens sollte als Gegenstück zum
Qutb-Minar dieses an Umfang und wohl auch an Höhe ums
Doppelte übertreffen. Aber das alles blieb liegen. Das Untergeschoß des geplanten Alai-Minars (eines wahrhaften
Babelturms von etwa 30 m Basisdurchmesser) ist heute nur
ein unförmiger Stumpf. Vollendet und bis auf die obersten
Partien gut erhalten ist nur der Torbau *Alai Darwaza* (um
1305). Der Baukubus mit einer flachen Kuppel nimmt die

417 *Delhi, Lal-Kot, Fassadendetail des Alai Darwaza, um 1305*

Gestalt des ›Iltutmisch-Mausoleums‹ auf, tut aber einen ent-
schiedenen Schritt, um das Islamische stärker zur Geltung zu
bringen. Die bei dem siebzig Jahre älteren Grabmal nach
außen sich unverhüllt darstellende Massenhaftigkeit verschwindet hinter einem Rahmen- und Bogenschmuck aus
weißem Marmor, der sich bewußt vom roten Backstein ab-

hebt, aber keineswegs ein ›Baugerüst‹ suggeriert. Damit tritt zum ersten Mal in der indischen Islamkunst ein Farbklang auf, den die Moghularchitektur besonders auskosten wird. Für den Dekor wird der ganze Formenschatz der islamischen Kunst herangezogen: vasenförmige Kapitelle und Basen, Schriftbänder von verschiedenem Duktus, Rankenfriese mit seldschukischen Blattranken, geometrische Sternmuster als Flächenfüllungen im Inneren, radial angeordnete Stalaktitreihen um die gezackten Spitzbogen der Fenster im unteren und die Ziernischen im oberen Geschoß. Das Portal zeigt nach außen konzentrische Spitzbogen auf Säulen, durch einen doppelten Rechteckrahmen aus Schriftfriesen eingefaßt. Der äußere muß einst den oberen Abschluß überragt haben wie eine persische Iwanwand. Vor allem aber in der Bautechnik wird der Sieg des Islam deutlich. Die Bogen sind nicht mehr einfach aus der geschichteten Mauermasse herausgeschnittene Öffnungen, sondern sind ›echte‹, aus Keilsteinen errichtete Konstruktionen. Im Inneren geschieht die Überleitung zum Kuppelansatz durch Trompen in sehr spitzer Hufeisenform.

Sicherlich war der Meister des Werks ein Moslem, vermutlich aus dem Nordwesten zugewandert. So bewußt mit dem islamischen Repertoire gearbeitet wird, Einzelheiten verraten doch die Hand indischer Werkleute, vor allem die Gestaltung der tief unterschnittenen Rosetten, die, zu Reihen geordnet, den Fries aus reich, aber lässig geschwungenen Bogenformen am Unterbau rahmen. Aber diese Stücke sind wohl die ältesten an dem sonst so bewußt islamischen Bau. Der Sieg islamischer Stilgesinnung über die indische scheint sich anzubahnen. Dieser Weg jedoch wurde nicht zu Ende gegangen.

Schon im 1. Viertel des 13. Jahrhunderts waren an der Nordwestgrenze Indiens die Mongolen aufgetaucht und bildeten fortab eine Gefahr. Zwar haben weder Dschingis Khan noch seine direkten Nachkommen den ernsthaften Versuch unternommen, Indien zu erobern, aber mongolische Scharen fielen wiederholt räuberisch in den Pandschab ein (1242 Zerstörung von Lahore) und zwangen damit die Sultane von Delhi (vor allem den bedeutenden *Ghiath ed-Din Balban*, 1266-87), zu wachsamer Abwehr an der Nordwestgrenze und zum Verzicht auf Eroberungen im Süden. Wurde Indien also eine Mongoleninvasion erspart, so blieb es vom Mongolensturm über die islamische Welt doch nicht unberührt. Eine Massenflucht persischer Moslems nach Indien verstärkte die islamische Minderheit und damit persisches Kulturgut und persische Überlieferungen in dem von islamischen Türken eroberten und beherrschten Gebiet. (Ein Zeugnis dafür lernten wir soeben im Alai Darwaza kennen.) Zugleich aber isolierte das Mongolenreich zeitweise Indien von der übrigen islamischen Welt: Es wurde zu einem Außenposten, wo eine Minderheit über eine Masse von Untertanen anderer Religion und Herkunft herrschte. Konversionen von einheimischen Gruppen waren – vor allem anscheinend in den von buddhistischen Überlieferungen geprägten Gebieten (z. B. Bengalen) – nicht selten, brachten aber den Neu-Moslems nur unbedeutende Vorteile. Da der lebendige Kontakt zur übrigen islamischen Kunst fehlte, kann es nicht verwundern, wenn die Bauschöpfungen der folgenden Jahrhunderte immer deutlicher indisch-einheimische Züge annahmen und an ihnen eher das Indische als das charakteristisch Islamische in die Augen fällt.

Für das bewegte politische Geschehen dieser Epoche genügt ein summarischer Überblick, denn die Grundlinien bleiben auch im Wechsel der Dynastien konstant. Immer wieder die gleichen Ziele: Sicherung der Nordwestgrenze gegen die Mongolen; Versuche, weitere Gebiete Indiens – vor allem im Süden – zu erobern. Immer wieder die gleichen Probleme: Widerstand des indischen Feudaladels, Ehrgeiz der Statthalter, ihre Provinzen unabhängig zu machen, periodische Aufstände der durch die Willkür der Eroberer zur Verzweiflung getriebenen Bevölkerung. Zugleich mit der Ausdehnung der islamischen Herrschaft wuchsen die zentrifugalen Tendenzen. Neben dem Sultanat von Delhi entstanden Kleinstaaten, beherrscht von einer ganz dünnen islamisierten Oberschicht. In ihnen vollzog sich eine eindeutige Indisierung der Moslemarchitektur.

Die *Khaldschi* (Khilj) (1290-1320), türkisierte Afghanen, die durch siegreiche Vorstöße in den Dekkan das Sultanat von Delhi beinahe zum gesamtindischen Großreich gemacht hatten, endeten in Anarchie und wurden abgelöst durch die *Tughluq* (1320-1412). Ghiath ed-Din, der Gründer der Dynastie ließ in seinen knapp fünf Regierungsjahren die ›dritte‹ Stadt von Delhi anlegen: *Tughluqabad*. Noch heute imposant sind die aus grauen Granitblöcken aufgetürmten geböschten Mauern mit halbrunden Bastionstürmen und mehrstöckigen Kasemattengängen, die das Trümmergelände der einstigen Festungsstadt umziehen. Ihr zu Füßen in einem Inselfort inmitten eines künstlichen Sees (er ist heute ausgetrocknet und z.T. von Industrieanlagen überbaut) steht wohlerhalten das *Mausoleum des Ghiath ed-Din Tughluq*. Der Vergleich dieses Grabmals mit Alai Darwaza ist aufschlußreich. Während der Khaldschi-Bau grundsätzlich von islamischem Geist geprägt ist, spricht aus dem Mausoleum des ersten Tughluq ein anderer Stil, d. h. ein anderer Geist: das massiv-kubische Auftrumpfen kaum gegliederter Massen, die mit ihrem prallen Volumen protzen. Der Bau mit seinen gebößchten Mauern wirkt wie in den Boden gerammt, die Rahmen um Fenster und Türme und das umlaufende Band sind unbedeutende Verzierung, selbst die marmorweiße Kuppel wirkt trotz ihrer schwerelosen Farbe als körperhaftes Volumen. So asketisch das Grabmal sich gibt: Hier siegt das plastische Massenempfinden Indiens über den Stilwillen der Moslem-Minderheit. Dieser Bau war Vorbild für viele, in denen sich Indien gegenüber dem Islam durchgesetzt hat.

418 *Delhi, Tughluqabad, Mausoleum des Ghiath ed-Din Tughluq, um 1325, angelegt als Festung in einem künstlichen See*

Mohammed ibn Tughluq (1325-51), durch Vatermord auf den Thron gekommen, schuf sich in Sichtweite von Tughluqabad als dessen verkleinerte Replik seine eigene Festung. Auch sie ist heute Ruine. In tyrannischer Laune verlegte er den Sitz der Regierung von Delhi weg und ließ von heute auf

419 *Delhi, Tughluqabad, Mausoleum des Ghiath ed-Din Tughluq, um 1325*

morgen die gesamte Bevölkerung nach der neuen Hauptstadt *Daulatabad* umsiedeln. (Von diesem irrwitzigen Unternehmen zeugen dort noch die imposanten Reste der Zitadelle.) Schutz vor dem Wüten des Despoten schien den
Gouverneuren einzig ihre militärische und politische Unabhängigkeit zu bieten. Damit setzte die Auflösung der zentralen Herrschaft ein. Sie konnte auch *Firoz Schah* (1351-88)
nicht mehr aufhalten. In Güte und Frömmigkeit das genaue
Gegenbild seines Vorgängers, übertraf er diesen als ein Bauherr, der gleichzeitig viele ältere Bauten restaurieren ließ.
Unter ihm vollendete sich der in indischem Massenempfinden geprägte Tughluq-Stil, zeigt sich zugleich auch, wie
verhängnisvoll die Evakuierung Delhis für das künstlerische

420 *Delhi, Hauz-i Khaz, Mausoleum des Firoz Schah, um 1388*

und technische Niveau gewesen war. Die fähigen Handwerker hatten sich in alle Winde zerstreut, Baugewohnheiten
von Delhi in die Provinzen getragen. Dem eifrigen Bauherren fehlte es nun an den nötigen Kräften. Deutlich genug
zeigt sich das in den kleinen, roh behauenen Blöcken, aus
dem die Palastfestung *Kotila-i Firoz Schah* in *Firozabad*, der
neuen Stadtgründung im Bereich von Delhi aufgetürmt ist.
Obwohl sie nach der Zerstörung durch Timurs Scharen als
Steinbruch ausgeschlachtet wurde, ist noch genug vorhanden, um eine ungefähre Rekonstruktion der Gesamtanlage
zu ermöglichen. Wie bei den späteren Moghulforts lagen
wohl auch hier die mehr privaten Quartiere an der dem Fluß
zugekehrten Seite. Interessantester Teil: die aus mehreren
Terrassen aufgeschichtete ›Stufenpyramide‹, auf deren
Höhe Firoz Schah eine der buddhistischen Monolithsäulen
des Kaisers Aschoka (3. Jh. v. Chr.) aufstellen ließ.
   Am Ufer des Speichersees *Hauz-i Khaz,* den der Gründer
der Tughluq-Dynastie für die Khaldschi-Stadt Siri hatte anlegen lassen, schuf Firoz Schah die nach dem Reservoir
benannte Baugruppe, ein mit einem Palast und Pavillons
verbundenes Lehrinstitut. Hier steht auch sein Grabmal.
Die durchaus indische Wirkung der schweren Massen ist
deutlich. Die niedrigen Hallen auf viereckigen Pfeilern wirken höhlenhaft, selbst die allseits offenen Kuppelpavillons
sind alles andere als luftig, sie scheinen von der Last ihrer

Kuppeln gedrückt, fast schwerfällig. Schwerfällig auch die
Art, wie aus dem Viereck das Rund des Kuppelansatzes
gewonnen wird: Im Sinn der Holzbauweise sind einfach
klobig-schwere Steinbalken übereck gelegt.

Wir haben die indischen Metamorphosen des islamischen
Stils seit dem frühen 13. Jahrhundert an Hand einiger Vier-
eck-Kuppel-Bauten zu fassen versucht, also einem Bautyp,
der auf den sassanidischen Vier-Bogen-Feuertempel zurückgeht und innerhalb der islamischen Bauwelt zum ersten
Mal im Samanidengrabmal von Buchara (s. S. 275) auftritt.
Das *Mausoleum des Firoz Schah* bildet ein weiteres Glied in
dieser Reihe und zeigt den Sieg Indiens. Selbst wenn man in
Rechnung stellt, daß einst vielleicht bunter Stuck oder Bemalung die kompakte Strenge gemildert haben: Ein derartiges Auftrumpfen der Massivität ist in rein islamischen Gebieten schwer denkbar. Und dabei ist der Bau bescheiden in
den Dimensionen. Der Durchmesser des Innenquadrats beträgt kaum 9 m, aber die leicht gebößten Mauern sind fast
zweieinhalb Meter dick. Der Rahmen des Tores zeigt zwar
den islamischen Spitzbogen in einem Rechteckfeld, aber die
eigentliche Türöffnung wird nicht durch einen Bogen, sondern (in gänzlich indischer Weise) durch horizontal vorkragende Konsolsteine und einen geraden Balken gebildet;
eine Kombination, die geradezu als indo-islamisches Leit-
motiv gelten kann.

421 *Delhi, Khirki, Begampur-Moschee, um 1380*

422 *Jaunpur, Jama Masjid, 1470ff.*

Ähnlich gestaltet sind die Portale der *Kalan-Moschee* (1386) in der ›Altstadt‹ Delhi und der *Begampur-Moschee* im Dorf *Khirki* (um 1380) im Südosten von Alt-Delhi/Jahanpanah. Beide sind überzeugende Denkmäler des Tughluq-Stils. Die vorspringenden Torbauten (wieder überkuppelte Würfel), über Treppen erreichbar –, denn beide Moscheen stehen auf einem hohen Podest – werden flankiert von sich nach oben verjüngenden Türmen. Gedrückte Zinnen krönen die (wie in der Tughluq-Zeit üblich) leicht geböschten Mauern. Massige Rundtürme an den Ecken verstärken den militärischen Charakter der Khirki-Moschee, deren Hallen (auf kaum mehr als mannshohen, stämmigen Pfeilern sitzen schwer gedrückte Kielbögen) vier Höfe einschließen. Mochte einst Bemalung den voluminösen Formen etwas von ihrer Massigkeit genommen haben: Das Islamische ist hier nur als Absicht gegenwärtig.

Die so stark von der indischen Komponente bestimmte Gestaltungsweise der Tughluq-Zeit bildet eine Voraussetzung für jene Bauten, die im 15. Jahrhundert in den zu eigenen Sultanaten aufgestiegenen Provinzen entstanden. In ihnen spiegelte sich pointiert die Lage der islamischen Herrschaft in Indien überhaupt. Die islamisierte Schicht war hier noch dünner als in den Kerngebieten der islamischen Eroberung, dem Pandschab und dem Raum von Delhi. Die Situation der Isolierung potenzierte sich. War Hindustan im ganzen isoliert, so schlossen sich die Provinzkönigreiche nun noch einmal vom Kerngebiet des indischen Islam ab. Kein Wunder, daß die Hinduisierung der Moslemkunst gerade hier besonders deutlich wird.

Im *Fünfstromland,* dem Durchzugsgebiet der Eroberer, sind vor allem zwei Zentren zu nennen: *Lahore* (das aus seiner ghaznawidischen Periode keine Zeugnisse bewahrt, aber unter den Moghuln mit schönen Bauten und Gärten geschmückt wurde) und *Multan,* das direkten persischen Einflüssen ausgesetzt war und aus der Zeit zwischen der Mitte des 12. und dem beginnenden 14. Jahrhundert eine Handvoll schöner Grabmäler (Ziegelbauten) besitzt.

In *Bengalen,* wohin sich schon früh die islamischen Vorstöße richteten, haben vor allem der heutige Grenzort *Gaur* und das etwa 25 km nördlicher gelegene Städtchen *Pandua* Bauten aufzuweisen, die zwischen der Mitte des 14. und dem Ende des 15. Jahrhunderts entstanden. In diesem Gebiet unglaublich ergiebiger Monsunregen wurde ein völlig überdachter Moscheetyp entwickelt (Gaur, Tantipara-Moschee, ca. 1475 u. a.) Die Bauten des 14. Jahrhunderts bestehen meist aus Spolienmaterial.

Nach der Plünderung Delhis durch Timur waren die in *Jaunpur* (ca. 110 km von Benares) residierenden ›Vizekönige des Ostens‹ bis zur Unterwerfung durch Sher Shah Sur praktisch selbständig. Ihre aus hinduistischen Spolien erbaute *Atala Masjid* (1408) gab das Vorbild für alle dortigen Moscheen des 15. Jahrhunderts, deren Reihe die *Jama Masjid* (1470 ff.) abschließt. Gemeinsam ist diesen auf einem Podium errichteten quadratischen Hofanlagen mit Torbauten an drei Seiten die hochragende Iwanfront vor dem Betsaal, die die Kuppel des dahinterliegenden Mihrabsaales gänzlich verdeckt. Die pylonartige Böschung dieser einzig auf die Vorderansicht berechneten Triumphmotive verweist – wie die Gestaltung der stämmig-schlichten Westfront – auf Bauten der Tughluq-Dynastie von Delhi zurück.

Durch den baufreudigen Repräsentationswillen seiner islamischen Herren und durch die handwerkliche Geschicklichkeit seiner Hindu-Handwerker wurde **Gujarat** zur wichtigsten ›Provinz‹ indo-islamischer Baukunst. Trotz strikt islamischer Absicht ist sie hier besonders indisch. Wie überall bezeichnen auch hier Zerstörung von Heidentempeln und die Wiederverwendung ihrer Reste die erste ›experimentelle‹ Phase: *Patan; Broach, Jama Masjid,* (um 1325, abhängig von Khaldji-Bauten Delhis); *Dholka, Moschee Hilal Khan Ghazi* (1333), u. a.

Um 1400 machte sich der Statthalter des Gujarat von Delhi unabhängig. Sein Enkel Ahmet Shah I. schuf ein Jahrzehnt später seine neue Hauptstadt **Ahmedabad** am linken Ufer des Sabarmathi. Durch ihn, seine Höflinge und Nachfolger wurde sie zu einem wahren Museum indischer Islamarchitektur. Noch heute steht hier ein gutes halbes Hundert sehenswerter Bauten, vor allem Moscheen und Grabmäler. Wie stark sich hinduistische Gestaltungsweise (und nicht nur in Details) trotz der Verfolgung der ›Götzendiener‹ durch Ahmet durchsetzte, bezeugt nachdrücklich die *Jama Masjid* (1423/24). Sie gehört zweifellos zu den eindrucksvollsten und eigenartigsten Moscheebauten des Subkontinents. Der Grundriß hält zwar am ›arabischen‹ Schema der Hofmoschee mit Portiken fest, der Betsaal aber mit seinen etwa 300 Säulen im engen Abstand von nur ungefähr

423 *Ahmedabad, Jama Masjid, 1423/24*

424 *Ahmedabad, Gitterfenster der Sayyid Moschee, ca. 1510–15*

zwei Metern, die nach den Seiten zu immer niedriger werden
und Platz für 15 Kuppelräume aussparen, läßt kaum mehr
einen Gedanken an die arabischen Säulenwälder aufkommen, sondern erinnert an die vielschiffigen Höhlenhallen
der Hindukunst. Besonders zwiespältig-großartig der mittlere Toriwan. Der Dekor im Gesamten wie im Detail macht
offenbar, wie sehr hier indischer den islamischen Stil über-
wuchert. Man darf sich füglich fragen, ob man es überhaupt
noch mit islamischer oder nicht einfach schon mit gänzlich
indischer Kunst für Moslems zu tun hat. Ähnliche Empfindungen erwecken die anderen Bauten in der Stadt und im
nur etwa 10 km entfernten **Sarkej** (Grabkomplex des
Scheikh Ahmed Kattri, voll. 1451, mit weiteren Mausoleen,
Gärten usw.). Innerhalb der Zitadelle von Ahmedabad steht
die kleine *Sidi Sayyid-Moschee* (ca. 1510-15), berühmt wegen ihrer einzigartigen marmornen Gitterfenster. Geflechte
aus dem Geäst blühender Bäumchen sind mit unendlicher
Sorgfalt aus dünnen Marmorplatten herausgesägt. Diese
goldschmiedehaft-feine Handwerkskunst sollten später die
Moghulkaiser in ihren Dienst stellen.

425 *Mandu, Große Freitagsmoschee, Betsaal mit Mihrab und Minber,*
1454

Aus politischen Gründen haben die Herrscher der benachbarten *Ghuri-Dynastie* ihre Bauten in *Dhar* und *Mandu*
(westliches Madh Pradesh) stärker an die Kunst Delhis angelehnt.

Fast programmatisch will sich die Baukunst des Dekkan
vom Aufgehen in indischer Gestaltungsweise freihalten. Die
gewalttätige Evakuierung Delhis durch Mohammed ibn
Tughluq (1347) brachte Handwerker aus der Metropole in
den Dekkan. Der Gründer der Bahmani-Dynastie und ihrer
ersten Hauptstadt **Gulbarga** (Karnataka) war ein persischer Abenteurer, dem viele seiner Landsleute zuströmten.
Die hoflose *Jama Masjid* (1367) von Gulbarga wirkt trotzdem mehr Delhi als dem Iran verpflichtet. Die *Medrese des*
Mahmud Gawan (1472) in **Bidar** (seit 1425 Residenz) ist
dagegen eine fast wörtliche Kopie gleichartiger persisch-timuridischer Anlagen: selbst in der Verwendung bunter Fayencen. Von 1512 an bis zur Eroberung durch den Großmo-

426 *Mandu, Große Freitagsmoschee, Blick auf den überkuppelten Bet-saal, 1454*

427 *Bijapur, Gol Gumbad, 1626-1656*

ghul Aurangzeb (1687) war **Golkonda** die Hauptstadt des
selbständigen exponierten Moslemstaates. (Eindrucksvolles
hier und in Hyderabad.)

Die bedeutendsten Bauten im benachbarten **Bijapur**, die
Jama Masjid, (um oder bald nach 1560), *Ibrahim Rauza* (um
1600) und der *Gol Gumbad* (2. Viertel des 17. Jh.) entstanden, als in Nordindien bereits die Moghulkaiser herrschten.

Der Tughluq-Stil stellt auch den Ausgangspunkt für
die Baukunst unter den *Sayyids* (1414-51) und *Lodi*
(1451-1526) dar. Trotz des Krebsganges seiner politischen
Bedeutung war das Delhi-Gebiet von den damals maßge-
benden Zentren islamischer Kultur weniger abgeschnitten
als die eigenwillig sich absondernden Provinz-Sultanate. So
fiktiv die Abhängigkeit der Dynasten Delhis in diesen wirren
Zeiten von den Timuriden auch sein mochte, als deren Platz-
halter legitimierten sie ihre Herrschaft und waren dankbar
für Impulse aus dem Bereich der persisch-timuridischen
Kultur. Vor allem Grabmäler entstanden in diesem janusge-
sichtigen Jahrhundert. Die bedeutendsten und best-
erhaltenen in **Delhi** stehen im sog. Lodi-Garten. Sie sind von

428 *Bijapur, Blick in den Betsaal der Grabmoschee (Rauza) des Ibrahim,
um 1600*

429 *Bijapur, Ibrahim Rauza, um 1600*

der bisherigen Entwicklung geprägt, doch kündigen sie – als Vorspiel – eine Renaissance des islamischen Stils in Indien an.

Das *Shish-Gumbad* und das benachbarte *Bara-Gumbad* dürfen als schöne Beispiele für Mausoleen hochgestellter Persönlichkeiten der Lodi-Zeit gelten. Beide setzen den würfelförmigen Tughluq-Typus fort, versuchen jedoch, angeregt durch die Eleganz timuridischer Werke, die Massivität aufzulockern. Nicht nur, daß sie die Böschung der Mauern aufgaben. Vor eine zweigeschossige Blendnischengliederung treten an allen vier Seiten schwach ausgebildete Mittelrisalite, – drei von ihnen jeweils als Torwände gestaltet –, in denen ein hoher Bogen das Portal umfaßt. Die Kuppel sitzt über einem zinnenbekrönten Tambour, hebt sich dadurch höher und freier über den Baublock, aber verliert noch nicht viel von ihrer Schwere und Masse. Ein Lotoskranz deckt ihren Scheitel: ein indisches Motiv, das von nun an immer wieder auftauchen wird. Im Inneren wird noch auf gut indisch das Grundrißviereck durch übereckgelegte Steinbalken (mit versteinerten Zapfungen) ins Rund übergeführt. So beflissen islamische Motive (und selbst Fayencedekor) verwendet werden: Das Ganze wird die kräftige

430-431 *Delhi, Shish Gumbad, 1498-1517, und Bara-Gumbad*

Schwere der Tughluq-Zeit noch nicht los. Das bezeugt vor
allem die ans Bara Gumbad angebaute *Moschee* (1494).
Immer noch die gedrückten Bögen, der lastende Eindruck
und ein erfolgsarmes Streben nach Eleganz, das sich von den
Schriftbändern bis in die mißverstandenen Stalaktiten der
Kuppelzwickel zeigt. Indische Handwerker sollten offenbar
versuchen, die zerbrechliche Pracht timuridischer Ziegelarchitektur in Stein nachzubilden. Aber die un-islamische
Schwere ließ sich auf diese Art nicht überwinden.

Das *Grabmal des Sikandar Lodi* (1489-1517), des bedeutendsten Herrschers dieser Zeit, wählt ein anderes Schema:
das Oktogon mit Arkadenumgang. Dieser Typus – vielleicht
angeregt durch Erinnerungen an den Felsendom von Jerusalem oder das Kalifengrab von Samarra – tritt in Delhi erstmals um 1370 auf (Grabmal des Khan-i Jahan Tilangari,
1368/69). Wenn auch die geöffneten Arkaden etwas wie
Auflockerung der Masse bedeuten: die Massivität bleibt
spürbar, viele Details gehören dem rein indischen Formenschatz an und sind den Vorgängerbauten verpflichtet:
Abschließung in einem eigenen befestigten Gartenbezirk,
geböschte, wie in den Boden gerammte Strebepfeiler an den

432 *Delhi, Bara-Gumbad-Moschee, 1494*

433 *Delhi, Grabmal des Sikander Lodi, 1489-1517*

Ecken. Zugleich aber wird doch die zaghaft zweischalige
Kuppel (von dem für das 15. Jahrhundert typischen gedrückten Umriß) durch einen höheren Tambour emporge-
hoben, dessen 16 Ecken kleine Türmchen akzentuieren. Sie
sind zwar heute gänzlich verfallen, aber ohne viel Phantasie
kann man sich ihre Wirkung vorstellen. Sie haben einst die
Silhouette aufgelockert und bereichert. In dieser entschwer-
teren Gestalt sollte der oktogonale Typus bis weit in die
Moghulzeit Geltung behalten.

Bauten der Moghulzeit

Moghuln, d. i. *Mongolen* nannten sich die Nachkommen
Timurs, um – wie dieser selbst – durch Abkunft von Dschingis Khan ihren Herrschaftsanspruch zu legitimieren. Völ-
kisch gesehen waren sie zunächst Türken, kulturell Perser.
Nach dem Vorspiel unter den Lodi-Sultanen entfaltete sich
unter ihnen in Indien eine ›islamische Renaissance‹, – wenn
man unter ›Renaissance‹ nicht die Wiedererweckung eines
›Altertums‹, sondern die Rückbesinnung auf das persisch-ti-
muridisch gefärbte islamische Herkommen versteht. Unter
den Moghuln war Indien zeitweise nahe daran, zur bloßen
Provinz der persischen Islamkunst zu werden. Von Persien
bezog es Literatursprache und Verwaltungsmethoden, Wis-
senschaftler und Künstler, künstlerische Ideen und Techniken. Kaiser Akbar aber ließ programmatisch die indischen
Überlieferungen wieder zu Wort kommen. Letztlich hing es
von den Neigungen des jeweiligen Herrschers ab, in welchem Mischungsverhältnis islamisch-persische und indische
Elemente das Bild der offiziellen Architektur Indiens seit
dem 16. Jahrhundert bestimmten.

Von Anfang einer islamischen Kunst an waren die Machthaber fast allein die Bauherren. Ihre politischen Program-
me, ihre kulturelle und auch ethnische Abkunft bestimmten
ihre Bauaufträge. Aber innerhalb der geschlossenen islamischen Welt erwiesen sie sich gebunden durch das islamische
Herkommen, auch durch die Herkunft ihrer Diener (Architekten und Bauhandwerker) aus festgefügten und zählebi-
gen Traditionen. Ihre Gründungen entstanden im Achsenkreuz überpersönlicher Mächte. Die landfremden Moghul-
Autokraten Indiens dagegen waren bestenfalls Exponenten
einer prekären Minderheit, weniger beengt von der *commu-
nis opinio* der ›beistimmenden Gemeinde‹. Ihren persönlichen Vorstellungen, Vorlieben oder Launen kam also viel
entscheidendere Bedeutung zu als irgendwo sonst. Ihre
Bauten sind daher weniger als Zeugnisse einer geschlossenen islamischen Welt zu verstehen, sie spiegeln vielmehr die
reich facettierten Persönlichkeiten der Herrscher wider. Es
empfiehlt sich daher, diese Bauten nicht als eine geschlossene Gruppe, sondern als Resultate einander ablösender Kon-
zeptionen zu betrachten, d. h. zu verfolgen, wie der jeweilige
Herrscher die Islamkunst Indiens bestimmte.

Den jugendlichen *Babur* hatten die Usbeken aus Samarkand und dem Ferganatal vertrieben. Von Kabul aus versuchte er vergeblich, dieses sein Erbe zurückzugewinnen. Als ihn die rivalisierenden Machthaber Nordindiens riefen, unternahm er einen ersten Feldzug in den Pandschab. Aber Indien gefiel ihm nicht. Erst seinen vierten Feldzug trat er mit der Absicht an, dort eine Herrschaft zu errichten. Nach der entscheidenden Schlacht von Panipat (1526) eroberte er Delhi und Agra und legte sich den Titel eines Kaisers von Hindustan zu. So wurde er der erste Moghulherrscher Indiens. Bei seinem Tod (1530) hinterließ er die noch keineswegs konsolidierte Macht über den größten Teil Nordindiens seinem Sohn *Humayun,* der sich gegen äußere Feinde zu verteidigen und gegen Rebellen (vor allem seine Brüder) zu wehren hatte, aber schließlich die Herrschaft an Sher Schah Sur, den afghanischen Gouverneur von Bihar, verlor (1544) und nach Persien ins Exil ging.

Sher Schah (1540-45) war ein ungewöhnlich fähiger Staatsmann. Nicht nur, daß er seinen neuen Besitz zu verteidigen verstand; in den wenigen Jahren seiner Herrschaft gelang es ihm auch, durch eine Reform des Steuerwesens die Verwaltung auf jene tragfähigen Grundlagen zu stellen, auf denen die späteren Moghulkaiser weiterbauten. Aber seine Nachkommen hatten nicht das gleiche Format, und *Humayun* vermochte, aus dem persischen Exil zurückkehrend, 1555 Agra und Delhi wiederzugewinnen und die Moghulherrschaft erneut aufzurichten, verunglückte aber schon im nächsten Jahr tödlich. Als dreizehnjähriger Knabe folgte ihm sein Sohn *Akbar* (1556-1605), der größte Herrscher des islamischen Indien.

Babur, im zentralasiatisch-persischen Kunstkreis der Timuriden aufgewachsen, fühlte bewußt türkisch-islamisch und empfand die Moslembauten Indiens als gar zu ›indisch‹. Er soll einen Baumeister aus dem osmanischen Istanbul an seinen Hof berufen haben, aber aus seiner kurzen Regierungszeit ist nichts erhalten. Die Bautätigkeit während des Zwischenspiels der *Sur-Dynastie* (1544-55) wird repräsentiert durch Grabmäler der Familie in ihrer ehemaligen Hauptstadt **Sasaram** in Bihar. Das *Grabmal des Alawal Khan* (nach 1535), ohne Unterbau auf dem Boden aufruhend, mit senkrechten Mauern, führt deutlich noch den oktogonalen Typus der Lodi-Gräber weiter.

434　*Sasaram, Mausoleum des Sher Schah, 1540*

Allein durch seine anspruchsvollen Maße übertrifft das
Grabmal Sher Schahs (1540) die vorangehenden Mausoleen.
Inmitten eines quadratischen künstlichen Sees (Seitenlänge
420 m), auf einer quadratischen Plattform (Seitenlänge
78 m) und umgeben von einer quadratischen Umwallung
mit Ecktürmen erhebt sich der Kuppelbau zu einer Höhe
von 45 m. Der Typus der Lodigräber ist hier zu monumenta-
ler und zugleich eleganter Erscheinung gesteigert. Über den
Ecken des Umgangs und noch einmal auf der Mauerstärke
des Tambours (dem Widerlager für den Schub der Kuppelschale) sitzen offene Säulenpavillons, die das Bild bereichern. In ihrer Zierlichkeit bilden sie einen belebenden
Kontrast zur massigen Wucht der Hauptkuppel, verleihen
sie dem Gesamtkontur die Geschlossenheit einer Pyramide
oder Stupa, öffnen ihn zugleich aber auch für die Umgebung, geben ihm etwas von der Leichtigkeit eines reichen
Palasthauses in einem Gartenparadies. Die Baumasse spiegelt sich im umgebenden Wasser, verliert damit die feste
Standfläche. Die Massivität wird aufgehoben zu gewicht-
neutralem Schweben.

Zweierlei ist bezeichnend. Einmal, daß der Bau in einen paradiesischen Bezirk hineingestellt wird und eher als Gartenhaus denn als Mausoleum wirkt. Zweitens, daß im zentralasiatisch bestimmten Bereich Indiens gerade bei Grabbauten immer wieder die künstlerische Führung liegt: wie ein Manifest des Islam gegenüber dem Land, das niemals Grabbauten kannte, weil es die Toten verbrannte und ihre Asche dem Element übergab.

435 *Sasaram,*
Mausoleum des
Sher Schah, 1540
Grundriß

In den Moscheen dieser Zeit lassen sich gleichfalls Züge beobachten, die einerseits die Überlieferungen des 15. Jahrhunderts weiterführen (Gebetssaal aus meist drei nebeneinandergestellten Kuppelräumen recht unislamischer Konstruktion an der Qiblaseite des Hofes), die andererseits in der schlankeren Erscheinung, dem eleganteren Schmuck durch bunte Steinornamente die Moghulkunst vorbereiten. Bedeutendstes Beispiel: Sher Shahs *Kila-i Kuhna-Moschee*

436 *Delhi, Purana Kila, Kila-i Kuhna-Moschee, um 1541*

(um 1541) im *Alten Fort* (Purana Kila) von **Delhi**,dem Zentrum der ›sechsten‹ Stadtgründung. Als Privatmoschee geplant – und daher ausnahmsweise ohne Hof –, rhythmisiert
sie ihre Fünf-Arkaden-Front durch einen Iwan-Risalit und
schmückt sich mit mehrfarbigen Einlagen in der Form ab-
strakt-geometrischer Gittermuster. Auch der Mihrab hält
sich an rein islamische Vorbilder, doch erinnern die flankierenden Säulen mit ihren polygonalen Vasenkapitellen und
-basen noch beinahe an die Hindupfeiler der Qutb-Mo-
schee. Noch vernehmlicher spricht Indien aus der Art, wie
jeweils aus dem Viereckjoch zum Kuppelrund übergeleitet
wird.

Die Grabbauten Delhis – es sind so viele, daß man den
Eindruck gewinnt, Delhi sei zeitweilig vor allem eine gigantische Nekropole gewesen – setzen den Lodi-Typus fort.
Das *Mausoleum des Isa Khan* (1547) schließt ohne formalen
Bruch an das des Sikander Lodi an, gibt sich aber feiner und
leichter. Wie am Sher-Schah-Grabmal umstehen auch hier
Säulenpavillons den Tambour der Kuppel und lockern die
Gedrungenheit. Derartige Baldachine auf dünnen Vier-
kantpfeilern sind, wie jede Einzelheit verrät, in Stein umgesetzte Nachahmungen einheimischer Holzpavillons. Sie
werden aus der indischen Islamkunst fortan nicht mehr fort-
zudenken sein.

437 *Delhi, Mausoleum des Isa Khan, 1547*

438 *Delhi, Mausoleum des Humayun, 1564-72*

Diesem Grabmal unmittelbar benachbart liegt der *Grab-bezirk des Humayun* mit dem Mausoleum, das dem zweiten Moghulherrscher seine Witwe Hamida Begum zwischen 1564 und 1572 (also schon während der Regierungszeit Akbars d. Gr.) errichten ließ. Hier setzt etwas Neues ein. Herkunft aus dem timuridischen Kunstbereich und langes Exil in Persien bestimmten den Geschmack des hochgebildeten und empfänglichen Fürsten und haben die Wahl der Bauherrin auf einen persischen Baumeister (Mirak Mirza Ghiath) gelenkt. Das erste repräsentative Werk der Moghularchitektur orientiert sich deutlich nach Persien – aber Indien bleibt doch präsent. Das Tormotiv des tiefschattenden Kielbogens an Iwanfronten und Nischen beherrscht den gesamten Außenbau, läßt von allen Seiten den Freiraum in den Bau eindringen, nimmt ihm damit den Massencharakter. Nirgendwo wird die Mauermasse bewußt aufgeblättert und gezeigt. Im Gegenteil, auch dort, wo man sie (wie z. B. in den tiefen Iwanen) erfahren könnte, zeigen sich dem Betrachter nur glatte Flächen, die nichts Körperhaftes suggerieren. Das beginnt schon beim Unterbau. Die Bogennischen lockern sein Gewicht. Der gleichen a-tektonischen Absicht dient die

Farbigkeit des Materials: Roter Sand- und weißer Kalkstein treten zu jenem Akkord zusammen, der für die Islamkunst Indiens so charakteristisch ist wie das Stein- und Bleigrau für die Schöpfungen der Osmanen oder der kühlblaue Schimmer der Fayencen im rötlichen Ocker der unglasierten Backsteine für die Bauten Persiens. Der Farbkontrast im Baumaterial ist Flächenschmuck, der die Massivität des Mauerwerks verhüllt. Er folgt nirgends den tektonischen Kraftlinien, er zeichnet höchstens ein leichtes Gitter. Schon am Sockelbau bilden nicht Pfeiler oder Gebälk ein tragendes Gerüst, sondern ein in den Vertikalen und Horizontalen gleichartiges und gleichwertiges Muster rahmt die Schatten-Nischen. Bezeichnend ein Detail: Die ›Basen‹ sind als Quadrate, d. h. als beziehungslos in sich ruhende reine Flächen gestaltet. Das leichte Gittermuster der Nischenrahmungen kann auf ihnen nicht ›stehen‹, sondern ›schwimmt‹ ohne statische Verankerung. Ähnliches zeigt sich am eigentlichen Grabmal. Auch hier sind die Sockel nur gerahmte Flächen, nicht tragende Glieder. Die ›Architrave‹ haben gleichfalls kein Gewicht, sind bloß flächige Bänder. Gleiches gilt für die Umrahmungen der Iwane und Nischen und für die gliedernden Bogen- und Viereckpaneele. Sie sind alle reiner Flächenschmuck, der weder über die Struktur der Wand noch über den dahinterliegenden Raum etwas aussagt. Selbst die Zinnen des Simsbandes sind nur zweidimensionales Farb-Bild. Immer dort, wo dieses umlaufende Band abknickt, weisen Fialen in Gestalt von Miniaturminaretts in die Höhe. Indische Kuppelbaldachine über den seitlichen Iwanen antworten mit ihren konvexen Formen den konkaven der Nischen, kleinere bekrönen paarweise die Hauptiwane. Wie ein aufsteigender Riesenmond dahinter die schmucklos weiße Kuppel. Als eine Vision steht der Bau vor dem Besucher, der durch das Westtor den Grabmalsgarten betritt. Wir kennen Ähnliches schon von Isfahan her: Dieselbe Wirkung erstrebten Betsaalkuppel und -front der Schahmoschee (S. 607). Auch die Gestaltung des Torbaues in Delhi erinnert an Isfahan, scheint das Tor zur Moschee Abbas d. Gr. vorwegzunehmen. Nur fehlt dem Humayun-Torbau jene Interpretation durch das Ornament, die den Betrachter in Isfahan so überzeugte.

Der an drei Seiten ummauerte Bezirk, in den dieses Tor führt, stellt sich dar als ein geometrischer Park, mit von Wegen gesäumten Wasserläufen und mit Springbrunnen an

deren Schnittpunkten: als ein persisches ›Paradies‹. Schon
der achämenidische Iran kannte den eingehegten und be-
wässerten Garten als Wildpark. Dem Moslem sind Gärten
mehr als nur ein Stück gestalteter Natur, wie wir schon von
Spanien wissen. Sie sind ihm Abbilder des himmlischen
Paradieses, die er mit zahlensymbolischen Anspielungen zu
erfüllen liebte (Achtzahl der Paradiese, Siebenzahl der Planeten usw.). Da allein durch das natürliche Wachstum Gärten der Veränderung unterworfen sind und ohne ständige
Pflege verwildern und vergehen, sind wir auf Beschreibungen und Miniaturen angewiesen, wenn wir etwas über frühe
Gartenanlagen wissen wollen. In dieser Überschau, wo es
weniger ums Rekonstruieren als um verständnisvolle Freude
am Erhaltenen geht, könnten wir sie wie so vieles andere
schweigend übergehen, wären sie nicht gerade in der Moghulkunst mehr als bloßer Rahmen für die Architektur.

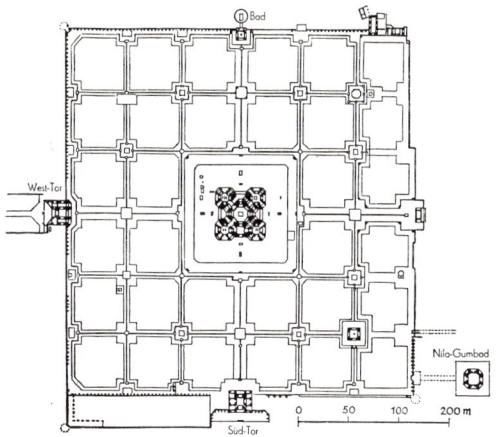

439 *Delhi, Grabbezirk des Humayun*

Wo es anging, legten die Perser ihre Gärten terrassenför-
mig an sanften Hängen an, um leise strömendes und über
schräge Flächen *(Tschadors)* gleitendes Wasser in Kanälen
durch sie hindurchzuleiten. Babur bemängelte an Hindustan
neben vielem anderen besonders das Fehlen von Bewässe-
rungskanälen, ohne die im Iran kein Pflanzenwuchs gedeiht.
Noch bevor er Indien eroberte, ließ er in *Kabul* einen Garten

anlegen,[127] in Agra dann einen neuen, noch prächtigeren am linken Jumna-Ufer: *Ram-Bagh,* heute nicht einmal mehr ein Schatten dessen, was einst war. Merkwürdig nur, daß er dafür eine Form wählte, in der hinduistische Symbolik anklingt: ein nach den Himmelsrichtungen ausgerichtetes Quadrat, als Abbild der vierteiligen Welt viergeteilt durch ein Achsenkreuz, in dessen Mitte sich nun allerdings keine ›Weltachse‹ oder Tempelcella, sondern ein Pavillon erhebt. Sehr persisch, daß Wasserläufe die eigentlichen Achsen bilden, die Wege sie nur begleiten und es im Sinne islamischer Tradition dem Herankommenden verwehrt ist, sich genau axial dem Zentrum zu nähern. Selbst in der Gartenkunst zeigt sich, wie Indisches und Islamisches sich mischen.

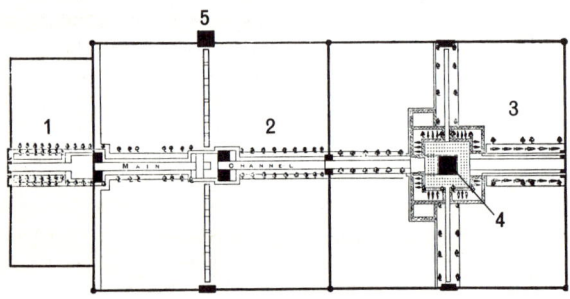

440 *Srinagar, Shalimar Bagh, Anfang 17.Jh., Grundriß nach Volwahsen*
1 öffentlicher Garten, 2 Garten des Kaisers, 3 Garten der Frauen, 4 Pavillon
5 Badehaus
Das Gelände fällt von rechts nach links ab

Die timuridischen Moghuln waren ganz versessen auf solche *Tschehar-Bagh-,* d.h. *Vier-Gärten-Anlagen.* Acht solcher Vier-Gärten-Quadrate umgeben die Plattform, auf der sich Humayuns Grabpavillon erhebt, im idealen Schnittpunkt von vier Hauptachsen. Das Klima Kashmirs bot in der heißen Jahreszeit den Moghulkaisern einen angenehmeren Aufenthalt als Agra oder Delhi, so wurde **Srinagar** bevorzugter Sommersitz des Hofes. Hier, wo es an Wasser nicht mangelte, entstanden viele Gärten. Sie bilden noch immer einen besonderen Reiz der Stadt. Der wohl schönste, der *Shalimar Bagh,* ordnet zwei Tschehar Baghs terrassenartig hintereinander. Wenig später (1634) ließ Schah Jahan, der im Auftrag seines Vaters schon diesen Garten entworfen hatte, in **Lahore** eine bereicherte Nachbildung gleichen Namens anlegen. Dieser Garten ähnelt in so vielen Zügen dem des Tadj Mahal, daß es naheliegt, für beide den gleichen Architekten anzunehmen. Vermutlich war es der Herrscher selbst. Auch der *Grabpark Jahangirs* in Lahore folgt ähnlichen Planungsideen.

Die Gärten um die Mausoleen waren nicht einfach schmückende Zutat. Mit großem Aufwand drückten sie den Wunsch aus, der Tote möge im Paradies jene friedlichen Freuden genießen, die der Koran dem Frommen verheißt. Stärker als Gärten sonst sind sie Bestandteil des architektonischen Gesamtkonzepts und selbst »Architektur«. Dafür spricht allein schon die Tatsache, daß für die Wege und die Unterteilungen der Blumenrabatten oft das gleiche Material verwendet wird wie am Hauptbau, und daß deren Muster aus der gleichen geometrischen Grundidee entwickelt sind wie dieser[128]. Heute allerdings bedarf es einiger Einbildungskraft, sich den ursprünglichen Eindruck vorzustellen. Die Leitungen der meisten Wasseranlagen sind zerstört. Nicht Rasenflächen mit einzelnen Palmen, Zypressen und mächtigen romantischen Baumkronen bestimmten einst das Bild eines solchen Parks, sondern geometrisch gezirkelte buntblühende Rabatten, beschnittene Hecken, duftende Büsche und niedrige Zitrusbäume bildeten ein buntes Parterre, über dem sich der zentrale Pavillon als schwerefreies Bild erhob.

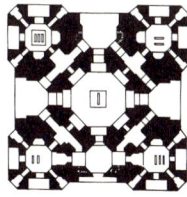

441 *Delhi, Mausoleum Humayuns*

Betrachtet man den Grabbau des Humayun-Bezirks aber nicht nur als zweidimensionales Bild, sondern als dreidimensionalen Körper, offenbart er doch recht eigenartige Züge. In der geometrisch klaren Planfigur fallen zunächst die vier Eckpavillons (zum Oktogon abgeschrägte Quadrate) auf. Das eigentliche Zentrum ist das, was zwischen ihnen übrigbleibt, also beinahe eine Nebensache. Nach außen wird es durch die hohen Iwanwände mehr verborgen als betont. Ohne die Kuppel würde der Bau in die Breite fließen; nur sie weist darauf hin, daß eine Mitte vorhanden ist, aber sie sagt doch nichts über diesen Kern des Baues aus. Mit weißem Marmor überzogen, aber ohne ornamentalen Schmuck, ist sie eine bloße Erscheinung, um nicht zu sagen eine Attrappe. Wie die Kuppel des Timurgrabs in Samarkand (S. 450) und die meisten Kuppeln Isfahans ist sie aus zwei Schalen konstruiert, die nichts miteinander zu tun haben. Zwischen ihnen klafft ein toter Raum, fast so groß wie der Grabraum selbst. Ähnlich einzig auf die Außenwirkung abgestimmten Kuppeln begegnen wir bis zum Tadj Mahal und weit darüber hinaus. Was bedeutet es, wenn ein Bauwerk, vor allem ein Grabmal, allein auf die Bildwirkung nach außen hin berechnet wird? Doch wohl nichts anderes, als daß es mit einem Betrachter rechnet, dem es die Macht und Bedeutung des Toten recht einprägen möchte, daß es also nichts anderes ist als ein aufwendiges Denkmal. Derartige Denkmäler für einen Menschen widersprechen dem reinen islamischen Herkommen. In einem Land aber, das dem Individuum und seiner gottgewollten Einmaligkeit so wenig Gewicht beimißt wie Indien, sind sie nicht nur Zeugnisse eines hybriden Machtbewußtseins der Herrscher, sondern zugleich auch Manifeste des Islam gegen den Geist Indiens. Die dialektische Spannung, aus der die gesamte indo-islamische Kunst zu verstehen ist, beherrscht auch die Gestalt eines so deutlich persisch-islamisch gewollten Bauwerks. Indien ließ sich nicht ignorieren. Öffnen sich die Iwanwände zwischen den genau quadratischen Frontflächen der Eckpavillons nicht zu einem Herzraum, der – völlig mit den Stilmitteln der iranisch-islamischen Kunst gestaltet – doch etwas von einer Grotte hat, die sich im tiefen Inneren eines beschneiten Kuppelberges verbirgt? Solche insgeheim indischen Züge im Werk eines persischen Baumeisters auf indischem Boden gehen klärlich nicht auf die Rechnung der Hindusteinmetzen. Die liehen nur die Geschicklichkeit ihrer Hände. Eher gehen sie auf die Rechnung des Materials – des indischen Steins statt der persischen Ziegel. Daß eben dieses Material gewählt wurde, entspricht der indo-islamischen Tradition, also dem Genius loci. Trotzdem bedeutet das Grabmal Humayuns einen Markstein in der Geschichte der indo-islamischen Kunst. Es ist sichtbares Bekenntnis zum persisch geprägten islamischen Herkommen inmitten eines unterworfenen Landes. Und es beweist, daß man auch in Indien islamisch zu bauen vermochte, wenn man nur wollte.

Als die Kaiserinwitwe es errichten ließ, war der Nachfolger auf dem Moghulthron noch ein von Vormündern gelenkter Knabe. Volljährig geworden, ging Akbar (1556-1605) seine eigenen Wege. Seine politischen Ziele waren die Expansion nach außen (Angriff als beste Verteidigung) und die Zentralisierung im Inneren. Toleranz war ihm persönlich eigen, zugleich ein Mittel seiner Politik. Er löste das Rajputen-Problem, indem er besiegte Hindufürsten als Bundesgenossen und Heerführer annahm und sie dadurch am Bestand der Moghulherrschaft interessierte. Im Zug der zentralistischen Vereinheitlichung des Steuerwesens wurde eine strenge, aber möglichst gerechte Veranlagung durchgeführt. Ein Drittel der Erträgnisse mußte abgeliefert werden, dafür entfiel fortan die Kopfsteuer für die Hindus, die zugleich uneingeschränkte Religionsfreiheit erhielten. Daß orthodoxe Moslems mit solchen Maßnahmen genausowenig einverstanden waren wie mit Akbars religiöser Haltung, ist verständlich. Sicherlich war Akbar eine der exzentrisch schillerndsten Herrschergestalten. Ohne geregelte Bildung aufgewachsen (der Jesuitenpater Monserrat bezeichnet ihn schlichtweg als Analphabeten), war der tollkühne Krieger und kluge Staatsmann auch ein wißbegieriger Forscher, der Dutzende von Gelehrten an seinem Hof zu versammeln und zu befragen liebte und ähnliche Experimente anstellte wie Jahrhunderte vor ihm der Staufer Friedrich II., um die dem Menschen von Gott gegebene Ursprache zu finden. Der Freund blutiger Tier- und Gladiatorenspiele war zugleich ein mystischer Sucher nach der religiösen Wahrheit. »Er wußte genau Bescheid über die Gesetze vieler Religionsgemeinschaften, deren Studium er sich besonders gewidmet hatte«, berichtet der erwähnte Pater. Als orthodoxer Sunnit erzogen, aber von der Engherzigkeit der Mollahs abgestoßen, erlebte er selbst Wunder und Visionen. Unter dem Einfluß jainistischer Lehren wandelte sich der bedenkenlose Blutvergießer zum Vegetarier. Die Väter der Societas Jesu, die ihn schon für das Christentum gewonnen wähnten, wurden allerdings bitter enttäuscht. »In seinem Herzen wuchs allmählich die Gewißheit, daß es vernünftige Denker in jeder Religion gibt, daß in jedem Volk Männer mit wunderbarer Kraft leben. Wenn somit echte Weisheit überall zu finden sei, warum sollte die Wahrheit dann einer Religion

442 *Agra, Rotes Fort, 1564ff. Amar-Singh-Tor*

vorbehalten sein?« So berichtet ein Zeitgenosse. Während
Europa sich in Religionskriegen zu zerfleischen begann,
gründete Akbar 1582 (also zehn Jahre nach der Bartholo-
mäusnacht) seine esoterische Gemeinschaft des ›Göttlichen
Glaubens‹. Sie stellte einen Extrakt aus verschiedenen islamischen, aus buddhistischen und jainistischen, aus parsi-
schen, hinduistischen und christlichen Gedanken dar und
gipfelte in dem Bekenntnis ›Allahu Akbar‹, was sich zugleich als ›Gott ist der Größte‹ wie auch ›Akbar ist Gott‹
verstehen oder mißverstehen ließ. Nur eine Handvoll vertrauter Würdenträger wurde für dieses eklektisch-egozen-
trische Bekenntnis gewonnen. Den Volksmassen, Moslems
wie Hindus, blieb das alles fremd. Aber obwohl bei Akbars
Tod die sozialen Gegensätze Indiens kaum weniger schrei-
end waren als heute, war in der alltäglichen Wirklichkeit der
Graben, der Hindus und Moslems voneinander trennt, doch
schmäler und weniger tief geworden.

Verständlich, daß ein solcher Kaiser, obgleich ein uner-
sättlicher Bauherr, nicht daran dachte, den islamischen als
den alleingültigen Baustil durchzusetzen. Um 1564 verlegte
Akbar seine Hauptstadt nach **Agra** und ließ dort eine riesige
Festung als Residenz anlegen, das *Rote Fort*. Eine äußere
Mauer von etwa zweieinhalb Kilometer Länge und zwölf
Metern Höhe, durch einen tiefen, zehn Meter breiten Graben von der inneren, über zwanzig Meter hohen Mauer
getrennt, umzieht den Festungsbezirk, in den vier Tore Zu-

443 *Agra, Rotes Fort, Amar-Singh-Tor, zweites, inneres Tor*

gang gewähren. Heute betritt der Besucher das Fort durch
das südliche, das *Amar-Singh-Tor.* Von seinem einstigen
Fayenceschmuck sind nur noch Reste erhalten. Innerhalb
dieses Mauerzingels ließ Akbar eine Vielzahl von Bauten
aufführen. Die Überlieferung spricht von über 500, alle aus
rotem Sandstein und in einem Stil, der deutlich islamische
mit hinduistischen Formen verschmolzen haben mag. Fast
alle sind der Zeit zum Opfer gefallen, vor allem der Baulust
Schah Jahans, der die Werke seines Großvaters durch Mar-

morbauten nach seinem eigenen Geschmack ersetzen ließ.
Ähnliches geschah auch in der Akbar-Festung von **Lahore**.
Dort haben die Palastpavillons des Enkels aber noch stärker
unter Zerstörungen und der Vernachlässigung im 19. Jahrhundert gelitten. Sie bringen nichts gegenüber den Palästen
von Agra und Delhi Neues, bedürfen daher hier keiner
weiteren Erwähnung. Die Mauern des Forts von Lahore
waren ausgiebig mit Fayencedekor geschmückt – im Pandschab nicht ganz ungewöhnlich.

Obwohl man an persischen Einfluß denken könnte, dürften eher die Mauern des Hindu-Forts von Gwalior das Vorbild gewesen sein. (Akbars *Fort in Allahabad* [am Zusammenfluß von Ganges und Jumna] ist immer noch von Militär
besetzt und unzugänglich, das kleine ›Magazine‹ von *Ajmer*
sehr entstellt.)

Charakteristisch für die Moghulzeit, daß selbst Festungsmauern und -tore bewußt zu Kunstwerken gestaltet wurden.
Eindrucksvolles Beispiel dafür sind die imposanten Mauern
des *Forts* von **Agra** mit ihren Pechnasen, Schießscharten und
Zinnen. Das mächtige Delhi-Tor, der einstige Hauptzugang,
imponiert durch seine Ausmaße. Blendbogengliederung,
Konsolen, Balkons und Brüstungen verhüllen nur zur Not
die einem Festungstor zukommende Massigkeit. Innerhalb
des Forts ist aus Akbars Zeit der *Jahangiri-Mahal* (um 1570)

444 *Agra, Rotes Fort, Jahangiri-Mahal, Westfassade, um 1570*

445 *Agra, Rotes Fort, Jahangiri-Mahal, mittlerer Hof*

erhalten, der Palast von Akbars rajputischer Gemahlin
Jodha Bai und später des Kronprinzen. Auf die Front aus
roten Hausteinblöcken zeichnen – wie am Humayun-Grabmal – weiße Marmoreinlagen Viereckrahmen, Netzwerk,
Davidssterne und islamische Spitzbogenformen. Islamisch
wirken auch die Iwanmotive des Eingangs und im Innenhof.
Aber schon an der Fassade sprechen die Gesimse auf feinge-
drechselten Konsolen, die Balkone und Eckpavillons eine
gar nicht islamische Sprache. Und gar die Pfeilerhallen des
Hofes sind unmittelbare Nachbildungen indischer Holzarchitektur in Stein. Bei den schrägen Trägern, die, von Konsolen abspringend, die Decke der Nordhalle stützen, ist das
handgreiflich, ebenso bei der Decke selbst, die in Stein eine
Balken- und Bretterkonstruktion imitiert. In dem relativ
weichen Sandstein ließen sich solche Holzformen leicht
nachbilden. Einzig als Nachbildungen sind sie verständlich,
in einer ursprünglichen Stein- oder Ziegelarchitektur wären
sie völlig absurd.

Alle diese Bauglieder: die Pfeiler, Konsolen, Kragsteine,
die in Stein umgesetzten Zapfen- und Nägelköpfe, sind
übersponnen von einem dichten Netz von Ornamentik. Ihre

446-447 *Agra, Rotes Fort, Ornamentdetails vom Jahangiri-Mahal, um 1570*

Motive bezieht sie zwar aus dem islamischen Formenschatz, läßt sie aber bei aller Feinheit der Ausführung derartig wuchern, daß die Rationalität allen islamischen Dekorwerks zurücktritt hinter einem üppigsinnlichen Leben. An den Seitenflächen der schrägen Deckenträger in der Nordhalle z. B. winden sich Schlangengebilde empor, so lebendig-organisch, daß sie einem Orthodoxen ein Greuel gewesen wären. Gemalte Tier- und Fabelwesen – heute längst zu

bloßen Schemen verblaßt – schmückten die Wände. Einst
muß eine fast schreiende Farbigkeit den Palast erfüllt haben.
An einigen wenigen Stellen ist sie erneuert worden.

Akbar hat Künstler und Handwerker aus allen unterworfenen Provinzen herangezogen, nicht anders als einst
Omayyaden und Abbasiden, Seldschuken und Mongolen.
Er hatte aber noch weniger als frühere Herrscher etwas
dagegen, daß sie ihre eigenen, vom Islam nur oberflächlich
oder gar nicht berührten Überlieferungen geltend machten.
Im Gegenteil: Solchen Eklektizismus, bei dem indische Elemente innerhalb eines islamischen Baukonzepts führend
wurden, kann man nicht einfach dadurch erklären, daß der
Palast für eine Herrin aus einheimischem Geschlecht bestimmt war oder daß nur einheimische Kräfte zur Verfügung
standen. Er entspringt Akbars eigener Haltung.

Diese manifestiert sich in **Fatehpur Sikri**, etwa 40 km
südwestlich von Agra. Hier hatte ein islamischer Eremit,
Salim Chischti, dem Kaiser 1569 die Geburt eines Thronfol-
gers verheißen (oder, wie eine andere Überlieferung will,
durch ein Re-Inkarnationswunder erwirkt). In unerhört
kurzer Zeit (bis 1574) ließ Akbar hier nach der Geburt des
Thronerben (des späteren Jahangir) an einem künstlichen
See eine ganze Stadt entstehen mit einem Residenzfort,
dessen verschwundener Mauerkranz eine Moschee und kleinere Bethäuser, Hallen, Tore, Regierungsgebäude, Bäder
und Gärten umschloß. So etwas konnte nur ein unbeschränkter Despot verwirklichen. Zehn Jahre nach ihrer
Vollendung wurde die Traumstadt wieder aufgegeben. Der
Staudamm war gebrochen, das Wasser mangelte, dazu er-
zwangen politische und militärische Notwendigkeiten Akbars Anwesenheit im Norden. Seit 1585 residierte er in
Lahore und kehrte dann nach Agra zurück. Die aus dem
Boden gestampfte Stadt verödete und versank. Nur ihr
Mauerzingel steht noch. Dem Palast aber blieben spätere
Umbauten ebenso wie Zerstörungen durch feindliche Men-
schenhand erspart. Er war nur noch eine Art Wallfahrtsort
für die indischen Moslems. Einzig die Blöcke seiner Fe-
stungsmauer wanderten als Material in die Werkstätten der
Steinmetzen, deren Väter sie aufgeschichtet hatten. So darf
Fatehpur Sikri, die am besten erhaltene aller Moghulresi-
denzen, als authentisches Zeugnis für Akbars Bau- und
Stilwillen gelten, als architektonisches Gegenstück zu seiner
hochsinnigen Religionsidee.

In unserem Rahmen ist an eine detaillierte Führung durch
den Palastkomplex nicht zu denken. Die Pläne (S. 698 und
S. 699) und ein paar erläuternde Bemerkungen dürften dem
genügen, dessen Blick bereits ein wenig geschärft ist.

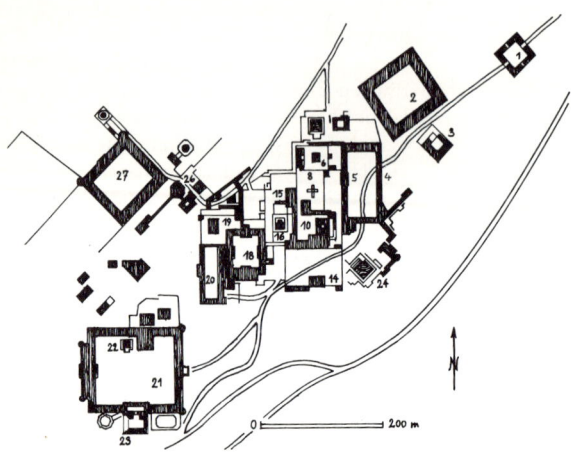

448 *Fatehpur Sikri, Plan der Gesamtanlage*

Durch das Agra-Tor in den einstigen Stadtbereich gelangt, betritt man den Residenzbezirk durch das *Musiktor*
(Naubat-Khane) (1), von dem Trompetenklänge das Nahen
des Herrschers oder hoher Gäste verkündeten. Zwischen
Münze (2) und *Schatzamt* (3) hindurch gelangt man zum
Eingang des *Hofes für öffentliche Audienzen* (4). Der *Audienzhalle* (Divan-i Am) (5) näherte sich der Bittsteller nicht
auf axialem Weg, sondern aus schräger Richtung. Eine un-
auffällige Pforte führt in den Hof der *privaten Audienzhalle*
(Divan-i Khaz) (6). Allein der Kaiser konnte sie von seinem
Arbeitskabinett (7) aus auf genau axialem Weg betreten. Der
südlich davon gelegene *Hof des Pachisi-Spiels* (8) war gela-
denen Gästen vorbehalten, denn an ihn schloß der privateste
Bereich an, mit beschaulichen *Gärten* (9) und dem Wohnhof
des Herrschers *(Mahal-i Khaz)* (10). Sein Zentrum bildet ein
quadratischer Teich mit einem eingehegten Inselquadrat
(11) in der Mitte, zu dem aus den vier Himmelsrichtungen
Brücken führen. Die Stadt selbst hatte Akbar zwar nicht

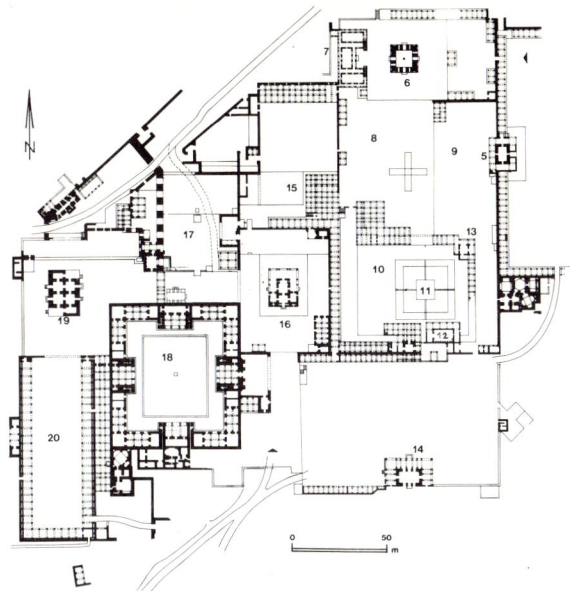

449 *Fatehpur Sikri, Plan des Palastbezirks nach Volwahsen*

nach den Vorschriften hinduistischer Bausymbolik anlegen
lassen, aber in seinem privaten Bereich durfte sie zu Wort
kommen. Auf dem Thronpodest inmitten dieses Achsen-
kreuzes mag Akbar manche Nacht zugebracht haben. Die
Schlafgemächer (12) des Kaisers lagen unmittelbar südlich.
Von ihnen aus konnte er, vor Wetterunbill und unberufenen
Blicken geschützt, die Quartiere seiner Frauen erreichen:
Haus der türkischen Sultanin (13), *Haus der Miriam* (16) mit
dem anschließenden *Garten* (17), den *Palast der Jodha Bai*
(18). Westlich von diesem liegen die *Stallgebäude* (20),
südlich des kaiserlichen Privatquartiers der Hof der Verwaltung und des *Archivs* (14).

Die Planung der Stadt richtete sich nach dem Nordost-
Südwest-Verlauf des Sikri-Hügels. Ihr folgen auch einige
Gebäude des Residenzbezirks, wie *Münze* (2), *Schatzhaus*
(3), *Bäder* (25), *Elefantentor* (26) und *Gästehaus* (Karawan-
serei) (27). Die *Moschee* (21-23) allerdings, auf der höchsten
Erhebung des Geländes errichtet, mußte nach Mekka

450 *Fatehpur Sikri, Palast der Jodha Bai, 1569-76*

451 *Fatehpur Sikri, Divan-i Khaz, 1569-76*

schauen, orientierte sich daher annähernd nach den Himmelsrichtungen. Nach ihr richten sich auch die Höfe des engeren Palastbezirks. Sie mußten dafür Niveauschwierigkeiten in Kauf nehmen. Vielleicht war es Akbar ganz recht, daß islamisch-fromme Qiblarichtung und hinduistische Weltachsensymbolik ungefähr zur Deckung kommen konnten.

452 *Fatehpur Sikri, Pandsch Mahal, 1569-76*

453 *Fatehpur Sikri, Akbars ›Thron‹ im Divan-i Khaz, 1569-76*

Die Kaiserresidenz ist, wie im islamischen Bereich zu erwarten, kein geschlossener Baublock wie ein europäisches Schloß, sondern setzt sich aus Höfen und Gartenparterres zusammen, die Zufall und Willkür aneinandergefügt zu haben scheinen. Die Höfe werden teilweise von gedeckten Portiken umzogen. Diese sind – obwohl aus Stein – ganz in der Art indischer Holzlauben gestaltet, deren Einzelelemen-

454 *Fatehpur Sikri, Buland Darwaza, 1601*

te zu mehrgliederigen Pavillongebilden zusammentreten
können. Am bedeutsamsten geschieht das am *Pandsch Mahal* (15), wo vier indische Pfeilerhallen zu einer asymmetri-
schen Aussichtspyramide für die Damen des Hofes übereinandergestellt und mit einem Kuppelpavillon bekrönt werden. Gänzlich ummauert und als Variante des persischen
Vier-Iwan-Plans gestaltet ist allein der *Palast der Jodha Bai*
(18), in dem man wohl den ältesten Kern der ganzen Anlage
sehen darf. (Wie Details belegen, das Werk eines Handwer-
kerteams aus Gujarat.) Nur ausnahmsweise erheben sich im

455 *Fatehpur Sikri, Blick vom Buland Darwaza auf die Moschee (links)*
mit dem Grabmal des Salim Chischti (rechts)

456 *Fatehpur Sikri, Blick in den überkuppelten Betsaal der Moschee*

Zentrum der Höfe und Terrassen freistehende Gebäude wie
das ›*Haus der Miriam*‹ (16) oder das *Haus des Raja Birdal*
(19) für einen im Hofleben einflußreichen Hindu. Als nur
oberflächlich von islamischer Ornamentik übersponnene
Steinkopie eines ausgewogen gestalteten Hinduhauses belegt es noch einmal ausdrücklich, wie tolerant Akbars Baugesinnung war.

Der *Divan-i Khaz* (6), die Halle für die nichtöffentlichen
Audienzen, – vielleicht identisch mit dem in alten Beschreibungen genannten Ibadat-Khane – ist eine symbolische
Darstellung von Akbars eigenwilligen Vorstellungen. Nach
außen hin zeigt er sich als ein Baublock aus rotem Sandstein
mit einem konsolengetragenen Balkonumgang, einem vorkragenden Dach auf schräggestellten Trägerstützen und mit
Viereckbaldachinen über den vier Ecken. Den Innenraum
betritt man von vier Seiten. In seiner Mitte als Weltachse,
den Schaft mit islamischer Ornamentik übersponnen, ein
Pfeiler, der sich in doppelten, rein indischen Konsolenkrän-
zen blütenhaft zu einer Plattform entfaltet. Zu ihr hin führen
von der an den Wänden umlaufenden Galerie vier diagonale
Brücken. Hier thronte der Herr der vier Weltgegenden im
Zentrum der irdisch vierzahligen Welt und ließ sich über die
verschiedenen Wege zu der einen Wahrheit belehren. Nahe
der Stätte eines sufischen Heiligen konzipierte Akbar wohl
die Idee seines ›Göttlichen Glaubens‹. Architektonische
Gestaltung des Bekenntnisses ›Allahu Akbar‹ ist diese ganz
von indischen Formen bestimmte Audienzhalle. Sie ist der
eine geistige Mittelpunkt der Residenz. Den anderen bildet
die *Große Moschee* (21) auf der Südwesthöhe des Burghü-
gels. Ihr Plan ist der einer gedehnten Medrese. Niedrige
Hallen mit Wohnzellen für Studenten und Lehrer umziehen
den weiten Hof. Verständlich, daß in diesem Bau die islamische Komponente stärker zu Wort kam. Trotzdem wirkt der
Betsaal befremdlich. In eine eher hinduistisch wirkende
Pfeilerhalle sind drei kapellenartig abgeschlossene Kuppelsäle eingefügt. Bloß variierende Wiederholung des in Indien
schon eingebürgerten dreikuppeligen, wenig tiefen Betsaals
oder zugleich gedacht als Reverenz vor der hinduistischen
Göttertrias oder der christlichen Trinität? Allein der mittlere Saal bemüht sich in Aufbau, Zwickelform und Ornament
um streng islamische Gestaltung.

Nach außen sprechen die viersäuligen Kuppelpavillons
über den Hallendächern und den Toren deutlich von Indien.

xv Dehli,
Rotes Fort
Blick aus dem Divan-i Khaz auf die kleine Perl-
moschee des Aurangzeb, 1662

*Hinter einer zinnengekrönten Mauer verbirgt sich das
intime Privatoratorium des bigotten Kaisers und verrät sich nur durch seine perlbleichen Lotoskuppeln
und die laternenartigen Fialen. Die Pfeilerstirnen von
Schah Jahans Audienzhalle, aus der wir auf die Pa-
lastkapelle blicken, waren einst mit edlen Steinen eingelegt, die beutelüsterne Soldaten später herausgebro-
chen haben.*

457 *Fatehpur Sikri, Fenstergitter im Grabmal des Salim Chischti, 17.Jh.*

Im Hof steht das *Grabmal des Salim Chischti* (22), aus weißem Marmor mit weit ausladenden Dächern über schlangen-
haft gewundenen Konsolen und mit herrlich durchbrochenen Fenstergittern. In dieser Gestalt gehört der Bau bereits
in die Zeit Jahangirs oder eher in die Schah Jahans. Das
Grab des heiligen Mannes blieb, auch nachdem die Stadt
verlassen war, ein Wallfahrtsziel. (Daneben das Grabmal
seines Enkels Islam Khan.) Auffälligster Teil der Moschee
ist der gewaltige *Torbau (Buland Darwaza*, – als Siegesdenkmal später eingefügt –, Nr. 23), der sich mit drei Bogen
in der südlichen Langseite öffnet. Auch hier bestimmen die
in drei Stufen angeordneten Kuppelbaldachine das Bild.
Aber wie an dem bescheideneren Ost-Tor der Moschee tritt

458 *Sikandra, Akbars Grabmal, voll. 1614, Torbau*

weißer Marmor neben das Rot des Sandsteins, um – ähnlich
wie am Humayun-Grabmal – die Baumasse hinter reinen
Flächen zu verbergen. Von außen führt eine wahrhaft kai-
serliche Freitreppe hinauf zu dem Siegestor, das sich nach
dieser Seite triumphal in einem riesigen Iwan öffnet, von
Schriftfriesen umzogen, flankiert von Minarettfialen und
bekrönt durch eine Galerie aus zinnenartig gereihten Bal-
dachinen. Islamische und indische Motive werden gewollt
zusammengespannt.

459 *Sikandra,
Schnitt durch
Akbars Grabmal*

460 *Sikandra, Akbars Grabmal, voll. 1614*

Solch bewußten Eklektizismus als Mittel zur Versöhnung
der Gegensätze verkündet auch *Akbars Grabmal in* **Sikan-**
dra etwa 9 km außerhalb Agras auf dem Weg nach Delhi. Es
wurde erst 1614 – nicht ohne Eingriffe Jahangirs – vollendet,
aber Akbar soll es selbst entworfen haben als sein Testa-
ment, in dem er noch einmal seine ganz persönlichen baulichen und religiösen Vorstellungen kundtat. Wie schon das
Mausoleum seines Vaters liegt auch das seine als heiterer
Pavillon inmitten eines quadratischen Parks. Ein Torbau
gewährt Zugang, für sich selbst schon ein Gartenschloß wie
das Hascht-Behescht-Schlößchen in Isfahan (S. 629), mit
einer hohen Iwannische zwischen breiten zweigeschossigen

Arkaden. Der rote Sandstein ist üppig mit Marmor inkru-
stiert. Rein islamisch ist dieser Schmuck mit seinen persischen Motiven. Vier Minaretts mit je drei Balkonen sind
– etwas unorganisch – über die Ecken gestellt. Nur ihre
Bekrönungen erinnern (wie die Vierpfeilerpavillons über
den Iwanfronten) an Indien. Der Torbau könnte schon
selbst das Grabmal sein. Aber das Islamische ist doch bloßer
Durchgang zum eigentlichen Mausoleum, das in sehr eigen-
williger Weise Indisches und Islamisches kombiniert. Wie
am Humayun-Grabmal bilden Kielbogenarkaden den Sok-
kel. Ein hoher Iwan, von Zinnen bekrönt, die wohl nicht
bloßer Zufall kreuzförmig gestaltet hat, öffnet sich zu einem
stollenartigen Gang, der in den Kuppelraum der eigentlichen Grablege führt. Dieses Herz der Anlage, spärlich er-
leuchtet durch einen Lichtschacht, wirkt wie eine Höhle in
einem Berg. Kein persischer Pavillon erhebt sich darüber,
sondern eine Pyramide aus drei übereinandergestellten quadratischen Terrassen mit indischen Pfeilerhallen aus Sandstein und den Akbar so lieben Kuppelpavillons an den Ek-
ken. Auf der höchsten, die nur noch wenigen Auserwählten
Raum bietet, von zierlich durchbrochenen Marmorschran-
ken eingefaßt, der Kenotaph, über dem sich nur der Himmel
als Kuppel wölbt. Mag sein, daß ein Säulenpavillon vorgesehen war, dessen Ausführung unterblieb; keineswegs dürfen
wir uns einen islamischen Kuppelraum als Krönung des
Ganzen vorstellen.

Die fast verwirrende Anlage spiegelt Akbars komplexes
Wesen. Ein Lustschloß eher denn eine Totenstätte ist mit
einem Aufwand errichtet, der von despotischer Ichbezogen-
heit spricht, zugleich aber von einer ganz persönlichen Suche
nach dem Einen und Wahren. Der Islam eröffnet den Weg
zur Paradiesverheißung (wie der Torbau), bildet die Grundlage allen Suchens (wie der islamische Sockel) und bezeichnet den rechten Zugang (die Iwantore). Aber auch im Glauben Indiens waren Elemente, die von Stufe zu Stufe höher
führen und weitere Horizonte eröffnen konnten, wie die
übereinandergestellten Hallen und Terrassen. Die Iwantore
und die Eckpavillons bereits gewähren bedeutende, jedoch
beschränkte Ausblicke. Je höher man den Berg der Terrassen emporsteigt, desto umfassender die Schau.

Akbars letzte Jahre waren verschattet durch die Ungeduld seines Sohnes Salim, die Nachfolge anzutreten. Als *Nur
ed-Din Jahangir* (1605-27) führte dieser schwärmerisch für

461 *Sikandra, Blick in den Kenotaphhof, voll. 1614*

die Reize der Natur empfindliche Alkoholiker die Politik des Vaters weiter, mit geringerem Erfolg und ohne dessen weitherzige Toleranz. Als Bauherr kam er ihm nicht gleich; sein Interesse galt der Malerei. Zwar ließ er Akbars Grabmal fertigstellen, aber sein eigenes *Mausoleum in* **Lahore** (S. 689) wirkt unfertig. Inmitten eines ausgedehnten Parks kommt es nicht recht zur Geltung, denn es besteht eigentlich nur aus einem hohen Sockelbau mit Eckminaretts, dem heute der zentrale Pavillon fehlt. Trotzdem verdient es Erwähnung, denn es wurde das Vorbild für den Sockelbau des Tadj Mahal und ist zugleich ein Zeugnis für die neue Dekorationsart, die sich nach Akbars Tod durchsetzte.

Sie beherrscht den wichtigsten Bau der Jahangir-Zeit in **Agra**, das *Grabmal für Itimad ud-Daula* (1622-28), des Kaisers Schatzmeister und Schwiegervater. Die Tochter dieses persischen Glücksritters, seit 1611 als *Nur Jahan (Licht der Welt)* Gattin des Herrschers, spielte eine ungewöhnliche Rolle auch in der Politik, war vor allem tonangebend in Fragen der Mode und des guten Geschmacks. Ihre Vorliebe galt kostbaren Stickereien, die sie selbst auch meisterlich anfertigte. Sie ließ ihrem Vater das Grabmal bauen, der Kaiser stellte ihr unbeschränkte Mittel zur Verfügung. Ihr darf man es zuschreiben, daß die Moghulkunst, die bewußt indischen Züge der Akbar-Zeit abzustreifen begann und sich wieder entschiedener nach Persien orientierte; ihr auch, daß eine neue Dekorationstechnik in Mode kam: die *pietra-dura*-Intarsie. Einlegearbeiten aus kostbaren Steinen wurden zuerst im Florenz des 16. Jahrhunderts hergestellt und schnell beliebt als luxuriöse Geschenke und Exportartikel. Mag sein, daß derartige Erzeugnisse, daß selbst Spezialisten dieser Technik nach Indien gelangten; immer wieder gei-

462-463 *Sockeldetails vom Kenotaphhof des Grabmals Akbars in Sikandra, und vom Divan-i Khaz im Roten Fort von Agra, ca. 1628/39*

464 *Agra, Fenster vom Grabmal des Itimad ud-Daula, 1622-28*

465　*Agra, Grabmal des Itimad ud-Daula, Bogenlaibung des Eingangs*

stern Namen europäischer Handwerker durch die Literatur.
Indien konnte ebensogut auf eigene Faust den Schritt von
der Marmorintarsie in Sandstein zu der aus Halbedelsteinen
in Marmor finden. Auf die Priorität oder Herkunft der Erfindung kommt es hier nicht an. Dem Geschmack der kaiserlichen Stickerin entsprachen solche Erzeugnisse genau, und
die indischen Handwerker waren gewandt genug. Fortan
sollten in den weißen Marmor ›gestickte‹ Blumen, Bäumchen, Ranken die Innenwände und Außenmauern schwerelos, aber etwas realistisch-dünn überziehen. Es ist klar, daß
solches persisch-islamischem Stil verwandter war als die versteinerten indischen Holzhallen Akbars.

Das Itimad-ud-Daula-Grab, wieder im Achsenkreuz
eines Parks gelegen und über dessen Niveau durch ein
flaches Podium erhoben, besteht aus einem quadratischen
Untergeschoß mit stämmigen pavillonbekrönten Minaretts
an den vier Ecken und vier Zugängen zu den neun Räumen
des Inneren. In den Eckzimmern Grabstätten von Verwandten, über dem mittleren Raum mit dem Sarkophag des
eigentlichen Grabinhabers und seiner Gattin ein Pavillon,
dessen bengalisches Dach Schule machen sollte. Das Grabmal benützt Ideen aus dem indischen Wohnhausbau, aber
die Muster des Dekors entstammen dem islamisch-persi-
schen Formenschatz. Der schimmernde Marmor nimmt alle
materielle Schwere. Hier tritt schon das auf, was die Bauten
der nächsten Generation kennzeichnen sollte. Darin beruht
die Bedeutung des relativ kleinen, aber mit größtem Aufwand an kostbarem Material errichteten Baues. Nur Jahan
gilt auch als die Bauherrin der *Pattar-Moschee* (1623) von
Srinagar.

466 *Agra, Grabmal des Itimad ud-Daula, 1622-28*

467 *Agra, Kenotaphraum im Grabmal des Itimad ud-Daula, 1622-28*

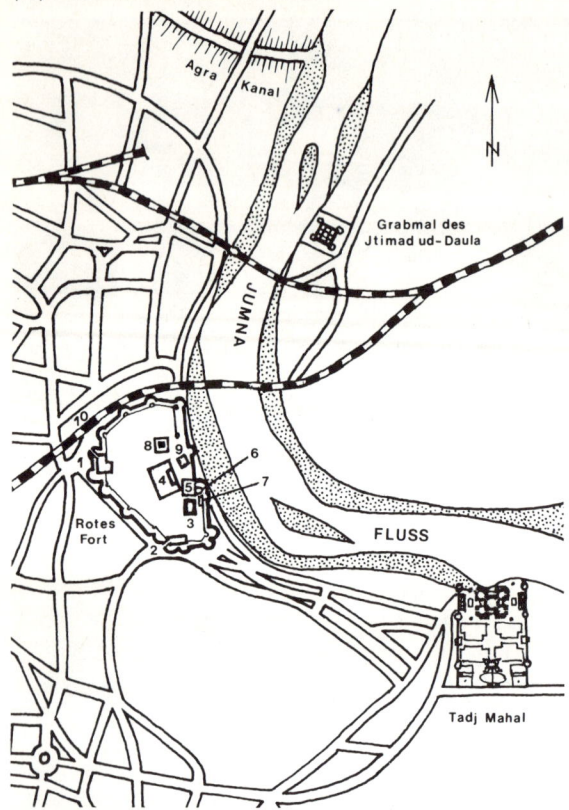

468 *Agra, Lageskizze*
1 Delhi-Tor 2 Amar-Singh-Tor 3 Jahangiri-Mahal 4 Divan-i Am 5 Anguri-
Bagh 6 Saman Bordj 7 Khaz-Mahal 8 Perlmoschee 9 Juwelenmoschee
10 Red Fort Station

Schah Jahan (1628-58, gest. 1666) verstand es in seinen
dreißig Regierungsjahren, die Moghulmacht weiter zu festi-
gen. Er war der prachtliebendste und glanzvollste Herrscher
Indiens, sein verschwenderischster Bauherr. Daß er einen
großen Teil seiner Zeit mit der Inspektion seiner Baustellen
verbrachte, ist bezeugt; ebenso, daß er als Architekt dilet-
tierte. Die Werke seiner Epoche sind durch ihn ganz persönlich geprägt. Sein Geschmack orientierte sich im Gegensatz
zu dem seines Großvaters eindeutig am safawidischen Per-

469 *Agra, Rotes Fort, Perlenmoschee*

sien, aber seine Bauten sind alles andere als sklavische Nachahmungen. Dem iranischen Ziegel stellte er den perlweißen Marmor, den rein gezogenen Konturen und schlichten Flächen die zarte und präzise Modellierung der gezackten Kielbögen und der mit Lotoskränzen gekrönten Zwiebelkuppeln entgegen, den mehrfarbigen Fliesen die pietra-dura-Intarsie, der Entschwerung durch die Form die Entmaterialisierung durch die immaterielle Farbe. Es entstanden Werke von traumhaft-unvergleichlicher Schönheit.

Im *Roten Fort von* **Agra** ließ er die meisten der ihm zu indisch erscheinenden Bauten seines Großvaters durch solche nach seinem eigenen Geschmack ersetzen. Im Gegensatz zu den scheinbar systemlos aneinandergefügten Höfen von Fatehpur Sikri hier ein bewußtes Komponieren in langen Achsen und Panoramen über weite Distanzen hinweg, über Hofflächen und Gartenparterres und durch zierliche Pavillons hindurch.

Die einzelnen Gebäude, die sich an der Flußseite aneinanderreihen, wollen eher als Teile eines größeren Ganzen denn als selbständige Gebilde genommen werden. In ihren Maßen bescheiden, bestehen die meisten im Grund aus einer Summierung oder Kombination von Raumquadraten, die

durch gezackte Mehrpaßbogen auf Pfeilern gebildet werden. Das Ergebnis sind zeltartig offene Gebilde, in denen
kaum jemandem die Erinnerung an die Stützensäule früher
Moscheen kommt: Dazu sind sie zu unverbindlich-geöffnet,
nehmen sie zu bewußt auf die Umgebung Bezug, sind sie
zugleich zu leicht und zu schwer. Auch dort, wo durch den
Wegfall einiger Stützen größere räumliche Einheiten gebildet werden, ergibt sich keine bedeutende Raumwirkung.
Aber einer Spätzeit anzukreiden, daß sie nicht mehr im
Geist der Frühe schafft, ist unsinnig. Der Reiz der Moghul-
pavillons beruht auf den feinfühligen Proportionen, der deli-
katen Handwerksarbeit und der Erlesenheit des Materials,
das allerdings sehr auf Effekt bedacht hergezeigt wird. Man
muß sich billigerweise vor Augen halten, daß heute ja nur
noch Skelette zu sehen sind: funktionslos, ohne die Teppiche und Kissenlager, ohne die erlesenen Schaustücke und
ohne die seidenen Vorhänge, mit deren Hilfe sich die mar-
morkühlen Hallen in vor Sommerhitze oder Winterkälte
geschützte Zelträume verwandeln ließen.

Besonders beachtenswert: die lichte Pfeilerhalle des *Di-
van-i Am*, der Halle für öffentliche Audienzen; der von
Wohntrakten umgebene *Anguri-Bagh*-Garten (anschlie-
ßend an die ganz andere Welt des Jahangiri Mahal) mit dem
Khaz-Mahal (Privatpalast); der *Divan-i Khaz* (Halle für
Privataudienzen) mit so kostbaren Einlegearbeiten, wie sie

470 *Agra, Rotes Fort, Anguri Bagh, 1633-39*

471 *Delhi, Rotes Fort, Blick vom Divan-i Khaz zum Rang Mahal mit dem Gitter der Waage, 1639-48*

sich auch im Aussichtspavillon des *Saman Bordj* finden, in dem Schah Jahan als Häftling seine letzten Lebensjahre verbrachte. Ein gründlicher Fremdenführer wird auch die Bäder und noch manches mehr zeigen und mit Anekdoten verzieren. Nicht vergessen sollte man die winzig-intime ›*Juwelenmoschee*‹ im Quartier der Damen. Und schon gar nicht die ›*Perlmoschee*‹ (Moti Masdjid). Als Anlage indoislamischem Herkommen folgend und mit einem Gebetssaal, der räumlich nichts Überraschendes bietet, ist sie doch durch den mondkeuschen Schimmer ihres Marmors so schwerelos wie eine Moschee Indiens überhaupt nur sein kann.

Asiatischer Despotensitte folgend, verlegte Schah Jahan 1638 seine Hauptstadt nach **Delhi** zurück. Dort ist *Schahjahanabad*, die heutige ›Altstadt‹, ganz sein Werk. Vor allem sind es die riesige Rote Festung (1639-48) und die Große Moschee. Das *Rote Fort* ist trotz der schweren Zerstörungen des Jahres 1857 immer noch ein authentisches Zeugnis der luxuriösen Prachtliebe Schah Jahans, als Neugründung noch einheitlicher konzipiert als die Burg von Agra. Von dem, was sich hinter der kilometerlangen, 16 Meter hohen Mauer erhob, seien hier nur ein paar besondere Köstlichkeiten genannt, wie z. B. das rote ›*Musiktor*‹ *(Nauhar Khane)*, die flachgedeckte Halle für öffentliche Audienzen *(Divan-i*

Am), ein besonders charakteristisches Beispiel für die Bau-
mode der Schah Jahan-Zeit. Ganz islamisch entworfen, sind
ihre Pfeiler mit den eigenwilligen Kapitellen weder allein
islamisch noch einfach indisch. In ihnen scheint sich auch
schon Europäisches anzukündigen, genauso wie in dem *pietra-dura*-Mosaik (Vögelchen auf zartem Astwerk) an der
Wand hinter der baldachinbekrönten Thronestrade. Das
Orpheusmosaik ganz oben verrät eindeutig florentiner Herkunft.

Im inneren Palasthof der geschichtenschwere *Divan-i
Khaz,* die Halle für Privataudienzen, wo der Pfauenthron
stand, bis Nadir Schah ihn nach Persien entführte und zer-
schlagen ließ.[129] Im Marmor der durch einen Paradieskanal
miteinander verbundenen Pavillons Intarsien aus Halbedelsteinen, die Flächen zwischen den feingemeißelten plastischen Schmuckformen überspinnend, spitzenfein die zerbrechlich geschnitzten Marmorgitter. Das schönste ist jenes
›Gitter der Waage‹ im *Rang Mahal,* das mit Recht immer
wieder Bewunderer gefunden hat.

Merkwürdig, weder das Ganze noch irgendein Detail findet in der fernen und 300 Jahre älteren Alhambra Granadas
(vgl. Kap. 6) genaue Entsprechung. Kein Zweifel, daß die
jüngeren indischen Anlagen weniger intim wirken, größeren
Aufwand mit kostbarem Material treiben, weiträumiger und
›barocker‹ komponieren. Trotz aller Unterschiede aber sind
die so verschieden anmutenden Komplexe aus dem gleichen
Geist geboren, gehören der gleichen Stilwelt zu, wenn man
unter ›Stil‹ eben nicht bloß die Summe der jeweiligen technischen und formalen Mittel, sondern den Ausdruck einer
Geisteshaltung versteht. Die maurischen wie die indischen
Paläste wollen Bezirke der Pracht und der Ruhe aus dem
Endlosen ausgrenzen und zu Paradiesen gestalten, in denen
man nicht im Erlebnis des raum-zeitlichen Fortschreitens
und über Widerstände hinweg an ein Ziel gelangt, in denen
dieses Ziel vielmehr bereits erreicht ist. Sie ruhen selig in
sich selbst und lassen den, der sie betritt, dieser seligen Ruhe
teilhaftig werden. Eine Inschrift in der kleinen Audienzhalle
spricht es unmittelbar aus: »Wenn sich auf Erden ein Paradies findet, dann ist es hier, hier, hier!«

Etwa zur gleichen Zeit entstand als Stiftung der Lieblingstochter Schah Jahans in **Agra** die *Freitagsmoschee (Jama
Masdjid,* 1648) kurz darauf ließ der Kaiser selbst die *Freitagsmoschee von* **Delhi** errichten (1650-56). Mit über einem

Hektar Grundfläche eine der größten Moscheen überhaupt,
ist sie durch ein hohes Podest über die Esplanade emporge-
hoben, die früher würdigen Abstand schuf. Heute drängen
sich Marktbuden bis an die Freitreppen heran, auf denen
Elendgestalten kauern und Bettler den Fremden belästigen,
der zu dem südlichen der drei Torbauten hinaufsteigen will,
um den von offenen Portiken umzogenen rotgepflasterten
Hof zu erreichen. Der Betsaalbau schiebt sich in dieses
riesige Areal vor. Begleitet von Minarettfialen, tut sich in
der Mitte seiner Front eine Iwanhalle auf, führt in den
Mihrabsaal. Seitlich anschließend öffnen sich je fünf Pfeiler-
arkaden. Eckminaretts rahmen die Fassade, bewahren sie
energisch vor der Gefahr, ins Breite zu verfließen. Drei so
zart wie kraftvoll konturierte Kuppeln mit roten Meridianli-
nien im Weiß ihres Marmors stellen den Ausgleich zwischen
dem Linienspiel der Horizontalen und Vertikalen her, krönen das Bild. Als ein solches ist diese Front mit ihren makel-
losen Proportionen und dem Spiel von Sandsteinrot und
Marmorschimmer komponiert. Wer sich von dem Betsaalin-
neren eine große Raumwirkung versprochen hatte, wird sich
enttäuscht fühlen. Er wird einige schöne und kostbar gefügte
Einzelheiten bewundern, nimmt wie nebenbei zur Kenntnis,
daß die indischen Minbers ohne Baldachin wie barock ge-
schweifte Treppenpodeste aussehen, aber wird eine sam-
melnde Wirkung vermissen und gern wieder zur Betrachtung der majestätischen und schwebenden Front zurückkehren, sie dann vielleicht als ein kulissenhaftes Schaustück
empfinden. (Nebenbei: auch hier lohnt es sich, ein Minarett
zu besteigen. Blick auf die Moschee und die Altstadt machen
alle Mühe wett.)

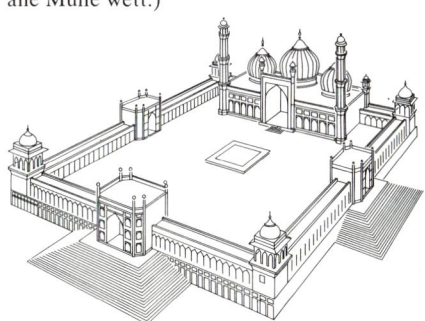

472 *Delhi, Große Freitagsmoschee, 1644-58*

Die Krone aller Bauten Schah Jahans, als die ›Perle Indiens‹ in aller Welt bekannt, entstand in **Agra:** der *Tadj Mahal* (1632-48). Er ist das Denkmal einer großen Liebe und das Werk einer echten Künstlernatur. Für das moslemische Indien bezeichnend: keine Moschee, sondern ein Grabmal, nämlich das der *Arjumand Banu Begum*, der mit dem höfischen Titel **Mumtaz-i Mahal** geschmückten Gattin Schah Jahans, einer Nichte der Nur Jahan. In neunzehnjähriger Ehe durfte sie nie von seiner Seite weichen. Während sie ihn 1631 auf einem Feldzug in den Dekkan begleitete, starb sie im 14. Kindbett. Der untröstliche Kaiser stilisierte als Künstler seinen Schmerz nach dem Vorbild persischer Liebesepik und verwandelte seine Trauer zum Stimulans für seine größte Bauidee.

Eine Überlieferung berichtet, die Kaiserin habe kurz vor ihrem Tode geträumt, sie befände sich in einem herrlichen, nach allen Seiten zierlich durchbrochenen Marmorpalast in einem paradiesischen Park, den das kühlende Gemurmel von Wasserspielen erfüllte. Ein Traumgesicht, das ganz dem herrschenden Geschmack mit seiner Vorliebe für gezirkelte Blumenparterres, zerbrechliches Gitterwerk und unirdischen Marmorschimmer entsprach. Diese luxuriöse Paradiesvision der Sterbenden auf Erden zu verwirklichen, konnte nur ein bauwütiger Autokrat mit unbeschränkten Mitteln unternehmen. Zweitausend Bauleute, so berichtet der Reisende J. B. Tavernier, hatten jahrelang zu fronen. Er (aber er als einziger) überliefert auch, daß am anderen Jumnaufer, dem mondweißen Grabmal der Gattin spiegelbildlich entsprechend, aus schwarzem Stein das Mausoleum des Kaisers errichtet werden sollte, durch eine Brücke mit dem Tadj verbunden. Es wurde nie Wirklichkeit.

Natürlich verschlang der Bau enorme Summen, aber es kann keine Rede davon sein, daß – wie oft kolportiert – Furcht vor drohendem finanziellem Ruin den Nachfolger bewogen habe, den Vater zu entmachten. Die Mittel waren vorhanden, schließlich entstand nicht nur die Freitagsmoschee von Delhi erst nach dem Tadj. Aurangzeb ging es darum, mit dem Segen der orthodoxen Mollahs versehen, angesichts der labilen Gesundheit des Vaters rechtzeitig seine bevorzugten Brüder (vor allem den Favoriten Dara, einen Freigeist wie sein Urgroßvater) auszuschalten. 1658 wurde Schah Jahan im Saman Bordj des Roten Forts von Agra interniert, von wo der leidende Greis nur noch wehmü-

XVI Agra,
Tadj Mahal, 1632-48

Das marmorweiße Grabmal für Schah Jahans gelieb-
te Gattin Mumtaz-i Mahal wird flankiert von indisch-
persischen Minaretts, die über die Ecken des Sockel-
baues gestellt sind. Als Zielpunkt am Ende einer lan-
gen Gartenachse, schwebt der Bau über den Wassern
des Hauptkanals, dessen Springbrunnen heute stillge-
legt sind, wie eine Vision unirdischer Schönheit.

tig sinnend hinüberblicken konnte zum Tadj, in dessen
Krypta er endlich an der Seite der geliebten Frau begraben
wurde. Der schimmernde Grabbau der Mumtaz-i Mahal ist,
wenn man Tavernier glaubt, nur ein Teil, aber das Herzstück
einer ausgedehnten Planung. Wie alle Moghulgräber erhebt
er sich in einem ummauerten Gartenbezirk (567 x 305 m),
nicht aber als dessen Zentrum, sondern als Blickfang am
Ende des Parks mit seinen axialen Kanälen. Sehr bezeichnend: An die Stelle der bisher üblichen Torbauten auch in
der Querachse treten hier attrappenhafte Aussichtspavil-
lons. Durch hinführende Ladenstraßen, Vorplatz und betonten Torbau ist eindeutig der Südeingang als die Stelle
markiert, von der aus ein Besucher das Grabdenkmal zuerst
erblicken soll, von der aus es den unvergeßlichsten und
immer wieder überraschenden Effekt macht: eine Vision,
über Wassern und Gartenparterres schwebend auf seiner
hellschimmernden Plattform, gerahmt von marmorweißen
Minaretts. Diese aufs bildhaft-Entrückte hinzielende Situation (wir lernten Ähnliches schon in der Delhi-Moschee
kennen) ist bezeichnend für die Kunst unter Schah Jahan.

Hier sind alle jene ›persischen‹ Tendenzen zur letzten
Konsequenz gesteigert, die schon das Humayun-Grabmal
bestimmten. Mit diesem hat der Tadj vieles gemeinsam, aber
mit bemerkenswerten Unterschieden bereits in der Grund-
rißfigur. Im Rückgriff auf Grabmäler aus früherer Zeit ist
der Bau viel stärker zentralisiert. Die Eckräume sind nicht
mehr so selbständig. Nach außen hin treten sie hinter die
dominierenden Iwanfronten zurück. Der Umriß zerfließt
nicht, sondern ordnet Nebenkuppeln und Fialen wie selbstverständlich der krönenden Hauptkuppel unter. Einfachst-
wohllautende Maßverhältnisse herrschen (1 : 2, 1 : 3, Goldener Schnitt). Darüberhinaus verleiht das Spiel des Marmors
im wechselnden Licht vom rosigen Morgennebel bis zur
silbernen Vollmondnacht dem Bau unerschöpflichen Reiz.

Europäische Reisende haben ihn so bewundert, daß sie
die Planung europäischen Architekten zuschreiben wollten.
Ein Venezianer Geronimo Veroneo wird angeführt, der
1640 in Agra begraben wurde, ein Austin de Bordeaux, der
1632, also im Jahr des Baubeginns, starb. Der Bau selbst
weiß nichts davon. Viele andere Baumeisternamen werden
in den einander oft widersprechenden Quellen erwähnt. Der
Entwurf stammt sicherlich von einem umfassend gebildeten
Kenner persisch-timuridischer und moghulisch-indischer

473 *Agra, Tadj Mahal, Blick vom Grabmal zur Moschee, 1632-48*

Architektur. Nach Lage der Dinge kommt nur einer in Betracht: Schah Jahan selbst. Die vielen anderen waren nur seine Werkzeuge als Ratgeber, Reinzeichner der Enwürfe, verantwortlich für Dekordetails und die technische Durchführung.

Sicher liefert Persien die wesentlichen Worte und die Syntax des Aufbaus, aber dem kargen Hochland war es nie vergönnt gewesen, die Träume seiner Dichter und Maler so großzügig und kostbar zu verwirklichen. Die Komposition der Bilderscheinung über lange Achsen und über Kanäle hinweg kennen wir bereits aus Isfahan, und sie mochte die Reisenden aus Europa an die Gartenkunst erinnern, die bei ihnen daheim gerade damals in Mode kam. Auch und gerade durch ihre streng eingehaltene Symmetrie.

474 *Agra, Tadj Mahal, Blick in die Kuppel der Grabmoschee, 1632-48*

Den schimmernden Dom auf seiner weißen Plattform begleiten auf niedrigerer Stufe zwei einander spiegelbildlich entsprechende Gebäude. Jedes für sich eine Schönheit, die Bewunderer anziehen könnte, treten sie wie Hofdamen artig neben der Herrin zurück. Ihr im Habitus verwandt, dürfen sie perlweißen Marmor nur an Portalen und Kuppeln anlegen, ihre roten Sandsteinkörper nur sparsam damit schmükken. Sie dienen willig, den Glanz der Gebieterin zu erhöhen. Der westliche Bau ist durch Mihrab und Gebetsteppichmuster des Bodens als Moschee gekennzeichnet. Wörtlich antwortet an der Ostseite eine Palasthalle für den Empfang hoher Gäste zu Gedenkfeiern. Der farblich sparsame Schmuck in beider Kuppelschalen variiert das Himmelmotiv der Moscheen Isfahans fast im Sinne eines frühen Rokoko.

Aber was sind ihre weißen Ranken gegen die Juwelen der Herrin! Die Einlagen aus kostbarem Gestein haben der schönsten Schöpfung der Moghulkunst von jeher zusätzliche Bewunderung eingetragen. Aber ihre Eleganz ist doch etwas dünnblütig. Dort, wo sich die köstlichsten Details finden, nämlich an dem schön durchbrochenen und inkrustierten Marmorgitter, das im zentralen Kuppelraum die Kenotaphe der Mumtaz-i Mahal und ihres Gatten umhegt (nach 1642, angeblich Ersatz für ein massiv goldenes), ist man am ehesten geneigt, an Europa und europäischen Barock zu denken (vgl. das oben abschließende Balustergesims!). Die Blumenbilder, zu denen die Halbedelsteine hier gefügt sind, könnten jedem botanischen Handbuch Ehre machen. Sie sind

475 *Agra, Tadj Mahal, Fassadendetail*

476 *Agra, Tadj Mahal, Blick in den Kenotaphraum, 1632-48*

Zeugnisse für die Naturschwärmerei der Moghulzeit. Ihr
Realismus aber, dem auch perspektivisch-dreidimensionale
Elemente dienen, macht sie (wie auch die botanisch getreu-
en Blumenreliefs an den Sockeln der Nebenbauten) zu
Fremdlingen in der rein flächenhaft stilisierten Welt islami-
scher Dekoration.

Immer wieder voll Bewunderung anhaltend, hat man sich
dem Tadj genähert in der Erwartung, in einen hellen und
hohen Dom zu treten – und fühlt sich unwillkürlich enttäuscht. Der vollkommen proportionierte zentrale Raum ist
weder so hell noch so weit oder hoch, wie man angenommen
hätte. In seinen Maßen entspricht er etwa einem Drittel der
Gesamtbreite und knapp der halben Kuppelhöhe des Außenbaues.

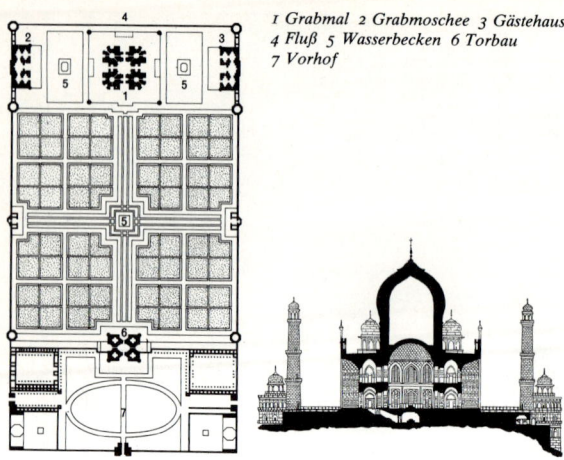

1 Grabmal 2 Grabmoschee 3 Gästehaus 4 Fluß 5 Wasserbecken 6 Torbau 7 Vorhof

477 *Agra, Tadj Mahal, Grundriß nach Volwahsen und Schnitt*

Der Blick auf Grundriß und Schnitt macht längere Erklärungen überflüssig. Was schon das Humayun-Grabmal kennzeichnete, wird hier fortgesetzt. Je mehr die Moghulkunst danach strebte, die äußere Erscheinung zum schwerelosen Visionsbild zu gestalten, umso mehr vernachlässigte sie die Innenräume. Hier forderte kein atemversetzender Raum wie die Hagia Sophia den Wetteifer der Architekten heraus, kein Sinan gab die islamische Antwort. Mit wie viel massiverem Mauerwerk als in Humayuns Grab ist die noch schwebendere Außenerscheinung des Tadj erkauft! Man spürt auf einmal die doch ›indische‹ Komponente in dieser makellosesten Schöpfung des moslemischen Indien.[130] Mancher wird nach eingehender Beschau der kostbaren Details das Innere des Mausoleums bald wieder verlassen, um zu dem unvergleichlichen ›Bild‹ zurückzukehren, zu dem das Äußere gestaltet ist.

Am Ende eines langen und verschlungenen Weges vom Tempelberg in Jerusalem bis ans Ufer des Jumna, vom Felsendom zum Tadj Mahal mag er sich früherer Bauten erinnern, jener Gehege und Gehäuse für das Gebet, die sich nach außen hin eher bescheiden gaben. Wer romantischem Zauber zu widerstehen vermag, darf angesichts des Tadj von ›Veräußerlichung‹ sprechen. Denkbar, daß sich jemand von so viel Bild-Schönheit schließlich ungeduldig abwendet.

Aurangzeb (1658-1707), Schah Jahans Nachfolger, war in vieler Hinsicht die Gegenfigur zu seinem Urgroßvater Akbar d. Gr. Bigott und engherzig orthodox, wollte er islamischem Gesetz (oder dem, was er darunter verstand) auf allen Gebieten – nicht nur im Hofleben – Geltung verschaffen. Wie ein Inquisitor verfolgte er alle ihm heterodox dünkenden Richtungen innerhalb des Islam, nicht minder die ›Heiden‹. Hindutempel wurden zerstört, die Kopfsteuer wurde wieder eingeführt, das Volk bis zur Verzweiflung ausgesogen, Nicht-Moslems aus der Verwaltung entfernt, wertvolle Helfer und einheimische Bundesgenossen vor den Kopf gestoßen und zu erbitterten Feinden gemacht, die Werkmeister Schahjahans aus dem Dienst gejagt. Sie trugen Bauideen der Moghuln hinaus an die Höfe der Provinz- und Kleinherrscher.[131] Hofchronisten mochten rühmen, Aurangzeb habe fast ganz Indien bis auf den äußersten Süden für den Islam erobert, doch diese Erfolge waren nur die Maske, hinter der sich die triste Auflösung der Macht verbarg. Die endlosen und letztlich ergebnislosen Kriege (und nicht die Baufreude Schah Jahans) zehrten die fast unbeschränkten Mittel auf. Mag sein, daß Aurangzebs Zelotentum den Islam in Indien vor dem Aufgehen im Hinduismus bewahrt hat: Die Rechnung dafür wurde den Moslems des 20. Jahrhunderts präsentiert. Jedenfalls wurde durch seine Intoleranz das Rajputenproblem erneut akut; aus einem Widerstandszentrum an der Westküste entstand das feindliche Königreich der Marathen. In einem solchen Klima konnten kaum Bauten entstehen, die über den unmittelbaren Zweck der Machtrepräsentation hinaus auch künstlerischen Anspruch zu erheben vermochten.

Durchaus noch mit Schah Jahans Moschee von Delhi kann sich die *Badschahi-Moschee von* **Lahore** (1674) messen. (Auch in ihrer Position zum Residenzfort ist sie den Moscheen von Agra und Delhi vergleichbar.) Die *Perlmoschee* (Moti Masdjid, 1662) im Roten Fort von **Delhi** verschanzt sich hinter einer hohen Mauer, die verbirgt, daß der Betraum sich ängstlich-genau nach Mekka ausrichtet, und zieht sich als Privatkapelle zu etwas engbrüstiger Schönheit zurück. Aber zu nahe stehen die lotosbekränzten Kuppeln beieinander, zu lasch und im Kleinen zu großspurig sind die reich dekorierten Zackenbögen des Inneren. Wie viel echtere Intimität in ihrem Vorbild, der winzigen Juwelenmoschee in Schah Jahans Fort von Agra!

479 *Delhi, Grabmal des Safdjar Jung,*   480 *Aurangabad, Grabmal der*
      1753   *Dilras Banu, um 1680*

Das Vaterbild wurde Aurangzeb nicht los. Das *Grabmal* seiner Lieblingsfrau ließ er in **Aurangabad** *(Maharashtra)* um 1680 nach dem Muster des Tadj Mahal – aber in wesentlich kleinerem Maßstab – errichten. Noch immer die luxuriöse Atmosphäre von Traum und Liebe. Aber doch zieht sich alles ins Enge. Wie viel massiger sind die oktogonalen Schäfte der Minaretts, wie zusammen- und in die Höhe gedrängt ist der Grabbau selbst! Die Harmonie ist zerstört, die den Tadj Mahal durchklingt. Was ist damit gewonnen? Triumphiert hier der Islam endgültig über Indien, wie es den Intentionen des Bauherrn entsprochen hätte? In keiner Weise. Zeigen sich neue fruchtbare Gedanken? Nirgends. Wir stehen am Ende der großen Zeit der Moghulkunst.

Nur ein Beispiel noch für das leerlaufende Fortleben der Tradition: das *Grabmal des Safdjar Jung* (1753) in **Delhi**. Es versucht noch einmal, programmatisch die Elemente der großen Moghulmausoleen (Park, Sockel, Iwanfront, Kuppel) herzuzeigen. Aber die Minaretts sind an die Ecken des Hauptbaues angeklebt, ohne sich organisch mit ihm zu ver-

binden. Sie beschweren nur. Die Gliederung des Baukörpers zielt auf Entschwerung, aber zerfällt in fast beziehungslos nebeneinandergesetzte traditionelle Motive. Dadurch
scheint die glücklos proportionierte Masse den Lodigräbern
verwandter als dem Tadj Mahal, nach dessen Vorbild er
schielt. Mit billigem Material (Ziegel und Stuck statt Sandstein und Marmor) wird versucht, noch einmal Moghulglanz
vorzutäuschen. Aber es klingt hohl angesichts der politischen Wirklichkeit.

Nach Aurangzebs Tod brachen jahrelange Thronfolge-
kämpfe aus. Die Moghulherrschaft zehrte nur noch von
ihrem großen Prestige, verlor aber immer mehr an realer
Macht und Bedeutung. 1739 erschien Nadir Schah von Persien als ›Gast‹ Mohammed Schahs (1719-48) in Delhi und
schleppte riesige Beute davon, knapp zwanzig Jahre später
(1757) plünderten die Afghanen, und 1760 raubten die Marathen, was an Schätzen immer noch vorhanden war. Der
Moghul wurde ihr Spielball. 1803 endlich kamen die Briten
nach Delhi. Von ihren Gnaden und Pensionen lebten die
letzten Träger des leeren Herrschertitels. Die Sepoy-Meute-
rei von 1857 stellte den letzten Moghuln, Bahadur Schah II.
(1837-57) wider seinen Willen an die Spitze einer strohfeuer-
artigen nationalen Erhebung. Die Briten schickten ihn ins
Exil, er starb 1864 in Rangun. Queen Victoria wurde Köni-
gin (und 1877 ›Kaiserin‹) von Indien, das nun durch britische
Vizekönige regiert wurde. Von einer lebendigen Islambaukunst konnte schon längst nicht mehr die Rede sein.

Als 1947 die von Gandhi geführte Unabhängigkeitsbewe-
gung ihr Ziel erreichte und die Britische Kolonie ihre Selbständigkeit erhielt, brach zugleich der Gegensatz zwischen
Hindus und Moslems blutig auf und zerriß den Subkontinent
in zwei feindliche Staaten: das islamische Pakistan – inzwischen in West-Pakistan und Bangla Desch auseinanderge-
fallen – und die Indische Republik. Auf deren Gebiet sind
die Moslems heute eine volkreiche Minderheit (etwa 10%
der Bevölkerung).

Wir halten am Ende eines langen Weges, der über ein Jahrtausend, vom Atlantik bis ins Gangesbecken und zu einer
stattlichen Zahl von Bauwerken geführt hat. Zwischen der
Juwelenmoschee im Fort von Agra und der Großen Moschee von Damaskus, zwischen dem Tadj und den Mamlukenbauten Kairos, zwischen den Moscheen des Maghrib und

denen Istanbuls scheint es auf den ersten Blick kaum Gemeinsames zu geben. Und doch wollen und vollbringen sie gleiches: Aus der irdischen Endlosigkeit grenzen sie einen Bezirk aus, der nicht mehr irdischen Kräften zu gehorchen scheint: damit der Mensch eine Stätte habe, wo er sich, unbelastet von allem Ringen, im Gebet niederwerfen kann vor dem Unendlich-Einen.

Treffend schön hat Ulya Vogt-Göknil die Entwicklung der islamischen Kunst mit einer Fuge verglichen, »wo ähnlich klingende Melodien, gesungen von verschiedenen Völkern, im Wandel der Zeit in den mannigfaltigsten Vertonungen, Umkehrungen und neuen Kombinationen wiederkehren.« Die ersten Töne der Grundmelodie haben die Araber angeschlagen, Berber, Perser und Türken aber waren die Stimmführer. Ihre jeweils besondere Tonart deutlicher hörbar zu machen, war eines der Ziele des vorliegenden Versuches. Die Fuge scheint nun verklungen, die schöpferische Zeit der islamischen Kunst so vorbei wie die der christlichen. Aber unerwartet können sich neue Wege öffnen. Der Islam ist nicht tot, selbst wenn er aus altislamischen Gebieten verdrängt wurde. Er ist auch, obwohl Ausgangspunkt und heiliges Zentrum in Arabien liegen, nicht identisch mit Arabertum, ist nicht allein Sache der ›klassisch‹ islamischen Völker. Weite Teile Indonesiens hören auf die Botschaft des Propheten, in Schwarz-Afrika gewinnt sie seit zweihundert Jahren mehr und mehr an Boden. Noch immer wenden Millionen Beter in aller Welt fünfmal täglich ihr Angesicht gegen Mekka und sprechen das Bekenntnis: »Es gibt keinen Gott außer Gott, und Mohammed ist sein Prophet!«

ANHANG

Bei der imaginären Reise zu den Bauwerken der islamischen
Welt mußten wir auf die uns vertrauten Periodisierungen verzichten. Die Kunst des Islam ist anders strukturiert und nicht
mit den uns gewohnten Begriffen und Einteilungen zu erfassen.
Wenn wir uns nur mit Werken der Baukunst befaßt haben, so
war das nicht nur ein Zugeständnis an die dem Europäer vertrauten Betrachtungsweisen, sondern war auch sachlich zu
rechtfertigen. Trotzdem haben uns in den Moscheen und Palästen immer wieder Werke der *dekorativen Kunst* gefesselt. Als
sinnlich-sinnschwere Bedeutungsträger sind sie etwa vergleichbar mit Bau- und Altarplastik, Wand- und Tafelmalerei in
christlichen Kirchen, die – durch unzählige Abbildungen populär – überstark unsere Vorstellung von ›Kunst‹ beherrschen und
sich bequem in die herkömmlichen Gebiete Plastik – Malerei
– ›Kleinkunst‹ einordnen lassen. Da die islamische Kunst darauf
verzichtet, die Darstellung der Figur in den Dienst der Religion
zu stellen, versagen solche Schemata vor ihr. Was nicht Bauwerk ist, gehört im islamischen Bereich in das Gebiet der *dekorativen*, der *angewandten*, der *Gebrauchs-* oder *Kleinkunst*.
Welchen Ausdruck wir auch wählen, immer haftet ihm etwas
leicht Abschätziges an, das der Bedeutung und Größe islamischer Kunst nicht gerecht wird. Wir sollten vielleicht daran
denken, daß auch die ›großen‹ Werke der europäischen Malerei
und Plastik bis ins 18. Jahrhundert hinein ›dekorativ‹ oder ›Ge-
brauchskunst‹ waren, nicht ortlose Kunstwerke ›an sich‹ oder
›Kunstgegenstände‹, die nur in Galerien und Museen ihre
Heimstatt finden. Die islamische Welt hat keine Renaissance
und keinen Individualismus im Bereich der Kunstschöpfung
gekannt, ihre Kunst ist daher viel eher zu begreifen, wenn man
an die schöpferische Tätigkeit des europäischen Mittelalters
denkt: in sich geschlossen, anonym, in überpersönliche Ord-
nungen gebunden.

Auf das ganze formen- und farbenreiche Gebiet islamischen
Kunstschaffens einzugehen, verbot uns unser Thema. Wo es
sich ergab, wurde aber schon in den vorangegangenen Kapiteln

auf Museen hingewiesen, die Gebilde aus Stein und Stuck, aus Holz und Bein, Gefäße aus Glas, Bronze und Ton, Münzen, Möbel, Bucheinbände, Miniaturen und Werke der Kalligraphen, Webarbeiten, Stickereien und Knüpfteppiche vor dem Besucher ausbreiten. Alles dies wurde aus dem gleichen Geist geschaffen wie die Moscheen und ihr Schmuck.

Über die Entwicklung der Formen und Techniken in den verschiedenen Zeiten und Gebieten geben einige weiter unten aufgeführten Werke Auskunft. Auf sie sei ausdrücklich verwiesen.

Hier soll nur ein Überblick angefügt sein über Sammlungen, in denen man die Bekanntschaft mit der ›dekorativen‹ Kunst des Islam machen oder erneuern kann. Es kann sich dabei nur um summarische Andeutungen handeln. Das ist leider wenig und um so bedauerlicher, als auch die Reisehandbücher meist nur recht lakonisch auf die einschlägigen Sammlungen hinweisen, nur in wenigen Museen handliche Kataloge oder Kurzführer erhältlich sind und die Kennzeichnung der Objekte oft sehr zu wünschen übrig läßt. Vor allem im Orient selbst vermißt man Hinweise in einer der gängigen europäischen Sprachen oft recht schmerzlich, wenn Beschriftungen nicht überhaupt fehlen.

Die folgenden Andeutungen sind gewiß recht subjektiv. Dazu können sich in einigen Fällen die musealen Verhältnisse inzwischen verändert haben. Der Verfasser muß daher bitten, vielleicht überholte Feststellungen zu entschuldigen. Für jeden berichtigenden Hinweis ist er dankbar.

In Europa begegnet man Einzelstücken islamischer Kunst (oft besonders kostbaren Erzeugnissen, die als Beutestücke, ›Reliquien‹ oder Raritäten, vielfach nachträglich kostbar gefaßt) in geistlichen und fürstlichen Schatzkammern oder in Museen, in die sie aus jenen überführt wurden. Als recht willkürlich ausgewählte Beispiele seien angeführt: Fatimidische Kristallgefäße in **Nürnberg**, *Germanisches Nationalmuseum*, **München**, *Residenzmuseum* (›Heinrichsbecher‹ der Schatzkammer), *Sammlungen der* **Veste Coburg** (›Hedwigsbecher‹) **Venedig**, *S. Marco, Schatzkammer*, **Paris**, *Cabinet des Médailles*, **Wien**, *Schatzkammer* (Krönungsmantel Rogers II.), **Innsbruck**, *Tiroler Landesmuseum* (Zellenemailschale des Rukn-ed-Dinla), **Lissabon**, *Gulbenkian-Stiftung*, **Pisa**, *Campo Santo* (Bronzegreif), **Palermo**, **Florenz**, *Museo Nazionale del Bargello*, **Rom**, *Palazzo Venezia*. Umfangreiche ›Türkenbeuten‹ in **Karlsruhe**, *Badisches Landesmuseum*, **Venedig**, *Museo Civico Correr*. usw.

Vielfach sind islamische Kunstwerke in Völkerkundlichen oder Kunstgewerbe-Museen zu finden, wie in **Wien** im *Österreichischen Museum für angewandte Kunst* (ein Hauptstück hier der unvergleichliche safawidische Jagdteppich), in **Düsseldorf** im Hetjens-Museum, in **Madrid** im *Museo Arqueológico Nacional*, in **Paris** im *Musée des Arts africains et océaniens*. Keine bedeutendere derartige Sammlung, die nicht über ein paar islamische Werke verfügte; eine auch nur lückenhafte Aufzählung würde Seiten füllen.

Die bedeutendste Sammlung islamischer Kunst in Frankreich beherbergt das *Musée des Arts décoratifs in* **Paris.** Seinen zehn Sälen gegenüber erscheint die Islamabteilung des *Louvre (Pavillon de l'Horloge)* klein, zeigt aber eine recht vielseitige Schau von Meisterwerken. Neben Holzschnitzereien, dem chorassanischen Elefantenstoff aus Josse-sur-Mer, syrisch-mamlukischen Moscheeampeln (emailliertes Glas), osmanischen Fayencen ist besonders bedeutsam das ›Taufbecken des Hl. Ludwig‹, eine irakische Bronzearbeit des 13. Jahrhunderts. Im Louvre kann man auch die für die islamische Kunst ›vorbereitenden‹ und an sie angrenzenden Kulturen (Kopten) gut kennenlernen. Ähnlich verhält es sich mit den Sammlungen in **London**. Das *British Museum* hat seine islamischen Schätze seit 1970 im westlichen Ende der asiatischen Galerie *(King Edward's Gallery)* konzentriert. Die kleine Lehrschau zeigt ganz exquisite Werke aus allen Gebieten der ›Kleinkunst‹ von der omayyadischen bis in die späte Safawidenzeit. Die *Bibliothek* des Museums stellt in ihren Vitrinen immer ein oder das andere Meisterwerk islamischer Buchkunst aus. Im Brit. Mus., dieser unerschöpflichen Schatzkammer, kann man noch eindrucksvoller als im Louvre den arabisch-sabäischen, spätantiken, sassanidischen Voraussetzungen der islamischen Kunst begegnen. Viel umfangreichere islamische Sammlungen stellt das zweite, den ›dekorativen‹ Künsten gewidmete Schatzhaus in London zur Schau: Das *Victoria and Albert-Museum* zeigt Meisterstücke persischer, seldschukischer und hochosmanischer Keramik, dazu Textilien (Teppiche, türkische Stoffe). Höhepunkte sind hier u. a. der mächtige Ardebil-Teppich (1539), ein mamlukischer Minber aus Kairo und ein osmanischer Kamin (Iznik), die Lüsterfayencen aus Kaschan, die syrischen Moscheeampeln. Die indisch-islamische Moghulkunst läßt sich hier in einmaliger Weise studieren.

Das *Fitzwilliam Museum* in **Cambridge** und in **Oxford** das *Ashmolean Museum* bringen unter vielem anderen gedrängte Überschauen vor allem islamischer Keramik. Auch in anderen Sammlungen z. B. **London**, *Courtauld Institute* begegnet man islamischen Stücken.

Die *Islamischen Museen in* **Berlin**, heute wie die ganze Stadt zweigeteilt, stellen zweifellos den zeitlich wie räumlich umfassendsten und gewichtigsten Komplex islamischer Kunst außerhalb der islamischen Länder dar. Ein Teil – wohl immer noch der wichtigere – ist im Oberstock des *Vorderasiatischen Museums* auf der Museumsinsel *(Berlin-Ost)* untergebracht. Hier sind Stuckdekorationen aus Samarra ausgestellt, erlesene Beispiele der Teppichkunst, (darunter eine ›Inkunabel‹: das Fragment eines seldschukischen Drachen-Phönix-Teppichs aus dem 15. Jh.), Keramik aus Persien (seldschukische Mihrabs, Minai-Gefäße), eine Folge timuridischer Buchmalerei, die sonst meist in Bibliotheken eingesargt ruht, die bilderreiche Ausstattung eines Zimmers aus Aleppo (Anf. 17. Jh.) und als Kernstück die besten Teile der bedeutenden Fassade vom omayyadischen Wüstenschloß el-Mschatta.

Die *West-Berliner Sammlung,* 1971 aus dem Langhansbau des Charlottenburger Schlosses nach Dahlem übersiedelt, zeigt in moderner Aufstellung leider nur einen Teil der sich ständig mehrenden Bestände: Zeugnisse einer gottgewissen Heiterkeit. Vereint stünden die Berliner Museen wohl noch immer an erster Stelle, den getrennten konnte das *Metropolitan Museum von* **New York** mit seiner islamischen Abteilung den Rang ablaufen. Sie gilt mit Recht als die bedeutendste der Neuen Welt. (1972 in Neuordnung.) An zweiter Stelle wohl rangiert in Amerika das **Boston** *Museum of Fine Arts* (Schwergewicht liegt auf seldschukischer, osmanischer und safawidischer Keramik). Die Miniaturensammlung des *Fogg Art Museum der Harvard University* **(Cambridge/Mass.)** ist beachtlich. Auch in den Sammlungen von **Washington D. C.** findet sich manch schönes Stück, desgleichen in etlichen Großstadt- und Universtitätsmuseen.

Die UdSSR darf bereits zu jenen Ländern zählen, die teilweise alt-islamischen Boden umfassen. Die Abteilungen für Islamische Kunst innerhalb und außerhalb der Sowjetunion des *Eremitage-Museums* von **Leningrad** gehören zu den umfassendsten Sammlungen islamischer Kunst überhaupt. (Die erstere im Erdgeschoß, die andere im zweiten Stock des Winterpalais-Flügels.) Einzigartig hier die Gelegenheit, den Eindruck von Kulturwelten zu gewinnen, deren Traditionen in die Kunst des islamischen Ostens eingeflossen sind. (Skythischer Tierstil und die ihm verwandten Funde aus dem Altai, besonders die Funde von Pazyryk, und dem Kaukasusgebiet – Armenien, Georgien, Aserbaidschan seit den Urartäern –, aus dem vorislamischen Mittelasien – Baktrien, Chorassan, Sogdien –, gräko-baktrische und parthische Kunst, Funde aus Toprak-Kala und Pendschikent-Fresken des ›Blauen Palastes‹.) Im Erdgeschoß u. a. islamische Keramik und Bronzen aus Afrosiab, dem vormongolischen Samarkand, aus Saraj-Berke, der Hauptstadt der Goldenen Horde (Importe aus China, Iran, Mittelasien, Ägypten und Werke von den aus vielen Gebieten verschleppten Handwerkern). Ein Höhepunkt: der gewaltige Timur-Kessel, Baukeramik, Holz- und Metallarbeiten aus Samarkand, Buchara, Usgend. Dazu noch Teppiche und volkstümliches Kunstgewerbe aus Turkestan-Usbekistan. Im zweiten Stock bezeichnen Indien und China die Nachbar-, Byzanz und Persien die Vorgängerkulturen. Die Säle 384-387 breiten die persische Islamkunst vom 7. bis ins 15. Jahrhundert aus. Über Syrien und den Irak (Emailgläser, Bronzearbeiten) führt der Weg ins fatimidische (einige hervorragende Kristallgefäße) und mamlukische Ägypten. Drei Räume (391-394) zeigen Teppiche und andere edle Erzeugnisse des safawidischen Persien, die weiteren bieten eine ausgewählte Schau türkisch-osmanischer Stoffe, Keramiken, Waffen und Bronzen.

In **Moskau** begegnet man islamischen Stücken in der *Rüstkammer des Kreml* und im *Museum der orientalischen Kulturen*. Die lokalen Museen des sowjetischen Zentralasien **(Samarkand, Taschkent)** zeigen neben vielen Nachbildungen, Fotos usw. einige wenige kostbare Originale (Afrosiab-Keramik, Metallarbeiten, Baukeramik des 15. Jahrhunderts), dazu interessante Dokumente aus dem Leben der transoxanischen Städte im 18., 19. und 20. Jahrhundert.

Istanbul besitzt zwei sehr bedeutende Museen islamischer Kunst. Auf das *Topkapı-Saray-Museum* wurde schon hingewiesen (Kap. 12). Das andere, das *Türkisch-islamische Museum* (Türk ve islam müzesi), kann vorerst nur einen Bruchteil seiner überwältigenden Schätze ausstellen, vor allem nur die kostbarsten Stücke seiner in der Welt wohl einzigartigen Sammlung türkischer Teppiche. Eine derartig geschlossene Serie von Uşak-Teppichen des 16. und 17. Jahrhunderts gibt es m. W. sonst nirgends. Unvergleichlichen Höhepunkt bilden die archaisch-großartigen seldschukischen Teppichfragmente des 13. Jahrhunderts aus der Ala ed-Din-Moschee von Konya. (Einige in Alt-Kairo gefundene Seldschukenteppiche besitzt das *Nationalmuseum* von Stockholm.) Die seldschukische Kunst ist auch mit figürlichen Reliefs und mit schönen keramischen Erzeugnissen sehr gut repräsentiert, doch auch Keramik und Malerei aus dem abbasidischen Samarra werden gezeigt, iranische Fayencen und Paradebeispiele osmanischer Kunst. Die Buch-Abteilung stellt wundervolle Miniaturen und Beispiele für Kalligraphie seit der frühislamischen Zeit aus. Man sollte auf keinen Fall versäumen, dieses Museum zu besuchen, wenn man das Glück hat, in Istanbul zu sein.

Die für die Seldschukenzeit bedeutendsten Museen beherbergt **Konya** in seinen kostbaren Bauten. Auf die Keramik-Sammlung der *Karatay*-Medrese wurde schon hingewiesen (Kap. 9), ebenso auf die Skulpturenabteilung in der *Ince-Mi-*

nar-Medrese. Die *Sirçali-Medrese* bewahrt Zeugnisse der Grab-malskunst. Im *Mewlana-Museum*, dem Zentrum des 1922 auf-gehobenen Ordens der ›Tanzenden Derwische‹ am Grabmal ihres Stifters Dschelal ed-Din und seiner Gefährten und Nach-folger erlebt man museal den Zusammenhang eines Derwisch-klosters. Vor allem die in Nebengebäuden untergebrachte Schau alter Teppiche (auch hier einige seldschukische Frag-mente) lohnt beinahe schon für sich die Reise.

Das *Ethnographische Museum von* **Ankara** umfaßt nicht nur eine sehenswerte folkloristische Sammlung, sondern auch eine Abteilung seldschukischer und osmanischer Kunst. Neben Fa-yencen u. a. vor allem bedeutend die Holzschnitzerei (Moschee-türen, Koranpulte, Kenotaph des Ali Şeref ed-Din). In vielen Provinzstädten (z. B. **Kayseri, Sivas, Erzurum, Antalya, Anta-kiya** usw.) sind meist in einem der alten Baudenkmäler kleine Museen eingerichtet.

Das *Islamische Museum* in **Kairo** verfügt über eine besonders umfassende Sammlung. Selbstverständlich liegt hier der Nach-druck auf den ägyptischen Beiträgen; die leider nur unzuläng-lich beschriftete Schau bietet darüber hinaus aber einen Über-blick über die gesamte Islamkunst. Omayyadische Stücke (Bronzekanne Merwans II.), abbasidisch-tulunidischer Stuck, fatimidische Schnitzwerke (Zierbretter aus den Palästen, Tü-ren, der Mihrab der Sayida Rukaiya), Fresken und Lüsterkera-mik; bedeutende Werke der Eyyubiden- und Mamlukenzeit, (Holz, Metall-, Bronzewerke (Leuchter, Aquamanilen etc.), Waffen, Teppiche, Glas- und Keramik-Arbeiten (eine ganze Reihe emaillierter gläserner Moscheeampeln), Unterglasur- und Lüstermalerei. Dazu: Fayencefliesen aus der ganzen islami-schen Welt, Glasarbeiten, türkische Erzeugnisse nachklassi-scher Zeit, auch Buchkunst und persische Erzeugnisse aus zehn Jahrhunderten. Im Hof: Steinarbeiten (Grabmäler). Im Ober-stock befindet sich die Arabische Bibliothek. (Als ›Ergänzung‹ empfiehlt sich ein Besuch *Alt-Kairos* und des *Koptischen Mu-seums.*)

In Tunesien fehlt ein zentrales Museum islamischer Kunst, dafür finden sich in mehreren kleinen Sammlungen gute Bei-spiele von Keramik, Schrift- und Buchkunst, Glas usw. In **Tu-nis**: Das *Nationalmuseum im Bardo*, in einem Bey-Palast des 19. Jahrhunderts (es ist neben dem Ägyptischen Museum von Kairo das bedeutendste archäologische Museum Nordafrikas) wird von den Reisenden in erster Linie der punischen Funde und der besonders reichen Abteilung römischer Mosaikkunst wegen besucht. Es besitzt aber auch eine islamische Abteilung, die neben schönen späten Raumdekorationen und Gebrauchs-kunst aus der Türkenzeit eine kleine, aber kostbare Sammlung

vorwiegend ägyptischer Textilien, von fatimidischem Kunst-
handwerk und eine Serie von Kufi-Inschriften (Stein) enthält.
Solche Inschriften findet man auch im Lapidarium Sidi Bou
Krissan (Rue Ben Mahmud).

Klein, aber mit ein paar schätzbaren Stücken versehen ist das
Museum im ehemaligen Betsaal des *Ribats von* **Monastir**. Auch
im *Ribat von* **Sousse** hat man eine kleine Sammlung eingerichtet. (Das Museum in der Kasbah von Sousse ist der vorislamischen Vergangenheit gewidmet. Kleiner als das Bardo-Museum
in Tunis, kann es mit diesem an Qualität konkurrieren.) Das
Museum neben der Sidi-Oqba-Moschee von **Kairouan** bietet
aghlabitische Keramik (Funde aus Raqqada und Mohammedia
etc., eine Sammlung von Münzen, dazu vor allem Funde und
besonders wertvolle Einzelstücke aus der Großen Moschee).
Die Sammlung im *Dar-Djellouli* von **Sfax**, einem seiner Anlage,
der Türen, Wandfayencen und Decken wegen sehenswerten
Palast aus dem 18. Jahrhundert, ist mehr folkloristisch ausgerichtet. In **Algier** enthält das *Musée Stéphane-Gsell* neben einer
antiken (Skulpturen, römische und frühchristliche Mosaiken
usw.) eine islamische Abteilung mit Funden aus den Ruinenstädten Sedrata und der Qalaa der Beni Hammad, dazu Waffen,
Textilien, vor allem Teppiche usw., dazu auch eine ganze Anzahl von Gegenständen nichtmaghrebinischer Herkunft. Das
Museum Le Bardo (in einem arabischen Landhaus des 18. Jhs.)
ist eine historisch-folkloristische Sammlung und zeigt auch
Funde aus der Vorgeschichte.

Die Museen in den Königsstädten Marokkos sind im ganzen
mehr folkloristisch ausgerichtet, aber lohnen einen Besuch, da
sich hier sehr schön die volkstümlichen Grundlagen der Islamkunst des äußersten Westens studieren lassen. Außerdem kann
man leicht einen Maßstab gewinnen, um den Andenkenkram zu
beurteilen, der dem Reisenden für gewöhnlich feilgeboten wird.
Man wird dann etwas wählerischer bei seinen Einkäufen.

Auf das *Palästina-Museum in* **Jerusalem** wurde schon oben
(Kap. 4) hingewiesen. Neben instruktiven Sammlungen zur
Vor- und Frühgeschichte des palästinensischen Raumes und
Zeugnissen seiner geschichtlichen Verflechtung mit den Hoch-
kulturen der Frühzeit bietet es dem Islam-Freund vor allem die
Funde aus Khirbat el-Mafdjar und stilgeschichtlich wichtige
Holzarbeiten aus der abbasidischen Aqsa-Moschee. Ergänzen-
de Stücke dazu und zur Geschichte des Tempelbezirks in arabi-
scher Zeit finden sich in dem kleinen Museum des Haram asch-
Scharif (neben der Aqsa-Moschee).

Das Syrische *Nationalmuseum von* **Damaskus** wurde gleichfalls
schon in Kap. 4 erwähnt. Das *Museum von* **Aleppo** ist fast ausschließlich frühgeschichtlichen und antiken Funden gewidmet.

Das *Irak-Museum von* **Bagdad**, ein in jeder Hinsicht hochbe-
deutsamer Sammlungskomplex, stellt sicherlich den wichtigsten
Anziehungspunkt für jeden Besucher der irakischen Hauptstadt dar. (vgl. Kap. 5). Das kleine *Museum von* **Mosul** bringt
vor allem parthische Funde aus Hatra, enthält aber auch schöne
Beispiele islamischer Kunst.

Im Iran bieten lokale Museen manche schöne und interessante Stücke (**Ardebil**, Porzellansammlung am *Mausoleum des
Scheikh Safi;* **Isfahan,** *Tschehel-Sotun-Palast;* **Schiraz**, *Pars-Mu-
seum*). In **Teheran** ist der Besuch des *Golestan-Palastes* fast
obligatorisch, aber künstlerisch unergiebig (meist prunkvoll-
teures Zeug aus der Spätzeit). Auch der Kronschatz in der
Mellibank, so faszinierend der Blick auf die schwer gesicherten
Reichtümer aus 1001 Nacht ist, hat wenig an rein künstlerischen
Werten zu bieten. Nicht genug empfohlen werden kann dagegen ein Besuch im *Archäologischen Museum*. Im Untergeschoß
machen Sie einen Rundgang durch die Kunst des Iran von der
Vorgeschichte (Susa-Keramik usw.) über die Zeit der Achämeniden (Funde aus Persepolis u. a.) bis in die Sassanidenepo-
che. Im Oberstock sind die Zeugnisse der islamisch-iranischen
Kunsttätigkeit untergebracht. Leider ist diese unvergleichliche
Sammlung nur persisch und dazu auch noch unzulänglich be-
schriftet, sie ist aber chronologisch aufgebaut und man findet
sich leicht zurecht. Sie beginnt mit einem Höhepunkt, der großartigen Nischapur-Keramik aus der Abbasidenzeit, archaischen
Werken aus dem Bereich der samanidischen Kunst (auch
Wandmalerei und Stuck), Keramik aus Gurgan und Istakr (bei
Persepolis). Auf die Funde des 8. bis 10. Jahrhunderts folgt eine
ganze Serie von hinreißenden Keramikarbeiten der Seldschukenzeit. Neben köstlichen Mihrabs und anderen Teilen von
Baudekor meisterhafte Gefäße, auch figürliche Darstellungen
aus den Zentren iranischer Töpferei Rayy, Kaschan, Gurgan
usw. Auch die Zeit der Timuriden ist mit prächtigen Werken
vertreten. Paradebeispiele aus allen Sparten der safawidischen
Blütezeit (Teppiche, Buchkunst, Baureliefs aus Stuck, Stein
und Holz usw.) zeigen im Vergleich zu den Exponaten aus der
Kadscharenzeit die Höhe, von der die iranisch-islamische Kunst
im späten 18. und 19. Jahrhundert herabgestiegen ist.

Im indischen Bereich wäre in erster Linie das *National-Mu-
seum in* **New Delhi** zu nennen.

[1] Da das islamische Jahr ein Mondjahr ist, lassen sich He-
dschra-Daten (A. H.) nicht einfach durch Addition von 622
in die Jahreszahlen christlicher Rechnung (A. D.) verwandeln. Die einfachste (nicht ganz genaue) Art der Umrech-
nung: Das Datum A. H. erst durch 33 dividieren, das Resul-
tat von der A. H.-Zahl abziehen, dann erst 622 addieren.
Will man umgekehrt eine christliche Jahreszahl (A. D.) in
ein A. H.-Datum umrechnen, subtrahiert man 622 von der
A. D.-Zahl, dividiert den Rest durch 32 und addiert den
Quotienten zu dem Rest.

[2] Creswell, The Lawfulness of Painting in Early Islam (Ars
Islamica XI-XII, 1946, S. 159 ff.)

[3] Stammbaum nach J. Glubb Pascha, Das Weltreich der Araber, Oldenburg/Hamburg 1963. Die Namen der Kalifen
sind fett gedruckt, die in Klammern gesetzten Zahlen geben
die Reihenfolge der omayyadischen, bzw. der ersten abbasidischen Herrscher. Siehe Seite 742/743.

[4] Der Islam hat von Turkestan aus schon früh eine beträchtliche Gemeinde in China gewonnen. Bereits im Mittelalter
hat er sich in Indonesien und im Sudan verbreitet und hat
hier als ›nationale‹ Alternative zur christlichen Mission, die
mit dem europäischen Imperialismus Hand in Hand arbeitete, seit dem 19. Jahrhundert immer mehr Anhänger gefunden. Für die Geschichte der islamischen Kunst sind diese nie
›eroberten‹ Bereiche belanglos. Islamische Bauten folgen
dort leicht modifizierten einheimischen Überlieferungen.

[5] Ulya Vogt-Göknil, Türkische Moscheen, S. 126.

[6] Eine Bauinschrift nennt als Datum das Jahr 72 A. H., das
entspricht dem Jahr 690/91 A. D. Der Name des Bauherrn
allerdings ist getilgt und durch den des Abbasiden al-Ma-
mum ersetzt, der 831 eine erste Restaurierung durchführen
ließ.

[7] In der Höhle unter dem Felsen (der Legende nach dadurch
entstanden, daß der Fels dem Propheten nachfliegen wollte,
aber vom Engel doch auf der Erde festgehalten wurde,)

weist eine flach reliefierte, architektonisch gerahmte Platte
die Gebetsrichtung. Wenn sie aus der Erbauungszeit
stammt, wäre sie der älteste Mihrab der islamischen Kunst.

[8] Gautier-van Berchem in Creswell, Early Muslim Architecture I.

[9] Von 750 bis 1945 hat Damaskus nie mehr größere Bedeu-
tung als Hauptstadt eines selbständigen Staates erlangt,
doch haben seldschukische Atabegs (Kap. 9), Mamluken
(Kap. 10) und Osmanen (Kap. 12) eine Reihe sehenswerter
Bauten hinterlassen. In der Altstadt z. B. das *Mausoleum
Saladins* (rest. durch Wilhelm II. 1898), die von Nur ed-Din
begonnene, von Saladins Bruder al-Adil 1218 vollendete
Grabmedrese Adiliya (heute Sitz der Arabischen Akademie), ihr gegenüber die *Zahiriye-Medrese* (voll. 1279 als
Mausoleum Sultan Baibars von Ägypten), das *Mausoleum
der Izziye-Medrese* (1214), die *Derwishiye-Moschee*
(16. Jahrhundert, syrisch-mamlukisch), mehrere Bäder und
Hane. *Dahda-* und *Azhem-Palast* sind ›profane‹ Zeugnisse
der Spätzeit. Die *Tekkiye* in der Nähe des Museums
(1553/54), Derwischkloster und Herberge für Mekkapilger,
ist ein Werk von Süleymans Hofbaumeister Sinan.

[10] Ähnlich auch al-Walids Schloß *Usais* (Dschebel Sais), ein
Mauerquadrat von 67 × 67 m, etwa 110 km östlich von Damaskus in völliger, schwer zugänglicher Einsamkeit.

[11] Der Besuch des *Museums von Damaskus* ist auch aus ande-
ren Gründen sehr zu empfehlen. Außer Funden aus Mari
und Ugarit z. B., die uns die Welt der frühen orientalischen
Hochkulturen erschließen, finden wir in dem Museum die
einzigartigen Fresken aus der Synagoge von Dura-Europos,
Grabkammern aus Palmyra mit einer beachtlichen Zahl von
Büsten und Sarkophagfiguren, Werke des Hellenismus und
Skulpturen der Römerzeit aus dem Dschebel Hauran, den
Schatz von Homs (Emesa) und zahlreiche Mosaiken: Alles
Werke, die für sich allein schon einen Besuch lohnen, für
unseren Zusammenhang aber besonders aufschlußreich
sind, weil sie das veranschaulichen, was wir recht summa-
risch als ›römisch-syrische Tradition‹ bezeichnet haben.
Ebenso sehenswert ist die islamische Abteilung des Mu-
seums mit vielen schönen Zeugnissen des hochstehenden
islamischen Kunsthandwerks: Münzen, Schmuck, steinerne
Mihrabs des 12. und 13. Jahrhunderts, syrisch-islamische
Keramik, Beispiele der Metall- und Holzkunst, Gläser und
Manuskripte aus verschiedenen Jahrhunderten. In unserem
Zusammenhang verdienen einen besonderen Hinweis die
instruktiven Funde aus Raqqa und ein Modell der Ruinen
dieser abbasidischen Stadt (vgl. Kap. 5).

742

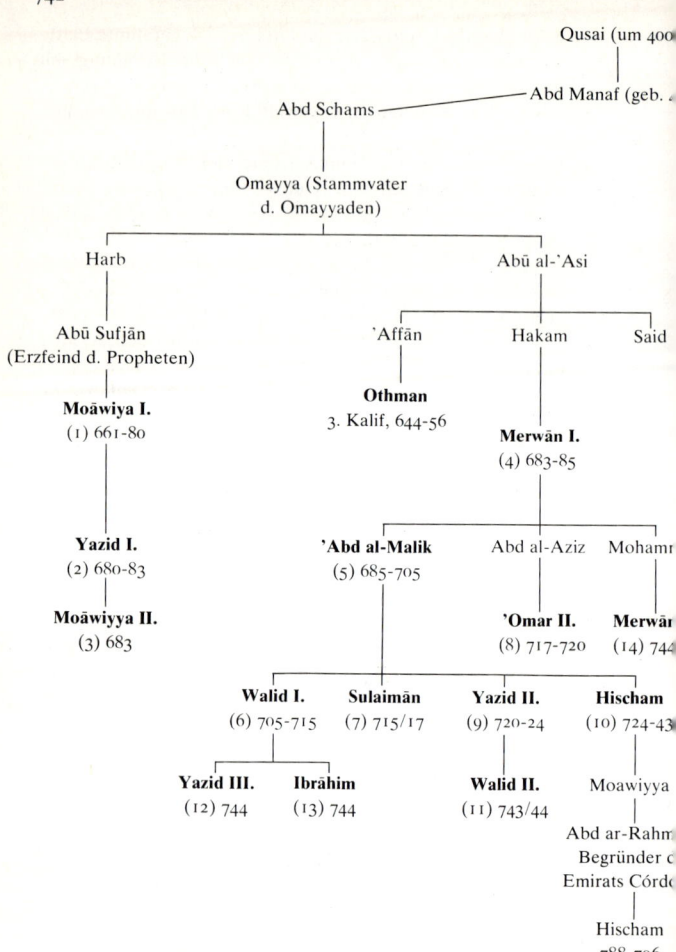

Stammtafel Mohammeds

Die Namen der Kalifen sind durch kräftigeren Druck hervorgehoben
Die Zahlen in den Klammern geben die Reihenfolge der ommayydischen
und abbasidischen Herrscher an

743

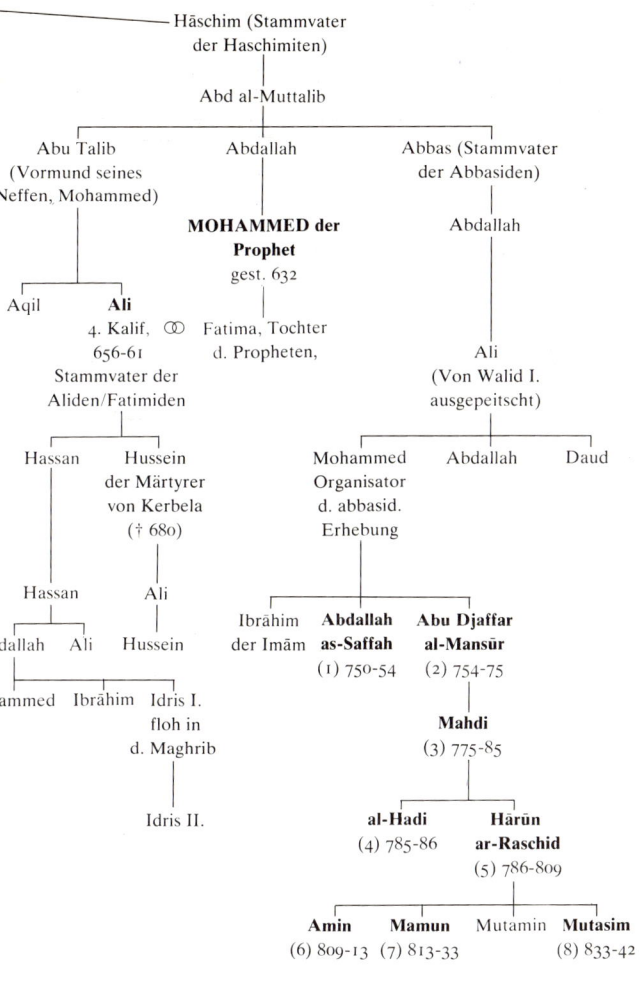

[12] Bestimmte Daten lassen sich dafür nach unserem Kalender nicht angeben. Das islamische Jahr ist ein Mondjahr von 354 bzw. 355 Tagen (S. Anm. 1), es entsprechen also 33 islamische Jahre 32 Jahren nach dem gregorianischen Kalender, so daß der islamische Jahresbeginn innerhalb von 33 gregorianischen Jahren einmal durch das ganze Jahr zurückwandert. 1969 fiel der 1. Moharram, d. h. der Jahresanfang auf den 20. März.

[13] An ihrem Südende der sehenswerte *Nilometer* (Wasserstandsmesser) aus dem Jahre 862.

[14] Zawiya (frz. Schreibg.: zaouia), eine ›Ecke‹, bezeichnet zunächst eine christliche Mönchszelle, dann im östlichen Bereich einen kleinen Betraum, im Westen der islamischen Welt ein ›Kloster‹, d. h. eine Gruppe religiöser Bauten, die in der Regel aus einem Betraum, einem überkuppelten Heiligengrab (Marabut), Räumen für Koranlektüre und Unterweisung (Schule), dazu Zellen für ›Mönche‹, Lehrer, Schüler, Pilger und andere Gäste besteht.

[15] Nicht immer allerdings waren die Ribats Stätten beispielhaften Wandels, manche von ihnen, wie z. B. das Ribat von Palermo im 10. Jahrhundert, galten als Sammelpunkte gewalttätiger und asozialer Elemente, von denen sich das afrikanische Mutterland befreit hatte.

[16] Nur ausnahmsweise haben Teile von Moscheen in südspanischen Kirchen überlebt. Die bedeutendste dieser Ausnahmen: die Kapelle des *Castillo de S. Marcos* in Puerto de S. Maria unweit Cadiz (als Privatbesitz unzugänglich). In Sevilla blieben ein Teil des Hofes und das Minar (die ›Giralda‹) der almohadischen Moschee erhalten (s. Kap. 6).

[17] Romanische Baumeister in Spanien haben es übernommen, variiert und bereichert (vgl. *Torres del Rio* in Navarra). Im 17. Jahrhundert taucht es bei Guarino Guarini wieder auf (Turin, S. Lorenzo). Seldschukische Baumeister haben den Gedanken aufgegriffen, um ihren Kuppeln größere Festigkeit zu verleihen.

[18] Die Hufeisenform des Bogens wurde vermutlich westgotischen Bauten entlehnt. Im westislamischen Bereich sollte sie eine wichtige, aber keineswegs ausschließliche Rolle spielen.

[19] Burckhardt, Die maurische Kultur in Spanien, S. 14.

[20] Erwähnen könnte man zwei ehemalige Minaretts: das *Alminar de S. Juan* (Mitte 10. Jh.) und den Turm von *S. Clara* (um 1000), die beiden erhaltenen ›maurischen Bäder‹ (Das eine, in der Nähe des Archäologischen Museums, ist meist geschlossen, die Ruine des anderen liegt am Ausgang der Judería.) Als Beispiel der Mudejarkunst des 14. Jahrhunderts: die *Synagoge*.

[21] Auf der Alcazaba von Málaga überlebten ein Pavillon und ein Portikus des 11. Jahrhunderts mit Hufeisenbogen auf schlanken Säulen. Sie sind wie der etwas kleinteilig-flache Stuck Zeugnis für die Vorbildlichkeit cordobesischer Kunst über das Ende des Kalifats hinaus.

[22] Erster Bericht: M. van Berchem in Ars Orientalis i, 1954, S. 157 ff.

[23] Sie ist Sitz der 859 gegründeten ältesten islamischen Universität.

[24] Wer seine Zeit nach eigenem Belieben einteilen kann, wird am Vormittag den *Generalife* besuchen (Reisegruppen tauchen dort in der Regel erst gegen Mittag auf), die Gärten mit ihren Wasserspielen genießen, dann Mauern und Türme der Festungsstadt und die Gärten (z. T. auf ergrabenen Hausgrundrissen der ›Población‹) und das *Alhambra-Museum* (Museo Nacionál de Arte Hispano-Musulman) im Palast Karls v. besuchen. (Schöne Zeugnisse maurischen Kunstfleißes mit der großen Alhambra-Vase als kostbarstem Schaustück.) Das Museum schließt bereits um 14 Uhr! Als Eintrittskarte gilt die des Museo de las Bellas Artes im gleichen Bau (Barockmalerei). Nach einem Imbiß wird man etwa gegen 13 Uhr die *Casa Real,* d.h. den maurischen Palast betreten, wenn sich die Menschenmassen zu verlaufen beginnen. Schließlich wird man die Aussicht von einem der Alcazaba-Türme genießen und den Tag auf der Terrasse vor S. Nicolas abschließen, auf dem Heimweg vielleicht noch etwas von den arabischen Mauern des Albaicín sehen. Wer sich zutraut, am Nachmittag noch frisch genug für die Alhambrawunder zu sein, kann den Blick von S. Nicolas schon am Morgen genießen und dann noch am Ufer des Darro das *Archäologische Museum* (wieder in die Casa Castril zurückgekehrt) mit einigen schönen islamischen Stücken besuchen und knapp hundert Schritte stadteinwärts das *Bañuelo* (ein besonders schön erhaltenes öffentliches Bad aus dem 11. Jahrhundert) sehen, bevor er zum Generalife wandert oder fährt. Noch ein Hinweis: An einigen Abenden sind die Alhambrahöfe und -parks sowie der Generalife abends (21-24 Uhr) geöffnet und beleuchtet. Wer Glück hat, kann den Palast dann ganz menschenleer erleben, die Stalaktitwaben der Säle in Ruhe betrachten und der Musik der Brunnen lauschen. (Man erkundige sich am Kartenschalter!)

[25] Die Gräber sind in den Boden eingelassen, durch mehrfach abgestufte, sich nach oben verjüngende Marmordeckel mit feiner Ziselierung bezeichnet. Sie unterscheiden sich damit sehr deutlich von der seit der Seldschukenzeit im Osten üblichen Form des Sarkophag-Grabmals.

[26] Libyen – Verbindungsweg zwischen Tunesien und Ägypten
– bietet für die gesamtislamische Architektur wenig Bedeutsames. Im römisch-byzantinischen *Tocra* an der Kyrenaika-
Küste fanden sich Reste eines vermutlich omayyadischen
Kastells. Auf die Fatimidenzeit (frühes 10. Jahrhundert) gehen die in *Medina Sultan* ergrabenen Grundmauern (und
Stuckreste) einer Moschee zurück. Aus der gleichen Epoche
stammen die Fundamente der *Moschee von Ajdabiyah* mit
senkrecht zur Qibla laufenden Schiffen und Resten von Nischen an der hofseitigen Betsaalfassade. Die Kufiinschriften
stammen frühestens aus dem Jahr 922. Eine Generation
später beginnen sie erste Blüten zu entsenden. In *Ajdabiyah*
sind auch Ruinen eines befestigten *Palastes* erhalten. (Viereckbau mit Ecktürmen und einem Iwan-Thronsaal mit Muscheltrompen in der Apsis.) – Die Moscheen der Hauptstadt
Tripolis – obwohl für manche von ihnen frühe Gründungs-
daten überliefert sind – stammen aus dem 17. Jahrhundert
oder späterer Zeit und sind als Ableger der späten tunesischen Bau- und Dekorkunst in diesem Rahmen von gerin-
gem Interesse. Eher könnte die volkstümliche Architektur
des Fezzan fesseln.

[27] Älteste Gründung: Amrs Fostat (Alt-Kairo) mit der Amr-
Moschee. Es folgte nordöstlich der Stadtteil al-Askar als
Residenz der Abbasidenstatthalter. Ibn Tulun (s. o. S. 114)
gründete weiter nordöstlich seine, die dritte Stadt:
al-Qatai.

[28] Die dem Namen der Bauwerke beigefügten Ziffern beziehen sich auf die Lageskizze der Denkmäler bei Kap. 10
(Seite 378).

[29] W. Rave, Trompe und Zwickel, in Festschrift für H. Jant-
zen, Berlin 1951.

[30] Gazette des Beaux-Arts VI, pér. 6, 1931, S. 27 ff.

[31] Statt einer detaillierten Untersuchung des Problemkreises,
die weder unsere Absicht sein kann noch der zur Verfügung
stehende Raum gestattet, sei anhand einiger Skizzen Grundsätzliches erläutert. (Siehe Seite 747-755)

[32] Ein merkwürdig später Nachfahr des ›arabischen‹ Typus ist
die Vakil-Moschee von Schiraz (vgl. S. 641).

[33] G. A. Pugatschenkowa in der Sovjetskaja Archeologija
1970/3, S. 241 ff.

[34] Vgl. Sousse, Bu Fatata (831-41, s. S. 148) im damals durch
Handelsbeziehungen mit Chorassan eng verbundenen
Nordafrika.

[35] Bukhara, The Medieval Achievement, University of Okla-
homa Press 1965.

[36] a. a. O. S. VII, Übers. des Verf.

Abbildungen zu Anmerkung 31

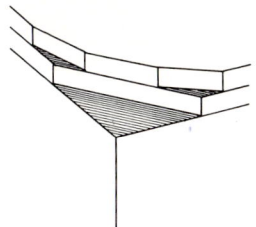

Abb. 1. Schematische Darstellung der primitivsten Art, Viereck und Rund zu verbinden. Derartiges konnte überall erfunden werden, wo Holzbohlen oder Steinplatten zur Verfügung standen. Anwendbar nur bei kleineren Bauten, für Ziegelbauweise ungeeignet.

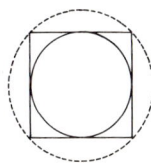 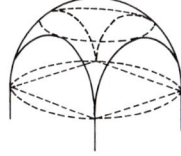 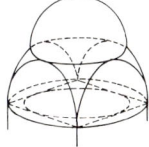

Abb. 2-4. Schematische Darstellung der byzantinischen Pendentifkuppel (nach: Finck, Die Kuppel über dem Viereck, Freiburg/München 1958). Die Verschneidung eines kubischen Raumes mit einer halbkugelförmigen Außenkuppel schafft die Basis für die über dem eingeschriebenen Kreis zu errichtende Kuppel. Als Verbindungsglieder ergeben sich sphärische Dreiecke (Pendentifs). (Ähnliche Formen entstehen bei Verschneidung eines Kubus mit einem Kegel.)

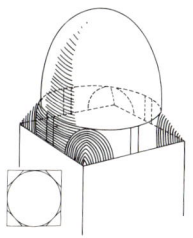

Abb. 5. Beispiel einer persischen Trompenkuppel: Palast von Firuzabad (vgl. auch Abb. 6, S. 748) nach Rosinthal, Pendentifs, Trom-

pen und Stalaktiten, Leipzig 1912. Der Abschnitt zwischen den
Ecken des Quadrates und dem Ansatz des Kuppelfußes wird durch
parallele Bogen ausgefüllt.

Abb. 6. Persische Trompe aus dem Palast von Firuzabad, (nach
Rosinthal a. a. O.). Je mehr sich die parallelen Bogen den Ecken des
Quadrates näherten, um so mehr mußten sie Spitzform annehmen.
Die aus den Ecken aufsteigende Kehle endigt unentschieden irgend-
wo am Kreisbogen. Die Form der Nische wirkt also unbestimmt.
Eine geometrisch unklare Gestalt mußten auch die Mauerflächen
zwischen den Trompen annehmen.

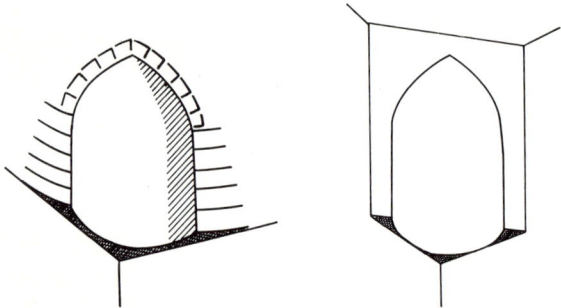

Abb. 7. Die erste dieser Unklarheiten ließ sich durch spitzbogige
Gestaltung der Trompe beheben. (Schematische Darstellung der
Trompen im Torbau des Kalifenhauses von Samarra (9. Jh.), nach
Rosinthal, a. a. O., S. 37)

Abb. 8. Die unklare Gestalt der Mauer in der Verbindungszone
konnte man dadurch vermeiden, daß die Trompe in eine übereckge-
stellte Mauerfläche eingelegt wurde. (Skizze nach Volwahsen, Islamisches Indien, S. 79.) In beiden Fällen ergab sich eine unschöne
Untersicht.

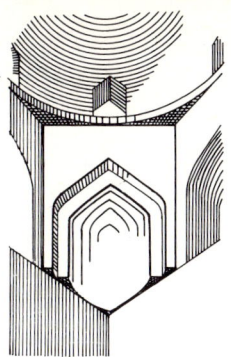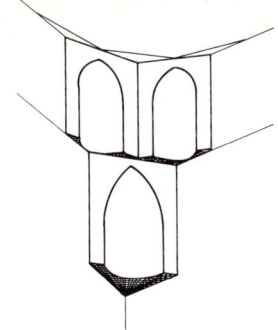

Abb. 9. Vor allem in größeren Kuppelräumen wäre sie zu auffällig gewesen. Dies ließ sich durch Ineinanderstellung mehrerer Trompenbögen wenigstens abmildern. (Beispiel: Mausoleum Emir Hussein, Kairo [1276] aus Brandenburg, Islam. Baukunst in Ägypten, nach Franz-Pascha.)

Abb. 10. Eine Möglichkeit, mit Hilfe der Trompe nicht nur acht, sondern zwölf (oder mehr) Auflagepunkte für die Innenkuppel zu gewinnen, bot die Verdoppelung (oder weitere Vervielfachung) des Trompenkranzes. Damit waren allerdings die meisten künstlerischen Schwächen der Konstruktion noch nicht behoben (vgl. Abb. 14ff., S. 751)

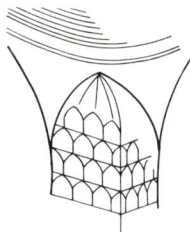

Abb. 11. Ein Hauptproblem blieb die Durchgestaltung und Füllung der Nische selbst. Vermutlich einem persischen Baumeister um 1000 kam der Einfall, die Trompennische durch verkleinerte Wiederholungen der Trompenform zu füllen. Derart ließen sich so gut wie alle der bisher aufgetretenen Probleme überspielen. Die weniger aus statischen als aus dekorativen Überlegungen geborene Erfindung entsprach in besonderem Maße islamischer Baugesinnung, die aus einander gleichen oder ähnlichen Motiven die übergeordnete Gesamtform zu summieren liebt, um das tektonische Gerüst zu verschleiern (Skizze nach Rosinthal, a.a.O., S. 51.)

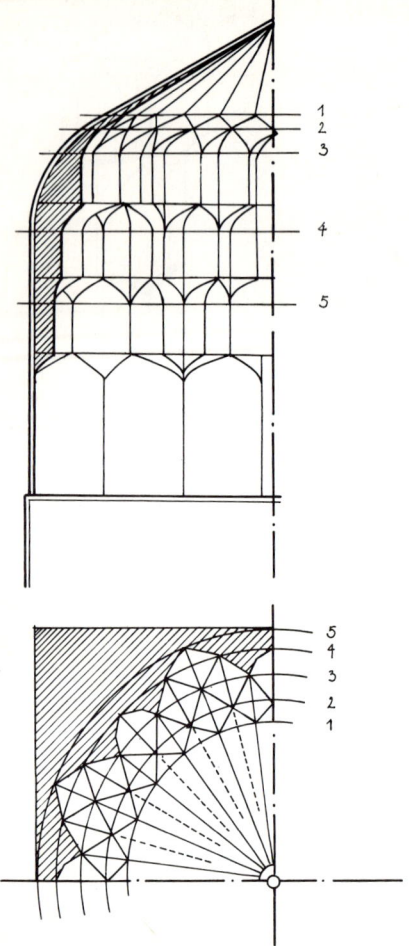

Abb. 12. Rosinthal hat gezeigt, wie man sich die Konstruktion von Stalaktiten zur Füllung einer Trompennische vorzustellen hat. (Abb. 12 nach o. c. Abb. 70). Er legt auch dar (o. c. Abb. 74), wie ein sphärisches Pendentif mit Hilfe der Muqarnas islamischem Wollen entsprechend gefüllt werden konnte.

Abb. 12 zeigt die Art, wie im Iran des 16. Jahrhunderts eine Trompenkuppel durch Muqarnas gefüllt wurde.

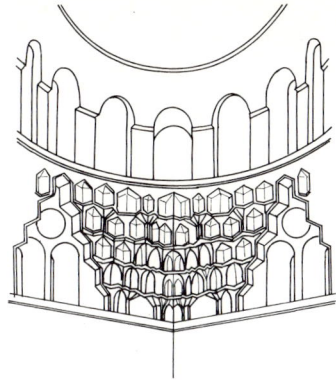

Abb. 13 dient als Beispiel (Kairo, Mausoleum Scheikh Ruey, aus Brandenburg nach Franz-Pascha) für voll ausgebildetes Stalaktit-Werk als Füllung der Verbindungszone zwischen Viereck und Rund.

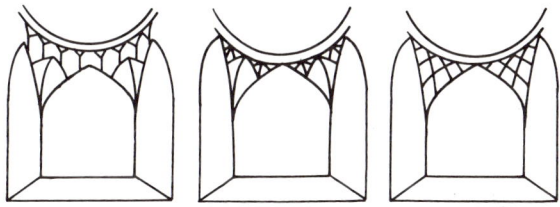

Abb. 14. Die Verdoppelung des Trompenkranzes (vgl. auch Abb. 10) um zum Sechzehneck zu gelangen, ergab verschieden große, statisch fast bedeutungslose Bogenformen (Abb. 14).

Abb. 15. Architekten im Dienst der Mongolen verlegten die kleineren Trompen als Zwickel zwischen die großen, so daß nur noch ihre Spitzen sichtbar waren (Abb. 15, aus Samarkand).

Abb. 16. Unwillkürlich ergänzt sich das betrachtende Auge die kleinen Formen. Timuridische Baumeister haben, seldschukische Konstruktionsgedanken weiterführend, diese Ergänzung zu einem Netz sich überschneidender Bogen tatsächlich vorgenommen. Ergebnis: das sog. ›Rippenkuppelnetz‹ (Abb. 16). Es wurde charakteristisch für die spätere Timuridenarchitektur und die Moghulkunst Indiens. Diese hat es aus Ziegeln in Haustein übersetzt und damit zu einem bloßen Dekormotiv umgedeutet. (Abb. 14 mit 16 nach Volwahsen, Islamisches Indien, nach P. Brown.)

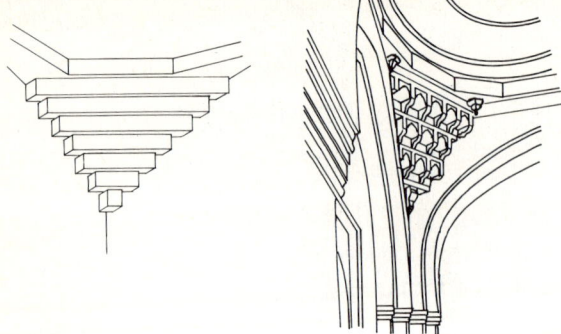

Abb. 17. Indien hatte schon in vorislamischer Zeit durch vorkragend
übereinandergelegte Holzbalken eine Verbindung von Viereck und
Rund gefunden, die auch in islamischen Bauten angewandt wurde.
Noch die Moschee von Fatehpur Sikri zeigt – versteinert – solche
Verbindungen.

Abb. 18. Zwickelfüllung aus der Sher Schah-Moschee von Delhi
(1540-45 nach P. Brown.) Die frühen islamischen Eroberer konnten
dem der Bogenform immer abholden Indien zwar (unechte) Bogen
abfordern, bezeichnend aber, daß noch das mittlere 16. Jahrhundert
auf indischer Grundlage ganz unecht ›Stalaktiten‹ schafft.

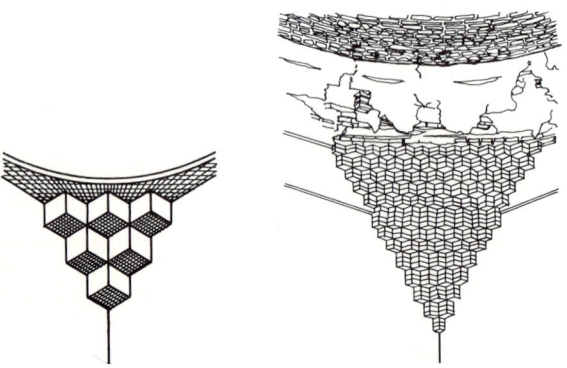

Abb. 19. Die in Abb. 17 skizzierte Lösung ließ sich unschwer auch
für Ziegelbauweise verwenden, wenn die einzelnen Elemente übereck gestellt wurden (Skizzenhaft aus Delhi, Grabmal 21 bei Hauz-i
Khaz nach Wetzel, Islamische Grabbauten Indiens, Leipzig 1918).

Abb. 20 gibt (nach Cohn-Wiener, Turan, S. 22) das Zwickeldreieck in einem Grabbau von Kassan (Turkestan) um 1340/41 wieder.

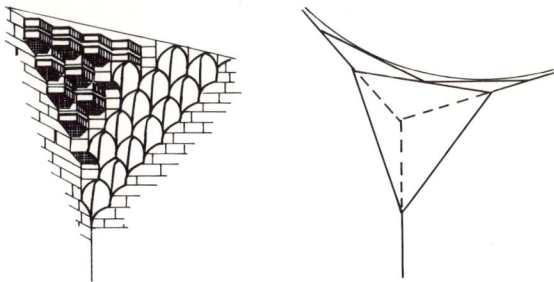

Abb. 21 (nach Rosinthal S. 75, Abb. 77) zeigt, wie sich mit Hilfe von Stuck derartige Gebilde zu Muqarnas-Kaskaden gestalten ließen. (Um aus der Ecke in die reine Rundung überzuführen, mußten die exakt geometrischen Formen etwas verzogen werden, was keinerlei Schwierigkeiten bot und nicht weiter auffiel.)

Abb. 22. Hinter einer Gestaltung wie in Abb. 20 läßt sich leicht eine weitere Möglichkeit der Verbindung erkennen: das sog. ›türkische Dreieck‹, d. h. eine glatte Dreiecksfläche, die zwischen Viereck und Achteck gespannt wird.

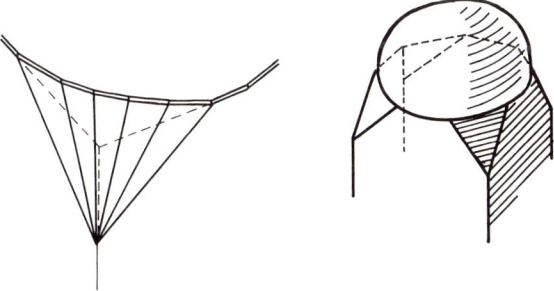

Abb. 23 gibt schematisch die Möglichkeit wieder, durch Brechung eines einfachen Dreiecks in mehrere spitzwinkelige Flächen glatt aus dem Viereck zum 24-Eck zu gelangen (so. z. B. in der Ince Minar und der Karatay-Medrese von Konya).

Abb. 24. Schematische Darstellung des Übergangs mit Hilfe großer türkischer Dreiecke (vgl. Abb. 22).

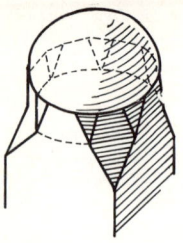 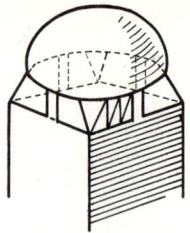

Abb. 25. Dieser und der in Abb. 23 angedeutete Übergang mag als zu glatt oder schlicht erschienen sein. Jedenfalls wurde bei den Seldschuken, vor allem unter den Osmanen versucht, der vom Achteck ins Sechzehneck führenden Zone größere Bedeutung zu geben.

Abb. 26. Die ›großen‹ Dreiecke konnten auch überhaupt verschwinden und durch einen durchgehenden Fries aus gegenständigen Dreiecken ersetzt werden.

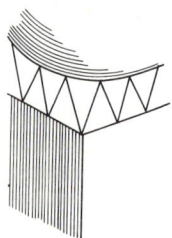 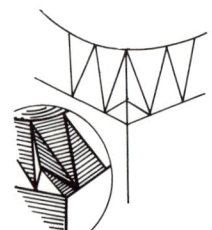

Abb. 27 verdeutlicht die Gestalt eines solchen Frieses, wenn das Ecktriangel mit dem spitzen Winkel in der Ecke steht.

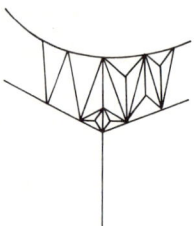 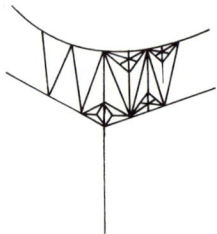

Abb. 28-30 zeigen, wie eine Verbindungszone aussah, in der das Ecktriangel mit der Basis über der Ecke steht. Im Sinn der geometrischen Muqarnas wurden die Dreiecke (meist mit Hilfe von Stuck) zu spitzwinkeligen Polyederformen gestaltet.

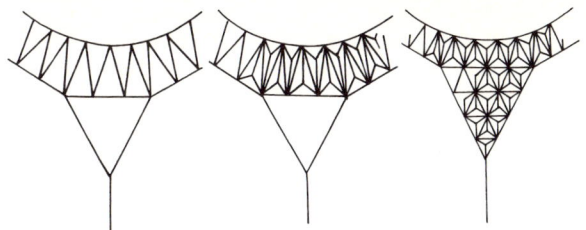

Abb. 31-33. Auch eine Kombination von ›großen‹ und kleinen Türkischen Dreiecken konnte im frühosmanischen Bereich das Stalaktitwerk vertreten, das – wohl nach persischen Vorbildern – in der
osmanischen Baukunst nach der Mitte des 15. Jahrhunderts immer
bedeutsamer wurde. (Abb. 24 mit 33 nach Rosinthal o. c.)

[37] Vgl. Abbildung eines sassanidischen Heiligtums auf einer
    iranischen Schüssel des 7. Jhdts. in den Islamischen Samm-
    lungen Westberlins (Inv. I 5624).
[38] Schüsseln mit Reiterfiguren auf einem dicht mit geometri-
    schen Mustern bestreuten Grund, weiße Teller mit Bleigla-
    suren, deren Rand ein Schriftfries ziert, in der Mitte der
    Schalen oft eine Tiergestalt, zu einem schriftzeichenähnli-
    chen Gebilde stilisiert. Der berühmte Elefantenstoff des
    Louvre (aus dem Kloster Josse-sur-Mer) entstammt der sa-
    manidischen Sphäre, nach A. S. M. Chirvani (in Kunst des
    Orients 2, [1968] S. 68 ff.) auch der einzigartige Bronzegreif
    im Campo Santo von Pisa, der bisher meist als fatimidisch-
    ägyptisches Erzeugnis angesehen wurde.
[39] D. Schlumberger, Le palais ghaznévide de Lashkari Bazar
    (Syria xxix 1952,) S. 251 ff.
[40] Kunst des Orients i, 1952, S. 37 ff.
[41] A. Maricq und G. Wiet, Le minaret de Djam, Paris 1959.
[42] In Europa ist Omar ›der Zeltmacher‹ durch E. Fitzgeralds
    meisterliche Übersetzung seiner skeptisch-frivolen Vierzei-
    ler bekanntgeworden. (Deutsche Übersetzung von F. Ro-
    sen, Inselbücherei Nr. 407.) Er war aber vor allem Mathema-
    tiker und Astronom und die Autorität für die Kalenderre-
    form Malik Schahs. Sie legte den Beginn des zivilen Jahres
    auf den 21. März fest, den schon altpersischen Neujahrstag
    im Zeichen des Widders. (Das islamische Mondjahr lief als
    ›Kirchenjahr‹ daneben her.) Der seldschukische Kalender
    war genauer als der julianische, aber das Abendland hat ihn
    nicht zur Kenntnis genommen.
[43] Der streng hierarchisch aufgebaute Geheimorden hatte

den Mord an politischen Gegnern zum Programm erhoben und terrorisierte die islamische Welt der Kreuzfahrerzeit. Ihren Namen Haschischim, d. i. Haschischesser – davon ist das französische Wort für Mörder (assassin) abgeleitet – erhielt die Sekte, weil die Ordensoberen sich ihre ausführenden Werkzeuge durch Gaben von Haschisch blind gefügig machten. Erst den Mongolen (Hülägü) gelang es, die Festung Alamut einzunehmen und die Macht der Gesellschaft zu brechen.

[44] Seit 1091 lehrte hier al-Ghazzali (1058-1111), der größte Denker und Theologe des Islam. Geboren in Tus, der Heimat Firdowsis, im Bannkreis sufischer Mystik aufgewachsen, wandte er sich skeptisch der Philosophie zu (er hat die Methoden der griechischen Dialektik im islamischen Denken eingebürgert) und galt als Zierde des Kreises um den Nizam ul-Mulk. Als Lehrer der Kanonistik in Bagdad sah sich der kaum Vierzigjährige bald in der Sackgasse des Agnostizismus: eine Erfahrung, die zur bedrohlichen Krise und zum Zusammenbruch führte. Auf der Suche nach festem Boden wandte er sich erneut der sufischen Mystik zu. Mit Worten aus Pascals Memorial (1654):»Nicht der Gott der Philosophen und Gelehrten – Gewißheit, Empfinden: Freude, Friede – vollkommene und liebevolle Entsagung.« Als Derwisch führte der Hochgeehrte fortan ein unstetes Wanderleben der Askese und Meditation, übernahm 1105 für kurze Zeit wieder eine Professur und beschloß seine Tage als Leiter einer Schule und eines Klosters in seiner Heimatstadt. Ein dort nach Harun ar-Raschid benanntes Mausoleum abseits der Straße nach Meschhed bezeichnet wohl seine Grabstelle. Seine persönliche Krise war zugleich Ausdruck einer allgemeinen Krise des islamischen Denkens zu dieser Zeit. Mit seiner Überzeugung, daß alle philosophischen Systeme nicht zur metaphysischen Erkenntnis führen ohne den Glauben, der allein liebender Begegnung mit Gott entspringt, hat er den Islam regeneriert und ihn herausgeführt aus dem Zwiespalt von Glauben und Vernunftwissen der Philosophie, darin vergleichbar einem Thomas von Aquin.

[45] Die Khanaka, das Sufi-Kloster mit Betsaal (in der Regel verbunden mit einem Grabbau), als Bautypus im wesentlichen dem der Medrese entsprechend, wurde wie diese durch die Türken nach Westen verbreitet.

[46] Sehr ähnlich in Ziegelfügung und Inschrift die *Brücke Djisr el-Harbi* (1232), gleichfalls eine Stiftung al-Mustansirs. (Bei Balad, etwa 30 km südlich Samarra, ein paar Schritte abseits der Straße nach Bagdad.)

[47] In der Oase von Merw noch ähnliche (kleinere) Bauten. Das angebliche ›Grabmal Harun-ar-Raschids‹ in Tus (wohl das Mausoleum des al-Ghazzali (s. o.) kann von 1111 stammen oder auch ein später Nachfahr (14./15.Jh.?) sein. In Tus das moderne Grabmal des Firdowsi (Firdusi).

[48] Als Parallelen werden auch (Propyläen-Kunstgeschichte S. 292) Daya Chatun (Turkmenische SSR), Achtscha Kala (Strecke Amol–Gorgan) und Ribat at-Torkh (etwa an der Kreuzung der Straßen Teheran–Isfahan und Kaschan–Gulpayagan) angeführt.

[49] Alle Daten nach Pope, Persian Architecture.

[50] Das Motiv kehrt in der Kunst des nördlichen Irak mehrfach wieder: z.B. an einer mihrabähnlichen Nische im Museum von Bagdad (dort auch u.a. Stuckdekor und Mihrab aus der Nuri-Moschee), am *Han von Qariyet el-Khan* (ca. 100 km westlich von Mosul an der Straße nach Syrien), im christlichen *Kloster Mar-Behnam* (bei den Ruinen von Nimrud).

[51] Um in Bagdad zu bleiben: das *Minar Souk al-Ghazel* (Anf. 13.Jh.), das untere Schaftgeschoß des Turms einer abbasidischen Moschee des 10. Jhdts., die durch die Mongolen zerstört und durch einen recht gelungenen modernen Bau ersetzt wurde, zeigt – sorgsam restauriert – die schöne Ziegelfügung der Seldschukenzeit. Die Mitte des 14. Jhs., die ausgehende Ilkhan-Zeit (vgl. Kap. 11) ist in Bagdad vertreten durch die *Mirdaniyeh-Medrese* im Bazar, nur ein paar hundert Schritte von der Mustansiriya (s. S. 299) entfernt. (Ein quadratischer Hof mit einem Iwan gegenüber dem wenig interessanten Betsaal, an dessen Ostseite ein Grabmal mit fayencebelegter Kuppel [stark restauriert] angefügt ist.) Der *Han Ortmah* (1359) ist eine eindrucksvolle städtische Herberge. Weniger architektonisch als religionsgeschichtlich bemerkenswert sind die *Grabmedrese des sunnitischen Scheikhs Abd al-Qadir al-Gailani* (15.Jh.), eines Ordensstifters, und die des *Abu Hanifa*, des Begründers einer der vier Schulen der orthodoxen Koranauslegung. Die Moschee liegt unweit der Tigrisbrücke nach *Kadhimein*, einem der bedeutenden Wallfahrtsorte der Schiiten. Die Große Moschee dort birgt die Grabstätten von zweien der zwölf Imame. Nichtmoslems dürfen sie nicht betreten, und man sollte wirklich nicht versuchen, das Verbot zu mißachten. Die zwei mit vergoldeten Kupferplatten verkleideten Kuppeln (die »Goldenen Kuppeln von Kadhimein«) sind auch von außen, am besten vom Dach des Hotels vor der Moschee (Trinkgeld!) zu sehen. Das Bauwerk safawidischer Tradition entstand seit dem 16. Jahrhundert und wurde im 19. durch den Schah von Persien restauriert. Auch neuerdings wieder.

Eine hohe Mauer mit vielen Toren trennt es von der Umwelt (Devotionalienbuden etc.). Im Hintergrund des Hofes erhebt sich die eigentliche Moschee mit einem großen Portikus auf schlanken Säulen, ähnlich dem der safawidischen Paläste Isfahans (Kap. 13).

[52] ›Sufi‹ wurden die Asketen nach ihrem Gewand aus rauher Wolle *(suf)* genannt. Sie waren häufig Vertreter einer esoterischen Religionsauffassung, galten daher – wie Mystiker oft – als Beinahe-Häretiker.

[53] Der Mystiker Dschelal ed-Din aber war zugleich Dichter. »Auf den Flügeln der höchsten religiösen Begeisterung, welche, hoch erhaben über alle Formen positiver Religion, das ewige Wesen in der vollkommensten Abgezogenheit von allem Sinnlichen und Irdischen als den reinsten Quell des ewigen Lichtes anbetet, schwingt sich Mewlana Rumi nicht .... bloß über Sonnen und Monde, sondern über Zeit und Raum, über die Schöpfung und das Los, über den Urvertrag und über die Vorherbestimmung und über den Spruch des Weltengerichts in die Unendlichkeit hinaus, wo er mit dem ewigen Wesen als ewig Anbetender, und mit der unendlichen Liebe als unendlich Liebender, in Eins verschmilzt, immer, sich selbst vergessend, nur das große All im Auge hat, und statt wie andere Dichter den Schluß jeder Ghasele auf sich selbst zu beziehen, immer seinen mystischen Lehrer und Meister Schams Tabrisi zum Schlußstein des diamantenen Gewölbes seiner Lichtghaselen macht.« (Hammer-Purgstall).

[54] Otto-Dorn, Die Kunst des Islam, S. 14.

[55] Beispiele in oder bei Ahlat, Aksaray, Amasya, Antalya, Divriği, Erzurum, Kayseri, Kirşehir, Konya, Niğde, Niksar, Sivas, Tercan, Tokat u. a. O.

[56] T. T. Rice, Die Seldschuken, S. 136.

[57] Vgl. M. Eliade, Schamanismus und archaische Ekstasetechnik, Zürich und Stuttgart o. J. S. 79.

[58] Otto-Dorn, a. a. O. S. 156.

[59] Ein sichtbarster Rest in *Konya:* unter dem modernen Betonzelt zwischen Burgmoschee und Karatay-Medrese ein Pfeiler vom *Kiosk Ala ed-Din Kaikobads.* Der *Haidar Beg Köşku* am Stadtrand von *Kayseri* (1251) ist das fast schmucklose Steinhaus eines hohen Würdenträgers.

[60] K. Erdmann, Das anatolische Karawansaray des 13. Jahrhunderts, 2 Bde. Berlin 1961, katalogisiert etwa 80 derartige Bauten des 13. Jhs.

[61] Auch für den Straßenbau wurde gesorgt. Eine Brücke aus der Seldschukenzeit überspannt noch heute den Kizil Irmak unweit Kayseri (Straße nach Kirşehir). Andere seldschukische Brücken finden sich in *Tokat, Amasya* u. a. O.

[62] Vgl. Berchem-Strygowski, Amida, Heidelberg 1910.

[63] Vgl. S. Guyer, Amida (Repetitorium für Kunstwissenschaft XXXVIII, 1915); R. Berliner, Die Große Moschee von Diarbakir (Monatshefte für Kunstwissenschaft XV, 1922).

[64] S. Ögel, Der Kuppelraum in der türkischen Architektur, Istanbul 1972.

[65] Eine ähnliche Holzkanzel auch in der Großen Moschee von Aksaray. Beispiele der künstlerisch hochstehenden Holzschnitzkunst (Schranken, Türen, Kenotaphe, Koranlesepulte etc.) vor allem in den Museen von Konya, Istanbul und Ankara.

[66] Das Motiv findet sich auch an romanischen Bauten Europas (Trient, Modena etc.). Ein direkter Zusammenhang besteht wohl kaum, aber ausdrücklich sei darauf hingewiesen, daß viele Motive islamischer Ornamentik und charakteristisch seldschukischer Bilderwelt – über Byzanz, die russischen Handelsstraßen, über die Kreuzfahrer und vermittelt durch die italienischen Handelsrepubliken – in den Motivschatz der romanischen Kunst eingeflossen sind. Textilien waren handliche ›Musterbücher‹.

[67] Divriği (an der Bahnlinie Ankara–Sivas–Erzurum und mit dem Zug besser zu erreichen als auf recht mäßigen Straßen) gehörte seit der Schlacht von Manzikert bis 1252 zum Herrschaftsbereich des Emirs Mengücek und seiner Nachkommen und bietet außer der Ulu Cami noch Reste der Zitadelle mit zugehöriger Moschee und einige Türben.

[68] Als Beispiel einer gewölbten Pfeilermoschee sei die *Gök Medrese Cami von Amasya* (1276) genannt, ein dreischiffiger Bau zu fünf überkuppelten Jochen auf kreuzförmigen Pfeilern mit einer seitlich angeschlossenen Türbe. Die Teile unmittelbar hinter der bastionsflankierten Fassade mit iwanartiger Tornische dürften dem Lehrbetrieb gedient haben.

[69] Otto-Dorn, Seldschukische Holzsäulenmoscheen in Kleinasien in: Festschrift für E. Kühnel, Berlin 1959, S. 59 ff.

[70] In Ankara auch einige kleine Bethäuser des 15. Jhs. *(Haci Ivas, Molla Büyük, Örtmeli Mesçit)*.

[71] Vgl. K. Otto-Dorn in: Anatolia I (1956).

[72] Die *Hatuniye-Medrese von Karaman* (1381/82) vertritt noch spät diesen Typ.

[73] Der seldschukische Vezir Fahr ed-Din Sahip Ata, der sie errichten ließ, hat auch die *Sahip Ata-Medrese* (auch gen. *Laranda-Moschee) in Konya* (1279) gestiftet, deren schöne Fassade leider nur fragmentarisch erhalten ist, die aber einen sehenswerten Mihrab besitzt. In beiden Fällen dürfte der gleiche Künstler verantwortlich sein (Kelük oder Ka-

loyan), dem man auch die *Çifte Minar Medrese in Sivas* und in *Konya die Ince Minareli Medrese* (1258, s.u.) und die gleichzeitige *Malinçi Baba Medrese* zuweist. Er hätte also am Ende der 50er Jahre in Konya, etwa ein Jahrzehnt später in Sivas gearbeitet, was durchaus denkbar ist. Den an all diesen Bauten auftretenden stark plastischen Dekorationsstil hat man – m.E. nicht ganz glücklich – als ›barock‹ bezeichnet.

[74] Als Musterbeispiel eines Einzelminaretts sei das *Yivli- (d.h. das ›gefurchte‹) Minar in Antalya* (2. Hälfte des 13. Jhs.) wenigstens erwähnt. Es gehört zu einer Moschee, die aus einer christlichen Kirche entstand und heute das lokale archäologische Museum beherbergt. (In dessen Bereich auch eine sehr klar- und schlichtgeformte Türbe.) Das Minarett – sorgsam restauriert – hat seinen alten Abschluß eingebüßt. Möglicherweise diente es einst als Leuchtturm und nicht dem Gebetruf allein. Die prachtvolle Ziegelfügung des Bündelschaftes wird durchwirkt mit regelmäßigen Einlagen von Quadraten aus Marmor und türkisen Fayencestückchen, ohne daß sich der Schmuck zu Mustern zusammenschließt. Die Gestaltung der Sockelzone über der massiven Basis ruft mit den hellgetünchten Flächen zwischen Ziegelrot Erinnerungen an indische Bauten wach, findet später Parallelen in osmanischer Zeit (vgl. gedrehtes Minar der Üç Şerefeli in Edirne.)

[75] Abbildung des früheren Zustandes bei Diez, Handbuch S. 123.

[76] Egli, Sinan S. 19.

[77] Ähnliches gilt für den Weg vom Bab Zuwayla (links halten) zur Zitadelle, bzw. zum Saladinsplatz. Die Wegstrecke bis Ibn Tulun beträgt vom Bab al-Futuh aus etwa 4,5 km. Wenn etwas in Kairo dem Eindruck dieser Straßen gleichkommt, dann sind es die Rundblicke vom Saladinsplatz. Nur die Silhouette der östlichen Totenstadt mit den sogenannten Kalifengräbern wird sich der Erinnerung vielleicht noch stärker einprägen.

[78] Vgl. Worringer, Zur Frage der gotischen Monumentalität (1924, Neudruck in ›Fragen und Gegenfragen‹, München 1956).

[79] H. Wölfflin, Die Kunst Albrecht Dürers, München 1963, S. 262 f.

[80] Es ist denkbar, daß auch ein gewisser Mangel an technischem Vermögen zu dieser spürbaren Reserve gegenüber größeren Wölbungen beigetragen hat: Fast alle größer geplanten Kuppeln sind eingestürzt und mußten durch moderne Rekonstruktionen ersetzt werden.

[81] Hier und in den anschließenden Bauten wurden jene skulptierten Holzbalken und -bretter aus dem Fatimidenpalast gefunden, die heute einen der Schätze des Islamischen Museums von Kairo bilden.

[82] Sultan Qalaūn unternahm eine Restaurierung des Felsendoms. Aus dieser Zeit stammen dort die Decken des äußeren Umganges und die Ornamentik der Kuppel (vergoldeter Stuck).

[83] Diez, Handbuch S. 150.

[84] Für denjenigen, der sich aus freudiger Bewunderung für die künstlerischen Äußerungen des Islam mehr Zeit nimmt und noch mehr als die in diesem Kapitel vorgestellten Bauten sehen möchte, seien – im Rahmen des eingangs dieses Kapitels angedeuteten Rundganges – noch einige weitere sehr beachtliche Werke genannt: topographisch, nicht chronologisch gereiht, und sicherlich eine etwas subjektive Auswahl, da auf zu entlegene oder versteckte Bauten verzichtet wird. Auch unterbleiben Hinweise auf am Wege liegende schöne Brunnen (Sebils) oder Häuser. Dafür nehmen behelfsmäßige Lageangaben einen größeren Raum ein: Kairo ist ein Labyrinth, und kein im Handel erhältlicher Stadtplan zeichnet alle Gassen und alle Denkmäler ein. (Der m. E. brauchbarste, der des Guide Bleu, [Paris, Hachette] ist auch als Einzeldruck erschienen.) Die Suche kann manchmal trotzdem abenteuerlich werden, da Straßenbezeichnungen in Kairo durchaus Glückssache sind (S. Planskizze Seite 378/379).

Vom Bab al-Futuh (2) – nach Besuch der al-Hakim-Ruine (4) (s. o.) außen an der Mauer entlang zum Bab an-Nasir (3). Von hier folge man der südlich führenden Straße. Nach etwa 300 m links die *Khanaka mit Mausoleum Baibars II.* (erb. 1306-10) (40), die älteste derartige Anlage der Stadt. Schöne Fassade mit einem in tiefer Nische sitzenden Portal – das früheste dieser Art in Kairo. Der Rechteckhof des Klosters ist erweitert durch zwei gewölbte Iwane. (Die beiden seitlichen sind durch die Hoffassaden abgetrennt und als eigene Beträume mit Mihrabs gestaltet.) Das Mausoleum enthält schöne Wandinkrustationen. Zwischen ihm und der Straßenfront eine hohe Vorhalle.

Südlich anschließend der *Grabbau des Emirs Kara Sunkor* (1300). Von diesem nach ein paar Schritten rechts abbiegend erreicht man durch eine in westlicher Richtung führende Gasse die al-Akmar-Moschee (s. o., 5) und kann dann den Rundgang in südlicher Richtung fortsetzen. Rechts die oben besprochenen Grabmedresen Barquq (7), Mohammed an-Nasir (8) und die Muristanstiftung des Qalaūn (9), links die Reste der Medrese Baibars I. (1262/63) und die Medrese

Malik Salih (6, s.o.). Nach der ersten größeren Straßenkreuzung rechts die *Stiftung des al-Aschraf BarsBay* (10) von
1423/24 mit schönem Nischenportal, bronzebeschlagener
Tür (vgl. Barquq-Grabmedrese). Eine für die bordschitische
Zeit kennzeichnende Kombination von Khanaka, Medrese
und Grabmal. Weiter südlich (jenseits der zweiten Kreuzung) die oben erwähnte al-Ghori-Medrese (12) mit dem
zugehörigen Grabmal (mit Betraum) gegenüber. Knapp
200 m weiter linker Hand die *Moschee al-Faqahani* (13), ein
kleiner, in fatimidischer Zeit (um 1149) gegründeter Bau,
der oft verändert wurde und daher nicht mehr viel zur Erkenntnis der Kunst des 12. Jahrhunderts beiträgt.

Der Weg von der al-Moayyad-Moschee (s.o., 14) und
dem Bab Zweila (15) zur al-Maridani-Moschee (s.o., 19)
führt zunächst auf die *Grabmedrese des Qigmasch* (39) zu
(1479-81, im 19. Jh. restauriert). Dem beengten Areal an
einer Weggabel gewann der Architekt der späten Bordschitenzeit eine meisterliche Leistung ab: eine wirkungssichere
Disposition mit effektvoller Fassade, schönem Portal mit
bronzebeschlagenen Türflügeln und recht sehenswerter
Ausstattung.

Nach etwa 50 m links die *Grabmoschee al-Mihmandar*
(18): erb. 1324/25, aber so durchgreifend restauriert, daß der
Besuch nicht mehr lohnt. Nur die Fassade und das ganz
besonders reiche Stalaktitportal machen Freude.

Nach dem Besuch der Maridani-Moschee (s.o.) hat man
die Wahl, an der nächsten größeren Weggabel halblinks der
Sharia Souk el-Selah oder geradeaus der Sharia Bab al-Va-
zir zu folgen. Die erstgenannte Straße führt an manch schönen alten Häusern und Brunnen, auch einigen Moscheen
entlang zum Mohammed-Ali-Platz und zur Hassan-Moschee. An der anderen Strecke liegt u.a. die Ak-Sunkor-,
auch die ›Blaue Moschee‹ genannt (20, s.d.)

In der Nachbarschaft der Hassan-Moschee (gleich hinter
der Mihrabfront der ar-Rifai-Moschee (21) die *Grabmedrese des Emir Akhor* (38) von 1503, ein reizvolles Spätwerk der
Mamlukenzeit. Das Minar – 1939 nach alten Vorlagen neugebaut – hat eine witzige Doppelknauf-Bekrönung, die ein
Gegenstück im Ghori-Minar von al-Azhar findet.

Am Weg vom Saladinsplatz zur Ibn-Tulun-Moschee
(s.d. Kap. 5) sind vor allem (nach etwa 500 m) zwei einander
gegenüberliegende Bauwerke beachtenswert: rechts (nördlich) die *Moschee* (1349) und gegenüber die *Khanaka* (1355)
mit Grabmal des Emir Scheikhu (Schehun) (37). Die beiden
Minaretts ähneln sich wie Zwillinge.

Nach weiteren 300 m, kurz bevor man die Saryetmisch-

Medrese (s. u.) erreicht, führt eine Gasse nach rechts zur *Medrese des Emir Ezbek* (36), 1494/95. An einer Straßengabelung gelegen, zeigt sie nach drei Seiten Fassaden. Das Minarett ist so reizend wie interessant. Im Sinn der Spätzeit wird der Medresenplan vereinfacht, sind Hof wie Anräume flach überdeckt.

In der unmittelbaren Nähe von Ibn Tulun stehen gleichfalls sehenswerte Bauten. An die Südostecke der Ziyada-Mauern lehnen sich zwei bedeutende Häuser (16. bzw. 17. Jh.) an. Sie beherbergen das *Gayer-Anderson-Museum* (32) mit einer reichen Kunstsammlung und Ausstattungen ganzer Wohnräume. In Kairo sind außerdem noch einige sehenswerte Paläste und Wohnhäuser erhalten und unter Denkmalsschutz gestellt. Man könnte an ihnen Grundzüge und Wandlungen der kairiner Wohnkultur studieren. Der Besuch des Museums darf wärmstens empfohlen werden.

An die nördliche Ziyada-Mauer von Ibn Tulun fügt sich die *Grabmedrese des Emir Saryetmisch* (1355/56, Nr. 33). Der Hassan-Moschee zeitgenössisch, übernimmt sie das kreuzförmige Vier-Iwan-Schema, deckt aber die Iwane mit Flachdecken und öffnet sie nur nach dem Hof zu bogenförmig. Das schöne Pflaster des Hofes wurde jüngst erneuert. Schöne Ausstattung. Vor dem Mihrab eine Kuppel: Von Moscheebauten längst bekannt, tritt dieser Zug hier erstmals in einer Medrese auf.

Nur ein paar Gehminuten in westlicher Richtung führen zum *Doppelmausoleum der Emire Salar und Sandschar* (1303/04, Nr. 34). Die zugehörige Khanaka und die Medrese sind stark verfallen bzw. verändert. Trotzdem: eine sehr reizvoll geplante Anlage. Schön vor allem die Fassade, die Tornische und das Minar. Die beiden einander ähnlichen Grabmäler tragen geschnürte Kuppeln, die deutlich an östliche Vorbilder erinnern. Der Bauherr hat seinem auf tragische Weise umgekommenen Freund das größere und prächtigere Mausoleum eingeräumt.

In der Nähe (Gasse vor dem Mausoleum, dann links abbiegen) die reizende, wenn auch stark restaurierte *Moschee der QaitBay* (35) 1475 – vgl. das QaitBay-Grabmal in der Totenstadt.

Die folgende Strecke ist nur in jeder Hinsicht resistenten Kunstfreunden anzuraten. Wer auch noch einige (auch fatimidische) Bauten der südlichen Nekropole besuchen will, folge der südlich des Gayer-Anderson-Museums nach Osten führenden Hauptstraße und biege nach knapp 100 m nach rechts (Südrichtung) ab. Nach ein paar Minuten erreicht man die Südnekropole und an ihrem Rand einige trotz Ver-

fall oder Restaurierungen kunstgeschichtlich nicht unbedeutende Baudenkmäler. Genannt seien: das *Grabmal der
Sayida Rukaya (28), die Grabmedrese der Fatima Chatun*
(29) (1283-84, die Reste der Medrese – auf älteren Fotos
noch zu sehen – sind verschwunden. Das Grabmal einer
Gattin Qalauns gilt als das einer der großen heiligen Frauen
Kairos. Bemerkenswert vor allem das Minar: ein syrisch-
omayyadischer Vierkanter mit maghrebinischen Zattelbögen, dem die oberen Geschosse fehlen.) Weiter südlich das
in vielen Zügen ähnliche *Grabmal des Sultans al-Aschraf
Khalil* (1288, auch hier die zugehörige Medrese verschwunden) und schließlich noch die *Stiftung des Emir Sunkor Sadi*
(1315-21): Grabmal mit Kloster für den Orden der tanzenden Mewlana-Derwische.

[85] Pope, Persian Architecture S. 172.

[86] Handbuch S. 83 ff.

[87] M. Morosov hat den Modulus gefunden, nach dem diese
Moschee durchgehend gestaltet wurde, vgl. v. Minorski in
Apollo XIII, 1931.

[88] Zitiert nach M. Hajianpur, Fischer-Weltgeschichte Bd. 16,
S. 163 f.

[89] M. Prawdin, Tschingis-Chan und sein Erbe, Berlin 1938.

[90] Vgl. Cohn-Wiener, Turan S. 27 und Knobloch, Turkestan
S. 174 ff. In Schahr-i Sabz wären auch noch zwei timuridische Mausoleen und eine Moschee aus der Zeit Ulugh Begs
zu sehen. (Über ihren augenblicklichen Erhaltungszustand
fehlen dem Vf. Angaben.)

[91] Vgl. Die Miniaturen der Berliner Baisunqur-Handschrift,
Insel-Bücherei 885.

[92] Das Ordenswesen spielte eine bedeutende Rolle im Leben
des osmanischen Staates, vor allem durch die Mewlana-Derwische und den häretischen Praktiken geneigten Bektaschi-
Orden, der mit den Janitscharenkorps geistig eng verbunden
war. Die oft populär-liberalen Ansichten der Mystiker standen immer in einem gespannten Gegensatz zu den Auffassungen der Korangelehrten (Ulema), deren Repräsentant,
der Scheikh-ul-Islam, zugleich als Vertreter der islamischen
Religionsgemeinschaft in der Folgezeit Sitz und Stimme im
Staatsrat hatte.

[93] *Manisa,* wo nach 1405 wiederholt osmanische Prinzen als
Statthalter residierten, wurde mit einigen bedeutenden Bauten geschmückt. Die *Çesnigir Cami* (1475) ist die Stiftung
eines Freigelassenen Mehmets II., die *Hatuniye Cami* (1485)
die einer Gattin Bayezits II. Die Külliye der *Sultan Cami*
(1522) wurde gestiftet von der Mutter Süleymans. Pläne für
die *Muradiye* (1583-86) mag der uralte Sinan geliefert ha-

ben, an der Ausführung war er sicher nicht beteiligt. (Architekt: Ali Ağa.)

[94] Kleinasiatische Reise, München 1964, S. 14.

[95] Diez, Handbuch S. 130.

[96] Türkische Moscheen, S. 22 ff., wiederholt in: Osmanische Bauten, S. 93 ff.

[97] Einige Daten (nach W. Hotz, Handbuch der Kunstdenkmäler Byzanz – Konstantinopel – Istanbul, München–Berlin 1971): Bauzeit: 532-537, Neubau der Kuppel nach Einsturz 562. Maße: Umfang (ohne Anbauten) 74,8 x 69,7 m, Kuppel: Scheitelhöhe vom Boden aus 55,6 m, von der Kuppelbasis aus 13,8 m, Durchmesser: 33 m (nach F. Dirimtehin, Hagia Sophia Museum, Istanbul o. J. S. 29: durchschnittlich 31,37 m – kein reines Rund, der Durchmesser differiert zwischen 30,87 und 31,87 m).

[98] M. Ağa-Oğlu in Belvedere ıx/x (1926), S. 82 ff. und in The Art Bulletin xıı (1930), S. 179 ff.

[99] Die widersprüchlichen Überlieferungen von Belohnung oder Bestrafung des Architekten sollen außer Betracht bleiben. Immer wieder taucht der Name eines Griechen Christodulos auf. Nachweisbar allein ist (nach Ağa-Oğlu a. a. O.) ein Sinan al-Atik (gest. 1471/72), nicht zu verwechseln mit dem großen jüngeren Sinan (gest. 1588), aber, wie der Name Sinan besagt, wohl christlicher Abstammung gleich ihm.

[100] Vgl. R. M. Riefstahl in The Art Bulletin xıı (1930), S. 311 ff.

[101] In diesem Zusammenhang dürfen auch die von Bayezit ıı. in *Amasya, Tokat* (*Hatuniye,* zu Ehren seiner Mutter Gülbahar Hatun), *Manisa (Hatuniye)* gestifteten Moscheen ein gewisses Interesse beanspruchen. Ihre Bedeutung liegt aber vor allem in der Art, wie jeweils Moschee und zugehörige Bauten zueinander in Beziehung gesetzt werden und das Bethaus ältere, z. T. lokale Überlieferungen im ›modernen‹ Sinn variiert und für die Zukunft ›aufhebt‹. (Die *Hatuniye von Manisa* z. B. greift auf einen Grundgedanken der dortigen Ulu Cami (s. S. 502), die *Sultan-Bayezit-Cami* (wie auch die *Bayezit-Paşa-*) in *Amasya* auf den Bursa-Plan zurück.) Die sehr reizvolle Kleinstadt *Amasya* bewahrt nicht nur hellenistische Denkmäler (Felsgräber der Könige von Pontus), sondern auch schöne seldschukische Bauten. (*Burmalı Minar Cami* 1242, *Gök Medrese Cami* 1276, *Torumtay-, Sultan-Meşul-* u. a. *Türben.*) Eine beachtliche Zahl osmanischer Bauten gerade des 15. Jahrhunderts erinnert daran, daß die Stadt damals ein beliebter Aufenthalt der Sultane war und als Kronprinz u. a. Bayezit hier als Gouverneur residierte, um Regentenpraxis zu erwerben. *Tokat* ist vor

allem seiner seldschukischen Bauten wegen interessant. Zu
Manisa vgl. S. 502 und Anm. 93

[102] E. Egli, Sinan, der Baumeister osmanischer Glanzzeit, Er-
lenbach–Zürich 1954, S. 25.

[103] Bei Egli, a. a. O. S. 124 ff.

[104] Immerhin sollen hier einige Bauten, die am Wege des
nicht zu eiligen Touristen liegen, in einer recht wahllosen
und lückenhaften Auswahl wenigstens genannt werden. In
Edirne außer der Selimiye (s. S. 566) die einbogige *Maritza-
brücke* für Mustafa Paşa (Yanilgöz), dabei die *Moschee der
Hasseki Hürrem Sultan*, der *Han des Rüstem Paşa* (heute
zum behaglichen Hotel restauriert), dazu das *Doppelbad des
Großvezirs Sokullu Mehmet*. Auf der Strecke von Edirne
nach Istanbul: die Külliye-Moscheen von *Havsa* (zw. 1565
u. 1579) und *Lülleburgas* (1549?), beide für Sokullu Mehmet
Paşa, und die Stiftung des Großvezirs Ali Paşa in *Babaeski*
(1561/65). In *Istanbul*: die *Türbe des Chaireddin Barbarossa*
in Beşiktaş (1541); am asiatischen Ufer (Üsküdar) die besonders reizvolle kleine *Stiftung des Şemsi Adad* (1580, Moschee mit angebautem Grabhaus u. Schule, ein betont
schlichtes Werk unmittelbar am Meer schönste Ausblicke
gewährend), die *Iskele Cami* (1547/48) für die Prinzessin
Mihrimah, die *Eski Valide Cami* mit ihren interessanten
Nebenbauten (voll. 1583, eine Stiftung der venezianischen
Gattin Selims II.). In Eyüb außer der *Moschee* und den *Medresen* des *Zal Mahmut Paşa* dessen *Türbe* (um 1575) und
die des *Sokullu Mehmet* mit zugehörigen Schulen u. a. In der
Stadt selbst die *Türben der Prinzen und des Rüstem Paşa*
(1560/61) bei der Şehzade Cami, die *Türben Süleymans* und
der Hasseki Hürrem (letztere nicht ausdrücklich für Sinan
bezeugt) im Garten der Süleymaniye, die *Türbe Selims II.*
(nach 1574) bei der Hagia Sophia, die *Moscheen-Stiftungen
der Hasseki Hürrem* (1539, nördl. des ehem. Arkadios-Fo-
rums), des *Ahmet Paşa* (beg. vor 1555) beim Topkapı, *die des
Großvezirs Ibrahim Paşa* (1551) beim Silivri-Kapu, das
Doppelbad der Hasseki Hürrem (1556) zwischen Hagia Sophia und ›Blauer Moschee‹. Sinans Tätigkeit in den Provinzen des Reiches ist noch nicht genügend durchforscht.
Werke von ihm sind u. a. am Balkan und in Anatolien bezeugt: *Ankara, Cenabi Ahmet Paşa Cami* (voll. 1566) *Izmit,
Pertev Paşa Cami* (nach 1572), *Kayseri, Ahmet Paşa Cami*
(1581 ff.), *Manisa Moschee* u. *Imaret Murads III.* usw. Die *Tekkiye in Damaskus* (voll. 1555) wurde schon S. 741 erwähnt.

[105] Das polygonale Minar an der SO.-Ecke von Mehmet II.
(?), das an der NO-Ecke wurde erbaut unter Bayezit II., die
westlichen entstanden unter Selim II. (1569).

[106] Die Kuppel wurde 1776 durch ein Erdbeben schwer beschädigt und erhielt im 19. Jahrhundert durch die Brüder Fossati eine neue Ausmalung im Sinne des Barock. Bei der vor einigen Jahren abgeschlossenen gründlichen Reinigung und Restaurierung des Bauwerks wurde sie – wie auch die übrige spätere Bemalung – als historisch gewordene Zutat farblich aufgefrischt und erneuert. Erneuert wurden auch die schönen Buntglasfenster der Mihrabwand. Solche Farbfenster waren schon in Bursa üblich. Da die bunten Scheiben in Stuckrahmen sitzen, sind solche Gebilde – obwohl durch ein zweites Fenster, das bündig in der Außenfläche der Wand sitzt, geschützt – sehr zerbrechlich und höchst selten original erhalten. Die kostbare ursprüngliche Ausstattung der Süleymaniye ist z. T. zerstreut, z. T. verloren. Die alten Teppiche sind im Museum magaziniert, die ursprünglichen Lichtkränze durch recht rohe Eisenreifen, elektrische Beleuchtungskörper und Lautsprecher ersetzt. Immerhin sind die Ketten und Drähte, an denen sie hängen, hier weniger aufdringlich und störend als in manch anderen Moscheen. Die nahe über den Köpfen der Beter schwebende Fläche eines solchen Lichthimmels gehört zum Bild fast aller türkischen Moscheen. Sie schuf mit dem matten Schein der Ölflämmchen bei abendlichen Gottesdiensten eine mystische Atmosphäre.

[107] Vogt-Göknil, Türkische Moscheen S. 84.

[108] Egli, Sinan, S. 91.

[109] D. T. Rice, Konstantinopel, Frankfurt/Main 1966.

[110] Unter den oft auf sehr bewußt ›malerische‹ Gruppierung abzielenden Baukomplexen des 18. Jahrhunderts in *Istanbul* seien genannt: In *Üsküdar* die *Yeni Valide* (1708-10), die *Ahmediye* (1722) und die *Ayasma Camii* (1761), in der Altstadt auf der europäischen Seite die *Ismail Efendi Camii* (1724), die *Hekimoglu Paşa Külliye* (1734/35), die *Zeynep Sultan Camii* (1769), die *Moschee der Sebsafa Kadın* (1787) und die *Stiftung der Mihrişah Sultan* (nach 1794).

[111] Man erreicht es von Täbriz aus oder – auf bequemerer Straße – von Resht-Bandar-i Pahlevi aus (Diese Straße verläuft ein Stück unmittelbar an der Grenze zur UdSSR entlang. Kontrollen u. a. Scherereien sind nicht ausgeschlossen.)

[112] Apollo XIII, 1931, S. 143 ff.

[113] Repräsentative Proben daraus in Stuart Cary Welch, Das Buch der Könige, München 1976.

[114] Der Ausdruck ›barock‹, der in diesem Kapitel mehrfach gebraucht wird, soll nur formale Erscheinungen kennzeichnen, die uns auch in der europäischen Kunst entgegentreten,

soll aber keinerlei ›Abhängigkeiten‹ oder geistesgeschicht-
liche Entsprechungen meinen.

[115] *Schah Safi* (1629-41), *Schah Abbas* II. (1641-66), *Schah
Soleiman* (1666-94), *Schah Soltan Hussein* (1694-1722).

[116] Im heiligen Bezirk von Meschhed stehen auch – wie zu
erwarten – bedeutende Denkmäler der safawidischen Bau-
und Dekorkunst.

[117] Nach Pope, Persian Architecture (Übers. d. Verf.).

[118] Da hier aus Umfangsgründen weder eine komplette Liste
safawidischer Bauten noch ein Stadtführer von Isfahan gegeben werden kann, sei im folgenden nur eine keineswegs
vollständige Reihe weiterer Denkmäler in der Stadt erwähnt. Sie bieten nichts grundsätzlich Neues, runden aber
das Bild ab. Die kleine *Zolfagar-Moschee* stammt noch aus
der Zeit Schah Tahmasps (s. S. 590). Die *Zolamat-Moschee*
(1601/02) enthält das Grabmal des Kalligraphen Mir Emad,
der 1615 dem Kollegenneid zum Opfer fiel. Die *Sorkhi-Mo-
schee* an der gleichnamigen Straße, die Stiftung eines Hofbeamten von 1605, hat einen schön dekorierten Betsaalein-
gang. Die Zeit Abbas' II. ist repräsentiert durch Stiftungen
hoher Würdenträger: dazu gehören die *Saroutaghi-Moschee*
(vollendet 1643, besonders interessant durch ihre Wandmalereien (s. S. 626), die *Medrese Dschadda Kutschek* (eine
Gründung der Großmutter des Schahs für 67 Studenten), die
Hakim-Moschee. (1652/62). Sie wurde gestiftet von dem in
Ungnade gefallenen Leibarzt Daũud, der dann im Indien der
Moghuln sein Glück machte. Ihr Portal enthält noch Reste
des Vorgänger-Baues aus dem 10. Jahrhundert (also Ältestes in Isfahan). Der Plan weicht etwas vom gewohnten
Schema ab: Kleinere Iwane flankieren den größeren des
Betsaals, die Nordseite ist entsprechend gestaltet. Die *Medrese des Mollah Abdullah* wurde 1677, die *Kasagaran-Me-
drese* 1693 vollendet (zweigeschossige Wohnzellen um den
Hof und Fayencemosaik an der Fassade). Auf die safawidischen Dekorteile der *Großen Freitagsmoschee* wurde schon
oben (Kap. 9 S. 303) hingewiesen. Zur *Tschekhar-Bagh-
Medrese* s. S. 634. Als Beispiele aus nachsafawidischer Zeit
mögen dienen: die *Sadr-Medrese* (18. Jh.) und die *Moschee
des Hadschi Mohammed Dschafar* (19. Jh.).

[119] Der Topos plastisch dargestellt im Gazargah bei *Herat*.

[120] Diez, Handbuch S. 182.

[121] Die *Schahrestan-Brücke* etwa 7 km flußabwärts – wohl
aus der Seldschukenzeit auf vielleicht schon sassanidischen
Pfeilerfundamenten – ist dagegen ein Beispiel für einen
reinen Zweckbau aus älterer Zeit.

[122] Die Gegend um Isfahan wurde – als Oase – intensiv ge-

nützt. Großviehhaltung verbot sich. Aber auch Kleinvieh macht Mist. Als Produzenten des nötigen Düngers hielt man Tauben, die in großen *Taubenhäusern* sozusagen kaserniert wurden. Von diesen gab es einst Hunderte, heute sind nur wenige noch erhalten (eines in der Nähe des Universitätsgeländes). Selbst in Anlagen einer so ›gewöhnlichen‹ Bestimmung verband man aber Zweckmäßigkeit mit überraschend künstlerischer Formung. Daß auch Bäder, Zisternen, Kühlhäuser u. ä. bewußt ›gestaltet‹ wurden, versteht sich danach fast von selbst.

[123] Sie sind im Grunde Werke einer Stilmimikry wie die etwas späteren nach dem Vorbild ›historischer‹ Bauten in Europa entstandenen neo-achämenidischen oder neo-sassanidischen Bauten der Melli-Bank, der Polizeipräfektur oder des Achäologischen Museums.

[124] Diez, Handbuch S. 170.

[125] Vor ihm, in der Hauptachse der Moschee, steht als Schau- und Prunkstück die ›eiserne Säule‹, wohl aus der Guptazeit.

[126] H. G. Franz, Hinduistische und islamische Kunst Indiens, Leipzig 1967, S. 159.

[127] Auf der obersten Terrasse des leider verwilderten Gartens steht Baburs schlichtes Grabmal. In der Nähe ließ Schah Jahan nach 1640 eine Moschee errichten (jüngst restauriert).

[128] Gehaltvolles zur Entwicklung von Gesamtplan und Details aus einfachen geometrischen Grundformen bietet A. Volwahsen, Islamisches Indien.

[129] Was heute in den Räumen der Bank-e Melli in Teheran besichtigt werden kann, ist eine ›Nachschöpfung‹ des 19. Jahrhunderts.

[130] Wie wenig Indien auch unter islamischen Herrschern künstlerisch mit Kuppelräumen anzufangen wußte, zeigt das dem Tadj Mahal etwa zeitgenössische Riesenmausoleum des Sultans Mohammed Adil Schah, der *Gol Gumbad von Bijapur* (1626-56). Im Durchmesser mit dem Pantheon und St. Peter konkurrierend, bleibt der Innenraum eine Höhle von unbestimmter Kahlheit, während das massige Äußere sich bewußter mit islamischen Details maskiert als die früheren Grabmäler der Sultane von Bijapur. Vgl. Abb. 427.

[131] Als Beispiel für die Nachahmung der Moghulkunst an den Höfen der Hindufürsten seien einzig die *Paläste* der Maharadschas von *Amber-Jaipur* angeführt. Sie folgen ganz und gar und bis in Einzelheiten dem Stil der Großmoghuln, auch wenn Hindugötter im Palast ihre Tempel finden und über völlig nach islamischer Art gestalteten Toren der elefantenköpfige Ganesh Segen verheißt. Erfüllung der Tendenz zu bloß kulissenhaft nach außen berechneter Wirkung der ›Pa-

last der Winde‹ *(Hawa Mahal)* von *Jaipur*: eigentlich nur noch eine aus Erkern und Balkonen bestehende Fassade. (1. Hälfte 18. Jh.).

Die riesigen Meßgeräte in den *Observatorien*, die Jai Singh II. von Amber im frühen 18. Jahrhundert in Benares, Delhi, Jaipur u. a. O. errichten ließ, mögen als fast surreale Architekturen den Besucher überraschen. Aber auch wenn man an die Trümmer der Sternwarten von Maragha oder Samarkand zurückdenkt: Sie sind nicht Schöpfungen der Baukunst, sondern ins Überdimensionale gesteigerte Meßgeräte.

Dank des Verlages

Allen, die durch Überlassung wertvoller Originalwerke, durch die Beschaffung seltener Bildvorlagen, durch freundliche Erteilung von Reproduktionserlaubnis oder durch liebenswürdige Auskunft am Zustandekommen dieses Werkes mitgeholfen haben, sagt der Verlag seinen aufrichtigen und herzlichen Dank. Besonderer Dank gebührt Frau Johanna Zick-Nissen und Herrn Dr. Roland Klemig vom Islamischen Museum Berlin, die das Foto für die Vorderseite des Umschlags, und Herrn Michael Gaenssler, München, der das Foto für die Rückseite des Umschlags zur Verfügung stellte; ferner den Verlagen Aurora, Leningrad; G. Braziller, New York; Georg D.W. Callwey, München; Paul Elek Productions Ltd., London; Hoffmann und Campe, Hamburg; W. Kohlhammer, Stuttgart; Office du Livre, Fribourg; Thames and Hudson, London.
Vorlagen für die Farbtafeln stellten zur Verfügung Josef H. Biller, München (III), Erwin Böhm, Mainz (VII), Dr. Walter Heering, München (IV), Alfred Renz, Rottach-Egern (II, V, VI, VIII, IX, X, XII, XV, XVI), Helmut Sedlmeier, München (XIII), Verlag Albert Skira, Genf (I), und Eduard Widmer, Zürich (XI); für einfarbige Abbildungen A. Aleksandrov – Anker – L. Aufsberg – M. Bau – E. Böhm – A. Creswell – Department of Antiquities and Museums, Jerusalem – Direction Générale des Antiquités et des Musées, Damaskus – Directorate General of Antiquities, Bagdad – K. D. Francke – Glockner – Horizons de France – Inspection des Monuments Historiques, Rabat – E. Kusch – Museo Arqueologico Nacional, Madrid – W. Neumeister – E. Scheidegger – H. Sedlmeier – Services des Antiquités d'Égypte – A. Shoucaire – Solakian – Transglobe Agency – Türkisches Presse- und Touristenbüro – Victoria and Albert Museum, London – A. Volwahsen – Zwerenz.
Der weitaus größte Teil der Fotos dieses Buches stammt vom Autor, ein kleiner Teil aus dem Archiv des Verlages.

Bibliographischer Hinweis

Der Verfasser bekennt seine Dankesschuld gegenüber den im Text zitierten und den in dieser Übersicht genannten Autoren.

Zum Islam und seiner Geschichte

C. Brockelmann, Geschichte der islamischen Völker und Staaten, München 1943

Emile Dermenghem, Mohammed in Selbstzeugnissen und Bilddokumenten (Rowohlts Monographien Nr. 47)

Fischer-Weltgeschichte, Bd. 14-17

Francesco Gabrieli, Geschichte der Araber, Stuttgart 1963

Shorter Encyclopedia of Islam, ed. H. A. R. Gibb and J. H. Kramers, Leiden 1965

John B. Glubb Pascha, Das Weltreich der Araber, Oldenburg u. Hamburg 1964

Sigrid Hunke, Allahs Sonne über dem Abendland (Fischer-Bücherei 643)

André Miquel, Der Islam von Mohammed bis Nasser, München 1970 (Kindlers Kulturgeschichte)

Maxime Rodinson, Mahomet, Paris 1961

Zur Kunst des Islam

Umfassende Bibliographie: K. A. C. Creswell, A Bibliography of the Architecture, Arts and Crafts in Islam, Cairo 1961

Als Standardwerke seien genannt: K. A. C. Creswell, Early Muslim Architecture, Oxford 1932/40. Knappe Zusammenfassung: Creswell, A Short Account of Early Muslim Architecture, Harmondsworth 1958

K. A. C. Creswell, The Muslim Architecture of Egypt, 2 Bde., Oxford 1952-59

Ernst Diez, Die Kunst der islamischen Völker (Handbuch der Kunstwissenschaft), Potsdam-Neubabelsberg, 2. Aufl. 1928

J. Franz Pascha, Die Baukunst des Islam, Darmstadt 1896

Heinrich Glück u. Ernst Diez, Die Kunst des Islam. Berlin 1925 (Propyläen-Kunstgeschichte Bd. 5)

A. Godard, L'Art de l'Iran, Paris 1962

G. Marçais, Manuel de l'art musulman, L'Architecture: Tunisie, Algérie, Maroc, Espagne, Sicile. Paris 1926-27

Arthur U. Pope u. a., A Survey of Persian Art. 6 Bde. London u. New York 1938-39, Neudruck 1964

Janine Sourdel-Thomine und Berthold Spuler, Die Kunst des Islam, Berlin 1973 (Propyläen-Kunstgeschichte Bd. 4)

Handlich-knappe Gesamtdarstellungen

Ernst Diez, Islamische Kunst (Ullstein-Kunstgeschichte Bd. 20), Berlin 1964

Ernst Grube, Welt des Islam, Gütersloh 1968

John Hoag, Architektur des westlichen Islams, Ravensburg 1965

John Hoag, Islamische Architektur, Mailand-Stuttgart 1976

Ernst Kühnel, Kunst des Islam, Stuttgart 1962

Ernst Kühnel, Die Moschee, Berlin 1949, Neudruck Graz 1974

Katharina Otto-Dorn, Die Kunst des Islam, Baden-Baden 1964

David T. Rice, Die Kunst des Islam, (Droemer-Knaur 1967)

Zu den einzelnen Gebieten

Oktay Aslanapa, Turkish Art and Architecture, London 1971

Auboyer-Darbois, Afghanistan und seine Kunst, Prag 1968

W. Bachmann, Kirchen und Moscheen in Armenien und Kurdistan, Leipzig 1913

Wilfrid Blunt – Wim Swaan, Isfahan, Pearl of Persia, London 1966

Bourouiba-Dokali, Les Mosquées en Algérie, Algier 1974

Dietrich Brandenburg, Islamische Baukunst in Ägypten, Berlin 1966

P. Brown, Indian Architecture (Islamic Period), Bombay 1968

Titus Burckhardt, Die maurische Kultur in Spanien, München 1970

Titus Burckhardt, Fes, Stadt des Islam, Olten 1960

Fanny Davis, The Palace of Topkapi in Istanbul, New York 1970

Ernst Egli, Sinan, der Baumeister osmanischer Glanzzeit, Erlenbach-Zürich 1954

K. Erdmann, Das anatolische Karavansaray des 13. Jh., Berlin 1961

Emil Esin, Mecca the Blessed, Madinah the Radiant, London 1963

E. Flandin et P. Coste, Voyage en Perse, Paris 1840/41-1843/54

Heinrich Gerhard Franz, Hinduistische und islamische Kunst Indiens, Leipzig 1967

Louis Frédéric, Indien. Tempel und Skulpturen, Zürich 1959

John Freely u. Hilary Sumner-Boyd, Istanbul, München 1975

A. Gabriel, Voyages archéologiques dans la Turquie orientale, 2 Bde., Paris 1940

Bamber Gascoigne, Die Großmoguln, München 1973

H. Glück, Die Kunst der Osmanen, Leipzig 1922

G. A. Goodwin, A History of Ottoman Architecture, London 1971

R. W. Hamilton, Khirbat al-Mafdjar, an Arabian mansion in the Jordan Valley, Oxford 1959

E. Herzfeld, Iranische Denkmäler, Berlin 1932

E. Herzfeld, Geschichte der Stadt Samarra, Hamburg-Berlin 1948

Derek Hill and Lucien Golvin (with an Introduction by Dr. Robert Hillenbrand), Islamic Architecture in North Africa, London 1976

Martin Hürlimann, Delhi – Agra – Fatehpur Sikri, Zürich 1964

Edgar Knobloch, Turkestan, München 1973

Ernst Kühnel, Maurische Kunst, Berlin 1924

G. Lankester Harding, Auf biblischem Boden, Wiesbaden 1959

Alexandre Lézine, Sousse, Les monuments musulmans, Tunis 1956

Oskar v. Niedermeyer – Ernst Diez, Afghanistan, Leipzig 1924

Arthur Upham Pope, Persian Architecture, London 1965

G. A. Pugatschenkowa und L. J. Rempel, Istoriia Istkusstva Uzbekistana, Moskau 1965

G. A. Pugatschenkowa, Istkusstva Turkmenistana, Moskau 1967

O. Reuther, Ocheidir, Wissenschaftl. Veröffentlichung der dt. Orientgesellschaft, Leipzig 1912

F. Sarre, Denkmäler persischer Baukunst, Berlin 1901-10

F. Sarre, Konia, Seldschukische Denkmäler, Berlin 1910

Eric Schroeder, The Iranian Mosque, Form as a Survival ..., Iran Society Proceedings, I, part. 8, 1938

Tamara Talbot-Rice, Die Seldschuken, Köln 1963

B. Ünsal, Turkish Islamic Architecture, London 1959

V. Veronina – A. Aleksandrow, Architectural Monuments of Middle Asia, Leningrad 1969

Ulya Vogt-Göknil, Türkische Moscheen, Zürich 1953

Ulya Vogt-Göknil, Osmanische Bauten, München 1965

Andreas Volwahsen, Islamisches Indien, München 1969

Wetzel, Islamische Grabbauten Indiens, Leipzig 1918

Gaston Wiet, Les mosquées du Caire, Paris 1966

Donald N. Wilber, The architecture of the Islamic Iran: The Il-Khanid period, Princeton 1955

Einige der oben angeführten Bücher sind vor allem wegen des reichhaltigen Abbildungsmaterials hilfreich. Auf die ihnen beigefügten Bibliographien sei ausdrücklich verwiesen.

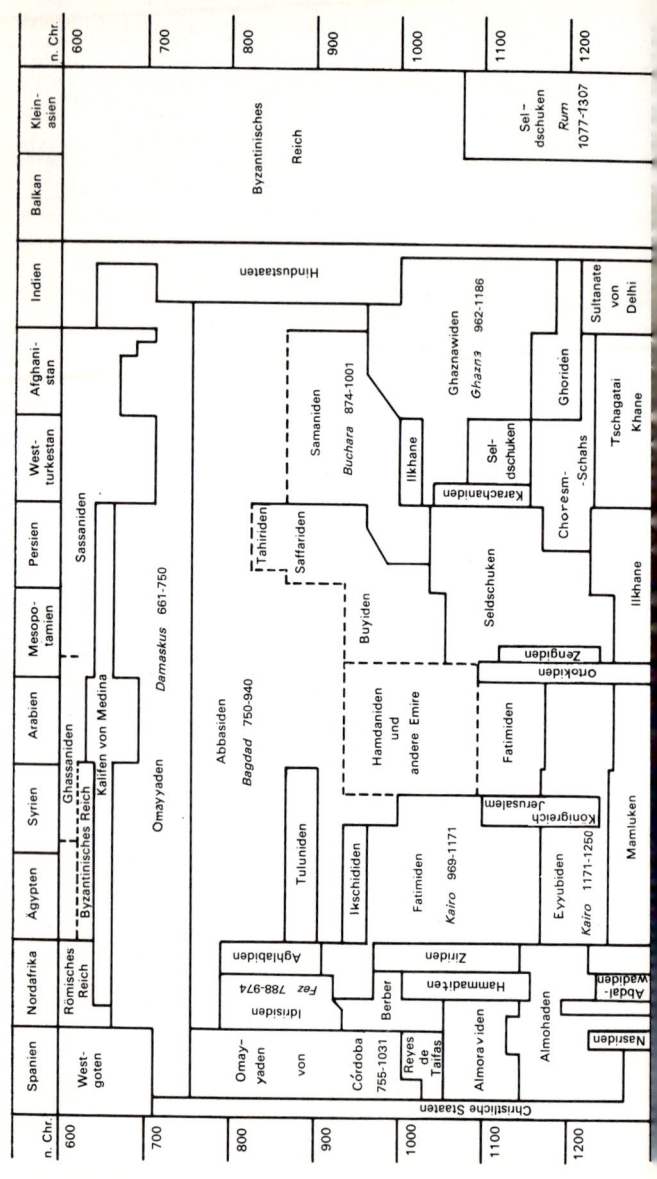

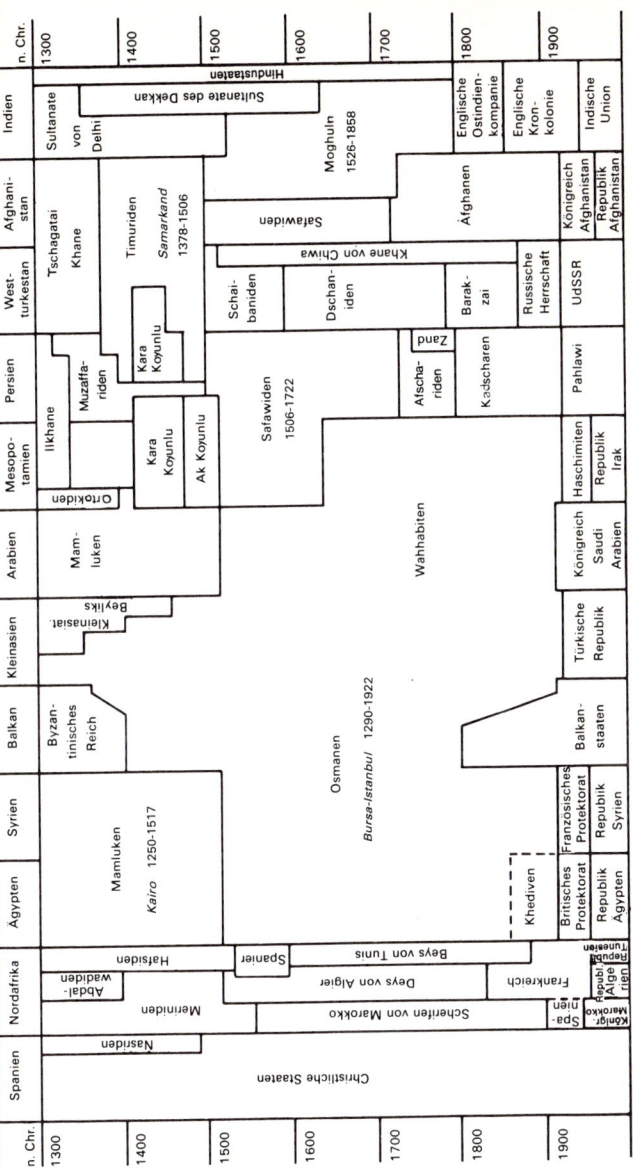

Register

Die Karten und Pläne zeichneten Alfred Beron, Peter Lange-mann und Wolfgang Schöwel.

Wüste Sahara

Beilage zu : Alfred Renz, Geschichte u. Stätten des Islam
Prestel-Verlag, München
Gezeichnet Alfred Beron, München